苏东坡时代

孔见——著

海南出版社
·海口·

外文出版社
FOREIGN LANGUAGES PRESS

图书在版编目（CIP）数据

苏东坡时代/孔见著 . –– 海口：海南出版社；北
京：外文出版社，2024.4（2025.8 重印）.
ISBN 978–7–5730–1568–6

Ⅰ.①苏… Ⅱ.①孔… Ⅲ.①苏东坡（1036–1101）
–传记 Ⅳ.① K825.6

中国国家版本馆 CIP 数据核字（2024）第 060960 号

苏东坡时代
SUDONGPO SHIDAI

作　　者：孔　见
策 划 人：陆彩荣　彭明哲
出 品 人：王景霞　胡开敏
责任编辑：吴宗森　刘长娥
特约编辑：蔡莉莉
责任印制：杨　程
印刷装订：炫彩（天津）印刷有限责任公司
读者服务：唐雪飞
海南出版社　外文出版社联合出版
海南出版社：
总社地址：海口市金盘开发区建设三横路 2 号
邮　　编：570216
北京地址：北京市朝阳区黄厂路 3 号院 7 号楼 101 室
电　　话：0898–66812392　　010–87336670
电子邮箱：hnbook@263.net
外文出版社：
地　　址：北京市西城区百万庄大街 24 号
邮　　编：100037
网　　址：http://www.flp.com.cn
电子邮箱：flp@cipg.org.cn
电　　话：010–68320579　　010–68996167
经　　销：全国新华书店
版　　次：2024 年 4 月第 1 版
印　　次：2025 年 8 月第 4 次印刷
开　　本：880 mm×1 230 mm　1/32
印　　张：21
字　　数：500 千字
书　　号：ISBN 978–7–5730–1568–6
定　　价：118.00 元

内容提要

　　本书沿着苏东坡错落的脚印，走进中国文化最璀璨的北宋江山，以其跌宕起伏的人生为线索，将这个时代的物事串缀起来，重现儒家王朝的华彩与难再的荣光。在这里，天理高于王权，君子比德于玉，士人视民如伤，人们信奉生命出身的高贵，不敢妄自菲薄与辱没，安身的地方有竹影摇曳，走过的路面有春风拂起，空气里浮动着莲花的清香。他们将人格品位与灵魂境界，奉为生命的最高成就，以本性的光辉相映照，以道德的芬芳相呼吸。他们秉承儒家修身齐家治国平天下的理念，往返于江湖与庙堂之间，穷则独善其身，不辜负造物恩赐的性命；达则兼济天下，不辜负同类苍生的凄苦盼望。他们与帝王携手共治家国，尽情表达个人的意志，将唾沫星子洒到天子的脸上，不计较衣冠的颜色与身世的浮沉。他们以清风为伴，与明月相邀，放怀山水，抒发性灵，写下流传千古的绝唱，让生命的存在更具精神的蕴藉。他们怀抱着相似的初衷，却又因为观念与策略的分歧，在朝堂之上互不相让。旷日持久的纷争看起来是多么激烈，但仍然是君子之间的和而不同，没有后世政治斗争的险恶、血腥与恐怖。心照不宣之中，彼此给对方都留有安身与回旋的余地，少有机关算尽，穷凶极恶，无所不用其极，逾越道德的底线，伤害人性的本善。作为时代之子的苏东坡，在命运的折转升沉中，出入于儒道佛三家，把风尘弥漫的日常生活当成丛林道场，将云端之外的冥缈天道，带入浓呛的人间烟火，在完成自身造化的同时，实现对中华文化人格的重新定义。

这是一个以儒学理念为主体建构起来的国度，虽然内忧与外患交集，制度变革阻遏重重；缺乏合理程序设置的精英民主，衍生出无休无止的党争；本位利益的分割与摩擦，依旧让人与人之间充满恩怨的裂隙；作为人世间古老的风俗，生老病死与悲欢离合，仍然像风雨一样畅行无阻。但回顾晚唐以后的绞肉溅血与斯文扫地，这个时代还是显得温情脉脉，生命的价值与人性的尊严，某种程度上得到了权力的眷顾；精神向上生长的可能性空间，也有了足够开阔的保留；异质文化之间兼容并蓄，对冲与排异降到了极低的程度。就凭这些，怎么赞叹它也不为过。相对当时以丛林法则为主流文化的野蛮世界，这个崇理尚道、以德服人的王朝，生活细节里充满着抒情写意的灵韵，显出了它瓷器和宣纸般脆弱的优雅。它的华美与灿烂是那样岌岌可危，能够持续与偏安三百一十九年，就已经是超乎想象的奇迹了。那是世上一朵开放得最久最久的昙花，它的凋落如今想来都令人嘘唏不已，黯然神伤；后世长满荆棘的道路，更是让无数杜鹃啼血不止。在它周边的地域，以力服人的法则凯歌高奏；在它之后的王朝，人类的宴席杯盘狼藉，到处是血腥的践踏与无告的耻辱。本书可以看作是对这一时代的深情祭奠，是庙堂里一炷袅袅升起的香烟，充满着悲天悯人的情怀。

目录

第一章

走出盆地

一

　　至和元年（1054），西南诸夷中一个部族首领报告，原先被狄青将军打得丧魂落魄、亡命大理的大南国"皇帝"侬智高，将挟群寇卷土重来，大举进犯蜀地及周边地区。这个消息如同惊雷炸响，在大锅一样的盆地里，引起了巨大的恐慌。曾经饱受战乱之苦的蜀人，纷纷贱卖家当，兑换金银铜币，甚至提前驱女出嫁，准备随时逃亡异乡。朝廷在紧急调拨各路兵马的同时，委派文武兼备的礼部侍郎张方平出知益州。

　　走马上任之后，张方平很快查清，这是件无来头的事情，几乎没有任何可能性。他立即上奏朝廷，让军队归还建制，并安抚了蜀地浮动的人心。虚惊一场的成都人，于是过上了又一个火辣辣、喜洋洋的春节。因为感念新任知州给地方带来的祥和，有心者专门请匠人给张方平画了幅肖像，高挂在成都净众寺的法堂内，并请蜀地负有文名的眉山人苏洵，写了一篇《张益州画像记》，以相得益彰。记文盛赞张方平："为人慷慨有大节，以度量雄天下。天下有大事，公可属。"因为这个机缘，经人引介，老书生苏洵带着自己积累多年的文稿，包括《权书》与《衡论》等得意之作，前往州府衙门拜见了这位朝野闻名的封疆大吏。

　　尽管公务繁忙，张知州还是抽出足够的时间，接见了身为布衣的苏洵。知州是一个过目不忘的人，看过的书，决不会再瞧第二遍。

他凝神静气翻阅苏洵递过来的文章，当读到《心术》里的一段："见小利不动，见小患不避，小利小患，不足以辱吾技也，夫然后有以支大利大患。"他深邃的瞳孔陡然放出了光芒，不禁对眼前这个拘谨少语的乡间处士刮目相看。苏洵身上的家国情怀与政治抱负、对世道人心的省察、干净利落的文字表达，以及锐利的眼光和果决的神情，让他觉得，此人好像是从战国的硝烟里走出来的智者。其文字"如大云之出于山，忽布无方，倏散无余；如大川之滔滔东至于海源"（张方平《文安先生墓表》）。他认定这是一只困在荆棘里的鸿鹄，只要有人施以援手，就能一飞冲天，在大宋疆土上空展翅翱翔。此时的朝廷，正值用人之际。他当即表示，举荐苏洵出任成都学官，负责本地方的教育。

埋没多年的苏洵，有了文物出土的荣幸。不久之后，又带上两个得意的儿子苏轼、苏辙，再次拜谒了张知州。在苏轼的眼中，张方平是诸葛孔明一般运筹帷幄、扭转乾坤的人物。而与十九岁的苏轼初次照面，张方平便"惊为天人，待以国士"，感觉峨眉山的灵气都荟萃在这一家子身上了。从此，他成为苏氏一家的贵人，与他们之间的情谊延续到生命的最后。数十年以后，张方平以八十五岁高龄谢世，其墓志铭就是苏轼亲笔撰写的。

关于担任学官的举荐泥牛入海，迟迟不见答复。张方平转而鼓动苏洵去汴京走动，谋求进取仕途的机遇，一展十年磨剑的锋芒与寒光。毕竟蜀地偏僻，山重水复，又是一个相对封闭的盆地，即便当个学官，拳脚也难以有太大的施展。他对苏洵说："以本人的德望，不足以使你见重于当世，必须仰仗欧阳永叔的抬举，才能让你誉满天下。"尽管与欧阳修性格与政见皆不投契，过往之间也多有龃龉，张方平还是提笔写信，向当世文豪举荐这位不世之才。这让苏洵感动不

◇ 峨眉山的钟灵毓秀，都汇聚到纱縠行苏家的院子里

● 《峨眉双涧图轴》清 - 方士庶 - 安徽博物院藏

已，欧阳修是他最敬重的当代大家，得到此人的提携是莫大的幸运。但是，对于进京一事，苏洵还是忸怩不定，翻来覆去踌躇了一个月的时间。在科考场上三度失意的他，已经年近半百，对于官场仕途都有些心灰意冷。最后，考虑到两个儿子的前程，不能让他们像自己这样埋没于边陲涧谷，成为需要考古挖掘的文物，倔强的他，最后还是接受知州大人的建议，以及其临行前的慷慨解囊。

二

蜀地如同一口大大的聚宝盆，巍峨的横断山脉、秦岭山脉和青藏高原、云贵高原，次第环绕其外；岷、泸、巴、雒四条水系跌宕萦绕，如同日夜不息的歌谣。满目山川既秀美妩媚，又庄严险峻，还有缥缈的云雾流布其间，令人俯仰之间叹为观止，迈不开离去的脚步。自唐代以来，李白、杜甫的千古绝唱回荡其间，更增添了一种意味深长的人文灵韵。西南边的峨眉山，雄壮中透出无尽的柔情，重峦叠翠之间烟霞明灭，云霓幻化，如同神秘仙境，成为道家与佛家文化法脉传承的胜地。

早在先秦时代，峨眉山就被认为是通达天界的仙山，吸引众多方士道人到此归隐，以草木果实和烟霞甘露为食，修炼性命，探究天地宇宙的真谛与原委。传说黄帝曾经来过峨眉，得到隐居在山北绝崖之下的天真皇人的真传，给中华文化注入了虚玄深邃的妙旨。或许是因此，峨眉山入列道家三十六小洞天之第七，被称为"虚陵洞天"。东汉时期，佛教随南丝绸之路传入峨眉，药农蒲公在山顶创建了普光殿。西晋武帝时期，来自印度的宝掌和尚和来自尼泊尔的圣僧阿罗婆多尊者在此建立道场，吸引了不少追随者。东晋隆安年间，慧持和尚与山僧在此建庵塑像，取名普贤寺，峨眉山遂成为普贤菩萨的道场。唐代开元天宝年间，海通法师舍身发心，在大渡河、岷江、青衣江汇流的凌云山下，将一处悬崖凿造弥勒佛像。此工程历时九十余载，影响巨大深远，有力地促进了佛教在民间信仰中的流行。到了宋朝开宝年间，太祖曾派三百僧人去天竺取经，归来的继业三藏大师，携带徒众和经卷来峨眉牛心寺移译。太宗赵光义敕建的巨型金铜普贤像，则供奉于峨眉山万年寺内。由此，峨眉山成为融汇道家与佛家文化的圣灵之地。

苏氏的家乡眉山，坐落在峨眉山北面，并因山而得名。镇上纱縠行有一个几十亩大的园子，就是他们的家院。推门进去，除了房屋和扶疏的榆木、荔树和竹子，还有池塘和菜地。纱縠行也被叫作纱线街，是经营纺纱生意的街区。苏家有田产也兼做生意，还有使女仆人可以使唤，这在当时，虽不是大富大贵，也算是中产之家。与周边人家不同的是，这个园子里充满着鸟儿清脆的鸣叫声，屋檐和树梢，到处都有鸟类做窝生崽，呈现出一片祥和的气息。而这一切，都跟女主人的情愫有关。按照苏轼的叙述，父母二人皆性仁行廉，崇信佛法僧三宝。母亲程夫人更是虔诚有加，禁止家里杀生溅血，不许童仆捕鸟掏窝。因此鸟儿也不见外，随意在低矮的树枝上结巢下蛋，生儿育女，如同院子的主人一般。而且，在苏家人的庇护下，它们免于受蛇、鼠、狐狸、鸥鸢袭扰的恐慌。在苏轼的记忆里，偶尔还会有一种羽毛丰美的桐花凤，数以百计地从天而降，翔集在院子里欢呼起舞，如同节日的狂欢。（苏轼《记先夫人不残鸟雀》）

眉山苏氏，血脉可以追溯到武则天时代的苏味道，这个声名不太好的大唐宰相，后来被贬为眉州刺史，其子孙中有一人落籍于此。

两三百年间，这个支系并没有出过叫得上名字的人物，但在隐没之中渐渐积累了良好的家风。苏洵的父亲苏序，继承祖父乐善好施的品性，在当地颇具德望。他将家里多数的土地拿来种粟，还专门盖了一座仓库封存起来。起初，人们都不明白这是干什么用的。但到了灾荒之年，饿殍遍野的时候，他就打开仓库，按亲疏远近救济穷人。之所以不种别的粮食，是因为粟耐于存储，不易霉烂发馊。天气特别冷的时候，家里会蒸上一大锅芋头放在门外，供过路的人随意取食。体格魁梧的苏序在曾经的战乱中表现勇敢，视死如归，但平日里却十分谦和，不喜与人争先，遇到好处能让则让，出入也从不骑马驾车，因为他认为："路边还有比我老的人在行走，骑了马我如何与他们相见？"

苏序的二儿子苏涣，为人十分勤勉，二十四岁就中了进士，让苏家门楣上有了光彩，但小儿子苏洵却整天在外头晃荡，一副不务正业也不思进取的样子。不知是目光独到，还是出于对命运坚定的信任，苏序对其不加管教，听任他放浪在外。邻人都觉得不可理喻，他却说："苏洵这样的人，有自己的定数，大可不必担心。"苏序所做的，就是在苏洵十八岁那年，给他高攀了一门亲事，张灯结彩，将眉山豪族、大理寺丞程文应的女儿娶了过来。后来发生的情况，果然也不出他所料。

苏洵并非顽劣之辈，只是好高骛远，为外面辽阔的世界所呼唤，不愿亦步亦趋地做眼前力所能及的事情。不知从什么时候开始，这个男人心里就生起一种驰骋天下的情怀，想象着到遥远的地方去，在江湖与庙堂之间，施展不为人识的高强本领，不愿意在老槐树的阴影下重复滋腻的小日子，被满院子千丝万缕的纱线缠住手脚，烦心于琐碎的生活细节。在人们习以为常的行为里，他找不到自己的存在感和开口说话的兴趣。他觉得，麻雀们整日吱喳的纱縠街，不应该是自己生活的现场；纺纱织布这样的营生，并非他这样的壮夫所为。

苏洵与程夫人这桩婚事，并非门当户对，下嫁的夫人恪尽妇道，孝敬公婆，相夫教子，还起早贪黑操劳打理纱布行的生意；但高攀的苏洵却依然桀骜不驯，游手好闲，没有任何担当的表现。苏洵将书本翻开来也读不下去，只是一个劲儿地往外跑，跟一些不三不四的人骑马驾车到成都等地去任侠逍遥，几乎成了家庭生活的局外人、旁观者。这让程夫人甚是无奈，不过，心里虽是不快，她在言语上并没有吐露出来，避免伤及家庭的和气。在婚后最初的四年内，她的肚子都怀不上孩子。苏洵对这件事情倒是很上心，为了延续香火，他专门到道观里请来仙人张果老的画像，在家里虔诚供奉，还举行了十分郑重的仪式。数年后，夫人肚里才有了动静。她先后为苏家生下了两个女儿和一个儿子，却都早早就失养了。也许是这些生生死死的事情，一而再地带来刺痛，唤醒了苏洵浑噩的心，使他觉得不能再蹉跎下去了。二十五岁那年的某一天，他忽然愤怒地对自己发起飙来，警告自己不能再这样下去了！他决意去承担无常的命运，不再在幻想与漫游中耽误自己。于是，他有了一种"怒而飞"的姿态，告别往日的狐朋狗友，关起门来，把不安分的身体摁在木头椅子上，一字一句地研读古人的著作，同时试着结交一些好学的士子，并希望通过科考蹚出一条道路来——这正是父亲早先就预言，也是程夫人一直都在默默期待的结果，应了后人说的："事有急之不白者，宽之或自明，毋躁急以速其忿；人有操之不从者，纵之或自化，毋躁切以益其顽。"（洪应明《菜根谭》）

有一个早上醒来，鸟儿正在院子里乱叫，苏洵对夫人说："我自忖从今日起发愤学习，这辈子还可以有所造就。但家里的生计也需要我，若为了进学而耽误了生计，那可如何是好？"程夫人不愧为女中豪杰，听得清这不是树上传来的鸟语后，她不假思索地回答："这话我早就想说了，但又不能使你因我而学。你若真的有志气，就把生计上的事情全交给我好了！"（参见司马光《程夫人墓志铭》）实际上，程夫人不仅主持家务，接下来还给苏家生下了一个女儿和两个杰出的儿子，并负责起他们的启蒙教育。即便是家境最困难的时候，她也没有向自己富得流油的娘家求助，是个堪比孟母的女人。除程夫人外，苏洵还娶了两个小妾，分别姓杨和姓任。有人推测，苏辙可能是她们当中一个生的，属于庶出。当然，此事还有待考证。

苏洵属于孔子所说"困而知之"的类型，非生而知之的天才。猛厉的发心，加上丰富的游历，使他的阅读渐渐触类旁通，并带来了喜悦的感觉。与此同时，他也尝试着做些文章的撰述。他性格刚断果决，不随便苟同他人，且有政治谋略与军机战术方面的兴趣，策论的写作常常有独到的发挥。但生性急躁的他，缺少文学家所需要的情感含蓄和意思委蛇，诗词音律对于讷言的他，更是先天性的弱项，因此无法在官方的考试中讨得好的评分。初次参加乡试就痛遭淘汰，连个小小的举人都考不下来。宝元元年（1038），他进京参加进士考试，依然榜上无名。这些挫折让他不得不反思，重新审阅积存下来的数以百计的文稿。当意识到自己的学问尚未达到想象的境地后，他一把火将它们烧个精光，从此封笔，重新对诸子百家的著作进行更为深入的细读。就这样，他"绝笔不为文辞者五六年，乃大究六经、百家之说，以考质古今治乱成败、圣贤穷达出处之际，得其粹精，涵蓄充溢，抑而不发"（欧阳修《故霸州文安县主簿苏君墓志铭》），直到内心豁然开朗，下笔动辄千言，如同神灵附体一般。

　　然而，尽管学问进步斐然，个人也自视甚高，在考场上苏洵还是一再折戟沉沙。在长达二十年的时间里，他三次应试，都毫无结果。通过科考进入庙堂，为社稷江山奉献才学，获得盖世功名以建立自尊的道路，几乎被堵得严严实实。倒是在反复应试过程中，结交了一些官宦、士子和僧道，游历了嵩山、终南山、庐山等不少名胜，还经常叩访禅门，亲近云门宗圆通居讷和宝月惟简等禅师，开阔了人生的视野。直至庆历七年（1047），父亲苏序病逝，他才匆匆折返家乡居丧守孝。从此绝意功名，隐居山谷林下，倾其所学，接手夫人训导两个天赋难得的儿子。后来，当地民间流传这样的民谣："眉山生三苏，草木尽皆枯。"意谓峨眉山的地灵都被苏氏一家给汲干了，连草木都难以生长。

三

　　苏轼的出生，说起来有些特异。景祐三年（1036）底，临盆前的某个夜晚，迷糊中，程夫人梦见一个僧人走进院子来求宿。她留意到这个和尚有只眼睛已经失明，连忙叫乳母采摘一些莲子来供养。（孔凡礼《苏轼年谱》第10页，中华书局1998年版）数日后，也就是十二月十九日，夫人生下了二儿子苏轼。因此，家里人都认为，轼的前生应是一个出家人。数十年间，他有只眼睛一再犯病，反反复复，似乎成了一个印证。

　　弟弟苏辙比苏轼晚出生了近三年，按其后来的追忆，自己从小就跟在哥哥屁股后面到处玩耍，几乎片刻不离，登山浮水，采花摘果，如同仙子一般，不知人间烦恼。"有不得至，为之怅然移日。至其翩然独往，逍遥泉石之上，撷林卉，拾涧实，酌水而饮之，见者以为仙也。"（《苏轼年谱》第 13 页）苏轼是个调皮的孩子，苏辙却乖顺许多，田园山野之间，他们与草木鸟兽一同生长，尽享天真烂漫的童年乐趣。这种"思无邪"的经验，成了他们日后作为诗人的资粮。

其实，给两个儿子起名，苏洵可谓费尽心机。兴许是因为喜欢战国时代纵横驰骋的车驾，他以车前面的轼（扶手）给二儿子赋名，三儿子则取车碾过后留下的辙印。车轼的意义在于前瞻，因此，苏轼的字叫作子瞻；车辙的含义暗指道路的由来，因此，苏辙的字叫作子由。兄弟二人，一个前瞻，一个后顾，可谓两全其美，无有偏失。

八岁那年，苏轼被送进了天庆道观的北极院，交由道士张易简教授课程，算是正式上学了。古木交荫，充满神秘气氛的院子里，求学的孩子约有一百人。与苏轼最投缘的，是一个名字叫作陈太初的聪慧的同学。离开道观之后，同学二人走上了不同的人生路线：一个进入庙堂兼济天下，一个则走进山林独善其身，不再有任何交集。陈太初在道学上的修行成就非凡，他"驻马生枯骨，回车济病蛇。带云眠酒市，和月醉渔家。落日千山路，西风一枕霞"（《苏轼年谱》第 12 页）。如同他名字里的含义，遨游于与天地浑然一体的物之初。元祐末年，历经人世险恶，劫波幸存的苏轼，听到了老同学尸解羽化的消息，心中不禁升起欣羡之情。在无边无际的晴空中，道人的肉身化为一片白云，或是一道霞光，消失在遥不可及的天际——这并非诗歌里的想象。倘若出生在魏晋南北朝时期，寒门士子报国无门，苏轼或许就会走上与老同学陈太初相同的道路。

两年之后，轼从天庆观退学，因为父亲时常离家外游，他的学业只能由母亲来教授。出身名门的程夫人不仅知书达理，对于古今成败兴衰之史事，也能说出其中的大要。她讲解文史时，每每引述古人的名节来激励自己的孩儿："你们要是能够像比干、屈原那样以身殉道，我就没有什么可担心的了。"一次，在讲到《后汉书》里的《范滂传》时，夫人肺腑里发出深深的感慨："儿子啊，你们若能做得范滂这样的人，我就能做范滂的母亲！"

范滂是东汉时期一名高洁的君子，曾被朝廷任命为清诏使，巡行考察各地官员。他"登车揽辔，慨然有澄清天下之志"，所要经过的地方，贪渎的官员望风解印，落荒而逃。后来，因为弹劾他的人太多，受到质疑与攻击，他便辞官而去。汉灵帝建宁元年（168），太傅陈蕃和大将军窦武谋诛宦党失败，朝野大肆追捕他们的同伙，范滂也在名单之内。汝南督邮吴导不忍缉捕这样的正人君子，手拿诏书失声痛哭于公堂。范滂得知此事，便前往县狱投案，县令郭揖表示宁愿弃官与他一同逃亡天涯。但范滂仍然决意自投罗网，他对此时前来诀别的老母亲说："家里有弟弟仲博，足以供养母亲，我就跟随父亲于黄泉之下了。存亡各得其所，望母亲割舍不忍之恩，不要过于悲伤为好。"范母坚决支持儿子的义行，说："儿今日能与李膺、杜密等高士齐名，死亦何恨！儿既得令名，复求寿考，何可得兼！"

这样的言传身教，令兄弟二人深感震撼。自此之后，程夫人常对家里人说："二子必不负吾志。"

轼十二岁那年，祖父病逝，苏洵返乡奔丧守制，并从夫人那里接过教鞭，指导他们读贾谊、陆贽等人的著作。后来，轼进入当地正规的学校，系统学习儒家的六经，为将来的科举考试做准备。在当时的教育体制下，对典籍的背诵是很重要的学习方式。轼并不以强记见长，他喜欢以抄写的方式来加深理解与记忆。别的不说，仅八十万字的《汉书》就抄过两遍。长此以往，他的书法便越来越见功力，后来成为开一代风气的书家，实在是水到渠成的结果，并非刻意地追求，因此也没有那些专攻书法者造作的匠气。但在少年苏轼的读书履历中，最为应心的是阅读《庄子》。看完庄子美食佳酿般的文字后，他欣然感慨："吾昔有见于中，口未能言，今见《庄子》，得吾心矣！"（苏辙《亡兄子瞻端明墓志铭》）综观他一生的著述，得益于庄子的实在是太多太多。至于绘画，他几乎是无师自通，不学而得用笔之理。他认为，在各种兴趣中，绘画是最可贵的一种，能怡悦心灵又不夺人魂魄。"凡物之可喜，足以悦人而不足以移人者，莫若书与画。"（《苏轼年谱》第 29 页）

在儿子眼里，父亲苏洵是个"燕居如斋"的人。他面貌嶙峋，生性冷峻孤漠，常常正襟危坐，终夕无言，内心却桀骜不驯，疾恶如仇，对事物的态度有着难以迁移的固执，是一个不太好相处的人。轼有个姐姐，"幼而好学，慷慨有过人之节，为文亦往往有可喜"，堪称父亲的掌上明珠，小小年纪就被许配给母亲哥哥程睿的儿子程之才，但过门之后不受待见，过得很不快活，刚踏上十八岁就病逝了。苏洵极其痛心，指责亲家人"不之视而急弃之，使至于死"，遂公然与程家决裂，还在家族的集会上公开对程家进行道德审判，列举出六大罪状来，称他们"是州里之大盗也，吾不敢以告乡人，而私以诚族人焉"（《苏轼年谱》第 31 页）。从此，苏程二家如同冤亲债主，不相往来，程夫人也与娘家人无法相认，轼和辙也不再去见外公外婆。直到四十多年后，轼被贬惠州时，才与时任广南东路提刑的程之才建立联系，总算化解了这段冻结已久的恩怨。

至和元年（1054），苏轼虚岁十九，父亲给他物色好青神县乡贡进士王方的女儿王弗。这个未满十六岁的女子，虽然相貌不见得有多出众，却是持家的好手。第二年，父亲又给小苏轼三岁的苏辙娶了史氏，这个小媳妇才十四岁，近乎童婚。苏洵希望在两个儿子科考之前，就成家生子，尽到孝道，完成将家族血脉传承下去的使命，先齐家而后治国平天下，自己的辈分也可以尽快升格为祖父。

四

嘉祐元年（1056）暮春，苏氏父子三人，踏上了前往皇都开封的路途。在他们的行囊里，夹带着张方平和雅州知州雷简夫给欧阳修、韩琦等人的举荐信。雷简夫只是在十年前与欧阳修有过一面之交，但信中的话语十分恳切："呜呼！起洵于贫贱之中，简夫不能也，然责之亦不在简夫也。……恭惟执事职在翰林，以文章忠义为天下师，洵之穷达，宜在执事。"（参见邵博《邵氏闻见后录》）

当年走出盆地，前往中原，有两条路可供选择：一是出剑门关经长安，穿越秦岭的陆路；一是顺长江而下，通过三峡经荆楚出去的水路。他们选择的是陆路，经过一夫当关，万夫莫开的剑门关，才意识到自家安住的地方，原来是那么险要，真切体会到"蜀道之难，难于上青天"。

五月份，他们顺利地抵达了汴梁，住进了兴国寺深幽的院子里，等待大考的临近。此时的开封城区，到处是水汪汪的，快被一场罕见的大雨淹没了。不唯是京师，灾情的漫漶几乎殃及了大半个中国，"大川小水，皆出为灾，远方近畿，无不被害"（欧阳修《论水灾疏》）。最为严重的是河北地区，那边的民众不得不逃离家乡，四处流亡。就在救灾工作脚忙手乱地进行的时候，八月初一，天上出现了日食，紧接着彗星又出现在东方，扫帚一样的尾巴上的光芒，比北斗星

◇ 从蜀地前往关中的道路，重山阻隔

● 《春山图》北宋 - 燕肃 - 故宫博物院藏

还要耀眼。这被认为是战事发生的前兆，因此城里人心恓惶。然而，令当朝大臣文彦博、欧阳修、司马光等人更为担心的，是仁宗皇帝岌岌可危的身体和迟迟不能定夺的立储问题。

还是正月里的甲寅日，在接受百官朝拜时，仁宗皇帝突然感到晕眩，皇冠一下子就滑落下去。近臣连忙用手指抠出皇上口中拥堵的痰涎，并紧急传唤太医，情况才有所好转。看样子是大脑轻度中风了。之后，在设宴迎接辽国使臣时，皇帝的病再度发作，语无伦次，不知所云。宰相文彦博只好向外宾解释，说是皇上饮酒过量的缘故。事后，文彦博与两府要员招来内副都知史志聪等人，询问皇帝起居情况。史等以宫中之事不敢泄露作答，令文彦博十分气愤："皇上突然患病，只有你们这些人能够进入禁宫，不让宰相知道天子的起居，你们到底想干什么？"他还特别叮嘱，到了晚上，皇城各门必须下锁，禁止任何人进入。开封知府王素夜叩宫门，说是有急事禀告，受到了文彦博严厉的斥责。（参见《续资治通鉴》卷第五十六）私下里，文彦博还与富弼等人悄悄地商量确立储君的事情。翰林学士欧阳修和司马光也先后上疏，请求皇帝尽快定夺。可令人着急的是，这些上疏都被仁宗皇帝留中不发。皇权的更迭处在叵测不定的状态之中。

因为自家院子进水，掌管枢密院的护国节度使狄青，举家迁到了相国寺，一家人的起居都在大殿上面。狄青是国家的英雄，人又长得十分英俊，每次出行都会有很多百姓聚集围观，导致道路堵塞无法通行。皇帝有病期间，又传出狄青的家犬长出古怪的犄角，院子里屡次显现神秘的灵光。他盖世的勇武令人深感不安，联想到彗星的出现，开封的街头巷尾舆论哗哗。刚刚出使辽国归来，一家人还在筏子上露宿的欧阳修，接连向朝廷上疏，除了迫在眉睫的立储问题，他还特别请求将狄青将军外调，以保全他的性命，也消除国家可能的隐患。朝廷内外似乎险象环生。德行醇厚、几乎没有任何过失的狄青，于是被免去枢密使的职务，以同平章事出任陈州知州。或许心里的委屈到了嘴边却说不出来，谁都没有想到，赴任陈州的第二年，这位四十九岁的国家英雄，便因为嘴生毒疮去世了。从此以后，北宋王朝再也没有出现过不教胡马度阴山的龙城飞将。

在辽国，欧阳修受到了超规格的礼遇，宰相、中书令和皇族成员纷纷宴请，妖冶的歌女轮番敬酒，有人唱的还是欧阳修填写的词，他成了真正的醉翁，心与身都醉到一起，竟不知自己是在哪里了。按照辽人的说法，之所以如此隆重，完全是因为欧阳学士名重当世。自从《醉翁亭记》流传开来之后，欧阳修一代文宗的地位已经无人质疑。回到汴梁不久，大约在五月间，欧阳修得知好友梅尧臣已经结束为母亲大人的守制，从安徽宣城来到京师，因为在大水中找不到住处，眼下还滞留在船上，于是急忙蹚着泥水到河岸边来相见。二十五年前，二人相遇于洛阳，"徜徉于嵩洛之下，每得绝崖倒壑、深林古宇，则必相与吟哦其间"（《送梅圣俞归河阳序》）的情景，记忆犹新。看到这位职务一直升不上去的故友身体消瘦，下巴嶙峋，欧阳修特地让人送来了二十匹绢，让他转手，以解燃眉之急，并举荐其出任国子监直讲。这无异于雪中送炭，把梅尧臣感动得不行，泪涕同时流了出来。

九月的一天，欧阳修收到了一封署名"眉山苏洵"的信函，里面还附有《洪范论》《史论》等七篇文章。来函称：执事您的文章，天下人没有不知道的。但本人认为自己理解的深刻程度，超过了天下人。孟子的文字，语言简约而意思详尽，他不说尖刻与斩截的话语，但显露的锋芒谁也不敢冒犯。韩愈的文章，如同长江大河，浑然浩荡流转，让鱼鳖蛟龙、种种灵怪惶惑不安，纷纷隐藏掩蔽起来，不敢暴露自己；而人们望见其渊然之光，苍茫之色，也自动退避，不敢正视。而执事您的文章，"纡余委备，往复百折，而条达疏畅，无所间断。气尽语极，急言竭论，而容与闲易，无艰难劳苦之态。此三者，皆断然自为一家之文也"（苏洵《上欧阳内翰第一书》）。信的后面，苏洵也介绍了自己的状况，称自己命运不济，多年堕落于草野泥涂之中，但求道之心粗有所成，希望"徒手奉咫尺之书，自托于执事"。信里的行文意思直截了当，话语却不失风姿华彩，正是欧阳修自己所倡导的文风。附后的七篇文章文气酣畅，刚健雄辩，饶有战国时代荀子的风范，让他读起来如饮佳酿，不禁击掌出声："文章就应该这么写啊！"

几天后，苏洵带上张方平和雷简夫的推介信，登门造访他敬仰已久的欧阳修。其时，两个儿子已经通过举人考试，获得参加进士科考的资格。出来迎接他的欧阳修腮帮饱满，耳根垂长，声音宏畅，态度和蔼可亲，一下子化解了他的拘谨。饮下一杯热茶后，他兴致勃勃地谈起了对古今事物的许多看法，令欧阳永叔大为惊叹，觉得这是一个从踏大方的人物。欧阳修称，当今文坛，自己可谓阅人无数，比较喜欢的是尹洙、石介，但总觉得二者的文字还是意犹未尽，欠一把火候。现在看了苏洵的文章，才感到意思满足了（参见邵伯温《邵氏闻见录》）。惜才如同己出的欧阳修，随后向仁宗皇帝呈上了《荐布衣苏洵状》，称布衣苏洵"履行淳固，性识明达，……其论议精于物理而善识变权，文章不为空言而期于有用。其所撰《权书》《衡论》《机策》二十篇，辞辩闳伟，博于古而宜于今"，希望明君予以启用，不使英才如枯叶弃于路旁。

与此同时，苏洵还给当朝宰相文彦博、富弼，枢密使韩琦、田况等权威人物致函，登门拜会京城里一些显要人物。因为有了欧阳修的倾心推举，他的文章在京城大街小巷广为流传，收获了数不尽的赞许，可谓声名鹊起。"一时后生学者皆尊其贤，学其文以为师法。"（欧阳修《故霸州文安县主簿苏君墓志铭并序》）韩琦称他对时局的评判，甚至连汉代的贾谊都不能企及。得到这些人物的首肯，苏洵暗自心花怒放，觉都睡不踏实，但明里还是尽量保持着宠辱不惊的矜持。

五

嘉祐二年（1057）的科考，堪称中国科举史最华彩的一页。之所以如此，全因为欧阳修担任了主考官。是年正月初六，欧阳修受命知礼部贡举事，仁宗皇帝特别赐予他"文儒"的尊号。同知贡举的还有翰林学士王珪、龙图阁直学士梅挚、知制诰韩绛、集贤殿修撰范镇。欧阳修文学上的同道梅尧臣作为参详官，参与试卷的审阅。一群人随即进入贡院，开始五十多天的封闭，直至二月底出闱之后才能够出来。

北宋开国以来，文坛流行追求辞藻华丽、形式雅致的文体，这种文体因《西昆酬唱集》得名，被称为"西昆体"。代表诗人杨亿、刘筠、钱惟演等，都是养尊处优的社会上流人士，他们推崇晚唐李商隐精雕细琢的表现手法，讲究修辞的精美和格律的工整，却忽略直指世道人心的精神内涵，渐渐形成了一种套路化的写作范式。庆历年间，欧阳修的同年进士、执掌太学教席的石介，大肆抨击"西昆体"，称其"穷妍极态，缀风月，弄花草，淫巧侈丽，浮华纂组"。在他的矫枉之下，太学生们好新掠奇，又形成一种扭捏造作、佶屈聱牙、奇崛怪诞的文风，被称为"太学体"，属于学院派的路数。欧阳修曾经致信石介，批评其"好异以取高"的文学倾向，指出"君子之于学，是而已，不闻为异也"。但这位自许甚高的老友并不以为然。欧阳修将"西昆""太学"两种文体视为左道，决意通过科考来破除科场积弊，扫荡文坛的风气，赓续韩愈发动的古文运动和文以载道的传统，继往开来，完成一场文体上的革命。为此，他明确要求应试作文必须言之有物，平易自然，凡为险怪艰涩之文者一律黜落！

太学生中有位名叫刘几的，被认为是国子第一，特别喜欢使用生僻怪诞的词汇，在这届考生中呼声甚高。欧阳修在试卷中读到一篇作文，结尾有这样的句子："天地轧，万物茁，圣人发。"尽管名字已经糊住，但他断定必是刘几的卷子无疑，于是拎了出来，并在上面批上"大纰缪"三个字，将其张贴在墙，作为反面教材让考官们观摩。

这一届策论的题目是《刑赏忠厚之至论》。在众多考卷中，有一份策论让梅尧臣大为惊喜。此论言简意赅，而且思路清明，态度中和，将仁治天下的理念阐述得十分周全。其中有这样精辟的字句："可以赏，可以无赏，赏之过乎仁。可以罚，可以无罚，罚之过乎义。过乎仁，不失为君子；过乎义，则流而入于忍人。故仁可过也，义不可过也。古者赏不以爵禄，刑不以刀锯。赏以爵禄，是赏之道，行于爵禄之所加，而不行于爵禄之所不加也。刑之以刀锯，是刑之威，施于刀锯之所及，而不施于刀锯之所不及也。先王知天下之善不胜赏，而爵禄不足以劝也，知天下之恶不胜刑，而刀锯不足以裁也，是故疑则举而归之于仁，以君子长者之道待天下，使天下相率而归于君子长者之道，故曰忠厚之至也。"

参详官连忙呈送给主考官。欧阳修法眼一扫，便觉得此文思路绵密，见地独到，行文沉稳，名列榜首不容商量，但脑筋一转，怀疑此文极有可能出自学生曾巩之手。此次评卷标准改变，已经招来舆论的喧哗，如果成为魁首的是主考官门下弟子，将会授人以柄，引火烧身。于是，他将卷子降为策论的第二名。揭榜之后才知道，却是眉山苏洵之子苏轼的答卷，而此子十八岁的弟弟苏辙，也榜上有名。

原先，殿试都会有一些考生落榜。有的来自边远地区的落榜者，因为缺少返回家乡的盘缠，流离失所，甚至有人跳河自尽。仁宗皇帝听说之后，内心恻然，便在殿试环节取消"黜落制"，所有礼部上报的进士，全都通过皇帝的御试。也正是因此，欧阳修的理念得到了畅通的贯彻。因为评价观念的扭转，很多具有真才实学的士子得以鱼跃龙门，成为国家的精神财富。北宋中后期的精英人物，大都出自这一届科考的龙虎榜。文学方面有苏轼、苏辙、曾巩等，思想方面有程颢、张载、朱光庭等，政治方面有章惇、吕惠卿、曾布、王韶、吕大钧等。这些人都可以说是欧阳修的门生。在考场上遭遇重挫的太学生刘几，之后不仅转变文风，也将名字改为刘辉，重新参加两年之后的考试，被时任殿试详定官的欧阳修擢拔为状元。欧阳修之所以被公认为一代文宗，不仅因为他的文学成就，还在于他襟怀开阔，慧眼识人，见得别人的好，由衷地为他们欢呼鼓舞，没有文人相轻的恶习。

考试结果公布，三百八十八名进士，得到了皇帝亲手赠送的《儒行篇》。那是《孔子家语》中关于儒者品德与行状的叙述，君子人格的集中体现，士子修身的指南。然而，在榜上找不到自己名字的举子们，纷纷发难，抨击考官挟带私见，不能秉公断卷，还在考场内相互酬唱，破坏肃穆庄严的气氛。欧阳修形容考场的"无哗战士衔枚勇，下笔春蚕食叶声"，梅尧臣的"万蚁战时春日暖，五星明处夜堂深"，都成了他们举出的罪证。人们指责考官以天上的星宿自命，视举子为地下可以随意踩踏的蚕蚁。还聚集在交通要道上，围堵欧阳修的坐骑，加以谩骂、声讨和诅咒。有人甚至匿名撰写《祭欧阳修文》送到家里来。纵观欧阳修的一生，都避不开诬告与谩骂的暗箭和是非口舌。

本届科考，苏轼成绩居中，以乙科上榜，但策论单科成绩突出。这次成功的应试，不仅为他今后的人生铺垫了阶梯，也让他结识了程颢、张载、章惇、曾巩等一批国家的精英，并从此与他们发生命运的交集。张榜之后，他照例分别致书各位试官，感谢他们的知遇。看了苏轼的《谢欧阳内翰启》和随函附上的文章，欧阳修对梅尧臣说："读轼书，不觉汗出，快哉！快哉！老夫当避路，放他出一头地。"回到家里，还对儿子说："汝记吾言，三十年后，世上人更不道着我也！"他真的是要把文坛领袖的地位，出让给初出茅庐的苏轼了。不过，在这

◇ 一代文宗欧阳修，主动要给
初出茅庐的苏轼让道

场科考中慨叹至深的，莫过于苏洵，他百感交集地说道："莫道登科易，老夫如登天。莫道登科难，小儿如拾芥。"实在想不明白，为什么对他而言如同登天一般的难事，到了两个儿子这里，就像在地上捡起草芥一般容易呢？

尘埃落定之后，一家人终于可以轻松地走进汴梁的繁华，成为世界大都市实景的一部分。此时此刻，他们所看到的，正是数十年之后，孟元老在靖康之变流离失所途中所追忆的情境——

太平日久，人物繁阜。垂髫之童，但习鼓舞；班白之老，不识干戈。时节相次，各有观赏。灯宵月夕，雪际花时；乞巧登高，教池游苑。举目则青楼画阁，绣户珠帘，雕车竞驻于天街，宝马争驰于御路，金翠耀目，罗绮飘香。新声巧笑于柳陌花衢，按管调弦于茶坊酒肆。八荒争凑，万国咸通。集四海之珍奇，皆归市易；会寰区之异味，悉在庖厨。花光满路，何限春游；箫鼓喧空，几家夜宴。伎巧则惊人耳目，侈奢则长人精神。

张榜之日，汴梁城里比苏家更高兴的，是来自江西的曾巩一家。这位欧阳修的得意弟子，终于在三十九岁的年龄获得进士身份。与他同榜的还有家里的两个弟弟、两个妹夫，一家出了五位进士，洗雪了多年来门楣上的耻辱。想起当年父亲客死京城无钱下葬，只好向老相国杜衍求援的情景，还有二十一年来一次又一次地落榜，特别是返乡时听到的嘲讽的歌谣："三年一度举场开，落杀曾家两秀才。有似檐间双燕子，一双飞去一双来。"曾巩独自跑到无人的高处，禁不住放声大哭。他胸腔里发出的呐喊响彻云霄，哗啦啦地惊起了一群飞雁。

六

因一代文宗的鼎力推举，苏门父子三人的文名，像爆竹一样响遍了整个汴梁城。"于是三人之文章盛传于世，得而读之者皆为之惊，或叹不可及，或慕而效之。自京师至于海隅障徼，学士大夫莫不人知其名，家有其书。"（曾巩《苏明允哀词并序》）但对于苏洵来说，盛名之下，也有其实难副之处。他与其归于儒者，倒不如说是一个纵横家或法家，对儒家中庸之道体认不足，但对政治生活中法术韬略十分沉迷，重刑杀而轻教化。他有关治国平天下的道理，都来自书斋里的苦读与沉思，缺少与之相应的经验推演，个人性格也较为刚愎自闭，并非通达之家。因此，虽然文章读起来令人钦佩，见面交往却不一定投缘。

为了提携苏洵，欧阳修可谓不遗余力，带他出入一些上层社会的社交活动，希望让更多的人见识他的才华。重阳节那天，韩琦在家里设宴，受邀的人，光执政大臣就有二三人。欧阳修特意携苏洵同往。洵不善言谈，即兴赋诗更非所长，但他还是吟出"佳节屡从愁里过，壮心时傍醉中来"这样的佳句。但更多的时候，他的表现似乎并不太合时宜，寡言而又自尊的他，像一块不溶于水的老盐，咸咸的，难以和旁人打成一片。

苏洵曾经给宰相富弼、文彦博，枢密韩琦、田况等人上书，陈述自己对于时弊的立场，颇有登高望远、指点江山的意思。在给枢密使韩琦的信中，他批评其前任狄青"号为宽厚爱人，狎昵士卒，得其欢心"，知御外之术而不知治内之道，导致兵骄将惰，成为当今之大患。他认为："天子者，可以生人杀人，故天下望其生；及其杀之也，天下曰：是天子杀之。故天子不可以多杀。人臣奉天子之法，虽多杀，天下无以归怨，此先王所以威怀天下之术也。"（苏洵《上韩枢密书》）建议韩琦反狄青之道而行之。韩琦虽然是个有度量的人，看了却颇为不快。在给宰相富弼的书信中，苏洵出言的口气也不小，他劝导宰相："是以君子忍其小忿以容其小过，而杜其不平之心，然后当大事而听命焉。"（苏洵《上富丞相书》）这些书生意气的话，虽然不无道理，但富弼阅后，也高兴不起来。因此，当有人探问其对苏洵的印象时，得到的回答是："此君专门教人杀戮立威，岂值得如此要官做！"尽管欧阳修的举荐信里，说了苏洵"可否进退，则在公命"这样的话语，富弼始终没有做出应有的回应。

时任群牧判官的王安石，虽然同是欧阳修器重和提携的人物，对于苏洵也很不以为然。据说，在京城交游的某一次宴会上，二人曾有过交集。王安石读过苏文，倡导圣人之学的他，认为苏洵所热衷的是纵横之术，而非儒者的正道。因此见面时自然没有什么好话。但不知是王安石身上那股馊味和胡须里爬行的虱子影响了自己胃口，还是因为彼此间气质不投，苏洵对于这个不近人情、不修边幅的名士，也极为反感。嘉祐八年（1063），王安石母亲病逝于汴梁，在京的士大夫皆前往吊唁，但苏洵"独不往"，后来还写了一篇《辨奸论》，极度丑化王安石的形象，称此人"口诵孔、老之言，身履夷、齐之行，收召好名之士、不得志之人，相与造作言语，私立名字，以为颜渊、孟轲复出，而阴贼险狠，与人异趣。是王衍、卢杞合而为一人也，其祸岂可胜言哉？夫面垢不忘洗，衣垢不忘浣，此人之至情也。今也不然，衣臣虏之衣，食犬彘之食，囚首丧面，而谈《诗》《书》，此岂其情也哉？凡事之不近人情者，鲜不为大奸慝，竖刁、易牙、开方是也"。还断言其今后将成为天下大患。有人认为此文乃伪托之作，但从张方平为苏洵所写的墓表，及苏轼与张方平的通信来看，应是苏洵本人的笔墨无疑。张方平的《文安先生墓表》大段引用了《辨奸论》，还以王安石后来的用事来证明苏老先生的先见之明。苏轼的去信不仅对此表示感激，还借此斥责王安石"斯人用区区小数以欺天下"。这些都足以证明《辨奸论》并非他人伪托（参见朱刚《苏轼十讲》第208页，上海三联书店2022年版）。但是，嘉祐六年（1061），苏轼被录用为大理评事时，知制诰王安石在制词中却给予了不低的评价："尔方尚少，已能博考群书，而深言当世之务。才能之异，志力之强，亦足以观矣。"

由于富弼等人对苏洵的印象不良，尽管欧阳修力挺，仍未能给苏洵谋得一个职务。苏洵不愿就此善罢甘休，正在这时，听说张方平被朝廷召回，担任统管财政的三司使，便不惜冒着雪后的恶劣天气，踏着百余里的泥泞道路出城迎接，在寒风中等待了很久，弄得自己唇黑面裂，童仆脸上也没了血色（苏洵《上张侍郎第二书》）。或许是碍于面子不好说话，过后他还专门修书一封，请求张方平再次为自己引荐。然而，就在这个节骨眼儿上，眉州那边传来了程夫人病逝的噩耗，父子三人只好收拾行囊，匆匆赶回老家去了。

<h1 style="text-align:center">七</h1>

得知两个儿子在京城金榜题名的消息，留守在眉山纱縠行的程夫人无比欣慰，但操劳多年的身体却难以支撑。作为人妻人母，她都已尽到了责任。对于男权时代的女性而言，也算是功德圆满了。至于自己个人的生命存在，也就暗自交代，没有多说什么。未等到丈夫和儿子回来，四十来岁的她就倒在了布纱飘飘的院子里。

父子回到家里，夫人已经入土多日，院子空空落落，只有鸟儿叽叽喳喳。睹物思人，老苏备感凄凉："归来空堂，哭不见人。伤心故物，感涕殷勤。嗟予老矣，四海一身。"（苏洵《祭亡妻文》）站在妻子的坟前，想起平日里自己对她生硬的态度，心里甚不是滋味。两个儿子曾经提过：母亲过于劳苦，倘若不能及时体贴关切，将来就会后悔莫及的。现在真的是只有后悔了。老苏"感叹折节，以至今日"，郑重其事地写了一篇祭文，追怀夫人的德行，表示要"凿为二室，期与子同"，待他死后同葬一穴，以补偿自己内心的亏欠。

程夫人和苏洵都是居士，按照佛教的观念，父子将夫人生前最喜欢的物件，通通都捐献给了寺院，愿她能够放下对人间世界的眷恋，无牵无挂地往生西方极乐净土。他们还恭请了观世音菩萨、大势至菩萨、天藏王、地藏王、解冤王者、引路王者等六尊塑像，供奉在极乐寺的如来佛殿里，将功德回向于程夫人的在天之灵。从苏氏一家因循的习俗，不难看出宋代佛教文化对中国本土的浸润之深。

母亲过世之后，苏轼觉得自己的心一下子空落了许多。他还来不及报答母亲的生养与教化之恩，这让作为人子的他心里忐忑不安。但是，在他的文集里，看不到他当时有关母亲的文字，而林语堂《苏东坡传》却有这样的叙述："居丧守礼之下的一年又三个月的蛰居生活，是苏东坡青年时期最快乐的日子。兄弟二人和年轻的妻子住在一起。东坡常到青神岳父家去。青神位于美丽的山区，有清溪深池，山巅有佛寺，涉足其间，令人有游仙寻异超然出尘之感……"（林语堂《苏东坡传》第39页，湖南文艺出版社2017年版）其时的苏轼，正为刚刚开始的新生活所召唤，"有笔头千字，胸中万卷，致君尧舜，此事何难。用舍由时，行藏在我，袖手何妨闲处看"（《沁园春·赴密州早行马上寄子由》）。怀揣远大的抱负，他决心像伊尹那样辅佐君王，使之成为尧舜，似乎没有长时间地沉湎于丧母之痛当中。但母亲养育教化的恩情，他并没有那么容易就忘却。后来的岁月里，他有时会想起母亲生前的一些事情，并作了记录。其中就有《记先夫人不残鸟雀》《记先夫人不发宿藏》等。前者记录的是母亲不许家里人伤害鸟雀的事情，后者记载的是另一桩事——

当初，家里租赁纱縠行，两个婢女在熨布的时候，脚下的地突然陷落下去，达几尺之深，下面有乌木板覆盖着一个坛子。母亲见状，便让她们填土埋了回去。一年之间，坛子里不时传出像是咳嗽的声音，家人都认为里面有前人埋藏的宝物，母亲还是坚决不许他们挖掘。后来，苏轼到凤翔任签判时，居住的院落有棵古柳，下雪时树下不见积雪，晴天时地面却隆起几寸高。他怀疑是古人藏丹药的地方，想开掘出来看看。妻子王弗在一旁说："要是母亲大人还在，她绝不会同意你这样做的。"苏轼顿感惭愧，便就此作罢了。母亲对他精神的规训力，由此可见一斑。母亲的逝世，意味着家园的荒芜，他的心，此时早已被外面风云激荡的世界所吸引，就像他后来在前往京城的船头上写的："故乡飘已远，往意浩无边。"

八

嘉祐三年（1058）十一月，还在守制期间的苏洵，接到了中书省的札子，打开却是召他赴京到舍人院参加策论考试，之后再返回到本州发遣。这令他十分失望，考试恰恰是他的软肋，他几乎患了恐考症，何况自己已经年过半百，以衰病之身，再奔走万里风尘去参加这么一个考试，不免被士林轻蔑与取笑，若是不能考取，更会成为一生的奇耻大辱。在给雷简夫的回信中，他表达了自己的抱怨之情，称自己年纪已老，"俯仰世俗之间，窃观当世之太平；其文章议论，亦可以自足于一世"，况且还没有到不做官就没了饭吃的地步。

拖了一些时日之后，他给仁宗皇帝上书，称病请辞，话里头却带着一股酸涩的滋味："以陛下躬至圣之资，又有群公卿之贤，与天下士大夫之众，如臣等辈，固宜不少，有臣无臣，不加损益。"第二年六月，朝廷又有同样的召命下来，老苏还是坚决推辞。不过，此时守制期满，在家待着也不是事，于是，在梅尧臣等人的劝说之下，他还是带着两个儿子及媳妇眷属，沿水路穿过三峡再度进京。在此之前，家里再次发生变故，苏轼的三姐、他最小的女儿病逝，随她母亲而去了。媳妇王弗则为苏家生下了一个男丁，起名苏迈。置身生死之间，不免让活着的人内心唏嘘。

在欧阳修等人的多方努力下，嘉祐五年（1060）八月，苏洵得以不通过考试，被授予秘书省试校书郎的职务。于心未甘的他，勉强接受了这个九品的芝麻小官。在《上欧阳内翰第五书》中，他发出这样的喟叹：过去作为布衣，不领取朝廷俸禄，但还可以与王侯宰执平等交往；如今接受俸禄，却在交往之中趋于下风，见谁都得主动作揖，"此洵所以深自怜也！"在致宰相韩琦的信中，他更是按捺不住心中冒出的火苗。好在第二年，欧阳修升任参知政事，水涨船浮，苏洵随后才以霸州文安县主簿的职衔，参与《太常因革礼》的编修，算是有个说得过去的名分。

赴京之后，经过吏部的典选，轼被授以河南福昌县主簿，辙被授以河南渑池县主簿，都是从九品的职官。兄弟二人皆辞而不就，宁愿等待接下来的制科考试。宋朝的士人，认为不合适的职位可以推辞罢官，干得不痛快可以拂袖而去，炒皇帝的鱿鱼，有相当的自由度。

和唐代一样，宋代在进士科考试之后又设有制科。前者取的是普通人才，后者取的是突出人才，人才中的人才。参加制举需得到朝中大臣的举荐，最后阶段要接受皇帝的亲自策问。这年八月的制试，礼部侍郎欧阳修首推苏轼，而知谏院杨畋则举荐了苏辙，兄弟二人被普遍看好。宰相韩琦甚至对旁人说："二苏在此，还有谁人敢要比试吗？"这话真的吓退了一些人。临考前，听说苏辙突然发病，宰相不仅亲自看望，还专门上奏皇帝，请求延期考试。仁宗作出批复：苏辙什么时候康复，制试就什么时候举行。

经过缴进辞业、秘阁六论两个程序的考试后，最后的程序就是殿试策问。虽然身体情况堪忧，仁宗皇帝还是坚持在崇政殿亲自主试。此次策论题目是"贤良方正直言极谏"，要求对策必须三千字以上，并且即日完成。轼提起笔来洋洋洒洒，一口气写了五千五百多字才收墨。制举评分为五等，一、二等皆为虚设，从未有人得过，一般都以第四等入选。轼得第三等，成为本朝自有制科以来评等最高的两个人中的一个。本次制科总共录取三人：苏轼、苏辙和王介。苏氏一门占了三分之二。

策问的考试，要求应试者要开诚布公地批评朝政。试前仁宗皇帝特别交代，策论的答卷必须直言不讳。按照轼自己的表述，他的《御试制科策》已经是"直言当世之故，无所委曲"了。然而，他看似温和含蓄的弟弟，策论里却是锋芒毕露，剑指仁宗皇帝，斥责这位当政者"无事则不忧，有事则大惧"，怠于政事，耽于声色，后宫宠姬上千，优笑无度，等等，几乎一无是处。而真实的情况几乎恰好相反。仁宗极其勤政，而且每隔几年，都会释放上百宫女出宫，让其同家人团圆。

交完卷子出来，连辙自己都觉得过分，但作为考官的司马光竟然十分赞赏，称其指明朝政过失，毫无保留顾忌，是所有卷子中最为真切的一份，应该评为三等。另一位考官范镇坚决反对，主张改为四等。还有一位考官胡宿认为，辙的策论将仁宗皇帝当成了乱世之君，恶语相向，应当排除出局。对立的意见最终报到了仁宗那里，一言九鼎的圣旨，竟然是这样的言语："其言直切，不可弃也。""吾以直言求士，士以直言告我，今而黜之，天下其谓我何！"也只有宋朝，才会出现仁宗这样开明的君主。当天回到后宫，尽管十分疲惫，他还是兴高采烈地对曹皇后说："今天我为子孙揽得两个太平宰相！"不能不说，上天当初给苏氏兄弟的荣宠实在是太高了，后面所能给予的，恐怕更多是折辱了。

对于仁宗皇帝的恩情，辙十分感激，多年之后还念念不忘，说："多亏仁宗皇帝力排众议，才使我不弃于世。"但他却嫌所授职位偏低，没有接受任命，上任秘书省校书郎、充商州（今属陕西）军事推官，而是以父亲年老无人侍奉为由，请求留在汴京。对于凤翔府签判的任命，轼倒是欣然接受，还写了一首诗给弟弟，其中有这样的句子："辞官不出意谁知，敢向清时怨位卑。"（《病中闻子由得告不赴商州三首》）

第二章

绝学的承接

一

苏轼的同科进士中，有一位在中国文化史上的成就不让于他。此人名字叫作程颢。程颢和弟弟程颐，是宋明理学中洛学一脉的开创者，在思想界的地位相当于文学界的苏氏兄弟，他们各自都有一个杰出的父亲，一个叫作苏洵，一个叫作程珦。因此，苏家有"三苏"之称，程家也有"三程"之谓，两个家庭几乎撑起了北宋文化的半壁江山。

程家世代为官，程珦以门荫入仕，逐阶拾级而上。仁慈与刚毅、宽恕与果决，这些看起来相互排斥的品质，圆融地调和在他的性情里，他称得上是大德之人。性情温和的他，对下属和仆人说话总是轻声细语，生怕吓着了他们，季节变换时还会嘘寒问暖，非常体贴。为官所得到的俸禄，大都分给亲戚中较为困窘的人家。伯母守寡无人照顾，侄女出嫁后丈夫早亡，程珦就将她们接到家里一起生活。女儿出嫁，他总是尽可能给予丰厚的嫁妆。一生之中，因为德行，他先后得到朝廷的五次嘉奖。

大约是庆历五年（1045）的时候，已经官至大理寺丞的程珦行经南安，结识了南安军（治今江西省大余县）司理参军周敦颐。此时，当地行政长官王逵，不知何故，将一名犯罪情节较轻的人犯判了死刑。下属官员虽存异见，但个个都噤若寒蝉，唯有周敦颐据理力争。王逵死硬不听，他便甩下手板愤然离去，宣称用杀人来取媚权贵的事情，他是坚决不会干的！最后，还是王逵心生愧疚，犯人的脑壳才得以保留。此事令程珦对周参军刮目相看。于易学有过研究的程珦，看出周敦颐两腮丰腴，面颜如玉，没有烟火色，气貌非同常人（宋濂《宋九贤遗像记》），便主动与之亲近。一席长谈下来更觉得，周敦颐不仅断案公正明快，政风极好，而且还是个微妙玄通的有道之人。于是结为至交，并将儿子程颢、程颐托付，送至南安来正式拜师学习。当时，程颢才十五岁，弟弟程颐则小他一岁。

程颢和弟弟终生都记得他们初到南安的情景。春夏交接之际，周敦颐居住的院落树木葱茏，滋长的藤蔓甚至爬进了窗子里来开花，一派生机盎然的气象。程颢问老师："为何不把窗前的杂草除一除？"得到的回答是："这种恣意生长的气象，就跟我自己生命的状态一般。"在周敦颐的身边，兄弟俩体会到了书本上感受不到的风月无边、庭草交翠的美妙意趣，胸襟旷达了许多。难怪弟弟程颐感慨："半年时间，人都如同坐在春风里。"汉语里"如坐春风"一词就是由此而来的。"绿满窗前草不除"的情景，让兄弟二人联想到《礼记》中，孔子不许弟子随手折断树枝的细节。这种对"生生之德"的敬重与赞颂，是仁者情怀的自然流露。许多年后，程颢还会回味起"自再见周茂叔后，吟风弄月以归"的神态，就像孔子学生曾皙向往的"莫春者，春服既成，冠者五六人，童子六七人，浴乎沂，风乎舞雩，咏而归"（《论语·先进》）。

接下来的教学，周老师让他们走出书本，在生活中寻找"孔颜乐处"，其实就是让他们体认如坐春风里时那阵春风的起处。孔子曾说："饭疏食饮水，曲肱而枕之，乐亦在其中矣。不义而富且贵，于我如浮云。"（《论语·述而》）他盛赞颜回："一箪食，一瓢饮，在陋巷，人不堪其忧，回也不改其乐。"（《论语·雍也》）那段日子里，他们整天都像禅师那样在潜心参悟：这其中之乐到底在哪儿？庄子中年遭遇丧妻之痛，仍然鼓盆而歌；孔子周游列国，困于陈蔡之间，脸有菜色，无米下锅，照旧弦歌不断。他们的生活遭际里都没有可乐的事情，可为什么依然快乐如故？他们究竟所乐何物？这是儒家圣人之学的立足之处和所要穷究的性命根本。其实，孔子的"吾与点也"已经回答了这个问题；周敦颐也做了提示："心泰则无不足。"

周敦颐字茂叔，是道州营道（今湖南省道县）人。十二岁那年，与他感情极好的十七岁的姐姐，不知是偶感风寒还是什么，鲜花一样的生命便忽然凋落了。过了不到两个月，活泼可爱的七岁的弟弟，也莫名地夭折。人都还没活明白，就要去死了。这让他对人生产生了极大的困惑，觉得正在进行中的生活有什么不对，一定出了什么问题。于是，春节一过，十三岁的周敦颐启请父母同意，在仆人的陪伴下，带着许多书本和再简单不过的行囊，来到离家乡十里外的月岩洞里隐居，独自面壁，潜心研读思考，将人的生命与天地造化关联起来，苦苦地加以参究。

一年之后，父亲因病去世，泰山崩塌，周敦颐只好跟着母亲投靠舅伯郑向。身为龙图阁学士的大舅，特别喜欢这个灵根炯炯的外甥，特地在自家宅子前的池塘里种植他喜爱的莲花，还搭建了一个亭子，供他读经问学。景祐三年（1036），郑向获得朝廷的恩荫，可以让家族子弟中的一个来官府供职，便将机会给了心爱的外甥。然而，一年之后，舅伯和母亲也相继去世了。在湍急的生灭之流中，与无尽的死期相比，临时性地活着的意义何在？

景祐四年（1037）七月，周敦颐卸下"试将作监主簿"的职位，扶柩南下润州（今江苏省镇江市），将母亲安葬于大舅郑向的墓旁，并寄居在鹤林寺里，一边丁忧守制，一边研读思考，同时开筵讲学。

◇ 在北宋文化的园林里，周敦颐是一个种植莲花的人

此时的他不过二十出头，但解经论道甚受学人欢迎，周边的文人纷纷前来听讲和交流。其中就有范仲淹、胡宿等声名卓著的人物。他们是那个时期最优秀的士人，年龄比周敦颐还大出二三十岁，已经算是前辈了，但都先后前来，与其切磋学问。尤其是范仲淹，他与周敦颐一样，都是道德近乎圆满的君子，彼此的交流犹如玉石之间的相互磋磨、星辰之间的交相辉映。

其时，年仅十七岁的少年王安石，正随侍父亲王益通判江宁府，在一年多的时间里，先后三次前来，向周敦颐求教。据朱熹弟子度正所述的《周子年谱》记载："独王荆公少年不可一世，怀刺（名片）谒先生，足三及门而不得见。荆公恚曰：'吾独不可求之六经乎？'"这一追记受到学界的普遍质疑。以周敦颐春风一般和煦的性格，不太可能拒绝一个少年远道而来的访学；如果不是受到点拨之后真实受益，年少轻狂的王安石，也不会在这么短的时间里三次登门问学（参见周庆《北宋思想家周敦颐与政治家王安石之关系考》，《文史杂志》2018 年第三期）。宋本《元公周

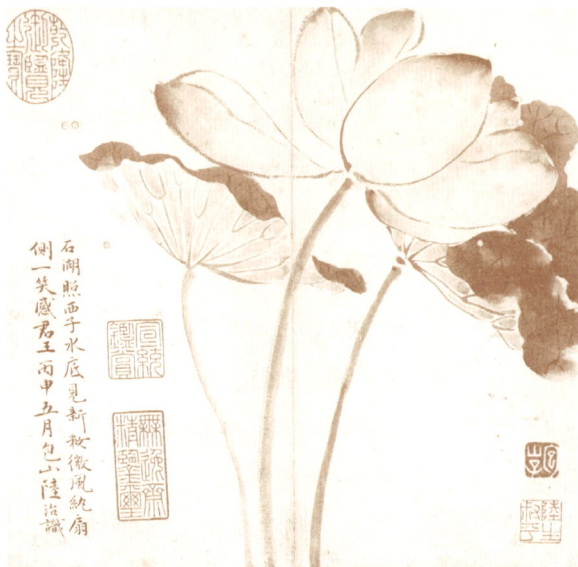

◇ 莲花和竹子，是这个时代文化人格的象征

● 《荷花》明-陆治-台北故宫博物院藏

先生濂溪集》"遗事"有这样的记载：若干年后，王安石在江南与曾巩论学，一有疑而未决的问题，王安石就会说："咱们姑且把问题搁置着，待他日由周茂叔来裁定吧。"可见他已经奉周敦颐为自己的老师了。

守制期满之后，周敦颐到墓前诀别死去的恩亲，怀着美好的想象踏上仕途，从洪州分宁县主簿做到南安军司理参军。就在这个任上时，程珦携两个儿子前来拜师。

一年多的时间里，程氏兄弟与周老师朝夕相处，享受着春风做伴的感觉。池塘边漫步的黄昏，他们体会到老师德行里散发出来的芬芳。从少年开始，周敦颐就特别喜欢莲花，尤其是白莲。每到一个地方，他都要在近旁的水面栽植一些睡莲，借氤氲的香气来熏沐自己的性灵。皎洁月光下如玉的白莲，是他精神生命的图腾，将花瓣一片片

◇ 北宋的士林，飘荡着莲花的清芬，也摇曳着竹子的风姿

● 《四季平安图》元 - 李衎 - 台北故宫博物院藏

地给予出去，是他一生的情怀。若干年以后，在与朋友雅集的现场，周敦颐提笔挥毫，一气呵成地写下了传颂千年的《爱莲说》，将自己对理想人格的想象，寄托于一朵亭亭净植的莲花之上，道出了"莲之出淤泥而不染，濯清涟而不妖"的品质，令全场为之惊艳。在文中，他分别以菊花、牡丹、莲花三种花，来象征三种不同的人格旨趣。菊花是隐逸者的象征，牡丹是富贵者的象征，莲花是君子的象征。对牡丹的爱，是芸芸众生共同的趣味，在市井中最具人气；对菊花的爱，是陶渊明这类隐者的情怀，现在已经很少听说了。最后，他发出反问："莲之爱，同予者何人？"如今，像我一样喜爱莲花、渴望成就君子人格、陶醉在自心道德芬芳里的，还有什么人吗？莲花原本是道教与佛教里的意象，象征如来本性"不染世间法，如莲

华在水"的清净与圣洁。作为儒家的周敦颐，将其引渡过来，加以诠释与发挥，表达儒者高贵的精神境界，某种意义上，也体现了宋儒对佛道的兼容。

程氏兄弟到来时，周敦颐正在探寻生命存在与天地造化的根源关系。通过对陈抟老祖传下的太极图的解读，他推出了由无极而太极、由太极而阴阳、由阴阳而五行的过程。他认为宇宙万物就是这样演化出来的，而人的性命直通无极本源，秉承阴阳五行的灵能，荟萃了天地的精华。"惟人也，得其秀而最灵。形既生矣，神发知矣。"（《太极图说》）当人处于"寂然不动"的状态，便能与性命本源"感而遂通"，进而可以率性而行。而这种寂然不动的状态，就是所谓"诚"："寂然不动者，诚也；感而遂通者，神也；动而未形，有无之间者，几也；诚精故明，神应故妙，几微故幽。诚、神、几，曰圣人。"（《通书·圣第四》）因此可以说，太极是性命之源，诚是圣人之本。诚意味着没有虚妄造作与遮蔽，人性与天道本体无碍贯通。他将《中庸》里"天命之谓性，率性之谓道，修道之谓教"的命题解释为"天使我有是之谓命，命之在我之谓性，性之在物之谓理"。将性命安立于天地本源之上，并且止于至善的人，就叫作圣人。倘若人"非诚非也，邪暗塞也"，堵住了性命与本源之间的通道，就无法成就神圣的人格。依据先秦原儒的理念，周敦颐认为天地之间最难得是人，而人最难得是"道德有于身"，成就穷尽性命的圣人人格。这种人格可以"与天地合其德，与日月合其明，与四时合其序，与鬼神合其吉凶"，而人与天地万物打成一片的德行，就叫作"仁"。

周敦颐教给程氏兄弟的道，首先是以诚为本。要求他们从寂然不动处，来安立自己的性命，找回自己的本心，在无邪之思中发现与万物同源的仁心和充满活泼生机的"生生之德",并以这种源头活水来浇灌世间万物,成就社会的事业。也许是受佛道思想影响,北宋时期,性命的成就在儒学中备受推崇,与周敦颐一样践行圣人之学的士子遍及朝野,个个玉树临风。如范仲淹、胡瑗、孙复、石介、司马光、王安石等,都是胸怀清风明月的道德君子,但从义理上对儒家思想进行深入系统阐述的,周敦颐算是头一个。唐代韩愈所推重的《大学》,在周敦颐这里得到了更为深入的解读与阐发。他接通了来自原儒的汩汩法流,并且身体力行,以命运的艰辛为生命的造化,无愧为宋明理学的开山祖师。

一

孔子死后,道术为之分裂,形成了诸多学派。有子张之儒、子思之儒、颜氏之儒、孙氏之儒等,甚至有好勇任侠,不愿从政为官的漆雕氏之儒,不一而足。子思以下的思孟学派,到了孟子便已难以为继。倒是有子以下的子夏一门香火鼎盛。然子夏之儒,特别讲究礼仪的庄严繁复和尊卑等级的分别,无意间疏忽了仁的内核。孔子生前,曾经训示子夏:"汝为君子儒,勿为小人儒!"后世的荀子也毫不客气地加以批斥:"正其衣冠,齐其颜色,嗛然而终日不言,是子夏氏之贱儒也。"(《荀子·非十二子》)据梁启超先生所述,"影响于后来最大的,莫如子夏一派。子夏最老寿,算起来当在百零六岁以上。门人弟子自然众多,而且当时中原第一强国的君主魏文侯,受业其门,极力提倡,自然更得势了。后来汉儒所传'六经',大半溯源子夏,虽不可尽信,要当流传有绪。所以汉以后的儒学,简直可称为子夏氏之儒了"（梁启超《孔子与儒家哲学》第89页，中华书局2016年版）。

儒学的核心是仁学，修身以仁和推己及人的仁政。修身的最高目标，是成为将人伦与天道集于一身的圣人。颜回于仁学卓有造诣，深得孔子的认可与赞叹，却早早就夭折了；子夏厚礼而薄仁，曾为孔子所训斥，但享寿极永，实在是儒门的不幸。因此，孟子过世之后，仁道没而礼仪兴，修身成圣的内学几乎失传。儒者终日谈论的，不再是穷理尽性以至于命和如何成就君子圣人的问题，而是如何处理社会角色之间的人伦关系，君君臣臣，父父子子，以及婚丧嫁娶的烦琐仪轨，在诚惶诚恐、战战兢兢的克己复礼中，勉强做一个贤人。这种世俗化的伦理人格，不具备道家的真人、至人以及释家佛菩萨的神圣性与超越性，满足人对生命的终极关怀。因此，被抽去仁学核心的小人儒，无法为人提供安身立命的根本，于是就有了所谓"儒门淡泊，收拾不住"的说法。道家和佛家，自然也就填充了这一空出的精神领域。

秦朝以法家思想治国，通过暴力夺取天下，却不能以暴力长治久安。汉代初期以道家思想来化解法家酷政的流毒，无为而治，让人民在自治中得以休养生息。到了武帝时代，为了强化集权统治和施展帝国宏图大略，将董仲舒所诠释的儒学奉为国家意识形态，而董氏所继承的，其实就是讲究等级尊卑之礼的小人儒，不过还将秦汉时期流行的阴阳、谶纬学说杂糅进去，使之神秘化。从此，孔孟当年如丧家之犬周游列国推广的民间思想，一朝进入了江山社稷的殿堂，成为一种国家意识形态。在后世无以复加的荣宠之下，孔孟二子为集权制度背了两千多年的黑锅，他们的仁道思想与王道理念几乎沦为了绝学。

进入魏晋，特别是八王之乱之后，天下板荡不宁，丛林法则主宰天下，知识分子通过推举孝廉和茂才进入仕途的道路，基本被堵死。政治生活充满着暗度陈仓、尔虞我诈的权谋，成为一条风险极大的畏途。高压之下，人性中最龌龊的成分被激发出来，暴露于光天化日之下，政治生态严重地违背人性，只有扭曲变形的人格才能适应和如鱼得水。英雄纷纷沦为了奸雄、枭雄和鬼雄，像嵇康、陶渊明那样光风霁月的士人，无法进入权力的核心和历史的现场，驾驭治国平天下的车舆，甚至连基本的生存都难以保障。因此，只好选择独善其身，退出险恶的江湖，韬光养晦，装疯卖傻，借助道家思想来抚慰自己的灵魂，苟全性命于乱世。一些天资充足、惜命如玉，不愿意作践自己的人，甚至终生隐迹山林，连姓甚名谁都不为外人所知。

南北朝时期，佛教已经兴盛起来，寺院庙宇随处可见，梵呗之音缭绕市井，佛图澄、鸠摩罗什等印度高僧相继来华传法，有的甚至被尊为国师。梁武帝更是举佛教为国教，置天下江山的责任于不顾，先后三次舍身出家，拉都拉不回来。其时，仅建康一地，就有寺庙五百余座，僧尼十万众，盛况可想而知，连位居万万人之上的皇帝，都不想在这个世界上生存。佛家渐渐取代了道家，成为收容人们流浪精神的院落。进入隋唐时期，佛教更是宗派林立，高僧辈出，全国各大名山都建有庄严肃穆的伽蓝，座座金碧辉煌。当时天资禀赋最高的人，纷纷披上缁衣，剃去了青丝，如法藏、玄奘、吉藏、智者等，皆是各大法脉的掌门人，他们建构出比儒道更为深邃繁复的思想体系。被翻译过来的经藏更是卷帙浩繁，远远超出了儒家与道家千百年来积累的著述。带有胡人血统的皇族，为了树立其统治中原的合法性，尊老子李耳为祖先，推崇道教，怪力乱神，仅因服丹药而死的皇帝就有六个。在这种情况下，儒家思想很大程度上被边缘化，或只是作为一种社会工具来使用，而不是作为道法来对待。李唐王朝在文学艺术领域堪称鼎盛，但哲学思想领域，除了佛学诸宗，其他便乏善可陈。

隋唐时期，推行科举考试来选拔国家治理人才，为民间知识分子踏上治国平天下之途开辟了新的蹊径，但科考的规模甚小，平均每年录取的进士不过二十三人，少的时候甚至不满十数，寒素子弟仅占总数的百分之十五多一点儿。这种情况，与北宋嘉祐二年（1057）殿试录取三百八十八名进士完全不能比拟。如此小的规模，不过是在门阀体制的高墙上挖开了一个老鼠洞。东晋以来森严的门阀制度仍然被沿革下来，入仕做官主要依靠血统门荫。像李德裕这样有才华的人，都耻于参加科考，自诩"好骡马不入行"。因此，大量出身低微的寒门子弟，被拒官府衙门之外，并最终通过佛道来寻求独善其身的道路。繁华盛世之下，士大夫的精神归宿非佛即道，收拾江山都不知去哪里找人。

物极必反，佛教的鼎盛是以吸收大量社会资源为条件的，包括土地、税收、劳动力等。中唐以后，对来世救赎的追求，已经严重影响到了国家形态的现世生活，政府的财政压力就越来越大，频仍的战乱让国库入不敷出，亟须开拓新的财源。此外，佛教作为外来文化反客为主、成为中华文化主流的状况，也令韩愈、刘禹锡等儒者感到尊严不堪。他们决意要挽回儒学作为华夏文化的主体地位。

元和十四年（819）正月，唐宪宗派宦官到法门寺，将释迦牟尼佛遗骨舍利迎入宫中供奉，王公贵族纷纷前往瞻仰布施，百姓更是趋之若鹜，长安城内人流如潮，盛况空前。时任刑部侍郎的韩愈，向皇帝呈上了《谏迎佛骨表》，称"佛本夷狄之人，与中国言语不通，衣服殊制。口不道先王之法言，身不服先王之法服，不知君臣之义、父子之情"，事佛求福不仅不可得，甚至还会招来灾变横祸，请求皇帝"以此骨付之水火，永绝根本，断天下之疑，绝后代之惑"。

韩愈虽然被贬，但他的谏议后来还是得以实现。会昌五年

（845），在道士赵归真和宰相李德裕的推动下，唐武宗下令清查天下寺院及僧侣人数，规定帝都长安只能保留四座寺庙，每寺留僧十人，洛阳留两座，各节度使的治州只留一座，刺史所在的州则不得保留，其余全部摧毁，僧尼还俗，所有废寺铜铸的佛像、钟磬全部销熔铸钱，铁铸的交本州销铸为农具。当年八月，作为毁佛运动执行人的李德裕报告朝廷："天下所拆寺四千六百余所，还俗僧尼二十六万五百人，收充两税户，拆招提、兰若四万余所，收膏腴上田数千万顷，收奴婢为两税户十五万人。"他将韩愈"人其人，火其书，庐其居"的灭佛理念变成了现实。

被贬潮州之后，韩愈与禅宗高僧大颠和尚有了深入的交往，渐渐认识到自己对佛法理解的浅薄。离开潮州的时候，他特地到灵山寺向大颠和尚告别，意味深长地将自己的官服留下。黄庭坚说："韩愈自从见过大颠禅师以后，他的文章出情入理，而排佛之论从此就不见了。"不过，韩愈发动的古文运动和儒学复兴运动影响深远，成为宋代文学和思想文化发展的起点，是个开先河的人物。苏东坡说他"文起八代之衰，而道济天下之溺"，这样的评价实不为过。在文学上接他棒的是欧阳修、梅尧臣和苏氏父子，在思想上接他力的则是周敦颐、张载和程氏兄弟。

在中国古代思想的流变里，韩愈找出了儒学传承的道统，如同禅宗的法脉。《原道》一文中，他特地将《大学》一篇从《礼记》里抽出来，重申儒家以修身为本、治国平天下的理路，并阐述了不同于道家与佛家的道德："夫所谓先王之教者，何也？博爱之谓仁，行而宜之之谓义，由是而之焉之谓道，足乎己无待于外之谓德。"儒家内圣外王的学统，不同于老庄的道家，也不同于佛家，它由尧传给舜，舜传给了禹，禹传给了汤，汤传给了文王、武王与周公，三人再传给孔子，孔子传给了孟子，孟子死后，就失传至今，成为一种绝学了。可以说，宋代儒学的复兴，肇始于韩愈的《原道》一文。

宋朝自开国之初，太祖赵匡胤就定下了与士大夫共治天下的纲领。为此，他扩大了科举考试的规模，每届录取的进士人数，超过唐朝的十数乃至数十倍。这就为文人践行儒家的内圣外王之学提供了宽阔的道路，使他们不像过去时代的同类那样，走向山林湖泊，寻求独善其身的归宿。在将家国与社会的责任扛到肩上之后，他们需要返回孔孟时代去挖掘思想的矿藏，以获得精神的加持，将被埋没了上千年的绝学承接过来。最先有这种自觉的，是范仲淹、周敦颐、邵雍、欧阳修、司马光，跟随其后的则是张载和程氏兄弟等人。在《岳阳楼记》里，范仲淹发布了儒者的宣言："不以物喜，不以己悲，居庙堂之高则忧其民，处江湖之远则忧其君。是进亦忧，退亦忧。然则何时而乐耶？其必曰'先天下之忧而忧，后天下之乐而乐'乎！"并发出了"微斯人，吾谁与归？"的召唤，得到了众多士子的强烈呼应。他的仁者情怀和社会担当，感染了一代代的读书人，纷纷加入追随者的行列，不顾世俗利益和个人生死，去实现人格的完美至善。并在乱世枭雄的背影远去之后，完成了中华文化人格的重构。与范仲淹一样，周敦颐的德行操守皎洁无瑕，但他对时代的贡献，更多的是体现在学术方面，而非社会事功。他是儒家精神的唤醒者，宋明理学的开创人。范仲淹和周敦颐皆为儒家人格的典范，他们如同耀眼的星斗，照亮了北宋人文的天空。

三

程颐与哥哥只差一岁，但兄弟二人的性情有很大的不同。史书上称，程颢资性过人，且充养有道，浑身洋溢着和粹之气，有仁者风范和如影随形的亲和力。与他交游的朋友和弟子，数十年间未尝见他有过忿厉之容。他遇事从容应对，即便是突发事件也声色不动。朱熹形容他"德行宽大，规模广阔"，如"瑞日祥云，和风甘雨"。相比之下，程颐表情端庄凝重，态度专注严肃，"气质刚方，文理密察"，失之迂滞刻板。有一次，在随父赴任途中，他们入宿一座寺庙，山门有左右两道可以通往法堂，程颢从右路进去，其他人都跟随其后，只有程颐一人在左道上踽踽独行，形单影只。程颐心里明白，这是自己不如兄长的地方。程颢曾经说过："将来能树立师道尊严的，是我的弟弟；但若论接引后学，随其才性来成就他人，我可能会做得更好一些。"

由于根器和性情不同，虽然游于同一师门，二人所得到的教益却有所差异。哥哥从周茂叔那里，领会到造物的生意，在不修不整中感受活泼流淌的天机，从此书窗前的花草也不再剪除，喜欢观察毛茸茸的小雏鸡啄吃的样子，从中来感受内心的恻隐与天地的仁慈。"万物静观皆自得，四时佳兴与人同"的诗句，就是从这些情景而来。多年后，门人朱光庭来他这里问学，感觉一个月都坐在春风里。由此可见，他已经深得周敦颐的心传，而他们之间所传递的，其实就是莲花池塘上一阵妙不可言的春风。离开老师之后，程颢内心慨然升起了求道之志，不再醉心科举功名。在长达十年的时间里，终日浸淫于佛老之学和诸子百家之说，最后复归于儒家的体系，承接了思孟学派的法脉，成为继往圣之绝学的人物。和老师周敦颐一样，他以诚立基的学问，并非只是一种书本上的知识，而是一种生命的存在状态："我的学问虽有所承受，但天理二字，乃是我自己切身体悟出来的。"

和哥哥一样，程颐也注意在日常生活的细节里，来体察自己心性的起用变化。某一个夏日，仆人从集市上买回一些小鱼，是准备用来喂猫的。鱼儿在篮子里垂死挣扎，鼓胀着腮吞吐白沫，程颐看了一下动起怜悯之心，连忙从篮里挑出还能活命的百十条小鱼，放入盆中。得水的鱼儿欢腾嬉戏，令他嘘唏不已："江河湖海才是它们真正的归宿啊。"他由此联想到人，祈愿人人都能各得其所而又能尽其才。

或许是禀赋的差异，在儒学的传统里，程颢承接的更多是"仁"的方面，深得孔子的无邪之思；程颐承接的偏重于"礼"的范畴，讲究外在行为规范的行持。他常常正襟危坐，不苟言笑，举止动作毕恭毕敬。如果说程颢体认的是人心，那么程颐体认的更多是天理，而且这个理已经有些僵硬了。平日居家，程颢能说会笑，程颐却相当肃穆，他在的场合，必须尊卑长幼有别，礼节恭谨周全。即便是面临极度危险的境地，他的行仪也不会因此改变。

有了周敦颐一年多时间的亲授，兄弟二人的学业很快就上了台阶。嘉祐二年（1057），程颢及弟子朱光庭，和苏氏兄弟一同考取进士，被朝廷任命为鄠县（今陕西省西安市鄠邑区）主簿，从此踏上仕途，按照内圣外王的路线展开儒者的人生。在后来的岁月里，他不时会回想起向周老师求学的时光，念念不忘"从汝南周茂叔问学，穷性命之理，率性会道，体道成德，出处孔、孟，从容不勉"（《二程集·遗书附录·门人朋友叙述并序》）。居住在洛阳的程颐，则出入于儒道佛之间，以恭敬和不动之心，渐渐养起了一股襟怀天下的浩然之气。十八岁那年，他奋笔上书仁宗，指出社会的积弊，劝其"以王道为心，生灵为念，黜世俗之论，期非常之功"，还乞请皇帝亲自召对，以便面陈所学，大有要当帝王之师的架势，结果如泥牛入海，杳无回音。之后他便进入太学修业，主持教学的著名学者胡瑗以"颜子所好何学"为题，命生员作文，正好应了当年周敦颐对兄弟二人的提问。程颐的答卷相当完满，几乎不可挑剔，令胡瑗异常惊讶，当即召见了他，并授予学职。

嘉祐四年（1059），参加科考的程颐在廷试中被淘汰。此时，他和之前考取进士的哥哥已经扬名于学界的江湖，不愿再品尝落榜的滋味，年仅二十六岁的他，从此不再应试科考。虽然作为程珦之子，完全可以通过门荫入仕，但他自忖性格倔强孤高，不适合官场上的酬酢周旋，因此拒绝出任任何公职。此后二三十年间，他一边治学修身，一边收徒教学，过着相当清简的生活，直至他敬爱的哥哥程颢不幸弃世。多少年过去，他恭敬谨严的神态，仍然一如既往。一次，与好友韩维相约到西湖游玩。兴致起后，韩维身边的子弟便眉飞色舞地笑谈开来，嘻嘻哈哈，程颐却脸色一沉，转过头来厉声斥责："尔等陪侍长者，竟丝毫没有庄敬之态，韩家家风都给尔等败坏透了！"现场气氛当即凝固，韩维只好把子弟们赶走。显然，此时的程颐已经忘却了周敦颐老师那里"绿满窗前草不除"的意思，开始铲除恣肆生长的植物。教学中，学生有不同于自己的观点，如果是程颢，就会说："这个说法可以再斟酌一下。"但若到程颐这里，便直截了当地否决了。他似乎相信，自己已经掌握了天地之间的绝对真理。天色还早，他把自家的门户关闭得太快。

四

在汴京参加科考期间，程氏兄弟十分欢喜地见到了他们的表叔张载。

嘉祐二年（1057），程颢、张载和苏轼、苏辙同登进士。等待诏命期间，宰相文彦博听说张载精通易理，便推举他到相国寺，在虎皮太师椅上开讲《易经》。二程是张载的外侄，听说表叔讲经传道，听众蜂拥，座无虚席，晚间便过来一同切磋。尽管张载当时已在京都有了名气，而且年长他们十二三岁，仍然虚心听取兄弟二人的见解。在关于最高本体的问题上，叔侄之间未能达成共识，张载把宇宙本体归结为"气"，认为先有气而后有理；程氏兄弟则把宇宙本体归结为"理"，认为先有理而后有气：理与气的关系便成了鸡与蛋的问题。不过，兄弟二人从周敦颐那里学来的太极生化学说，也给张载带来了甚深的启迪。寒凉的夜晚，炉火熊熊，叔侄之间的坦然交流和相互敬重，令彼此都深感温暖。于是，第二天讲授时，张载当众宣布："关于易学之道，我不如程颢、程颐领悟得深。大家有疑惑，可直接向他们请教。"然后就撤掉虎皮座，停止讲学。因此一举，程氏兄弟二人声名大噪。

张载出生于天禧四年（1020）的长安，父亲张迪用坤卦"厚德载物"的意思给他命名，寄托了很大的希望。张载果然不负此名，自小就显示出不群的志气。景祐二年（1035），父亲在涪州（今重庆涪陵）知州任上溘然去世，刚刚十五岁的张载和母亲及五岁的弟弟张戬一起扶棺北归。路途之中，经过一个叫作横渠的小镇。不知真的是因为盘缠不足，还是看上了什么风水宝地，他临时起意，亲自勘探，将父亲安葬在镇子附近的迷狐岭上，并就此守灵安家。

因为生活在西部地区，经常受到来自西夏的侵扰，张载体会到国家面临的外患。其时，党项族人不断向外扩张，李元昊继任夏国公后更是穷兵黩武，极力谋求脱离大宋王朝，最终于 1038 年称帝，建

范希文像

◇ 范仲淹是北宋士大夫的楷模，他发出了"微斯人，吾谁与归"的召唤

立大夏王国。之后，接连发动三川口之战等四次大的战役，吞噬了大宋数万精锐之师。软弱的朝廷只能通过向西夏"赐予"大量绢银茶叶，来换取边境暂时的安宁。强烈的社会责任感和家国情怀，让十八岁的张载无法在书桌前坐稳，从小就喜欢谈论兵事的他，提笔向时任陕西经略安抚副使、主持西北防务的范仲淹上书，陈述了自己的《边议九条》，表示要组织民团，夺回被西夏侵略的失地，维护国家的领土完整与家园的安宁。

康定元年（1040），范仲淹在延州军府召见了志存高远的张载。这位阅人无数的大臣，一谋面就知道他是个可造的大器。在赞叹其爱国情怀和无畏精神之后，劝其潜心研读《中庸》等典籍；还告诉他，国家需要的不仅仅是出生入死的武将，"儒者自有名教可乐，何事于兵"。两年后，为抵御西夏入侵而修筑的大顺城落成，范仲淹特地请张载到场，撰写《庆州大顺城记》，以表示对他的器重。此时的范仲淹已经是国家巨柱，天下士子的典范，人格的光辉为读书人所仰望。

张载遵从范仲淹的忠告，白天没什么事，晚间早早就寝，到了中夜醒来，内心平静而清旷，便开始哲学的沉思，直到天光拂晓。他相信，只要这样坚持下去，到了六十岁，将自己所得的道推行于家人，至少是没有问题的。对于《中庸》，他已经饶有心得，但在人性与天道之贯通处，仍有晦暗不明之处，而这正是圣学失传的地方。在张载看来，在汉儒那里，人性与天道已经断裂开来，成为圣人的依据已经丧失。为了进一步拓宽学习面，他特地前往终南山，在据说是老子讲道的楼观台研读《道德经》；还到扶风仙山寺等庙宇探访高僧隐者。《宋史·张载传》称，他"访诸释、老，累年究极其说，知无所得，反而求之《六经》"。最后，他以儒家的思想，来融会佛家与道家的学说，所走过的心路历程跟程氏兄弟相仿。此次汴京相遇，与二程深入碰撞交流之后，他更是焕然自信，宣称"吾道自足，何事旁求"，开始建构自己的学术体系，并最终成为宋明理学中关学一脉的创始者。

张载坚信"圣人之诣为必可至，三代之治为必可复"，发心要"为天地立心，为生民立命，为往圣继绝学，为万世开太平"。如此宏大的心愿对现代人而言，似乎显得过于浮夸和不自量力，但张载的真诚不容置疑，他不仅如是说，也是如是践行。登第之后，他出任祁州（今河北安国）司法参军、云岩（今陕西宜川境内）县令等职，处理政事以"敦本善俗"为先。每个月的吉日，他会自己花钱在县府衙门备好酒菜，请乡间长者聚餐，询问生活的疾苦，并一一为他们敬酒，让当地的晚辈懂得奉养长者的道义。而他自己，平日里穿的都是些破旧的衣服，吃的也是粗茶淡饭。

空闲的时候，张载喜欢静静地倾听驴子的叫唤，感觉整个世界的辽阔，全都概括到一种生灵的颤音里。在这种吃苦耐劳的动物的嘶鸣声中，体会与天地同在、与苍生共存的感受，令他沉醉久久。或许是愿力过于宏深又不善开解释怀，他还是少了孔子乐无所乐的心态。比起周敦颐、程颢来，他把生活过得沉重些，不那么洒脱与和乐。难怪程颐说表叔"有苦心极力之象，无宽裕温厚之气"（《答横渠先生书》，见《二程集》第 596 页，中华书局 2004 年版）。南宋的朱熹也曾说过："横渠之学，苦心力索之功深。"他是一头极富思想情怀的驴子。

随着声名的远扬，陆陆续续有人来求学问津。对于这些远道而来的学子，他总要郑重其事地问一句："你能够放下功名利害的执念，去追求尧舜等圣人的境界吗？"这个提问，与范仲淹的"微斯人，吾谁与归"和周敦颐的"同予者何人"旨趣相投，他们都是找寻圣人之学的同道。

第三章

儒家王朝

一

自从景祐元年（1034）出现"不豫"，仁宗皇帝赵祯的身体就让大臣们担忧，有时还会出现语无伦次、举止癫狂的状况。毕竟国家的命运系于一人，而他又迟迟不肯立储。后宫有成百上千慵懒的女人，在寂寞的夜里等待着天子的宠幸。她们当中的绝大多数，直至出宫之前都没有盼来皇帝的召唤，但有九个人，幸运地生下了十九个儿女。其中皇子三个，都没有活过三岁便夭亡了，公主也只有四个长大成人，存活率甚至不如普通百姓之家，子女平均寿命刚过十八岁，远低于那个时代的平均数。打嘉祐六年（1061）董淑妃生下短命的豫国公主之后，森严的后宫再也听不到婴儿的娇啼。直至确认自己行将就木，不可能再有苗裔生长之后，仁宗勉强将领养的濮王赵允让的第十三子赵曙立为太子。濮王的儿子多达二十八个，可以随意挑，为什么偏偏就是赵曙？实在是个令人纳闷的问题。

嘉祐八年（1063）三月二十九日晚，白天还有说有笑的仁宗，突然以手指心，像跳上了岸的鱼那样张开大口，却说不出话来，接着便昏迷过去。御医们脚忙手乱，药物、针灸、艾灼全都用上，还是无力回天。以五十四岁的年纪，在堪称太平盛世的人间继续活下去，是完全可以设想的，但古往今来，作为人上之人的皇帝，能够长寿的情况着实不多。要想活得甘之如饴，颐养天年，就不能想着龙袍加身，重器在握。

仁宗的陵寝，是依照真宗的规模来建造的，算是够大的了，但人们对他的祭奠更为隆重。据记载，"京师罢市巷哭，数日不绝，虽乞丐者与小儿皆焚纸钱，哭于大内之前"；西京洛阳，"城中军民以至妇人孺子，朝夕东向号泣，纸烟蔽空，天日无光"（《邵氏闻见录》卷二）。就连苏轼老家那边，离京城数千里的剑门关山沟里，也可以看见自发披麻戴孝的妇女。消息传到辽国，"燕境之人无远近皆聚哭"，道宗皇帝耶律洪基，紧握着宋朝使者的手放声大哭，感慨"四十二年不识兵革矣"！（《邵氏闻见后录》）还说要在辽国建一座衣冠冢，以寄托自己永久的哀思，让辽朝历代君主"奉其御容如祖宗"。

辽人对中原文化怀有敬重之情，汉化的进程越来越快，这是相当长时间里两国能够和平相处的原因。辽地发生饥荒的时候，仁宗皇帝曾经给予慷慨的接济。早在嘉祐二年（1057），仁宗生病的日子，辽君就曾派使者前来迎请他的画像。当时，朝臣们担心画像被辽人施以魔法之术，但仁

◇ 被誉为"千古第一仁君"的仁宗皇帝赵祯

● 《宋仁宗坐像轴》北宋 - 佚名 - 台北故宫博物院藏

宗皇帝还是努力打消人们的顾虑："我待辽人素来诚恳，他们一定不会这样做的。"画像送达辽朝时，辽君耶律洪基举行隆重的仪式来迎接，他"惊肃再拜"，告诉身边的官员："我若是生在中国，不过是仁宗身边持鞭的侍从罢了！"（邵博《邵氏闻见后录》）而在本朝，早在四年前，宰相富弼就领群臣连续五次上表，请求将"大仁至治"的尊号加冕于皇上，但仁宗始终拒绝，觉得自己于儒家仁道尚有亏欠。现在，无论人们追加什么，他都只能全然接受了。从他升天直到葬入陵寝，一匹名为玉逍遥的雪白的御马悲鸣不止，滴水不进，直至饥饿而死；而一个负责管理皇帝出行车辆的官员，为了能够侍奉仁宗于九天之上，在主人的陵墓前恸哭，直至气绝身亡（《邵氏闻见录》卷二）。

作为宋朝执政时间最长的皇帝，仁宗深知，人活在这个世上并非容易。他的功业不在于拓展了多少疆土，建立了多么金碧辉煌的宫殿，而是在保证天下秩序稳定的前提下，让人们过上近乎小康的物质生活和相对舒展的精神生活，社会因此充满着蓬勃的生机，体现着儒家的好生之德。《宋史·仁宗本纪》对仁宗朝作出了这样的总结："在位四十二年之间，吏治若偷惰，而任事蔑残刻之人；刑法似纵弛，而决狱多平允之士。国未尝无弊幸，而不足以累治世之体；朝未尝无小人，而不足以胜善类之气。君臣上下恻怛之心，忠厚之政，有以培壅宋三百余年之基。子孙一矫其所为，驯致于乱。《传》曰：'为人君，止于仁。'帝诚无愧焉。"他堪称儒家仁王思想的"道成肉身"，过世之后，被誉为"千古第一仁君"。在其在位的四十二年里，有太多的事情足以证明，这个称誉他当之无愧。在万万人之上、掌握着国家重器的他，其实是一个悲伤的人，内心的慈柔只有神明知道。七百多年后，一生功业昭著的清朝皇帝乾隆称，在中华历史上，他最佩服的三个帝王，是康熙、唐太宗和宋仁宗。他怎么也想不出，皇帝是可以这么当的。积累千年的权谋韬略，无所不用其极的阴谋与阳谋，机关算尽的驭人之术，还有各种严刑酷法，全都没有用上，仅凭一颗仁慈之心，就可以抚平天下纵横的沟壑。

二

赵祯是宋朝的第四代皇帝，虽系天潢贵胄，但身世却过于曲折离奇，成为文人编造戏剧的素材。直到亲自临朝执政的时候，他才得知自己并非皇后刘娥的骨肉；只有通过开棺验尸，才能在黄土深处见到亲生母亲的真容，这让身为人子的他情何以堪！

当父皇真宗还是襄王的某一天，就突发奇想，要找个水灵的蜀女为妾。自从英雄盖世的宋太祖迷倒在蜀主风华绝代的花蕊夫人裙下，皮肉细腻、氤氲着盆地雾气的蜀女，便在大宋国中出了名，为男人们茶余饭后滋滋谈论。在襄王府当差的张耆，得知主子也好这一口，就兴奋无比。他费了不少周折，找到来自嘉州的银匠龚美，让其将在街上敲鼓卖艺的妻子刘娥送过来。从小就没了父亲的刘娥，身世如落叶飘零，容貌却十分姣好，十四五岁便出落得如同雨后的芙蓉，肌肤更是如同凝脂一般，仿佛是从月宫里不小心掉下来的人物，十分符合襄王对蜀女的想象。龚美一个穷得叮当响的匠人，守着貌美如花的佳人，是件令家宅不安的事情，如同武大郎之于潘金莲，弄不好就会出人命。于是，不需要太多的银子，这件事情就顺利交割了。不过，这单忍痛割爱的生意，也让龚美的一生享尽富贵悠闲。一日夫妻百日恩，进入深宫后的刘娥，对他这个前夫始终不薄。

　　许多年后，襄王晋身成为真宗皇帝，刘娥也顺理成章地成了他身边的德妃。然而，尽管春宵苦短日高起，三千宠爱集于一身的德妃，却怎么也生不出一个男儿来。其他嫔妃接连生下的皇子，也像中了魔咒那样，一个接着一个地夭折。倒是濮王那头，儿子一个接着一个生，如同雨后春笋，分不清哪个是大哪个是小。就在真宗为皇位的继承烦恼万分的时候，生性机灵的刘娥想出了妙计，她设法让身边身材丰满的侍女李氏获得皇帝的宠幸。李氏因此怀上了龙种，并顺利地生产下来。通过一番偷梁换柱的运作，刘娥就成了小皇子赵祯的母亲，而可怜的李氏至死也无法与儿子相认。这就是后世传唱不衰的"狸猫换太子"故事的真实脚本。1022 年春，真宗皇帝驾崩，年仅十三岁的赵祯登基。按照先帝遗嘱，皇太后刘娥垂帘听政，代行处理军国事务，显露出她不让须眉的城府。十一年之后，刘皇后逝世，二十四岁的仁宗皇帝正式主政。从小就接受儒家思想熏陶的他，开始推行自己虔诚信奉的仁王思想。

　　临朝之初，仁宗面临的形势错综复杂。边境上，是西部党项人凶猛地崛起，北部的辽人也虎视眈眈；国内则是国家财政的日益拮据，自然灾害的此起彼伏，还有随之而来的农民暴动；朝廷内部还有各种势力此消彼长的博弈，尤其是一度闹得不可开交的朋党之争。他夹在以吕夷简为代表的职业官僚和以范仲淹为代表的道德激进派之间，在务实的宰执大臣与吹毛求疵、不依不饶的台谏官员之间，辗转协调各种关系，以维持政治生态的动态平衡，使之保持活力又不至于丧失秩序、陷入无法挽回的乱局。

　　在与士大夫共治的理念下，宋朝的制度划清了君权与相权、台谏的权力边界，君主"以制命为职"，但行政权力由宰相执掌，而台谏又监督相权的行使，三者都有明确的职守，互相牵制，不可逾越。

在这样的体制框架下，作为皇帝的仁宗，并没有掌握绝对权力，不能随意杀伐决断。手中持有的治人利器，无非任免与贬谪等软性手段。然而即便如此，他也经常受到来自官员，特别是台谏的掣肘与抵制。在宋朝，官员拒绝接受任命、撂挑子不干是常有的事情，而他看好的人选，往往因为台谏的反复抗议无法任用。那些忠心耿耿的言官，甚至将手爪伸进后宫，干预皇帝隐秘的私生活。因为遵从祖训，要与士人共治天下，作为一个王者，他在很多时候表现出来的弱势，到了令人同情的地步。称其为国家公仆，丝毫也不为过。

在位四十多年间，仁宗始终是一个勤勉的皇帝。每次官员退朝之后，他都要把所有的奏章御览一遍，不知不觉就到了寂寥的深夜。旁边的侍臣提醒："这样实在太消耗皇上的精气神了。"仁宗总是这样回复他们："朕承先帝之托，况以万机之重，岂敢泰然自若？"全国死刑的案子，他都要逐一复核，避免有人因为他的疏忽成为刀下冤鬼。每年经他手由死刑减为轻判的就多达千人。人的生命在他这里，绝不是一个随意加减的数字而已。他曾对身边的人说："人命关天，平时即便生气骂人，朕都从来没有用过'你死去吧'这样的话语，何况在断案中滥用刀斧呢！"仁者爱人，对于草菅人命的事情，他极其愤慨，专门就此给吏部下旨：官员若是在断案时冤枉人命，终身不得提拔任用！

仁宗以天下人父母自任，每当国内发生自然灾害，或是边境冲突失利，他都会立即停止宴饮歌舞，赦免囚犯，遣散宫女，在宫中闭门忏悔祈祷，甚至下罪己诏，请求上天惩罚自己，赐福于百姓子民。瘟疫流行时期，他会按照御医开出的方剂，亲自下厨煎熬药汤，免费提供给街上过往的百姓饮用。为了体验农民耕种的辛苦与欢欣，他在宫中的后花园辟出一处田地，专门种植麦子，实实在在当起了农夫。

空闲的时候，在这里摆弄庄稼，或是在书房里提笔练习自己的飞白体，是他平生最快乐的时光。在他的观念里，如果没有七灾八难，人像一根青葱那样平白无辜地活着，像一支竹子那样在风月之中摇曳，像一棵梨树那样开尽生命的繁花，就是最大的福报了。作为君王，将辽阔的土地和众多的民众纳入自身权力范围，却不能照顾好他们，提供充分的生存机会与应有的权益，是一种莫大的耻辱与罪过。因此，他愿意息事宁人，不喜欢挑起事端。向宋朝称臣的高丽国，朝贡的物资一年少过一年，有臣子动议出兵征伐，以示大宋国威之不可藐视。宋仁宗如是批复：国家不缺少这点儿货色，减少贡品仅是高丽国王一人的罪过，若是出兵远征，最终未必能将国王诛杀，但却首先祸害了两国的子民，实非明智之举。

政治生活恭谨精严，日常生活简单素朴，是仁宗作为一个儒者的修为。他寝殿里的床帐和垫具，因为使用时间已久，颜色相当暗淡，都快成了文物，就是不让换上新的。宫女们给他洗衣服时，发现破损便随手给他缝补，都快成了百衲衣了还舍不得扔（朱弁《曲洧旧闻》）。他给出的理由是：宫中所用的一切物品，皆为百姓膏血所凝，怎么可以随便浪费？冬天的一个夜里，阅完奏折时间已经很晚了，他肚子里饿得慌，好想喝上一碗温热的羊肉汤，但思来想去，最后还是按住了自己扩张的胃口。第二天上朝，大臣见皇上气色不佳，得知是因为夜里饿的，便对他说："您身为大国之君，国家重器在握，日理万机，喝碗羊肉汤算得了什么呢？尽管吩咐就是，何至于如此刻薄自己！"仁宗解释，他担心从此宫里形成惯例，御膳房每天深夜都要砍杀溅血，不仅扰民，还伤及生灵。一年秋天，有地方官员献上来一些蛤蜊。御厨做好端上来后，仁宗就问价格多少。得知这二十八枚蛤蜊，每枚单价一千钱，仁宗当即沉下脸来，训斥身边的近臣："一直告诫不要奢侈浪费，你们总是不从。一道菜就二十八千钱，这让寡人如何吃得下去！"这顿饭，他真的是一枚蛤蜊也没有入口。（参见陈师道《后山谈丛》）他要以自己的行为，树立起一种生活的风尚与规范。在他的后宫，女人们都以盛装打扮为羞耻。

一日，在御花园散步途中，仁宗频频回头顾望。跟随其后的人，都不知道皇上什么意思，也没好上前问询。回宫之后，只见他火急召唤宫女把茶水端上来，一口气就喝了好几杯，喉咙还被呛着，看样子真的是渴极了。妃嫔们都觉得心疼，问他既然焦渴如此，为什么散步时不叫人当即伺候。仁宗却说，他看后面没人带水，若是开口，就会有人因此受到追责，于心不忍。还有一次，用膳时嗑到一粒沙子，随侍的太监便要将饭整个端走，他却不让声张，只是悄悄将沙子拣出来，便继续把剩余的饭吃干净。事后，他对侍臣们作出解释："人难免有疏忽的时候，不过是一粒沙子而已，若是小题大做，升级上纲，就会有人受到惩处，弄不好还会丢了饭碗，你说何必呢？"（魏泰《东轩笔录》）

责己甚严的仁宗，对别人相当宽和。苏辙那年考策论，仅凭道听途说，无端地指责皇帝宠姬上千，优笑无度，怠于政事。要不是仁宗通达包容，这个年轻人就不可能有后来闪光的日子。苏轼老家那边，有一个屡试不第的老秀才，给益州知府献了首诗，其中有这样的句子："把断剑门烧栈道，西川别是一乾坤。"意思是，只要守住一夫当关，万夫莫开的剑门关，一把火烧掉入川的栈道，就能割据一方，称王称霸。当地官员如临大敌，出于维稳的考虑，立即将此人押送朝廷。在问过情况之后，仁宗只是哈哈一笑，说："一个穷秀才能造什么反呢？老人家不过是多年求官不得，心里憋屈坏了，才写出这种歪诗来泄愤罢了。"看他文笔不错，不仅不加治罪，还安排到偏远的州郡，当个九品司户参军，给他一份俸禄供养起来（朱弁《曲洧旧闻》）。

一年，大名府知州程琳在阅兵时，发现有个士卒胳膊造型怪异，脱下衣服查看，却见其背上赫然隆起一串胎疤，蜿蜒如一条青龙。在场的人大为惊讶：难道是天龙下凡？程知府立即将该士卒禁闭起来，并快马禀报皇帝。仁宗认为，这名小卒不过是患上一种怪病而已，生病给其本人带来痛苦，但不能成为他的罪过，于是传旨将其释放。（《邵氏闻见录》卷二）

天圣二年（1024），宋祁与其哥哥宋庠同举进士，按照礼部拟定的排名，宋祁位居第一，宋庠位列第三。但章献皇后认为，将弟弟排到哥哥前头，不合乎人伦秩序。于是，宋庠被点为状元，而宋祁则被排到了第十名。宋祁被称为"小宋"，一度出任翰林学士、国子监直讲等职。有一天，宋祁在御街巧遇皇家车队，正赶忙回避，却听到车内传出一声娇滴滴的呼唤："小宋！"绣帘放下的瞬间，他看到一个灿烂的笑容，回家后还是挥之不去，于是填了首《鹧鸪天》。其中有这样的句子："画毂雕鞍狭路逢，一声肠断绣帘中。"新词传开之后，仁宗到后宫追查："当时叫唤小宋的是何人？"有个宫女浑身颤抖地站了出来，承认说："奴过去侍宴时，曾见过宋翰林学士。这次在车里偶然看到，就随口叫了一声。"宋祁于是被召上殿，他还以为自己闯了大祸呢，没想到，皇帝竟将那个笑容灿烂的宫女赏给了他（蒋一葵《尧山堂外纪》）。

由于仁宗的宽仁，身边的大臣，特别是御史台的官员，都愿意开诚布公，直抒己见。因此，朝廷气氛轻松敞亮，群臣参政的热情极高，众人的智慧得以自由地发挥，国家存在的问题也得以及时地反映与解决，有才华的士子更是容易脱颖而出，成为王朝的栋梁之材，真正形成了皇家与士大夫共天下的局面。北宋政坛一时星光闪耀，名士能臣济济一堂，令生活在明代的思想家李贽羡慕不已，他赞叹仁宗时代"钜公辈出，尤千载一时也"。范仲淹、韩琦、富弼、文彦博、欧阳修、王安石、司马光、包拯、狄青、种世衡、蔡襄等，都因仁宗的重用与包容，在政治生活中释放出巨大的能量。而且，通过对"直言"的提倡与容纳，营造出开明的政治生态，形成自春秋战国之后最为宽松的意识形态氛围，消除了对士人的精神禁锢和文字约束，为文学艺术的复兴和哲学思想的解放创造了条件。文学领域的"唐宋八大家"，除了唐朝的韩愈、柳宗元生得太早，其余王安石、欧阳修、曾巩、苏洵、苏轼、苏辙六人，全部出现在仁宗一朝。他们完成了一场波澜壮阔的文体革命。在哲学思想领域，被称为"北宋五子"的周敦颐、邵雍、张载、程颢、程颐等人，继往圣之绝学，将断流了一千多年的儒家法脉承接下来，在充分吸纳了道家与佛家思想的基础上，加以演绎与重构，从而形成了诸子百家争鸣以来第二次思想解放浪潮。要是退回到五代十国，这些君子贤人，都可能隐迹山林洞穴，饮露餐霞，成为方外高人、祖师大德了。正是文学领域和思想领域的两场革命，使宋朝成为中国历史上文化最为鼎盛的时期。令中国人骄傲了一千多年的活字印刷术、火药、罗盘，都是这个时期发明的；而物质生产方面，北宋的陶瓷、茶道和丝绸工艺，代表着当时世界上最高的水准，是中国制造的典范。仅凭着对一抔黄土、一片树叶和一种昆虫吐出的唾沫儿，点石成金地加工，注入文化与技术的内涵，就可以通过自由贸易，吸纳世界市场上白花花的银子，与后世西方列强罪恶的鸦片贸易不可同日而语。

三

　　一般认为，中国中世纪的制度都是家天下，家国同构，以一个家族集团统治整个国家。但在这个框架下，不同的朝代还是有着不小的差异。与嬴政和朱元璋缔造的王朝相比，宋朝可以说有天壤之别。为了保证家族政权千秋万代延续下去，嬴政和朱元璋禁止任何阶层与集团染指国家重器，将权力高度集中于自己身上，形成一种极权的体制。为此滥开杀戒，以血色恐怖来震慑任何反抗的意志，将一切可能危及家族统治的因素，泯灭于萌芽状态。从东汉末年到唐代，在家天下的前提下，实行的是与门阀士族共治的体制，选拔官员首先要看家世爵位，上品无寒门，下品无士族。进入国家治理体系的官员，多是势力强大、盘根错节的门阀大族，他们与皇家分享一定的权力。在唐代，宰相多出自京兆韦氏、河东裴氏、博陵崔氏、清河崔氏、范阳卢氏、赵郡李氏、荥阳郑氏、陇西李氏、京兆杜氏等大家族。

　　与此不同，宋朝自开国皇帝起，就树立了与士大夫共治天下的理念，通过学而优则仕的途径选拔官员。进入国家权力体系的人，不是因为出身豪门望族，而是凭借对知识的学习积累，通过科举考试获得功名。这些知识精英被称为"士"，他们进入官僚体系后就成为"大夫"。所谓士大夫，其实就是通过读书进入国家治理体系的群体，他们身上体现着知识与权力的结合。因此，宋朝是读书人的黄金时代，通过知识的进学，人们就可以开始逆袭之旅，打破没那么固化的阶层与身份壁垒，甚至跻身于权力的核心。寒门孤儿考取状元被召为驸马的故事，成了民间歌谣与戏剧盛唱不衰的题材。在士大夫群体中，有很大一部分出身寒门，而所谓"寒门"，只是相对于"豪门"而言。毕竟，在那个时代，能够读得起书去参加科举考试的，家庭都

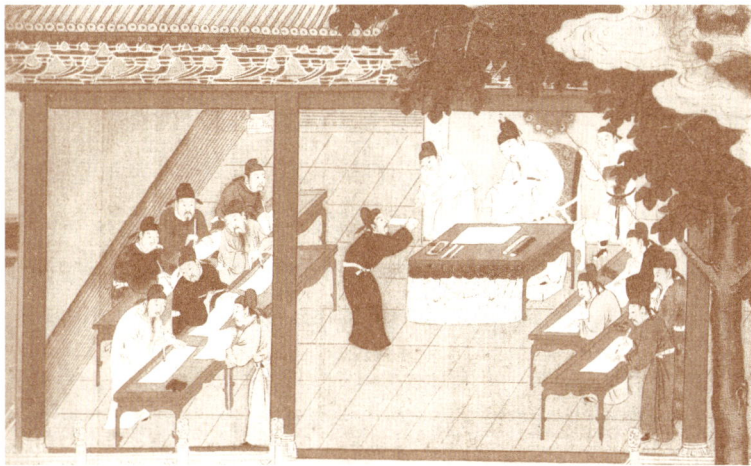

◇ 宋代科举考试现场

有一定的底子，并非一贫如洗的人群。

让士人成为大夫，意味着让权力的运行变得有道理可讲，有话语可以商量，而不只是比势力的蛮横与霸道。这体现着太祖赵匡胤的政治理念。据学者沈括《梦溪笔谈》一书记载，宋太祖曾经询问宰相赵普："天下何物最大？"没等赵普回答过来，他又再追问一遍。可见在他心里，这个问题有多么要紧。赵普最后给出的答案是："道理最大。"太祖听了夸赞不已："你说得实在太对了！"天理高于皇权，实际上成了这个儒家王朝的执政理念。既然道理最大，权力就必须纡尊降贵，做出退让的姿态，腾出让道理说话的地方和时间，并且服从于道理的正确，而不是权威的大小，即所谓"虚君共治"。这样，天子的地位有时候就没那么好摆放了。实际上，由赵匡胤奠定的大宋政权，是中国两千年历史中最有道理可讲的政权，在某种程度上具有精英民主的性质。士大夫们可以通过法定的渠道，表达自己的意见，影响国家的政治决策，而不只是唯皇帝圣旨是听。

在没有完备制度设置的前提下，皇家与士大夫共天下，并不是一件容易的事情。共治意味着皇帝不能乾纲独断，要让渡出一定的话语权，在权力运作中留出参政议政的空间，设置不为个人强力意志转移的行政程序。在原始儒家的信念中，君王并未掌握终极权力，天子的上面还有昊昊苍天，天的运行又服从于宇宙大道，那才是一切事物合法性的来源。熟读典籍的士人，奉行孔子"邦有道，则仕；邦无道，则可卷而怀之"的教诲。他们只对天道负责，替天行道。有的道德操守高洁的臣子，自以为天道在身，真理在握，甚至不顾及皇帝的九五之尊和君臣礼数，在朝堂上得寸进尺，咄咄逼人，触犯龙颜，挑战天子权威，让仁宗有时都下不来台。遇到一根筋、认死理的倔驴，他几乎一点儿办法也没有。尤其是那些言官，被赋予风闻言事的权力，道听途说，没有事实依据，甚至捏造事实就可以上表弹劾。他们当中最为典型的是王素、欧阳修、蔡襄、余靖和包拯。当这帮君子声气相投，相互呼应，形成一股气势磅礴的力量时，还会引起朝廷的不安。

在宋朝，每当久旱不雨，万民翘首以盼，天子就要亲自出面向上天祈雨，还要进行斋戒忏悔，甚至下罪己诏，以体现"仁主忧民之旨，圣人恤物之心"。不知是否因为悲心诚意感动了上苍，仁宗在位期间，有过多次祈雨成功的记录，仿佛老天也愿意为好人降水。庆历三年（1043），春夏之间，京师周边晴空万里，骄阳似火，地里的麦禾眼看就要枯死。仁宗每日在禁中斋戒忏悔，依然没有灵验。谏官王素请求皇帝亲行祷雨。仁宗当即答应下来，并告诉他："掌管天文的太史刚刚报告，本月初二可能有雨。按照常例，祈雨的活动就定在初一这天吧。"没想到，王素火气一下子就冒了上来："臣料定初二那天必定无雨！因为陛下选择将要下雨的日子去祈雨，实属于投机取巧的行为，而非出自心中的至诚，这样的用心怎能感动得了上苍？"仁宗于是作了退让："既然你有如此说法，那就不用挑什么日子了，朕明天就去醴泉观祈雨。"王素依然没完："莫非皇帝害怕暑热，才选择醴泉观这么近的地点？"仁宗只好答应，舍近求远，移驾到郊外的西太乙宫去祈雨。尽管如此，王素还是不依不饶，非要皇帝颁布诏书，将明天祈雨的事情提前昭告天下。仁宗不得不作出反驳："皇帝出巡，怎么能提前布告呢？难道卿连起码的政治规矩也不懂？"王素照样怼了回来："建国伊始，天下未定，才定下如此规矩。当今河清海晏，事先布告又有何妨？莫非皇帝在自己国土上行走，都如此诚惶诚恐？"面对这个怎么说都有理的臣属，仁宗一脸的无奈，最终还是答应了王素的所有要求，在火一样的骄阳下来回奔波，折腾了一整天。好在回銮的路上，老天突然下起了大雨。雷声中，成了"落汤鸡"的仁宗感激涕零，泪水和雨水流到了一起。晚间上床前，想到干枯的禾苗终于得救，还不忘合掌拜谢上天的恩泽。

国家没有储君，做臣子的甚至比皇帝都要着急。庆历年间，大臣王德用向宫里进献了几名美女。耳尖的王素得知此事，便在朝堂上质问仁宗是否属实。仁宗笑着作答："确有其事，就在朕的左右。"王素说："臣所要弹劾的，就是皇上亲近女色，贪恋床笫，荒疏朝政。"一番滔滔不绝的理论下来，仁宗不得不含泪遣散这些宫女，还每人发给三百贯钱作为路费。（王巩《闻见近录》）在人们眼中一言九鼎的皇帝，个人意志常常得不到贯彻。不唯在朝堂上，即便是在后宫，私人生活的领域，仁宗的行止都常常受到臣子的干涉。一国之君，威加海内，但仁宗的一生，连自己的感情生活都无法做主。早年，仁宗最喜欢的是容貌出众的王氏，太后刘娥认为此女太过妖娆，不利于少主，于是横刀夺爱，将其配给自己的侄儿。册立皇后时，仁宗属意的是张美人，但太后还是一票否决，硬是封大将郭崇的孙女为后。仗着太后淫威，郭皇后此后十分骄纵，时常妒火中烧，阻止皇帝与其他嫔妃亲近，特别是尚美人和杨美人，弄得后宫鸡犬不宁。一次，郭皇后竟然当着仁宗的面扇尚美人的耳光，而这一掌最终抢到皇帝的脖子上，严重冒犯了天子的尊威。经与近臣商量，仁宗决定将郭皇后废黜。然而，此事在朝堂内外引起了轩然大波。御史中丞孔道辅率领范仲淹等数十名台谏官员，来到皇城垂拱殿门前，高喊："皇后乃天下之母，岂能轻易废黜！"要求当面向皇帝进谏，弄得宰相都不敢出来开门。一番博弈之后，废后变成皇后自愿隐退，但重新册立的仍然不是仁宗的所爱张美人，而是开国大将军曹彬的孙女。

张美人的伯父张尧佐在朝为官，希望通过皇帝的照应，当上宣徽使一职。这不过是一个虚衔，仁宗也有意补偿对爱妃的亏欠。然而廷议时，御史包拯坚决反对，认为凭德行与业绩，张尧佐都不能担此重任，况且一路来，他已经升迁得太快了。说话时，包拯情绪激愤，将唾沫溅到了仁宗脸上，如同训斥小儿一般。面对包拯的反对，作为皇帝的他只好忍气吞声，收回成命。回到后宫，张美人兴高采烈出来迎驾，以为事情已经办妥，没想到得到的是仁宗的责备："你只知道伯父想当宣徽使，就忘了黑包拯是御史！"（朱弁《曲洧旧闻》）皇帝既然爱了江山，就不能那么宠爱美人。一日，仁宗来到张美人的闺阁，看到架子上摆着一个定州窑的红瓷器，便问哪里得来，听说是定州知州王拱辰送的，便顿然发怒："朕早就告诫你，不要接受臣僚的赠予，为什么就是不听！"还操起家伙，将这个精美的定州瓷给砸碎了。类似的事情还不止一次。

女词人李清照的外曾祖父、状元出身的王拱辰，其实是一个操守甚严的士子。天圣八年（1030）在仁宗主持的殿试中，他被定为状元。

皇帝接见时，其他进士都行礼谢恩，唯有王拱辰却别有话语，请求皇帝将状元判给别人，因为这次考试题目，是他备考时恰巧做过的。从小没说过一句谎话的他，不想就这样侥幸成为一名状元，败坏自己作为士人的节操。在御史中丞的任上，王拱辰是个很难对付的言官。一次，为了让皇上从了他的意见，他紧紧揪着仁宗的袖子就是不放，严重僭越了君臣的礼数。要是换作明朝，早就拉出去砍了，但仁宗却拿他一点儿办法也没有。作为皇帝的仁宗，始终都没有取得绝对的话语权，成为一个说一不二的独裁者，在权力与真理之间画出一个等号来。但正是他的这种作风，成就了北宋数十年开明的政治生态。与使用叵测权谋、特务手段和残忍刑罚来巩固王权，把宫廷内外弄得杀气森森的统治者不同，他靠的是德行与良知的感召。

因为仁宗性喜清净，这一朝的后宫显得有些寂寥。有一个夜晚，忽然传来丝竹歌笑的声音，仁宗便问："是何处在作乐？"宫人回答："这是宫墙外面的酒楼在办喜事。"有的宫女于是借题发挥："官家且听，外间如此快活，都不似我宫中如此冷冷落落也。"仁宗解释说："你知道吗？就是我宫里如此冷落，才有了百姓在宫墙外的快活日子。我若是像他们那样快活，宫墙之外可就要冷落了。"（施德操《北窗炙輠录》）多少年之后，南宋作家施德操回忆起仁宗的行状，不禁感慨万分："呜呼，此真千古盛德之君也！"

四

宋朝权力核心的政治生态之所以是这般气象，跟开国皇帝赵匡胤在宗庙里立下的一块密碑有直接的关系。

　　说到集权政体，人们多有诟病，可谁又愿意生活在乱世之中，过着颠沛流离和腥风血雨的日子？大唐盛世的出现，得力于汉末以来数百年中原逐鹿、英雄辈出、白骨盈野局面的结束和中央集权的重新建立，撑起了一片白云飘飘的蓝天，让黎民百姓的生活从此有了风和日丽。安史之乱后，中央集权体制松懈，地方节度使势力逐渐壮大，藩镇割据，互相攻伐或合纵连横，与中央王朝分庭抗礼，社会离心力越来越大。到了公元 904 年，形同虚设的大唐政权最终被朱温篡夺，演成了覆水难收的五代十国。大好河山被屠夫们当作肥肉肆意切割，国家政权如同走马灯一般地更换，弱肉强食的丛林法则主宰了这个世界，杀人成了人最大的本事和"英雄"的壮举。潘多拉的魔盒被打开，人性中的黑暗、野蛮、龌龊被释放出来，令天下斯文扫地，充满着狂魔与鬼厉之气。道德君子纷纷遁入山林湖泽，修身葆性，在社会场面上混迹的，都是些歹毒与猥琐之人，政治成了玩命的游戏。后汉禁军统帅史弘肇说得直白："安朝廷，定祸乱，直须长枪大剑，若'毛锥子（毛笔）'安足用哉？"在失去起码的人身安全之后，人间的苍生成了随意践踏的蒿草，人格的尊严、财产的权利、情感的自由，更是无从谈起。

　　赵匡胤是在血雨腥风中出生入死的军人，曾抱着马脖子直冲十万军中生擒主帅，一身的威武几乎无人能比，但他关切的不是在乱世之中称王做霸，以同类的尸体堆成盖世功业，而是如何熄灭战火，扫净烽烟，改变刀枪棍棒出政权的局面，开辟出承平安康的世界来。遥想刘邦当年，"狡兔死，走狗烹"，与吕雉夫妻二人无所不用其极，以阴险狡诈的手段，逐个残害身边的功臣，盖世英雄没有一个有好下场。后世的朱元璋如法炮制，以莫须有的罪名制造一个个冤案，用血腥恐怖维持其统治秩序，官员连上朝都要与妻儿诀别。赵匡胤的

◇ 宋太祖赵匡胤树立的密
碑，奠定了皇家与士大夫共
治天下的根基

● 《宋太祖坐像轴》 北宋 - 佚
名 - 台北故宫博物院藏

抉择与两个独夫截然相反，在通过"陈桥兵变"兵不血刃地获得江山
之后，生性豁达的他与追随自己的将领们总结历史，公开袒露内心的
忧虑，在推杯换盏之间推心置腹，以一杯美酒，换取江山社稷的长治
久安。与他出生入死的人，几乎个个都得善终，世世代代享受荣华富
贵。对于"陈桥兵变"和"杯酒释兵权"，后世文人多有物议，似乎
"楚汉之争"和"兔死狗烹"是更好的选择。对历史和现实的批评，
都有一个适度的问题，但人们喜欢作无节制的批评，因为这样更酣畅
淋漓，能够解恨出气。至于是否有悖于时代的实际，那已经不是他们
考虑的问题。

　　遥望秦代之前的历史，以儒立国的周朝崩溃之后，维系人心的
道德约定被无情撕毁，人与人、集团与集团之间的竞争日益恶性化，
人露出了可怖的獠牙，呈现出恶狼的模样，人性已经信任不起。"呦

呦鹿鸣，食野之苹。我有嘉宾，鼓瑟吹笙。吹笙鼓簧，承筐是将。人之好我，示我周行。呦呦鹿鸣，食野之蒿。我有嘉宾，德音孔昭。视民不恌，君子是则是效。我有旨酒，嘉宾式燕以敖。"《诗经》里描绘的温情脉脉的生活图景，已经不复存在。将人性设定为邪恶的法家学说，赢得了愈来愈多的信奉，而普遍的信奉缔造了一种新的现实，让这种邪恶的学说行之有效，从而得到了实践的验证；德治与仁政的思想，于是显现出荒唐的性质。就这样，鹿与鹿的问题，被顺理成章地偷换成狼与狼的问题，因为不能蜕变为狼的族群，都成了狼的食物。以德服人的理念，也被以力服人的丛林法则取代。从秦朝到五代十国，这种逻辑一路高歌，畅通无阻。赵匡胤的出现是个异数，他要来一次悬崖勒马，返回春秋战国之前的周朝，恢复对人性本善的信任，以此来奠定国家统治的道德基础，建立起第二个儒家王朝。

自秦始皇以来，开国之君多以大开杀戒来立威，震慑天下人心，以树立对其统治的心理服从。宋朝立国过程中，赵匡胤几乎将杀伐减少到最低的程度，体现着恻隐之心和对生生之德的赞颂。在他的身上，洋溢着上古儒家的人道情怀。还在陈桥兵变时，他就严令部属：回师汴梁之后，不得惊犯太后和主上，不得抢掠朝市府库，等等。据载，进入皇宫大门时，他们撞见嫔妃抱着一个婴儿仓皇逃走，拦住一问，是周世宗柴荣之子。赵普主张快刀斩草除根，以免遗留后患。赵匡胤低头沉吟，说出了自己的心绪："即人之位，杀人之子，朕不忍为！"于是将婴儿交给大将潘美抚养，此后也不再过问。据说潘美收养的柴荣之子，后来还官至刺史。儒者程颐后来有这样的评价："太祖之有天下，救五代之乱，不戮一人，自古无之，非汉、唐可比，固知赵氏之祀安于泰山。"(《二程集·上仁宗皇帝书》)苏轼也由衷赞叹："予观汉高祖及光武及唐太宗及我太祖皇帝，能一天下者，四君皆以不嗜杀人者致之。其余杀人愈多，而天下愈乱。"（《宋史全文·卷一》）程颐、苏轼皆是北宋杰出的士子，代表着那个时代的良知，他们的评说，不应简单地看作违心的恭维与献媚。

对于后周皇室的态度，一定程度上体现了太祖德行的仁厚。登基之后，太祖迁后周恭帝母子到西京洛阳，改号为郑王，并建造周室的宗庙供他们祭享，还派出朝廷官员祭拜周太祖郭威、周世宗柴荣的陵寝。开宝六年（973），郑王逝世，赵匡胤素服发哀，并辍朝十日（参见赵翼《廿二史札记》）。宋仁宗时，封柴氏后人柴泳为崇义公，赐予田地和宗庙的祭享器服。从仁宗、神宗、徽宗诸朝，直至风雨飘摇的南宋高宗、理宗各朝，皆有对柴氏的封爵与赏赐，情义之深可谓山高水长。

孟子曾经对梁襄王说，不嗜杀人者能统一天下，"如有不嗜杀人者，则天下之民皆引领而望之矣"。这话梁襄王听不进去，后来的王者也几乎无人听得进去。但宋太祖算得上是一个不嗜杀人者，他的许多行举，颇与孔孟仁政与王道精神相契。王全斌率军征伐后蜀时，在成都纵兵掳掠，残杀降兵，受到了他的训斥和严惩。其旗下一名骁勇的将领，每攻陷一座城市，就以剜割女性乳房为乐事，不少妇女受辱惨死。得知此事，赵匡胤当即拍案而起，下令处死这名恶魔。有多名将领以战功卓著为其求情，太祖依然不予赦免。当时，掌管绫锦院的官员名叫周翰，对属下的工人极其严苛，稍有差池，便施以乱棍，打得皮开肉绽。赵匡胤得知之后，给予严厉的训斥，若不是有人劝阻，他还要让这家伙亲身体会被棍棒打死的滋味。

早在戎马倥偬的时代，《尧典》与《舜典》，就成了宋太祖的枕边书；辅佐他的赵普，则把一部《论语》翻烂，因此有"半部《论语》治天下"的说法。江山初定之后，两个同气相求的人一起，就着茶水，探索用儒家思想治理天下的策略，谋求改变五代以来的强人暴政，将军人政权改变为文人政治。在开设儒馆、延请名士、办好国子监等官方学府的同时，还对科举制度进行了改革：撤销对于应考士人的身份限制，规定不论门第高低、家庭贫富，皆可应举；在科考中增设复试、殿试程序，杜绝权贵阶层的侥幸之门；扩大科举的规模，增加录取人数，以适应文治天下的需求。大唐二百多年历史，进士登科者只有三千多人。宋朝三百年间，进士登科者有十万多人。宋朝选拔的官员，至少有三分之一来自平民家庭。在宋代，读书成为天下第一美事，求学成为通往权力核心的坦途。就像真宗皇帝后来在《劝学诗》里所写的那样：书中自有千钟粟，书中自有黄金屋，书中自有颜如玉。人头攒动的汴梁街头，人们看到，身着白袍的举子、衣袂飘飘的士大夫渐渐多了起来，成为时代的一道风景，不同于五代十国，到处是披坚执锐、铠甲粼粼的武士。市井人群之中，渐渐少了那股凶狠蛮横的戾气。大宋疆土上，也很久没有闻到血腥的味道。

在宋朝，考取进士的人，都得到皇帝亲赐的《孔子家语·儒行篇》，作为修身的课程。书中对儒者的品质与行为，作出了具体的阐述。其中有这样的段落——

儒有不宝金玉，而忠信以为宝；不祈土地，立义以为土地；不祈多积，多文以为富。难得而易禄也，易禄而难畜也，非时不见，不亦难得乎？非义不合，不亦难畜乎？先劳而后禄，不亦易禄乎？其近人有如此者。

儒有委之以货财，淹之以乐好，见利不亏其义；劫之以众，沮之以兵，见死不更其守；鸷虫攫搏不程勇者，引重鼎不程其力；往者不悔，来者不豫；过言不再，流言不极；不断其威，不习其谋。其特立有如此者。

儒有可亲而不可劫也，可近而不可迫也，可杀而不可
辱也。其居处不淫，其饮食不溽，其过失可微辨而不可面
数也。其刚毅有如此者。

儒有忠信以为甲胄，礼义以为干橹；戴仁而行，抱义
而处；虽有暴政，不更其所。其自立有如此者。

儒有一亩之宫，环堵之室，筚门圭窬，蓬户瓮牖；易
衣而出，并日而食，上答之不敢以疑，上不答不敢以谄。
其仕有如此者。

《尧典》与《舜典》，《论语》与《孔子家语》，是儒家的原典，
赵匡胤和赵普两位开国者将其奉为至宝，以此奠定宋朝作为儒家王朝
的立国根本。儒学也就顺理成章地成为宋朝的主流意识形态。儒者以
人格为最高成就，讲究个人操守的修持，不屈尊于物质，敬鬼神而远
之。身为帝王的太祖，也以儒者"其居处不淫，其饮食不溽"等品行
来要求自己，起居生活过得相当简朴。只有上朝时，他才穿上绫锦制
作的服装，其余时间穿的，是与普通官吏一样质地的衣服，而且反复
洗换，少有更新，进宫出宫也是一项旧轿子。内宫服务的宦官才五十
多人，宫女也不过二百，是历代宫廷最低的纪录。即便这样，他仍然
嫌多，曾经一次遣散五十多名自愿出宫的人。在讨伐北汉的征途中，
正好逢上七夕节，太祖给太后和皇后寄送礼物，太后得到的是三贯
钱，皇后则只有一贯半。永庆公主入宫晋见父皇时，身穿的衣裳如孔
雀开屏，上面还缀着一根根羽翎。原本想给父皇一个惊喜，没想到一
进门就遭到赵匡胤的严厉指责，命她把这身装扮脱下来，从此之后也
不许再穿，免得外人争相效仿。当公主提及父皇那顶旧轿子该用黄金
装饰一下时，太祖的回答是："朕乃一国之君，以四海之富，即便用

黄金把整个皇宫装潢起来，也能做得到，况乎一顶轿子。但以一人治天下，并非以天下奉一人。财富是天下人的，朕为天下人守财，怎么可以随意挥霍！"

据宋代叶梦得《避暑漫抄》等书记载，有生之年，太祖在宗庙寝殿的夹室内竖立了一块密碑，用金色的帷幔遮着。该碑高七八尺，宽四尺多，上面镌刻着这位开国者对子孙的三条遗训：一、柴氏子孙有罪，不得加刑，纵犯谋逆，止于狱中赐尽，不得市曹刑戮，亦不得连坐支属；二、不得杀士大夫及上书言事人；三、子孙有渝此誓者，天必殛之（第三条王船山的追记是"不加农田之赋"）。每逢四时八节宗族祭祀，及新太子即位，都要在此碑面前行跪拜大礼，高声诵读遗训。据说，遗训作为皇家内部的秘密，一直严加谨守，直到金人攻陷开封，才为外人所见。

自有秦以来，读书人因为说话招来杀身之祸者不可胜数。不得杀士大夫及上书言事人，等于赐给知识分子保命的尚方宝剑，让他们在参与政治生活、发表个人言论时，无身家性命之虞。朝堂之上也因此少了阴森恐怖之气。士可杀不可辱，联想到从秦朝直到明清的满门抄斩，株连九族，明世宗时一次廷杖一百三十多人，当场有十六人被杖毙，这实在是极为难得的仁政，体现了皇家与士大夫共天下的诚意。春秋战国时期，孔孟为了推行仁政与王道思想，周游列国，如丧家之犬，备受嘲弄耻笑，始终找不到真正能够接受其理念的"有国者"。种种事迹表明，一千多年之后出现的赵匡胤，也许就是他们要找的人。宋朝历代皇帝，都是太祖遗训的坚定执行者。因为不杀文臣与言官，贬谪成为一种通用的惩罚手段和淘汰失信官员的方式。因此，宋朝一代流放贬逐的官员数量相当可观。比起砍头与腰斩，流放是成本较高的刑罚。砍头与腰斩，只需要一把锋利的刀，用完之后把血迹抹去，刀还可以反复使用。

因为汉武帝罢黜百家，独尊儒术，人们将刘彻之后的汉朝看作是儒家天下，其实是一种误解。汉武帝遵从的是表层儒术，而非道体层面上的儒学。他从董仲舒那里接受过来的，是用于建构和维护社会人伦秩序的礼教体系，并通过阴阳谶纬学说将其神圣化。作为儒家思想核心的"仁学"，以及与之相通的仁政王道思想，并没有得到相应的传承与发扬。而赵匡胤建立的宋朝的新儒学，承接的正是被一度摈弃的内核部分。从太祖到仁宗的统治，隐约可以看到从尧舜到周公、从孔子到孟子所沿革的人文精神。纵观中国两千多年的历史，在西周衰亡之后，称得上儒家王朝的只有大宋一代。其余的王朝要么是儒表法里，要么就是以严刑酷法治国的法家王朝，儒学只是作为粉饰的装修材料使用。西周时期作为国家主流意识形态的儒学，到了礼崩乐坏的东周时期，便沦落为民间思想。孔子和孟子先后周游列国，推广儒家思想，如同丧家之犬，都得不到有国者的采纳。直到北宋，这种被扫地出门的理念体系，才又重新成为国家意识形态。当然，如何将先秦时期作为民间思想的儒家学说，演绎成为一种可操作的社会政治制度，是相当艰难的实践课题。

"太上有立德，其次有立功，其次有立言。虽久不废，此之谓不朽。"（《左传·襄公二十四年》）儒家讲究立德、立功、立言"三不朽"。按照这种价值体系，可以对北宋王朝里的人物作出粗略的归类：太祖赵匡胤、仁宗赵祯、范仲淹、王安石等是既立功又立德之人；周敦颐、邵雍、司马光等重于立德，兼于立言；而欧阳修、张载、程颢、程颐、苏轼等，则重于立言，兼于立德。在不同的层面上，他们都是儒家思想的信奉者、孔孟精神遗产的继承人，共同建构了这个时代人类的生存空间。可惜随着宋朝的灭亡，这个人文生存空间就坍塌了，只留下断垣残壁。

五

离开这个人间世界，仁宗并非没有遗憾与牵挂。在大宋的土地上，从东北到西北的天空，都有叵测的阴云流布，契丹和党项皆是草原民族出身，骨子里崇尚弱肉强食的原则。在冷兵器时代，他们的骑兵有着难以抵挡的优势。契丹人建立辽国，比宋朝早几十年；党项人建立西夏，虽然比宋晚几十年，但也是历史遗留的问题，因此形成了三国鼎立的局面。作为一个仁者，赵祯喜欢当空明月下抚琴的声音，还有沁人心脾的一壶新茶，厌恶刀上舔血的气味，但在北方的天空，血腥的气息总是挥之不去。此外，令他放心不下的，还有国家的府库。由于依靠财政供养的人员数量过于庞大，国库已经十分空虚，几乎到了难以为继的程度。仁宗曾经起用范仲淹等一批能臣，企图从体制上进行改革，结果半途而废，还引发了激烈的党争，实在是心有余而力不足。不过，就整体而言，在他执政的四十余年，社会相对安定承平，国家经济总量和国民生活都有了相当程度的提高，民间社会相对富庶，汴梁城里旺盛的人间烟火，几乎夜夜都升腾到了九霄云外。这些都足以安慰大宋土地上生活的子民。在十一至十三世纪，作为平民，生活在宋朝，比生活在世界上的任何国度，都要幸运许多。

最后的时刻，仁宗都还记得，自己曾经垂询过曾任三司使的包拯，历朝历代在籍人口的数目。这个以铁面著称的家伙，在认真地做足了功课之后，提交了这样的答复——

以谓三代虽盛，其户莫得而详。前汉元始二年，人户千二百二十三万三千。后汉光武兵革之后，户四百二十七万六百三十。永寿三年，增至一千六十七万九百六十。三国鼎峙，版籍岁减，才百四十余万。晋武帝平吴之后，户二百四十五万九千八百。南北朝少者不盈百万，多者不过三倍。隋炀帝大业二年，户八百九十万七千五百三十六。唐初，户不满二百万；高宗永徽元年，增至三百八十万；明皇天宝十三载，只及九百六万九千一百五十四；自安史之乱，乾元已后，仅满一百二万；武宗会昌中，增至四百九十五万五千一百五十一。降及五代，四方窃据，大约各有数十万。太祖建隆之初，有户九十六万七千三百五十三；开宝九年，渐加至三百九万五百四户；太宗至道二年，增至四百五十一万四千二百五十七；真宗天禧五年，又增至八百六十七万七千六百七十七。陛下御宇以来，天圣七年，户一千一十六万二千六百八十九；庆历二年，增至一千三十万七千六百四十；八年，又增至一千九十六万四千四百三十四。

拯以谓自三代以降，跨唐越汉，未有若今之盛者。（张邦基《墨庄漫录》）

在仁宗的治下，国家人口增长了三百七十九万户，六百四十九万口男丁。这个增长户口数，相当于唐太宗贞观时期的总户数。国家的总人口也在七千万左右，其中城镇人口超过了百分之二十，京师汴梁就达到百万，已然是天下第一的大都市。在那个年代，人口数量是体现社会发展的重要指数。当然，最直接的数字是每年的财政收入。据时任三司使的书法家蔡襄在治平元年（1064）提交的数据，这一年的国家财政总收入为 6300 万缗钱，相当于太祖朝 1600 万缗的近四倍，太宗朝 2650 万缗的近两倍半。然而，蟹大洞更大，国家财政还是处于入不敷出的状况。蔡襄的报告里写道："臣约一岁总计，天下之入不过缗钱六千余万，而养兵之费约及五千。是天下六分之物，五分养兵，一分给郊庙之奉，国家之费，国何得不穷？民何得不困？"每年的军费开支，居然占去全国财力的六分之五。剩下的部分，还不够支付两万多名政府工作人员的俸禄。在繁荣昌盛的景象之下，其实隐伏着惊人的危机，国家几乎到了接近破产的边缘。

仁宗登基之后，知制诰李淑之便指出了国家面临的问题：国用未足、滥官未别、冗兵疲马。后来的史学家归纳为冗官、冗兵、冗费"三冗"现象。"冗官"是指官僚机构臃肿，人员过多。据曾巩《元丰类稿》等记载，真宗时期在编官员一万余人，其中文武朝官四百；仁宗朝增加了一倍，文武朝官也超过千数。除此之外，还有数量不少的编外人数。宋朝公务人员待遇颇高，官员俸禄名目繁多：有官俸、禄粟、公用钱、职田、给券（差旅费），有茶、酒、厨料、薪、篙、炭、盐等供给，还有仆人的衣粮或餐钱（宰相家仆人多达七十人，枢密使家的仆人也有五十）。国家每年支付官员俸禄的开支多达一千两百万缗钱，相当于财政总收入的五分之一。

宋朝官员来源有两种渠道：一是科举考试，一是恩荫制度。科举录取的进士逐年增加。宋太宗时，规定考生年龄不超过六十岁；到了仁宗主政时期，改为只要年满六十，无论考取与否，全部都予以授官。恩荫是指皇族成员或具有相当级别的官员，可以奏请给自己的子弟亲属补官。每当国家举行郊祭，或是官员退休、去世的时候，都可以提出申请。在宋朝，六品以上的官员就具有恩荫的资格，皇族恩荫的门槛则更低，原先规定宗室成员七岁即可授官，仁宗上台后将时间提前到了婴儿期。宋代皇帝大都热心于施恩布德，往往"恩逮于百官者，唯恐其不足"。庆历七年（1047），皇族得到授官的人数超过一千。天禧元年（1017），太尉王旦逝世，真宗皇帝一次性"录其子、弟侄、外孙、门客、故吏，授官十数人"，可谓皇恩浩荡。恩德如此积累下来，官僚队伍自然随之膨胀，吃皇粮的人也就愈来愈多。

比冗官更触目惊心的是冗兵。开国之初宋朝军队二十万人，到真宗天禧年间增加到了九十一万人，仁宗庆历年间军队人数增加到惊人的一百二十五万九千人，其中禁军为八十二万六千人，超过开国初的六倍。国家财政收入的三分之二都用于养兵，而且上了沙场还打不了胜仗，花的实在是冤枉钱。

造成冗兵的原因之一，是宋朝实行募兵政策。每当某个地区出现灾荒或不稳定因素时，政府就招揽衣食无着的流民入伍。经过挑选，健壮者收入禁军，体质偏弱者则收入地方厢军。黥而入籍之后，他们就可以领取军饷，过上衣食无忧的日子。这样，"每募一人，朝廷即多一兵，而山野则少一贼"，减少了社会的不安定因素。就像当初宋太祖所说的："可以利百代者，唯养兵也。方凶年饥岁，有叛民而无叛兵。不幸乐岁而变生，则有叛兵而无叛民。"（晁说之《嵩山文集》）这在当初，还是一个不错的创意，但过了二十年之后，这种制度的弊端就愈来愈显现出来。正如钱穆在《国史大纲》中所指出的："募兵终身在营伍，自二十以上至衰老，其间四十余年，实际可用者至多不过二十年。廪之终身，实际即是一卒有二十年向公家无用而仰食。"士兵入伍以后，一辈子就生活在军营里，能够出征沙场的时间相当有限，到了四十岁后，他们只是作为老弱病残接受国家供养，不具备实际的战斗力。如此，军队存在的意义也从维护国家领土主权完整，演变成为社会福利保障体系。仁宗皇祐年间，河北发生严重洪涝，三十万灾民拥向京城，京东安抚使富弼就是按照募兵法，吸纳大量的流民入伍。

冗官、冗兵之外，还有冗费。早在宝元二年（1039），刑部员外郎宋祁就上奏指出三种冗费的问题：一是道场斋醮郊祭次数繁多，每次少则七日，多则四十九天，花费的供品钱财数目巨大；二是京城寺观需要的供给，包括田产施舍、装修神祠、增建塔庙等，开销不小；三是节度藩镇的支出，国家每年给节度使藩镇支付一些公钱，用以奖赏有功，招揽贤能，但不靠近边疆的藩镇，平日里既没有兵马之事，又无须招待宾客，公钱也就不知用到哪里去了。除此之外，皇帝的恩赏也是一笔可观的开销。"宋制，禄赐之外，又时有恩赏。"（赵翼《廿二史札记》）宋朝的皇帝给官员的赏赐相当慷慨。宋仁宗更是"仁而滥赏"。每年给辽国的"赏赐"五十万缗，给西夏的"赏赐"二十五万缗，也是不小的数字。

皇族的供养是一笔滚雪球似的开支。到了仁宗执政后期，赵氏子孙已传至五代，超出"五服"的范畴，人数已有一千以上。按照制度规定，五服之外的子孙，须送出京城，停止发放禄赐，分给土地，不再留在皇家的族谱里。但这项制度迟迟未能实施，因此，每年发给皇亲国戚的禄赐就高达七万缗，远远多于整个京城官员四万缗的俸禄钱。

总之，在财政收入逐年增长的形势下，财政状况还是不断恶化。到了仁宗一朝，竟然是"百年之积，惟存空簿"。治平二年（1065），尽管当年的财政税收，达到一亿一千六百一十三万八千四百五十贯，收支相抵之后，国库还是亏了一千五百多万贯。倘若边境上烽火燃起，或是发生大的自然灾害，都不知如何应对。宋代的儒家，在修身齐家方面多有发明，但在治国平天下的领域，除了推行仁政，少有建树。而百年下来的宽仁政治，已经在经济与军事上导致国力的不济，璀璨的文明失去了自我保护的力量。仁宗一朝，已经把施恩布德的仁政推到了极致，利益分配格局出了大的问题，使得后来接班的皇帝无法将其政治路线继续进行下去了。这个时候，亟须有人来掉转国家前行的方向，矫枉新儒家在思想上的偏颇。嘉祐三年（1058），王安石提点江东刑狱任满，返京述职，向仁宗皇帝提交了长达万字的言事书，指出国家之所以出现如此困局，原因在于"方今之法度，多不合乎先王之政"，必须革除"苟且因循之弊"，以期"合于当世之变"。言事书还提出了"因天下之力以生天下之财，取天下之财以供天下之费"的新思路。仁宗逐字逐句地御览，觉得十分在理，但此时的他垂垂老矣，力不从心，已经不可能再来一次"庆历新政"了。任何一个阶段的政策，都是对前一阶段政策的矫枉，而矫枉持续一个阶段之后，又会出现过正的偏差，需要来一次新的矫枉，于是就有了"三十年河东，三十年河西"的说法。国家政治极难做到不偏不倚，一劳永逸地走在正确的道路上，做匀速直线运动。

　　国家财政虽然亏空，但宋朝藏富于民，百姓的日子还算红火，特别是上层社会。最令仁宗放不下的是太子赵曙。这个养子始终都养不熟，更交不了心，将万里江山和盘托付，他能够承受得起吗？这是仁宗闭上眼睛时心里都没底的事情。嘉祐八年（1063）四月初一上午，辅臣们被召进皇帝的寝殿，由曹皇后定议，召太子入殿，告知他仁宗驾崩的消息，让他继承皇位。没想到三十二岁的赵曙如临深渊，惊恐万状地往回逃，放声大喊："我不敢为，我不敢为！"辅臣们全都拥了上去，有的抱住他，有的解开他的发髻，有的将龙袍披到他身上。他们连忙召集朝官到殿前，宣读新皇帝即位的谕旨，让他接受百官的朝拜，然后才开始为老皇帝哭丧。虽说已经登基，赵曙还是提出要为先帝闭门居丧三年，由韩琦代理朝政。大臣纷纷表示反对，这才作罢。但他的身心一直都不稳定，连先帝的葬礼都参加不了，有时还会出现癫狂的状况，在宫中大呼大叫地狂奔，把皇冠扔到地上，说出一些谁都听不明白的话语来。看来真是不愿意承担，也承担不起。皇帝也不是什么材料都能做的，难怪过了三年零八个月，他人就做没了。

因为自己不是仁宗亲生，尽管国库亏空，英宗仍然坚持以超出太祖太宗的规格厚葬仁宗，证明自己的孝道有增无减。或许是出于对先帝提携的感念，宰相韩琦也力排异议，支持英宗的主张。时任三司使的蔡襄，亲自担任工程的物资主管，提出要按照真宗定陵的规格来建造，要求选用最好的石材、木料。整个陵寝工程动用了将近五万名士卒，需要调拨钱粮五十万贯石，这既超出当时国库的支出能力，也不符合仁宗生前的夙愿。有人甚至建议挪用从陕西入境的食盐去换钱。

见此形势，右司谏王陶等上疏，以民力窘困为由，请求降低山陵规格，按照先帝节俭爱民的天性，从简发丧，但却不被接受。礼院编纂苏洵专门致书韩琦，援引春秋时宋国大夫华元厚葬宋文公一事，来讥讽他别有用意，使得宰相大人脸色大变。知谏院司马光上疏，请求允许侍臣自发捐助山陵建设费用，以表达其忠诚，也同样不被采纳。不仅如此，刚登基的英宗还以分享先帝"遗爱"名义赏赐群臣，所赐之物超出了旧例的好几倍。司马光得到的"遗爱"包含有黄金和珍珠，换算下来大约值一千贯钱。他把珍珠拿到谏院换作办公费用，黄金则送给了自己敬重的岳父大人，自己一分也没有留下。在接下来的时间里，作为谏官的司马光一再进谏，内容涉及朝廷生活的方方面面，事无巨细，包括遣散仁宗后宫那些得到宠爱甚少，甚至从来都未沾过雨露、寂寞开无主的花朵，让她们抹掉脸上的脂粉，回到自己的父母亲戚那里，还原本来面目，过上世俗的生活。

第四章

吾谁与归

一

　　在位的三年零八个月里，英宗所做的无非两件事情：一件是在财政捉襟见肘的情况下隆重地安葬仁宗，以证明自己作为非亲生子的孝道；一件则是花了近两年的时间，设法追认亲生父亲濮王为"皇考"，而不是一些大臣主张的"皇伯"，以极尽其哀荣，申明自己出身的正统。前者进一步掏空了国库；后者不仅于国于家毫无实际意义，还引发了朝臣之间激烈的意见冲突。他们私下暗结恩怨，朝堂之上唾沫横飞，嘴角撕裂，严重影响了国家正常的政治秩序，也让支持立为"皇考"的欧阳修等人声名狼藉。两件事在某种程度上耽误了国家，好在他寿命很短，还在可以耽误得起的范围之内。当然，英宗的一生并非全无是处，作为一个皇帝，他最大的政绩，就是生下了一个天资英迈的大儿子、继承大宋家业的神宗皇帝赵顼。

　　对于所要继承的皇位，赵顼可谓当仁不让。他没有像父亲那样厚葬自己的父亲，因为作为英宗的亲生骨肉，他不需要通过某种方式来证明什么。登基之后，他下的第一道政令，就是以"国家连遭大丧，公私困竭，宜减节冗费"为由，从简薄丧父皇。（《续资治通鉴》卷第六十五）赵顼生来相貌端庄沉稳，气宇恢宏，神态举止异于常人。仁宗驾崩前的日子，他刚与父亲赵曙一起迁入庆宁宫，就梦见有位神人双手托着他升上高高的云天，暗示着他的来历不凡。他要效法的不是父亲，也不是仁宗，甚至也不是太祖、太宗，而是缔造大唐盛世的唐太宗。

虽说年纪刚刚二十岁，但赵顼早已做好了当皇帝的准备。他自小就尊师好学，常常因为问学求教废寝忘食，耽误了御膳时间，让身为父亲的赵曙倍感心疼。每当侍讲教师进入宫内，他会恭恭敬敬地领着弟弟行礼参拜。平日里衣冠严整，即便最炎热的时节，也不让宫人扇扇子。还在很小的时候，听说幽云十六州被割让和边境上战事失利的事情，就神情庄严，发心要洗雪家国数世以来的耻辱。宋朝以儒立国，历代皇帝皆持六经，法家的学说被视为异端，但赵顼却恰恰喜好这口，尤其迷醉韩非子的强国思想。还在颍王位上的时候，他拿一本《韩非子》，让王府的职员校对一下。那人说："此书臭名在外，可不是什么好书啊。"他立即装蒙，说："我不过是想把先秦诸子的著作都收藏下来而已，并非真的要读它。"其实，他是宋朝皇帝中少有的法家人物。

登基后的某一天，神宗穿着一身盔甲，兴冲冲地跑到慈圣宫，神气十足地问太皇太后曹氏："孙儿这身装扮如何？"太皇太后笑答："看起来是威武无比。"神宗于是更加意得志满，谁知曹氏语气倒转，感叹道："可若是连皇帝都得披坚执锐，恐怕国家已经到了危险的边缘！"遭此冷水浇泼，神宗此后不再穿盔戴甲，但他的内心，始终没有把戎装真正脱下来（参见蔡绦《铁围山丛谈》）。基于对人性的信任，儒家强调德治，重视人格内在的约束力和道德君子在社会治理中的规范作用，对外在行为规范不够注重，更是反感严刑酷法。这种文化信念，在存在国际竞争的天下，显然缺少了自我保护的铠甲。因此，在国家治理方面，儒家是需要法家来做补充的，但宋儒一直都在抗拒这种补充。

君临天下之后，为了像汉武唐宗那样施展宏图大略，神宗开始默默地考察他身边的官僚，并就国家将来如何治理，试探性地询问他们，以物色和自己同气相投的人物，大有"吾谁与归"和"同予者何人"的意思。仁宗时代英才辈出，留下的栋梁甚多，文彦博、富弼、韩琦、欧阳修、张方平等经验丰富，只是年事偏高；司马光、王安石、吕公著则正值壮年，蓄势待发；苏轼、程颢、章惇等一批才俊英姿勃发，正在茁壮成长。在诸大臣中，最入他法眼的是韩琦、欧阳修、王安石、司马光等，他们个个气度非凡，才情横溢。

韩琦历居三朝相位，于维护西部边陲安宁有大功劳，也是庆历新政的推动者，在册立英宗为太子、神宗为皇帝，协调两宫关系等重大事务上，更有非凡表现。在神宗眼里，他是个"定策元勋之臣"，中流砥柱似的人物。在英宗病重的日子里，他提醒太子时刻不离左右，确保皇权的顺利过渡。然而，随着个人威望的升高，他作风也愈显强势，招到了一些人的不满，也引起了神宗内心的不快。就在他主持皇陵工程的时候，御史中丞王陶便参他一本：韩琦以邪言惑乱圣听，用旧制胁迫陛下。王

◇ 心怀宏图大略，一心想着要做唐太宗的赵顼

● 《宋神宗坐像轴》 北宋 - 佚名 - 台北故宫博物院藏

陶的弹劾让人颇感意外，早先，他像一只羊那样恭顺地追随韩琦，韩琦对他也十分器重。神宗被立为东宫太子时，英宗本来是要任命蔡抗为太子詹事的，韩琦却极力推举王陶。如今，新皇帝上台，自然要重新洗牌。这时候，在王陶眼里，韩琦成了挡道的大石头，就想将他搬开。因为看清了这一点，神宗对于王陶的上疏置之不理。然而，王陶并不就此罢休，不久之后，又再度弹劾宰相韩琦、副相曾公亮不押班，在早朝时带领百官向皇上行礼，还援引西汉霍光、东汉梁冀专擅朝政之事加以影射，指责韩琦专横跋扈。

韩、曾二人惶恐上表，请求皇帝降罪。神宗将王陶的奏章交韩琦看，韩琦申辩说："臣并非跋扈之人，陛下只需派一个小黄门太监，便可将臣捆起来带走。"神宗身边的人也帮着说话："韩琦做了那么久的宰相，不免会有些过错，但说他专横跋扈，分明是欺瞒上天，陷害好人。"神宗于是罢了王陶御史中丞之职。但这时候，副相曾公亮又提出个王安石来，显然有挤兑韩琦的意思。见此情形，韩琦一再称病请辞，神宗皆不予照准。但英宗永厚陵复土完工之后，韩琦还是不肯入中书门下履行宰相之职，大有九牛拉不回的意思。见其去意已决，神宗连夜召见张方平。依照张的建议，调任韩琦为镇安、武胜军节度使，守司徒，检校太师兼侍中，判相州。

离京之前，韩琦入宫辞行，神宗潸然落泪，赐给他位于兴道坊的一座宅第，擢升其公子韩忠彦为秘阁校理，感谢三代以来的辅佐之功。韩琦垂涕称谢，辞去所授的其他名位，仅认领淮南节度使一职。神宗意识到，上了年纪的韩琦思想趋于守成，已经无法在自己行将推行的变革中加以倚重，便问他："卿去，谁可属国者？王安石何如？"曾经是王安石上级的韩琦回答："安石为翰林学士则有余，处辅弼之地则不可。"（《宋史·韩琦传》）听了他的说法，神宗静默良久，不再言语。

与韩琦合作多年的富弼，是更为资深的宰相，曾经执政十年，在内政外交方面均有建树，还是庆历新政的重要推动者。仁宗朝时，他们两人"同在二府，左提右挈，图致太平，天下谓之韩、富"（《续资治通鉴长编》）。此次神宗问及人事，韩琦未提富弼，是因为在扶助神宗皇帝登基时，韩琦擅自采取行动，没有与富弼通气，二人于是有了嫌隙，已经渐行渐远。富弼也以足疾为由一再请辞，见其态度坚决，神宗只好同意，让他以观文殿大学士身份出判汝州（今河南临汝）。赴任之前，富弼入朝辞行。神宗特批下肢不便的他乘坐轿子入宫，并将接见安排在内东门的小殿里，免去君臣之间的跪拜礼数。当皇帝问及当前形势与治理方略时，富弼语重心长地做出规劝："陛下初临天下，切不可急于求治，应当多布施些恩德，二十年内最好不言刀兵血火之事，也不要重赏有战功的人，以国家安定、民富物丰为第一要务。"因为话不投机，神宗神情肃穆，不再多说什么。

韩琦和富弼之外，神宗还想到一个人，那就是在三司使任上干得十分出色的张方平。壬寅日那天，正好司马光到延和殿来奏事，神宗便问起对张方平的看法，得到的答复却是："此人奸邪贪鄙！"司马光对人格的质地，从来都十分挑剔。神宗追问："你这样说有什么事实依据吗？"司马光也不举例说事，只是干巴巴地回了一句："请陛下允臣讲出自己亲眼看到的。"还提请神宗，不妨把几年前包拯弹劾张方平的章奏调出来看看。见他态度如此坚决，还抬出黑包公来佐证，神宗脸上的颜色就变了："每当要起用某个大臣，众人就议论沸腾，这恐怕不是什么好事吧！"话音刚落，司马光立即顶了上来："这恰恰是朝廷中的好事。连帝尧都认为，了解人是一件难事，何况陛下刚刚即位，万一任用错了奸邪，台谏官皆沉默不说话，那陛下又从何明鉴呢？"俨然帝王之师的口气。神宗接着又问："大臣依附宰相或依附君主，哪一种要贤明些？"司马光回答："依附宰相当然是奸邪；但迎合皇上圣意，观察人主的倾向而投其所好，同样是奸邪。"话语中显然含有儒家从道不从君的意思。

当年十月，张方平父亲病故，作为儿子要丁忧三年，神宗还想让他起复，却遭到其本人的回绝。关于苏轼一家恩公张方平的为人，后世的朱熹曾经举例：他曾经托下面的人去买过一个漂亮的小妾，事成之后，却闭口不谈付钱的事情。不过，作为一个能臣和理财专家，朝中几乎没有人会有异议。但在宋代的士林，德行与人格比才干更受人敬重。

二

韩琦和富弼之外，大臣中最有声望的，恐怕要数欧阳修了。他在士林的地位，更是无人能比。然而，就在这个节骨点上，大文豪却摊上了事情。在朝廷举行的英宗大丧仪式上，文武百官皆缟衣素袍，细心的监察御史刘庠注意到，欧阳修的丧服里，竟然裹着一件紫底的丝袍，于是，立即对他发起弹劾。奏本文采飞扬，说欧阳修的丝袍"细文丽密，闪色鲜明。衣于纯吉之日，已累素风；服于大丧之中，尤伤礼教"（吕希哲《吕氏杂记》），是大不敬的事情，极力要求皇上予以贬责。神宗扣下奏章，通过内臣悄悄转告欧阳修，让他立刻换下里面的紫袍，总算是把事情给压了下来。但是，因为英宗时期长达一年半的"濮议之争"，朝中迁怨于欧阳修的人很多，都想找机会发泄出来，逼他离开宰执之位。于是，一场更险恶的弹劾接踵而来。

乐于提携才俊，帮助困境中的人，是欧阳修一生的德行，但他做事有自己的原则底线。就因为有这个坚持，加上性格的率真，他也得罪过不少人。其中就有第三任夫人的堂弟、淄州知州薛宗孺。薛宗孺因为推举的官员贪赃枉法受到牵连，想通过朝中的堂姐夫出面说话，争取在神宗登基的大赦中得以豁免。然而，这位堂姐夫非但没有出面说话，还向有关人员声明：不可因为顾及本人身份，而宽宥任何亲故。于是，丢掉了乌纱帽的薛宗孺，恶向胆边生，到处传播谣言，说欧阳修有才无行，丧尽人伦，和长儿媳吴氏有染。与欧阳修素有仇隙的集贤校理刘瑾听闻之后，如获至宝，略加烹调加工，到御史中丞彭思永面前眉飞色舞地演述一番。彭思永又意味深长地透露给自己的下属蒋之奇。

蒋之奇与苏轼同为嘉祐二年（1057）进士，算是欧阳修的门生。"濮议之争"正酣之时，曾经登门拜访欧阳修。在欧阳大人的举荐下，成为一名谏官。"濮议之争"结束之后，台谏官员纷纷被贬，蒋之奇作为欧阳修提携的人，被视为队伍里的奸佞。为了洗刷自己，撇清与欧阳修的关系，他急需一个题材来做文章。于是，连夜将彭思永所说的内容拟成奏章递了上去，请求皇上将此事公开于朝野，严厉谴责道貌岸然的欧阳修。

出于对欧阳修的信任，神宗怀疑事有蹊跷，蒋之奇于是引出彭思永为证。彭思永接着上书，表明自己的态度，称欧阳修的行为已经触犯了典章与众怒，不宜继续担任宰执大臣。神宗将蒋之奇、彭思永的奏章交给枢密院。得知此事的欧阳修愤怒至极，立即上书皇帝，恳求彻查此事，还他本人一个清白。奏疏写得十分恳切："臣忝荷国恩，备员政府，横被污辱，情实难堪。虽圣明洞照，察臣非辜，而中外传闻，不可家至而户晓。欲望圣慈解臣重任，以之奇所奏出付外庭，公行推究，以辨虚实。"（《乞根究蒋之奇弹疏札子》）

◇　与唐代相比，宋朝的女子显得婀娜多姿

● 《盥手观花图》南宋 - 佚名 - 天津博物馆藏

他深知，蒋之奇所诉之事，"苟有之，是犯天下之大恶；无之，是
负天下之至冤"（《再乞根究蒋之奇弹疏札子》），无论如何，真相必
须大白于天下，否则，自己作为士人的颜面将被扫尽。因此，他闭
户不出，先后上了三道札子，请求罢去自己参知政事的职务，以免
妨碍相关人员公正调查此案。欧阳修的长媳妇是盐铁副使吴充的女
儿，吴充也上奏乞请朝廷尽快查清原委，使吴氏家门免受玷污。

　　神宗责令彭思永、蒋之奇提供弹劾内容的真凭实据。天威重压
之下，蒋之奇只好坦白，事情是从彭思永那里听来的，并无确凿的依
据；彭思永不愿意扯出刘瑾，就推说是来自市井传闻，因为身为御
史，他完全可以风闻言事，不需要提供什么事实依据。狡猾的他还

转移话题，称大臣之间的结党专擅，已经成为朝廷的祸害云云。不过，事情总算还是水落石出，彭、蒋二人也甘愿受罚。朝廷张榜公布了调查结果，指出对欧阳修的弹劾内容"皆狂澜而无考"，实属"空造之语"。御史中丞彭思永降职为给事中、知黄州，殿中侍御史里行蒋之奇降职为太常博士、监道州酒税。正值春天到来，神宗派内臣携手诏前往欧阳修府上问安，恭请他回中书省上班。这让六十一岁的欧阳修深感欣慰，但他回归田园的去意已决，再三上表，坚辞副宰相的职务：

> 由臣拙直，多忤于物，而在位已久，积怨已多。若使臣顿然变节，勉学牢笼小人以弭怨谤，非惟臣所不能，亦非陛下所以任臣之意。若使臣复居于位，只如前日所为，则臣恐怨家仇人以臣不去，必须更为朝廷生事，臣亦终不能安。况臣一二年来，累为言者攻击，心志摧沮，加以衰病所侵，两目昏暗，四支骨立。顾身已如此，而人情又如此，亦复何心贪冒荣宠？（《又乞外郡第一札子》）

看到这位老臣一而再，再而三地递交辞呈，还有陆续递上来的针对他的弹劾，神宗意识到挽留已经于事无补，朝政的主持只能另做打算。于是，就这一年的三月，神宗接受了欧阳修的请求，免去他的尚书左丞、参知政事，降为观文殿学士、刑部尚书、亳州知州，并派出使臣传达皇帝的抚慰之情和恩宠之意。

在离开汴梁的船头，欧阳修内心忧愤难平，意识到自己今生今世已经难再重返京都，悲凉之情油然而生，吟下了一首《明妃小引》："汉宫诸女严妆罢，共送明妃沟水头。沟上水声来不断，花随水去不回流。上马即知无返日，不须出塞始堪愁。"多年前，他曾经与王安石、司马光、梅尧臣等人，就"明妃"这一题材相互唱和，并留下了自己得意的诗句："玉颜流落死天涯，琵琶却传来汉家。"

三

读书可以汲取知识，但要将书本上的知识内化，成为自身的人格内涵，还需要精神的感召与追随，从自己敬仰与诚服的人物那里，获得带有血气的力量加持。终其一生，欧阳修追随的是两个人：一是唐代的韩愈，一是当朝的范仲淹。前者是文学上的导师，后者是道德上的楷模。他无疑是韩文公文学遗产的继承者，将已经式微的古文运动推向了新的高潮。他的老师晏殊，曾指着韩愈的画像对人说："这模样多像欧阳修啊，谁知欧阳修不是他的转世？"同时，他也是范文正公精神的接棒人，在其感召之下，不断完善自己的道德情操。在欧阳修眼里，范仲淹是一个"奋然忘身许国者"，品质上毫无瑕疵的正人君子。

与苏轼一样，关于欧阳修的出生，也有个奇幻的故事流传。景德四年（1007），一个难眠的夜晚，母亲郑氏夫人在恍惚迷离中，看到一位衣袂飘飘的仙人，脚踩云霓来到床前，将一个满身白色毫毛的婴儿送入自己怀中。之后不久，她便发现身子怀孕了。怀胎期间，自己全身长出了细细的白毫，直到孩子降生后才渐渐褪去。这个故事，隐喻着欧阳修道家的出身背景。

欧阳修出生在真宗景德四年，其时，父亲欧阳观已经五十六岁，是绵州（今四川绵阳）地方的军事推官，一个极其谨慎的基层官僚，工作十分尽责，有时断案直达深夜也不能休息。某个晚上，眼睛高度近视的他，在烛光下反复审阅一个卷宗，迟迟不能上床。郑夫人问起来，他才说，是一桩该判死罪的案子，但自己很同情这个犯人，想给他找条活路，可就是找不出来。到绵州地方做官的人，离任时都会成匹地带走一些蜀绢。欧阳观离职时，只是请人绘制了一幅绢本的竹林七贤图——那是他一生都想效仿的人物。

欧阳修三岁那年，父亲在泰州（今江苏泰州）军事判官任上去世，终年五十九岁。在四十九岁之前的岁月里，欧阳观都在孜孜不倦地读书，一次复一次地参加科举考试，直到四十九岁那年才中进士，有了公家的俸禄，可惜才干十年就"抛妻弃子"。按照郑夫人的讲述，欧阳观生前"不营一物"，唯一的爱好就是交朋会友，那点儿薄禄根本不够他沽酒所用。因此，身后"无一瓦之覆，一垄之植"，只留下庭前的一阵飘忽的清风。失去生活保障的郑夫人，只好携着年幼的儿子，前往千里之外的随州，投靠同样是做推官、并不富裕的叔父欧阳晔。北宋时期，妇女改嫁是寻常之事，范仲淹的母亲就是带着儿子嫁人的。但出身江南望族、比丈夫小三十多岁的郑夫人，决不二嫁，一心要把儿子养育成人。因为无钱购买笔墨，她便折路边的苇秆作笔，在地上教欧阳修写字。欧阳修没上过一天正规的学校，母亲可以说是他唯一的老师。

识字之后的欧阳修，酷爱读书，不放过能够找来的任何册页。家里没有藏书，就到别人家借来抄录，抄着抄着，其中的意思便忽然明白过来，甚至书未抄完就已经能够背诵如流了。伙伴中有个叫李尧辅的，家里藏书甚富。欧阳修在其家捉迷藏的时候，在房间的旮旯里发现一个装满旧书的箩筐，其中有一本"脱落颠倒无次序"的《昌黎先生文集》，散发着古旧的气息，唤起了欧阳修阅读的渴望。于是，他向李家主人求得此书（欧阳修《记旧本韩文后》），放在自己床头，当作日常的口粮，废寝忘食地阅读。十七岁那年，他参加州里的考试，现场所写的作文被传诵一时，却因韵脚不符合官方的规定而被淘汰。此后，他重又将韩愈的文集细读一遍，暗自发心，一旦考取功名，有了俸禄可以养家，就"当致力于斯文，以偿素志"。在作古两百多年之后，寂寥的韩愈终于找到自己的衣钵传人，他的文字就像是专门为欧阳修写下的。

天圣六年（1028），欧阳修前往汉阳拜谒翰林学士胥偃。胥偃随手翻阅他的文章后，大为惊讶，当即把他留在自己门下，并将养在深闺的女儿许配给这位才子。此后，欧阳修随胥偃来到汴梁，两度参加国子监的考试，均获得第一名。天圣八年（1030），在晏殊主持的礼部考试中，欧阳修又名列第一，并顺利通过殿试，成为一名进士，以秘书省校书郎的身份出任西京（今河南洛阳）留守推官。在那里，他遇到了钱惟演、张先、梅尧臣、尹洙等组成的文人群体，时常聚在一起赏花饮酒，吟诗作赋，带着歌伎踏访周边的奇山异水，开始了自己的文字生涯，过着"残花落酒面，飞絮拂归鞍""少年意气易成欢，醉不还家伴花寝"的生活，在牡丹花的芬芳中度过了轻松烂漫的三年，为后来才情的绽放积蓄了力量。

洛阳在唐代是东都，到了宋朝则成为西京，都属于陪都的性质，政事并不繁忙，十分适合文人的交游。西京留守钱惟演，是早先归降宋朝的南越王钱俶的第七子。此人善于经营人情世故，每年牡丹开花的季节，他都会派出快马，将上好的花枝送往汴京，就像当年岭南的官员给杨贵妃送荔枝。苏轼曾经议论过此事："钱惟演留守洛师，始贡花，识者鄙之。"（《东坡志林》）显然，苏轼本身就是一个"识者"。钱氏虽然人品不高，却是地道的读书人，酷爱读书吟唱，声称"坐则读经史，卧则读小说，上厕则阅小辞，盖未尝顷刻释卷也"（欧阳修

《归田录》）。在他身边聚集的，多是生活优渥的"西昆体"诗人，而所谓西昆体，就是以钱惟演与人合编的《西昆酬唱集》得名。欧阳修虽然出入其间，但趣味与他们并不投契。欧阳修不喜欢把才华消耗在修辞功夫上面，蔑视附庸风雅却没有真切关怀的作品。他酷爱韩愈文字的深厚雄博和浩瀚无涯，身边一直都带着那本破烂不堪的《昌黎先生文集》，到处寻找善本加以补缀和校定。因为他的极力推崇，韩氏之文在坊间流行了起来。就像苏轼后来所叙述的："宋兴七十余年，民不知兵，富而教之，至天圣、景祐极矣，而斯文终有愧于古。士亦因陋守旧，论卑气弱。自欧阳子出，天下争自濯磨，以通经学古为高，以救时行道为贤，以犯颜纳说为忠。长育成就，至嘉祐末，号称多士。欧阳子之功为多。"（苏轼《〈六一居士集〉叙》）

欧阳修认同韩愈"文以载道"的理念，而他所理解的"道"，既非老庄的天道，也非佛家的真如法界，乃是孔孟所传的儒家之道。具体而言，就是以仁道修身，成就高洁人格；以王道治平天下，普惠芸芸众生。在他看来，对于作为载道车舆的文学，应当表达高迈的人格境界和超越性的精神气象，还有对社会苍生的关怀，以及对公正道义的伸张。抽掉了所负载的"道"的内涵，文学就只剩下语词的修饰、音律的调谐等形式化的东西，成为墨客骚人之间附庸风雅的润滑剂。对于无心于道，也无道可载的人，他们既无人格情怀抱负，也无社会责任担当，形式上的修饰也就成了文学的全部。他们所要玩味的，就是辞藻及其韵律的美感。欧阳修并不满足于此，他欣赏韩愈行文的平实与简洁，揩除了绮丽繁缛的语词造作，让内心的思想情怀信马由缰地驰骋起来，在辗转腾跃之间呈现出动人的风姿。韩愈的文字，读起来明白晓畅，不事雕琢，但文气充沛，如同龙蛇逶迤宛转，一路吞云吐雾，大开大合，调动丰富的意象来表达自己的思想情绪，酣畅淋漓，具有极强的感染力。

欧阳修的文学生涯，是从洛阳的花香与酒色里起步的。在这里，他写下了许多自我陶醉的诗词。"把酒祝东风，且共从容。垂杨紫陌洛城东。总是当时携手处，游遍芳丛。聚散苦匆匆，此恨无穷。今年花胜去年红。可惜明年花更好，知与谁同？"一首《浪淘沙·把酒祝东风》里的离情别绪，给他带来了作为词人最初的声誉。但在洛阳的日子，他不时会举头东望，留心来自汴梁方向的消息。他向往着走进权力的中心，去施展作为一个儒者的愿力，料理国家重器。在他看来，"文章止于润身，政事可以及物"。

四

《国史大纲》中，钱穆把五代十国看作中国历史的至暗时代。半个世纪的时间段落里，中原大地狼烟四起，王权频繁更迭，不仅人口数量急剧下降，人的尊严也遭到无情践踏。苟且地活着并将血脉传衍下去，几乎成了人唯一的渴求。为此，人们纷纷以辱没自己的方式来谋求生存，道德操守、礼义廉耻都成了奢侈品，生命的位格一路跌落。三国时代尚有英雄结义，魏晋之际还有竹林七贤。然而，在这个时代，人变得面目阴鸷与狰狞，到处是趋炎附势、卖身求荣、背信弃义之徒。举目望去，大地上找不到一个气宇轩昂的人，更不用说可以拱手作揖的君子贤人。这是一个有人无格的时代，孔孟门下似乎已经断子绝孙。"整个五十多年的时间，基本上没有值得记住的名字。能记住的名字大概也就是冯道这样能够在刀刃上跳舞的人，此人历经那么多朝代的更迭而'屹立不倒'，所以雅号'不倒翁'。……这种人格的卑琐一直延续到宋初，其实宋初士人的人格也很卑琐。北宋初年士大夫里面真正人格崇高的，大都是道教徒，如陈抟、种放之流。而整个儒家士大夫人格的卑琐是令人震惊的。"（杨立华《宋明理学十五讲》第23页，北京大学出版社2015年版）这真是一个士风沦落、斯文扫地的时代，到处都是衣冠禽兽。作为《新五代史》作者，在检阅这段历史之后，欧阳修不无沉痛地感慨："五代终始才五十年，而更十有三君，五易国而八姓。士之不幸而出乎其时，能不污其身得全其节者鲜矣。"（欧阳修《王彦章画像记》）因此，在写到后梁名将王彦章宁死不降以保全名节时，他感慨深深："孟子说春秋无义战，我说五代无全臣。"赵匡胤建立的北宋，在文化史上的意义，在于复兴儒家思想。这种复兴不仅仅在儒学礼教的方面，更在于仁道的内核，以之来哺育和涵养人格，造就一批高怀的士君子，并让渡出一定的权力，以优容的政策与他们携手共治天下。儒家思想的核心是"仁"，对生命的同情、珍惜与敬重，是儒者的本怀，它将性命的成就置于一切事业之上，并作为一切事业成就的前提。因此，儒学的复兴不仅体现在义理之学的繁荣，更需要有"道成肉身"的人来亲证这些学说，将其内化为个人人格，使之不沦为道德的谎言，成为自欺欺人乃至欺世盗名的幌子。也就是说，必须有人格臻于完备、将人性与天道贯通的君子，在人群中出现，将儒学化现为有血有肉的人物，可以交往与亲近，给人以身教。宋朝是生命成格的时代，而人最大的耻辱，莫过于生命失格，或者说人格腐败。因此，比起立功、立言来，立德是更为关键的事情。在立德的方向上，范仲淹可以说是走在最前面的人，他是宋代士君子最杰出的代表，当之无愧的士林领袖。王安石称他如同一块完璧，是名节上几乎没有任何瑕疵的人物。宋代文化的高度，不仅体现在陶瓷、绘画、诗词、茶道等诸多方面，更集中体现在精神人格的造诣上，而这方面，范仲淹是最杰出的标本。《宋史》称：宋代士大夫崇尚人格节操的风气，就是范仲淹开始倡导的。

范仲淹还在牙牙学语时，就失去了自己的父亲，早年生活比欧阳修还要困顿，但几乎是与生俱来的节操，让他不以物喜，不以己悲，不屈服于境遇的窘迫和世风的低俗。逆境之中，他从不自怨自艾，凭着胸中一股直冲云霄的浩然之气，去化解命运带来的挫折与创伤。他熟读儒家六经，于《周易》和兵法更是无师自通。在南京（今河南商丘）应天书院受业期间，修学极其精进。寒冬的月份，读书到了疲惫犯困的时候，就以刺骨的冷水漱脸；食物匮缺，则用小米煮粥，待过夜凝固之后切成块状，就着咸菜吞咽，这被称为"划粥断齑"。对于常人不堪忍受的遭遇，他从来也不叫苦抱怨（参见《宋史·范仲淹传》）。每当谈及天下大事，则慷慨激昂，大有飞蛾扑火的奋不顾身，随时可以舍生取义。就像他在给晏殊的信中说的："有益于朝廷社稷之事，必定秉公直言，虽有杀身之祸也在所不惜。"（《上资政晏侍郎书》）

南京留守的公子，将范仲淹"划粥断齑"的故事告诉家里。留守大人顿时肃然起敬，立即让家里厨师做了许多食物送了过去。然而，当留守之子再次来到范仲淹住处时，发现送来的食物一点儿也没减少，而且全都发霉了，令其大惑不解。范仲淹给他的解释是："令尊大人好意，晚生感激不尽！但本人惯于清简的生活，一下子暴殄如此多的美味佳肴，往后可怎么吞得下稀粥与咸菜？因此，十分抱歉，只好辜负令尊的善意了。"

范仲淹慷慨好施，看到他人有急难，不管家用有无，都予以救济。在他的诸多事迹中，有一件事情令欧阳修动容。在邠州知州任上时，范仲淹举办一个宴会招待朋友。众人正要举杯下箸，却看见有几个披麻戴孝的人在外头忙活。范仲淹当即放下筷子，让人出去询问，得知有位贫困的书生，因病客死于此，正筹不到钱来归葬。范仲淹当即撤去酒席，并亲自发起捐助，让人尽快将丧事办妥。

作为一个儒者，范仲淹兼具孔子提倡的智、仁、勇三大品德，在文治武功两个方面均有杰出表现。权知开封府时期，他大刀阔斧革除弊政，扫荡官僚作风，使整个京城"肃然称治"。因此，当时坊间流行着这样的话："朝廷无忧有范君，京师无事有希文（范仲淹字希文）。"西夏进犯边境，宋军一败再败，范仲淹临危受命，以龙图阁直学士身份经略西部边防。刚一到任，他就着手更改军队旧制，调整战略，振作士气，建构起连环呼应的防御体系，最终迫使党项强人李元昊请求议和。边疆地区一时流传着这样的民谣："军中有一范，西贼闻之惊破胆。"羌族人称范仲淹为"龙图老子"；西夏人则称他为"小范老子"，说"小范老子胸有十万甲兵"。至于建桥修堤、造福民生之事，在他任职过的地方更是不胜枚举。《岳阳楼记》里"先天下之忧而忧，后天下之乐而乐"的警句，并非墨客骚人灵感来时的情绪兴发，而是其个人心迹的自然流露。

因为钦佩范仲淹"少有大节，于富贵、贫贱、毁誉、欢戚，不一动其心，而慨然有志于天下……不择利害为趋舍"（欧阳修《资政殿学士户部侍郎文正范公神道碑铭并序》），欧阳修成为其忠实的追随者。而追随者长长的队伍中，还有韩琦、富弼、石介、王安石、司马光、张载、苏轼等一大批士子。比范仲淹小十五岁的富弼，称其为"范六丈"，以父辈尊之。欧阳修的学生、年轻的苏轼曾如此赞叹范仲淹："出为名相，处为名贤；乐在人后，忧在人先。经天纬地，阙谥宜然，贤哉斯诣，轶后空前。"仁宗明道二年（1033），范仲淹出任右司谏，素未谋面的欧阳修，给他寄去了热情洋溢的《上范司谏书》，表示真诚的祝贺，也传达了殷切的期待。这封信，算是二位相差十八岁士子的正式定交。

景祐三年（1036），权知开封府的范仲淹，向仁宗皇帝呈上《百官图》，标明宰相吕夷简与众多朝臣的裙带关系，指出官员的任免进退不应全由宰相主张。接着，又因其他政事与吕夷简产生摩擦。吕夷简立即作出反击，在皇帝面前非议范仲淹为人迂阔，务名无实；越职言事，离间君臣，引用朋党，并以辞职相挟。最后的结果是范仲淹被贬黜饶州。朝中大臣纷纷声援范仲淹，但与范仲淹、欧阳修素有来往的左司谏高若讷，不仅不施以援手，反而落井下石，在一些公开场合抹黑范仲淹，诋诮他的人格。这就触怒了时任馆阁校勘的欧阳修。出于多年来对范仲淹的敬仰之情，怀着满腔的热血，欧阳修写下了轰动当时的《与高司谏书》。在高度赞扬范仲淹"平生刚正，好学通古今，其立朝有本末，天下所共知"之后，他入理入情地谴责高若讷的行为。这份公开信指出：人的秉性，不论刚果懦弱，都受之于天，不可勉强。即便是圣人，也不会要求别人去做他本人做不到的事情。你高若讷家有老母，自己又珍惜官位与俸禄，害怕饥寒困苦，因而不敢违逆上方以免招惹刑祸。作为一个庸常之辈，这些都是可以理解的。即便是朝廷中的君子，也会怜悯你的软弱无能，不会对你有过多的道德要求。但现在的情况是，你非但没有符合道义的表现，还不知羞耻地对正人君子发起人身攻击，主动把自己归入了小人的行列！

高若讷果然对号入座，拿着这封信上朝堂去告发。最终的结果是，与欧阳修一同声援范仲淹的官员相继被贬，集贤校理余靖被贬为监筠州酒税，馆阁校勘尹洙被贬为监郢州酒税，欧阳修则被贬为夷陵（今湖北宜昌）令。以书法著名的蔡襄，专此作了一首《四贤一不肖诗》，赞叹四位君子，讽刺一个小人。此诗被广为传诵，一时成为士林盛事。

　　对于所受的处罚，范仲淹求仁得仁，心甘情愿，欧阳修、余靖、尹洙也为能与范仲淹一起被贬倍感光荣。景祐三年（1036）五月，在母亲的陪同下，欧阳修自京师沿水路宛转南下，一路上诗兴勃发，写下"万树苍烟三峡暗，满川明月一猿哀""行见江山且吟咏，不因迁谪岂能来"（《黄溪夜泊》）等诗行，大有李白当年的豪气。母亲大人更是豁达，对儿子说："汝家故贫贱也，吾处之有素矣，汝能安之，吾亦安矣。"（《泷冈阡表》）到了夷陵，欧阳修把贬所住处命名为"至喜堂"，作了一篇《夷陵县至喜堂记》，并着手投入《新五代史》的撰述。在给朋友尹洙的信中，他称贬谪乃是寻常之事，咱们犯不着去写些悲悲戚戚的文字。或许是因为命运的顿挫，他的文学创作有了新的气象，笔底流淌出意境高妙的佳句。在后人的评述中，他一生的事业就是从被贬夷陵开始的："庐陵事业起夷陵，眼界原从阅历增。"（袁枚《随园诗话》卷一）

　　谪居夷陵的日子，虽然偶有朋友往来，但更多的时候却非常寂寥，无以打发时日。于是，他取出藏在架阁上的陈年公案，反复查看，发现其中枉直乖错的案卷不可胜数，以无为有、以枉为直、违法徇情、灭私害义的情况无所不有。因此生出深广的悲心：夷陵这么荒远褊小的地方尚且如此，可见天下这种现象不知有多严重。当即仰天发誓：从此遇事不敢有任何的疏忽！（洪迈《容斋随笔》卷四）

　　贬逐饶州（今江西鄱阳）的范仲淹，不幸染上了肺病，继而又失去了夫人，可谓屋漏又逢连夜雨，但意气依然不减，仍以山水和诗文自娱："近疏歌酒缘多病，不负云山赖有诗。半雨黄花秋赏健，一江明月夜归迟。"（范仲淹《郡斋即事》）同道们纷纷寄来诗文，以示慰问。时任建德县令的梅尧臣，更是作了一篇《灵乌赋》，在为他鸣不平的同时，也予以善意的劝解："乌兮，事将兆而献忠，人反谓尔多凶。凶不本于尔，尔又安能凶？凶人自凶，尔告之凶，是以为凶。尔之不告兮，凶岂能吉；告而先知兮，谓凶从尔出。胡不若凤之时鸣，人不怪兮不惊？"希望他从此学乖，不要做总是报忧的灵乌，有时也要效仿讨人喜欢的凤鸟。令梅尧臣想不到的是，范仲淹在领下心意之后，丝毫不接受其劝解。对于自身的抉择，范仲淹也以灵乌自喻，作出这样的回应：我之所以获得生命，是有赖于天地阴阳的涵养；我之所以能够生长，是得益于慈母构筑的危巢、主人栽种的树木。现在，羽翼丰满，我可以远走高飞，内心却又眷恋盘桓，希望能够对养育之情有所报答。为此，他"虽死而告，为凶之防"；"宁鸣而死，不默而生"；宁愿像良马那样疲惫奔驰于路途，也不想做一匹被圈养起来的劣马；宁愿像鹓雏一样忍饥飞翔于云霄，也不想像鸥鸢那样在草丛中饱食终日。（范仲淹《灵乌赋》）

真可谓道不同，不相为谋，这一次的对和，令梅尧臣十分尴尬。自尊严重受损的他，心里长出了锐利的荆棘。不久之后，他又作了一篇《灵乌后赋》，责骂范仲淹"既不我德，又反我怒"，一直骂到范仲淹死后都不解气。在文学上与欧阳修并称"欧梅"的梅尧臣，精通权谋韬略，对《孙子兵法》有深入的钻研，尽管有欧阳修等人的鼎力抬举，却长期得不到提拔重用，这恐怕有自身的原因。

康定元年（1040），西部烽烟又起，朝野震动，范仲淹遂被召回，被任命为陕西经略招讨安抚使，主持西北边防大局。复出的他，没有忘记受自己牵连的欧阳修，请其入幕府出任掌书记一职，显然是带有进退与共的意思。此时，已经调往武成军节度判官厅的欧阳修，收信之后十分感激，但却以"军书奏记一末事耳，有不待修而堪者矣"为由，委婉拒绝范公的邀请，以示"同其退不同其进可也"，既避免朋党之嫌，也显示了士君子的人格独立与光明磊落。也就在这一年六月，欧阳修被召还京城，复职馆阁校勘，仍然参与《崇文总目》的编辑。到了十月，便转任太子中允，职位不断升迁。

五

西北边疆的烽火刚刚熄灭，仁宗皇帝就想把范仲淹和韩琦调回朝廷，他有更重要的事情要交付给二人。正好在这个节点上，庆历二年（1042），当了二十多年宰相的吕夷简身体出了状况，加之有人弹劾，便辞去了宰相职务。于是，在与西夏议和之后，五十五岁的范仲淹与韩琦重返朝堂，出任枢密副使（范仲淹随即转任参知政事）；欧阳修、余靖、王素和蔡襄四人，则被提拔为谏官，宰执和台谏的阵容相当壮观。士大夫无不为之欢欣鼓舞，国子监直讲石介更是抑制不住内心的激动，激情澎湃地写下四言长诗《庆历圣德颂》，赞叹仁宗皇帝的圣明，点名道姓地颂扬范仲淹、富弼、杜衍、韩琦、欧阳修、余靖、王素、蔡襄等正人君子的德行，还嘲骂夏竦等人的奸邪。该诗流传极广，以至于远在峨眉山麓、在道观里学习的小苏轼也得以过目。此时的欧阳修踌躇满志，还想与其他谏官一起联名向朝廷推荐石介。正在返京路上的范仲淹，看过此诗之后，心里却掠过了一股不祥的寒意，对身边的韩琦说："大事恐怕就要坏在这头倔驴手上了！"二人立即制止了欧阳修他们的荒唐之举。

履新之际，范仲淹专门前往郑州，拜会退养在家的资深宰相吕夷简。这是一个深谙人情世故、擅长拨弄利益关系的玩家，有一件事情足以证明：吕夫人到后宫拜访时，皇后无意中说起，皇上喜欢吃淮河里的白鱼，但按祖宗定下的规矩，"不得取食味于四方"，因此很少能吃得到。"你家相公是寿州那边人，应该会有白鱼吧？"夫人回到家里，便让人打包好十箱白鱼。正准备给宫里送去，却被吕夷简拦了下来，说："只送两箱就够了。"夫人顿时不高兴，说："这是送给皇家的礼物，怎么能这么心疼呢？"吕夷简冷冷地回答："帝王之家都没有的东西，你一个人臣之家，怎么有这么多！"宰相夫人这才明白过来。(《邵氏闻见录》卷八)

专程拜访吕夷简，意味着范仲淹从理想进入了现实。经过数日的深谈，二位长期政见不合的大臣尽释前嫌，握手言欢。从在朝堂深耕多年的老相国这里，范仲淹得到了处理人情世故的世俗智慧，而这恰恰是他这个道德君子所缺少的。一直以来，他考虑最多的是行事的正当，对得起天地良心，却忽略了现实的可行性，而这个方面，与人们之间的切身利益息息相关。由于为人过于清高，他并不擅长处理人际间的复杂关系，总想快刀斩乱麻。作为务实的官员，吕夷简老谋深算，处世圆滑，考虑问题面面俱到，善于拨弄人际微妙的琴弦，绝不意气用事，顾此失彼，不愧为名相吕蒙正的后代。见面后不久，吕夷简就病逝了。范仲淹想起他之前的教诲，专门撰写了《祭吕相公文》，以"就哭不逮，追想无穷。心存目断，千里悲风"，表达自己的哀思。

庆历三年（1043）九月，仁宗皇帝在天章阁召见范仲淹和富弼，垂询他们对时局的看法与建议，特别是针对"三冗"问题的对策，让他们尽快拟出具体方案来。虽然内心觉得改制之事宜从长计议，但在仁宗的迫切敦促之下，范仲淹还是急忙将自己的想法梳理，写成《答手诏条陈十事》，提出了"明黜陟、抑侥幸、精贡举、择官长、均公田、厚农桑、修武备、减徭役、覃恩信、重命令"等十项改革措施。在皇帝御批之后，未经廷议充分论证辩驳，"庆历新政"就匆忙拉开了帷幕。欧阳修上书仁宗皇帝，称自古以来，治世的开创有赖于明君与贤臣的组合，这种情况千古难遇。陛下正是一代明君，而范仲淹更是千古不出的贤臣，天下人都在翘首企盼新政的推行。他几乎成了这场运动的代言人。也许是因此，他得到了皇帝的重用，升任负责记录皇帝言行的"起居注"一个月，又被提拔为负责起草诏令的知制诰。

然而，新政实施之后，恩荫惠泽减少，职务考核严明，触及了官僚集团和皇室宗亲的既得利益，遭到了意想不到的阻挠，毁谤新政的言论汹涌而起，革新派与保守派形成了两个对立的阵营。范仲淹等人没有什么污迹可以作为把柄，保守派能捏造的罪名，便是他们结为"朋党"，把持朝政。夹在两派之间的仁宗皇帝，身段开始摇摆，对朋党之说起了疑惑。他希望自己身边的大臣都是道德君子，但是，这些道德君子都听从孔孟的话，"以道事君，不可则止"，反对人身依附权力，他们与道义的关系比君王更为密切。当他们的人望不断上升，彼此之间同气相投，形成无法把控的势力时，皇位就可能被架空，形成江山无主的局面，接下来就不只是要改革，而是要改朝换代的问题。尤其是范仲淹，这个品行近乎圣人的宰执大臣，已然是一个时代的精神领袖，是无冕之皇，在人民心中的形象，让自己都相形见绌。这个为了儒家道义连身家性命都不顾的人，又没有任何短处抓在自己手里。想着想着，心里就发虚起来。于是，庆历四年（1044）四月的一天，仁宗皇帝意味深长地垂问范仲淹："小人结党之事，自古以来就会，但君子是否也会结成朋党呢？"范仲淹是个磊落之人，他说起在边疆的时候，常看见勇敢和怯懦的人分作两群，因此承认君子同样也有朋党，关键在于皇帝要有清晰的判断与得当的把握。

针对保守派以"朋党说"发起的攻击，欧阳修没有直接反击，他顺势而推，借力发力，写下了《朋党论》一文，对孔子"君子矜而不争，群而不党"之说（《论语·卫灵公》），作出全新的诠释，认为小人并无朋党，只有君子才有。因为喻于利的小人，可能为共同利益暂时结盟，成为朋党，但因利而聚者必然随利而散，一旦利益切割不均或是瓜分殆尽，必会反过身来互相残害。君子则截然不同，他们"所守者道义，所行者忠信，所惜者名节。以之修身，则同道而相益；以之事国，则同心而共济，终始如一"。做君主的，只要能够斥退小人之假朋党，进用君子之真朋党，天下就可以安定。在他眼里，自古以来，朋党规模最大者，莫过于周武王时代，全国三千官员结成了一个朋党，然而周室正是因此而兴盛，因为"善人虽多而不厌也"。

　　太极推手式的辩驳，显示出欧阳修不凡的智慧。然而，他与石介等人以君子自任，将政治对手归类为阴沟里的小人，这种抢占道德制高点的姿态，无异于引火烧身，既给改革进程带来更大的困扰，也给自己招惹了更多怨愤。将政治分歧转化为道德对立，进行人格攻击，把对手妖魔化，实在不是政治家的明智之举。毕竟在士林中，尤其是宋朝的士林里，被定义为小人，是极大的人格侮辱，比施以严刑酷法都难以接受，若不作出激烈的反扑，就情同默认。作为一个书生意气十足的儒者，欧阳修始终有着道德上的洁癖，责人与责己一般严苛，不善于兼容并包，缺少应对复杂关系的政治智慧。被称为"宋初三先生"之一的国子监直讲石介，更是有过之而无不及。他们二人成了保守派明枪暗箭的靶子，欧阳修只是惹了一身腥膻，但石介却是最终不得好死。

　　反对派中最强硬的要数夏竦。吕夷简退下之后，为了化解过去积压下来的恩怨，推荐他出任枢密使，但在坐上交椅前的一刻，却被谏官们弹劾罢免，外放亳州。接着，他又被石介的《庆历圣德颂》一诗斥为"妖魃"，这让他恶向胆边生，血液里的细胞全都变成了毒素。

不管正义在哪一边，不管国家利益何在，他都不能眼睁睁地看着这帮正人君子得势。于是，一场政见分歧演化成人际的恩怨相报。这个得罪不起的歹人，在上万言书为自己辩护的同时，通过亲信炮制各种谣言，还暗地里在家里设坛，竖起"夙世冤家石介"的牌位，请道士作法诅咒。此外，他还命家中一名灵巧的女奴，整日临摹石介的笔迹，直到不辨真假的程度，让她涂改石介写给富弼的信，将信中"行伊（伊尹）、周（周公）之事"，改为"行伊、霍（霍光）之事"。虽是一字之差，意思却从行辅佐之事，变成了行废立之事。意味着石介在鼓动富弼他们发动政变，另立新君。此事尚未核查清楚，就已经闹得满城风雨。

于是，一场意在扭转王朝困局的变革，被附会成为朋党篡夺最高权力的阴谋。不仅改革本身难以为继，主导改革大局的君子们也自身难保。对于朋党谋篡之事，仁宗虽然存疑不信，可利益受到减损的皇族成员和官员们，就太愿意相信了。雷鸣电闪的弹劾声中，范仲淹、富弼等人无法在朝堂上立足。好在这时，西部边境烽烟又起，党项人与契丹人打了起来。范仲淹借机请求外出巡守，仁宗顺水推舟，任命他为陕西、河东宣抚使；接着，富弼亦以枢密副使出任河北宣抚使；石介被罢去国子监直讲的教席，通判濮州；欧阳修以龙图阁直学士的身份出任河北都转运使。一场浩浩荡荡的变革运动，还未铺开就被紧急叫停，一切又恢复到原先的样子。

此时，蔡襄等人还接连上书，希望能挽留欧阳修于朝廷。但原先鼎力举荐欧阳修出任谏官的宰相兼枢密使晏殊，却极力主张将其外放，这不免令人有些费解。晏殊是欧阳修考取进士时的主考官，当年力推欧阳修为第一名，算是欧阳修的老师，对范仲淹、韩琦、富弼也有知遇之恩。他欣赏欧阳修的文章，称其是韩愈再世，却不认可其为人。

　　事情还得从庆历元年（1041）冬天说起，刚从滑州调回京城的欧阳修，接到时任枢密使的晏殊的帖子，和数位师友到西园饮酒赏雪。酒过三巡，醉意上来之后，各人便开始赋诗。欧阳修作了一首三十二行的七言《晏太尉西园贺雪歌》。此诗在写到"晚趋宾馆贺太尉，坐觉满路流欢声"之后，突然笔锋倒转，以"主人与国共休戚，不惟喜悦将丰登。须怜铁甲冷彻骨，四十余万屯边兵"收尾。其时宋夏战事正紧，晏殊又是执掌军事的枢密使，这样的话语明显是在讽喻他不去关怀边疆将士的饥寒，却有闲情逸趣在宾馆里饮酒作乐。可想而知，宴会气氛立即为之一变，晏殊心里很不是滋味。出任谏官之后，欧阳修过于高调的姿态和不通人情的耿介与犀利，更是让晏殊后悔自己当初不遗余力地推举。现在，他正好可以借机出气，矫枉过来。

　　为了道义，不惜伤害私人情感，对于欧阳修而言，这已经不是第一次了。当初他的出道，得力于翰林学士胥偃的知遇与提携，不仅将他带往京城参加科考，还将宝贝女儿许配给他。但胥氏命薄，才十七岁，产下孩子还未满月就病逝了。后来，翁婿之间政见不同，思想保守的胥偃，还多次上疏弹劾范仲淹，令欧阳修十分反感，二人便渐渐走远。对这个著名的女婿，胥偃一肚子都是怨气。

六

　　有人评说，北宋文坛有三座高峰：前期是晏殊，中期是欧阳修，后期是苏轼，三人皆为"一世之龙门"。晏殊自幼就以神童出名，未满十四岁便中进士，一度当过仁宗皇帝老师，写下"昨夜西风凋碧树，独上高楼，望尽天涯路""无可奈何花落去，似曾相识燕归来"

等传世名句。他生性平和，才华与聪明等持。一首《浣溪沙》充分表现了他的人生旨趣："一向年光有限身，等闲离别易销魂。酒筵歌席莫辞频。满目山河空念远，落花风雨更伤春。不如怜取眼前人。"进入中年，在看清了天地浩瀚与世事无常之后，他决意不辜负眼前的自己和有限的生命，把每个日子咂巴得有滋有味，审美胃口极佳。在对江山社稷有大担当的欧阳修看来，他这样的生活态度未免有些可耻，何况还身兼宰相与枢密要职。因此，对于这位"富贵优游五十年，始终明哲保身全"（欧阳修《晏元献公挽辞》）的老师，欧阳修心里生不起由衷的恭敬。他曾这样评价："晏公小词最佳，诗次之，文又次于诗，其为人又次于文也。"此话传出去后，两人的关系便渐渐淡化，甚至变得轻慢了起来。

皇祐元年（1049），欧阳修移知颍州，出于礼节，他给离开颍州到陈州任职的老师致信。正在酒桌上的晏殊草草过目之后，便对着身边的童子口授几句客套话，算是给欧阳修的复函。旁边的客人说："欧阳修虽说是您的门生，但现在的文学地位已经很高了，您老这样回复，恐怕不太合适吧？"晏殊冷冷地说了一句："这样答复就已经足够郑重了。"酒宴便继续进行下去。晏殊离世之后，欧阳修所写的神道碑，对这位前辈的评价相当节制。之前他应请为朋友尹洙所写的墓志铭，称其文章"简而有法"，也被家属认为评价过低而不被采纳。不能说违心话和过头话，是欧阳修一辈子都改变不了的行持。

对于欧阳修的赤诚与坦荡，还有恣放的才情，仁宗皇帝打心里欢喜。这回，趁着告别的时候，他悄悄告诉欧阳修，不会让他在外地滞留太久，朝中需要他这样的近臣。相比之下，朋友石介的下场就惨了。不知是因为受到恶毒诅咒，还是受不起打击，被贬为濮州通判的石介，尚未赴职，就莫名其妙地病死在四十一岁上。人都没了，可夏

◇ 看清天地浩瀚与世事无常之后，晏殊决意不辜负眼前的自己

● 《柳院消暑图》南宋 - 佚名 - 故宫博物院藏

竦那些人还不善罢甘休，声称石介其实未死，只是受富弼秘密委派前往契丹借兵去了，还奏请朝廷开棺验尸。为了求证真相，仁宗先后两次下令核查，由于杜衍、吕居简等官员的极力劝阻和担保，才避免了开棺验尸这一伤天害理之事的发生。这让作为挚友的欧阳修深感沉痛，但他自己个人的事情也还没有完呢。

被贬河北之后，欧阳修还在为新政流产、范仲淹等人被罢之事伤心，给皇帝写了《论杜衍范仲淹等罢政事状》，替这些忠良的君子抱不平，规劝仁宗近君子而远小人，希望能够挽回改革的涂地之败，这让他成为保守派最后的敌人。

撰写《新五代史》时，欧阳修对吴越国钱氏家族颇有微词，令其族人觉得脸上无光。作为钱氏子孙的太常博士钱明逸更是暗怀恶意，在诬告欧阳修贪污挪用公款未得逞之后，一直在寻找新的机会。欧阳修的妹夫张龟正早逝，留下前妻所生的四岁女儿。看到妹妹和外甥女张氏无依无靠，欧阳修便把她们接到家里来一起生活。成年后的张氏颇具姿色，嫁给了欧阳修远房侄儿欧阳晟，算是肥水不流外人田。然而，数年后，她因与家中仆人私通，被欧阳晟扭送到开封府处置。开封府尹杨日严曾因贪渎之事受欧阳修强力弹劾，正苦于找不到机会反咬一口。于是，棍棒交加之下，张氏交代，未出嫁时欧阳修就强行占有她的身子，还侵吞她家的资产。此时，带着家族仇恨的钱明逸也掺和进来，上疏弹劾欧阳修，并出具伪造的地契，还以欧阳修所作《望江南》一词作证：

> 江南柳，叶小未成阴。人为丝轻那忍折，莺嫌枝嫩不
> 胜吟。留着待春深。
> 十四五，闲抱琵琶寻。阶上簸钱阶下走，恁时相见早
> 留心。何况到如今。

钱明逸指出，词中所描绘的，正是张氏未出嫁时，如同江南初春的弱柳，深蒙欧阳修怜爱的情景。一夜之间，从朝堂到市井，流言蜚语如脏水到处泼洒。欧阳修成了人面兽心的伪君子，为不明真相的人们所唾骂。百口莫辩的欧阳修不想自己越描越黑，于是上书朝廷，请求尽快查明此事，还他的清白。仁宗皇帝指定专人重审此案，并派出侍从宦官监审，最终以查无实据的结论，洗雪了泼在欧阳修身上的污迹。仁宗还特地降诏抚慰了被暗箭中伤的欧阳修。但那些被欧阳修得罪过的人，仍然以各种理由继续加以弹劾，不断向他投掷石块。仁宗只好忍痛罢免欧阳修河北都转运使一职，贬知滁州，不过还挂着知

制诰的头衔。

身为儒者，欧阳修的人格值得信赖；但作为一个文人，他对女性之美始终难以割爱。既爱江山之辽阔，又怜美人之温柔，这恐怕也是一生两度为绯闻缠身的原因。

庆历二年，已有一女一儿的欧阳修，以家给不足为由请求外任，通判滑州。到任的时候，正好遇上当地暴发蝗灾，他便马不停蹄地到各属县巡察灾情，部署捕蝗工作。直到最后一站韦城县，紧张的心理才开始松弛下来。知县当晚安排的宴会上，来了几个劝酒助兴的歌伎，把气氛烘托得十分热烈。蒙昧的月光下，有个女子舞姿曼妙迷离，婉转的歌喉更是令人沉醉。欧阳修心旌飘荡，难以自持，在她的反复劝请下，借着酒意挥笔填了一曲《浣溪沙》："灯烬垂花月似霜，薄帘映月两交光。酒醺红粉自生香。双手舞余拖翠袖，一声歌已醋金觞。休回娇眼断人肠。"宴席散后，灯火阑珊，人却有些欲罢不能。据说，此女竟悄悄找来驿馆，二人于是又有了一番云雨，临别还以金钗相赠，如同戏剧里俗套的情节一般（参见王水照、崔铭《欧阳修传》第四章）。此事虽然无法核实，却在江湖上留下传说。此外，挂在欧阳修名下的一些澉滟小词，一直在坊间流传，为歌伎们所传唱，到底是否都出自他本人手笔，如今已说不清楚。一首《夜行船》，将床笫之欢描绘得无比逼真："轻捧香腮低枕，眼波媚、向人相浸。佯娇佯醉索如今，这风情、怎教人禁。却与和衣推未寝，低声地、告人休恁。月夕花朝，不成虚过，芳年嫁君徒甚。"如此高妙的修辞，怕是别人很难伪造出来。欧阳修知颍州时期写的名句"柳絮已将春去远，海棠应恨我来迟"，据说也是为一个倾城的歌伎所题。宋朝有官伎制度，在政治生活的间隙里，都有女子飘忽的倩影出入。欧阳修对于风月之情的眷恋，也成为政敌反复攻击的穴位。

关于与外甥女勾搭成奸的丑闻，虽然查明真相，欧阳修还是被贬滁州。在这里，他推行的是宽简政治，百姓免受滋扰，自己也有闲暇流连山水，吟诗作赋，疗治内心的创伤，抒发胸中的不平之气。很长一个时期以来，欧阳修进入了多事之秋，不仅参与推动的新政中途流产，人身也受到了极大的侮辱，尚未成年的长女欧阳师突然夭亡，更是令他"心碎骨亦伤"。女儿"暮入门兮迎我笑，朝出门兮牵我衣"（欧阳修《哭女师》）的情景，总是挥之不去。他感到自己的鲜血都化成了泪水，三十九岁就已经苍颜白发。不过，想到挚友石介的结局，自己还算是值得庆幸的。

滁州西南横亘着嶙峋的琅琊山，琅琊山的东边，则是风景特别幽美的丰山。据欧阳修《丰乐亭记》和吕本中《紫微杂记》记载，到了滁州之后，欧阳修发现琅琊山醴泉之水十分甘甜，时常派人到那里去汲水煮茶。一次，正逢春茶上市，欧阳修请僚属一同品尝。派去汲水的衙吏，半路上脚底打滑摔倒，桶里的甘泉也覆水难收。因为担心误了知州大人的好事受到指责，便就近将路旁的溪水挑了回来。待茶汤端上，欧阳修入口之后，却发现滋味不对。盘问之下，衙吏这才支支吾吾说出实情，但欧阳修也不多责备。此后，他便组织人在醴泉边上"疏泉凿石，辟地以为亭"，建起了一座叫作"丰乐"的亭子。

修亭的时候，欧阳修在附近"菱溪"旁边的遗址上，发现一块造型奇特的大石头，据说是五代时期大将刘金家的旧物。原本总共有六块，四块不知何时被人搬走了；另一块小的被当地百姓收藏；最大的那块，因为难以搬运，还留在原地。不知为何，百姓把它当成神灵，祭之以香火。欧阳修有感于世道的兴废无常，为灵石遭到遗弃感到惋惜，于是找人牵来三头水牛，将这块大石头运到泉旁，又从村民那里找回较小的那块，将它们安放在丰乐亭的南北两侧，写下《菱溪石记》一文，记录了事情的本末，并发表了一番富有哲思的感慨——

> 夫物之奇者，弃没于幽远则可惜，置之耳目，则爱者
> 不免取之而去。嗟夫！刘金者虽不足道，然亦可谓雄勇之
> 士，其平生志意岂不伟哉。及其后世，荒埋零落，至于子
> 孙泯没而无闻，况欲长有此石乎？用此可为富贵者之戒。
> 而好奇之士闻此石者，可以一赏而足，何必取而去也哉？

　　在滁州，欧阳修进入创作的高峰期，其中最重要的作品要数《醉翁亭记》。它是欧阳修借山水之美疗伤，洗濯世间尘埃，化解内心纷扰，进入庄子鱼乐境界的结果。文章由空间上的山峰林壑到时间上的晦明朝暮，从林间的禽鸟到人群的主从，在迂回往复的咏叹之中，表达了作者借酒与天地同醉、与万物同情的大乐。欧阳修的诗文，往往氛围浓烈，充分调动人的眼耳鼻舌身意，其中更是少不了鸟雀的鸣叫。此时的欧阳修，还是一个纯粹的儒者，遭遇命运的重创，没有别的解药，只能以诗酒自慰，纵情于山水之间了。《醉翁亭记》高妙的构思，很有可能是在厕所里完成的。他本人曾经宣称："余平生所作文章，多在三上，乃马上、枕上、厕上也。"

　　庆历新政的失败，是国家的不幸。然国家不幸诗家幸，因此被贬的范仲淹在邓州写下了《岳阳楼记》，跟随其后的欧阳修则在滁州写下了《醉翁亭记》。作为新政流产的产物，这两个文本都是北宋文学的典范之作，不仅风靡一时，也为后世传诵千古。《醉翁亭记》的手迹被勒刻成碑，竖于亭边，各地学子纷纷前来请求拓本，以至琅琊山寺院里的毡子，全被拿来做拓碑之用，和尚们睡觉都没有被子盖。精明的生意人更是将拓本带在身上，随时用于贿赂官员，"所过关征

◇《醉翁亭记》是欧阳修借山水之美疗伤之作

● 《醉翁亭记书画合璧卷》明 - 谢时臣 - 台北故宫博物院藏

以赠监官，可以免税"（《滁州志》卷十九）。

　　与外甥女有染事件过去十多年后，彭思永、蒋之奇又弹劾欧阳修与儿媳妇通奸，使他两度陷入乱伦丑闻当中，几乎毁掉他一世的英名。尽管朝廷最终还他一个清白，但此时已经六十一岁的欧阳修，身心俱疲，被晕眩、消渴等多种疾病缠身。因为锋芒毕露的耿直，他身后总是跟着一群小人，随时伺机找事发难。因此，他已经很难在朝堂上做事了。英宗当年曾经赞扬欧阳修"性情耿直，不避众怨"，他自己也觉得，总要有人来做恶人，以吸收"众怨"。但现在，他真切地感到，自己已经得罪不起任何人了。三月的汴梁，码头上的风依然带着寒意，欧阳修的心为离情别绪所充满。这一次的离去，意味着他将彻底退出高高的庙堂，作为儒者治平天下的理想，也只能付诸东流了。不过，令自己意想不到的是，经历了太多的忧患之后，晚年的他开始有了超然物外的向往。他时常到深山的寺院里叩访高僧，问询生灭之道，人生的轨迹，竟然与先师韩愈惊人地相似。

欧阳修的身影远去之后，大臣中德望和呼声最高的，就数司马光和王安石了。一直以来，欧阳修都十分推重王安石，称其"学问文章，知名当世，守道不苟，自重其身，论议通明，兼有时才之用，所谓无施不可者"（《再论水灾状》）。在遭人诬陷，卸任参知政事的时刻，他也向皇帝举荐了道德君子司马光。

七

欧阳修与王安石的因缘，跟自己的学生曾巩有关。变法之后，曾巩与王安石形同陌路，但曾经的交往却是文坛一段佳话。曾巩虽是江西南丰人，但其家早早就迁至临川，算是王安石的老乡。庆历二年（1042）进士考试前，两位年轻的老乡在汴梁街头相识，然而，考试的结果是：王安石高中甲科，比他大两岁的曾巩榜上无名。不过，这并不影响彼此间的相互赏识，临别之际还交换了诗文。在诗中，王安石称赞："曾子文章众无有，水之江汉星之斗。"（《赠曾子固》）曾巩则逢人便夸王安石，还专门致函翰林学士蔡襄与欧阳修，称王安石是一个"有补于天下"的人，似有女娲遗石的意思。致欧阳修的信，因久不得复，曾巩又追写了《再与欧阳舍人书》，称自己之所以汲汲于为王安石说话，并非为了此人的前途，而是"盖喜得天下之材，而任圣人之道，与世之务"。

欧阳修被贬滁州的那段日子，曾巩带上王安石的诗文前去看望，并致信王安石，邀他前往金陵与欧阳修会面。信中说："欧公悉见足下之文，爱叹诵写，不胜其勤。间以王回、王向文示之，亦以书来，言此人文字可惊，世所无有……欧公甚欲一见足下，能作一来计否？"其情殷殷，但王安石不知何故并未前往。皇祐四年（1052），士林众望的范仲淹溘然长逝，一颗照耀北宋人文天空的明星终于坠落。作为精神上的追随者，欧阳修和王安石二人都以文字表达了对这位导师的追思，成为众多祭文中的翘楚之作。在《祭范颍州文》里，王安石发出了"呜呼我公！一世之师。由初迄终，名节无疵"的慨叹。欧阳修先是写了《祭资政范公文》，后又应范公儿子范纯仁之托，撰写《范公神道碑铭》。后者拖延了十五个月才定稿，其中固然有他母亲同年仙逝的缘由，但更重要的原因，是对范仲淹生平事迹的叙述与评价，涉及诸多历史恩怨，牵扯到当事者及其后人的态度，而自己又是"范公知奖最深"的人，因此极难下笔。然而，尽管反复斟酌如此之久，成文之后还是未被范家人接受。特别是涉及西夏战事重起后，范仲淹出于国家利益与吕夷简和解的叙述，受到了范纯仁和富弼的否认。范纯仁声称父亲至死也未与吕某人和解，并要求欧阳修作出修改。出于史家的良知与修辞立其诚的原则，欧阳修拒绝了，但范家人还是擅自抹去二十个字，然后刻碑埋藏。事已至此，欧阳修毫不妥协，他愤然否认这是自己的作品，并且提示人们：《范公神道碑铭》应以欧阳家族收藏的版本为准。因为自己不能转移的操守，《范公神道碑铭》和之前所写的《尹师鲁墓志铭》，都撕开了亲友之间的情感裂痕。

至和元年（1054），王安石解除舒州通判，进京等候新的任命。得知欧阳修为母亲守丧期满，刚刚出任翰林学士，兼史馆修撰，便前去登门拜访。四十八岁的欧阳修和三十四岁的王安石，两个神交已久的北宋文豪终于见面。鬓须斑白的欧阳修走出书房，张开一双臂膀，热情洋溢地迎了上来，感慨地说："介甫，老夫要见到你，可不那么容易啊。"王安石连忙作礼，说："晚生惭愧，晚生惭愧！久慕公之盛德，今日得以进拜，不胜荣幸。"茗香氤氲之中，二人都相当健谈，言及文坛乃至政坛之事，多有应契，到了高潮之处，欧阳修欣然命笔，当场题写七绝《赠王介甫》："翰林风月三千首，吏部文章二百年。老去自怜心尚在，后来谁与子争先。朱门歌舞争新态，绿绮尘埃试拂弦。常恨闻名不相识，相逢尊酒盍留连。"（《欧阳修全集》卷五十七）他把王安石的文字与李白的诗歌、韩愈的文章相提并论，表示自己人虽老，但问道之心犹存，可遥想将来，谁人还能与你王安石一争高低啊？

如此隆重的礼遇和高调的评价，给作为晚辈的王安石以极大的鼓舞。他当场沉吟一番，回赠了一首："欲传道义心虽壮，强学文章力已穷。他日若能窥孟子，终身何敢望韩公。抠衣最出诸生后，倒屣常倾广座中。只恐虚名因此得，嘉篇为赆岂宜蒙。"（《奉酬永叔见赠》）称自己传扬道义之心仍豪壮，但文学创作已有些力不从心。来日若能窥得孟子的奥义就十分欣慰了，终生岂敢仰望韩文公高耸的项背？只怕是浪得虚名，辜负了您老人家的提携与奖掖，如此美妙的诗篇和高远的寄望，安石实在蒙受不起！

文如其人，两首诗气度恢宏，旗鼓相当，不愧为大家手笔。其时，王安石正坚辞馆阁之职，欧阳修力荐他出任群牧判官，掌管全国军马饲养之事。虽然心里有些犹豫，王安石最终还是应承了下来。没过多久，他就成为包拯和司马光的同事与酒友。此后一年内，王安石多次致信欧阳修，寄去自己刚刚出炉的新作，表示："某以不肖，愿趋走于先生长者之门久矣。"（《上欧阳永叔第二书》）显然是以欧阳修的门生自任了。直到离开汴京之前，欧阳修都在力挺这位学生，哪想得到他主政之后的改革，竟然与自己的政治主张截然相悖，并且还坚决阻拦皇帝对自己的重新起用。

君子比德于玉

一

治平四年（1067）三月，春天将尽的日子，主持科考的司马光刚从幽深的贡院"闭关"出来，就听到了欧阳修罢职参知政事、外放亳州的消息。因为之前被炒得沸沸扬扬的性丑闻，他并不觉得这有什么意外。神宗登基的这一年，天上异象频现，似乎什么事情都可能发生。先是火星在白昼出现，持续了三十五日；接着，太白金星未随月亮坠落，悬在空中与太阳同辉；再下来是京师一带发生地震，宫殿晃动，吓得正在涂脂抹粉的宫女惊乍不已。年轻的神宗还算镇定，他问身边的大臣："地震是什么预兆？"副宰相曾公亮回答："天裂，是阳气不足；地震，是阴气有余。"神宗仍感困惑："什么是阴气？"曾说："臣是君的阴气，子是父的阴气，妇是夫的阴气，夷狄是中国的阴气，这些都要有所警觉。"枢密副使吴奎说："这是小人气焰太盛的缘故。"听完他们的解释，新皇帝表面上虽然很不以为然，心里却有些郁闷起来。天地间的秩序，似乎在发生着不为人知的改变。

九年前，司马光任开封府推官，当时欧阳修权知开封府，是他的顶头上司，二人共事了两年时间。司马光政见素来因循保守，欧阳修则是个激进的改革派，因此少不了意见的摩擦冲突。尤其是英宗时期的"濮议之争"，司马光坚决主张英宗尊生父濮王为皇伯，欧阳修则主张追认其为皇考，伯、考之间无谓的观念角斗，持续了一年半之久。但这些似乎没有影响欧阳修对司马光人格的赏识，神宗刚一登基，作为参知政事的他，就极力向新皇帝推荐了司马光，称其"德性淳正，学术通明，自列侍从，久任谏诤，谠言嘉话，著在两朝"。这让光多少感到有些意外，不由敬重起欧阳修的度量与为人来。

令人困惑的是，司马光与欧阳修同朝为官十年有余，彼此之间却没有私交，也没有文人之间常见的诗书往来。不过，对于欧阳修的文学成就与政治业绩，光都心中有数。早在庆历四年（1044）八月，河北保州（今河北保定）有几千军人发动叛乱，一时朝野恐慌。欧阳修临危受命，以龙图阁直学士的身份出任河北都转运按察使。他奏请朝廷"优假将帅，以镇压士心"，最终以不判死罪的承诺招降了叛军。但是，当叛军缴械归降之后，却又被官军悉数杀掉。大将李昭亮和通判冯博文还私纳叛将的女眷。欧阳修于是将冯博文逮捕下狱，李昭亮受到震慑，也将纳入后院的美人放出。此时，各州郡还有两千被迫参与叛乱的人听候处置。河北宣抚使富弼担心这些人日后还会起事，想从肉体上全部加以消灭。他深夜屏退左右，独自与欧阳修秘密商议。欧阳修坚决抵制，他指出，祸莫大于杀降。本来保州的叛军，朝廷已经许以不死，昨天全都杀光了。这两千人因为是胁从而得以逃脱，现在没有朝廷指令就将他们杀掉，弄不好还会引发更大的变数。他的慈悲最终战胜了残忍，富弼放弃了这次杀戮（《宋史·欧阳修传》）。通过这件事情，欧阳修在宋人心中树立起了仁者的形象。

仁者乐山，智者乐水。仁者厚道，却往往缺少聪明；智者机巧，却往往不够忠厚。常人或者见仁，或者见智，像欧阳修这样仁智兼备、山高水长的人，实在不可多得。因此，仁宗皇帝在世时，才如此感叹："如欧阳修者，何处得来？"他希望在朝堂上能时常听到这位仁者爽朗的笑声——那是内心毫无保留的人才能发得出来的。据《宋史》所述，欧阳修"笃于朋友，生则振掖之，死则调护其家"。尹洙病故之后，因为撰写墓志铭的事情，欧阳修与尹家闹得很不愉快。但他始终关注着尹家的境况，看到遗属生活窘迫，便拿出自己的薪酬加以接济。后来又上奏朝廷，以"今洙孤幼，并在西京，家道屡空，衣食不给"为由，请求给尹洙唯一的儿子安排职位，使其一家人"庶沾寸禄，以免饥寒"。

嘉祐五年（1060）夏天，官运不济又不善于开解释怀的梅尧臣，在汴梁的一场瘟疫中身亡。作为朋友的欧阳修，在发动同僚故友为其家募捐的同时，上书朝廷为其儿子求职，还将自己的一处房产转让出去，为梅家购置田产，以接济其家属子女的生活。梅尧臣一生都仰仗这位义薄云天的朋友。而对于欧阳修来说，虽说从来不缺少友情，但梅尧臣和苏舜钦，是他几十年相互唱和的流水知音。二人的离去，让他顿感天地的寥落和生命存在的不完整："自从苏梅二子死，天地寂默收雷声。百虫坏户不启蛰，万木逢春不发萌。岂无百鸟解言语，喧啾终日无人听。"（欧阳修《感二子》）

和司马光一样，欧阳修也是一位史家，除了独自撰述《新五代史》，还主持编修了《新唐书》。因为《旧唐书》"纪次无法，详略失中，文采不明，事实零落"（欧阳修《进新唐书表》），仁宗皇帝下诏重修，宋敏求、范镇、宋祁、吕夏卿、梅尧臣等先后参与其中，历经十七年才终告完成。欧阳修是全书的统稿人。在审阅过程中，他发现撰写列传的宋祁喜欢使用生僻拗口的词句，出于对年长十岁的宋祁的尊重，他不好当面驳脸，便故意仿照其句法，写了"宵寐匪祯，札闼洪庥"八个字来调侃他。当宋祁询问："这两句话出自哪一本书？"欧阳修才回答："就是宋公您撰写《新唐书》的笔法啊。前四个字意思是夜梦不祥，后四个字意思是书门大吉。"宋祁会心一笑，似乎明白了欧阳修的良苦用心。

◇ 司马光是一个自带光环的君子

定稿之后，涉及署名问题。依照惯例，朝廷组织修书，通常只署官阶最高的人，但欧阳修认为："宋公撰修列传，功深而日久，欧某岂可掩其名、夺其功！"在他强硬的坚持下，纪、志、表的部分署名欧阳修，列传部分则只署宋祁一名。这种破例的结果，令宰相宋庠十分感叹："自古文人好相凌掩，此事前所未有也！"仁宗御览之后，发现此书行文风格不一，让欧阳修再做修饬润色。但欧阳修以为："宋公于我为前辈，且人所见多不同，岂可悉如己意？"只是再次校阅一遍，几乎不做任何改动。成人之美的事情，是欧阳修的家常便饭，他从不以偷盗之心掠人之美。

欧阳在修史过程中的表现，赢得了司马光的尊重，但他从未在任何场合表达出来，仿佛还没到盖棺定论的时候。光是真正的史家，从他嘴里听到一句好话，不是件容易的事情。说不清什么具体的原因，欧阳修与司马光，两个道德高尚的人就是不能走近，彼此一直都敬而远之，似乎印证了"君子之交淡如水，小人之交甘若醴"的古话。

二

欧阳修的推举，斤两自然不轻，但对于司马光，神宗本来就不陌生。在宋朝国中，司马光的名字几乎无人不晓。大约在七岁的时候，小司马光跟一帮伙伴在园子里玩耍。他们当中的一个，不小心掉进了装满水的大缸里。周边没有成人，伙伴们乱作一团。情急之下，小司马光就近搬起一块石头，使尽吃奶的力气砸向那口大缸。砰然一声，大缸被砸破，已成落汤鸡的伙伴终于得救，小司马光也成为人们心目中的英雄。洛阳市上还有人以此为题材，画成《小儿击瓮图》四处传阅。别看光人儿小，这时候的他，就已经能够背诵《左氏春秋》等书籍，领会其中的大义，进学更是勤勉，常常是"日力不足，继之以夜"。

光出生在一个官宦世家，父亲司马池是真宗时代的进士，曾经辗转出任同州、杭州、虢州、晋州等地的知州。不管到哪里任职，池都喜欢带上这个令人疼爱的儿子。作为光的父亲，他心底无比骄傲。或许是因为历事多出同龄的缘故，光从小就气度沉稳，"凛然如成人"，对待长辈更是礼节周全。天圣九年（1031），十二岁的光随父亲越过秦岭，前往蜀地广元赴职。在李白描写过的狭窄栈道上，一条巨蟒缠绕在栏杆上，挡住了他们的去路。光奋勇地跨到父亲前面，一剑戳中了巨蟒的尾部。随着婴儿一样哇哇的叫声，这条凶猛的巨灵掉下了万丈悬崖（《宋史·列传第九十五》）。光于是又成了著名的屠龙少年。从砸缸童子到屠龙少年，他的头上萦绕着两道光环，几乎成了宗教绘画里的人物。实际上，光真的是一个有光的人，而宋朝也是一个道德芬芳的时代，人们对君子贤人的品格有着由衷的敬仰，不像五代十国，敬畏的是凶神恶煞般的枭雄。

宝元元年（1038），未满二十岁的光第一次参加会试，轻而易举就摘取了甲科进士，成为大宋王朝的国家公务员，继而担任签书武成军判官等基层官员。进入士林后，光觉得天下长治久安的责任扛在了自己肩上，神情庄严了许多。家里人发现，睡在书房里的他，有时会夜里醒来，穿上官服正襟危坐，双手执持朝笏，口中念念有词。由于如此敬业，光初入官场就政声鹊起，其得民众的称赞。庆历六年（1046），年纪轻轻的他，就成为国子监的直讲，学问和德行均为世人称道。嘉祐六年（1061），仁宗擢拔他为起居注，负责记录皇帝的日常生活，这是一个难得的美差，但光一连上了五道状子，以"实非所长"为由加以婉拒。仁慈的仁宗于是升他为起居舍人、同知谏院。嘉祐八年（1063），司马光被擢升为知制诰，负责起草皇帝的诏书，他又一再以"实非所长"为由，连上九道《辞知制诰状》，逼得皇帝收回诏令，改授天章阁待制兼侍讲，仍知谏院。用九道奏状去辞掉一个官职，可见他的执拗与倔强。

光是一个追求完美的人，走起路来端端正正，目不斜视，心无旁骛，任事四平八稳，考虑问题面面俱到，几乎每一个行为都合乎礼仪。纠正偏颇是他的特长，谏官是恰当不过的职位。在谏院任职的五年期间，他提交的奏疏有一百七十余份，涉及的事情无论巨细，为国家政治生活的规范与稳定作出了贡献。天章阁待制、知谏院，本是从四品的官职，但仁宗特意赏赐他三品朝服，可见皇帝对他的赏识与倚重。也正是在这个时候，他和王安石、韩维、吕公著诸君在汴京过从密切，被外人称为"嘉祐四友"。仁宗时期，政治清明，气氛宽松，立身于朝的光，深感世道太平，人间安好。在参加寒食节皇帝摆设的御宴后，满心欢喜的他写下了两首绝句，其一是："紫凤归飞云烂漫，黄鹂新啭柳扶疏。麦禾满野边烽息，九陌风光雨后新。"

对于司马光在仁宗、英宗二朝的德望与事迹，神宗皇帝知之甚详。经欧阳修的鼎力举荐，闰三月，光就被任命为正三品的翰林学士，不久，又代理御史中丞这一要职。然而，在近距离的共事之后，神宗对光的看法陡然生变。

升任御史中丞不久，司马光向神宗递交了一份重要的奏疏，论及修身与治国的关键。奏疏指出，修养自身的关键有三：一曰仁，二曰明，三曰武；治国的关键也有三：一是任用官员，二是当赏必赏，三是当罚必罚。光还特别提到，自己平生学习所得，都在这六句话里，以前任谏官的时候，就将这六句话献给仁宗，后来又献给英宗，现在把它献给陛下。看完这份奏疏，神宗未免有些失落。这些来自书本的话语无疑是正确的，但自己早已烂熟于心。正确的话说上三遍，就会让人逆反。新旧交替、继往开来的重要时刻，他需要的不只是重复这些语词。在之后的一次见面时，神宗问及富民的方略，司马光几乎不假思索就做出答复："富民的根本在于选拔称职的官员。陛下只要选拔好转运使，让转运使审察好知州，知州审察、选任好县令，就不愁民众不富裕。"由此可见，他认为现存的体制没有什么不妥，对很多问题都有了现成的答案。罢免了宰相韩琦之后，神宗任命能臣张方平为参知政事，却受到司马光的极力抗阻。他给神宗提出的忠告，同样是老生常谈："陛下用人，应当用君子，不要用小人。"（《续资治通鉴》卷第六十五）好像皇帝就愿意重用小人似的。

正在这时，西北方面传来密报，西夏宗室一个叫作嵬名山的将领，表示有心归附宋朝，倘若派人接受，便可借机收复一些失地。神宗征询司马光的看法，光认为当前的要务在于稳定国内的形势，切切不可轻起边衅。神宗听了神情漠然，这是他否决臣属意见时一贯的态度。几日后，边将种谔成功接受了嵬名山的归降，收复了绥州（今陕西绥德）。但西夏方面的报复行动紧随而来，他们以会盟为名，诱捕了宋军大将杨定，要求宋朝将绥州归还，并扭送嵬名山来交换大将杨定。

司马光和执政的文彦博、吕公弼等老臣，力主满足西夏的全部诉求。只有外调还未动身的韩琦提出反对，理由是：仅凭一封国书，便将已经收复的几百里疆土拱手相让，是软弱可欺的表现；将归顺宋朝的嵬名山交由西夏惩治，更是一件令人寒心的失义之举。神宗倾向于韩琦的态度，又听说大将杨定已被西夏人杀死，便将此事搁置下来。好在没过多久，西夏国主去世，继位的新主是一个七岁的孩童，听政的皇后也是一个年轻的妇人，神宗于是改派韩琦前往绥州见机行事。刚一抵达绥州，韩琦便上疏朝廷，明确指出：决不能将绥州白白送给西夏！

和文彦博、富弼等老臣一样，光之所以劝告神宗不要轻起边衅，维持安稳的局面，有他们的深沉考虑与良苦用心。熟读历史的他知道北宋的和平来之不易，兵者乃凶器，不得已而用之。为了土地和一些难以避免的磕磕碰碰，以邻为壑，与异族为敌，将国民投入刀兵血火之中，将其视为光荣梦想，造就出许多英雄和烈士来，在儒者眼里，是一种残忍而又无智的行为。安史之乱以来，各路藩镇为了治权的争夺与角逐，把黎民百姓置于水深火热之中，中原大地几乎不适合人类居住，文明一而再地被野蛮践踏。太祖赵匡胤在兵变之后，以一杯美酒终结了这段历史，并避免了"飞鸟尽，良弓藏；狡兔死，走狗烹"的残忍悲剧，为文明生活撑起一片安宁的天空。倘若与汉武帝、唐太宗时代相比，北宋的版图是缩小了许多；但与三国魏晋、五代十国相比，又大出许多。毕竟时世不同，在遍地枭雄、军阀混战的时代，具有雄才大略的英雄，可以挥师横扫大地，荡尽群寇，收拾破烂不堪的山河，缔造一个幅员辽阔的帝国；但在天下大定之后相对和平的年代，应当珍惜人民在不同国度里的常态生活，让他们享受人间烟火里的温馨，实现人性原本具足的内涵。

与法家的信奉者不同，对于国家的土地与人口规模，到底是千乘之国还是万乘之国，儒者没有刻意地追求。在他们这里，对土地的扩张是通过人口来实现的，而人口的增长又与国家实行的政策乃至整个国家的政治生态密切相关。按照孟子的理解，只有通过德政，赢得越来越多人的支持、向往与投奔，国家规模的扩大才是真正合法的；其他通过暴力杀伐征服获得的土地人口资源，都是无理侵占和非法的绑架。在那个时代，人民是通过双脚来投票表达他们的意志的。中国历史上第一个儒家王朝西周，就是在通过深得人心的治理后，得到愈来愈多诸侯的投奔，在享有天下三分之二区域后，才像摘帽子一样，轻而易举地推翻商纣王摇摇欲坠的统治。不顾治下人民的生活福祉，一味追求国家的体量、人口与土地的规模，沉迷于建立丰功伟业，对于儒者是一种野蛮的行为。熟知历史的司马光，深感宋朝的统治来之不易。虽然国家的版图缩小了许多，但天下基本太平，避免了血光之灾，人民可谓安居乐业，颐养天年，文化更是呈现出越来越昌盛的态势，舆论宽松，士大夫得以与皇室共治天下。他十分珍惜来之不易的形势，虽然存在许多需要改良革新的状况，但不能因为改革而断送已经摘取的果实。

当然，司马光他们之所以珍惜当下的局面，还在于北宋是一个开明的儒家王朝，有着极为难得的优越制度。自从周朝分崩离析之后，天下陷入诸侯竞争的混乱之中，最终收拾江山的是以法家思想为主导、以严刑酷法为治理手段的大秦帝国。汉代在借用黄老思想与民休养生息之后，独尊儒术，但所遵从的并非儒家的仁道，而是君君臣臣、父父子子的小人儒，在统治上实行的其实是儒表法里的策略，就其内里而言，很大程度上还是个法家王朝。千百年来，能够继承西周政治传统，恢复以德治国，建构相对宽松的政治协商制度，让知识精英充分参与国家事务，可以在朝堂上口无遮拦地发言，实现儒者治平天下的情怀的，就只有宋朝一代了。如今，这种制度还需要完善与巩固，却又要抡起大斧来变革，弄不好就前功尽弃，退回到腥风血雨的五代十国，甚至是暗无天日的秦皇暴政当中。

在具有法家思想背景的神宗这里，道德名声在外的光，接触起来不仅倔强不化，而且也显得有些迂腐，这让从小就听他故事长大的新皇帝多少有些失望。光和富弼、文彦博、韩琦、欧阳修等老臣一样，都是仁宗路线的遵循者，陶醉于那个时代的政治氛围和承平局面，意识不到仁宗的路线其实差不多到了山穷水尽的地步，倘若不掉转船头，从宏观上重新调整国家的利益格局，就有可能出现翻覆的悲剧。经过一番权衡，神宗觉得，要想维持仁宗时代的局面，倚重光或许是一个最好的安排；但要开拓新的局面，施展汉武唐宗的大略，就只能另做抉择了。于是下旨，改任光为翰林学士兼经筵侍讲。这个职务地位与御史中丞相当，不升不降。没想到，负责奏状案牍纠正监督的通进银台司主管吕公著，硬是驳回了皇帝的任命，他认为朝廷需要光这样的人来扶持正气，而御史中丞非其莫属，请求重新考虑光的去留。

经过考虑，新皇帝觉得自己的旨意必须得到贯彻。一天，经筵讲座结束之后，神宗留下吕公著一人，对他作出解释："朕让司马光转任为翰林学士兼经筵侍讲，是因为他有道德学问，想把他留在身边，讲授治国之道，随时告诫和提醒寡人，并非他有什么不对的地方。"吕公著不仅听不进皇上的解释，还斗气请求解除自己的职务。神宗自然不能让步，当即接受了他的辞呈。过些天，再次遇见吕公著时，神宗又问他："司马光确实是端方正直，但是不是迂阔了些？"

吕公著回答："孔子是圣人，子路还说他迂；孟轲是大贤，时人也说他迂。何况是司马光呢！大抵考虑的事情深远了，便近乎迂阔。希望陛下明察！"（《续资治通鉴》卷第六十五）对于自己的迂腐，司马光并非完全蒙在鼓里。三十九岁的那年，他就开始写一本叫作《迂书》的随笔，自称"迂夫""迂叟"，似乎以迂为荣，大有一迂到底、死不悔改的意思。而这个吕公著，看来是要和司马光迂到一起了。

关于光调动的诏令，最终还是绕过通进银台司，让内臣直接交到光的手上。让人心生惶惑的是，御史台那座堪称巍峨的大门，在此之前莫名其妙就倒塌了，似乎不是什么好兆头。这一年十月甲寅，是个好日子，光前往迩英阁拜见神宗，献上自己正在撰写的《读通志》已脱稿的部分。皇帝看起来十分欢喜，还就书中涉及的内容与光做了交流，谈论起战国时期张仪、苏秦连横合纵之术的利弊。光的学识之广依然令他赞叹，只是觉得书名过于平淡。于是，略加推敲之后，御赐了《资治通鉴》的书名，听起来比《读通志》可是要大气多了。

或许是为了给予光尊严上的补偿，就在他上任翰林学士的当日，神宗专门下旨：司马光暂时无须起草翰林院的文书，也不必每天到院里值班，以便有足够的时间和精力来修编《资治通鉴》一书。皇帝还为这部巨著撰写了序文，把自己在颖王府时收藏的两千四百多卷书赐给司马光，作为参考之用。这部皇皇巨著的产生，跟神宗皇帝的支持是分不开的。为了挪动一个官员的位置，保全大臣的体面，神宗做得算是够可以的了。

在送走司马光之后，有一个人的面容，愈来愈清晰地出现在神宗眼前。

三

其实，在任命司马光为翰林学士、代理御史中丞的前一天，神宗就已经下诏，调丁忧期满的工部郎中、知制诰王安石进京。但这位"难得而易去"的儒者一再称病请辞。为此，神宗垂询身边的大臣："王安石在先帝朝多次拒绝召用，现在召他又不起，到底是真的有病，还是想要挟朝廷？"门下侍郎曾公亮答："以王安石的文学器业，应该得以大用；之所以累召不起，想必是真的有病，他哪敢欺罔皇上啊！"参知政事吴奎的回答却是："王安石过去纠察刑狱，因为判决持论不当，仁宗下旨开释其罪过，但他还是不肯入宫谢恩；另外，他心里可能觉得韩琦有意压制自己，所以一直不肯入朝。臣曾经和王安石在群牧司共事，充分见识过他的刚愎自用、做事迂阔，万一起用他，必定会扰乱纲纪。"（《续资治通鉴》卷第六十五）两个人的观点正好对立。

神宗还是太子的时候，韩维就是他的侍读，每谈及文史政治，总是头头是道，神宗十分悦服这位老师。但韩维却说，这些思想观点都来自临川的王安石，那才真是个经天纬地的大才！读了王安石当县令时作的绝句"飞来山上千寻塔，闻说鸡鸣见日升。不畏浮云遮望眼，自缘身在最高层"（《登飞来峰》），更觉得此人气度恢宏，器质不凡，便暗自留意起他的活动踪迹来。

自庆历二年（1042）高中进士之后，王安石在地方上任职十二年，才勉强奉召入京，出任群牧司判官两年之后，又主动请求下放地方。嘉祐四年（1059），他进京出任三司度支判官，四年后母亲去世，又扶棺回江宁（今南京）守孝。其间，英宗就曾召他起复，但他屡召屡拒。丁忧期满之后，便在江宁收徒讲学，著书立说，没有表现出想要进入权力中心的欲望。二十多年"恬退"的姿态，使他在唯权位是谋的人群中显得尤为特别，而他的道德文章，也在士林积累起愈来愈高的声望。此次神宗召他出知江宁府，除了龙图阁直学士韩维，人们都以为他必定坚辞，没想到石竟毫不含糊地接受了。几个月后，神宗召他进京出任翰林学士，石依然没有任何推辞的表现，这就更让人觉得不可思议。

接受任命的石，并没有立即启程，而是让刚刚获得进士身份的儿子王雱，提前在汴梁租好房子。这次租房，他特地交代儿子，要跟司马十二丈做邻居。这个"司马十二丈"，就是他任群牧判官和三司度支判官的时候，过往相当密切的老友司马光。好久不见面，他就会想起这个与之惺惺相惜的谦谦君子。

至和元年（1054），因老师欧阳修的举荐，三十四岁的石接受了群牧判官的任命。群牧司掌管全国军马饲养，最高长官是群牧制置使包拯。此人操持甚严，寡淡无情，唯有喝酒一种爱好。每隔一段时间，遇上心情舒畅，就在院子里设席，请朋友同僚小聚。石和光通常都在受邀之列。光学识渊博，但酒量极

◇ 王安石是神宗皇帝要找的人

浅，一杯下去差不多就晕菜了。石勉强喝到三杯，乾坤也开始旋转，不管黑脸包拯如何力劝，就是滴沥不进，态度斩钉截铁，令光十分钦佩：这个世上还有比自己更执拗的人！虽然二人交集的时间极短，但彼此都给对方留下深刻的印象。光的话语不多，但哪怕是片言只语，你都会感到它背后雄厚的力量。

嘉祐四年（1059），秋天到来的日子，王安石踩着缤纷的落叶，到掌管财政的三司报到，再次见到了已经担任判度支勾院的光。他们共同的上司还是包拯，这个个子不高、性情刚烈而又爱喝酒的三司使。因为之前主持开封府一年半的工作，他已经在政界名声大噪，被人们称为黑包公——其实肤色看起来也还可以，不像后世舞台上涂炭的样子。

大约两年的时间里，王安石与年龄相近的司马光、吕公著、韩维相互赏识，尤为投缘。闲暇的时候，他们约好到寺院僻静的禅房品茗闲谈。从道德文章到治平天下，高谈阔论，一天下来，茶水都喝干了，还有话没说完。"嘉祐四友"的称谓因此得名。也就是在这个时候，三十九岁的石按捺不住自己积蓄已久的激情，给仁宗皇帝呈上了洋洋洒洒的万言书，陈述自己关于革除时弊、实施圣王之政的意见。然而，提交之后，却迟迟得不到圣上的回复。太监急而皇帝不急，还能有什么办法？痛感报国无门的他想到了当年汉宫里寂寞的王昭君，尽管是一代绝色佳人，却得不到君王的宠爱，最后被当作外交礼品送给了匈奴单于，在广漠的草原里空怀一腔思国情怀。于是，写下了《明妃曲》二首，来抒发自己郁闷的心情——

明妃初出汉宫时，泪湿春风鬓脚垂。

低徊顾影无颜色，尚得君王不自持。

归来却怪丹青手，入眼平生几曾有。

意态由来画不成，当时枉杀毛延寿。

一去心知更不归，可怜着尽汉宫衣。

寄声欲问塞南事，只有年年鸿雁飞。

家人万里传消息，好在毡城莫相忆。

君不见咫尺长门闭阿娇，人生失意无南北。

（《明妃曲其一》）

写着写着，石的眼睛竟然湿润起来，仿佛自己真的成了那个"丰容靓饰，光明汉宫，顾影徘徊，竦动左右，帝见大惊"（《后汉书·南匈奴列传》）的王昭君。略加修改之后，石在书房里蹀步吟哦，为心里涌出的才华所感动，把此诗看作一生最得意的作品。尤其是"汉恩自浅胡自深，人生乐在相知心"一句，堪称绝唱。小酌几杯之后，他飘飘欲仙，对自己的儿子说："《明妃曲》后篇，李白是写不出来的，只有杜甫可以；至于前篇，连杜甫也写不出来，只有本人才可以。"《明妃曲》确实不错，但石的自我感觉似乎到了自欺的程度。

《明妃曲》刚一出炉，就在欧阳修和司马光、梅尧臣、刘敞、曾巩等师友中传阅。他们纷纷赋诗唱和，拔出自己最漂亮的羽毛来相互媲美。连光这种在女性面前目不斜视的人，也为之动容，写下了二十四行的《和王介甫〈明妃曲〉》。其中有这样的佳句："妾身生死知不归，妾意终期寤人主。目前美丑良易知，咫尺掖庭犹可欺。"这次围绕着《明妃曲》产生的轰动效应，成为当时文坛的一大盛事与美谈。私底下，自认为怀才不遇，把自己当作绝色佳人者，其实不止王安石一人。可身为不世美人，又岂能在冷宫里孤芳自赏！

在这段有些郁闷的日子里，石听说自己一生敬重的老师周敦颐

◇ 怀才不遇的士大夫，如同汉宫秋色里寂寞的王昭君

● 《梅花仕女图》元 - 佚名 - 台北故宫博物院藏

合州签判任满，返回京城述职，便提着礼物，恭恭敬敬地前去拜访。他清楚，这个时代，能够被自己认作师尊的人并不好找。此时的周敦颐虽然职位普通，但在士林中名望甚隆，"已号称通儒"。通过对太极图的阐述，他演绎出包容天地宇宙和人的身家性命的思想体系，为宋明理学的展开奠定了哲学的根基。王安石后来构建的"新学"，在本体论的方面颇得益于他的启发，只是其"新学"重在用的范畴，显得驳杂有余，通约不足。据记载，此次师生二人的会晤，"语连日夜，安石退而精思，至忘寝食"（度正《周子年谱》）。

不唯是王安石，也不仅仅是程氏兄弟，许多与周敦颐同坐春风、有过一席之谈的人，都不会空手而归。起居注蒲宗孟与周敦颐的第一次交谈，就连续三个昼夜都不觉得困疲，之后他大为感慨：世上竟然有这等人物！得知周先生丧偶不久，当即将妹妹介绍给他作继室。晚出二十年的苏轼，也是周敦颐的追随者，后世甚至有如黄宗羲者，还把苏轼当成周敦颐的私淑弟子。据载，嘉祐元年至五年（1056—1060），周敦颐出任合州（今重庆）签书判官，"盖当时乡贡之士，闻周子学问，多来求见耳"（度正《周子年谱》），几乎应接不暇。在众多的求见者中，是否有一个叫作苏轼的学子，如今已无从考证，但他无疑是周敦颐的忠实读者。从《故周茂叔先生濂溪》诗可以看出周敦颐在苏轼心中的地位："世俗眩名实，至人疑有无。怒移水中蟹，爱及屋上乌。坐令此溪水，名与先生俱。先生本全德，廉退乃一隅。因抛彭泽米，偶似西山夫。遂即世所知，以为溪之呼。先生岂我辈，造物乃其徒。应同柳州柳，聊使愚溪愚。"在苏轼的表述中，周先生哪里是我等这样的凡夫俗子，他是一个"至人"，神一样的存在，连造物主都不过是他的门徒。在一首题为《独觉》的诗里，苏轼细致地体会到周先生身上透出的那股春风："红波翻屋春风起，先生默坐春风里。浮空眼缬散云霞，无数心花发桃李。"但是，同在周敦颐的春风里坐过的理学家程颐，却与苏轼格格不入。

一个人没有建立显赫功业，也没有累积财富与爵位，仅凭自己的德行修养，赢得世人发自肺腑的敬重与敬仰，在北宋一朝，似乎只有邵雍和周敦颐二人做到。

四

宋朝文化的江山，几乎一半在西南部的巴蜀，另一半则在东南部的江西。前者位于长江上游，以峨眉山为象征；后者位于长江下游，以庐山为地标。春秋时期，江西隶属吴地，战国则归于楚国。殷周时期，庐山因匡续兄弟七人于山上结庐而得名。对此，东晋名僧慧远在《庐山略记》中有记："有匡续先生者，出自殷周之际。遁世隐时，潜居其下。或云：续受道于仙人，而适游其岩，遂托室岩岫，即岩成馆。故时人感其所止为神仙之庐而名焉。"

庐山北依蜿蜒的长江，东临浩瀚的鄱阳湖，山脊嶙峋，峰峦巍峨，但因坐落东南水盛火旺之地而草木葱茏。时有流云飞瀑飘荡其间，如摩耶女神的面纱变幻莫测，因此难得一睹本来面目。海拔虽然不高，仅一千四百多米而已，却与高出一倍以上峨眉齐名，堪称伯仲。可谓山不在高，有仙则名；水不在深，有龙则灵。正是这两座性灵之山，撑起了宋朝文化的天空。

魏晋以前，江西尚属蛮荒，唯庐山以其清静悠远，吸引方外之人前来吐纳炼丹，躲避尘世的纷争与扰攘。传说东汉永元十年（98），道教创始人张道陵渡过鄱阳湖，上云锦山岩洞隐修，得到黄帝秘传的

"九鼎丹法",三年后炼成了"龙虎大丹",云锦山遂改名为龙虎山,成了他创立的正一道发祥地。张道陵后来进入川蜀,收徒设教,到了第四代孙张盛,才重又迁回龙虎山。因此龙虎山乃是道教祖庭,与山东曲阜的孔府并称为中国儒道二教两大府第。八王之乱后,西晋灭亡,司马睿携士族南迁,建立东晋政权,并在淝水之战后站稳脚跟,长江以南的经济文化因此兴旺起来。而那时候,最具影响力的江西人物,要数高僧慧远和隐士陶渊明。

东晋太元三年(378),前秦军队围困襄阳,在此研习佛法的释道安遣散徒众。在其座下的慧远辞别师父,率数十弟子前往岭南罗浮山修行。抵达浔阳江头时,慧远侧身远眺,"见庐峰清静,足以息心",便临时起意,终止行程,在山上筑起龙泉精舍,后来又建立了著名的东林寺。他"影不出山,迹不入俗",皇帝屡召,皆称疾不行;经行迎送,均以虎溪为界,如此驻锡庐山长达三十六年。其间,他率众于东林寺前挖凿池塘,种植白莲,讲经念佛。中国佛教净土宗(亦称莲宗)由此创始,这给作为自然遗产的庐山增加了无形的高度,使之成为一座具有文化加持力的灵山。

义熙元年(405)八月,彭泽县令陶渊明作《归去来兮辞》,决意不为五斗米折腰,解印辞官,隐居在庐山脚下,以五柳先生自许,过着采菊东篱下的田园生活。其时,比他大三十一岁的慧远大师,正在庐山上创立莲社。传说,慧远大师读过陶氏的作品,觉得是个可造化的旷达之士,便托人邀其入社。对此,后世印光法师有如此述评:"当日远公以陶渊明胸怀空旷,可以学道,招之入莲社。彼殆以酒为命者,知佛门戒酒,不敢遽许,因曰,许某饮酒则来。远公大慈悲心许之。彼来念佛三日,攒眉而去。以但能放下,不能提起。"(《印光法师文钞·续编上·与魏梅荪居士书十六》)尽管慧远大师接受他的启请，特许其在山上可以喝酒，陶渊明最终还是徘徊而去，但他的田园诗篇，给江西文化奠定了深厚的根基。

进入唐代，江西成为禅宗的龙兴之地，"五家七宗"中的"三家五宗"都发源于此。洪州、沩仰、临济、曹洞、黄龙、杨歧诸宗，皆有祖庭筑于江西。从青原行思到黄龙慧南，一路下来，大师辈出，龙象迭起，可谓空前绝后。自唐而宋，禅宗繁花盛开的过程，几乎都在江西境内完成。这个时期，庐山已经成为雅士骚人神往的人文圣地，李白、王勃、白居易等许多著名的诗人，都曾到此游历、朝山或任职，解释胸襟，沾染仙气，并留下了流传千古的诗文。李白一生与庐山有解不开的因缘，寻访庐山不下于五次，徘徊于云峰水谷之间，驻足于断壁悬崖之际，放怀吟啸，如同诗歌野兽一般。开元十三年（725），他写下了气势磅礴的《望庐山瀑布》："日照香炉生紫烟，遥看瀑布挂前川。飞流直下三千尺，疑是银河落九天。"安史之乱发生后，李白又来到五老峰东侧隐居数月，在烂醉之后吟得绝句一首："两人对酌山花开，一杯一杯复一杯。我醉欲眠卿且去，明朝有意抱琴来。"（《山中与幽人对酌》）只是，下了庐山，投在永王李璘旗下之后，李白才倒了大霉，几乎身败名裂。白居易在江州司马任上时，也无法拒绝庐山的魅惑，曾到山中隐居一年多的时间，"仰观山，俯听泉，傍睨竹树云石，自辰及西，应接不暇"（《庐山草堂记》），终日迷失在庐山的云雾里，找到了"倦鸟得茂树，涸鱼返清源"（《香炉峰下新置草堂，即事咏怀，题于石上》）的归属感。不过，江西文化最为灿烂的时期还是有宋一朝。

有了庐山地灵的氤氲，加上道家与佛禅文化的浸润，在宋朝，江西成为人杰辈出的地方。纵观宋代文坛，江西著名诗人作家的数量，超过了川蜀和全国各地。宋词四大开山人，晏殊、晏几道父子便

◇ 庐山与峨眉，支撑起大宋云蒸霞蔚的文化天空

● 《溪山秋色图》（局部）北宋 - 赵佶 - 台北故宫博物院藏

占了一半；唐宋八大家，江西就占了三家。欧阳修更是位列宋代六家之首，成为当世文宗，王安石和曾巩都是他的门生。二人后面，则是黄庭坚、杨万里等人衣袂飘动的身影。真宗天禧五年（1021），王安石出生于江南西路抚州临川县（今江西抚州），与宰相词人晏殊同一个地方。此处与欧阳修和曾巩的故乡吉州庐陵永丰（今江西省吉安市永丰县）相距不远。如果说三苏代表着峨眉山金顶的高度，那

么，晏殊、欧阳修、王安石、曾巩、黄庭坚就是庐山上耸立的诸峰。代代沉积的文化将土石草木汇聚的山体浸润，使庐山灵韵丰沛，如同一所巨大的人文殿堂，让前来朝圣、徜徉其间的人们得到心灵感染和精神同化。在庐山云游半载，胜过在国子监苦读三年。在这个意义上，庐山的存在功德巨大，这座性灵之山给予人的，远远超出各式各样的院校与博物馆。在庐山和峨眉读李太白，和在其他地方读李太白，感觉会有很大的出入，而苏轼之于峨眉，犹如王安石之于庐山。

五

石与光年龄相近（光比石大两岁），家世颇为相似，都出身于官宦之家，石的父亲王益也是真宗时期的进士，只是后来的官阶略低于司马池，而且过早谢世。年少的时候，光与石都曾跟随父亲辗转多地，于世情与风物有较多的阅历，对人间疾苦也有真切的感受。不过，令他们之间惺惺相惜的，还是作为儒者在道德人格修养上，有着许多不约而同的行迹。就像《诗经》里描绘的那样，"有斐君子，如切如磋，如琢如磨"，光平日里的行持操守十分谨严。君子比德于玉，光原以为，本朝人物中，人格境界在自己之上的，除了范仲淹、周敦颐和邵雍，就没有什么人了。但后来却发现，从庐山脚下走出来的石，是一块纯度很高的玉，某些方面的修为，甚至比自己有过之而无不及。

汉唐时期，达官贵族出行，通常是骑马或乘坐马车。到了宋代，时兴的是坐轿子（即所谓肩舆）。光任并州通判时，遇上出巡，执事官都按惯例备好轿子，并配备仪仗卫士。但光坚持一定要骑马，称自己不喜欢坐轿，也不喜欢有那么多人跟随，怕吓唬到老百姓。夏天的时候，烈日炎炎，他也拒绝随从撑伞，自己举着一把扇子遮阳。看到他这可笑的样子，程颐就说他："你这样骑马出入而没有随从，在街市上遇到不认识的人，会有许多不便的。"光回答道："我怕的正是有人认出自己。"后来光才知道，石也不愿意坐轿，觉得这样会违逆儒者的仁德，损伤自己的天良。石还曾经训斥劝他坐轿子的人："坐轿就是把人当畜生来使唤，自古王公虽不道，也未敢以人代畜也！"可见，光、石二人都反对以非人的态度来对待人。北宋时期，儒家人文精神复兴，人的尊严不可凌驾与践踏的观念，开始在士林里流行，当时不忍心坐轿子的还有人在，程颢就是其中的一个。

北宋国家虽弱，官员俸禄却甚丰，衣食住行之外颇有盈余，故纳妾蓄伎之风盛行。词人张先八十岁时，还买了一个十八岁的小妾。光与夫人张氏结婚多年，膝下无一儿女。为了不将丈夫置于不孝境地，夫人背着光，悄悄从市上买回一个妙龄女子，安排在夫妻共同的寝室里，自己则借故躲了起来，等着看戏。退朝回家的光见卧榻之侧多了个美人，也不作理会，就转到书房里去了。女子却跟随过来，从架上抽出一本书，嗲声嗲气地问："先生，中丞是什么书呀？"光冷冷作答："中丞是个官职，哪是个什么书！"硬是把人家给吓跑了。后来，就连夫人与丈母娘合谋给他安排的漂亮丫鬟，也被他给撵走了。至于司马家传宗接代的事情，最终还是通过过继哥哥的儿子司马康来完成的。

类似的事情，同样发生在石身上。出任知制诰那年，石的俸禄一下子涨了许多。为了给丈夫一个惊喜，夫人吴氏给他买回了一个美妾。王制诰刚进家门，美妾便立即进入角色，上前殷勤地伺候官人。

这让石十分警惕，竖起眉毛问她："你是什么人？为何到我们家来？"听说是夫人花钱买来的，便进一步查问底细。原来，女子是一个低级武官的妻子，丈夫在押送军用物资时翻了船，被拘押起来。女子为了给丈夫筹钱赎罪，才被迫卖身为妾。得知详情，石让她立即回去与家人团圆，至于卖身所得的钱，就当作人情赠送给这个女子了。和风流倜傥的欧阳修不同，石和光是大宋没有绯闻的高官。

"儒有居处齐难，其坐起恭敬，言必先信，行必中正，道涂不争险易之利，冬夏不争阴阳之和，爱其死以有待也，养其身以有为也。"（儒者的起居庄重严肃，坐立行走恭敬，出言必讲诚信，行动必定中正，路途当中不与人争方便的道路，冬夏季节不与人争暖凉的地方，不轻易赴死但时刻准备献出高贵的生命，保养好身体以期有所作为。）如果说《孔子家语·儒行解》中的这一段话，是对司马光德行的描述，那么，下面一段就是对王安石品行的概括："儒有不宝金玉，而忠信以为宝；不祈土地，立义以为土地；不求多积，多文以为富。难得而易禄也，易禄而难畜也。非时不见，不亦难得乎？非义不合，不亦难畜乎？先劳而后禄，不亦易禄乎？"（儒者当作珍宝的不是金玉而是为人的忠信，不渴望拥有土地而把义当作土地，不追求积累财富而把学问深广当作富有。儒者难以得到却容易供养，容易供养却难以挽留。不到适当的时机不愿现身，这不是很难得吗？不符合正义的事情不予合作，这不是很难挽留吗？先报效然后才要俸禄，这不是很容易供养吗？）

在大宋的朝廷，光和石都堪称君子，他们不以攀爬社会等级、做人上之人为光荣；而是把人格品质上臻于纯粹看作自身的骄傲，觉得这才是真正意义的人上之人。对于不适合自己秉性和能力发挥的职位，光都坚辞不受，炒皇帝的鱿鱼。对于擢拔，他曾经有九辞不就的记录。这次见到翰林学士的诏书，他转身就跑，最后是宦官硬塞进了他怀里。不过，在这个方面，石可谓更甚。为了深入了解社会民情，实实在在做一些有益于国计民生的事情，他与削尖脑袋要挤进权力核心的官员相反，坚持在地方上任职。为了推掉皇帝起居注的任命书，竟然躲进了茅厕里不出来。从庆历五年到嘉祐四年（1045—1059），十几年的时间里，他都拒绝入京任职。当然，其中的缘由，也有他本人所说的原因："伏念臣祖母年老，先臣未葬，弟妹当嫁，家贫口众，难住京师。……今特以营私家之急，择利害而行。谓之恬退，非臣本意。"（《乞免就试状》）王安石三十一岁那年，哥哥王安仁、王安道先后逝世，不仅丧葬费用由他承担，遗孀及骨肉也皆由他来抚养。家庭负担如此沉重，令他无法视金钱如粪土。但他长期坚持留在地方工作，还有"得因吏事之力，少施其所学"，将自己的政治理念付诸实践的动机。后来变法中最重要的"青苗法"，便是他在鄞州任知县时实验过的。

让光佩服的是，自己的许多德行在石身上也可以看到，但石的一些行为是自己怎么也学不来的。一次，仁宗皇帝请御前大臣到御花园垂钓，钓上来的鱼则交给御厨烹饪。这种别致的请客方式，让大臣们兴高采烈，他们围着池塘忙得不亦乐乎。只有石一人静静地坐在边上，进入了沉思状态。不知不觉中，他竟把手中一盘鱼饵吃得干干净净，这让仁宗大惑不解，认为他可能是个"诈人"！

对于吴夫人来说，丈夫的这种行为实在寻常不过。平时吃饭，他也会进入类似禅定的状态，吃菜只吃面前的一碟。曾有人告诉吴氏，说她夫君特别爱吃鹿肉丝，在一次用餐时，竟把一盘子鹿肉丝给吃个精光，一点儿也不留给旁边的人。吴氏问："那盘鹿肉丝是不是摆在了他面前？"下一次，人们对菜的位置做了调整，放得远些的鹿肉丝，石一口也没有尝，倒是把眼前的一碟青菜给吃得干干净净。

光是个淡泊如水的人，行为重质轻文。小时候，长辈给他穿漂亮一些的衣服，他总感到不自在，趁人不注意的时候偷偷换下来。（《训俭示康》）中举那年，仁宗接见的宴会上，举子们头上都插满怒放的鲜花，一副兴高采烈的样子，只有光一人不加披戴，正襟危坐如一尊塑像。在旁人的反复催促下，才勉强插上一朵。但石对物质的淡漠与超脱，似乎超过了光。石不在意饮食、仪表与个人卫生，平日里邋里邋遢，觉得洗澡都是浪费光阴。用苏轼父亲苏洵的话来描述，就是"衣臣虏之衣，食犬彘之食，囚首丧面，而谈《诗》《书》"。庆历五年（1045），石任扬州知府签判，在韩琦手下工作。因为读书熬夜，常常来不及洗漱整装，蓬头垢面就来上班。韩知州误以为他夜里寻欢作乐，生活放浪无度，还好心规劝这个年轻人，切勿因为及时行乐而荒废了学业前程。

石主持变法一年之后，尽管彼此意见针锋相对，成为政敌，但回忆起二人十多年来的交往，光仍然感到几分温馨："孔子曰：'益者三友，损者三友。'光不才，不足以辱介甫为友。然自接侍以来，十有余年，屡尝同僚，亦不可谓之无一日之雅也。"而在此之前，他还曾经说过："窃见介甫独负天下大名三十余年，才高而学富，难进而易退。远近之士，识与不识，咸谓介甫不起而已，起则太平可立致，生民咸被其泽矣。"（《与王介甫书》）他说出的既是当时的事实，也是自己作为朋友的真诚寄望。而对于光的为人与作文，石始终都是欣赏的。他曾经赞叹"司马十二，君子人也""君实之文，西汉之文也"。若是二人许久无缘见面，他心里就会生起向往之情，可谓惺惺相惜。他们共同敬仰的宋朝人物是范仲淹、周敦颐和邵康节（邵雍谥号康节）。至于学问修养方面，光是一个纯粹的儒家，在文化上有强烈的排异倾向；石则以儒为体，兼修佛道，心里多了两根弦，因此显得比光更为通达活络许多。

文彦博、欧阳修、韩绛、韩维等重要人物，都鼎力举荐过石，他之所以千呼万唤始出来，是要挑选心目中的明主。仁宗因为吃鱼饵的事情，对他的为人起了猜疑；又因为庆历新政的流产，对他呈上的万言书深感力不从心，于是不置可否。这让他心里明白，在仁宗的座下，他变更王法的理想不可能付诸实践。到了英宗时代，他就越发失望了。在石看来，英宗追认自己生父是皇伯还是皇考，这样的事情，于家于国都没有实际意义。为了于国计民生无关紧要的事情，去争吵一年半时间，使大臣们因为意见不同而势如水火，伤害朝堂上和气的政治生态，实在是愚不可及的事情。对此，他唯恐避之而不及。为母服丧结束后也不回朝复职，丁忧之后又托病不出，其实犯的都是心病。守灵的日子里，他几乎天天手不释卷。除了政治，问学与传习才是他的正业。等到丁忧结束，他便在家乡开馆授徒。陆游爷爷陆佃，就是他这时候招收的弟子。所谓"荆公王学"的体系，正是这个时期构建起来的。遇上明主，他愿意为国家献出自己的全部；但遭遇不上也不要紧，还可以退居乡野田园，在大树底下做一个学者和诗人，体味生存的意蕴与天地的奥妙，这就是王安石的进退之道。

六

熙宁元年（1068）初夏，在考察了众多重臣之后，神宗皇帝决定"越次"召见王安石。之所以称作"越次"，是因为刚刚提拔为翰林学士的石，还不具有单独觐见皇帝的资格。君臣之间，对此次会面都满怀期待。

四月初四，想必是一个云彩飞扬的日子，在宦官的引导下，肃穆庄严的大门，次第为四十八岁的王安石打开。用句丑话说，这次不同以往，是皇帝先急起来的，所以太监的事情就好办得多。想到期待多年的时刻终于到来了，石的心里未免有些激动，但他踩踏出来的脚步声，依然是那么坚决与从容。一路上他都在想着，平生的抱负和才智，一身的利器与绝技，必须与最高权力结合起来，才能得以施展与实现，否则就成了茶余饭后的谈资。龙榻上坐着的神宗，看起来年轻却不幼稚，天庭地阁都相当饱满，细长的眼睛透露出来的神情，专注而又镇定，符合石对帝皇的想象。行过大礼之后，神宗直切主题："面对当前局势，国家治理的要务是什么？"王安石毫不含糊："首先必须明确治国的方略。"神宗提起了自己心目中的偶像："你认为唐太宗这个人如何？"石的回答令他意想不到："陛下应当效法尧、舜二帝，为什么要以唐太宗为榜样！尧舜之道，极简贱而不烦琐，极精要而不迂曲，极容易而不困难，只是后世学者不能通达，便以为高不可及罢了。"神宗相当敏感，说："爱卿可是在责难于我了？"

接下来，神宗又出题目："祖宗守天下，能百年无大变，粗致太平，用的是什么方略？"神宗的提问源自司马光对"本朝百年无事"的历史评价。仁宗执政后期，作为史家的光梳理了自东周以来的天下态势，得出这样的结论：自从平王东迁、"王政不行"以来直至宋朝，一千七百年间，天下一统者，不过五百余年而已。而这五百余年也并不太平。因此，"三代以来，治平之世，未有若今之盛也"（参见赵冬梅《大宋之变，1063—1086》第155页，广西师范大学出版社2020年版）。

因为觉得问题非三言两语能说清楚，石退出朝堂，认认真真地写了一份奏书呈上，这就是著名的《本朝百年无事札子》。其中大意如下——

> 太祖身上慧眼独具，能够全面地看清人情事物的真伪。职位的付托，必人尽其才；制度的施设，皆适应形势的变化，因此能够驾驭将帅，训齐士卒，对外能抵御夷狄，对内能安定国家。他消除苛政，禁止虐刑，废强横之藩镇，诛贪残之官吏，在生活中力行俭朴为天下作出表率，颁发政令皆以有利百姓为根本。太宗皇帝也继承了太祖的聪慧与勇武；真宗皇帝以谦和与仁爱守住了江山社稷；到了仁宗和英宗，施政也没有明显的失德之处。以上就是大宋之所以享国百年而天下无事的原因。
>
> ……
>
> 但本朝累世因循末俗，形成了诸多弊端，丧失了亲友群臣之义，与人君朝夕相处的，不过是些宦官、女流之辈，临朝视事理政，也无非是各个部门在日常事务上的循规蹈矩，未曾如古代大有作为的君主，与学士大夫共同商榷，如何用先王之法来治理天下？一切都因任自然之理势，既没有充分发挥精神的能动，也没有勘察观念和现实之间的差异以作出调整。君子并非得不到尊重，但小人却也厕身其间；正论并非不能见容于世，但歪理邪说也时有所行。国家以诗赋记诵来求天下人才，但缺少学校培养人才的方法体系；以科举考试的名次来安排官员的地位，却没有考察与监督官员的完善体制。巧言令色之人得以混淆是

非，善于攀龙附凤之人得以地位显赫，恪守职责的人却常常遭到排挤。于是，上下都以苟且之心消极怠慢；底层的农民被不断追加的差役所压迫，生活困苦时又得不到应有的救助；老弱病残的士卒充斥军营，平日里得不到严明的整训……诸如此类，不一而足。至于理财方面，更没有什么奏效的办法，尽管倡导节俭，国民却不能致富；虽然勤勉操劳，国家却不能强盛……本朝百年而天下安然，虽说是人事的作为，也有天助的缘故。希望陛下明白，天助不可久恃，人事也不能急于求成，大有作为的时机，即在今日啊！

王安石不好推翻"百年无事"的立论，但他指出：在这个立论之下，其实事情多多，甚至积重难返，潜伏着国破家亡的危机。将问题如此之多的时代说成泰然无事，本身就是很大的一件事情。

神宗的效率相当惊人，当天夜里便在灯下仔细批阅石的奏疏，据说还反复诵读了多遍。第二天又继续召见，对石说："奏书陈述的各项过失，卿必定是一一经过谋划了，朕现在就让你尽快将详细的实施方案提交上来。"年轻的皇帝显得已经迫不及待了，但石依然不紧不慢地回答："匆忙之下，很难作出详尽的表述，希望陛下允许我通过讲学的方式来完成。讲明其中的道理，施设之方也就不言而自明了。"当皇帝要求将当天谈话的内容记录下来交给自己时，他也只是"唯唯而退"。其实，对于变法如此大的事情，他需要有足够的时间来深入地做出运筹，但新皇帝似乎已经不能再等了。

不仅是百年没事还是有事的判断，在许多问题上，光和石这两位道德君子，都有着难以调和的分歧。随着二人走得越来越近，彼此的摩擦便越来越频繁，电光与石火在不断地闪烁。

还是神宗登基这一年的七月，山东登州一个村子里，发生了一起刑事案件。村民韦阿大夜里在自家地头的窝棚里，被人冲进来挥刀乱砍，仰躺在自己的血泊里，幸好被人及早发现，才救回一命。经过县里的调查，韦阿大新婚宴尔的妻子阿云，被认定为凶手。酷刑未加，她就招认了自己的罪行。至于杀人的动机，非关物质利益，或是第三者插足，而是涉及个人的审美趣味：貌美如花的阿云，不能忍受与一个容貌不堪、形象猥琐的人挤在同一张床上睡觉。但她还在娘胎里的时候，就已经被指定给这个男人做老婆；并且在母亲刚刚逝世、泪水还未擦干的服丧期内，就被迫与此人成婚。

依照《宋刑统》的条例，女人谋杀丈夫，属于"十恶不赦"的大罪，结果无论致死还是致伤，都应当处以极刑，斩首示众。案件尚未判决，就有人等着看"美女蛇"被活斩的场景。但知州许遵作出的判决，却令人意外：只是将阿云流放二千五百里外加以劳教。许遵并非一个不懂得法理的官员，他曾经出任大理寺详断官和审刑院详议官，这个判决可能出于他个人的良知和人皆有之的爱美之心。毕竟受害人没被杀死，而阿云还是一个十几岁的女子，且有刑法认可的自首情节。然而，结果公布引发的巨大反响，是这位知州始料未及的。不仅登州司法官员全都反对，民间也有各种各样的议论，甚至有人说他是个好色之徒，想要纳美若天仙的阿云为妾，等等。于是，此案作为疑案，上报中央有关机构复核。

大理寺审核的结果是阿云当死，可酌情改为绞刑，给这个女性保留一具完整的尸体。但神宗皇帝还是主张法外开恩，免除阿云的死刑，判处她终生劳教改造。然而，大理寺的审核结果与神宗的圣旨发往登州后，知州许遵竟然拒绝执行。他再度上诉朝廷复核。这一次，负责审核的刑部，给出了与大理寺相当的结果，只是多出一项：知州许遵因审判不当，必须缴纳一定数额的罚款。这让许遵更加不服，三度上诉中央。神宗将案子批转翰林院讨论，让学士们拿出裁决意见来。于是，卷宗交到了司马光、王安石他们手上。与包拯共事，在开封府当过推官的光，对大宋的律法了如指掌。从抽象的法理出发，他支持大理寺、刑部的判断，认为阿云当处绞死，不能减刑。但石却和许遵站到一起，力主保留该女子一条薄命，以示悲悯之心。他认为在本案中使用减刑，可以鼓励自首，给犯人重新做人的机会。对于成规旧例是因循还是变通，两位君子的态度截然不同。光的头脑里，似乎多了一些原则规范；石的血液里，似乎比光多了一些情感温度。

意见相持不下的情况下，神宗下旨，扩大范围，进行第四次复议，最终获得广泛认同的是王安石和许遵的意见。于是，神宗皇帝照此下诏，宣布谋杀造成伤害的犯罪，可以适用自首减刑。但司马光至死也没有放弃自己的立场，他开始意识到：自己与石之间，虽然可以引为同道，但"所操之术多异故也"。

宋朝官员待遇优渥，除了平常的俸禄，每逢郊祭和新君上任，还会获得丰厚的赏赐，与家人欢喜一场。这一年的秋天，河朔地区遭遇严重灾害，国库倍加空虚。为了救济灾民，朝廷不得不卖出一些出家的度牒和散官的职数。令人惶然不安的是，京师周边又发生了地震。出于对国情的体谅和对国体的承担，宰相曾公亮主动上疏，请求本年在南郊祭祀天地时，免去对中书、枢密二府官员的赏赐。于是，就在阿云事件结案一个月后，神宗召集司马光、王安石和王珪三位翰林学士在延和殿共同商议。这本来是件简单不过的事情，却引发了两位老友之间更大的分歧。

首先表态的是光，他认为："当前的财政状况，犹如屋漏又逢连夜雨，必须缩减不必要的开支。大凡布施恩惠，最好从下层开始；节约用度，则最好从上层做起。宰相代表二府群臣主动辞让赏赐，是一件值得称道的好事，理应接受，以成全他们对国家的忠诚和自身的仁德。"光的说法看来合乎情理，但紧接着说话的石，不做铺垫就将光的意见顶了回来："本国富有四海之地，南郊赏赐已成惯例，省下这些碎银子，并不足以强国富民，还会伤及我大宋朝廷的体面。"他举唐朝宰相常衮为例，说当年常衮觉得宰相食堂供应过于丰盛，请求朝廷缩减，以免浪费，结果引来的是众人的冷笑与热讽，说常衮之所以辞禄，是清楚自己德不配位，他应当辞去的是宰相职务，而不是饭堂里的美味佳肴。光当即作出辩驳："常衮主动辞禄，也比那些只知道贪图权位与俸禄的官员好些，要知道，国家用度匮缺是当前迫切的事务啊。"说话过程中，他感到了来自石身上强大气场的压迫。"用度匮缺不是当前的急务，而国家用度之所以不足，只是因为缺乏善于理财的人。"石的态度如同他的名字：安如磐石，一块搬不动的石头。他的态度激起了光的情绪，从小就能搬起石头砸缸的光，变得更加亢奋："所谓善于理财的人，不过是那些善于搜刮民脂民膏的人。民众因为横征暴敛而陷于贫穷，并非国家之福！"石仍然胸有成竹："善理财者，不加赋而国用足。"血气已经上头的光，不觉中升高了腔调："天地所生的财货百物，都有一定的数量，不在民的那一头，就在官的这一边。就好像下雨，夏天涝了秋天就干旱。不加赋而国用足，不过是设法巧立名目来争夺民利，这比公开加赋危害更大！"眼看电光石火相互喷发，争论不断升级，似乎一时停不下来，神宗便作出表态："朕的意见与光一样，但是今天还是以不接受二府请辞赏赐作为答复。"

这一天正好是王安石值班，他应旨起草诏书，引常衮之事责备二

◇ 宋代官员的待遇，堪称古代中国之最

第五章　君子比德于玉

府。二府也就不再提请辞赏赐的事情。这一年南郊祭祀天地的典礼，光赏赐就开销了 900 多万缗，与三年前英宗的郊赏相比，还多出了 200 万缗。为此，神宗皇帝提前从内藏库提取 23,430,000 颗珍珠，到市场上抛售。赏赐所剩的银两，则拿到川陕地区，购买了 12,994 匹进口骏马，重启了已经搁置一段时间的养马计划（参见《大宋之变，1063—1086》第 173 页）。以皇室的积蓄来填补国家财政的空缺。

这个结果，不论对于王安石还是二府，都是皆大欢喜的事，却令光大惑不解，十分郁闷。因为在此前的召对中，神宗曾经当面对他表示：干脆接受宰相曾公亮的启请，取消二府官员的郊赏。自己还不支持，觉得这种例行的赏赐，连普通的士卒都可以雨露均沾，皇帝身边的近臣反倒分毫不得，不太合乎礼数。因此，他主张二府大臣的赏赐以减半为宜。如今，皇帝既然表示同意自己的观点，却按照石的主张执行，着实令人费解，感觉自己是被耍弄了。而曾经说出"天地之生财也有时，人之为力也有限"的石，现在又突然改口，说什么用度不足并非当下急务云云，这让他怀疑石借职务之便妄改圣意。联想到之前的阿云案件，光感到新皇帝如今已偏信王安石一人，听不进其他人的话语。当年《明妃曲》里那个青春寂寞的王昭君，似乎已经集三千宠爱于一身了。

或许是觉得大臣都不能理解自己，天涯海角唯有一人是知己，神宗将自己施展宏图大略的希望，寄托于安石身上，不断将他召到御前来商榷，动辄一两个时辰，使得其他有要事要禀报与请示的大臣被堵在门外。他们在殿外焦灼等候，久久徘徊，有时连饭都吃不上。宰相曾公亮年近七旬，报上来关于人事任免的提案，苦等了好几天，得到的答复竟然是："朕已问过王安石，他同意，就此下发吧。"将一个新进的翰林学士凌驾于内阁宰执之上，这可就乱了朝纲。副宰相唐介实在压不住心中的怒火，歇斯底里地吼了出来："既然事事都要问这个王某人，还要我们这些宰执大臣做什么！"看来，神宗皇帝还是太年轻了。

熙宁元年（1068），京师周边地震接二连三，人们听到雷霆的声音从地下传来，让人心中无底。一场影响深远的变法，在雷鸣电闪中拉开了帷幕。

第六章

变法的旋涡

一

　　一场试图扭转国运的变法，正在紧张地酝酿之中，但英姿勃发的苏轼却迟迟没有到场。

　　早在嘉祐六年（1061）的十二月，轼就离开汴梁，来到陕西凤翔府，以大理评事的身份出任签判一职。与他一同报到的，还有一场弥天漫地的大雪，把沟壑纵横的西部高原变成一片迷茫。在官舍里临时安顿下来后，轼在风雪中久久伫立，内心竟然生起了浓浓的乡愁。这是他第一次离开亲人，到一个遥远的地方来工作。离别的时刻，莫名的伤感水一样淋透了他的全身。打小就与自己形影不离的弟弟苏辙，手足之情更是依依难舍。兄弟二人初出茅庐，相貌性情都有很大的差别。弟弟身材高挑，长着一张娃娃脸，腮帮子鼓鼓的，骨头都埋到肉里头，看起来不如哥哥挺拔精神；哥哥中等身材，却显得健硕方刚，偏长的脸型带着嶙峋的骨感，上面闪耀着一双方形的眼睛。弟弟性格内敛沉稳，话语不多；哥哥则开张豪放，心里有事便不吐不快，恰好可以互相补短。离去的路上，身材瘦长的辙骑着一匹鬃毛高耸的马，陪着哥哥一家子缓缓前行，直到郑州西门外才停下脚步，在树荫下目送他们的影子消失在视线里，直到一片惘然。有这样一个弟弟，真好！

　　此情此景让轼变得多愁善感起来，在车舆的颠簸中，一行行句子涌上了心头——

不饮胡为醉兀兀，此心已逐归鞍发。

归人犹自念庭闱，今我何以慰寂寞。

登高回首坡垅隔，但见乌帽出复没。

苦寒念尔衣裘薄，独骑瘦马踏残月。

路人行歌居人乐，童仆怪我苦凄恻。

亦知人生要有别，但恐岁月去飘忽。

寒灯相对记畴昔，夜雨何时听萧瑟。

君知此意不可忘，慎勿苦爱高官职。

（《辛丑十一月十九日，既与子由别于郑州西门之外，马上赋诗一篇寄之》）

在一个叫作渑池的地方，他们稍做停顿。想起兄弟二人之前在这里游历的情景，轼又生出许多感慨，作了一首《和子由渑池怀旧》："人生到处知何似，应似飞鸿踏雪泥。泥上偶然留指爪，鸿飞那复计东西。老僧已死成新塔，坏壁无由见旧题。往日崎岖还记否，路长人困蹇驴嘶。"这两首诗体现了青年苏轼在艺术上走向成熟，其中"夜雨何时"和"飞鸿雪泥"两个意象，虽非他的首创，但在他后来的作品里反复出现，成为理解其情感生活的蛛丝马迹。人生如飞鸿飘忽不定，不计东西；亲人之间何时才能相聚，于淅沥的夜雨声中对床促膝？无常的命运与难以割舍的感情纠缠在一起，这种不是滋味的滋味伴随着他一生的脚步。

签判的全称"签书判官厅公事"，是掌管各种文案签转交接事务的官员，虽然有权签署公文，参与一些案件的审理，但不是主要责任的承担者，也没有太多的事情需要忙碌。况且，自庆历四年（1044）与西夏签订和约以后，西部地区的烽火已经平息下来，百姓过上了清苦而安宁的日子，需要官府出面来处置的事情其实不多。以至于三年下来，苏签判最值得一提的政绩就是祈雨，还有在秦岭上砍伐建造仁宗皇陵所需的木材。

刚刚上任两个月，关中就遇上大旱，连月不下一滴雨。农业社会靠天吃饭，缺少上天布施的恩泽，人心中就会生起普遍的焦虑，农夫们更是忧心如焚。于是，官府照例开始组织民众，登上秦岭主峰太白山的湫池，举行庄严的祈雨仪式。之所以选择太白山，不仅是它的高度接近天穹，是神灵居住的地方，还因为这里位属西北金水局，金生丽水。"太白者，西方神之名也，佐帝少昊执矩而秋，令为金，卦为兑，金状水生，故多澍雨。兑说也，故多灵感，湫池之水诚求愈百病。"（《五代史·刘延朗传》）为了保证祈雨成功，苏签判认认真真地准备了一份祷告文本，与知府宋选一行进入山神庙，在斋戒、沐浴、焚香、跪拜之后，铿锵地向神明诵读——

维西方挺特英伟之气，结而为此山。惟山之阴威润泽之气，又聚而为湫潭。瓶罂罐勺，可以雨天下，而况于一方乎？乃者自冬徂春，雨雪不至，西民之所恃以为生者，麦禾而已。今旬不雨，即为凶岁，民食不继，盗贼且起。岂惟守土之臣所任以为忧，亦非神之所当安坐而熟视也。圣天子在上，凡所以怀柔之礼，莫不备至。下至于愚夫小民，奔走畏事者，亦岂有他哉！凡皆以为今日也。神其盍亦鉴之。上以无负圣天子之意，下以无失愚夫小民之望。尚飨。（《凤翔太白山祈雨祝文》）

祝文在捧赞山神之威力的同时，对其提出了道德的要求，甚至可以说是责备，称民间的疾苦"亦非神之所当安坐而熟视也"。可见作者的姿态丝毫不低于神明，浩渺的天空下，青年的苏轼姿态甚高，没有真正跪下自己的膝盖。

仪式结束之后，果然天边有凉风拂起，云气也开始涌动，当天夜里，府属各县就下起了如丝如缕的细雨，薄雾在村野间四处弥漫，旱情得到了稍许的缓解，但仍然得不到消除。到底是祈请之心不够虔诚，还是哪个环节做得有欠周全，实在令人纳闷。轼翻开有关书籍仔细查看，发现《唐书》中有记载，太白山早在唐天宝年间就已经被封为"神应公"，可宋初时候却改封为"济民侯"，不经意间，神的位格被降了一级，难怪山神不高兴显灵。于是，他连忙起草了《乞封太白山神状》，请求恢复太白山在唐代的爵位。报告誊成两份，一份急报朝廷；另一份则派人送上太白山神庙，并举行了更为隆重的祈雨仪式。也许是精诚所至，这次祈请果然应验，悠闲踱步在天边的浮云，如同听到号令的士卒紧急集合，乌泱乌泱地翻滚起来，无数晶亮的水珠如利箭一般射向地面，连续下了三天三夜，连枯木都开出花来。不过，那只是木耳罢了。

不久，朝廷的诏书送达，禅封太白山神为"明应公"。轼举着双手在雨中漫步舞蹈，体会着与民同乐的欢欣。为了还愿，他怀着感恩之情撰写了《告封太白山明应公祝文》，并再次登上太白山顶，用他宏畅的声音在神殿里高声念诵。差不多是这场雨下来的时候，他自家后花园里的亭子刚好落成，轼于是应景将其命名为"喜雨亭"，并写了《喜雨亭记》，记录这一事件的始末。不过，第二年七月，旱情还是再度出现了。这一次的祈雨却没有任何灵验，人心感动不了上苍，调动不了天上的云气。为此，轼还专门到姜太公当年钓鱼的地方去祈请，结果依然无功而返。以万物为刍狗的老天，不再为苏轼下雨，但他自己算是为百姓尽到了职责。

儒者虽然敬重神明，但他们更敬重人神共同遵守的天理。儒学的教养和与生俱来的傲骨，让轼在面对天地鬼神时并不畏惧，而且还要与鬼神论理，辩出个是非曲直来。据《苏轼年谱》所载，三年任满之后，轼返回京师，途经华山的时候，随行的一个士兵忽然中邪，跳脱衣舞一样，将身上的衣物一件件扒拉下来。苏轼令人将其绑了起来，但士兵身上的衣巾还是自动往下掉。同行的人都说是山神发怒的缘故。轼于是跨进附近的神庙，与山神交涉，拱手说："我先前去凤翔时没有向山神祈祷，现在从凤翔返回京城也没有祈祷，这次从神祠经过，不敢不来拜谒。同行有一个兵卒遇鬼神作祟，人们都说是山神发怒，不知是否真的如此。这个兵卒不过是蚁虱一样的人物，何足以烦神之威灵？纵然他有隐瞒的罪过，我等也不知晓。如果不是，只是因为懈怠失礼或是偷盗之事，也不过是小罪罢了，不足以这般责难，而应该置之度外。本人以为，兵镇之重，所管辖的地域甚广，其间有权有势的人违逆公义民意的情况，并不少见。神不敢向他们显示威灵，而乃加怒于一个无名卒，实在不见得合理。本人是个小官，一人病则一事缺，愿您能宽恕他，可好？不是我愚钝，想必神也未曾听过这样的言语。"

对话完毕，苏轼他们刚迈出神庙，一阵旋风便从马前卷起，扫荡开来，铺天盖地，飞沙走石。轼对随行的人说："难道山神还没有息怒吗？我可是不怕他的。"他们继续赶路前行，但风似乎愈刮愈狂，人都无法移步，连马也想找地方躲避。有人提议向山神求饶。但轼态度仍旧不改，他口气坚决地说："祸福，天也。神怒即怒，吾行不止，其如予何！"结果，风很快就停了下来，再也没有什么事情发生。这样与鬼神对抗的事情，在轼的生活中并非仅此一例。

在为民生状况的改变做出努力的同时，轼也没有辜负自己。履任不久，他就将自己居住的院子建成一座园林，挖了池塘，还种了三十多种花草。夜晚失眠的时候，能够闻到空气里浮动的清香。在巡察各地司法案件和办理各种差事的途中，他也不会错过寻访名胜古迹的机会。终南山、文王故里和周边大小佛道寺庙，都留下了他深深浅浅的足迹。在终南太平宫里，他潜心地研读了《道藏》，感受到道家思想资源的深厚；观摩王维和吴道子的绘画，以及古人留下的碑帖，让他对造型和写意的艺术有了深入的体会。值得一提的是，在三年的宦游生涯中，他结交了两个特别有意思的人。

二

嘉祐八年（1063）正月，凤翔知府宋选离任，接替他的是原京东转运使陈希亮，苏轼眉州的老乡。此人身型瘦小，性情刚烈，"目光如冰，平生不假人以色，自王公贵人，皆严惮之"（《苏轼年谱》第115页）。因其威严毕露，又有德行闻名于当世，部属都不敢仰视他。或许因为是老乡，两家还有较深的世交，年轻气盛、恃才傲物的轼，并不那么尊重这位架子过大的顶头上司，经常在公堂上与之争辩，脸红脖子粗地顶撞，甚至还写诗加以嘲讽。陈希亮觉得，轼年纪轻轻就暴得大名，过于意得志满，目中无人，不遵守官场的规矩，决定杀一杀这位后生的傲气，挫一挫其过于凌厉的锋芒。

一天，听到属吏中有人唤苏轼作"苏贤良"，陈希亮顿时拍案发飙："不就是芝麻大的一个判官吗？能有什么贤良可言！"还狠狠地杖责了这个小吏。轼起草的文稿，文字已经相当凝练，但陈知府总是挥舞大笔，在上面反复涂改，像是对待小学生交上来的作业。中元节那天，苏轼没到知府办公厅去参加聚会，陈知府逮住这个细节发难，向朝廷提出弹劾，轼因此受到处理，被罚了八斤重的铜。扶风开元寺僧人秘密传授给他的化金方，尽管人家反复叮嘱不可外传，还是硬生生被陈知府讨去，此事一直令他耿耿于怀。

陈知府一再踩踏，让轼深感郁闷，暗暗记恨于心，但知府本人却很享受这个过程。为了方便人们眺望终南山的壮丽景色，知府在官舍后面筑起一座高高的凌虚台，专门差人来请轼作记。轼颇感意外，但仍然借机泄愤，含沙射影地写了一些意味深长的话语："夫台犹不足恃以长久，而况于人事之得丧，忽往而忽来者欤？而或者欲以夸世而自足，则过矣。盖世有足恃者，而不在乎台之存亡也。"连傻子都嗅得出他怨愤的情绪。众人皆以为不会被采用，没想到知府大人竟然只字不改，让人全然照刻到碑上。

其实，作为晚辈的苏轼并不知道，陈知府虽然为官严明，但"严而不残"，是一个内心柔软的人，在他矮小的身上发生过许多感人的故事。陈希亮父母早亡，自私的哥哥独占全部家产，将原先借出去还不回来的三十万钱呆账，划到弟弟的名下。十六岁那年，陈希亮把借债人召到家里，当众烧毁全部借款凭据，然后背起简单的行囊外出访学，在历尽艰辛之后最终考取了进士。当这个无义的哥哥贫病交加时，他又转过身来悉心照料，教育两个可怜的侄子，使他们也和自己一样获得了进士功名。

访学期间，陈希亮结识了同乡宋辅。他在转运使任上时，宋辅不幸早逝。尽管自己俸禄有限，为政清廉，家中已有四个儿子、两个侄儿，处境十分困难，陈希亮还是决然将宋辅的母亲、遗孀和幼子接到家中，视如至亲加以供养，以至于左邻右舍都把宋辅母亲当成他的生母。在他的教养下，宋辅的遗孤最终也考取了进士。

据《宋史》记载，陈希亮任殿中丞时，外戚沈元吉因奸盗杀人被捕，陈希亮开堂一审就如实招供，经不起呵斥的沈某竟然倒地而亡，陈希亮也因此获罪被罢。一年之后，京西盗贼蜂起，郡守、县令等朝廷命官被杀，经富弼推荐，陈希亮被任命为房州知州。房州一带没有驻军，百姓如惊弓之鸟，随时想着逃亡。陈希亮将狱卒和青壮年组织起来，昼夜操练，声威震撼，使地方恢复了平静。陈希亮曾经出任多地行政长官，每到一地，当地黑恶势力为之震慑，政治空气也变得清明。离任之际，当地百姓也纷纷挽留相送。在滑县任职的时候，正遇上黄河洪水暴涨，堤坝面临决口的危险，陈希亮组织官兵防守堤坝，自己住进最可能决口的村子里，同僚、百姓含泪轮番劝其离开，他就是不从，一直坚持到洪水退去。

转任凤翔知府的这一年，正好遇上灾荒，官仓储粮足够十二年之用，主事的官吏正担心会发霉，陈希亮与同僚商量，将十二万石粮食借贷给饥民。众人皆害怕上方追责，灾民秋后不愿还粮。陈希亮便表示独自承担责任。恰好当年秋天粮食丰收，百姓将新粮还了旧粮，官民双方皆大欢喜。

陈希亮在安徽宿州做知州的时候，改道的汴河年年泛滥，河上的桥梁建了又垮，垮了又建，因为湍急的河中难以建立牢固的桥墩。经过一番勘察，陈希亮自己亲自设计出新的方案，建造没有桥墩、直接跨越两岸的虹桥，不仅能够避免洪水的冲击，也便于舟船的过往。仁宗皇帝为此下诏，赏赐他不少细绢，并将这种飞桥的建造方法向各地推广。就凭这一项，他就被写进了中国建筑史。

因为有人举报他将别的地方馈送的公使酒据为私有，陈希亮被免去职务。英宗即位后，他被提拔为太常少卿，后辞官告老还乡。多年后，陈希亮因病逝世，其第四子陈慥找到刚刚上任徐州知州的苏轼，请他为自己的父亲立传。此时的轼早已认识到自己当年的轻狂，明白知府大人的栽培苦心，欣然接受下来。在传文里，轼对陈知府有这样的评论："平生不假人以色，自王公贵人，皆严惮之。见义勇发，不计祸福，必极其志而后已。"此外，他还表达了自己的愧疚之情："公于轼之先君子，为丈人行。而轼官于凤翔，实从公二年。方是时，年少气盛，愚不更事，屡与公争议，至形于言色，已而悔之。"不管是为人还是为政，陈希亮都堪称师表。乌台诗案后，轼被贬黄州的至暗时刻，老朋友陈慥给他带来了许多的安慰。南宋的参知政事、江西诗派的主将陈与义，就是陈希亮的后人。

在凤翔，轼还遇上另一个对他此生影响不小的人物，他的同年进士章惇。嘉祐二年（1057）的进士榜，章惇位列二甲，在苏轼之上，不论在全部考生，还是388名进士中，都是相当好的排位了，但章惇仍然接受不了。因为这一届的状元章衡是自己的侄子，作为叔叔，他不能屈尊于小侄子名下，于是决然放弃了这个功名。两年之后，章惇再度参加考试，获得一甲第五名，并在开封府试中获得第一，这才算是甘了心。随后，他被任命为商州令，与轼供职的凤翔府相去不远。有一年府试，主考请他们出任考官，并以国士相待。二人因此走近，不时相约漫游，以诗酒酬唱，成了要好的朋友。

一次，二人正在庙里畅饮，有人来报老虎出现。借着酒劲，他们当即起身骑马前去观看。在离老虎不远的地方，马忽然受惊大叫，踌躇不前。轼于是掉头，说："我们走吧，马都惊得不行了。"章惇却挥鞭策马，继续向前。在离老虎很近的地方，他在石头上重重地砸出声响来，硬是把老虎给吓跑了。回来的路上，他无比自豪地对轼说："老弟，看来你的胆气，还是不如我章某哟！"

还有一次，他们到了终南山一个叫作仙游潭的地方，对面是一片悬崖绝壁，只有一根独木横跨而过，底下是万丈深渊。章惇推苏轼过去，在崖壁上题字，轼却畏退下来，他的生命里还有许多未开放的花朵，不想因为要写几个字而让它们凋谢。章惇却平步而过，用绳子挽着树枝，用漆墨在崖石壁上写下"章惇、苏轼来游"几个大字，神色丝毫不改。事后，轼抚着章惇的后背说："你他日必定能杀人。"章惇反问："为什么啊？"轼回答："不珍惜自己生命的人，自然也不珍惜他人的生命。"章惇听了放声大笑。这笑声让轼心里发毛，他感到此人身上有一股令人不寒而栗的煞气。因此，有一回，章惇摸着肚子躺在床上问他："知道这里藏着什么东西吗？"轼便半开玩笑地作答："能有什么啊，不就是些阴谋诡计罢了。"

三

治平二年（1065）早春二月，苏轼回到了花香四溢的开封，住进内城宜秋门附近、长着高槐古柳的南园里。在离任凤翔之前，他从藏家那里买到了吴道子画的四菩萨像，作为献给父亲大人的礼物。这稀世的珍品令苏洵居士十分欢喜，但此时的他步履蹒跚，身体已经大不如从前。更让人担心的是王弗，她咳嗽的声音听起来已经很深很深，气息也相当微弱。进入五月，整个人就彻底不行了，二十七岁未满就命归黄泉。轼含泪把她埋在城西的荒草地里，并撰写了满怀深情的墓志铭。十年之后的一个梦里，他还见到这个难以忘怀的青城女子，吟下了极具感染力的词篇——

　　十年生死两茫茫，不思量，自难忘。千里孤坟，无处话凄凉。纵使相逢应不识，尘满面，鬓如霜。

　　夜来幽梦忽还乡，小轩窗，正梳妆。相顾无言，惟有泪千行。料得年年断肠处，明月夜，短松冈。（《江城子·乙卯正月二十日夜记梦》）

　　对于苏轼的返朝，英宗皇帝相当期待，当下就想授予他知制诰的要职，但却被韩琦拦了回去。韩大人的理由说出来有些特别：轼乃大器之才，将来必定为天下用，但要好好敲打锤炼，到了天下之士莫不畏慕降伏，希望朝廷进用他的时候，再来赋予重任，这样人们就都没有什么话讲了。现在过早起用，反而可能给他带来是非与麻烦。也只有深通人情世故的人，才能说出这种话语。不过，英宗还是想把这个难得的人才留在身边，给他起居注的职位，可韩琦仍然不同意。最后，只是在通过馆阁的考试后，授予他直史馆的头衔。这个闲职似乎对不起轼的才华，却让他有机会窥见皇家收藏的秘本，包括王献之和唐代诸位大家的笔墨真迹，玩味其中微妙的笔意。然而，就在这个时候，也就是妻子离世一年之后，父亲大人也病逝了。临终之前，苏洵将自己刚刚动笔的著作《易传》托付给儿子，嘱咐他无论如何一定要替其完成。轼含泪应允了父亲的遗命。就在两个至亲的死亡事件中，他迎来了自己的三十而立，担当让人成长。

　　苏洵患病期间，备受消渴和是非口舌困扰的欧阳修，三次致函问候。逝世后，也有不少要员前来吊唁致哀，司马光就在其中。当光从灵堂出来时，轼和辙一齐迎了上去，恳请这位德望甚高的师长，为先前已经过世的程夫人撰写墓志铭。面对二位遗孤对母亲的真切情怀，光当然不能推辞，当场就痛快地答应了下来。

◇ 北宋首都汴梁是当时世界上最繁华的城市，人间烟火最鼎盛的地方

● 《清明上河图》（局部） 明 - 仇英 - 台北故宫博物院藏

　　直至五十八岁过世，苏洵都没有得到朝廷的重用。虽说是一名禅宗的居士，他的修炼还不足以扫除内心的尘埃，化解对世间身份名位的渴望，以及由渴望不得带来的挫折感，可谓郁郁而终。也正是因此，他归化之后，英宗皇帝赐予许多银绢，韩琦赠送银两三百，欧阳修赠银两二百，这些物质馈赠，轼和辙皆一一谢绝，唯求皇帝追赠官衔，以填补父亲一生遗憾的沟回。对于英宗而言，这实在是简单不过的事情。他当即下诏，赐予苏洵光禄寺丞的职务，入列六品以上的官阶。不知这个虚衔和哀荣，能否足以慰藉老人家于地下。未遂的欲望，是会让人死不瞑目的。人生在世，时运既济还是未济相当重要。在一个儒家思想占据主流的国度，带有法家倾向和纵横家色彩的苏洵不受待见，是情有可原的。

按照苏洵的遗嘱，他要与程夫人同垄异圹而葬；王弗在困难时期一路伴随苏轼，自然不能落下，也要归葬眉州程夫人的墓旁。于是，兄弟二人载着父亲的灵柩和王弗的遗骸，返回眉州故家，开始长达二十七个月的丁忧守制。

夏季的水路十分湍急，一旦失足就成千古遗恨。或许是有感于生命的无常，路途之中，苏轼向遇到的道士询问修炼金丹的秘诀。对于人世，他的生命里还有许多需要表达的东西，不想那么快就离开了。丧事结束，父亲与妻子入土为安之后，兄弟二人在坟地的后山上种下了三千棵青松，让这些树木代替子孙为先人守灵。他们还出资在当地建造了一座寺院，法堂里悬挂着苏轼送给父亲的礼物——吴道子画的四菩萨像，以及父亲的遗像。离开家乡前，轼和辙都意识到，父母不在，此番离去就很难再回来了。一个名叫蔡褒的亲友，读懂了苏轼的心事，在纱縠街苏家的园子里，为他种下了一棵年轻的荔枝树，作为对故园的守望。许多年以后，每当想到故乡，苏轼就会惦念起这棵树来，不知道它是否还在，已经长得有多高。当然，还有山冈上三千棵肃穆的松树。这和李白的举头望明月，意境有很大的不同。

丁忧结束后，苏轼续娶王弗的堂妹王闰之。熙宁二年（1069）二月，当他携新婚妻子抵达汴京时，神宗皇帝刚刚任命王安石为参知政事，一场轰轰烈烈的变法算是开始了。苏辙当即上书，陈述当下"害财者"为"三冗"问题，得到皇帝的召见，被引为变法的同道，很快就和同年进士吕惠卿一起，成为制置三司条例司的检详官。但轼的职位安排却费尽周折。

四

要想在全国推行大规模的变法，就必须将权力集中起来，并强化其执行力，这是王安石首先要考虑的问题。他不愿让自己运筹多年的济世方略，如妇人怀着的胎儿轻易地流产。自以为真理在握的他，一改几十年来"恬退"和辞让的姿态，以舍我其谁的霸气，义无反顾地迈向朝堂，当仁不让地挤占包括话语权在内的各种权能，居高临下地碾压反对派的力量。当然，他也做好了承担一切后果的准备，包括身败名裂、死无葬身之地。

按照王安石的设计，首先成立一个统管新法制定与颁行的机构，这个机构叫作制置三司条例司，类似于国家变法领导小组。虽说是制置三司条例司，实际地位凌驾在主管国家财政的三司（户部司、度支司、盐铁司）之上，直接接受副相王安石、枢密使陈升之的领导。比王安石早一天获得任命的宰相富弼，和第二宰相曾公亮、副宰相赵抃，以及三司的长官，都不参与这个机构的运作。而石自己则手眼通天，直接跟皇帝沟通。在政策拟定与人事任免上，为了避免阻力、提高效率，他常常绕过既定的制度程序，单独面见皇帝，得到御批之后，才交富弼、曾公亮等宰执大臣商议。而这个时候，生米已经做成熟饭，因为有圣旨在先，商议也不过就是走过场罢了。其他官员若是发表不同意见，石便横眉立目，说："诸公之辈皆坐不读书！"仿佛自己已经站在飞来峰的千寻塔顶。"铁肩担道义"而又忙得焦头烂额的他，需要的是不折不扣的执行力，而不是无休无止的口水战。

王安石的做法，实际上架空了内阁中书，废掉多少年建立起来的权力运作程序，阉割了一些机构的重要职能，也在相当程度上剥夺了掌握这些职能的官员的尊严，使他们成为多余的人、变法的观望者，甚至是等着看好戏的幸灾乐祸者。这就难怪有人对神宗皇帝进言："王安石只知经术，不通世务。"单单三司条例司的设置与运作模式，他就将国家核心机关的官僚阶层得罪了，将他们推到了变法的对立面去，实在是不明智的做法。仅仅为了捍卫自身的权力、身份与尊严，他们都会以各种可能的方式拆台，不合作已经算是最客气的态度了。王安石是一个思想家，甚至是一个战略家，一个阔步高视的意见领袖，却不是一个精通人情世故、善于协调处理各种复杂关系、营造良好政治生态的大臣。有鉴于庆历新政的失败，他将取得皇帝的信任视为变法成功最重要的保证，却忽略了众多大臣的存在，以及他们背后的既得利益集团。而如果照顾不过来，皇帝最终只能抛弃变法以及变法者。

此时，王安石慷慨的话语，听得进去的就只神宗一人，而包括司马光、韩琦、富弼、苏轼等在内的国家精英，基本上都持反对或不苟同的态度。因此，变法很大程度上成了王安石与神宗二人的双人舞，而不是社会既得利益或非既得利益阶层的普遍诉求。在这种情形下，变法的方案难以通过正常的议政程序进行反复论证，并在完善之后获得通过，有时只好将议案直接付诸实施。只要得到皇帝的同意，将变法措施仓促推出也许可以，但要实施下去，还得需要整个官僚体系的支持。

社会变革的蓝图，一旦落地，进入现实可行性操作，就与复杂而微妙的利益关系纠缠到了一起。而作为一个道德君子，王安石对人际微妙的关系不够敏感，对喻于利的小人社会学缺少应有的悟性。实际上，尽管财政亏空，国家积弱，但赵宋皇族和官僚阶级却是这种现状的既得利益者。所谓冗员、冗费、冗兵，都在不同程度上与他们有关，尤其是冗费开销与冗员的安插。变法不是翻天覆地的革命，不是对既得利益阶级的推翻与消灭，代之以新的阶级。相反，变法还需依靠他们的力量支持。想想吧，要让被剥夺者来支持剥夺行动，是件多么困难和危险的事情！即便可做，也需要在思想观念上取得高度的认同与默契，形成同舟共济的局面，而这方面的工作，根本就没有人去做，王安石甚至连做的意思都没有。

石走马上任还不满月，神宗就迫切地询问："制定的条例怎么样了？"皇帝变法之心可想而知，但王安石缺少得心应手的下属来做具体的事情，超负荷运转已经让他快吃不消了。道德自律甚严的他，不得不考虑起用一些品质可疑、与自己不能同心同德的人。特别是雷厉风行的酷吏，因为只有这类人，才有足够强大的执行力来推行新法。在利害冲突面前，温良的君子往往退而却步，挥不起大刀阔斧。石如是回答皇帝："已经在拟定文稿，大体有了头绪。当务之急是要理财，就必须要优先任用有才干的人，而不是有贤德的君子。天下人看到朝廷以起用能人为先，而不重用贤人；见朝廷以理财为先，而不顾及礼义教化，就会担心社会风俗由此败坏。这个时候，陛下应当深念国体有先后缓急的安排。现在急于理财，就必须使用能人，待到变法完成之后，再渐渐引进贤人以替代小人。"显然，王安石对即将出现的舆情有着先见之明。只能起用有能耐的小人来完成变革，是他深谋远虑之后的自觉抉择，神宗也点头表示理解。他们内心都有着"同予者何人"的感慨。变法的条例还在草拟当中，各项举措尚未出台，反对派的队伍就壮大起来，冲在最前面的是同为参知政事的唐介和御史中丞吕诲。

早在王安石还是翰林学士时，内阁呈上的许多报告，神宗都要征询其意见，这件事情就让唐介极为窝火，曾经出言："既然事事都要问他王某人，还要我们这些宰执大臣做什么！"石升任参知政事后，唐介多次与其对冲，都受到对方大山一样的意志压制，让自己有崩溃之感，而神宗又每每赞同王安石的主张。这使唐介心里生起的火发不出来，窝在后背上，形成一个鲜艳的毒疮，并最终夺去了他五十九岁的生命。为了安抚这位撞到变法战车上的牺牲者，唐介病重期间，神宗曾亲自上门，垂泪慰问；死后又到家里吊哭。看到灵堂上挂的画像有些失真，便命人从宫中取出旧藏的画像赐给他的家人。早在仁宗时期，身为谏官的唐介，因为敢言闻名朝廷，仁宗便私底下安排画师给他造像，还用御笔题写了"右正言唐介"五个字。此次，神宗给足了唐介哀荣，是为以王安石为首的改革派做善后工作，说得不好听就是擦屁股。南宋学者陈亮有这样的表述："汉，任人者也；唐，人法并行者也；本朝，任法者也。"宋朝的政体，不能简单归结为人治，经过数代君臣的不断修缮，已经形成了相当缜密的制度程序，"事无大小，一听于法"，即便贵为天子也不可以逾越。但王安石的闯入，如同一匹四蹄生风的黑马，锐气无可抵挡，原先设定的制度程序，都成了他要挣脱的羁绊。唐介一死，二府的官员们更是不敢与他当面对抗。曾经叱咤风云的首相富弼称病不理朝政，二相曾公亮一再告退，副相赵抃更是顶不住王安石强大气场的挤压，回到家里就连连叫苦数十声，仿佛喝了蛇胆黄连汤。因此当时流传中书省里有"生、老、病、死、苦"的说法：王安石"生"，曾公亮"老"，富弼"病"，唐介"死"，赵抃"苦"。王安石一人的得意，导致众多重臣的老病死苦，唐介就是给他活活气死的。怨愤之气正在人们的心中积聚，随时都有可能像熔岩那样喷发。

唐介之后，公开向王安石发难的，是同样以耿直出名的御史中丞吕诲。熙宁二年（1069）五月十八日那天，宫墙内快要凋谢的海棠，还散发着惨淡的幽香。司马光从迩英阁往资善堂去，路上正好遇上神情严峻的吕诲，便问他："吕兄今日奏对皇上，是要说什么事啊？"吕诲抖了抖沉甸甸的衣袖说："我袖子里装着的，是弹劾王某人的奏疏。"光感到惊讶，说："众人都说王安石位得其人，你干吗要弹劾他？"吕诲一下子就生气了起来："连你这个腐儒也说这种话呀！王安石虽颇具名望，但性情偏执，不通达世情，喜欢他人奉承。他的话说出来动听，实施起来却脱离现实。倘若他处于侍从顾问的位置，也许还可以，但登上宰执之位，恐怕天下就会遭殃！"

在递上去的奏疏中，吕诲指责："大奸似忠，大佞似信，安石外示朴野，中藏巧诈。"他担心皇上长久倚助此人，导致大奸当道，群佞汇进，则贤者尽离，乱由此生。他还洋洋洒洒地列举了王安石的十大罪状，声称将来贻害天下苍生的，必定是此人无疑！在十条罪状中，第一条是蔑视朝廷，举证的事实是：两个年轻人在斗鹌鹑时出了情况，其中一人被对方踢中要害，当场死亡。司法机关判处活着的一方死刑。王安石认为这属于意外，不应该如此重判。朝廷坚持死刑，令王安石向有关方面认错，但石始终不从。第二条是王安石前倨后恭，野心勃勃。仁宗、英宗两朝，曾多次召他入京任职，都故意推辞不就，但到神宗时期，让他出任翰林学士，他却欣然接受，从此平步青云，完全没有半点儿辞让的意思。第三条是对天子傲慢无礼，王安石任侍讲的时候，竟然在皇上面前坐下来授课。这个指控显然不符合事实。真正的情况是：熙宁元年（1068）夏天，吕公著、王安石、韩维等多人上奏反映，按照旧例，侍讲之臣都给予赐座。到了真宗朝期间，才开始改为站立，而一旁的侍臣却可以坐下来听。他们认为应该是侍臣站着听，讲臣坐着讲，才能体现师道的尊严。后来，石任侍讲时，神宗当面对他说："爱卿可以坐下来讲。"但石的屁股始终都没敢坐下来。

面对吕诲如此高亢的弹劾，王安石无法自证清白，夜以继日的操劳换来的却是一身脏水，也让他心里愤愤难平，于是，便以身体原因向皇帝提交了辞呈，借以检验皇帝对自己信任的程度。他内心十分清楚，如果神宗如仁宗当年那样身段像鲇鱼一样摇摆，变法之事就必然废于中途，如同范仲淹他们推行的庆历新政。神宗也无法接受将王安石这个道德君子当成奸佞来指控，他的变法大计更不能没有石来担纲，放弃王安石就等于放弃自己的强国梦想。于是将奏章退还吕诲本人，并罢去他御史中丞的职务，由吕蒙正的侄孙吕公著来接替其职务。同时，神宗封还了王安石的辞呈，并下诏加以宽慰，让他返回中书视事。两个月后，也就是熙宁二年（1069）七月，在天上出现令人不安的日食之后，最早制定的均输法就开始试行了。

物质资源的调配，在宋代有相当大的规模。汴梁周边，聚集着数十万的禁军，加上王公贵族、大小官员及其眷属，总人口达百万以上，是当时世界上最大的城市，每天都像鳄鱼那样吞噬着大量的物资。为了满足京都人口的消费，宋朝设置发运司来掌管物资的运输调度，通过汴水，将东南六路调度到长江下游各地的物资运往汴梁。然而，因为各部门、各地区信息不畅，发运司对京师的物资储备和需求详情缺少应有的了解，只是按照既定的账目进行供应，从而导致供需关系的脱节。"丰年便道，可以多致而不能赢；年俭物贵，难于供亿而不敢不足"，存在着"远方有倍蓰之输，中都有半价之鬻"的积弊。与此同时，由于京师需要的物品，"多求于不产，责于非时"，于是富商大贾便趁机而入，控制市场，兴风作浪，牟取暴利。（引自漆侠《王安石变法》增订本，第147页，河北人民出版社2001年版）新出台的均输法，设立发运使，总管东南六路财赋，把握各路物资供给信息和京城的需求状况，遵循"徙贵就贱，用近易远"的宏观调控原则，灵活机动地进行购运。这样既节省财政支出，调节物价，减轻纳税人的负荷，又制约了富商大贾对市场的操控和对百姓的盘剥。

均输法出台之际，神宗慨然从皇家库存中拨出五百万贯钱，加上三百万石米，作为发运司的"籴本"，并将江淮等路发运使薛向调来京城，负责这项法规的推行。在这个能吏的主持下，京城的物资供应状况，很快就有了明显的改观。然而，和所有的改革措施一样，并不是所有的阶层都能从中获利。原来通过各种手段控制市场、牟取暴利的商贾，就是这项改革的失利者。他们通过各自的渠道发出声音，一些士大夫也在为他们辩护。以廉俭正直著称的范仲淹的二儿子范纯仁，就公开指责均输法："将笼诸路杂货，买贱卖贵，渔夺商人毫末之利。"（范纯仁《奏乞罢均输》）

这些日子，苏轼、苏辙兄弟在南园高大的槐树下，热烈讨论着新法存在的种种问题。在取得共识之后，二人相继上奏，反对均输法的实施。轼在奏疏中指出：均输法是离开物价贵的地方，到便宜的地方去买；到就近的地方采购，而不到远的地方去采购。但是，这样需要广泛设置官属，多出缗钱，而大商人们因此有顾虑而不敢交易。这种做法虽然不公开说是贩卖，但既然已经允许官员进入市场进行交易，与商人争利就是不可避免的事情（《续资治通鉴》卷第六十七）。

条例司检详官苏辙的奏本，援引了历史的事实：汉武帝时期，对外开疆拓土，对内大修宫殿，财用匮竭，力不能支，于是采纳商人桑弘羊的建议，贱价买入贵价卖出，这就是所谓均输法的来历。虽说是民不加赋而国用饶足，但是法术不正，官吏缘此为奸，乘机剥皮拔毛，民众深受其害。如今这种做法又开始复兴，人们议论纷纷，认为弊害甚至超过汉朝。因为现在管理财政税收的大臣，理财的本领无法与桑弘羊相比，而朝廷的制度纲纪，又受到肆意地破坏，使唯利是图的人可以自由驰骋，接下来发生的祸害就难以尽数了（《续资治通鉴》卷第六十七）。

进入条例司后，苏辙的日子愈来愈不好过。王安石直取财利的改革方向，偏离了他所信守的儒家德治理念，观念的抵牾不可避免，而主事的吕惠卿一味听从王安石，自己与此人谈不到一块儿。这种工作氛围让辙感到压抑，"每于本司商量公事，动皆不合"。道不同不相为谋，他于是请辞条例司检详官的职务，被调任河南府留守推官，成为变法的局外人。

与辙同时出局的，还有上任同知谏院没有多久的范纯仁。他刚一就职，就上奏指责王安石改变祖宗法度，效仿桑弘羊均输之法掊克财利，导致民心不宁。为求近功而遗忘旧学，崇尚法令而称赞商鞅，讲论财利则背离孟轲，视老成持重为因循守旧，斥社会公论为流俗之言，将投合自己心意者当作贤才，把异己者视为不肖。还特别提请神宗，要留意天下之人不敢言而敢怒的幽怨，不能因为求治太急，什么样的人都去咨询。应当顺应人心，尽快召回吕诲等被贬出和外放的谏官，屏退王安石这个狂悖之人。

◇ 苏辙是苏轼的弟弟，更是一生的知己

此时，从汝州返朝出任首相的富弼，因为受到排挤，称病在家。范纯仁假称富弼和其父范仲淹交厚，自己在谏院任职，不方便私自求见，请神宗转达自己的忠告："富弼受三朝皇帝的眷倚，应当自任天下之重，而现在他体恤自己，深于体恤万物；关心疾病，超过关心邦国。不论是效力君王还是修身正己，两个方面皆有缺失。"其用意是想让神宗倚重这位老臣，以扭转当下的政局。对于他滔滔不绝的激烈言辞，神宗似乎无动于衷，范纯仁呈上的一连串章表奏疏，全都没有交付外廷审议。于是，自讨没趣的范，只好请求辞去谏官职务。神宗改任他为判国子监，但他到地方任职的心愈加强烈。中书有人向他通报："不要轻言离朝之事，已经在商讨提你为知制诰了。"这反而惹恼了他："这话为何要传到我这里来啊。既然进谏不被纳用，虽是赐以万钟俸禄我范某也不稀罕！"他最终被调知河中府，后又调任成都路转运使。在他的权力范围内，新法都一律暂缓推行。

熙宁二年（1069）十月，不愿在朝堂上做装饰品的富弼，在上了二十几道辞呈之后，终于得到皇帝的恩准。告别的时刻，神宗问他："爱卿离去之后，有谁可以代替？"富弼郑重推荐了政治经验丰富的文彦博。神宗久久沉默，又问："安石如何？"富弼低头无语。实际上，富弼走后，接替了他职位的是闽人陈升之。

五

均输法、青苗法等出台后，王安石着手教育和科举领域的改革。熙宁四年（1071），开始扩大太学的规模，继而在京东、京西、河东、河北、陕西等路设立路学，相当于五所地方性大学。北宋依循学而优则仕的原则，主要通过科举选拔官员，科举分进士和明经两项。进士科以诗赋为主，考的是声律、对仗等写诗作赋的文学技能，与社会现实关系不大。明经科考的是经句的死记与注疏，比谁会掉书袋，而不是思考和解决问题的能力。这种科举考试，形成了从唐代以来诗人治国的局面，存在着不少弊端。毕竟诗人性情烂漫，往往感情用事，技术理性薄弱，在治国安邦上情怀多而计策少，还常常有违背常规、超越实际的神来之笔。李白与杜甫，被誉为诗仙与诗圣，在文学领域登峰造极，但二人在协调关系、组织行政、处理复杂事务方面的能力，远远不如吟诗作赋方面的造化，行为举止甚至有些荒唐幼稚。王安石提出的改革方案，就是要取消诗赋，增强策论，废除明经科，专以经义、策、论来选拔进士，让国家的政治生活更加理性，让行政官僚更为务实，更富有职业性。

神宗将王安石的方案提交二府及馆阁大臣讨论。苏轼一上来就慷慨陈词，批评提出这种方案的人，只知其一，不知其二。他说："若欲设科立名以取之，则是教天下相率而为伪也。上以孝取人，则勇者割股，怯者庐墓。上以廉取人，则弊车羸马，恶衣菲食。凡可以中上意，无所不至矣。德行之弊，一至于此乎！自文章而言之，则策论为有用，诗赋为无益；自政事言之，则诗赋、策论均为无用矣，虽知其无用，然自祖宗以来莫之废者，以为设法取士，不过如此也。……自唐至今，以诗赋为名臣者，不可胜数，何负于天下，而必欲废之！"（《议学校贡举状》，《苏轼文集》卷二十五）

苏轼声宏气旺而又洋洋洒洒的发言，让神宗有振聋发聩之感。于是，当天便安排召见，垂询他："方今政令得失在哪些方面？即便是朕的过错，你也可以指出来。"苏轼应答："陛下是生而知之的禀赋，天纵文武之才，不患不明，不患不勤，不患不断，但患在于求治太速，听言太广，进人太锐。"这个意见与老相国富弼略同。过了些日子，神宗问身边的王安石："苏轼的为人怎么样？朕想让他修中书条例。"因为之前听说过苏轼的一些言论，从他的上疏中，也能看出其对变法的态度，王安石便直截了当地回答："苏轼与本人所学及立论皆不同，还是另外给他安排别的事情为好。"还特别提醒："陛下用人，应当再三考察，真正可用的才用，现在只是听到他的言论，还看不出他的可用之处，这样的人恐怕不宜轻用。"

不久，张方平又力举苏轼和李大临为谏官，表示如果这两个人"不如所举，臣甘同坐"；司马光也以"文学富赡，晓达时务，劲直敢言"为由，再次推荐苏轼为谏官。面对如此大的推举力度，王安石仍然坚决阻拦。苏家与王安石的不和，自苏洵就开始了。老家伙对王安石的厌恶，以及背后尖刻的议论，王安石本人应该有所耳闻；苏轼对于新法的抵触，更是比苏辙有过之而无不及，倘若在辙走之后又起用轼，势必增加变法的阻力。因此，当神宗再次提到"苏轼有文学成就，朕看他为人平静，司马光、韩维、王存等人都称赞他"时，王安石便开始口出恶言："轼乃邪险之人，并不是臣空口说白话，皆有事实依据为凭。"他特地提到，苏轼父亲归丧时，韩琦等人赠送金帛，他全都不接受，却贩卖几船苏木入川，这件事情人所共知。不过，他还是承认苏轼是个难得的人才："此人非无才智，以人望，人诚不可废。若省府推判官有缺，亦宜用。"（《苏轼年谱》第 165 页）于是，苏轼被边缘化，以殿中丞直史馆判官告院权开封府推官，陷在烦琐的行政事务里。按照《邵氏闻见录》所述，王安石与苏轼原本没有过节，之所以出现上述情况，主要在于王安石器重的吕惠卿妒忌苏轼的才情，从中作梗。如果说开始的情况如此，后面可就不是这样了。

还在苏辙辞去条例司检详官之前，一封弹劾书便递交到神宗皇帝面前。八月五日，与王家有姻亲关系的谢景温上疏，指控苏轼在数年前扶棺返回蜀地时，利用官船贩卖私盐和苏木，谋求私利。皇帝随即下旨调查，相关人员，包括当时雇请的船工、水手都被逮捕，接受严格的讯问。不过，最后的结果证明了轼的清白，但谣言的源头指向了母亲的娘家人，轼的一个表弟。此事将王安石与苏家的矛盾彻底表面化。

熙宁二年（1069）十二月，青苗法试行三个月后，轼给皇帝上七千言书，对新法和石本人提出强烈的质疑。这七千余言概括起来就是三句话：结人心，厚风俗，存纪纲。

关于"结人心"，苏轼作出这样的解释：君主所依恃的，就是人心。自古至今，未有与民众和乐而世道不安宁的，也未有刚愎自用而不招致凶险的。本朝自太祖太宗以来，治理财政用度的不过是三司这一官署，如今陛下又创设制置三司条例司，使唤六七个少年日夜谋划于京师，四十余人分头奔走于地方。以天子的身份而言利，以朝廷官员身份而理财，君臣起早摸黑，宵衣旰食，差不多都一年了，但使国家富裕起来的希望，仍然如扑风一样渺茫，只是听说内帑已支出数百万缗钱，祠部出售度牒使五千人出家做僧尼罢了。按照这样的变法，谁都清楚很难有什么好的结果。青苗放钱这种事情，自古就有禁止；如今陛下开始立做新法，常年实行，虽说是不许强制配给，但数世之后，倘若出现暴君与贪官污吏，陛下怎么能担保他们不会强制配给呢？汉武帝时代，因为财力匮竭，采纳桑弘羊的建议，买贱卖贵，说是均输，导致当时的商人不能做生意，盗贼滋炽，几乎天下大乱。这正是臣希望陛下结人心的原因所在。

关于"厚风俗"，苏轼的理解是：国家存亡的根基，在于道德的浅深，而不在于国力的强弱；王朝历数的时间长短，在于风俗的厚薄，而不在于国家的贫富。陛下应当崇道德而厚风俗，而不要急功利而贪富强。仁宗皇帝持政最宽，用人有序，专务掩盖过失，不曾轻改旧章程。考察当时的功业，并不显著；谈到用兵打仗，更是十出而九败；谈及府库中的财物，仅仅够用而没有余存。但恩德布施于人，风俗崇尚义理，因此他升天之日，天下皆归之以仁。议论时事的人看到仁宗末年官吏多因循旧例，没有大的政治作为，就想以苛刻的督察来矫枉，用机巧的聪明来加以增补，结果招来一些新进勇锐之人，以图获得一蹴而就的功效。结果是效益还没有获得，浇薄的风气就已经形成。近年来，朴拙之人愈少，巧进之士益多，希望陛下关切这种状况并予以挽救，以简易为法，以清净为心，使民德归厚。臣祈请陛下厚风俗，就是这个意思。

关于"存纪纲"，苏轼陈述：太祖太宗委任台谏官员，未曾问罪过一个进谏的人；纵有薄责，很快又提拔任用；允许台谏官风闻言事，不必顾及弹劾对象级别的高低。论及皇帝的出行，冒犯天颜也在所不惜；事关江山社稷，则宰相也要引咎待罪。台谏官员未必都是贤明之辈，所进之言也未必都正确无误，但必须养其锐气并借之以重权，以此来阻止奸臣的产生。时下的情况让臣担忧，从此以后，朝廷用的尽是执政大臣的私交，以致君主被孤立。君臣纪纲一旦废弛，什么事情都可能发生。这就是臣希望陛下存纪纲的原因所在。

轼的上疏，矛头指向十分清楚，语气间充满着对王安石为首的改革派的轻蔑与挖苦。他强调政治生活的纲纪无疑是正确的，但夸大道德人心与风俗的作用，遮蔽了经济发展对于国家存亡的意义，从根本上否定王安石数十年苦心孤诣要进行的变法。在新法陆续出台之际，看了轼的这份上书，石的内心生起了莫名的憎恨。此时的轼，已经义无反顾地站到变法的对立面。如果说司马光是反对派的领袖，那么，轼就是反对派的代言人。他的敢言直谏，连光都自叹弗如。在代言的过程中，轼还习惯于将政治上的争辩变得富有文学色彩，将修辞上的才华表现得淋漓尽致，以此来释放自己旺盛的血气。过于急切的报国情怀，和对自己知见的满满自信，使得他的话语总是那样锋芒毕露，不免出口伤人，难怪韩琦要一再阻止他过快地晋升。

在一次朝会上，轼曾经指责宰相曾公亮不能匡扶朝政的过失。曾公亮无奈地作出辩解："皇上与王介甫如同一人，这乃是天意，我能有什么办法！"一而再地发难，仍然扭转不了时局的变化，让轼的内心颇感挫折，好在这个时候，远房表兄文同来到汴梁。

六

画家文同，字与可，说是苏轼的"从表兄"，其实只小苏父九岁。治平元年（1064），轼还在凤翔的时候，文同为父守制期满，返回京师的路上，绕道凤翔拜访这位从表弟。这是他们第一次见面，开始还有些生分，好在与可是个十分开朗的人，号称"笑笑居士"。因此，二人初见，"虽然对坐两寂寞，亦有大笑时相轰"（文与可《往年寄子平》）。轼问他为何而笑，他的回答是："就笑你不笑，世界上没有比不苟言笑更可笑的事情了。"说着说着，又像风中的竹子哗啦啦地笑了起来。

笑谈之中，二人发现彼此都痴迷于竹子。生活中，苏轼"宁可食无肉，不可居无竹"，小时候家里"门前万竿竹，堂上四库书"的场景，一直令他刻骨铭心。与可不仅喜爱画竹子，称竹子为"墨君"，将自己的画室称为"墨君堂"，还在院子里种满竹子，随时观察临摹，

◇ 苏轼笔下的墨竹，可谓元
气淋漓

● 《墨竹图》 北宋 - 苏轼 - 美国
大都会艺术博物馆藏

而且酷爱吃用竹笋做的菜。因为竹子，他们谈得很投机。从与可这
里，苏轼学到了一些画竹子的技法。应与可之请，苏轼写了《墨君堂
记》，对已经分不开的竹子和君子，都给予了由衷的赞叹："风雪凌厉
以观其操，崖石荦确以致其节。得志，遂茂而不骄；不得志，瘁瘠而
不辱。群居不倚，独立不惧。与可之于君，可谓得其情而尽其性矣。"
在古老的道家与佛教文化里，莲花是神圣人格的隐喻；魏晋以来，竹
子也成了儒家君子人格的隐喻。前者象征人灵魂境界的超凡脱俗，出
淤泥而不染的高洁；后者象征人的道德操守与精神气节，体现着君子
身上清正幽雅而又坚韧不拔，虚怀若谷而又气节凌云的品行。北宋
的士林，飘荡着莲花的清芬，也摇曳着竹子的风姿，爱竹者与爱莲者

一样众多。周敦颐堪称种植莲花的圣贤，苏轼和与可则是种植竹子的士君子。除了苏轼的《墨君堂记》，王炎撰写的《竹赋》，也对竹子作出了文化的诠释："荣者必悴，盛者必衰，实繁者易剥，色丽者早萎。惟松柏之有心，及竹箭之有筠，足以阅寒暑而贯四时。春日载阳……竹于是时，清而不腴；冬日祁寒……竹于是时，秀而不瘁。今而后见其含德之有常，特操之不移。"

文与可曾经历任邛州、陵州多地的行政长官，熙宁三年（1070）夏天应召返朝，知太常礼院兼编修《大宗正司条贯》。这个时期，轼任直史馆和开封府推官。与可有时会到宜秋门边上的南园来，与两个从表弟一起畅叙幽情，吟诗作画。与可过来的时候，除了骑马，还牵着一头甚通人性的猿，向人夸耀说，这只猿"呼来遣去会人语，一成已绝归山意。置之眼前看不足，解去脩索令自恣。月明木杪倚风啸，天暖花阴向阳睡。儿童围绕宾客惜，倒挂横跳衔嬉戏"（文同《和子平吊猿》）。

在一起的时候，他们谈论最多的是绘画。表兄爽朗的笑声，在院子里回荡，清扫了轼、辙二人内心萦绕的阴霾。苏轼发现，与可画竹的时候，神情全然投注其中，进入了忘乎所以的状态，到了只见竹子不见人的境地。这也许就是他笔下的竹子如此传神的原因。当然，画如其人，与可画竹的成就，与其本人精神人格的造诣密不可分。他自己也常常这样说："竹如我，我如竹。"他"端静而文，明哲而忠"，操守有节，深得文彦博、司马光等人的赞叹。文彦博曾这样评价："与可襟怀坦荡，风韵洒落，有如晴云秋月，尘埃不到。"（《宋史·文同传》）在绘画技法上，他也有自己独到的创新，米芾也曾指出："以墨深为面，淡为背，自与可始也。"

与从表兄在京师相聚，是轼这个时期最愉快的时光。两个人一日不见，就开始彼此思念。夏天到来，季节转换的时候，与可的坐骑和那只特别招人喜爱的猿，不幸相继病死，令主人十分伤心。尤其是对于那只猿，与可后悔自己不该将其圈养，自以为它"已绝归山意"，剥夺其作为一匹野兽的自由："重峦复岫本其乐，大薄长林违尔志。苦将缰锁强维絷，不究天年良有自。"（《和子平吊猿》）得知死讯之后，苏轼特地写诗悼亡。为了避免猿的尸骨被蝼蚁啃噬，与可专门让人寻找偏僻的林地，挖一个深坑来安葬，可见其为人情义的深厚。

熙宁四年（1071）初春，文与可出守陵州（今四川仁寿）。此后他们便不再有机会相见，但仍有书信往来。与可在洋州任职的时候，一日，从筼筜谷游玩回来，正与妻子烧竹笋吃，忽然收到轼的来信，展开一览，却是对他送赠《筼筜谷偃竹图》的题复："汉川修竹贱如蓬，斤斧何曾赦箨龙。料得清贫馋太守，渭滨千亩在胸中。"意思是说，他料想与可这个又饿又馋的太守，渭水边上千亩的竹林，都不够他吃到肚子里去了，要不然怎么画出仪态万千的竹子？文同与妻子读后，不禁捧腹大笑，把饭喷得满桌子都是。（苏轼《文与可画筼筜谷偃竹记》）

名声雷动之后，求画的人络绎不绝，成了与可的烦恼。原先有求必应、见到上好的纸绢就心血来潮的他，后来反而惜墨如金，不再轻易下笔了。有人问他为何转变如此之大。他称是自己过去学画摸不着门道，性情修养也不到家，心有不快便借画竹子来排遣情绪，这其实是有病的表现，如今病已经治好了，就用不着拿画画来发泄了（苏轼《跋文与可墨竹》）。有一阵，因为登门求画的人太多，与可愤怒地把人家送来的一匹绢扔到门外，狠狠地踩在脚下，说这些绢只配做自己的袜子。还告诉来人，他的墨竹一派，已经传到彭城，让他们去找苏轼求画去！但在轼看来，包括自己在内，人们对于与可墨竹的迷恋，何尝不是一种精神疾病？

元丰元年（1078），在徐州知州任上的苏轼，收到文同赠送的一帧墨竹册页，叹为神品。第二年正月，在赴任湖州（今浙江吴兴）知州的路上，文与可病逝于驿站，终年六十一岁。得知噩耗，苏轼泪不能止。在门生晁补之收藏的文与可画作边，他题写了著名的诗句："与可画竹时，见竹不见人。岂独不见人，嗒然遗其身。其身与竹化，无穷出清新。庄周世无有，谁知此疑神。"（《书晁补之所藏与可画竹三首·其一》）对于与可的艺术造诣，轼十分赞叹，但他苦口婆心规劝自己不要讥诮时政的话语，苏轼半句也听不进去（《苏轼年谱》第209页）。

七

在最高权力的支持下，尽管阻力重重，弹劾不断，论争声音一浪高出一浪，变法的措施还是以两个月的间隔相继推出。熙宁二年（1069）七月，均输法开始出台；九月，青苗法相继试行；十一月，农田水利法付诸实施。一场声势浩大的革新运动，在大宋千里江山次第铺开。在神宗的想象中，推行的节奏愈快愈好，应如迅雷不及掩耳之势，让反对派都来不及反对就成为既成事实，最后让胜于雄辩的事实来说话。然而，一场影响如此巨大的变革，未经国家精英充分论证，集中智慧消化不同意见，就陆续在全国范围大规模展开，实在是一种冒险的行为，但新皇帝似乎顾不了那么多。相比之下，王安石还多少有些审慎。

在新法中，最受诟病的是青苗法。

早在苏辙还在条例司检详官任上时，王安石就将青苗法的草案交给他"熟议"，对他说："有不便，以告无疑。"看过之后，辙说出了自己的看法："将钱借贷给老百姓，让他们付利息二分，初衷是为了救济，不是为了赢利。但是，在钱的出纳之间，官吏借机榨取，法律就阻止不了了。此外，钱进到百姓口袋，即便是良民也难免乱用，到了该交还的时候，哪怕是富户也不免拖过期限。这样，刑罚就必然要用上，从此州县里的事情就更加麻烦了。"石沉吟片刻，回答道："你说的确实有道理，看来这件事情还得慢慢考量。"在一个多月的时间里，他将青苗法按下不表；后来颁布青苗法时，还特地强调青苗贷款遵循自愿原则，不得摊派。可见王安石此人并非油盐不进。

然而，没过多久，京东转运使王广渊就上报："开春农事兴而农民贫，富人乘机发放高利贷，以图兼并土地。请求保留所辖地区的五十万钱帛，用于借贷给贫民救急，这样一年还可获得利息二十五万。"看了此奏，神宗觉得其诉求与青苗法相当吻合，便让王安石急召王广渊入京商议。王转运使请求在河北地区率先实施青苗法，石顺水推舟，吸纳苏辙等人的意见，对原方案进行修订，加入"不得抑配"等条款之后，逐次推向全国各路。

土地兼并导致贫富两极分化，是中国古代社会灾难性的问题，民间高利贷更是农民破产的主要原因。隋唐时期设有常平仓，以便调节粮食价格，舒缓农民在青黄不接时节遭受高利贷的无情剥削。宋代也沿袭此制，但由于地方官员"厌粜籴之烦"，常平仓调节市场的功能得不到应有的启用，近乎形同虚设。在青黄不接时，无法抑制富商大贾哄抬物价，用高利贷趁火打劫。对民生抱有深切关怀的王安石，很早就认识到问题的严重性，在鄞县执政时就推行"贷谷于民，立息以偿"的做法，这其实就是青苗法的雏形。当然，新制定的青苗法还参考了李参在陕西的做法。李参任陕西转运使时，为解决缺粮问题，先以较低的利息贷钱给百姓，待收获后以粮食偿还贷款，贷出去的款就叫作"青苗钱"。如此看来，青苗法是有成功经验支持的，并非石个人的主观臆想。实验的结果表明：它不仅帮助穷人在凶年保住田地，不为大户兼并，缓解两极分化，也增加了财政收入，政府可以将利息钱用来赈济灾荒，是一举两得的事情。

熙宁二年（1069）九月四日，青苗法由制置三司条例司正式发布，主要内容有：将常平广惠仓现有的一千五百万贯石粮米，由各路转运司兑换为现钱，而以现钱普遍借贷给城乡居民，此款项不得移作他用。常平官先核算好以前十年中丰收时的粮食价格，作为本年预借的折合标准，不得偏高，亦不得偏低，而后号召民户自愿请贷。来请贷者，按照预定价格将所请贷粮食折成现款贷付；归还之时，或缴纳现钱，或按价折成粮米；借贷一年进行两次，一次在正月三十日前，一次在五月三十日前，随夏秋二税缴纳贷款，遇有荒灾，则于下次收成之日归还，或是减免利息。除"浮浪之人"以外，城乡居民均可请贷，最先借予乡村人户，如有剩余，即借给城镇人户。归还之时，在原额外还得缴纳百分之二十的利息。如借一贯钱，归还时则缴纳一贯二百文。一年两次贷款，年利率实际上是百分之四十。相对于当时百分之一百至三百的高利贷行情而言，算是相当低利息的借贷了。（引自漆侠《王安石变法》增订本，123—124页，河北人民出版社2001年版）

为了确保青苗法的贯彻，王安石在全国各路设置专职的常平官，全国共有四十一人，不过，州县以下的事宜则由当地官员负责。令他意想不到的是，一项经过反复运筹、缜密设计，并且有过成功实验的改革，却在实施过程中出了问题，招来了来势汹汹的反对。

先是十一月吕惠卿在御前侍讲时，就变法之事与司马光发生激烈的争吵。光以住房为喻，说治理天下就像是住房子，旧了可以维修，但只要不是严重破损就不必重造；即便严重破损需要重造，也得有好工匠和好材料。如今二者都没有，改造之后恐怕连风雨都遮挡不了。三司使掌管天下财务，没有德才可以撤职，但是不能以其他机构来废掉它的职能。说到青苗法存在摊派，吕惠卿解释："按青苗法，百姓愿意就借贷，不愿意本来也不勉强。"光回答："但愚民只知道取债之利，不知还债之害。况且，不单是官府没有强迫借贷，有钱的富人也没有这样做呀。"神宗站起来说："陕西一带实行青苗法已经许久了，可百姓并不认为是祸患啊。"光宣称："臣本身就是陕西人，但我看见的只是弊病，没有见过它有什么实际的利益！"司马光之后，苏轼又向皇帝呈上皇皇七千言书，指控变法使社会人心失谐，使道德风尚败坏，朝堂纲纪混乱。

进入熙宁三年（1070），变法遇到的阻力，并未因为二府大臣老、病、死、苦而有所减弱，反而是越来越大了。正月，大年春节的爆竹声还未消停，知通进司银台司范镇上奏，指责青苗法是凶险的强盗之法；右正言李常、孙觉等人向朝廷报告，青苗法已经引起民间哗然；紧接着，陈州知州张方平、青州知州欧阳修等德高望重的官员，也纷纷上书投诉新法的危害，要求皇帝收回正在实行中的青苗法。

和司马光、苏轼一样，作为儒者的欧阳修，也是一个泛道德主义者，无法接受政府像商人那样，以发放贷款的方式与农民做生意，赚取老百姓的血汗钱。觉得这样会伤害社会的道义与政府的形象。虽然大户放贷收取四分利息，官府青苗贷款是二分利息，但在追求盈利的方向上，没有实质性的不同，不过是五十步与一百步的差别。而令他最无法接受的，是强行摊派给民众带来的压迫，以及由此可能衍生的灾难性后果，如无力偿清贷款导致的倾家荡产。他先后上了两道札子，第一道札子提出了三条建议：一、为体现青苗法利民的性质，取消其百分之二十的利息；二、对特困户或因灾害导致不能及时还贷的农户，准其暂时不交还所欠款项，暂停发放青苗钱；三、召回派往各地督促青苗钱发放的提举和常平官，禁止任何摊派。因为第一道札子没有任何反馈，五月份，他又上了第二道，请求朝廷允许停发秋季的青苗钱。

就在欧阳修发出第一道札子几天后，河北安抚使韩琦呈上一份长长的奏章。自从变法开始之后，这位经验丰富的老臣，便陷入深深的忧虑之中，每当有新法出台，就吃不下饭，甚至失声痛哭，家人也难以安慰。这次提交的奏章，在肯定青苗法的初衷之后，指出其执行过程可能出现的问题，尤其是强制性的"抑配"。按照他的推断，上等户没有必要借贷青苗钱，下等户虽然有愿意借贷的，但偿还时催收起来会相当困难，最终必然要动用刑罚来督讨，为他们做担保的百姓也会受罚，那时就会出现难以控制的问题。他苦心劝告神宗："陛下励精求治，若但躬行节俭以先天下，自然国用不乏，何必使兴利之臣，纷纷四出，以致远迩之疑哉！"乞请皇帝全部撤除派往各路的提举官，恢复原先的常平仓制度。和欧阳修一样，奏疏发出后，没有等到朝廷批复，韩琦就擅自停发京东东路的秋季青苗钱。

一封接着一封的奏表，动摇了年轻皇帝对新法的信心。早朝时，当着众大臣的面，他从袖子里拿出韩琦的奏章，感慨韩琦真是一个忠臣赤子，身在江湖，心系朝堂。还说自己原本以为青苗法可以造福于民，没想到竟然带来如此巨大的危害。听闻此言，王安石当即血气高升，情绪勃然。刚刚点火，菜还没开始炒，就有人要来砸锅；一项措施刚刚出台，朝堂上就不断起哄，唾沫星子四处乱飞，事情还怎么做啊！他厉声作出辩驳："按照他们的意思，那些没有实施青苗法的地方就没有危害了吗？陛下将常平法改为青苗法，是为了援救百姓水火之急，至于收取利息，也是周公时代的遗法。像汉代桑弘羊那样，笼天下钱财来供君王私自受用的，才可以称是兴利之臣。现在我们抑制兼并，兴国扶弱，性质截然不同，怎么可以说是兴利之臣呢？"在场的曾公亮、陈升之等大臣也心潮澎湃，与王安石展开了长时间的论辩，惊飞了停在屋顶上的鸦雀。这些悠闲的动物，不知道人间发生了什么事情。

回到家中，身心俱疲的王安石感到十分心寒，变法的事业似乎已经无望，情绪几乎低落到了极点的他，立即称病不朝。毕竟，改革所能倚仗的，唯有皇帝一人对他的信任，而这种信任已经变得极其危脆。更让他接受不了的是，接下来，在自己告病的日子，神宗一度指示执政大臣撤除青苗法，只是因为赵抃说最好等王安石还朝，由他本人来废除青苗法更加合适，才没有立即执行；此外，神宗还任命反对派的领袖司马光为枢密副使，并让他执笔起草了安慰王安石的"批答"。在这份代笔的"批答"里，光故意以皇帝的口吻来揶揄石："朕以为你才高古人，名重当世，因此将你召来，委以重任，对你推心置腹，无比信任。可如今士大夫议论沸腾，黎民百姓开始骚动，危急关头你却要推诿责任，退回到个人的安乐窝里。这下，你个人私谋倒是没有什么遗憾了，但朕治国安邦的希望，又将委托于谁？"这份带刺的"批答"，哪里是什么安慰，分明是无情的谴责。被戳到痛处的王安石陡然大怒，从床上爬起来奋笔疾书，草写奏章加以抗辩。

看了石的奏疏，对比原来的那份"批答"，神宗顿感不安，立即亲笔书写一份手札，让深得石信任的吕惠卿送上门去。手札对前面"批答"里嘲讽的话语做了道歉，说是拟文的人写的，自己"失于详阅，今览之甚愧"。但石似乎并不领情，仍然坚辞参知政事的职务，仿佛真的是要撂挑子不干了。皇帝原本是想借用光的威德来压一压石的拗劲，让他不要那么任性地一意孤行，要听得进不同的声音，并对新法的内容作出必要的调整，消除可能导致的负面效应。但在自以为掌握绝对真理的王安石这里，要么舍我其谁，要么唯我是行。要么就给我足够的信任，让我把变法的事情做到底，一条路走到尽头；要么我就走人，回到书斋里做自己的学问。他没有与不同政见者共同谋事、相互消耗的耐心，也不具备与反对派共舞的政治经验。他强大的排他性，不允许走一条中间道路；一旦君臣之间出现信任危机，他直接的反应就是选择自己出局。

对于具体事物，光和石可能有不同的看法，但在德行方面，却有着太多相似之处，譬如执拗的性格和非此即彼的极端思维。作为孔门的后学，他们对于中庸心法的领会有待深入，做不到孔子身体力行的"四毋"：毋意、毋必、毋固、毋我。神宗有意在这两个犟人之间建立起制衡的机制，却又缺少驾驭肱骨大臣的能力。早先，神宗打算重用光，询问石的意见，石的态度旗帜鲜明："司马光外托诤谏之名，内怀让人依附之实，所说的皆是害政之事，所交的也是害政之人，要把他安排在皇上身边参预国政，就等于是给不同政见者树立旗帜。"神宗就被顶了回去，但他并不认可石对光的这种评价。石称病告假后，神宗任命光为枢密副使，但光却不领情，一连上了九道奏疏推辞。他开出的理由，除了自己"天性质朴，资质愚钝，不通世务"之类耳熟能详的谦辞，实质性的内容就是：撤除制置三司条例司，追回分派出去的提举官，废止行青苗、助役等法。显然，这两头犟牛的角已经顶到一起了，几乎没有调和的余地。

在所有投诉青苗法的上疏中，韩琦的这份分量最重。不仅因为

◇ 当局者和旁观者的目光，总是很难交会到一起

● 《听琴图》(局部) 北宋 - 赵佶 - 故宫博物院藏

韩琦是三朝重臣，在人们心中地位甚高，而且，奏疏在反映实施过程出现的问题时，还指出这些问题是必然发生和无法克服的。王安石复出之后，神宗将韩琦的奏章交付条例司讨论。如此尖锐的意见，已经没有商量的余地，石自然是无法接受的。最后，是韩琦请求解除自己河北安抚使的职务。至于司马光这边，尽管神宗反复挽留，也没有半点儿妥协的意思，皇帝也只好收回他枢密副使的任命。

第七章

小人经济学

一

虽然受到重重阻击，皇帝的立场也偶有摇摆，但到目前为止，王安石丝毫不怀疑新法的合理性，且不说均输法，即便是争议最大的青苗法，已经给政府带来了可观的财政收入，仅利息一项每年就接近三百万贯钱，还堵截了豪强大姓用高利贷盘剥百姓的机会，在一定程度上缓解了农民的负担。但任何新的制度，都可能存在破绽，留下变通操作的余地，当它进入实施过程时，难免出现扭曲变形，衍生出事先难于防备的问题。特别是执行新法的官员，都是一个个分散的利益单元，总是千方百计将自身的诉求添加进来，从而突破制度的边界。这些都需要在实施过程中不断修缮，使之更加合理与严密。譬如，青苗法实施过程出现的强制摊派，并非青苗法本身的问题，而是官僚系统在执行机制上存在的弊端，而且并非不可以亡羊补牢。对此王安石并非不清楚，熙宁三年（1070），学生陆佃入京应举，前来拜见老师。王安石第一句话就是询问新政实施情况。陆佃告诉老师："新法并非不好，只是推行之中出了偏差，结果反倒扰民，青苗法就是如此。"王安石听了十分不安，立即与吕惠卿交代，派人前往调查。他说过这样的话："法固有不及处，须因事修改，乃全无害。"（《续资治通鉴长编》卷二百五十一）

在市易法遭到强烈攻击之后，王安石又曾对神宗说："关于市易法，微臣每天都在仔细地思省，不至于像反对者指责得那么糟糕。还望陛下不要急于定论，容我再做推演，加以检验，到时自然可以看清是非曲直。倘若陛下为一时的毁谤所影响，仓促作出裁决，造成上下望风承旨，遮蔽圣明，就难免让忠良蒙受冤情。"（《续资治通鉴长编》卷二百五十一）他希望得到一定的时间，通过反馈来修订新法，使之趋于完善，但反对派不打算给他这样的机会。

前一阶段，借助皇帝的神威，王安石在决策上勉强解决了议而不决的问题，但还不能消除执行上有令不行的问题。大约是从真宗时代起，在北宋的朝堂上，议事的言官比做事的要强势，做事的人怕说话的人，言官可以听风就是雨，没有任何凭据就可以弹劾大臣。这种情况有利于纠偏矫正，却不利于事业的推进。也表明这个时代的精英民主制度程序还不够健全，需要进一步修缮与完备。

司马光、欧阳修、韩琦等人反映的情况，并非空穴来风，在青苗法实施过程中，有的问题确实存在。首先是强制摊派的现象，青苗法虽然定下了"不愿请者，不得抑配"的原则，但为了使该法在全国顺利推行，政府又将青苗钱的发放与收回的数量，作为相关官员政绩考核的重要内容，使得强制摊派成为获得政绩的手段，导致一些无须借贷的农户背上了债务。其次是冒领，按照规定，公职人员不能领取青苗钱，但出于完成任务指标或是其他目的，有的官员冒领款项，用于放高利贷或其他用途，使得需要接济的农户反而贷不到钱款，选择借高利贷。再次是催缴，政府只有一千五百万缗本金周转，为了保底只能贷出一千万缗，倘若农民不能按时偿还本息，就会影响下一轮放贷。因此，强行催缴的事情难以避免，无力偿还贷款的人家，搞不好就只能出卖土地，甚至卖儿卖女，为奴为婢。（参见赵松《王安石：毁誉千年的大改革家》第76—77页，辽宁人民出版社2021年版）

青苗法推行过程中出现的问题，多少超出王安石的想象。在鄞县任知县时，做法比现在的青苗法简陋得多，但不仅取得很好的效应，也没有发现什么纰漏。现在可好，法规条款更为严谨，反而出现漏洞。人们批评他不通人情世故，并非没有依据。在他设计的制度里，隐含着一个前提，那就是执行政策的人都是正人君子，不在公共事务中嵌入个人需求。鄞县范围小，人事简单可控，作为知县的他，既是政策的制定者，又是实操者，不存在新法实施过程夹带私货、暗度陈仓的问题。如今在辽阔的国家范围里推广，这个道德前提就不能成立，监守自盗、借职务之便谋取私利的事情，防不胜防。

一项新法出台之初，存在纰漏不足为奇，可以在施行过程中加以完善，但反对派这边逮住问题便如获至宝，一心想着寻找题材大做文章，不愿意给变法派修缮的机会，来证明他们立场的错误。这里头不完全是观念的分歧，还有利益的争夺。自青苗法颁行之后，依靠发放高利贷获益的富绅阶层，集体利益受损，因此，"缙绅之士，议论亦多"，他们都有利益的代言人。对于这些人而言，逮住某条辫子，夸大新法的负面效应，将其妖魔化，并不是什么难事。在反对派的声音中，极少听到新法对于改变国家财富状况的效用，反倒还传出一些荒唐可笑的桥段，如在发放青苗钱的现场，官员一边放钱，一边摆设酒席请借钱的人吃喝，"命娼女坐肆作乐以蛊惑之"（王栐《燕翼诒谋录》卷三）。欧阳修在上札子之前，曾给王安石写了内容相仿的信。他和范镇、韩琦、司马光、苏氏兄弟等人提出的问题大同小异，立场更是不约而同。欧阳修认为，官府放贷收取二分利息，与大户放贷收取四分利息，性质相同。政府既然是为民不为利，就应该免息，只收回本金即可。欧阳老师的意见，在王安石看来显得有些弱智，因为这样的做法，根本不具备可持续性。首先，借款者中难免有因天灾人祸、生老病死而无力偿还者，所借贷的青苗钱将有去无回；其次，倘若不收取利息，将有很多无须贷款的人前来借贷，政府怎么能满足得了？欧阳老师是要让王安石把理财变成慈善，但亏空的国库，就连赈灾和边防开支都应付不了，哪里拿得出这个本钱？

如果说欧阳修是站在小户百姓立场，那么范镇就是站在豪绅大户的立场。他说，放贷这种事情，早已经有人在经营了，人家在那摆摊做买卖，政府在旁边摆个摊子做同样的买卖，这不是明摆着抢人家的生意吗？司马光、苏轼他们批评新法"与民争利"，也与范镇的看法相近，带有自由主义的性质。当土地兼并和贫富分化成为愈来愈严重的社会问题时，打击高利贷，整治金融秩序，就成为缓解社会危机的必要手段。政府以低息贷款方式来进行宏观调控，算是最温和的做法了，应该属于理财的范畴，怎么叫作与民争利呢？

在周公、子产、管仲时代，儒家与国家政权有着密切的关联，在经世致用方面大有作为。到了礼崩乐坏的孔孟时代，儒者渐渐与国家政权脱节。两位圣人周游列国，推广自己的信念与思想，基本上得不到采纳，只能转为通过教育开启民智。孔子死后，儒家分为八种支脉，各脉都强调儒家体系的某一个侧面，不能完整地承继孔子的思想。有子、子夏一支，侧重于外在的人伦礼仪方面；子思、孟子一脉，侧重于内在的心性修养方面。孔子尚有在鲁国当大司寇的政治阅历，孟子则缺少这方面的经验。虽然曾有过"民之为道也，有恒产者有恒心，无恒产者无恒心"这样的立论，但晚年回到邹国开坛讲学的孟子，最终还是归于心性之学，强调人在精神上的成就，与恒产发生对应关系的心，便归属于小人之心。

公元前 320 年，五十三岁的孟子前往开封附近的大梁，拜访魏国国君梁惠王。梁惠王问他："老人家不远千里而来，是否有利于吾国的方略？"孟子毫不客气地回答："身为王者，何必言利？有仁义就足够了。当王的总问：'如何才能利于吾国？'做大夫的总问：'如何才能利于吾家？'当庶民的总问：'如何才能利于我自身？'自上至下都追逐利益，这个国家就危险了。"（参见《孟子·梁惠王上》）显然，他将孔子"君子喻于义，小人喻于利"的思想，从内学（修身）的范畴延伸到外学（社会治理）的领域，形成了泛道德主义的政治经济学。在他的体系里，君子远庖厨，不可喻于利。因此，讲究财富增值与利益交换的经济学，本质上属于小人之学，不具备合理性。或者说，君子只有道德与人格，没有经济学。

中唐之后，韩愈《原道》一文，将孟子列为先秦儒家道统的继承人，孟子的地位不断提升。进入大宋，儒学获得正统地位，孟子也成了亚圣。为了应对佛教的挑战，北宋的儒者在汲取道家与禅学的资源之后，基本沿袭子思、孟子学派的进学路线，特别强调修身维度的尽心知性，重视道德人格的圆满成就，鄙视喻于利的小人观念，将修身成圣的原则，直接向治国平天下的领域引渡，于经世致用的方面，未能深入地加以诘究。因此，除推重仁政之外，并没有实际意义的建树，只是执持一些现成理念，缺少应对复杂社会危机的通变。在某些儒者眼里，讲究富国强兵的都是法家之术。不论是欧阳修、司马光，还是年轻的苏轼、苏辙兄弟，都不同程度上存在这个缺陷。苏轼以七千言书告诫皇帝：国家存亡的根基，在于道德的浅深，而不在于国力的强弱；王朝历数的时间长短，在于风俗的厚薄，而不在于国家的贫富。要求神宗以仁宗为榜样，用人有序，不揭短献丑，不轻改旧章，虽然为政功业不显著，用兵打仗十出九败，府库中的财物勉强够用，没有余存，但恩德广为布施，天下归心于仁。这些话语道出了他们共同的理念。

宋代给予士大夫阶层的利益，为历代中国之最。既得利益的丰厚与恒稳，到了他们可以将利益加以忽略的地步。他们很容易忘记民众的物质利益和锱铢必较的经济生活对于国家的基础性意义。在国家已经面临严重的财政危机，国力衰弱、国土危脆的时刻，他们肥腴的利益依然没有减损，因此，他们可以慷而慨之，反对以天子的身份而言利，以官员的身份而理财。在王安石看来，要应对国家财政面临的危机，改变国库亏空的局面，就不能只言"义"和不言"利"，把言"利"视为小人的特权，把理财之道视为小人的经济学。况且，国家利益在相当程度上也是国民的公共利益，它本身就属于"义"的范畴，倘若国家利益减损到不足以应对天灾人祸、维持社会安定与国土完整时，只讲义而不言利，本身就是一种不义的行为，怎么可以只言义而不言利？倘若利益在取之于民之后又用之于民，而不是用于皇家和官僚的私人消费，又有什么不可以兴利呢？实际上，新法在国家层面带来的公共利益，被养尊处优的士大夫们有意无意地忽略了。信息闭塞的时代，他们获得的信息碎片，不足以对全局作出完整的判断，但人们总是习惯于以有限的资讯作出无限的判断。因此，任何方面出现的问题，任何阶层利益受损，甚至自然灾害的发生，在他们看来都是新法的罪过。殊不知，任何新出台的政策，都很难做到滴水不漏，给所有阶层的人群普降甘霖，雨露均沾，更何况影响社会进程的还有天道的流变。

　　倘若借用现代话语来表述，王安石可以说是个国家资本主义者，面对弱肉强食的社会竞争、愈演愈烈的两极分化和中央财政的捉襟见肘，他想通过国家资本的介入来加以干预，调控市场秩序，缓解竞争的恶性程度，充实空空如也的国家库藏。青苗法选择的就是通过压低金融利率，来抑制高利贷对于弱者的盘剥，以达成底层民众与政府财富共赢的局面。苏轼堪称一个自由主义者，坚持政府不能涉足市场，

◇ "喻于利"的经济学，为儒家君子所不齿

● 《清明上河图》（局部）

参与利益竞争，与商人争夺利润，认为这样既破坏经济秩序，更损害政府公正的道德形象，不利于世道人心。但对于如何改变国力衰弱，抑制贫富分化，他和司马光等人，除了节约简支，近君子远小人，也提不出什么有效的办法，更多是要维持现状。"不知天上宫阙，今夕是何年？"作为一个浪漫诗人和人文学者，苏轼对于经济运转的机制，这种"喻于利"的小人事务，还缺少耐烦而务实的探寻。

从抽象的义理上看，他的主张不无道理；但面对国库亏空、豪强兼并、两极分化日趋严重的局面，竭力阻止政府对经济领域的介入，势必恶化存在的问题。

宋代儒学，继承的是君子圣人之学，十分强调道德人格的修养，在修身的方向，吸纳了道家与佛家的资源，已经不再像原先那么淡薄了；但在治国平天下的方向，由于以义排利，将"喻于利"的事务都划归小人，耻于讨论利益关系，因此没有建立起相应的政治经济学体系，反倒显得十分薄弱。王安石似乎是为了填补这一薄弱环节而来的，但在当时的文化背景下，他的存在相当另类，他的言行也显得离经叛道。其"喻于利"的小人经济学，受到来自士林汹涌澎湃的批判，实在不足为奇。

二

这段日子，司马光的内心翻腾不已。睡不着觉的夜里，他会在院子里的大树下转圈，想到多年惺惺相惜的朋友，如今快成了死对头，心里很不是滋味。虽然彼此都怀着报国利民的初心，但在具体做法上却针锋相对，说起话来就争吵不休，伤了多年来的和气。一段时间以来，他细心观察王安石的言行，发现他在御前讨论政事，如同跟友人争辩于私房，盛气凌人之气没有半点儿收敛。面见其他官僚和宾客，若是说话的立场与自己一致，态度就十分和蔼；要是稍有异议，或是指出新法存在的问题，不等对方把话说完就毛发偾张，无礼地加以辱骂，过后甚至还会要求皇帝将其外放。这种情况让他感慨良多，于是提起笔来，郑重地写下了四千多字的《与王介甫书》，希望能够说服这位朋友。信的内容大致如下——

　　光是怀着诚惶诚恐的心情，来给阁下写这封信的。光没有才能，够不上委屈您当作朋友来相待，不过，彼此结交十多年之久，也曾经多次共事，并非没有过雅兴高致的时候。君子和而不同，小人同而不和。过去，和您一起议论朝政，往往有不同的意见，但这种意见的分歧，并没有改变我对您的向慕之心。光见证您独享天下大名已经三十余年，才高而学富，难于起用而易于引退。远近的士人，认识的不认识的，都说您不起用则罢，一旦起用，便可天下太平，黎民百姓都将因此得到惠泽。现在，天子起用您于不可起之中，让您参与国政，不就是将众人的希望寄托到您身上吗？可您执政才一年，朝野之间，士大夫没有一个人不在责备您，他们的话语都像是从同一张嘴里说出来的。下至村社百姓、小吏走卒，也都在窃窃怨叹，人们都把罪责归咎于您，不知道您是否听到这些议论，并知道其中的原因。

当今，天下厌恶您的人，以极端的话语对您加以诋毁，光都不以为然。您本来是个大贤人，失误在于用心太过、自信太厚而已。古来圣贤治国，不过使百官各称其职，胜任他们所承担的职责；他们养民的办法，不过是轻租税、薄赋敛等。但您认为这些都是腐儒们的老生常谈，不值得去做，而一心想做古人未曾做过的事情。

光以为，新法的举措，存在三个方面的问题：首先，是在机构设置和人员起用方面，国家财税事务，不再由盐铁、户部、度支三司经管，而改以中书省、枢密院长官兼领，建立凌驾于其上的制置三司条例司，侵夺原有机构和官吏的职权，改变祖宗法度，导致国家政治秩序的混乱。其次，孔子说："君子知晓的是义，小人知晓的是利。"制置三司条例司，聚集擅长文章之士、通晓财利之人，不谈义理而大兴财利，发放青苗贷款收利息，将这种鄙陋的事情当作王道善政来推行。再次，徭役自古以来都是由民众来承担，新法却要收敛民众的钱财，由官府雇人代为服役。这三项举措，就连普通的人都知道不合理，只有您自以为可行。并不是您的智力不如普通人，而是您想要建立非凡的功业，而忽略了起码的常识。孔子说："道之不行也，我知之矣，智者过之，愚者不及也。道之不明也，我知之矣，贤者过之，不肖者不及也。"您的智慧与德行都超过了普通人，可带来失误所造成的后果，竟与愚者和不肖者"不及"的行为相当，这就是我说你用心太过的意思。

自古以来，人臣中的圣者，莫过于周公与孔子，即便是周孔，也并非没有过错，并非没有师学。您称得上是大贤之人，但比起周公、孔子来还是有距离的。可现在却自以为自己的见地天下无人能及，别人的言论，与自己相投便欣然接受，与自己不合就加以摈弃。如此下来，方正之士如何得以进用？谄谀之士如何可能疏远？

从前与您交游，知道您无书不读，尤其喜欢孟子与老子的学说。现在您得到君王的信任，又位居宰相之职，有条件可以推行自己的为政之道，就应当优先实施您认为是最好的。孟子说："仁义而已矣，何必曰利？"但您上台执政，首先建立制置三司条例司，大讲财利之事，又命薛向行均输法于江、淮，欲尽夺商贾之利；又分遣使者散青苗钱于天下而收其息，使人人愁痛，父子不相见，兄弟妻子离散。这哪里是孟子的意思？老子说："我无为而民自化，我好静而民自正，我无事而民自富，我无欲而民自朴。"又说："治大国若烹小鲜。"现在您尽变祖宗旧法，"先者后之，上者下之，右者左之，成者毁之，弃者取之"。整日忙忙碌碌，使朝野之间，内起京师，外到四海，士吏兵农、工商僧道纷纷扰扰，不得安居乐业，这哪里是老子的思想！

近期，藩镇大臣中有人批评青苗法的，天子拿他的奏议给执政大臣看，您却因此生气，托病回家，想洗手不干，这恐怕不符合明主提拔并委重任于您的本意。我奉旨起草批答，用大义责备于您，是想让您尽快出来任事，革除新法中不合理的措施，从而造福天下。答诏的言辞虽然质朴，但没有一字是不符合实情的。听说您对本人的用意不能体谅，大为怪责，还上书为自己申辩，逼得皇上亲手制诏向您致歉，又派吕惠卿大学士一再表明挽留之意，才返回中书处理事务。

出来办事是对的，出来了就应当尽快修改新法中不便于民的部分，以安慰士子与庶民，报答天子的盛德。但您似乎更加愤怒，推行新法越发急迫。李正言说青苗法不切合实际，您就过来责问他；传说祥符县没有发放青苗钱，您就上书弹劾知县。我看您的用意，是要和天下与自己观念不同的人一决胜负，而全然不考虑义理上的是非、生民的忧乐和国家的安危。光认为，这样做是很不可取的。

本人近期承圣上恩德，要被任命为枢密副使。但私底下想，身居高位的人不能没有功劳，蒙受大恩的人必须加以报答。因此将去年的议论再次申明，请求撤销制置三司条例司，以及调回派往各地推行青苗法的提举官。但是皇上与您同心，没有俯首听从光的建言。我想，皇上对您的亲重，是朝廷内外没人可以比拟的，动静取舍，只相信您一人。您说新法可以罢黜，天下人都会得到恩泽；您说新法不可罢，天下人都会遭到祸害。如今，生民之忧乐、国家之安危，皆系于您的一句话。您怎能忍心只顾遂自己的意志，而不体恤国家与民众呢？人谁无过，而君子之过，犹如日月之食，人人都可以看见。但改过之后，人人依旧照样仰望，并不有损于它们的光明！

在信的最后，光还作出预言：那些忠信之士在您得势的时候，可能因意见不合让您感到可憎；但在您失势之后，必将得到他们的支持；而那些在您得势之时阿谀奉承，让您感到舒服的人，一旦您失去权势，必定有人要来出卖您，以谋取自身的利禄。

光的这封信，是两个老朋友之间的推心置腹，不仅语重心长，甚至苦口婆心，写得婉转有力，既给予王安石足够的尊重与谅解，让他感到情谊的温暖；又作出了直插心脏的尖锐批评，希望他能悬崖勒马，回头上岸。但此时处于激流旋涡中心的王安石，实在没有足够的耐心来进行深入的对话。两年来，他一边忙于新法条款的拟定与贯彻，一边应对来自各方面的质疑与弹劾，千头万绪的事务和巨大的工作量，已经让他身心俱疲。收到老朋友的长信，他只是作了粗略浏览，知道光的诉求无非是要叫停变法。在他看来，倘若是对新法实施过程出现的问题进行调整与纠正，还有进一步探讨的必要；若是要全然倒退到变法前的现状，就没有什么商量的余地了。于是，以便笺的形式，用一百来字的篇幅作了礼节性的回复。然而，光并不就此罢休，接着又送来了第二封信。知道不能避免正面的交锋，石再三思量光对自己的厚遇，在书信往来上不能过于粗疏，只好端坐下来，郑重其事地作出回应，这就是那篇著名的《答司马谏议书》。其内容大意如下——

石与您交好日久，而议事每每不投机，是因为"所操之术多异故也"。虽然想要向您聒噪几句，但想到您终究不能接受我的主张，因此只是简要地给您回复，不再一一为自个儿辩解。您见教于石的事情，是我在变法过程中侵夺官员的职权，挑起事端，争占百姓的财利，拒绝接受异己的意见，招致天下人的怨谤。从石的角度来看，自己"受命于人主，议法度而修之于朝廷，以授之于有司，不为侵官；举先王之政，以兴利除弊，不为生事；为天下理财，不为征利；辟邪说，难壬人，不为拒谏"。至于流言蜚语之多，则早就在料想范围之内了。因为人们习惯于得过且过的状态，已经不是一天两天的事了。士大夫多不体恤国事，只是一味附和流俗之见，献媚于大众。皇上想要改变这种状况，而本人不量敌之众寡，竭尽全力来抵抗这种势力，可那些人为何气势汹汹要来反对呢？周朝的时候，盘庚迁都，不唯是朝廷士大夫，老百姓也非常怨愤，但盘庚并不因为这样就反悔，改变既定的计划。倘若您责备石在位已久，未能协助皇上大有作为，给百姓带来福泽，那么本人承认自己是有罪的；倘若说现在应当什么事都不去做，守住前人作为的结果即可，那就不是石所能领教的了。

接信之后，光又给石写了第三封信，态度并没有松动的迹象。石觉得双方都无法让步，自己也已经无话可言，便以缄默作为回复。这种决绝的姿态，坚定了光离开朝堂的决心。光知道，这次他要砸的是一口更大的缸。他还想像童年时代那样，救黎民于淹溺之中，但自己显然缺少足够的力量，也找不到一块更大的石头。接下来，他需要为自己今后所走的路作出选择。"介甫不起则已，起则太平可立致，生民咸被其泽矣。"之前说过的这句话，现在觉得是说得太重，也太早了，真想把它收回来，嚼烂了咽回肚子里去。他曾用"君子和而不同"这句话，来描述他们之间的关系，实际上，说是"君子同而不和"似乎更加恰当。他和石其实是同道之人，都有着高尚的道德修养，都同样怀着为天下开太平的初衷，却因为"所操之术"不同，走不到一起。没有什么是比君子之间无法合作、各自与小人纠缠不休，更令人遗憾的了。

还是在熙宁三年（1070）的三月里，海棠花惨淡的香气中，神宗就派遣人告谕司马光，照原来任命的职务供职。司马光当日便入宫，向皇帝表明自己的态度："臣自知已经无力在朝中任职，因为朝廷所推行的，都和臣所说的相反。"神宗问："相反的都是些什么事？"光回答："臣建言条例司不应当设置，又提出不宜过多派遣命官到地方干扰监司职责，又指出发散青苗钱会祸害百姓，这些难道不是相反的吗？"神宗说："反映情况的人都说不是青苗法不好，只是派去执行的人不称职。"实际上，神宗派了身边的两个太监到民间暗访，得到的反馈是青苗法对老百姓相当便利，君臣之间的信息并不对称。司马光仍然坚持："青苗法也不好。"神宗指出："本来敕令里就已经明确：不许强迫抑配。"司马光说："敕令虽然不允许强行摊派，但派去的使者都让地方官员分配借贷指标。开封府界十七个县，只有陈留县在县门张榜，任由百姓自己来申请借贷，结果却没有一人提出来。可见，其他十六个县就难免不强行摊派了。"

夹在电光石火之间的神宗，此时已经明白过来，两位肱骨大臣都不愿意作出尺寸的让步，因此也无法并立于朝堂之上。皇帝自己必须在二人之间作出非此即彼的抉择，以避免两败俱伤的内耗。选择光，就意味着放弃改革图强的国家战略，勉力维持已经积重难返的现状；只有选择石，正在进行的变法才有成功的可能。他于是降诏，追回对光的任命。没想到，知通进银台司范镇又将诏书封还，说自己的意见与司马光相近，既然司马光的任命被追回，他本人也应加以问罪。神宗下旨再次将诏书送到通进银台司，诏书五次降下，范镇还是退还了回来。最后，神宗只好违反行政程序，让内侍将诏书直接交到司马光手上。范镇因此提出辞职。面对这种情况，神宗也只能随他去了，不然他这个皇帝都当不成了。

三

在反对派的阵营中，有一个人颇得王安石的尊重，尽管石比他还年长十多岁。此人就是已经颇具声誉的理学家程颢。熙宁二年（1069），经吕公著的极力举荐，著作佐郎程颢出任太子中允、权监察御史里行。因为他在学界的名望，多次得到神宗的召见。也许是因为他身上散发的和粹之气、从周敦颐那里吹过来的那股春风，君臣之间的交谈相当愉悦，不知不觉就过了约定的时间，弄得随侍的宦官很不高兴，止不住对他说："难道御史不知道皇上还没有进膳吗？"但神宗依然和颜悦色："爱卿要多多入宫来面奏，朕想常常见到你本人。"

在御史台，程颢无疑是一个敬业的言官，他勤于进谏，内容往往是以正心诚意节制欲望、访求贤能等，从不谈及急功近利之事。他特别指出："圣人创法，皆本于人情，合乎天下的物理。圣人所必做的，实行起来须有先后，运用起来也有缓急，讲求实施的效果。"神宗曾经问他："你是怎样做御史的？"程颢回答："我做御史就是给朝廷做些拾遗补阙的事务，若要去收集大臣们的短处，来弹劾发难，沽取个人正直的名声，那我是做不来的。"不论谈论的是什么事情，他都出言谦恭，态度敬重，不像有的言官那样气势汹汹，咄咄逼人。听完他的进言，神宗总是低下身段，表示："朕当为爱卿戒此。"一副相敬如宾的样子。在程颢推举的人才名单里，有他的表叔张载和自己的弟弟程颐。一汪清水的他确实是做到了举贤不避亲。

王安石是一个雄辩的政治家，但是每当发现自己说出的道理无法被对方接受，就会声色俱厉，以泰山倾塌之势压人。有的人受不了他的碾压，退朝回到家里就病倒了。他有一次雷霆发作，正好被前来议事的程颢撞个正着。程颢徐徐迎了上去，不温不火地对石说："大家现在讨论的是天下的事情，并非哪一家的私议，希望您能够心平气和地听取。"石顿时脸色通红，连忙合十作礼，为自己的失态感到惭愧。此时的石并非目中无人，而在程颢的身上，他看到师尊周敦颐的影子，还有与这个影子相随的那股春风。但程颢却看不惯王安石的家风。有一次，程颢到王家来讨论事情。石的进士儿子王雱光脚披头，手里拿着女人的衣物走了出来，问父亲在谈论什么。石回答说："因为变法遭受一些人的阻挠，正在与程君商量对策。"王雱歪着身子往旁边沙发一坐，满不在乎地说道："这个还不简单！把韩琦、富弼二人的脑袋砍下，在市场上示众，新法就畅行无阻了。"石克制地回应："儿子，你这话说得不妥。"程颢却毫不客气，他严正告诫王雱："本人与令尊大人正在商讨国是，做子弟的不应干预，请你退下！"

在御史任内，程颢多次上书皇帝，列举出许多问题，如辅政大臣不能同心同德，小臣参与大计，颁布青苗法收取利息，各路提举官多是不称职的人，转运司剥削百姓邀取宠爱，崇尚道德的风气日渐衰败，等等。他反对新法的理由，与所有的反对派都不同。他断言这场变法不可能取得成功，是因为反对变法的人实在太多了，表明变法还未赢得人心，而反对者总有反对的理由，从来就没有遭到如此多人反对的事情取得成功的先例。

度牒是古代出家人的合法身份证明。自唐代起，就有政府出售度牒来增加财政收入的先例。特别是安史之乱时期，宰相杨国忠曾经通过度牒出售，"旬日得钱百万"。到了宋朝，度牒不仅被当成筹措资金的一种手段，甚至作为一种有价证券加以流通。变法期间，因为财政不足，陕西等地奏请朝廷发放度牒，作为推行青苗法的本钱，得到王安石的赞许，他甚至要将这种做法在全国推广。得知此事，程颢立即上疏，请求禁止这种做法。神宗将他的意见转告王安石，并让其作出考量。石的答复是："程颢讲的是王道正统，但他尚未通达王道的权变。现今每年出卖度牒的收入，可以收购四十五万石粮食。若是遇上灾荒之年，每人贷给三石粮食，便可保全十五万人的性命。像这样的事情怎么不能做呢！"

因为提交多项意见不被采纳，程颢觉得自己留在御史任上已经没有了意思，便请求外放。出于对其人格的尊重，王安石推荐他升任京西路同提点刑狱一职，但他本人却坚辞不受。在给神宗皇帝的奏疏中，他说出其中的道理："台谏官员任职，是朝廷纲纪所依，假使不依据其进谏的对错，来决定其职位的晋升，朝纲会因此而废弛。臣虽然不是高尚之人，也冒死请求皇上不要出此任命。"这次，他的意见终于被接受了，神宗改授他镇宁军节度判官的职务。离开政治斗争激烈的汴梁，他可以独善其身，有更多的时间来从事理学的研究，在天人之际探索安身立命的宏旨。

在向神宗力荐程颢的同时，吕公著也推举了张载，赞叹其"学有本原，四方之学者皆宗之"。神宗因此召见张载，询问他为政的道理。张载对答的主张与王安石颇为接近：以逐渐恢复夏商周三代的政治传统为方向。神宗要调他到中书省或枢密院来任职。张载以自己刚进京城，对正在进行中的变法知之甚少为由，请求皇上过些时间再作计议。神宗便暂时安排他到崇文院做校书。正愁找不到同道的王安石，这时也想到了早就闻名学界的张载，在入朝的路上主动找他说话："朝廷正在推行新法，本人担心自己不堪重任，想请张兄出山来携手努力，不知可否愿意？"张载委婉地作出回应，他主张政治家应当大胆作为，却又以能力有限为由拒绝邀请，这让石颇感不快。其实，张载对土地兼并、两极分化现象相当忧虑，并不反对变法之事，只是强调必须得到民意的支持。现在，因为与王安石不投机，他就想辞去崇文院校书的职务，但皇帝却不予批准。而他心爱的弟弟、血性旺盛的监察御史张戬，却因为阻止变法与王安石正面交恶。

张戬对王安石变法的看法与司马光接近，但他的上疏不仅请求皇帝撤掉制置三司条例司，追回负责推行新法的提举官，还弹劾曾公亮、陈升之、赵抃、韩绛等二府大臣附和王安石，不能纠正新法的错误。一日，得不到明确答复、忍无可忍的他，竟气鼓鼓地跑到中书省，要跟王安石他们当面理论。看到他公牛撞墙的架势，宰相曾公亮低头不语，王顾左右；石也以扇掩面，笑不作声。他大声咆哮："本人过分耿直，是应该被诸公耻笑，然而天下耻笑你们的人还少吗？"高亢的声音都快把屋顶掀开了。

在大闹中书省之后，张戬意识到对于变法之事自己已经无力回天，便不再做无谓的抗争，托病回家等候处置。后来被外贬为公安县令（今湖北江陵），未及到任，又被贬为夏县（今山西夏县）转运使。后来，还出任过监司竹监（在今陕西周至东南）这样的小官。不论在什么岗位上，张戬都严于律己，恪尽职守。在监司竹监任上时，因为管辖到竹子的种植生产，他要求家里从此不得用竹笋来做菜，一家人从此尝不到雨后春笋的滋味。弟弟被贬之后，张载寻思厄运也快轮到自己头上，便辞掉官职，卷起行李回到终南山下的横渠小镇，以家里积有的数百亩薄田作资粮，潜心读书讲学，实现自己"为天地立心，为生民立命，为往圣继绝学，为万世开太平"的大愿。这样的愿心显示了张载的人生格局，但在今天的人们看来，以一介匹夫，竟然发出如此浩瀚的大愿，让人觉得浮夸和不自量力。然而，张载作为儒者的至诚是毋庸置疑的，他的深邃的关怀并不为人所能理解。被称为"横渠四句"的这段话，可以翻译为：为天地世界建立良知，为芸芸众生安身立命，为既往的圣人承接绝学，为千秋万代开辟太平秩序。就过去的历史而言，人类的良知并不总能够战胜野蛮、凶恶与残忍，唤醒或树立普遍的良知，让仁义成为人们生活的准则，避免其惨遭践踏、埋汰与断送，是极其艰巨的基础性工作。就今天的社会而言，安身立命的问题非但没有解决，甚至比张载活着的时候还堪忧，除为物质性的存在而忙碌之外，人们应当如何生活，安放自己的身家性命，消受与实现生命的内涵，仍然是深渊中的危机。为往圣继绝学，是有特定指向的。在宋代儒者看来，由孔子整理并加以阐述的圣贤之学，在孟子殁后就已经失传，显学界流行的，都只是对其只鳞片爪的发挥，整个中国文化都面临一个回到源头，汲取汪汪活水重新出发的问题。张载不仅和同时代的诸多儒者一起主动承担这一使命，也以自己的研究与著述作出了巨大的贡献。他因此被列为"北宋五子"之一。至于为万世开太平，这话听起来够大，但意义却十分深沉。在许多人看来，世道的太平，靠的是国家机器的强大和法律制度的严密，还有物质生产的丰隆。这些都诚然不假，但更为根本的还有人心，特别是维系人心的道德认同，人们在精神意义上的践行。一个社会，倘若人们在灵魂依归、精神信仰、道德认同、观念共识等方面出现崩溃与失序，整个社会将覆水难收。一个对世界负责任的思想者，主动承担这种艰巨的使命，从事精神教化的工作，其实是极其悲壮的事情，在这方面，张载堪称一个烈士。

张载的著述在中国思想史上的地位，当时就得到了人们的肯定。程颐认为："《西铭》之为书，推理以存义，扩前圣所未发，与孟子性善养气之论同功，二者亦前圣所未发。"（《答杨时论西铭书》）六百多年以后，张载遇到自己最伟大的知音王船山。这位清代思想家指出："横渠学问思辨之功，古今无两。"（王夫之《读四书大全说》卷七）张载在哲学思辨方面的成就，无人可以企及。他还赞叹："张子之学，上承孔、孟之志，下救来兹之失，如皎日丽天，无幽不烛，圣人复起，未有能易焉者也。"（王夫之《张子正蒙注·序论》）

回到横渠小镇，张载开始他清净的耕读与写作生活。他"终日危坐一室，左右简编，俯而读，仰而思，有得则识之。或中夜起坐，取烛以书，其志道精思，未始须臾息，亦未尝须臾忘也"（吕大临《横渠先生行状》）。影响后世的《正蒙》一书，就是这个时期写下的。该书力图建立以"气"为本体的一元论哲学。

为了将平生所学的知识与更多的人分享，他萌发了开办书院的想法，得到了朋友与乡亲们的呼应与支持。因为曾应邀请在京师相国寺的虎皮椅上讲过《易经》，又先后在长安、武功、扶风等地讲过儒家的经典，开办书院的消息传出，便纷纷有人前来拜师。关中望族蓝田吕氏的三兄弟吕大忠、吕大钧、吕大临也赶了过来，慷慨解囊。吕大钧是张载的同学，曾一同赴京参加殿试并金榜题名。这次，因为景仰张载的学问与为人，带着兄弟一起拜在张载门下，以纡尊降贵的方式力挺同学的事业。陆续前来求学的既有朝廷官员，也有平民百姓；既有年近古稀的老者，也有尚未成年的孩童，甚至还有举人进士。

张载将自己撰写的《订顽》《砭愚》书写在书院大门的东西两侧，作为办学的宗旨，用以警策与勉励学生。后来，程颐将《砭愚》改为《东铭》，将《订顽》改为《西铭》。《西铭》篇幅虽短，却是张载世界观与人生观的集中表述。其大意如下——

乾被称作万物之父，坤被称作万物之母。我看起来如此藐小，但却混然于其中。因此，充满天地之间的，是我的本体；统摄万物变化的，是我的本性。芸芸众生是我的同胞，欣欣万物与我相互给予。天底下老弱病残、孤独鳏寡的人，都是我颠沛流离、困苦无告的兄弟。随时保护他们，是子女对天地父母的辅助；乐于此而不为己忧，就是最纯粹的孝心。违背了这个理则的就叫作"悖德"；伤害天地良知的就叫作"贼"；成为罪恶的帮凶的，就是天地父母的不材之子；能够将善良天性表现在身体行为上的，就是肖似父母的孩子。

领悟造化的玄机，才能成就其浩大的功业；穷尽内心的不测之神，才能完成其赋予的使命；居于漏屋而无愧于天地神明，这才算是不辱没生命；时时刻刻存心养性，这才算是无所懈怠。人生总会有不同的际遇，富贵与福禄的恩泽，可以厚待我的生命；贫贱与忧戚的苦患，可以成就我精神的品格。活着的时候，我顺天道行事；死去时候，我将心安理得，没有任何遗憾。

这篇文章原文约三百字，却充盈着充塞天地的浩然之气，在给人以极大鼓舞的同时，又指出了明确的生命方向。如此高调的人生宣言，在现代人看来，会觉得有些虚诞，但在张载这里却是发自心底的赤诚。与那个时代的众多儒者一样，张载所说的，都是他正在做的。作为孟子的追随者，他以成就神圣人格作为自己生命的唯一方向。他为人持节甚严，从政期间，他给自己的评语是："某平生于公勇，于私怯，于公道有义，真是无所惧。大凡事不惟于法有不得，更有义之不可，尤所当避。"（《经学理窟·自道》）回到横渠办学之后，他更是"敝衣蔬食，与诸生讲学，每告以知礼成性、变化气质之道，学必如圣人而后己"（《宋史·张载传》）。虽然自家贫穷难以自给，但遇到吃不饱饭的学生，也让其一起共用粗茶淡饭。碰上歉收的年岁，到了人食人的地步，家人不喜欢放坏了的米，想要去舂好一点儿，张载连忙制止："如今饿殍遍野，有粗食吃就已经很惭愧了，怎么忍心挑拣呢？"坐在饭桌前，也是反复嗟叹，咽不下那些米汤（《横渠先生行状》）。就因为这种状况，他在书桌前也同样坐不住，于是决心要投身乡村建设，解决农民在灾荒之年的温饱问题。

早在熙宁二年（1069），身为崇文院校书的他，就曾将推行井田制的构思撰写成文，提交朝廷，但神宗皇帝正在忙于变法之事，根本无暇顾及其他。现在，他又将奏本拿出来琢磨，觉得这种先王遗法，能够解决土地兼并与两极分化的问题，救灾恤患，给农民带来稳定的保障，"纵不能行之天下，犹可验之一乡"（《横渠先生行状》）。于是，熙宁六年（1073），在和有关人士讨论之后，他"买田一方，划分为数井"，分给缺地的农民，并带领学生进行配套的水利建设，亲自勘测绘图，对横渠镇周边的沟渠进行治理。

四

一个个重臣被排挤出局，谏院里更是贬黜一空，这种情况令司马光深感忧虑。一次入宫奏事，神宗问他："近期陈升之升任宰相，外头有什么议论？"司马光回答："闽地人狡诈，楚地人多变，现在二位宰相皆是闽人，二位参知政事皆是楚人，必然援引乡党形成势力，这样，天下的风俗怎么能变得淳厚呢！"神宗指出："陈升之这个人颇有才智，而且通晓边防事务。"司马光说："此人是有小的才智，但没有不可夺志的大节。这种有些才智的人，通常需要有忠直之士在旁边牵制，这是明主用人的方法。"对于富弼的离去，光表示深深的惋惜，神宗说："朕已经极力挽留过他了。"光抬头感慨："意见不被采用，又无法与同僚合作，也就只能选择离开了。"神宗问起对王安石的看法，光回答："有人说王安石奸邪，是诋毁太过了；但这个人实在不明世事，性格又十分执拗。"在点评了许多大臣之后，谈话的焦点落到了王安石最倚重的吕惠卿。光指出："吕惠卿善于玩弄机巧，不是个有品格的士子，王安石之所以遭到天下人毁谤，就是这个人的缘故。近期破格提拔，也不得人心。"神宗作了辩解："吕惠卿擅于应对明辩，可是个美才啊。"光举出例子说："历代奸佞之臣，不就是靠这个打动人主？"

王安石面临的困难，和范仲淹推行庆历新政时所面对的是一样的。北宋是皇家与士大夫共治的儒家王朝，比起之前的秦汉和之后的元明清，皇帝的权力相对弱化，并没有乾纲独断的权威性，更没有通过血腥手段杀人立威。皇帝有什么想法，都要提交群臣廷议；国家的许多政策，也来自百官的建言献策；政策法规实行过程中，也会依据舆论的反馈作出调整。用人方面，皇帝往往也要与大臣沟通商议，经过御史台的考察，接受言官的弹劾，甚至还须得到其本人的同意。官员不愿意接受的职位，可以数次乃至数十次地推辞，也不会受到责难。银台司甚至可以封还他们认为不合适的皇帝诏令。相比执政大臣，言官们还有一项特权，那就是可以风闻言事，不需要出具任何事实依据，就可以弹劾任事的大臣。这样一种宽松的政治生态，可以称其为精英民主。朝堂上不仅话语权分散，留出的话语空间也较为宽裕，是一个有道理可讲的地方。因此，士大夫参政议政的积极性，也得到了充分的激励。

　　然而，仔细考察就会发现，这种精英政治在制度上仍然有待健全。首先，是意见的整合与集中，需要有完备的程序设置。朝堂上畅所欲言，各抒己见，让民情得以上达，让士子智慧得以贡献，这固然很好，但民主提供的话语空间，难免导致不同意见间的党派之争，而众说纷纭的局面不能无休无止，必须形成决议，做出决策，这需要有合理而缜密的程序来实现。皇帝是最高权力的拥有者，自然要由他通过程序来定夺，而一经拍案定夺之后，不同的意见就只能保留，不应该继续在朝堂上喧嚣，导致政治站队，和持不同意见者之间无谓地消耗。但北宋朝廷的这种消耗，使得党争不断，精英疲惫，显然已经危害到了国家的政治生态。其次，是议政与行政的析离。"千秋争是非，一怒定天下。"议政需要充分的民主，然后加以集中，在作出决策后进入行政程序。行政强调等级服从，次第推进，不能在行政过程中发扬民主，七嘴八舌，口沫纷飞，将党派之争带入行政程序。政策执行者不能因为持不同政见而加以阻挠，导致有令不行，有禁不止。北宋的政治中，台谏的势力过于强大，站着说话不腰疼的人多，行政过程中常受到来自议政的干扰，一件措施刚刚部署下去，就舆论滔天，口水四溅，行政过程始终受到来自议政的干扰，无法做到坚决贯彻执行。变法期间，在韩琦、欧阳修、司马光等反对派主政的区域，新法都得不到贯彻，而他们的失职行为，竟然都不受追责与惩处。这显然是把行政与议政混淆起来了。

为了克服阻力，王安石不仅不惜践踏好不容易建立起来的行政程序，还不得不驱逐持不同政见者，哪怕他是正人君子、道德楷模。过大的阻力，更是让他在用人标准上，不由自主地向执行力突出的官员倾斜。这些官员，就是人们通常所说的酷吏。然而，驱逐了如此多的反对派人物后，支持改革的人并没有因此增加，他仍然感到孤独无援。因此，他亟须扭转满朝皆是异己的局面。熙宁三年（1070）二月，兵部员外郎傅尧俞解除丁忧回到京城，王安石连续几次召见他，希望他到谏院来填补空岗，出任待制的职位，以支持新法。没想到傅尧俞并不领情，说："时下人们都说新法不好，既然这样，就应当充分展开讨论。下官平生从未欺骗过人，因此只能以实情相告。"听完此言，王安石十分扫兴，便将他挪到别的岗位。

开封府知府刘庠是个能干的官员，一直有意保持着与王安石的距离。石托人转告说想见他，刘庠的答复毫不客气："王安石自从执政以来，所做的事情，没有哪一件是合于人情的。我去跟他见面，能有什么话说？"不仅连面都不见，他还上奏谴责新法的种种不是。神宗问他："为何不与执政大臣齐心协力治理天下？"刘庠回答得很干脆："臣侍奉的是陛下，不敢攀附大臣！"刘庠的表现算是客气的了，还有像山阴知县陈舜俞这样的官员，弹劾自己违背圣意，不发放青苗钱，主动请求罢职贬逐。王安石虽然位高权重，威加朝堂，但却门前冷落车马稀。在这种形势下，主动投上门来的就十分难能可贵了。

曾巩的弟弟曾布上书皇帝，说："陛下不世之天资，起用博学卓识的大臣，想大有为于天下。然而，一些大臣玩弄法令，在朝堂上进行误导，小臣也在底下横加妄议，人人都寻找体制的缝隙与漏洞，加以巧言毁谤，以舆论的喧哗来欺下瞒上。之所以到这步田地，是因为鼓励与惩罚的策略不明，恩威的使用不得要领。倘若能够赏罚分明，恩威并施，让天下都知道人主不可违抗，法令不可轻慢，还有什么法令不能贯彻，什么愿望不能实现的呢？"（参见《宋史·曾布传》）这种稀有的声音，感动了神宗和王安石，资历尚浅的曾布立即被任命为崇政殿说书、同判司农寺。不久，吕惠卿因父亲丧事丁忧守制，王安石又推荐曾布替代其让出的职位。王安石发现，比起资历深的老人，新进的官员特别好使。每当有事，曾布都会立即请示王安石，交代清楚立马就去落实。旁人提醒最好禀报冯京、王珪两位参政，曾布给出的回答是："宰相已经议定，干吗还问他们！待敕令发出之后，让他们签字画押就行了。"此时忠心耿耿的他，日后却轻松背叛，这恐怕是王安石始料未及的。

一个叫李定的扬州人，是变法难得的支持者，却给王安石带来了麻烦。此人年轻时曾追随王安石学习，后来有人将他推荐到朝廷里来。刚到京城，他便去拜会谏官李常。李常问他："你从南方过来，那边的百姓对青苗法有什么反应？"李定肯定地回答："都觉得青苗法便民，没有不欢欣鼓舞的。"没想到，作为听者的李常神情陡变，严肃地对他说："现在满朝文武都在争论这件事情，你可不要随便乱说话啊。"李定转身就到王安石那里说了，并且声称："我李定只是依据事实说话，谁晓得在京城里还不许人这么说。"王安石立即向神宗引见此人。在神宗面前，李定把前面的话重复了一遍。神宗无比欣慰，当下就要任命李定为知谏院。但宰相这边却有异议，说这样未经考核就选拔谏官，过去没有先例。于是改任太子中允、监察御史里行。然而，知制诰宋敏求等三人又上奏说："李定没经过御史台推荐，就直接擢拔。虽然朝廷急用人才，也不能如此超越常格，乱了纲纪法度。"他们还封还了对李定的任命书。神宗几次降诏，这三个人就是硬犟着，犯了多次阻遏诏命的罪过，还被罢去了各自的官职。

事情到此还没完，李定履新不久，监察御史陈荐上疏，指控李定任泾县主簿时，隐瞒母亲仇氏去世的消息，不为母亲大人服丧。神宗就此事专门降诏核查，得到的奏报是："李定曾以父亲年老体衰为由，请求回家照顾父亲，但没说过为母亲服丧的事情。"对此，李定作出申辩，称不知道自己是仇氏所生，心有疑惑而不敢为她服丧，只是以照顾父亲的理由请求解职。其父亲也证明李定并非仇氏亲生骨肉。其实，仇氏先后三嫁，先是嫁入江西饶州林家，生下后来成为佛印禅师的男儿；后来到江苏李家做小妾，生下李定未满月就出走了；再后来又嫁入郜家，生下汴梁著名的艺伎蔡奴。可以说，李定从未见过自己的生身之母，这并不是他自己的过错。至于他母亲，人已经过世，就不好说什么了。

为了保护变法的队伍，王安石免去陈荐的职务，并改任李定为崇政殿说书。然而，监察御史林旦、薛昌朝、范育三人接着上奏朝廷，指出李定乃不孝之子，不堪为帝王之师，而王安石举荐他，本身就是一种罪过。王安石火冒三丈，立刻奏请神宗皇帝，一竿子撸了他们的职位。对此，朝堂内外舆论鼎沸，唾沫星子到处乱飞。作为当事人的李定，心里也承受不起，只好请求辞官，被调整为集贤校理、检正中书吏房公事。

正在李定的事情闹得不可开交的时候，同州（今陕西大荔）地方政府上报了朱寿昌弃官寻母的事迹。朱寿昌是其父与小妾刘氏生的，刚生下来母亲就被遗弃，从此五十多年杳无音信。成人后，他承父荫踏上仕途，一路上可谓顺风顺水，但思母之情却愈演愈烈，以至于"饮食罕御酒肉，言辄流涕"。为此他烧香拜佛，灼背烧顶，刺血写经，并辞去官职，开始了千里寻母的漫漫路程，发誓找不到亲娘就永不还家。最终天如人愿，得以与七十多岁的老母团圆。神宗得报之后，降诏准朱寿昌官复原职。这件事情一时传为美谈，士大夫们纷纷赋诗赞叹，苏轼自然也在其中，他在诗里感慨："感君离合我酸辛，此事今无古或闻。"还说出含沙射影的话语："西河郡守谁复讥，颍谷封人羞自荐。"言下之意，是说变法派重用的人品质都十分不堪。此时的苏轼意气刚烈，眼里容不得半点儿沙子，满肚子尽是"不合时宜"的想法，还没有后来包容的气度。他对李定一事亢进的表态，为数年后发生的"乌台诗案"埋下了伏笔。

曾经参加学士院考试，被苏轼擢为第一名的毕仲游，看到苏老师议论时政过于激越，十分担心他因此遭殃，便致书劝诫："孟轲只是在不得已的情况下才申辩，孔子欲说而无言。古人之所以精谋极虑，未尝不是为了巩固功业而颐养寿命。先生自入朝为官以来，关系自身祸福利害的话未尝说过，似乎是珍惜自己的话语。但言语带来麻烦不仅仅出自人的嘴巴，通过诗歌、赋颂、碑铭、序记等形式表达的，也是话语。现在，您只是顾忌于嘴巴，而未顾忌于文字，认为正确的就直言不讳，是其所是，非其所非。这样下来，得到您认可的就高兴，蒙受您非议的就抱怨。高兴的人对您所做的事情，不见得能有什么帮助，但抱怨的人却会败坏您的事情。您官非谏臣，职非御史，而非人所未非，是人所未是，触犯了人情世故的忌讳，将自己置身于危险的境地，就像是抱着石头去营救落水的人一样。"（参见洪迈《容斋随笔·毕仲游二书》）看了毕仲游的忠告，苏轼和司马光都多少有些惶惑。

新法已经陆续颁行，无论是政策法规的制定，还是在各地的推行，都急需人，用人的标准首先就是要旗帜鲜明地支持变法，其余就很难求全责备了。因此，政治上的站队与表态，成为官员谋求仕途机会的路径，投机分子的机会也就来了。邓绾就是一个典型的例子。

熙宁三年（1070）冬，还是宁州（今甘肃宁县）通判的邓绾上书皇帝，称："陛下得到伊尹、吕尚这样的大臣辅佐，实行变法，百姓莫不欢欣鼓舞。宁州就是典型的例子，窥一斑而知全豹，想必全国的黎民百姓也都如此。恳请皇上不要理会坊间的流言蜚语，将新法贯彻到底！"听到这样高调的赞歌，神宗立即召见邓绾。御前对话时，神宗说起王安石和吕惠卿，称石是今之古人，吕惠卿也称得上是个贤人。邓绾都回答说不认识。但见到王安石后，他却显出一见如故的样子。宰相陈升之想让邓绾回宁州担任知州。邓绾听了十分不悦，说："这样急急忙忙把我召来，还要让我回那个老地方去啊？"有人问他想要什么官，他的回答是："应当不失为馆职。"第二天就给了他集贤校理、检正中书孔目房的职位。邓绾公然讨官要官的行为，京城的老乡不是耻笑就是唾骂，邓绾却怡然自得："是笑是骂都随你们，我这辈子就是要挑个好官当当！"

一个名叫李承之的官员，向王安石举荐了苏轼当年的同学章惇，石听说此人品行极差。李承之接话说："但他的才干确实可用。您若跟他谈谈，一定会爱上他的。"果然，章惇的聪明善辩和应变能力，让王安石相见恨晚。此人与吕惠卿、曾布、蔡卞、吕嘉问、蔡京、李定、邓绾、薛向等，都成为石倚重的人才，并最终青史留名，只是都被列进了《宋史》的奸臣传里。吕惠卿更是按捺不住的野心家，后来甚至屡次要取王安石而代之。这些投机分子，他们内心并不真正在意江山社稷的兴旺发达，而是变法能够给自身带来飞黄腾达的机会，让他们跻身于王公大臣的行列，享受富贵荣华。在特别重视人品的宋代，这帮人阴霾一样环绕在王安石身边，不仅损坏了变法派的形象，日后也给石带来了无尽的麻烦。

"夫君子之所取者远，则必有所待；所就者大，则必有所忍。古之贤人，皆有可致之才，而卒不能行其万一者，未必皆其时君之罪，或者其自取也。"（《贾谊论》）对于二十岁出头就写出这样句子的苏轼，王安石自然不能小瞧，但心里的滋味却颇为复杂，觉得他是个难得的人物，知识渊博，但又少年得志，自命不凡，偏执于我知我见，还不是个通家，有些坚固的观念尚未化解开来。作为变法的反对派，轼的姿态也带有很强的攻击性。出任进士考官，轼拟出的策论题是："晋武帝平吴以独断而获得成功，苻坚讨伐东晋以独断而灭亡，齐桓公专任管仲而成就霸业，燕哙专任子之而遭受失败，事情虽同而结果截然相反。"显然是在挑战王安石的地位。为了变法能够继续，王安石不能不作出反击，他对神宗说："苏轼才气是高，但所学不正，或许是因为得不到表现的缘故，他的言论已到了放荡不羁的程度。"看

◇ 北宋的妇女并未裹脚，她们拥有再嫁的自由

● 《仕女图》元 - 任仁发

神宗迟迟不罢黜苏轼，他又再度进言："陛下不要觉得轼是个人才可惜，他的才为世用者少，为世患者大。像他这样的人，不困之使自悔，绌其不逞之心，很难为陛下所用。"（参见《苏轼年谱》第176页）眼看着苏轼愈来愈高亢的言论已影响到变法的进程，他必须将其踢出权力的中心区域。

此时，作为最高权力的掌握者，神宗也在考虑合适的宰相的人选，来牵制过于强势的王安石，维持政治生态的平衡。在排除了司马光之后，他想到了老臣欧阳修，希望他出来替代年迈的曾公亮，担任宰相一职。神宗相继拿欧阳修与英宗朝时被称为"国器"的邵亢和当朝参知政事赵抃、枢密使吕公弼、司马光等，逐个做比较，石都毫不含糊地答复："他们都不如欧阳修。"但当他提出要起用欧阳修时，石却提出："陛下应该先召欧阳修进京，与他讨论当下的事务，确认他的立场观点是否有补于时政。"熙宁三年（1070）四月底，神宗派内侍专程赴青州慰问欧阳修，宣布任命他为宣徽南院使、河东路经略安抚使等职，并请他快速入京觐见。

一心想着要做陶渊明的欧阳修，没想到自己"每求退则得进，每辞少则获多"（《辞宣徽使判太原府第六札子》）。他连上四道辞呈，请求皇帝收回成命，成全他回归田园的梦想。而他针对青苗法所上的第二道札子，和擅自停发京东东路各州军秋季青苗钱的做法，已鲜明地表达了自己对于新法的不合作态度。一心想要将变法进行到底的王安石，自然不能接受一个反对派来执掌内阁中枢，他对神宗摊牌："欧阳修对时政的看法存在偏差，倘若他出来主政，恐怕会妨碍陛下想要成就的事业。"神宗沉默了一会儿，感慨道："可是除了他，现在能找出一个合适的人来主持朝政吗？"王安石说："宁愿起用庸常之辈，也不能用一个可能会坏事的人。"他深知欧阳修在士林中的声望，一旦其入主朝政，很有可能成为反对派集聚的山头，因此，当参知政事冯京奏请挽留欧阳修时，石的话便变得很难听了："欧阳修依附韩琦，把韩琦当作江山社稷的梁柱。这样的人，在一个州郡就败坏一个州郡，在朝廷就会败坏朝廷，留着有什么用呢？"

"道不同，不相为谋"，眼前的形势，更加坚定了欧阳修的退隐之心。他迟迟不肯进京，五六月间，又连续呈上了第五、第六道辞呈，在第六道札子中，他自我埋汰，称自己"历官以来，多触罪辜，屡罹忧患，盖以不通时务，不习人情。加以晚年，继之衰疾，识虑昏眊，举事乖违"。表示自己之所以坚辞官职，一是义所难安，二是精力已衰，三是用非所学。神宗最后接受了他的恳请，改命他为观文殿学士、蔡州知州。

当下的朝廷，需要一个德高望重又善于统筹协调各方面关系的职业官僚，来给锐意进取的王安石补台。韩琦、文彦博就是这样的人选，但他们都早已站到了变法的对立面，不拆台就算是不错了，更不用说是补台。

第八章

出局西京

一

　　既然改变不了正在生成的历史，就进入社会的过去进行时，拐一个弯来使劲吧，这也是对天下负责的方式，没有必要在一堵推不倒的墙面前消耗有限的生命。熙宁三年（1070）九月，司马光终于得到神宗的恩准，罢去翰林学士的头衔，以端明殿学士衔出任永兴军（今西安）知军。即便是到了辞行的一刻，他仍然恳切地乞请皇帝，免除他管辖范围内的青苗法和助役法。

　　一个月后，好友范镇也被剥去翰林学士的衔头，六十三岁便提前办理退休手续。此前，范镇举荐苏轼为谏官，举荐孔文仲考制科，都被置之不理。因此上疏，称自己投诉青苗法不被采纳，推荐苏轼、孔文仲这样的俊才又不被接受，两件事情皆让他没有脸面立于朝中。还含沙射影地说："陛下有纳言的秉性，大臣却有拒谏的对策；陛下有爱民的天性，大臣却有害民的谋略。"他高调地离去，比起司马光更为悲壮。苏轼专此登门表示祝贺，说："公虽然退位，但名望反而愈加隆重了。"范镇却神情肃穆地回应："天下正在遭受祸害，我还有什么心思享受虚荣！"（《续资治通鉴》卷第六十八）

　　带着无奈的怅惘，司马光携妻子张夫人、儿子司马康和仆从，告别生活了十几年的汴梁城，乘坐马车沿着驿道缓缓西去。此番变法不仅不得人和，也不逢天时地利。这一年夏天，许多地方都遭遇旱灾，吝啬的老天，没有为王安石降一滴雨。西北的情况更是严重，地里裂开了网状的深缝，庄稼撑不到结穗的时令就扑倒在地。官道上，迎面而来的背井离乡的逃荒人，满面尘土遮不住心里无处倾诉的悲苦。难以面对自己良心的司马光，当即就想到了青苗钱的事情，老百姓连命都活不成，拿什么去还一年百分之四十的贷款利息？他立马就给皇帝上奏，请求暂缓青苗钱的追讨，并让官驿日夜兼程送往京师。然而，他等来的圣旨是：必须按规定执行司农寺的催缴命令。

满腔伤悲的司马光，于是呈上了调往西京留守台的请求。在奏疏里，他的话已经很不好听："论对未来的预判，微臣不如吕诲；论品行的正直，微臣不如范纯仁和程颢；论敢于直言进谏，微臣不如苏轼和孔文仲；论处事的果决，微臣不如范镇。倘若臣的罪过与范镇相同，就乞请依照范镇的先例，让臣告老退养；倘若臣的罪过重于范镇，不论是流放还是砍头，臣都能够接受！"话语间露出一棱一棱的脊骨，快把皇帝都顶到墙边了。尽管如此，神宗还是觉得，有光这样的人留在身边，能让自己避免一些过错。于是下诏任命他为许州（今河南许昌）知府，要求他在路过京城时上殿面见皇帝。但对于司马光能不能遵旨，神宗心里也没有把握，便问旁边的监察御史程颢："你觉得光会来见朕吗？"程颢回答："倘若皇上采用他的建议，他一定会来；如果不采用，他肯定不来。"果如程颢所说，司马光拒绝召见，仍然要求留守西京。冷却了一段时间之后，神宗才勉强下诏，命光以端明殿学士之衔判西京御史台。"去日冰犹壮，归时花未阑。"（司马光《到任明年旨罢官有作》）光在永兴军的任职时间前后不过半年。

光不遵旨拜见当朝天子，却去看望最强硬的反对派吕诲，这多少带有示威的性质。吕诲的病看来是中风，脚掌扭折，十分痛苦，他责怪医生乱下汤剂，又放不下社稷江山和家门九族，日夜愤叹不已。熙宁四年（1071）五月，当光匆匆赶到吕府的时候，吕诲已经在弥留之中。听到光沉痛的哭声，他兀地坐了起来，睁开眼睛，用最后的一束光死死盯着司马光说："国家的事仍有希望，你要好好努力啊。"光应允下来，问他："还有别的要嘱托我吗？"吕诲吐出"没有了"三个字，就颓然倒下了。

陪都洛阳，设有国子监、御史台等机构，其实没有多少需要处理的政务，只是安置些一时派不上用场的闲官。光在这个虚位上的主要职责，还是继续编修他的鸿篇巨制《资治通鉴》。早在英宗朝时皇帝就特批，专门成立以司马光为主导的书局，给了光自主选择助手和工作人员、借阅龙图阁和天章阁藏书的特权，还"赐以御书笔墨缯帛及御前钱，以供果饵"等用品和食品。在光招揽的助手中，有备受王安石赏识的才子刘恕和范祖禹。刘恕原来是和川县令，以博闻强记、精通典籍闻名，是王安石的旧交。三司条例司成立后，石就想把刘恕挖走。性格耿直的刘恕因对石"以财利为先"的理念有抵触，便以不懂钱粮财务为由推辞，还乘机当面进言，指责石的过失，令石大为光火，最后竟闹到割席绝交的地步。《资治通鉴》书局迁往洛阳后，刘恕过来工作了一段时间，因为身体不好，书未修完就病逝了。光曾经说过："馆阁文学之士诚多，至于专精史学，臣得而知者，唯刘恕耳。"

到了洛阳，虽然已经错过了牡丹的花期，光的心情还是比先前要晴朗许多，一个时期以来焦躁郁闷的思绪得以舒缓。他写了一些诗来抒发自己的心志，扫除内心的阴霾。其中有自己比较得意的对仗："所存旧业惟清白，不负明君有朴忠。早避喧烦真得策，未逢危辱好收功。"（《初到洛中书怀》）回想数十年的事业，留得下来的唯有一身的清白，对得起明主的只有朴质的忠诚。如今退居西京，躲避政事的喧闹与烦扰，不等到危险与辱没之祸发生就早早收功，也不失为明智之举。

◇　北宋的文化语境里，牡丹是烟火人间里荣华富贵的象征

●　《画牡丹》（局部）北宋 - 赵昌（传）- 台北故宫博物院藏

　　洛阳依山傍水，是东周、东汉、曹魏、西晋、北魏的都城，隋、唐、宋三代，作为陪都。悠久的历史，留下了大量的文化积存，堪称文化之都。唐代以来，不少名士在这里建造园林，吸引人们流连的兴趣。最为出名的是裴度的绿野园、李德裕的平泉山庄。退居洛阳后，向来兢兢业业的光，开始有了游冶和赋诗的雅兴。在李德裕的平泉山庄，看到大唐宰相一生收藏的奇石，已经委弃于荆棘蒺藜当中，一片狼藉；曾经冠盖如云的门庭，如今连门都找不着了，便生出许多感慨

来："相国已何在？空山余故林。向时堪炙手，今日但伤心。陵谷尚未改，门阑不可寻。谁知荆棘地，鹤盖旧成阴！"（《游李卫公平泉庄》）洛阳南郊，有北魏开始凿刻的龙门石窟，到了唐代规模已经相当壮观，其中就有以武则天面容为原型凿刻的卢舍那佛；此外还有佛教史上有着特殊地位的白马寺，都是到了洛阳的人必去的地方。光是一个纯粹的儒家，出于信念的缘故，他不太愿意到这种地方去。

初到洛阳的时候，光在御史台官舍的东边开辟了一处叫作花庵的小园。后来，经过一番寻访，他在洛阳尊贤坊的北面买下了二十亩田地，将其打理成一座园林，取名"独乐园"，建有读书堂、弄水轩、见山台、钓鱼庵、种竹斋、采药圃、浇花亭等景观，还给自己起了"迂叟"的雅号，自我嘲解。园子建成后，仆人在围墙外插上了一排尖锐的竹签，光从外头回来见着，便问为什么要这么做。仆人回答："是用来防盗贼的。"光说："我家的柜子里能有几个铜钱啊？何况盗贼也是人呢，怎么可以这样设防呢？"于是命人把竹签拔掉。

依洛阳当地的习俗，每逢春天来临，私家园林都会向外开放，守园的人可以收取些茶水费，与主人分成。一天，管理独乐园的吕直将十千钱交给光，光不肯接纳，但吕直死活要把钱留下，直到光发了大火，才把钱拿走。半个月后，吕直在园中筑起了一座别致的亭子。光问起来，才知道原来是用那十千钱修的（参见孙毓修《司马光·居洛》）。

十几年来，光一直在京师忙于朝政，无暇顾及家里的亲戚。回到洛阳之后，事情就少了很多，著述的事情也不能夜以继日，因此可以弥补多年来对亲人的亏欠。他有个哥哥叫司马旦，住在离洛阳不远的县里，都快八十岁了。光每年都会去看望他，把他当作父亲来照顾，每过一会儿便会问："吃饱了没有？"天气稍微转凉，便问他：

"衣服穿薄了吧？"可谓无微不至。

变法开始之后，许多身居要职的官员被边缘化，他们当中的一些人，陆陆续续退居西京。除了三朝重臣韩琦、富弼，原御史中丞吕公著，士大夫中官至卿监一级、为了洁身自好而辞官就有十几个人，好学乐善、行侠仗义者也将近二十人。这些有德之人汇集在洛阳，像星宿一样交相辉映（参见孙毓修《司马光·居洛》）。在这些人当中，光算是说话有分量的人，但还有人的分量更甚于光，这个人就是易学大家邵雍。他们两个人加起来，分量可就更重了。因此，在洛阳的坊间，长辈常常这样警诫子孙："别做什么不好的事，让邵先生和司马先生知道了。"好像这两个人知道了，后果就会很严重，如同五雷轰顶，而知道本身已经具有强大的规训力。光的分量部分来自他的社会身份和一而再地推辞高官厚禄；邵雍的分量完全来自个人的德行和智慧，他被称为处士，是一个几乎没有任何社会名分、没有外在披挂的赤裸裸的人，但却以布衣名动朝野。

二

邵雍字尧夫，提起这个人，就有许多说不完的话语。

他的儿子邵伯温在《邵氏闻见录》里，记录了那个时代的许多奇闻逸事，其中就有关于他父亲的。邵雍的祖母张夫人对他的生母李夫人苛责甚严，使得李夫人十分抑郁，觉得活在世上是一种苦患，便想在房梁上打个结，以此来了断此生。然而，就在准备行事的夜里，她做了一个奇怪的梦，看见有个神人用玉箸分给她一杯汤羹，好心安慰说："不要自尽，不久你就会生得一个贵子。"于是她打消了自杀的念想，将内心的苦痛隐忍下来。不久，李夫人身体不适，服了医生开的药后，梦到卧室门前立着两棵木瓜，右边的一棵不知为何已经枯萎。她将梦讲给自己的生父听，父亲就让她将服用过的药渣，覆盖到枯木瓜的位置上。到了产期，李夫人顺利生下邵雍之后，却发现还有一个死胎，是女的。十多年后，夫人卧病在床，夜里看见一个女子跪在庭前的月光下哭泣，抱怨说："母亲不能明察，让庸医开药将女儿毒死，真是可恨！"夫人沉吟良久，伤悲地回答她："这是命。"女子还接着问："既然是命，为什么我的兄长反而活了下来？"夫人解释说："你死而兄生，这就是命啊。"女子这才站起来，缓缓消融在茫然的月光里。事情过去十多年后，那女子重又在月光中出现，哭着说："一朝为庸医所误，二十年方得转生。因为与母亲缘分甚深，所以特地前来告别。"（《邵氏闻见录》卷第十八）因为屡屡有人说起此事，邵雍早早就接受了生死轮回的观念。

邵雍刚出生时就有牙齿，长长的头发遮住了脸，还会喊自己的母亲。也许真的是有特殊来历，邵雍自童年起就表现非凡。尽管家里状况是"欲有一瓢乐，曾无二顷田"（邵雍《闲吟》），但邵雍读书坚苦刻厉，冬天不生炉子，夏天不扇扇子，甚至夜里也不卧床睡席子。这样的努力持续多年之后，他的学业就大有长进，名声也传扬开来。共城当地的县令李之才，听说有这样一个年轻人，便专程上门来造访，问他："你这般刻苦，将来求学想往哪个方向发展？"邵雍回答："除了学习书本上的知识，目前还没有明确的方向。"在此之前，他学习的主要是儒家的经典。李之才接着问他："你听说过物理性命之学吗？"邵雍作礼回答："愿听您的教诲。"

其实，这个自动找上门来的李之才，并非等闲之辈。他不只是普通的进士，还是道学大师陈抟的再传弟子，算是周敦颐的同门师

◇　陈抟是从高山顶上下来的隐者，他手中的蒲扇影响
　　了历史的进程

●　《举杯玩月图》南宋‐马远（传）‐台北故宫博物院藏

兄，除了精通儒家经典，对于道家关于天地物理和安身立命之学，包括《河图》《洛书》和伏羲先天八卦，都有甚深的参悟。而他的老师穆修成就更大了，"北宋五子"中，除了张载，周敦颐、邵雍、程颢、程颐皆出自他的门下。至于活了一百一十八岁的祖师希夷先生陈抟，乃是"开张天岸马，奇逸人中龙"，就像是从庄子著作中走出来的真人。太祖赵匡胤、太宗赵光义都曾经得到他的点拨。传说，五代十国时期，天下大乱，赵匡胤的父亲带着家眷逃难陕西，来到华山脚下，正好遇见人称睡仙的道人陈抟。看着赵父担子里挑着的两个孩子，道人感叹："都说天下没有天子，如今天子一担挑！"旁人都很惊讶，就去问赵父，担子里挑着的两个孩子叫什么名字？他回答说："前头那个是长子赵匡胤，后边这个是次子赵匡义。"

也许是因为这事，宋太宗即位后，曾经隆重邀请陈抟下山，辅助他治理江山，但陈抟以"鸟兽栖于林麓，鱼鳖游于江湖，各有所乐"为由，加以回绝。之后，太宗讨教治国方略，他缄默不语，只写下了四个字：远近轻重。这四个字被解读为：远是远招贤士，近是近去佞臣，轻是减轻赋税，重是重赏三军。当然，这可能是过度解读。陈抟实际的意思是在政治事务中处理好远与近、轻与重的关系。一次，太宗请他鉴定一下几位皇子的福分，以备选定皇位继承人。当他来到三子赵元侃门口时，便急忙转头返回。太宗问他为何如此，他的回答是："连门口的仆从都有将相气象，还有必要进去看主人吗？"果不其然，出乎太宗预料，赵元侃后来竟然坐上龙椅，成为宋真宗。（参见《邵氏闻见录》）陈抟一生的修行，都在睡觉当中完成。他一觉可以睡上一百多天，甚至三年之久。在甚深的睡眠中，他能够进入性命归家、人我俱忘的状态，"抓住天地根，取来混元宝"，与造物主同游太虚，逍遥于物之初、帝之先的无极境地。相传周敦颐他们所传的太极图，其实源自这位老祖。

跟随李之才求学问道期间，邵雍执弟子之仪甚恭，即便在荒村野店，吃饭时也衣装整肃，下坐时也必定行跪拜礼。在教学上，他主动提出："愿先生微开其端，毋竟其说。"（《朱子语类》卷一百《邵子之书》）希望先生稍加开示即止，留给学生体悟的余地，不要一下子就给出答案，把道理说尽了。几年下来，他的学问便有极大的提升。当时有一个叫王豫的河南人，自恃学识高深，贯通今古，看邵雍年纪尚小，为人低调，就想收他为徒。想不到一番理论下来，他便自惭形秽，反而执弟子之仪，拱手要拜邵雍为师。

邵雍并不囿于书本知识，在读破万卷书之后，又开始行万里路，以师法天地的造化。他沿着黄河行走，渡过汾水，进入江淮地区，云游了许多地方，实地考察了齐、鲁、宋、郑四国的遗址，也经历了各种艰难险阻。一次，在夜行途中，他和座下的马一同坠下黑暗的山崖，以为都没命了，没想到马是死了，人并无大碍，只是破了一顶帽子。几年后的一天，站在一处高地的他，忽然心性豁然洞开，与万物贯通，溶入大用之流。他兴高采烈地高喊："道已经在此了！道已经在此了！"于是收拾行囊返回卫州共城（今河南辉县），自此深居简出，潜心著述。

皇祐元年（1049），在一番仰观天文，俯察地理之后，三十九岁的邵雍觉得自己出山的时间已到，而"以为洛邑天下之中，可以观四方之士"，是一个结缘的好地方，便带着全家从卫州共城迁到了洛阳。初到的时候，没有钱盖房子，就寄住在天宫寺里，上山打柴之余，在寺院里开馆教学，身兼樵夫与教师的双重角色。在他后来的著述里，有一篇标题为《渔樵问对》的长文，写的是一个樵夫和一个渔夫路上相遇，二人展开了海阔天空的对话。此文可以视为他自己生活的写照。山野间一个砍柴人，竟然有如此深广的关怀，洞察天地宇宙的奥秘，勘破社会人生的迷局，实在是不可思议。

开馆之后，学生由少至多，名声渐渐传了出去，一些名门子弟也来投在门下。因为感到从老师这里受益良多，这些学子便关心起老师的私生活来。学生中有一个叫姜愚的，与邵雍同岁，看老师已经四十三岁，过了不惑之年，还孑然一身，就来做思想工作，说："不孝有三，无后为大。先生年逾四旬而不娶，亲老无子，恐未足以为高。"邵雍这才道出实情："贫不能娶，非为高也。"（参见唐明邦《邵雍评传》第39页，南京大学出版社1998年版）姜愚于是自作主张，将另一位同学的妹妹介绍给他，并承担了婚事的一切费用，硬生生将老师推入洞房，并在四十五岁那年喜得贵子。接下来，在众多门生的援助下，他买下了天庆道观旁边的一处破房子，从寄居十三年的天宫寺里搬出，算是在洛阳安下了家。虽然"蓬荜环堵，不蔽风雨"，但他"居之裕如"，还亲自下厨为家人炒菜。不久，有个好友又将自家的一块田地借给他耕种，家里于是有了稳定的给养。邵雍不愿意求人，但亲友门生的帮助，他也不勉强推辞，他是个能够帮助别人、也能接受别人帮助的人，以不迎不拒的姿态面对这个世界，享受人们对自己的爱戴。从此，他就可以潜心著述，不用上山打柴到市场上去卖钱了。

这个时期，邵雍将陈抟老祖传下来的《先天图》进行推演，构建起一套体系完备的先天象数学。南宋朱熹的《周易本义》一书，对此有明确的解释："据邵氏说，先天者，伏羲所画之《易》也；后天者，文王所演之《易》也。伏羲之《易》初无文字，只有一图以寓其象数，而天地万物之理，阴阳始终之变具焉。文王之《易》即今之《周易》，而孔子所为作传者是也。"邵雍将"先天之学"和"后天之学"诠释为宇宙之本体与宇宙之形迹，他说："先天之学，心也；后天之学，迹也。"这里的"心"是超越有形世界的"天地之心"，也就是他所讲的太极、道和天理。他主张"以物观物"，即悬置先入为主的知见立场，以"廓然大公"的无我之心，去体察事物本身。

陈抟《先天图》直接承接七千年前伏羲所传的先天八卦，不同于周文王在羑里牢狱中演绎的后天八卦，是更为原始的法流。自西周以来，人们普遍运用的是《周易》。魏晋之后，学者往往以老庄学说来阐释易经的义理，忽略了象数的维度。邵雍将陈抟所传的先天易学的象数学加以演绎，撰写了《皇极经世》一书，弥补了当时主流易学的缺憾。根据伏羲八卦、河洛数理，邵雍"观天地之消长，推日月之盈缩，考阴阳之度数，察刚柔之形体"（《宋元学案·百源学案》），创立了"元、会、运、世"一整套计算方法，对天地物理、人类进化进行大跨度的推衍。以 129,600 年为一元，是人类的一个发展周期；每元 12 会，各 10,800 年；每会 30 运，各 360 年；每运 12 世，各 30 年。元、会、运、世皆以卦象表示，每年亦有卦象表示其天地物理、人间世事的流行变化，以此进行运演，揭示其中的微妙玄机，预测人类的既往、朝代的更迭、天下的分合、自然的变化，做到未卜先知。《皇极经世》堪称一部天书，古往今来，能够读得进去的人相当有限。此书几乎耗尽了邵雍的心血，封笔的那年（1060），正好是五十知天命的岁数，他大病了一场，在床榻上躺了很长时间，"伏枕几百日。砭灸与药饵，百疗效无一"，但已勘破命运迷局的他始终保持着"以命听于天，於心何所失"的心态（邵雍《重病吟》）。

三

邵雍的学问发微于天人之际，"观夫天地之运化，阴阳之消长，

◇ 邵雍一度靠打柴为生，堪称世上最伟大的樵夫

● 《樵夫图》明－吴伟－大英博物馆藏

远而古今世变"（《宋史·邵雍传》），将历史流变、人事更迭运算于象数之中，因为经得起经验的检测，得到了愈来愈多人的信服，影响力渐渐扩张开来。在他的身边，云集起很旺的人气。不仅是士人，许多达官贵人也与他亲近往来，成为他的弟子和友人。其中就有韩琦、富弼、司马光、王拱辰、文彦博、吕公著等。他的陋室里，可谓"谈笑皆鸿儒，往来无白丁"。

嘉祐七年（1062），洛阳最高行政长官、状元出身的王拱辰，在拜访邵雍之后，对他的人品智慧生起敬仰之心，看到他在天庆观东边的房屋过于简陋，觉得不是大德之人该住的地方，且有损洛阳文化古都的形象，便出资在洛阳天津桥南买了一处老地基，造起三十间房屋，算是给他的供养。宰相富弼又在房子边上给他买了一处带水池的花园。王安石变法后，严禁地方官送公房给私人，已经送出去的也必须补缴房款，否则就要强行收回。邵雍哪里缴得起房款，只好将房屋交出。他的困窘让学生和朋友们知道了，都觉得是令"吾辈蒙耻"的事情。于是，王拱辰又联络司马光、富弼等二十多名亲友门生，众人踊跃捐资，将这处田宅买下，使之成为私人财产，供邵老师永久使用。因为司马光、富弼、王拱辰出资最多，房契的户主名写的是司马光，园契的户主名写的是富弼，庄契的户主名写的是王拱辰，而实际使用权则属于邵家。（参见《宋人轶事汇编》）邵雍给新的家园起了"安乐窝"的名字，并以"安乐先生"自号。就在他迁入安乐窝之前，他的同门师兄周敦颐在庐山建成了"濂溪书院"，一北一南，遥相呼应。

"安乐窝"汇聚着人间的深情厚谊，里面的一砖一瓦，乃至一草一木，都凝结着人们对老师人格的敬重和对文化的礼遇。邵雍用诗的形式，表达了对朋友们的谢忱：

> 重谢诸公为买园，买园城里占林泉。
>
> 七千来步平流水，二十余家争出钱。
>
> 嘉祐卜居终是僦，熙宁受券遂能专。
>
> 凤凰楼下新闲客，道德坊中旧散仙。
>
> 洛浦清风朝满袖，嵩岑皓月夜盈轩。
>
> 接篱倒戴芰荷畔，谈尘轻摇杨柳边。

陌彻铜驼花烂漫，堤连金谷草芊绵。

青春未老尚可出，红日已高犹自眠。

洞号长生宜有主，窝名安乐岂无权。

敢于世上明开眼，会向人间别看天。

尽送光阴归酒盏，都移造化入诗篇。

也知此片好田地，消得尧夫笔似椽。

（《天津弊居蒙诸公共为成买作诗以谢》）

"安乐窝"很快就成为西京洛阳的文化地标，当地文人雅士集会的场所，也是邵雍栽培弟子的学园。为了亲近这位道德芬芳的君子，司马光和富弼等名流都纷纷把家搬到"安乐窝"附近来，做康节先生的邻居。以至于在洛阳有十二个人家，都仿照"安乐窝"建造了别墅，作为邵雍的"行窝"，随时迎请先生入住。

住进"安乐窝"的邵雍，内心充满感恩之情。他不认为自己得到的一切，都是理所当然的。因此，不仅感谢朋友，也感恩自己生活的时代。尽管一度以砍柴为生，四十二岁都因贫寒娶不上媳妇，但有着开阔历史视野的他，仍然将宋朝看作难得的太平盛世，联想到之前的五代十国那段非人的历史，他感慨万千，不惜以自己的笔墨来加以歌颂——

纷纷五代乱离间，一旦云开复见天。

草木百年新雨露，车书万里旧山川。

寻常巷陌犹簪绂，取次园亭亦管弦。

人老太平春未老，莺花无害日高眠。

（《观盛化吟》）

他盛赞宋朝开国以来的五件大事：一是改朝换代的革命之日，市民生活秩序井然；二是平定天下，是在太祖登基之后；三是革命行动未曾喋血，杀死一个无辜；四是建国百年只换了四任皇帝；五是一百年来国家无心腹之患。如今，"山河虽好非完璧"（《梅花诗》），但"四海有人能统御，中原何复有交争"（《登嵩顶》）。有了这样的历史自觉，他不会为世间存在一些不合理现象、不美好事物而自寻烦恼，跟所处的时代过不去，无端地消耗自己，辜负了难得的生命，而是尽情地受用这个时代给予的惠泽，穷理尽性地探寻宇宙的奥秘，怡然自得地消受生命存在的真意。他既是宋朝的子民，也是天地间的一个生灵，这两种身份应该彼此成全，而不是相互妨碍。他的日常生活，离不开诗、书、香、酒四种事物——

> 安乐窝中快活人，闲来四物幸相亲。
> 一篇诗逸收花月，一部书严惊鬼神。
> 一炷香清冲宇泰，一樽酒美湛天真。
> 太平自庆何多也，唯愿君王寿万春。
>
> （《安乐窝中四长吟》）

自从住进安乐窝，邵雍就觉得天下在此，一切俱足，天地万物都与自己同在，日月星辰都朝这里照耀，什么名山大川都无须寻访了。"吾隐安乐窝，天地乃同伍。窥破圣贤心，恬淡自得所。"（《伊川击壤集·观易吟》）他以安乐窝为题材，前后写了几十首诗歌，把波澜不惊的生活过得意趣盎然，"意去乍乘千里马，兴来初上九重天"（《安乐窝中诗一编》），"尽送光阴归酒盏，都移造化入诗篇"。他的诗多是随口而出，很少有雕琢的痕迹。他的生活也有着舒缓的节奏，清晨早早起来，燃上一炷香在窗前静坐，早饭之后开始读书写作，下午申时饮上三四小碗米酒，进入微醺状态便收，从不饮到酩酊大醉。就这样，他在诗酒茶香这些日常事物中，品尝人生难以言说的况味："美酒饮教微醉后，好花看到半开时。这般意思难名状，只恐人间都未知。"（《安乐窝中吟》）晚年，他在一首题为《观盛化吟》的诗里写道："生来只惯见丰稔，老去未尝经乱离。"儿子邵伯温觉得这话说得过头，有粉饰太平之嫌。他神情严肃地告诫儿子："我是快要死的人了，你们这一代将来就知道了。"多年以后，"靖康之难"发生，开封城在血光中陷落，徽、钦二宗皇帝成了金人的俘虏。邵伯温拖家带口，流落到嘉州凌云山，想起父亲当年说过的话，不得不佩服先君大人有先见之明，清福难享，太平的日子多么值得珍惜！

在邵伯温的记忆中，早在王安石变法之前，父亲就对世道的变化作出了预测。那是英宗皇帝还未驾崩的时候，邵雍与客人在天津桥上漫步，突然听到杜鹃的悲啼，情绪一下子就低落下去。客人问他为什么不开心。他说："洛阳过去没见有杜鹃，今天听到杜鹃啼声，是有原因的。国家兴旺时，地气自北向南行；天下生乱时，地气自南向北行。如今南方地气北行，禽鸟有所感应，便飞向北方。过不了两年，皇帝将起用南方人为宰相，大批提拔南方人来施行变法，天下太平的日子不长了！"（参见邵伯温《易学辨惑》）还颇为感慨地吟了"几家大第横斜照，一片残春啼子规"的诗句。

四

在邵雍交往的圈子里，富弼、司马光、吕公著算是身世最显赫的了。他们位居宰执，终日环绕在一个樵夫出身的处士身边，主动出资供养他的生活，实在是世上稀有的事情。对此，光有这样的解释："有如先生道学之尊，当以年德为贵，官职不足道也。"（《邵氏闻见录》卷第十八）和富弼、吕公著他们一样，作为儒者，司马光通读六经，对六经之首的《易经》当然有所研究。但他们所学的是周文王演绎的《周易》，而且偏于义理的方面，对于七千年前伏羲推衍的先天易学，很少涉及，更不善于象数的复杂演算。邵雍的易学，越过文王，直接承接伏羲先天八卦的源头，而且因为得到隐学高人的秘密亲授，在象数演算方面十分精确。

中国文化法脉的传承，分隐学与显学两条路线。显学是在社会文化体制内，通过常规的教学体系获得知识，成为士人的学术途径，也是相对大众化的知识生产与再生产方式。显学所传播的，往往是言语可以名状的内容。与此不同，隐学的传承是在山野丛林和民间秘密进行的，传承的获得者以全部生命来亲证所得到的知识，在获得印证之后，默默守候着法脉的种子、天地的玄机，并在找到下一代传承人之后，倾其所有加以亲传。隐学的高人尽管成就巨大，但终其一生都不一定为人知晓，甚至连名字都没有留下。这种传承往往通过师徒关系进行，对入室弟子的灵性和道德素质要求极高，不同于面对普通学生的门户洞开，不择根器。和显学的"有来学，无往教"的原则不同，隐学的传承是师父上门找徒弟。古代的易学、医术、修身养性乃至韬略之术，皆有秘密的法脉流衍。传入到显学界的往往是可以言传的部分，其超越常人经验和日常语言、不可名状的部分，只能由隐学高人以生命来承载。当显学的传播愈来愈远离源头，丧失其真义的时候，只能求诸隐学的传承体系，这就是所谓"失礼求诸野"的意思，并非求之于民间的黔首百姓。

历史上，伏羲可能是第一个将隐学体系向社会传播的人，先天八卦和河图洛书，据说都从他这里开显出来。在他之后，黄帝也扮演了同样的角色，相传他得道于广成子，而后通过与岐伯的对话，将道家的思想和医学传到显学的体系里来。老子得道之后就想驾牛西去，过函谷关时被关尹子拦了下来，才有了流传于世的《道德经》。列御寇大隐隐于市，他在郑国圃田居住了四十余载，左邻右舍都不知道他是个什么人，如同卧底一般。邵雍和周敦颐二人的成就，并非显学界的功劳。他们彼此似乎没有交集，但各自的师承往上追溯三代，都归到陈抟身上——那是个俯视世界、从高山上下来的人。而陈抟之上，则是钟离权和吕洞宾。

对于邵雍的传承，程颢有这样的表述："昔七十子学于仲尼，其传可见者，惟曾子所以告子思，而子思所以授孟子者耳。其余门人，各以其材之所宜为学，虽同尊圣人，所因而入者，门户则众矣。况后此千余岁，师道不立，学者莫知其从来。独先生之学为有传也。"（程颢《邵尧夫先生墓志铭》）孔子所传乃是显学，故而有弟子三千，因材施教，因根器不同，成就也有所差别，但皆不如集大成的孔子。他们在孔子身后各立门户，到了后面都"莫知其从来"，不知道自己知识的源头。邵雍与他们不同的地方，在于"学为有传"。然而，邵雍和周敦颐虽然被后世归为儒家，看作宋明理学的奠基者，但是在"儒门淡薄，收拾不住"的时代，他们皆出入佛老，其核心思想更是源自道家。其师祖陈抟得传于一个身穿麻衣的道人（即所谓麻衣道者），常往来于华山、武当和峨眉之间，传说能预知天意人事，是近乎广成子一样缥缈的人物。

差不多是同一时期，天台人张伯端也获得另一法脉的传承。屡次考场失意，在台州府城做了近四十年刀笔小吏的他，因为火烧文书档案，被流放岭南，从此浪迹江湖，开始寻师访道的艰苦历程。按照他自己的描述，求道期间，"至人未遇，口诀难逢，遂至寝食不安，精神疲悴。虽询求遍于海岳，请益尽于贤愚，皆莫能通晓真宗，开照心腑"（张伯端《悟真篇·序》）。治平三年（1066），已经八十二岁却尚未得到真传的他，路过洛阳时，还登门拜访了比他小二十八岁的邵雍，二人在安乐窝里相谈甚欢。两年后，张伯端在成都天回寺遇见了吕洞宾传人刘海蟾，获得"金丹药物火候之诀"的密授，从此拨云见日，成就性命双修大法。道成之后，他不顾高龄云游布道，却又因为"三传非人，三遭祸患"，被凤州太守流放。所幸解押途中偶遇一个名叫石泰的人，为他申冤解锁，并成为他的嫡传弟子，从此开创道教南宗的传承法系。元丰五年（1082），九十九岁的张伯端在途经临海天台百步时跌坐而化，烧得舍利千百（《历世真仙体道通鉴》）。他被后世尊为道教南宗始祖，他所写的《悟真篇》与汉代魏伯阳的《周易参同契》并称"丹经之王"。

张伯端开创的道教南宗，不同于邵雍所承接的法脉。在"穷理尽性以至于命"的母题下，后者侧重穷理，即天道的运行与人事的流变，以及人对天命的顺应；前者侧重于尽性，即个体性命的修炼与升华。这方面，张伯端将道家的内丹法与佛家的明心见性融会到了一起。其开创的南宗道法，也不同于近百年后王重阳创立的全真教。全真教被称为道教北宗，也是源自钟离权、吕洞宾的传承，虽然南北两宗皆强调性命双修，三教兼容，但在修行的次序上，北宗是先性后命，先修心性后转肉身；南宗是先命后性，先转身体后修心性。由于南宗注重生命的基础性修炼，从命功入手，炼精化气，去病健身，然后炼气化神，炼神还虚，因此，这一脉的祖师个个长寿，二祖石泰一百三十七岁，三祖薛道光一百一十四岁，四祖陈楠一百六十岁以上，五祖白玉蟾九十六岁。相比之下，北宗开山祖师王重阳世寿五十八岁，他的七位嫡传弟子中，马丹阳世寿六十岁，丘处机世寿七十九岁，谭处端世寿六十二岁，刘处玄世寿五十六岁，王处一世寿七十五岁，郝大通世寿七十二岁，孙不二世寿六十三岁，差不多是南宗诸位祖师寿数的一半左右。

在中国古典文化的流衍过程中，有法脉传承的人与只是接受显学教育的群体，有着相当大的区别。邵雍之所以成为显学界巨擘、司马光等人的老师，深受他们的折服，正是因为"独先生之学为有传也"。按照当时人的叙述，邵雍对易数的精通，已经达到了他人难以企及的程度，他对事物的成败始终，人之祸福吉凶，演算出来的结果，几乎无毫发差错。即便拿一间房子来算，它什么时候建造，什么时候毁坏，都完全如同所言（参见《上蔡语录》）。在这方面，对易学造诣甚深的程颢、程颐兄弟，对他也是佩服至极。

不过，邵雍之所以被众人拥戴，还在于他人格修养的成就。邵雍身材颀长，额头宽广，颧骨隆起，胡须过领，内心旷达，骨爽神清，姿态坦荡而端庄，温和之中又显出恭敬（宋濂《宋九贤遗像记》）。经过累年的修行，他气质已经转化，淬去了人间烟火之气，远远看去就异于常人。程颢有这样的描述："先生德器粹然，望之可知其贤。"与他相比，许多人都像是毛坯，或是烧坏了的陶器。《宋史》对他有这样的评议："雍高明英迈，迥出千古，而坦夷浑厚，不见圭角，是以清而不激，和而不流，人与交久，益尊信之。"也许是出自同一个师门，他和周敦颐一样，身体毛孔都流露出一股和煦的春风，跟他亲近的人，久而久之就会被这股春风感化，不知不觉就改变性情，变得清净平和起来。这就是有那么多的人喜欢和他在一起的原因所在。

26

五

富弼比司马光略早辞官回来洛阳，他本是洛阳人，在离安乐窝很近的地方有一座富丽堂皇的府第。这里平日都是朱门紧闭，但他特别叮嘱儿子："要是尧夫先生来，随时都可开门。"邵雍搬进安乐窝，最高兴的要数富弼，他说："从现在起，便可以随时互相招呼了！"邵雍的回答却颇有些克制："我冬夏两季不出门。春秋两季，间或与亲朋故友相互走动。因此，富公相招的时候，我未必能来；不召的时候，我说不定会主动登门造访。"邵雍有自己立下的规矩："时有四不出，会有四不赴。"大暑、大寒、大风、大雨这四种天气不出门，公会、葬会、生会、酿会不参加。

一次，邵雍突然兴起，坐着小推车来到富弼府上。二人又是喝茶，又是饮酒，不知不觉就到了深夜，外面还刮风下雨。富弼留他过夜，但邵雍却坚持要回家，于是便冒雨归去。看着先生的小推车消失在风雨里，富弼深深感慨："世间还有如此优雅高贵之人。"于是写了一首诗相送："先生自卫客西畿，乐道安闲绝世机。再命初筵终不起，独身穷巷寂无依。贯穿百代尝探古，吟咏千篇亦造微。珍重相知忽相访，醉和风雨夜深归。"（《过邵尧夫先生》）

神宗登基后，下诏全国推荐"遗逸"，吕诲举荐邵雍出任秘书省校书郎、颍川团练推官。富弼、司马光、王安石弟弟王安国也纷纷举荐邵雍。朝廷先后下了三道任命，邵雍都称病婉拒。富弼劝他："如果你不想做官，也可以封你一个闲职，拿一份俸禄也好啊。"对于友人的善意，邵雍心存感念，但他还是不愿踏入仕途，宁肯打柴也不愿领取空饷。他关心的是上天赐予的"天爵"，而不是社会等级制度中的"人爵"，更瞧不上什么官衔。他写了一首《不愿吟》，表达了自己的心愿："不愿朝廷命官职，不愿朝廷赐粟帛。惟愿朝廷省徭役，庶几天下少安息。"

一天，愁眉不展的富弼来到安乐窝。邵雍问他："是不是听说王安石罢相，吕惠卿晋升参知政事，怕此人比王安石更加乱来？"富弼回答："正是。"邵雍说："富公大可不必忧虑。王安石、吕惠卿本以势力相合。现在二人势力相当，必会反目成仇，今后就无暇祸害他人了！"果然，吕惠卿使出种种招数加害于王安石，二人很快交恶。富弼感服邵雍看事情远于常人，自己心里的事情瞒不过他。

遵循孔子的教诲，司马光从来不语怪力乱神，也不愿意走进幽深寺院。但富弼、吕公著他们却对佛教有浓厚的兴趣，时常到寺院里寻访僧人，谈佛论道。一次，有高僧开堂说法，二人相约前往。司马光想劝阻，又觉得自己辈分低，便请邵雍出面说话，但此时已经赶不及了。待到富弼他们从庙里返回，过来与邵雍见面，邵雍便笑着问富弼："听说皇上要用大礼请你再度出山啊。"富弼回答："我年老多病，哪里还能出山呢？"邵雍说："可要是有人参你，说皇上一再请你出来为国家做事，你推病不出；可和尚在深山里开堂讲法，你却亲自前往，这能解释得了吗？"富弼十分惊讶："啊！我怎么没想到这个。"

一次出游时，富弼不慎伤了腿脚，待在家里有些烦闷，便让人去请邵雍来说话。邵雍进门，瞧了瞧富弼面前的椅子就问："今天还请什么人吗？"富弼回答："只有您一人。今天心情不好，哪怕是儿子来了，我也要把他赶走。"邵雍微微一笑，说："椅子不够。"见富弼满脸疑惑，便告诉他："今日午时，会有一绿衣青年，骑着白马来看您。这个年轻人您必须得见。因为他将来负责编修史书，并且为您立传。"富弼尽管存疑，但还是吩咐家人："中午若有客来访，不论贵贱，即刻禀报。"中午时分，参与《资治通鉴》编修的范祖禹果然穿着一身绿袍，飘然出现在富弼家豪宅的大门前，手上还牵着一匹白马。富弼十分高兴，拉着范祖禹说："老夫年老体衰，数十年庸庸碌碌，但对国家的忠诚始终如一，也曾为天下百姓做些琐屑的事情。将来为我写传记时，还要你劳心费力啊。"如此唐突的话语，让范祖禹都十分讶异。许多年之后，富弼已经作古，国史院受命为当朝的贤人作传，并以抽签形式决定编撰人选，范祖禹抽到的传主正是富弼（参见宋代廉宣《清尊录》、宋代江少虞《事实类苑》）。

庆历初年（1041），辽国重兵压境，索要关南大片土地。朝廷派去谈判的官员不敢前行，富弼以"主忧臣辱，臣不敢爱其死"临危受命，出使辽国，以不亢不卑的态度与智慧，同辽兴宗及其虎狼之臣周旋，最终打消了辽人侵吞土地的欲望。在后来的政治生涯中，他两度出任宰相，还被封为郑国公。史称其"严重有威，众人不敢仰视"，但邵雍却将他作小儿看待（谢良佐《上蔡语录》），跟他交谈无拘无束，有时还会杀一杀他人上之人的威风。有一次，富弼在自家豪宅请客，邵雍当然也坐在席上。羊肉端上来的时候，富弼转头对邵雍说："煮羊肉这道菜，还是宫廷筵席做得最好，尧夫，这个你可是不知道吧？"邵雍说："我一个乡间打柴的野夫，哪里能知道朝堂筵席的滋味？不过，林下的青菜与竹笋，我倒是经常能吃到的。"富弼听了万分羞愧，当即起座举杯赔罪："实在对不起，富某失言了，富某失言了！"（王明清《挥麈录》）

或许是由于性情相近，加上对历史和政局的看法较为投合，司马光与邵雍走得比富弼更近些。除了在一起品茗清谈，吟诗唱和，还不时相邀到城里郊外踏青。邵雍出门，通常乘一辆小木轮车，由仆人拉着走。有一天，光约邵雍一起去登崇德阁，在路边等了许久，还不见他那辆小木轮车出现，便吟了首绝句："淡日浓云合复开，碧伊清洛远萦回。林间高阁望已久，花外小车犹未来。"邵雍赶来见诗，当即和了一首："君家梁上年时燕，过社今年尚未回。为罚误君凝望久，万花深处小车来。"在邵雍诗集《伊川击壤集》里，收了不少二人唱和的诗篇。这种"游于艺"的生活方式，扫除了光从开封带回的晦气。人间有这样的朋友真好。儒者以修身为本，不能因为焦虑家国之事，活得城府深沉，窒息了天真无邪的初心。

儒者修身，修的是明德，以此来照亮自己内心的府第，成就自身的品格，但在邵雍身上，司马光感受到玄德的深邃，与不思而得、不勉而中的智慧，在对很多事情的看法上，他都主动征询先生的意见。蔑视虚名的他颇为在意邵先生对自己的评价。又一次，借着茶劲，他不好意思地问道："先生看我是什么样的人？"得到的回答是："你是一个脚踏实地的人。"对于这样的评价，光已经很满意了。或许是因为社会角色进得太深，被一些伦理观念箍住了性情，光的身上缺少尧夫先生的超迈与放旷。作为一个人，他需要向先生学习。也是因为意识到这一点，到安乐窝拜访时，他会脱掉紫衣金带，支开随从，独自穿着便衣漫步过来，在门口通报"某某秀才来访"。

光习惯早起，早晨的阳光与他的名字相应；但邵雍因为打坐入定，往往起床较晚，为此专门写了一首《懒起吟》："半记不记梦觉后，似愁无愁情倦时。拥衾侧卧未忺起，帘外落花撩乱飞。"光看了十分欢喜，请先生写成条幅挂到自己家里。到了洛阳之后，邵雍开始吸纳佛教的思想，文字里有时流露出禅的意趣。譬如："万水千山行已遍，归来认得自家身。""廓然心境大无伦，尽此规模有几人？我性即天天即我，莫于微处起经纶。"（《伊川击壤集》）他还专门写了一首《学佛吟》："妄欲断缘缘愈重，徼求去病病还多。长江一片长如练，幸自无风又起波。"他的学问修养于是有了贯通儒道佛三家的气象。因此后世有"康节之学，近似释氏"的说法。

在洛阳，邵雍并非只是与几个退下来的官僚往来，他是洛阳古都的荣光，全洛城人的亲人，深得市民的喜爱。在这里，几乎家家户户都盼着邵雍能来做客，甚至备好酒食，并以他进家来喝一杯茶感到自豪。酿了好酒，首先想着往尧夫先生家里送。《邵氏闻见录》有这样的记载："每出，人皆倒屣迎致，虽儿童奴隶皆知尊奉。每到一家，子弟家人争具酒馔，问其所欲。"进到人家家里，主妇、姑姨、妯娌、婢妾，都争相向他敬酒。有时实在难以应付过来，但他还是逐一回敬她们，让人人皆得欢心。

洛阳人熟悉他那辆小车的辖辘声，听到那声音由远而近，就急忙走出门来迎接，连孩童都无比骄傲地说："我家先生来了！"路上遇到的人，比自己年长的，邵雍便拱手礼拜；年龄相仿，则视为朋友；年纪小的，则以子弟对待。随便进去一个院子，都像回到自己家一样亲切："喜醉岂无千日酒，惜春还有四时花。小车行处人欢喜，满洛城中都似家。"（邵雍《小车行》）"尧夫三月病，忧损洛阳人。非止交朋意，都如骨肉亲。荐医心恳切，求药意殷勤。安得如前日，登门谢此恩。"（《病中吟》）写完《皇极经世》之后，邵雍大病一场，这可急坏了洛阳人，他们忙着给他推荐医生，提着美食前来探望，都快把他当成自家的祖宗了。

邵雍定居洛阳，不仅"乡里化之，远近尊之"，一些跟随他的人，不知不觉中也变化了气质。有个名叫周长孺的官员，以性格暴烈著称，成了邵雍弟子之后，性情蜕变，待人接物如春风拂柳，让家人都觉得不可思议。邵雍与龙门石窟、洛阳牡丹，成为西京最吸引人的景观。外地来洛阳的士大夫，不一定去官府拜见大员，也不一定去龙门看石窟，但一定要到尧夫先生的家里来拜访，不然就觉得好像没来过洛阳似的。欧阳修任参知政事时，他曾专门嘱咐前往洛阳的儿子欧阳棐，一定要登门拜见邵雍先生，转达自己对他的敬意。

在当世文人中，邵雍和王安石没有交集，但与其在西京国子监任教授的弟弟王安国往来颇多。关于邵雍的为人，王安国没少给哥哥介绍。据说，听了关于邵雍行状的描述，王安石无比惊叹："尧夫之贤不可及矣！"在人格修为方面，王安石自视甚高，能够入他法眼的人少之又少，但他还是觉得，自己远远不及尧夫先生。性情温润的邵雍已经到了应物无伤的境地。他虽然不赞成变法，但又觉得这是无法避免的历史过程，无意因此事与人过不去，造作出一些是非诉讼来，在人心里烙下硬伤。一次，王拱辰之子王茂直设局宴请，受邀的人中有王安国，也有反对新法的吴处厚。邵雍本当赴宴，但他却以身体原因婉辞。过后，他专门向王茂直作出解释，吴处厚性情激越，爱发极端言论，他在酒桌上拍桌子骂起王安石来，场面就会很尴尬，所以自己才没有出席，请他谅解。对方不禁感慨："先生真是料事如神！"

王安石变法以来，邵雍在外面为官的门生故旧，"皆欲投劾而归"，撂挑子不干。邵雍并不支持他们，认为这样做没有意义。他指出：当今正是有能力的人施展才华的时候，新法虽然严苛，但在实施过程中加以变通，能宽一分，老百姓就得到一分受益。何必闹得势如水火，弹劾状子到处乱飞？（《邵氏闻见录》卷二十）新法给他生活带来的直接影响，就是平日里很少喝到酒了。"自从新法行，尝苦樽无酒。每有宾朋至，尽日闲相守。必欲丐于人，交亲自无有。必欲典衣买，焉能得长久。"（《无酒吟》）朋友相聚的时候，他只能把家里的一些衣物拿去典卖掉，但这也不是长久之计啊。

六

熙宁五年（1072），也就是司马光判西京留台的那一年，程颢也携父亲程珦及眷属从汉州回到洛阳，与潜心修学的弟弟程颐团聚。在这里，兄弟不仅可以更好地给父亲大人尽孝，也可以跟邵雍、司马光他们一起切磋交流，还可以开坛讲学，接收一些好学的弟子。自师从周敦颐先生学习太极学说之后，兄弟二人一直执着于易理的探索，企图从中窥视天地造化的奥秘。在开封应试时，因为表叔张载的隆重推介，他们在显学界已经名声大噪，为此内心也是自信满满。初到洛阳时，程颢便慕名拜访安乐窝，在主人身上，他感到了一股似曾相识的春风。品茶论道的过程虽说争论不休，却也十分快意，从早晨到黄昏，时间不知不觉就过去了。回家之后，他深深地感慨："尧夫真正是内圣外王的学问啊！"程家其实与安乐窝同一条里巷，程颢于是成了邵雍茶桌上的常客。一天，正好没有什么事务，程颢便运用邵先生的方法，来推演一些事情，发现结果全都是吻合的，不禁惊讶先生学问之缜密，难怪富弼、司马光他们那么信服此人。

其实，很长时间以来，程颐一直是邵雍的邻居。或许是相对内敛和孤高的性格，或许是如人所说，是因为师尊尚在，不好改换门庭，程颐从未就易学象数方面的知识请教过邵雍。曾有学人问及邵雍的象数，程颐回答："我与尧夫同里巷居三十年余，世间的事情无所不问，就是未尝有一字问及象数。"邵雍虽然和光同尘，但对人格洁净度有很高的要求。在当时洛阳的圈子里，他看得上的只有四个人——富弼、司马光、吕公著、程颢，把他们列为"洛阳四贤"，评价最高的是程颢。因为有不忍人之心，不愿把人当畜生来使唤，程颢和司马光一样，从来不坐轿子。对于富贵人家雇奶妈这样的事情，也极其反感。因为奶妈之所以有奶，肯定是自己也生下了孩子。她的乳汁给了别人家孩子，就无法给自家孩子哺乳。邵雍特别喜欢程颢通达开朗的性格，曾经带他一起到伊川勘选其父亲的墓地，有心将自己的学问传给他。程颢当然乐意，当听说学成需要二十年时间，觉得实在太久，不知自己还能否活二十年，也就只好却步，但他仍然为尧夫先生身上的魅力所折服。而弟弟程颐始终连求学的念头都未曾有过。

有一天，正在坐着聊天，忽然远处传来雷鸣，邵雍问程颐："你知道雷的起处吗？"程颐答："我知道，可您不知也。"邵雍有些愕然，问："此话怎讲？"程颐说："既然知道，哪用得着拿数理来推演？就是因为不知，所以才要推而知之。"邵雍进一步追问："你以为从何处起？"程颐的回答颇具禅意："起于起处。"虽然同为兄弟，但在邵雍看来，二人是如此的不同：程颢少有自我的坚持，能够权宜应变，像一条洒满阳光的通道；程颐僵持自我的知见，认的是不变的天理，人就像一堵巍峨的高墙。除非程颐本人有心启请，否则他无意强行将这堵墙推倒。兄弟二人似乎都不知道，尧夫先生的传承，与自己的老师周敦颐所获的传承，其实都来自同一个源头。

邵雍秉承这样的理念："世间万物无非数，理在其中遇。吉凶悔吝有其机，祸福可先知。"（《观物洞玄歌》）他根据所获得的传承编制的梅花易数，以地理、天时、人物、声音、方位、时间、动静、颜色、动植物等感知到的现象，按照先天八卦加以数理转换，进行推演，测断事物变化的态势，并将这种方法称为"梅花易数"。这个命名据说源自某一个早晨，邵雍在观赏梅花的时候，看见两只小麻雀在枝头上吵闹，之后忽然争枝坠地，便运用先天易数进行演算，断定次日当有一邻女前来攀折梅花，受园丁驱逐，从树上跌落下来，摔伤大腿。此事果然得到验证。

对于自己毕生守护的法脉，邵雍绝不轻传，一是担心所传非人，将稀世珍宝错误托付，让内心阴险者得到太多的智慧，徒长奸雄，伤害这个世道的公正；二是担心漫泄天宝，让得到传承的人不懂得珍重，糟践了它原有的辉光。他要求到他跟前的求道者，必须像当年自己对待李之才先生那样，竭诚恭敬地执持弟子之仪，不能有丝毫的怠慢与作伪，还要有高尚的情操。他以布衣名动朝野，前来求学的人自然不少。苏轼的同学、变法运动的主将章惇，曾经来到安乐窝，在邵雍面前纵横议论，口沫横飞，希望能够得到先生的传授。邵雍微笑着告诉他："那你必须十年不做官才行。"程颢的学生、曾任崇文院校书的邢恕，也提出同样的请求。邵雍给他说点儿皮毛，他便旁征博引，滔滔不绝，自以为已经领悟。邵雍告诉他："我这里教的是先天之学，没有那么多言语，你应当虚心涤虑，然后才能学懂它。"算是回绝了他的请求。

七

熙宁十年（1077），因为秦凤路（今甘肃天水）守帅吕大防的力举，神宗两次下诏，召张载进京觐见。此时，在横渠小镇耕学多年的张载已经患有严重的肺病，圆圆的脸上布满了沧桑的沟壑，稀疏的胡须也所剩无几。一年前，心爱的弟弟张戬的暴病而亡，更是雪上加霜，给他致命的打击。他白天体力难支，夜里辗转难眠，咳嗽不已，但又不能违背君命。于是，带着一身的病患上路。

进京后，张载被任命为太常礼院同知。此时，有人建议实行古代的冠婚丧祭四种大礼，礼官们以古今习俗不同加以抵制，唯有张载同意采纳，最终引发了一场没有结果的争议。张载身心疲惫，力不从心，两度递交辞呈，并在得到皇帝恩准之后西归。路过洛阳的时候，他停留了一些日子，并见到了自己仰望已久的邵雍先生和程颢、程颐二位表侄。

这一年，邵雍正好六十七岁，预感到自己将不久于人世的他，写下这样的诗句："六十有七岁，生为世上人。四方中正地，万物备全身。天外更无乐，胸中别有春。"（《自贻吟》）即将凋零的时刻，他内心仍然流动着生命的春意。十年来，社会处在变革的大潮之中，周边的朋友如司马光、富弼、吕公著等，内心都相当焦灼，但他秉着"去尽风波存止水，世间何事不能平"的心境，把生活过得意蕴无穷。"坐卧绕身唯水竹，登临满目但云山。"（《世上吟》）"一枕晴窗睡初觉，数声幽鸟语方休。林泉好处将诗买，风月佳时用酒酬。"（《岁暮自贻》）这些诗句是他在激流中安享十年的见证。在一个不尽如人意的社会，一个人也可以穷尽生命的可能，把生活过得没有遗憾。

27

这一年春天，邵雍感到了来自身体的不适。进入夏天，病情就严重起来。一天午觉，他做了一个梦，梦见许多旌旗和成群的鹤从高空降下来，将他引导到了一处乱山。在路边的一个驿亭里，他与司马光、吕公著等朋友拱手诀别，亭子间的墙壁上写着"千秋万岁"四个大字。梦醒之后，邵雍便起不来身，此时，虽然气已经相当虚弱，但他的神却显得很足。在死神降临之前，他作出了预测，河州将很快被宋军收复。

得知先生病危，朋友们都相当焦急。富弼请来了洛阳最有名的医生，司马光、张载、程颢、程颐也前来探视，早晚不离左右。邵雍对站在床前的司马光说："我正在经历一场性命的蜕变。"司马光紧张地回应："先生不至如此吧！"邵雍笑道："生死是一件寻常不过的事情。"他清楚地记得，父亲大限来临时，父子二人就是举杯诀别的。病况已经相当严重的张载，也靠到床前来。他细心地给邵雍把了把脉，说："先生脉息不亏，无须用药。"接着又问："先生相信命吗？我试着为您推一推。"邵雍抬起眼帘回答："若是天命，则知道；若是世俗所说的命，则不知。"张载便道："既然先生已知天命，就没有什么可说的了。"此时的程颢已被邵雍指定为墓志铭的撰稿人，他十分明了先生的心情："先生到了这里，他人已经无能为力，愿您自作主张。"邵雍意味深长地说："平生学道，岂不知此？但这个时候，已经不需要有什么主张了。"（《邵氏闻见录》卷第二十）程颐问他："从此就与先生诀别了，还有什么可以见教？"邵雍停了一会儿，说："面前路要放得宽，路径窄了自己都过不去，何况还要留给他人行走呢？"显然，这是针对程颐严苛的性情给出的劝告，但直到离世的那一天，程颐也做不到这一点。

知道已经无力回天，司马光、富弼等人便开始商量后事，丝毫不顾及是否会被主人听到。躺在病榻上，听着亲朋在热烈讨论如何处置自己即将遗弃的身体，邵雍似乎很享受。他没有加入进来，但将儿子邵伯温唤到床前，重复先师陈抟的箴言："得便宜事不可再做，得便宜处不可再去。"并对后事做了安排，嘱咐其要"三日殓，三日葬，慎无为流俗阴阳拘忌也"。还交代他不同意司马光在洛阳邙山选风水宝地的建议，要把自己入葬父亲在伊川的墓地，入殓时用油麻布裹尸，墓穴和棺椁中都不要有任何陪葬品。他特别叮嘱儿子："整个安葬过程，一定要让村子最西头那户人家的小女儿目睹。"这个要求虽然有违当时的风俗禁忌，但家人还是遵照执行。几十年以后，就在村西头的房子里，一伙不务正业的年轻人鬼鬼祟祟地密谋盗挖邵雍坟墓之事。屋子里白发苍苍的老奶奶，就是当年那个目睹安葬过程的小女孩，她走了进来，告诉这些不肖子孙："邵雍的墓里，除了油麻布裹着的骨头，什么随葬的物件都没有。当初下葬时，我可是看得清清楚楚！"就是因为那个特殊的安排，时至今日，邵雍墓都没有被人挖盗过。

在离开这个世界之前，邵雍以一组《梅花诗》，对身后的历史作出了预言——

> 荡荡天门万古开，几人归去几人来。
>
> 山河虽好非完璧，不信黄金是祸胎。
>
> 湖山一梦事全非，再见云龙向北飞。
>
> 三百年来终一日，长天碧水叹弥弥。
>
> 天地相乘数一原，忽逢甲子又兴元。

年华二八乾坤改，看尽残花总不言。

毕竟英雄起布衣，朱门不是旧皇畿。
飞来燕子寻常事，开到李花春已非。

胡儿骑马走长安，开辟中原海境宽。
洪水乍平洪水起，清光宜向汉中看。

漫天一白汉江秋，憔悴黄花总带愁。
古曜半升箕斗隐，金乌起灭海山头。

云雾苍茫各一天，可怜西北起烽烟。
东来暴客西来盗，还有胡儿在眼前。

如棋世事局初残，共济和衷却大难。
豹死犹留皮一袭，最佳秋色在长安。

火龙蛰起燕门秋，原璧应难赵氏收。
一院奇花春有主，连宵风雨不须愁。

数点梅花天地春，欲将剥复问前因。
寰中自有承平日，四海为家孰主宾。

按照后人的解释，第一首预测的是靖康之难之后的社会剧变，第二首预测的是南宋的偏安与落幕，第三首预测的是蒙元短暂的国

◇ 发心要继绝学开太平的张载

运，第四首预测的是明朝的兴废，第五首预测的是清朝的盛衰，第六首预测的是民国的风云变幻。后面的诗意仍然有待历史的跌宕，但最终的结局还是令人乐观的："数点梅花天地春"。虽然邵雍一生都没有出任公职，但他和周敦颐一样，是北宋精神世界的王者，是人们心甘情愿向他作揖甚至下跪的人。他对这个时代的影响，不逊于万万人之上的皇帝，尤其是在文化根基奠定和道德风尚转移的方面。

邵雍仙逝的这一年冬天，张载也颤颤巍巍地揖别洛阳的朋友，向横渠小镇的方向前行。旷野上不时传来驴子的悲声，他感觉自己将不久于人世。动身前，他与程颢、程颐兄弟做了一番学术讨论，并告诉二位表侄，自己恐怕很难回到横渠了。实际上，来到陕西临潼的第二天凌晨，他便以五十八岁的年龄病逝在客店里。临终时，守在床边的只有外甥宋京。因无钱买棺装殓，宋京星夜奔赴长安求助。得知噩耗，弟子们纷纷从各地赶来临潼，捐资买棺，一路护送老师的灵柩返回横渠，将其安葬在迷狐岭他父亲陵墓的东南，与弟弟张戬的墓左右相对。不久，神宗下诏按崇文院三院之职发给丧葬费用。张载去世之后，妻子郭氏因生活无着，便携子张因回到河南南阳的娘家寄居（参见严惠婵、赵军良《北宋大儒张载》第 36 页，陕西新华出版传媒集团太白文艺出版社 2016 年版）。他留下的文字，为越来越多的士子所喜爱。

八

"泰山其颓，则吾将安仰？梁木其坏、哲人其萎，则吾将安放？"让程氏兄弟作子贡之叹的是老师过早的离世。在邵雍仙逝之前，宋代理学的另一个开山人周敦颐，便于熙宁六年（1073）去世了。正是这位道德君子的垂范，让莲花成为这个时代的人格图腾。他的离世，不仅让弟子们伤心，也令他的知己、远在成都的赵抃难以释怀。其实，在北宋的江山里，爱莲者不乏其人。曾任参知政事的赵抃就是其中之一，此人身上发生过许多动人的故事。

至和元年（1054）冬天，京师相府发生命案，宰相陈执中爱妾张氏恃宠而骄，因为侍女迎儿顶撞两句，便命人剥光衣服，绑起来关进暗室，断其饮食，导致迎儿饥寒而死。府中另外两名侍女怒斥张氏的残忍，却受到非人的毒打与侮辱，最后双双上吊自杀。事发之后，陈执中软禁证人，利用权力百般阻挠司法，加上仁宗皇帝偏袒，陈执中不仅没有得到惩罚，还风光地留在宰相的位置上。时任殿中侍御史的赵抃忍无可忍，在半年里连续十二次对他上疏弹劾，列举其"不学无术，措置颠倒，引用邪佞，招延卜祝，私仇嫌隙，排斥良善，很愎任情，家声狼藉"等多项罪名（《续资治通鉴》卷第五十五），硬是把他从朝堂上拉了下来。赵抃因此被人称为"铁面御史"，与"黑面知府"包拯齐名。

赵抃气貌清正，行为飘逸，特立独行，白天应对公务，喜怒不形于色。到了晚间，便悄然来到一处空旷之地，穿着整齐的衣冠，焚香向天空跪拜，嘴里还念念有词。看到的人，问他是否有不可告人的事情向上天告密。赵抃笑答："哪里是告什么密呢？无非是将自己白天做过的和接下来想要做的，都报告上天。不敢告诉苍天的事情，无

论如何也不能做啊。"（《续资治通鉴》卷第七十八）

赵抃出知虔州的时候，有人在他面前议论，说周敦颐看起来似乎正人君子，其实败絮其中，是个自命清高的小人。对于加在自己身上的污名，周敦颐不作任何辩解。但经过一番观察，赵抃发现，那个说别人是小人的人，才是真正的小人。于是，在一次开诚布公的谈话后，赵抃紧握着周敦颐的双手说："我几失君矣，今日乃知周茂叔也。"于是彼此以诗相赠。赵抃不仅人品洁净，诗文也写得十分优雅，一首《次韵周茂叔国博见赠》可以为证："蜀川一见无多日，赣水重来复后时。古柏根深寒不变，老桐音淡世难知。观游邂逅须同乐，离合参差益再思。篱有黄花樽有酒，大家寻赏莫迟疑。"就这样，因为对莲花的共同喜好，两人便成了知己，经常一起出游唱和，彼此都为认识对方感到荣幸。

赵抃一生从不购置物业，也不像一些官员那样畜养歌伎，但他收养了二十余名孤女，出资为十几个侄女办理嫁妆，支助过的孤寡穷人更是不计其数。嘉祐四年（1059），出任益州路（即成都府路）转运使的他，单骑入蜀，随身携带的只是一把古琴，伴着一只白鹤（沈括《梦溪笔谈·人事一》），沿途谢绝一切接风宴请。在渡过一条江时，看见水波清如琉璃，澄澈见底，弯腰掬饮，甘洌无比，于是对江发誓："吾志如此江清白，虽万类混淆其中，不少浊也！"这条江后来被命名为清白江。到职后，他经常深入穷乡僻壤探访民情，平日有空，则以抚琴观鹤为乐。他时常抚摸鹤身上雪白的羽毛，体会活得干净的感觉。他的行为一时传为佳话，并得到仁宗皇帝的赞扬。以身作则的他凭着一把琴、一只鹤和个人的道德力量，扭转了川蜀厚积多时的奢靡政风。

和周敦颐一样，为了玉成自身人格，赵抃愿意攻以他山之石。

他是兼具佛道修养的儒者，还是云门宗法泉禅师的嗣法弟子。平日除了阅读经典，夜深人静时还结跏趺坐。四十多岁时的一个晚上，在甚深定境中，他的大脑轰然一声，如同惊雷炸响，人一下子就顿入没着没落的境界当中，觉得世间万物全无所得。下座后，他像六祖慧能那样，作了一首偈子："默坐公堂虚隐几，心源不动湛如水。一声霹雳顶门开，唤起从前自家底。"赶忙到庙里向法泉呈上，当下得到了禅师的认可，说他真是撞上头彩，开悟了。有了无住生心的悟性，他没有像司马光、程颐他们那样执着于义理，入世做事善于变通制宜，成了一个大活人。出知越州时，正值旱涝灾害频仍，各州都在到处张贴公告，严令禁止提高米价。他却反其道而行，在自己辖区内放开物价，任人自由出卖粮食。结果越州市场米商云集，米价反比别的地方便宜许多，饥饿的情况也较为缓解。在给各地方官下诏的时候，神宗皇帝往往会举出赵抃，作为学习参考的典型，还将他擢拔到知谏院和参知政事的位置上。

宰相韩琦称赞赵抃真是"世人标表"，自己自愧不如。但做一个公认的道德楷模，赵抃的内心并非没有过挣扎。在益州路转运使任上时，府衙里有一名温婉的侍女。这个蜀女身上的水灵与妖媚，深深地搅乱了他的心。有一次，性情随心而起，他将这位女子带到自己居住的官舍，让她在外厅等候召唤。然而，赵抃进入里间后，却迟迟不见出来。有人听到他在房间里不断训斥自己："赵抃休得无礼！赵抃休得无礼！"直到内心平复之后，他才叫来办事员，让其拿些钱给等在外厅的女子，吩咐她找个好人家，尽快把自己给嫁了（参见王立新《理学开山周敦颐》第47页，岳麓书社2012年版）。

据说，这样的事情还重复了一回。第二次入蜀的时候，在某场宴会上，有名官伎头上插着一枝杏花，跳起舞来风情万种。酒气上头后，赵抃心旌飘扬，不禁对这位女子说了一句轻佻的话："鬓上杏花真有幸。"伶俐的官伎立即回应："枝头梅子岂无媒。"一问一答，竟然完全对仗，让他心花怒放。回到官舍，他又招来办事员，让其去把那女子接过来。但办事员去了许久都不见人回来，正当他要另外唤人再去的时候，头上的酒气却消散了。而那个先前派出去的办事员，也出现在他面前，称自己压根就没去，因为知道大人很快就会反悔的。赵抃于是哑口无言。

这两桩事情，用宋代理学的观念来理解，就是天理与人欲的冲突。如果让理学家张载来解释，就是人性内部不同层面的对立与冲突。张载将人性分为两个维度：一是源自太虚的天地之性，一是来自身体的气质之性。气质之性包括饮食男女等，是对象性的，带有攻取倾向，是人性中恶的来源；天地之性是人与万物通而为一的属性，是人性中善的来源。性命的修行，就是要转化气质之性，将其返归天地之性。因此，他指出："性于人无不善，系其善反不善反而已。"这种人性的反转和回归，意味着人要降伏其心，驯服自己野马一般的身体属性，而不是一味放任与纵容。赵抃在自己身上所做的，正是这种儒家功夫。但如此激烈的内心挣扎，在王安石、周敦颐、司马光他们那里，似乎没有出现过。或许，他们属于"不勉而中"的类型，不为身体气质之性所左右。

共事两年之后，嘉祐七年（1062）十一月，赵抃被召回京城，出任御史知杂事，临别之际，给周敦颐留下了《和虔守任满前人香林寺饯别》：

> 顾我入趋峣阙去，烦君出饯赣江头。
> 更逢萧寺千山好，不惜兰船一日留。

清极到来无俗语，道通何处有离忧？

分携岂用惊南北，水阔风高万木秋。

赵抃走后，周敦颐一度代理知州职务。一次出差外地时，州城里发生一场火灾，千余家民居被焚为灰烬。知州自然就当不上了，但因为赵抃的照应，他没有受到什么惩处，只是被调往湖南永州，就是柳宗元《捕蛇者说》描述的那个地方。永州虽然偏僻，而且多蛇，但是他自己出生的故乡，足以慰藉他的内心。就像程师孟诗里写的："曾是忠贤流落处，至今兰芷尚萋萋。"（《送茂叔通判虞部赴零陵》）

周敦颐要回家乡任通判的消息，让永州父老和亲友高兴之余，也有了某种期待。为了避免人情世故方面可能的困扰，他人未启程，就寄出了一首诗："老子生来骨性寒，宦情不改旧儒酸。停杯厌饮香醪味，举箸常餐淡菜盘。事冗不知筋力倦，官清赢得梦魂安。故人欲问吾何况，为道春陵只一般。"（《任所寄乡关故旧》）在诗里，周敦颐将自己淡泊的性情、粗茶淡饭的清简生活以及做一名清官的志向，都披露了出来，希望得到乡亲的谅解，为接下来的政治生活埋下伏笔。但他在永州逗留的时间并不太久。熙宁元年（1068），周敦颐接到了出知郴州的诏令。离开家乡之前，已经有了归隐庐山想法的他，隆重地祭祀了自己的父亲和先人，将家里原有的十几亩田赠予族人，委托其看护祖先的墓园，然后，深深地鞠上一躬就转身走了。

熙宁三年（1070），在赵抃和吕公著的举荐下，周敦颐被擢升为广南东路提点刑狱，已经是一个正三品的官职。到任后，为了给流贬岭南、身罹冤假错案的人昭雪平反，他不惮劳瘁，深入瘴气弥漫的岭南各地巡察，身体终于被疠气所侵，陷入病患之中。病中的他听说远在润州的母亲的坟丘被一场大水冲毁，于是，他请求朝廷将其调往南

苏东坡时代

◇ 周敦颐的归隐，提升了庐山的高度

● 《庐山高图》明 - 沈周 - 台北故宫博物院藏

康。将母亲的坟墓迁修之后，五十六岁的周敦颐自感体力难支，遂辞去南康知军的职务，把官印上缴，退隐庐山莲花峰下，在一条溪流边筑起濂溪书堂，开垦荒地，种植莲花，过起耕读传家的生活。终日与他做伴的是庐山下千万棵高耸的树木。寒气森森的山谷里，他觉得自己归来得太晚，"云树岩泉景尽奇，登临深恨访寻迟"（《和费君乐游山之什》）。因为历官以来所得的俸禄几乎都用以接济亲戚朋友，一家人的日子就只能是自给自足："窗前即畴圃，圃外桑麻林。芋蔬可卒岁，绢布足衣衾。"但这种状况对他而言，已经算是十分富足了，因为他没有了遭遇之外的要求："饱暖大富贵，康宁无价金。"（《题濂溪书堂》）在他看来，只要心无滞碍，就是神仙日子。

得知周敦颐提前退养，远在成都的赵抃深惜其才未为国家尽用，又向朝廷上疏，请求皇帝委以重任。但天高地远，皇上的旨意还未传到山下，周敦颐便于熙宁六年（1073）六月病逝了。这一年，他也才五十七岁。因为他的归隐入林，庐山的高度有所提升。得知周子过世的消息，作为晚辈的同乡黄庭坚给予他很高的评价，称其"人品甚高，胸怀洒落，如光风霁月。廉于取名而锐于求志，薄于徼福而厚于得民，菲于奉身而燕及茕嫠，陋于希世而尚友千古"（《宋史·周敦颐传》）。

第九章

微茫的慰藉

一

　　就在司马光调往西京这一年的七月，熙宁四年（1071）的初秋，苏轼也携家带口离开汴梁，前往杭州。就这样，两个反对派的中坚人物，如鸿雁一般各奔东西了。和光相同，轼也是主动请求外放的。他这些年积累起来的行政级别略低于六部的侍郎，可以出任知州这样的职位，神宗原先的朱批是："与知州差遣。"但到中书省就是通不过，中书省要他去做颍州的通判，神宗这才改为通判杭州。毕竟，杭州有湖山之美，是诗意浓稠之地，将一个诗人投到这里，就像将鱼放入水中，将野兽放归山林，所谓得其所矣。临行之前，轼收到与可表兄寄来的诗，里面有这样的句子："北客若来休问事，西湖虽好莫吟诗。"意思是要轼收缩伸得过长的舌头，免得舔到刀刃上。但这位从表弟亏吃得还不够多。

　　离开京师，轼并不急于走马上任。他先是到了苏辙任学官的陈州，在这里待上两个多月，并与弟弟一同拜会了苏家的恩公张方平。一年前，曾经担任过参知政事的张方平，因为政见不合请辞，出任应天府通判，并知陈州。他到任后做的第一件事，就是将坐在冷板凳上的苏辙调来陈州，担任教授一职。与恩公相见，自然免不了回顾往事。张方平讲起多年前一段奇怪的遭遇：

　　庆历七年（1047），张方平以翰林学士的身份出守滁州。拿到诏令，他便到大相国寺去，与九十多岁的本怀法师道别。法师特别叮咛他："到任之后，不妨到琅琊寺走走，若有所得，也请务必告知一声。"第二年开春，张方平遵嘱，带着一帮随从来到琅琊寺。上香之后，他在院子里转了一圈，忽有怅然若失之感。小和尚看他神情恍惚，便请他到方丈室茶歇。张方平却询问："庙里是否还有别的去处？"慧明方丈回答说："还有一座藏经院，因为年久失修，早已破旧不堪，太守若有兴趣，也可以移步过去看看。"穿过侧门，进入藏经院，张方平有了似曾相识的感觉。他让人找来一个梯子，攀上阁楼取出一个陈旧的木盒，拂去尘埃，小心翼翼地将它打开，里面竟然藏着手抄的《楞伽经》。翻开册页，读了开经偈，他便泪如雨下，眼前浮现出一幕幕奇幻的画面。他告诉身边的人，自己前世乃是藏经院的僧人，这部《楞伽经》还未抄完，便染病逝世了。说罢，他当即伏案，将《楞伽经》剩下的部分续抄完毕，前后的笔迹竟然有着惊人的相似。他随即写下一个偈子："一念存生灭，千机缚有无，神锋轻举处，透出走盘珠。"这部《楞伽经》因此被称为"二世经"。十四年后，"幻灭都尽、慧光浑圆"的张方平，出资三十万钱，委托苏轼作序并刻印《楞伽经》，施布于江淮之间，一时传为佳话。而轼的这篇序文，也写得相当精彩。

有关前世今生的事情，虚虚实实，无法证实也无法证伪，谁都道不明白其中的原委，生活最终还是归于当下的一刻，该做什么还得做什么。过完中秋，苏辙就陪哥哥前往颍州，拜望刚刚以观文殿学士、太子少师致仕，在西湖边归养的老师欧阳修。临别时刻，恩公张方平给轼的忠告，和与可表兄几乎一致：管好自己的大嘴，少谈论是非曲直。记忆力超凡的他，无法理解苏轼将《汉书》读过三遍，其中两遍还是用手抄写的。但大凡记忆力过强的人，智力的取向都偏重于记录与存储，文化的原创性往往短缺。

欧阳修一生游宦多地，不知见过多少美好光景，但却对颍州情有独钟。特别是那一汪天容水色的西湖，将其视为最后的归宿，早早就在这里盖好房子，等候自由之身的赎回，并以诗描绘了想象中田园生活的图景："齿牙零落鬓毛疏，颍水多年已结庐。解组便为闲处士，新花莫笑病尚书。青衫仕至千钟禄，白首归乘一鹿车。况有西邻隐君子，轻蓑短笠伴春锄。"（《书怀》）诗中的"隐君子"，本名叫作常秩，是他二十多年前出知颍州时，挖掘出来的文物一样的人才。那时，刚刚到任的欧阳修下令核查户籍，重新确定赋税额数，常秩被排在第七等次。结果公布之后，不少民众联名请愿，称此人乃德行高尚之寒士，希望酌情降低他的赋税等次。于是，欧阳修专门延请常秩到衙门来见面。了解到这个落榜的乡间秀才其实是一个学问、人品极佳的士人，埋没在尘土里的美玉，便顺应了民意，在减少税额的同时向有关方面做了推举。后来，常秩出任颍州教授、国子监直讲，一度平步青云，都与欧阳修的力荐有关。

欧阳修在北宋文坛开风气之先，不届四十就以醉翁自谓，后来又改称仙翁："寄语瀛洲未归客，醉翁今已作仙翁。"（《郡斋书事寄子履》）退养之前的一年（1070），他再度改号"六一居士"，并撰写了《六一居士传》，通过答问的形式，对这个名号做了一番说明——

> 客有问曰："六一，何谓也？"居士曰："吾家藏书一万卷，集录三代以来金石遗文一千卷，有琴一张，有棋一局，而常置酒一壶。"客曰："是为五一尔，奈何？"居士曰："以吾一翁，老于此五物之间，是岂不为六一乎？"

按照他的说法，自己起这个名号，只是为了表达内心的快乐所在。他以一己之身，沉浸于书、金石、琴、棋、酒五种乐事中时，即便泰山耸立在前也视而不见，迅雷劈断了梁柱也不惊慌失措；即便耳听《九韶》之乐响彻洞庭之滨，眼观涿鹿大战于旷野之上，也不足以形容其中的惬意与畅快。显然，欧阳修所描述的"乐"是对象性的，与"孔颜乐处"似乎还不是一样。因此，当客人指出："您知道官车、官服、符信、印绶劳累自己的身体，却不知道书、金石、琴、棋、酒五种事物也会劳累心神吗？"这个时候，六一居士便站了起来，以区区小事不值得计较为由，中止了一场还可以深入下去的辩论。

此次，两个得意门生的到来，让欧阳修十分欣慰。他穿着一袭长袍出来迎接，爽朗的笑声在篱笆间回荡，不过走起路来已经显得老态龙钟，头发和胡须全都白如霜雪，脸色也透着虚浮的血色。因为真阴亏损导致的消渴，折磨着他的睡眠，眼睛的视觉雪花缤纷，但他的脑子却灵光依旧，文思相当敏捷。四年前成书的《归田录》，言词灵动，简赅精当，韵味满满；近期诗作意境也十分澄澈，以颍州西湖为题材的《采桑子十首》，就是他才情不减的明证："轻舟短棹西湖好，绿水逶迤。芳草长堤，隐隐笙歌处处随。无风水面琉璃滑，不觉船移。微动涟漪，惊起沙禽掠岸飞。"（《采桑子十首·其一》）晚年的他，还时常将年轻时写的诗文拿出来修改润色。夫人在一旁劝他："都这把年纪了，还操这种心。难道还像小时候，怕先生斥骂吗？"他的回答是："不怕先生骂，却怕后生笑。"这不，现在就有两个得意的后生上门来了。

在颍州西湖边，欧阳修专门摆设了丰美的宴席。湖水微茫，晚霞纷飞，云端不时有雁声传来，师生信马由缰，相谈甚欢。借着酒意，欧阳修与学生分享了他颇为得意的《日本刀歌》——

昆夷道远不复通，世传切玉谁能穷？

宝刀近出日本国，越贾得之沧海东。

鱼皮装贴香木鞘，黄白间杂鍮与铜。

百金传入好事手，佩服可以禳妖凶。

传闻其国居大岛，土壤沃饶风俗好。

其先徐福诈秦民，采药淹留丱童老。

百工五种与之居，至今器玩皆精巧。

前朝贡献屡往来，士人往往工词藻。

徐福行时书未焚，逸书百篇今尚存。

令严不许传中国，举世无人识古文。

先王大典藏夷貊，苍波浩荡无通津。

令人感激坐流涕，锈涩短刀何足云！

欧阳修笔下这把用鱼皮装贴的日本刀，据说是越地商人高价从日本人手上买来。看着它从香木鞘里流泻出来的寒光，欧阳修联想到秦始皇时代，徐福带领三千童男童女，出东海寻找仙药的传奇。那个时候，焚书坑儒事件还没有发生，他们带走的一些典籍，包括《尚书》百篇，后来在国内都已经失传。自唐代以来，越过浩渺烟波，到中国进行文化交流的日本人，络绎不绝。他们在许多方面都处于学步阶段，却已经把一件杀人凶器，锻造得如此精良，还说是"佩服可以禳妖凶"，让人真切地感受到东洋烟波下那股凛冽的煞气。这个邻居实在不容小觑。

在座上，苏轼朗诵了文与可新写的诗句："美人却扇座，羞落庭下花。"欧阳修开玩笑说："与可哪有这样好的句子？这一句是他捡来的。"在轼的印象里，欧阳老师是不信佛道的，但这一次，他却特别提到杭州一个名叫惠勤的僧人，赞扬其人品，并告诉他，到了杭州"若欲求友于湖山间而不可得者"，可以到西湖的孤山寻访此僧。对于德才出众的人，欧阳修总是这样不遗余力地加以抬举。许多年后，在给惠勤的诗集作序时，苏轼还回想起当年在西湖边的情景。欧阳修每谈到出众的士人，便唯恐他们不被天下人所知。对于那些辜负自己、忘恩负义的人，他总是说："这不是他们的错，责任在我的身上。"完全没有假惺惺的意思。欧阳先生爱士，可谓天下第一。只要有人说一句合道的话，哪怕是远在千里也要前去会面，求见之心比对方还迫切。惠勤游于欧阳公门下三十余年，后来，在祭奠欧阳修的灵堂上，作为方外之人的他泪落如珠，轼这才明白老师没有看走眼，惠勤真是一个贤良之人。与世道不契、太过贤良的人只能出家，这并非有什么不好。

　　老师身上的一些品质，轼并非不具备，如一往无前的勇气、无所保留的豪迈、直言不讳的坦荡等。让苏轼觉得难以学到的，是老师身上以德报怨的品行和见到别人比自己好就开心，甚至欢欣鼓舞地唱起赞歌的姿态。他的大度近乎无我。当初，欧阳修被踢出朝堂，贬到滁州去做醉翁，是因为谏官钱明逸无中生有，编造绯闻。十多年后，他好不容易重返朝堂，但见到了曾经伤害过自己的钱某人，还是跟没事似的交往如故，不时在一起吃吃喝喝。后来钱明逸在秦州被罢官，时任参知政事的欧阳修还帮助他恢复了翰林学士的职衔。御史蒋之奇诬陷欧阳修与儿媳有染，击中了欧阳修的要害，几乎毁掉他一世清名。欧阳修在京东东路安抚使任上时，蒋某的哥哥蒋之仪是他所辖临淄县的知县，当时正遭人诬告。脸皮比牛还厚的蒋之奇舰着脸找上门来，欧阳修非但没有借机落井下石，而是在澄清事实之后，还他哥哥一个公正，并保住了其即将掉到泥里的乌纱。苏轼心里明白，人生在世，能有一个值得自己追随的师尊，让自己的生命臻于完善，是一种莫大的幸运。想到早在二十多年前，自己还是一个初出茅庐的年轻人时，身为文坛霸主的欧阳老师，就欠起身来要给自己腾座位，内心即刻涌起了感激之情。实际上，如今三十五岁的他虽然早已名声在外，但还没有堪与老师比肩的作品。

二

　　欧阳修和司马光，是北宋时期较为纯粹的儒者，内存仁心，外行礼仪，对于道家与佛家，却是浅尝辄止。当时人们都知道："近世欧阳文忠公、司马温公、范蜀公（范镇）皆不喜佛。"（陈善《扪虱新话》卷十）在编修《新唐书》时，对《旧唐书》所载的佛法事迹、士大夫与高僧往来记录，欧阳修大刀阔斧，删除了两千多条。（《林文忠公行舆日课发隐》，《印光法师文钞续编》卷下）对于历史人物的评价，他也以对待佛教的态度作尺度，对除灭佛之外没有多少建树的唐武宗，予以充分的同情和称道；而一代明君唐太宗，被他说成是"中材庸主"。然而，随着年龄、阅历的增长，特别是经历了太多生离死别的事情之后，欧阳修的内心渐渐起了变化，解除了原先设定的边界，兼容了佛道的思想，而司马光则终生都没有改变自己的文化身份。

　　想当初，欧阳修跟随韩愈的脚步，以恢复儒家学统的使命自任，对佛道二家误解颇多。他认为："佛之徒曰无生者，是畏死之论也；老之徒曰不死者，是贪生之说也。彼其所以贪畏之意笃，则弃万事、绝人理而为之，然而终于无所得者，何哉？死生天地之常理，畏者不可以苟免，贪者不可以苟得也。"（《跋唐华阳颂》）韩愈将佛教称为

"夷教";欧阳修将佛法视为惑人的"奸邪",称其已经祸患中国千余岁。他三十六岁时撰写的《本论》,是一篇阐述治国之本的长文。按照他的叙事,秦朝兼并天下之后,尽去三代之法,导致王道中绝,佛法才得以乘虚而入,如同鲧时代的滔滔洪水:"彼为佛者,弃其父子,绝其夫妇,于人之性甚戾,又有蚕食虫蠹之弊,然而民皆相率而归焉者,以佛有为善之说故也。"到了今日,佛教的学说已经"熟于人耳、入乎其心久矣",许多人甚至连礼义之事都闻所未闻。因此,必须来一次大禹治水,乘其穷极之际反而变之。然而,对于佛教,"民之沈酣入于骨髓,非口舌之可胜",更不能"操戈而逐之",只能"修其本以胜之",而这个"本",就是儒家的仁与礼义:"然则礼义者,胜佛之本也。"在回复一个僧人的诗中,欧阳修毫不含糊地划清了与佛教的界线:"子佛与吾儒,异辙难同轮。子何独吾慕,自忘夷其身。"(《酬学诗僧惟晤》)

欧阳修的《本论》,如同韩愈的《原道》,成为向佛教发起宣战的檄文,在当时引起了广泛的反响。一个法号为契嵩的禅师,撰写多篇文章作出回应,合成《辅教篇》一书,于嘉祐六年(1061)向仁宗皇帝呈上。在书中,契嵩广征博引,指出佛家的"五戒""十善"与儒家的"三纲五常",都源自"圣人之心"和人的先天之性。其立意都在于引导人们扬善去恶,让天下得以长治久安。儒佛皆为圣人之教,只是侧重不同,儒家重在治世,佛教重于治心,"其所出虽不同,而同归于治"。因此,二教道体相通,不能因为侧重不同,表达各异而相互诋毁。他还提出了"孝为戒先"的重要命题,并对儒家的经典《中庸》作出了创造性的诠释。契嵩通达的智慧,为儒佛思想在中国文化场域里的融合,作出了不可磨灭的贡献,得到了包括仁宗皇帝在内的人们的认同。这位出生于广南西路(今广西)、七岁就出家的僧

◇ 隐学的传承，大多在山林里秘密地进行

● 《八高僧图》（局部） 南宋 - 梁楷（传）- 上海博物馆藏

人，是禅宗云门宗的法嗣，据说十九岁便已见性开悟。至和年间，经过千辛万苦的寻找，他得到了记录禅宗六祖慧能言行的"曹溪古本"，参照其他流行的版本进行了校订，编辑并刊印了《六祖大师法宝坛经》，为佛教的中国化立下了卓著的功德。南宋孝宗皇帝在《原道论》中提出"以佛修心，以道养生，以儒治世"的说法，可能得益于他的启示。

出于对契嵩法师道行的敬重，仁宗赐给他一袭紫色方袍和"明教大师"的称号。不打不相识，读了契嵩的著述，欧阳修颇为惊讶，对韩琦说："不意僧中有此郎也，黎明当一识之！"因此与契嵩有了交往，并渐渐接触一些佛道人士。据有心人统计，欧阳修先后结交了近二十位高僧大德，与他们唱酬的诗作也有十首（李晶晶《论宋代儒宗欧阳修诗歌中的佛禅因缘》，《成都大学学报》2016 年第二期）。"当时排佛之心，已廓然熄灭而无余矣。"（明代释原旭《宋明教大师镡津集重刊疏》）他的心路历程，竟然与师尊韩愈有着惊人的相似。

庆历五年（1045），因为深深地卷入朋党之争，欧阳修被贬滁州。第二年返回家乡庐陵，途经九江的时候，他登上庐山，到圆通寺拜谒了云门宗僧人居讷禅师，在松风下煮茶论道。居讷是青原行思禅师的十世法嗣，十七岁就因试法华经而得度。他道性内凝，戒行清高，贯通经论，融会儒典，尤其精通《华严经》。一直在黄梅双峰山四祖寺驻锡的他，不久前，才来住持庐山四大丛林之一的圆通寺。据释志磐《佛祖统纪》和《历代会要志四·韩欧排佛》记载，在与欧阳修的交谈中，居讷出入百家，最后折衷于佛法。他泉水般透彻的眼神与圆融无碍的智慧，令欧阳修十分钦慕。临别之时，欧阳修赋诗相赠："方瞳如水衲披肩，邂逅相逢为洒然。五百僧中得一士，始知林下有遗贤。"（《赠庐山僧居讷》）从此之后，欧阳修不再谈辟佛之事，还常常在人前称扬居讷禅师，甚至不时致函请教军政大事。皇祐元年（1049），宦官李允宁将家舍捐作禅院，仁宗皇帝赐题匾额"十方净因禅院"，要求迎请得道高僧住持讲法。欧阳修极力推荐居讷禅师，但禅师却以眼睛患病为由婉拒（《佛祖统纪》）。最后，仁宗皇帝只好赐以他"祖印禅师"的称号。

皇祐五年（1053）秋天，欧阳修将母亲归葬江西永丰，而他的人生导师范仲淹也在三个月前逝世。带着一腔的愁怀，他再次登临庐山，拜访自己的同年进士，一度官至太子中允、辞职隐居南康的刘涣。朋友身上高洁的情怀与庐山诸峰的云涛瀑布，唤起了他抑郁多时的灵感，奔腾澎湃的激情无法控制，他一口气写下了长诗《庐山高赠同年刘中允归南康》：

庐山高哉几千仞兮，根盘几百里，巀然屹立乎长江。

长江西来走其下，是为扬澜左里兮，洪涛巨浪日夕相舂撞。

云消风止水镜净，泊舟登岸而远望兮，上摩青苍以晻霭，下压后土之鸿厖。

试往造乎其间兮，攀缘石磴窥空谾。

千崖万壑响松桧，悬崖巨石飞流淙。

水声聒聒乱人耳，六月飞雪洒石矼。

仙翁释子亦往往而逢兮，吾尝恶其学幻而言哤。

但见丹霞翠壁远近映楼阁，晨钟暮鼓杳霭罗幡幢。

幽花野草不知其名兮，风吹露湿香涧谷，时有白鹤飞来双。

幽寻远去不可极，便欲绝世遗纷哤。

羡君买田筑室老其下，插秧盈畴兮酿酒盈缸。

欲令浮岚暖翠千万状，坐卧常对乎轩窗。

君怀磊砢有至宝，世俗不辨珉与玒。

策名为吏二十载，青衫白首困一邦。

宠荣声利不可以苟屈兮，自非青云白石有深趣，其气兀硉何由降？丈夫壮节似君少，嗟我欲说安得巨笔如长杠！

此诗气势磅礴，想象瑰丽，有如李白的《蜀道难》。后来，在喝了几口浊酒之后，欧阳修手舞足蹈，向儿子欧阳棐自夸："我的《庐山高》这首诗，今天的人是写不出来的，只有前代的李白可以。"（《石林诗话》卷中引）不过今天看来，只能算是酒后之言。那个晚上，老家伙恐怕是喝了不少。

据《庐山志》记载，也就在这一年，欧阳修再次叩开圆通寺的大门，拜会了居讷禅师。僧俗二人在石耳峰下重逢，免不了又谈起禅宗的公案与话头。看到欧阳修心头阴霾缭绕，居讷谈起了韩愈，指出其排佛的实质在于文化上的自闭与排外，乃是小家气量。唐宪宗乃中兴之君，他不去匡扶，却以排佛哗众邀功，自诩孟子之拒杨墨。这样的业行，难免不招致恶果。直至身陷"云横秦岭家何在？雪拥蓝关马不前"的困境，他才幡然醒悟，与大颠禅师结缘。听了居讷的说法，欧阳修大为惊骇，在表示感谢之后，请求禅师赐教。对于当世文豪，居讷毫不客气，当即作出开示："佛道以悟心为本，足下屡生体道，特以失念。生东华为名儒，偏执世教，故忘其本。诚能运圣凡平等之心，默默体会，顿祛我慢，悉悔昨非。观荣辱之本空，了生死于一致，则净念常明，天真独露，始可问津于此道耳。"据说，欧阳修当时"肃然心服，耸听忘倦，至夜分不能已，默默首肯，平时排佛，为之内销，迟回逾日不忍去"，留在寺院里参禅一些日子，并最终皈依了佛门："寒扉画荻小奇童，辟佛归依居讷终。宦海沉浮怀志忑，禅房变化事和融。"他与居讷的这次会面，和二百多年前韩愈与大颠宝通禅师的结缘，是中国文化史上的重大事件。

对于欧阳修晚年与佛教的因缘，佛教界的渲染或许过于浓墨重彩，而后世的儒者对此却是讳莫如深，有意无意地将其淡化了。

三

告别师尊欧阳修之后，轼也与辙分别，前往杭州就职。徜徉在一个更迷人的西湖边，他怎么也想不到，第二年（熙宁五年，1072）

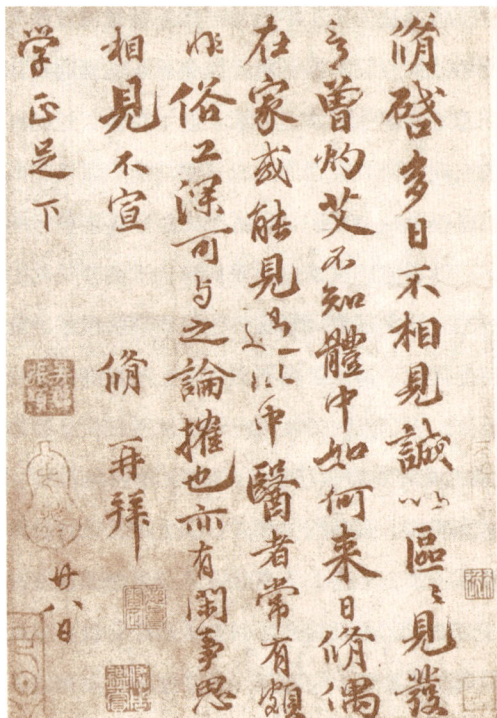

◇ 欧阳修字迹

● 《行楷书灼艾帖全卷》（局部）北宋 - 欧阳修 - 故宫博物院藏

秋天，欧阳老师就告别了这个欣欣向荣的世界。据载，欧阳修和契嵩禅师是同一年入化的，世寿同是六十六岁。预知蜕变时刻来临的契嵩，召集僧众，吟了四句诗偈："后夜月初明，吾今独自行。不学大梅老，贪随鼯鼠声。"之后，便在法座上深入禅定，直至涅槃圆寂。而在此之前，圆通居讷禅师也无疾而终。

　　欧阳修的离去，是北宋文坛的重大变故，包括韩琦、曾巩、范镇、苏轼在内的许多人，都撰写了祭文。苏辙也撰写了《欧阳文忠公神道碑》。平心而论，轼的《祭欧阳文忠公文》写得并不怎么出彩。虽然称赞欧阳修的存在，使得"斯文有传，学者有师，君子有所恃而不恐，小人有所畏而不为。譬如大川乔岳，不见其运动，而功利之及于物者，盖不可以数计而周知"。但也将自家恩怨夹了进来，颇有些愤世嫉俗，称自己的父亲苏洵"怀宝遁世"，如果没有欧阳公，就不可能被发现和起用；而不肖无状之人，却以种种因缘出入于名利之场。最后，对不能前往吊唁作出说明："闻公之丧，义当匍匐往救，而怀禄不去，愧古人以忸怩。"直到二十年后，轼出任颍州知州，睹物思人，想起一生难以忘怀的师尊，用清酒果品设供，奠祭欧阳修和夫人的在天之灵，并写下了《颍州祭欧阳文忠公》一文。在给欧阳修的文集作序时，他对老师的文字给予了较为全面的评价："论大道似韩愈，论事似陆贽，记事似司马迁，诗赋似李白。此非余言也，天下之言也。"（《六一居士集序》）

在众多欧阳修的祭文中，写得气魄宏阔、文辞高妙，堪与欧阳修相匹者，还是与他有过节的王安石的《祭欧阳文忠公文》——

　　夫事有人力之可致，犹不可期。况乎天理之溟漠，又安可得而推？惟公生有闻于当时，死有传于后世，苟能如此足矣，而亦又何悲？如公器质之深厚，智识之高远，而辅学术之精微，故充于文章，见于议论，豪健俊伟，怪巧瑰琦。其积于中者，浩如江河之停蓄；其发于外者，烂如日星之光辉。其清音幽韵，凄如飘风急雨之骤至；其雄辞闳辩，快如轻车骏马之奔驰。世之学者，无问识与不识，而读其文，则其人可知。

　　呜呼！自公仕宦四十年，上下往复，感世路之崎岖。虽屯邅困踬，窜斥流离，而终不可掩者，以其公议之是非。

既压复起，遂显于世。果敢之气，刚正之节，至晚而不衰。
方仁宗皇帝临朝之末年，顾念后事，谓如公者，可寄以社
稷之安危。及夫发谋决策，从容指顾，立定大计，谓千载
而一时。功名成就，不居而去，其出处进退，又庶乎英魄
灵气，不随异物腐散，而长在乎箕山之侧与颍水之湄。然
天下之无贤不肖，且犹为涕泣而歔欷，而况朝士大夫，平
昔游从，又予心之所向慕而瞻依？呜呼！盛衰兴废之理，
自古如此，而临风想望，不能忘情者，念公之不可复见，
而其谁与归！

祭文从"天理之溟漠"的高度，来谈论欧阳修的生前死后，赞
叹其器质深厚、智识高远和学术精微。对于欧阳修才华的形容，更是
大气磅礴，称他蕴藏在胸中的禀赋，就像江河停蓄，成为浩瀚的湖
海；表达为诗文，则璀璨如日月星辰的光辉。其中的清音幽韵，犹如
飘风急雨骤然而至；滔滔的雄辩，仿佛轻车骏马奔驰在高衢，酣畅
无比。还指出，在人生的出入进退之间，欧阳修表现出的英魄灵气，
将"不随异物腐散，而长在乎箕山之侧与颍水之湄"，久久萦回。读
过这篇美文的人，或许会心生疑惑，认为其中可能隐含着某种出自内
疚的情感补偿，缺少由衷而起的真心实意。在一些人眼里，王安石已
经将欧阳老师视为敌人。事实上，因为政见不一，出于变法的需要，
王安石一直在排斥欧阳修，阻止他再度进入权力的核心。但这并不意
味着，他把曾经提携自己的老师当成坏人、败类，或是忘恩负义，恩
将仇报。其实，是英雄才能惜英雄，在内心深处，王安石深知这个人
的重量，他对欧阳修的理解与尊敬，远胜于那些与欧阳修走得近的
人。因此，祭文最后发出"呜呼！盛衰兴废之理，自古如此，而临风

想望，不能忘情者，念公之不可复见，而其谁与归"这种喟叹绝非矫情。

四

五代十国时期，杭州是吴越国的首都，经济贸易相当繁荣。太平兴国三年（978），吴越王钱俶听从永明延寿禅师的临终遗言，"纳土归宋，舍别归总"，免于战火的杭州得以完好无损，成为宋朝自然与人文生态最完好的城市。南越国时期，官方就禁止百姓在西湖下网捕鱼，还专门设立湖兵，负责西湖环境的整治与管理。宋真宗时期，西湖被定为皇家放生池，禁止人们捕捉鱼鸟，因此，这里时常是一派鱼跃鸢飞、生机勃勃的景象，洋溢着儒家所信奉的"生生之德"。人走在湖堤上，下面是相互追逐的鳞甲，上方则是密集纷飞的翅膀，空中则交响着无尽鸟鸣，人的感官觉受全都被调动了起来。

杭州有着与许多城市不同的景致与内涵。这里山水相衔，既有山的重重叠翠，也有水的碧波萦回；既有众多肃穆庄严的古寺名刹，早晚流出袅袅不断的梵唱；也有载着烟花女子的画舫，不时往来于波光潋滟的湖面。及时行乐的喧嚣与莲花法界的清凉，锱铢必较的市井生意与撒手虚空的云水禅心，这些看起来风马牛不相及，甚至对立的事物，难以分解地交集到了一起，形成了一种复杂的人生况味。湖面上蒸腾起来的氤氲之气，随着季风流布，淬去了人间烟火的浓呛，使这座城市始终呈现着清丽与妩媚的面容。北宋初年，这里生活着十万户人家，人口约五十万人。到了苏轼担任通判的时候，增加到六十万人左右，堪称全世界最繁华的城市之一。早在嘉祐年间，欧阳修在撰写《有美堂记》时，就有过这样的描述："邑屋华丽，盖十余万家。环以湖山，左右映带。而闽商海贾，风帆浪舶，出入于江涛浩渺、烟云杳霭之间，可谓盛矣。"

通判乃"通判州事"或"知事通判"的简称。宋太宗时代，为了强化对地方官的监控，防止知州专擅，创设"通判"一职，由皇帝直接委任，相当于知州的副职，有直接向皇帝报告的权力，负责粮运、家田、水利和诉讼等方面的事务。知州发布的政令，须有通判一同签署方可生效。杭州府的衙门位于西湖东南方的凤凰山麓，官署的两侧是两个通判的住所，苏轼住在北边。因为地势较高，站在自家的窗台前，便可眺望西湖四时的风光，特别是日落黄昏、百鸟归巢的景象，十分迷人。虽然主城建在湖的东头，但在人们心目中，西湖才是这座城市真正意义上的中心，所有人为的建造，都是对它的镶嵌与点缀。它像大地睁开的明眸，映现着波光与云影，而人就像蝌蚪一样，游动在波光云影之中。

杭州太守沈立，也是年初才到任杭州的，履职一年就调走了。接任他的是理学家、人称"海滨四先生"之首的陈襄。两任知州都是勤勉的官员，颇为赏识苏轼的才华。轼虽说是耿直任性，与世俗格格不入，但也并非不懂得行政上的等级服从。他多次以"湖上棠阴"来赞扬沈立的爱民情怀，有节制地表扬和鼓励自己的上司。至于陈襄，在京师时就认识，是个正直的官员和有修养的学者，也是因反对青苗法，才被外放到杭州来的。是故，二人在境遇上堪称同道。陈甫一到任，轼就以诗相赠，赞美他的道德芬芳："千林扫作一番黄，只有芙蓉独自芳。唤作拒霜知未称，细思却是最宜霜。"（《和陈述古拒霜花》）从而开始了彼此间的文字唱和。在行政上，他们是上下级关系；但在文化上，却是平等轻松地相处与交流。

◇ 西湖边上的杭州，交集着人间烟火与云水禅心

● 《荷乡清夏图》（局部）南宋 - 马麟 - 辽宁省博物馆藏

因与两位知州比较投缘，轼在杭州通判任上的工作，可谓顺风顺水。但衙门里按部就班，整日穿着一身官服正襟危坐，日复一日地应付工作，并不贴合他烂漫的性情。尤其是对于牢狱犯人的管理，面对愤怒或愁苦无奈的囚徒，还有衙役们不时施加的刑罚，苏轼的良知备受摧折。他苦的不是身体四肢，而是内在的不忍之心。大年除夕，是一年中最美好的日子，但在这一天，通判必须值日，将狱中囚犯逐一提出来验明正身，忙到天黑都回不了家，将他迎春接福的喜气都破坏了（参见李一冰《苏东坡新传》第151页，四川人民出版社2020年版）。在给蔡襄父亲的诗中，他这样描述自己的本职工作："君不见钱塘游宦客，朝推囚，暮决狱，不因人唤何时休。"在给弟弟子由的诗中，他甚至把这项工作说成是可耻的："平生所惭今不耻，坐对疲氓更鞭箠。道逢阳虎呼与言，心知其非口诺唯。"（《戏子由》）当然，

在苏轼的诗性叙事中，工作的忙碌程度与负面效应，或多或少是被夸大了。诗人总是这样，他们难以忍受生活缺少诗意的枯燥，日复一日的单调重叠，而这恰恰是人类日常生活的普遍状况。出于逆反的心态，苏轼常常抽身出游，寻访周边的山水名胜，尤其是古刹高僧。杭州号称有三百六十寺，真实的数字可能有出入，但也极为可观。在通判任上，轼最有意思的生活，不是他在政事上有多大的作为，而是他的业余生活。几年下来，杭州周边风景迷人的地方，没有一处不留下他的脚印。

到凤凰山州府上任后的第三天，尽管天气寒冷，湖面上堆满浓雾，好像快要下雪的样子，轼还是迫不及待地前往孤山，踏访欧阳修介绍的惠勤和尚，还用诗来记录整个过程。按照他的说法，这次访问，"名寻道人实自娱"，就是想走进山水之中寻开心，给自己的精神洗个痛快的淋浴，去掉因为与变法派争斗惹来的晦气。至于跟僧人谈了些什么，过后几乎都忘得一干二净。一个叫则廉的老僧回忆，有一天，苏轼与参寥子同登西湖寿星寺的方丈室。在台阶前，他环顾周边，想起一岁时，有四五次梦见自己在西湖上漫游的情景，对参寥子说："我生平未尝到过此地，但眼睛看到的，都好像是曾经经历过的。如果我记得不错，从脚下到忏堂，应当有九十二级台阶。"于是让人测数，果然九十二级。他告诉参寥子，自己的前世曾经是这里的僧人，今日庙里的和尚，好多都是他的法属。此后，每到这座寺院，他都解开衣服，不拘形迹地在那里盘桓，久久不愿离去。有人看到，他背上的黑痣，排列成星斗的形状。（《春渚纪闻·东坡事实》）在写给张先的诗里，还有这样的句子："前生我已到杭州，到处长如到旧游。"（《和张子野见寄三绝句·过旧游》）

从留下的诗文和史料来看，轼的为官供职不可谓不勤勉，但他这个时期最上心着意的，是穿梭行走于西湖周边乃至更远的地方，徜徉于水光山色和名胜古迹，以自己敏感的心，去收集天地流变过程灵光乍现的瞬间。在儒者"志于道，居于德，游于艺"的生活方式中，他偏重于"游于艺"的部分。杭州虽然生活着数十万人口，但能够充分领会西湖饱满蕴藉、萃取这座城市微妙灵韵的，恐怕无人超乎苏轼之上。有一次，因为相约的友人不能前来，他独自乘着一叶扁舟，半夜三更，毫无目的地漫游于丝绸般的柔波之上，在咿呀的桨声中，与半轮月亮久久徘徊，直至天光大白，才兴尽而归。对于月满西湖，水银流泻，良辰美景无人欣赏的情状，他深感可惜。在转换不同的侧面与角度，仔细打量与搂抱西湖之后，轼发现她几乎是一个完备的美人，怎么打扮都能显现出无与伦比的天姿。于是，就有了这样一首绝句："水光潋滟晴方好，山色空蒙雨亦奇。欲把西湖比西子，淡妆浓抹总相宜。"（《饮湖上初晴后雨二首·其二》）也许就是从这首诗开始，轼的文学有了不同以往的呈现，修辞上少了刀斧的痕迹。

在京师时，轼跟英宗之女、蜀国公主的驸马王诜，过往颇为密切。王诜是开国功臣王全斌的后代，能诗工画，还是一个收藏家，家里藏有历代书画名作，不时招呼朋友来观赏临摹，一起品尝新茶老酒，侍候朋友比公主都要周到得多。轼称他是个"得破墨三昧"的人。此公对佛教颇有兴趣，他的藏品中，有一部破旧的《莲花经》，被视为至宝，专门请轼为之重抄。苏轼在沐手书写之后，又作了《跋王晋卿所藏莲花经》一文，以示诚敬。作为答谢，王诜送给苏轼一些好酒新茶，还有弓箭等物品。苏轼到了杭州之后，有时还能收到这位驸马爷寄来的美酒和新作。

在轼丰富多彩的业余生活中，最吸引人的是他与僧侣和歌伎两种截然不同人群的交往。从留下的文字资料来看，苏轼居杭期间，结交的僧人甚多，其中较为知名的有佛日契嵩、海月慧辩、辩才元净、径山维琳、金山宝觉、道潜（参寥子）、佛印了元等。在他的记忆里，海月慧辩禅师与明教大师契嵩道风迥然不同："契嵩禅师常瞋，人未尝见其笑；海月慧辩师常喜，人未尝见其怒。"（苏轼《书南华长老重辩师逸事》）契嵩禅师是欧阳修的好友，苏轼到杭州的第二年就圆寂了，海月慧辩则晚一年。虽然交往时间不久，但结下的法缘却是不浅。按照苏轼的说法，他"亲见二人皆趺坐而化"（参见杨曾文《苏轼在杭期间与名僧的交往》，《杭州文史》2020）。似乎是预见自己行将归化，海月慧辩在半个月前就让人请苏轼进山会面，轼因为公务在身不能及时前往，待到抽出空来赶到上天竺寺，慧辩法师已经坐化四日了。按照法师遗嘱，苏轼不到不能封棺，他的遗容面带神秘的微笑，心窝和头顶摸起来余温尚存。二十多年后，被贬惠州的苏轼，还应其弟子之请，撰写了《海月辩公真赞》一文。在苏轼的理解中，海月大师于在世与出世、外在戒律与内心超脱之间，自由出入，无有障碍，已经深得佛法中道之真意："人皆趋世，出世者谁？人皆遗世，世谁为之？爰有大士，处此两间。非浊非清，非律非禅。惟是海月，都师之式。"回想过去，每次与海月禅师见面回来，他都有不一样的感觉，"每往见师，清坐相对，时闻一言，则百忧冰解，形神俱泰"，如同通体被清水沐洗过的一般。

天台宗僧人辩才元净（1011—1091），是一个道行高深的法师。按照苏轼的描绘，他"瘦长如鹳鹄"，一双碧眼透出的光芒，似乎能够照亮整个山谷。跟他待在一起，就像在大树下安坐，让人感到无比清凉。因其擅长讲经说法，二十五岁时，仁宗皇帝就赐予他紫衣袈裟和"辩才"称号。为了能让孤魂野鬼也受益得度，他一度把讲经说法

◇ 宋朝的士大夫，往往与丛林有着密切的联系

● 《西园雅集图》（局部）南宋-刘松年-台北故宫博物院藏

的时间安排在晚上。辩才住持上天竺寺后，改寺名为"灵感观音院"。时任宰相的曾公亮捐资十万，请当时的杭州知州蔡襄题匾送到寺里，还捐赠了五千二百三十卷佛经。这事引起了不小的轰动，前来皈依的人络绎不绝。通判苏轼初次进寺拜访辩才，正好遇上法师外出。这是一个大冷天，轼在寺里白云堂前徘徊了很久，不见法师回来，只好离去，临走在白云堂墙壁上留下绝句："不辞清晓扣松扉，却值支公久不归。山鸟不鸣天欲雪，卷帘惟见白云飞。"（《书辩才白云堂壁》）

辩才法师修炼多年，颇具神力，有时给人治疗一些奇难杂症。苏东坡二儿子苏迨，生下来身体就一直不好，四岁还不会走路，到哪儿都要人抱着、背着。辩才法师让苏迨在观音像前剃落一些发丝，算是举行皈依仪式，然后为他摩顶，结果奇迹发生，苏迨当场就像一只小鹿那样奔走起来（苏轼《赠上天竺辩才师》）。多年以后，苏迨被朝廷授予承务郎的身份，苏东坡还专门"买得度牒一

道，以赎此子"，用买来的度牒送给想要出家的人，以赎回儿子的俗人之身。

寺院内部并非都是太平之地，熙宁七年（1074），辩才受到僧人文捷的挤兑，被迫离开上天竺寺，回到原先驻锡的西菩寺。为了声援辩才法师，苏轼和几个朋友专程骑马来到西菩寺，又是题匾，又是赋诗，向这位有道高僧表示深深的致敬。据说，辩才离开上天竺寺后，当地信众十分不满，寺院的供养大为减少，就连草木也为之凋零。于是，不久之后，辩才又在僧俗迎请下重归上天竺寺。苏东坡也赶来庆贺，并写了《闻辩才法师复归上天竺，以诗戏问》一诗，以文学的方式记叙了先后的变化："道人出山去，山色如死灰。白云不解笑，青松有余哀。忽闻道人归，鸟语山容开。神光出宝髻，法雨洗浮埃。想见南北山，花发前后台。"在交往过的僧人中，苏轼特别声明："予顷年尝闻妙法于辩才老师。"虽然没有举行过任何仪式，但他已把辩才当作自己佛教的师父。

<h1 style="text-align:center">五</h1>

因为眼有宿疾，苏轼并不合适饮酒，实际上他的酒量也十分有限，更适应他身体状况的，还是饮茶。在杭州，有中国最好的绿茶，可以洗涤浮躁之气，清除内热，达到清肝明目的效果。寺院里虽然没有他喜欢的荤菜，却有很纯的泉水可以烹茶。苏轼精于此道，对茶中的况味体会颇深。因此，他进寺院，僧人都会拿出最好的茶叶来。

"茶之为饮，发乎神农。"中国茶道可以追溯到神农尝百草的时代。唐代上元初年（760），陆羽隐居苕溪（今浙江湖州），撰写《茶经》，对茶的性状、品相、产地、种植、采制、烹饮和相关器具作出系统性的阐述，就连煮茶用水的选择，也极为挑剔，这标志着茶道文化的成熟。通过一番品鉴，"茶圣"陆羽评出天下泉水的排名，庐山康王谷水帘水为第一，惠山石泉（今江苏无锡市惠山古寺）为第二。但更多的茶人还是喜欢被中唐诗人李绅称赞为"人间灵液，清澄鉴肌骨，含漱开神虑"的惠山泉。唐武宗时期，宰相李德裕酷爱惠山泉，地方官员开辟"水递"专线，将泉水日夜兼程运至长安，供王公贵族们享用。这种情形就像唐明皇时期，一骑红尘从岭南给杨贵妃送荔枝。诗人皮日休以诗讽谏："丞相长思煮泉时，郡侯催发只忧迟。吴关去国三千里，莫笑杨妃爱荔枝。"（《题惠山泉一》）直到徽宗赵佶著《大观茶论》"择水"篇时，才御笔一挥，把"清轻甘洁"的惠山泉从第二提为第一，将其钦定为朝廷贡品，由两淮两浙路发运使按每月一百坛进贡。在此之前，水作为贡品，在人类历史上可谓闻所未闻。从对泡茶用水的挑剔程度可以想象，唐宋时期，中国上层社会物质生活的精致程度。

惠山泉位于常州，离杭州不远，为了体会茶道的真谛，苏轼曾经两度带着"小龙团"等好茶前往惠山，体会名泉煮茶的妙韵，并写下这样的诗句："独携天上小团月，来试人间第二泉。"（《惠山谒钱道人，烹小龙团，登绝顶，望太湖》）有人统计，苏轼一生写下与茶有关的诗近八十首，在茶道的历史上，他算得上是留得下名字的饮者。他那首品尝"旗枪""雀舌""老龙团"和"真凤髓"的词，写出了喝茶现场的气氛和精神意境——

> 已过几番雨，前夜一声雷。枪旗争战，建溪春色占先魁。采取枝头雀舌，带露和烟捣碎，结就紫云堆。轻动黄

金碾，飞起绿尘埃。

老龙团，真凤髓，点将来。兔毫盏里，霎时滋味舌头回。唤醒青州从事，战退睡魔百万，梦不到阳台。两腋清风起，我欲上蓬莱。

（《水调歌头·问大冶长老乞桃花茶》）

茶能够喝到腋下生清风，人仿佛要腾云驾雾，像列子那样御风而行，就算是最佳境界，不需要隐迹山林去修炼了。不过，在北宋茶道领域，有着深厚造诣的，还是十几年前曾经出知杭州的福建人蔡襄。苏轼写到的"小龙团"，就是蔡襄主持研制的一个茶叶品种。

苏轼手眼并高，在北宋文坛，能够入他法眼的人，并不多见。蔡襄算一个，当然，这里是指他的书法。轼十分认同欧阳修"蔡君谟独步当世"的评价，在《东坡题跋》中，高度赞扬蔡襄的书法："独蔡君谟书，天资既高，积学深至，心手相应，变态无穷，遂为本朝第一。然行书最胜，小楷次之，草书又次之……又尝出意作飞白，自言有翔龙舞凤之势，识者不以为过。"（《评杨氏所藏欧蔡书》）以如此高深的艺术造诣，投入茶叶制作工艺的研究，自然会有不俗的收获。蔡襄年长苏轼十年有五，很早就以直言闻名于政坛。景祐三年（1036），范仲淹被黜饶州，余靖上书请求皇帝改诏；尹洙上疏自讼，表示愿意一同受贬；欧阳修痛斥谏官高若讷对范仲淹被贬一事噤若寒蝉；蔡襄作了《四贤一不肖诗》，在东京街头争相传抄，一时洛阳纸贵。

蔡襄曾任知制诰、龙图阁直学士、翰林学士、三司使等职，曾一再出知福州、泉州，后为福建转运使。在家乡福建任职期间，对茶道文化进行深入的研究，曾经亲自主持北苑御园茶的监制，研创出"小龙团"的"密云龙"和"瑞云翔龙"等名闻一时的品牌，得到了欧阳修等大家的称赞。在《归田录》里有这样的表述："茶之品，莫贵于龙、凤，谓之团茶。凡八饼重一斤。庆历中蔡君谟为福建路转运使，始造小片龙茶以进，其品绝精，谓之小团。凡二十饼重一斤，其价值金二两。"

可能是因为地理条件的限制，陆羽对福建茶了解不多，在《茶经》里，只是将它归入岭南茶概而言之："往往得之，其味极佳。"有感于《茶经》在诸多方面的不足，蔡襄撰写了《茶录》二篇，上篇讨论茶的品质和烹饮方法，分色、香、味、藏茶、炙茶、碾茶、罗茶、侯茶、熁盏、点茶等十个方面；下篇讨论茶道的器具，分茶焙、茶笼、砧椎、茶铃、茶碾、茶罗、茶盏、茶匙、汤瓶九项内容，算是对《茶经》的续写。有人评议："福建茶所以名垂天下，由襄公开始。"对于福建的北苑御园茶，苏轼也不吝溢美之词："仙山灵草湿行云，洗遍香肌粉未匀。明月来投玉川子，清风吹破武陵春。要知玉雪心肠好，不是膏油首面新。戏作小诗君勿笑，从来佳茗似佳人。"（《次韵曹辅寄壑源试焙新芽》）

"大哉天宇内，植物知几族。灵品独标奇，迥超凡草木。"（苏轼《寄周安孺茶》）植物种类繁多，某种树木的叶子可以演绎出难以言传的意味，给人的生活平添无尽的雅趣，苏轼对此深有感触。也许是从杭州开始，他便养成这样的习惯："临风饱食甘寝罢，一瓯花乳浮轻圆。"（苏轼《和蒋夔寄茶》）吃饱饭或是睡觉醒来，他最渴望得到的就是一壶茶，世上的一切都可以放下。久不见面的朋友想起他来，也会给他寄送几饼茶叶，而他的答谢，往往就是品完之后的一首诗。"东坡有意续《茶经》，会使老谦名不朽。"（苏轼《南屏谦师妙于茶事自云得之于心应之于手非可以言传学到者十月二十七日闻轼游寿星寺远来设茶作此诗赠之》）和蔡襄一样，轼也有意于《茶经》的续写，

◇ 茶道是宋人生活中最细腻的内容

● 《文会图》（局部）北宋 - 赵佶 - 台北故宫博物院藏

数十首与茶有关的诗，也可以视为体裁不同的《茶经》。陆羽和蔡襄
二公对茶道的书写，偏重于实用技术的方面，说的都是茶汤入口之前
的事情，有许许多多繁杂的具象；而苏轼对茶道的诗性书写，则重在
汤汁入口之后玩味的微妙意境，更多是超越器象层面的内容。前者侧
重于形而下的维度；后者侧重于形而上的层次，是对茶道内在精神的
补充，二者正好相得益彰。在那样的时代，有了蔡襄、苏轼这样杰出
的艺术家的加入，中国茶道这种物质生产的精神内涵，自然是无与伦
比的，花多少银子都值得。

茶叶在宋朝，几乎成为百姓生活的必需品。就像王安石说的那
样："夫茶之为民用，等于米盐，不可一日以无。"（《议茶法》）连斗
茶都成为一种社会风尚。据《宋史·食货志》等的记载，朝廷每年收
购的茶叶总额接近三千万斤。这个数字，加上市场流通的各类私茶，
茶叶年产量在八千万至九千万斤之间，大大超过了唐代的规模。由于

制茶工艺的提升，茶叶的质量也与产量并驾齐驱，折服了各国上流社会的胃口。茶叶与丝绸、瓷器一起，成为中国外贸的三种拳头产品，换取了巨大的贸易顺差和国家的财税收入，使世界各地的白银源源不断地流向东方。此外，通过茶马互市，政府可以通过市场行为获得国防需要的战马。这一切都是在平等交换的原则上实现的，截然不同于后世西方列强的鸦片贸易。其基础在于宋人勤勉的劳动、高超的工艺和生活美学的修养，特别是有蔡襄、苏轼这样的大艺术家的加入。

六

访僧问道，探寻人生在更深维度的可能性，是苏轼很早就形成的习惯。不过，这种寻找并不意味着非要放弃世俗生活的福祉，包括美酒、妍茶与佳人。在外放杭州之前，他就已经开始纳妾，到了波光迷离的西湖边也是如此。据苏轼后来自述："予家有数妾，四五年相继辞去，独朝云者随予南迁。"[《朝云诗（并引）》]他先后纳妾五个，按照后世辜鸿铭的说法，刚好是一个壶五六个杯子。在这些杯子中，除了明媒正娶，留下名字的唯有年纪最小的朝云。熙宁七年（1074），在西湖边的一次宴会上，苏轼遇到了十二岁的歌女王朝云。她水莲花一样清纯的姿容和飘零无寄的身世引起了诗人内心的怜悯。于是，她被买回苏家作为常侍，成了陪伴苏轼最久的女人。此时，苏家的人口，夫妇二人和三个儿子，加上侍妾和用人，有十来口人，全凭朝廷发给苏通判一人的俸禄支撑，还可以时常出去游山玩水。这种情况，在后世是不可想象的。尤其是明代，一个知府的合法收入，连基本家庭成员最简单的生活都供养不起。像李贽这样的清官，只能将妻儿打发回老家种地。

通判属于副职，更多是配合知州的工作，还不能单独地任事主政，但在沈立调走、陈襄尚未到任的间隙，苏轼曾经短暂地负责处理州府的事务。利用这个权力空档，他为一个官伎办理了出籍从良的手续，让这个沦落风尘的女子获得了自由之身。这位官伎"性善媚惑"，被称为"九尾野狐"，浑身散发着迷人的魅惑。因为年纪已大，申请脱籍，苏轼予以特批。另一位色艺冠盖全州的官伎，也紧跟着提出从良的诉求。不过，苏通判只是赞扬她其意可嘉，并没有同意她的申请（《苏轼年谱》第229页。）在宋朝，这些风尘女子的自由，需要很高的价格才能赎回。

通判杭州的日子，苏轼还与退养西湖的老词人张先有过来往。二人有诸多不同，一个是八十岁的前辈，一个是三十五岁的晚生；一个是婉约派诗词的宿将，一个是豪放派的新秀，但却雅趣相投，有时在一起饮酒填词。张先是个为情而生的人物。早先以词《行香子》里的"心中事，眼中泪，意中人"一句，被人戏称为"张三中"。而他自己却得意地说："何不称为'张三影'？"因为"云破月来花弄影""娇柔懒起，帘压幕花影""柳径无人，堕轻絮无影"这三句，更能代表他怜香惜玉的风流秉性。于是，真的被改称为"张三影"。熙宁六年（1073），苏轼在杭州与他见面时，张先已经八十四岁，但还中气十足，话有余音。八十岁那年，他收了一个十八岁的小妾，洞房之夜，颠鸾倒凤之间，还吟出一首诗来："我年八十卿十八，卿是红颜我白发。与卿颠倒本同庚，只隔中间一花甲。"得知此事，苏轼专门作了一诗来调侃："十八新娘八十郎，苍苍白发对红妆。鸳鸯被里成双夜，一树梨花压海棠。"现在，这个小妾正忙着为他生儿育女，总共是二男二女。看着他家其乐融融的气氛，苏轼又写下"诗人老去莺莺在，公子归来燕燕忙"这样诙谐的句子。在苏轼的文集里，有一首题为《江城子·湖上与张先同赋，时闻弹筝》的词，就是与张老先生在西湖上游玩时的对和：

> 凤凰山下雨初晴，水风清，晚霞明。
>
> 一朵芙蕖，开过尚盈盈。
>
> 何处飞来双白鹭，如有意，慕娉婷。
>
> 忽闻江上弄哀筝，苦含情，遣谁听？
>
> 烟敛云收，依约是湘灵。
>
> 欲待曲终寻问取，人不见，数峰青。

关于这首词，还有另外的传说。一日，与两个朋友到孤山散心的时候，苏轼有了一次艳遇。当他们到了湖心的时候，忽然有一条小舟翩然而至，上面坐着几个美人。其中一个尤为靓丽，见到苏轼，这女子便开口说话，称自己少年就仰慕轼的高名，只是身在深闺无由相见，现在已经嫁为人妻。今日听说公等在西湖徜徉，便"不避罪而来"，用自己最擅长的古筝，为苏轼献上一曲，并请求垂赠小词一首，"以为终生之荣"。轼于是命笔，写下了这首《江城子》，并目送美人的身影消失在烟波之中（参见《苏轼年谱》第258页）。

此时的苏轼文名日隆，但对他的作品也有人不以为然。他在苏州见到的方子通，就是其中的一个。这个号玉川翁的福建人，是一个才华横溢、命运坎坷的诗人。据说，王安石特别喜欢他语言的精练警绝。诗僧仲殊更是称赞他："依旧清凉无长物，只余松桧养秋风。"（《访子通》）他却批评苏轼的文字充满"淫言亵语"，听了只会使得驴儿、马儿跑得快。有人举出轼的佳句，他便说："做多，自然有一句半句道得着也。"（《苏轼年谱》第 267 页）他之所以如此刻薄，传说是因为苏轼曾经当众讥评他的作品。

西湖有人间天堂之称，在旁人看来，苏轼在湖边的日子过得可谓悠然自得，既有妍茶醇酒，亦有高僧歌伎，但轼的内心总是有一种化解不开的抑郁。在他后来的回忆里，是这样的情形："西湖三载与君同，马入尘埃鹤入笼。"之所以是这个样子，不能怪这个世界，很大程度上是他自己性格使然。此时的苏轼正值壮年，血气方刚，是一个任性的人。在给朋友孔文仲的诗中，他称"我本麋鹿性，谅非伏辕姿"（《次韵孔文仲推官见赠》），自己生性就像麋鹿一般，被套上鸾驾与铃铛、金鞍与翠锦，犹如仪仗队里的马，不敢叫也不敢张望，在鞭挞调教之下，差不多是"仅存骨与皮"了。在给另一个朋友的诗中，他对此作出解释："我本不违世，而世与我殊。拙于林间鸠，懒于冰底鱼。人皆笑其狂，子独怜其愚。"（《送岑著作》）在他看来，自己与世道相忤，格格不入，不是自己违背了这个世界，而是这个世界忤逆了自己。在他看来，自己所生活的世界，是一个错误乃至荒谬的世界，到目前为止，他还不打算作出妥协和让步。

七

熙宁七年（1074）秋天，京东、河北多地发生蝗灾，这通常是旱情过后出现的现象。数不清的蝗虫席卷而来，遮天蔽日，吞噬着地上的植物，所到之处，大地一派萧肃。一种小小的昆虫，凭借其巨大的繁殖力，就能给世界带来灾难。受命到临安等地指导救灾的苏轼，在路上接到新的诏令，出任密州（今山东诸城）知州。于是带着家人迎着漫天的飞蝗北上。

在苏轼离开杭州之前，知州陈襄调任陈州。他于有美堂设宴，答谢支持他工作的同僚与友人。两年多的时间里，轼与这位道德君子结下了深厚的情义。这样的时刻，难免有离情别绪从心头泛起。几杯下去之后，肠子便热了起来。苏轼临席即景，填写了一首《虞美人》，赠送给这位长辈兼上司："湖山信是东南美，一望须千里。使君能得几回来？便使尊前醉倒、且徘徊。沙河塘里灯初上，水调谁家唱？夜阑风静欲归时。惟有一江明月、碧琉璃。"

此次去山东任职，是轼为了与已经在济南任职的弟弟亲近而主动提出的。启程后，他就给苏辙写了一首词：

> 孤馆灯青，野店鸡号，旅枕梦残。渐月华收练，晨霜耿耿；云山摛锦，朝露漙漙。世路无穷，劳生有限，似此区区长鲜欢。微吟罢，凭征鞍无语，往事千端。
>
> 当时共客长安，似二陆初来俱少年。有笔头千字，胸中万卷；致君尧舜，此事何难？用舍由时，行藏在我，袖手何妨闲处看。身长健，但优游卒岁，且斗尊前。
>
> （《沁园春·赴密州早行马上寄子由》）

金人元好问认为："此篇极害义理，不知谁所作，世人误为东坡。"《苏东坡新传》作者李一冰也支持此说（参见《苏东坡新传》）。笔者不敢苟同。从行文风格看，此词与苏轼同期文字相比，不见有何出入。提到当年出川到长安时，自负"有笔头千字，胸中万卷。致君尧舜，此事何难"，符合苏轼当年的英气勃发。至于"用舍由时，行藏在我，袖手何妨闲处看"，这般的高姿态，也不是"鄙俚浅近"之人饱醉之后的口出狂言。

进入密州境内，苏轼"见民以蒿蔓裹蝗虫而瘗之道左，累累相望者，二百余里，捕杀之数，闻于官者几三万斛"。但是从当地官员那里，他竟然听到这样的奇谈怪论：蝗虫不算是灾害，还能够为民除草。（《上韩丞相论灾伤手实书》）他上书丞相韩绛，详报灾情，请求免除当地秋季的税收。在给朋友的诗函中，表达了自己的伤农之情："麦穗人许长，谷苗牛可没。天公独何意，忍使蝗虫发。"（《和赵郎中捕蝗见寄次韵》）至于灭虫的方法，除了土埋与火烧之外，他实在想不出别的办法。

天灾之后，往往连着人祸。第二年冬天，密州又发生一系列盗窃案件。京东东路安抚使和转运司使派出官员，带领"悍卒"数千人前来捕盗。没想到，非但盗贼没有落网，派来的"悍卒"反倒成了祸害。他们诬陷栽赃，酿成命案，然后畏罪潜逃，使形势变得更加复杂。苏轼于是设计，假装为"悍卒"们辩护，然后，将为首的一一诱捕归案，维护了当地的治安。论斗智斗勇，这些人还不是苏轼的对手。

密州的蝗灾之所以如此严重，是因为该州已经连续七年大旱。为了从根本上解决问题，苏轼亲率官民筑堤引水，疏浚河道，挖掘井泉，以缓解苦旱之情。还多次携下属前往卧虎山，举行隆重的祈雨仪式。对于祈雨，他已经相当有经验。或许是知州本人精诚所至，天地为之动容，还真下了好几场雨。第一次担任一个地方的主官，他的表现得到当地百姓由衷的拥护。在密州三年，苏轼做的最具仁道意义的事情，就是"洒涕循城拾弃孩"。一天，苏轼与通判刘庭式循着城墙挖野菜，在一丛枸杞下看到一个可怜的弃婴，便抱回府中抚养，并下令州府官员到野外去搜拾弃婴。几天下来，总共收养了近四十名弃婴。由政府发放抚养费，分配到各户人家抚养。苏轼的副手、通判刘庭式是一个大义之人，以道德行为被载入《宋史》。苏轼也为这位同僚的行为感动，写了《书刘庭式事》一文，记录了他的事迹——

刘庭式少年时候，就与乡下一个人家的女孩有了婚约，但还没有送过礼金。等到他进士及第的时候，女孩因为生病，已经双目失明。女方是贫苦农民家庭，因此不敢再提婚约之事。有人劝刘庭式干脆娶盲女的妹妹算了，这样也不算违约，但他仍然坚持非娶盲女不可，理由是："我的心已经许给她了。虽然她现在已经失明，但我哪能因此辜负自己的初心？"婚后，他们共同生育了几个孩子。盲妻死后多年，刘庭式还是不肯另娶。作为同事，苏轼问他："哀悼出自爱，而爱则是由姿色引起。你娶盲女为妻，与她白头偕老，这是出于道义。现在，她已经死去了，你的爱从哪里而来？哀悼又从何而出呢？"刘庭式这样回答："我只知道，我失去了自己的妻子，她有眼睛也是我的妻子，没有眼睛也是我的妻子。我若是因为姿色而爱，因为爱而哀悼，就会色衰爱弛，哀悼之情也会随之淡忘。那么，市井间那些衣袂飘飘、卖弄风骚挑逗男人的风尘女子，不都可以娶来做自己的妻子吗？"苏轼听了十分感动，断言刘庭式将来，若不能大富大贵，也必定修成正果，但一旁的人都不以为然。阔别多年以后，元丰六年（1083）七月十四日，从庐山那边过来的人告诉苏轼，刘庭式现在就在庐山的太平观里修行。他绝粒不食已经数

年，但面目奕奕而有紫光，上山入壑，往返六十里，仍然
如猿猴一样健步如飞。

毕竟，苏轼的本色是一个诗人，在密州担任最高行政长官，还
是想在地方文化建设方面有所建树。密州城由南城和北城构成，北城
是北魏永安年间修建的。密州生活条件比杭州艰苦，苏家住进北城
后，砍掉了庭院周边的杂木，将官府的菜园打理了一番，种上家人喜
爱的果蔬。菜园的北面，有一处贴着城墙修筑的高台，已很十分颓
旧。苏轼灵机一动，想将它改造加高，使之成为州城人登高望远的地
方。于是，"因城以为台者旧矣，稍葺而新之"，并让在齐州任职的弟
弟命名作赋。苏辙取《老子》中"虽有荣观，燕处超然"的意思，名
之为"超然台"，并作《超然台赋》予以诠释。站在这座高台向南遥
望，可以看见马耳山和常山在云雾中时隐时现，让人心中浩然。苏轼
还邀请了司马光、文彦博、文与可、李清臣等名家和朋友撰写诗赋，
使超然台成为密州的一处胜迹。他自己则作了一篇《超然台记》。

这是一篇富有哲思的记文，讨论人超然于物外，就可以无往而不
快乐。文章一开篇就道出：任何事物都有让人赏心悦目的一面，它不
一定非要奇特、宏伟、瑰丽，才能令人开心。即便是农家的酒糟，喝
了也能使人沉醉；即便是野地里蔬果青菜，吃了也能使人饱足。因此，
人到了哪里，遇到什么样的事情，都是应该可以从中获得快乐的。

在苏轼看来，人之所以趋利避害，是认为前者让人愉悦而后者使
人悲伤。然而，人的欲望可以是无穷的，能够填充欲望的资源却十分
有限。如果人总是掂量着自己是否称心如意，以此来取舍遭遇到的事
物，他获得快乐的时候就会减少，而感到悲伤的时候就会增多。这实
际上等于是丢弃幸福去寻找灾祸，违反了自己生活的初衷。之所以出

现这种情况，是因为人沉迷于物欲之中，并被其所蒙蔽。这种情况是游于物之内，而不是游于物之外。事物无所谓大小，从其内部来观它，没有一种事物不是高大的。当它挟其高大君临于人，人就会陷于眩晕与迷乱之中，就像透过缝隙观看格斗，很难看清胜负在哪一方。于是，心中美恶的念头横生，忧乐的情绪翻腾，那不就太悲哀了吗？

最后，他说出了超然台的意义：人只有游于物之外，才能无所往而不乐。这其实是他所喜欢的庄子的思想。综观苏轼的文字，他毕生于庄学所得甚多。在密州，苏轼留下了两首代表性的词作：《江城子·密州出猎》和《水调歌头·明月几时有》。前者是苏轼作为豪放派词人的标志性作品，写出了正值壮年的他的桀骜与威武，还有一个士子治平天下的无畏气概——

老夫聊发少年狂，左牵黄，右擎苍。锦帽貂裘，千骑卷平冈。为报倾城随太守，亲射虎，看孙郎。

酒酣胸胆尚开张，鬓微霜，又何妨！持节云中，何日遣冯唐？会挽雕弓如满月，西北望，射天狼。

一个不满四十岁的人，以老夫自居，左手牵着黄犬，右手举起苍鹰，穿着锦帽貂裘，率领上千的骑士，像狂风一样席卷平缓的山冈。为了回报全城人都来追随，我一定要亲手射死老虎，像孙权当年那样。酒喝到酣畅时肝胆开张，虽说鬓发微白，又有什么妨碍呢！什么时候才能带着符节赶赴边疆，就像汉文帝派遣冯唐那样？到那时我将挽起如同满月的弯弓，对着西北，把灼灼的天狼星给你们射下来。全词描绘的俨然是一个边关武将的形象，不像是一个白面书生。苏轼后来担任过兵部尚书，与他内在的气质可谓相应。在中国历代文人中，李白、苏轼和辛弃疾都是壮怀激烈的勇猛之人。在轼之前，宋人填写的词，几乎都是男女之间的幽怨之情，轼的写作无疑拓展了宋词意境的宽度，让其更具开合与吞吐的张力。

和《江城子·密州出猎》不同，《水调歌头·明月几时有》写得婉转多情——

丙辰中秋，欢饮达旦，大醉。作此篇，兼怀子由。

明月几时有？把酒问青天。不知天上宫阙，今夕是何年。我欲乘风归去，又恐琼楼玉宇，高处不胜寒。起舞弄清影，何似在人间。

转朱阁，低绮户，照无眠。不应有恨，何事长向别时圆？人有悲欢

◇ 词人的灵感，一半来自月光，一半来自流水

● 《江天楼阁图》南宋 - 佚名 - 南京博物院藏

离合，月有阴晴圆缺，此事古难全。但愿人长久，千里共婵娟。

熙宁九年（1076）中秋节的晚上，苏轼喝了一次大酒，喝得酩酊大醉，直至第二天早晨。他似乎是独自斟酌，没有客人相陪。酒气上熏之后，他飘飘欲仙，举起杯来遥问苍天，什么时候起就有这轮如此皎洁的月亮？在天上的宫殿里，今天晚上又属于哪一年？想要像仙人一样乘风而去，又担心在天上的琼楼玉宇，身体受不了高空那股寒冷。于是，便翩翩起舞，在月下摆弄着飘忽的影子，这情形，又哪里像是在人间啊！然而，迷离的月亮，还是在孤独中勾起了离情别绪。她就像冤家仇人一样，转过朱红的楼阁，低身探进雕花的窗户，不依不饶，照在无法入睡的人脸上，偏偏就在人们离别的时刻来团圆。光影丝丝缕缕，万千缭绕，挥都挥不去，躲也躲不开。也许是因为酒意散去，诗人忽然明白了过来，知道人间有悲欢离合，就像月有阴晴圆缺那样，这种事情自古以来都难以照顾周全。此时此刻，他所能给予的，唯有一腔的祝福：但愿世上的人能够健康长寿，即便相隔千山万水，也能共享这曼妙的月光。词虽然写得婉转摇曳，但通篇意境高旷，气象大焉。在天上人间往返切换，最后则以慈悲的情怀，取代了宋词里常见的幽怨与遗恨，堪称大家手笔。和李白一样，苏轼是深得月光三昧的诗人。

第十章

明月何时

一

　　司马光、富弼、韩琦、苏轼等大人物的出局，无疑减弱了反对派在朝中的势力，但变法面临的压力仍不见减少。首先是持续的干旱与蝗灾交替叠加在一起，将靠天吃饭的农民的生存置于焦灼之中，而他们在王安石的筹谋中，原本应该属于直接受益的人群。熙宁五年（1072），华山山体发生严重崩塌。从此，老天的表情便变得诡异起来，次年七月之后就滴雨不下，各地的灾情报都报不过来。监察御史里行张商英上奏皇上："刑部有过规定，凡是蝗虫灾害，必须扑灭之后才能奏报。如今大名府、祁州、保州、邢州、莫州、顺安军、保定州等地奏报的灾情，总共四十九次，其中就有三十九次是尚未扑灭的，不符合规定，因此进奏院都不敢通奏。蝗灾已经遍及整个河朔地区，但官员拘泥于条文，将各地奏报封还，一定要等到灾情扑尽才允许上报。这样，陛下即便是想要作出反省，回应上天的警戒，体恤民间的疾苦，恐怕都来不及了。"神宗当即提起御笔批示：严令各路转运、安抚司，必须将灾害情况及时上奏。但王安石却不以为然，说："各路安抚司都有管不过来的事情，哪有空闲来处理灾情上报的事情！"对他有违君臣之道的顶撞，神宗只是无奈地笑了一笑，并未展露天子的威严。

　　后来成为宰相的张商英是章惇向王安石推荐的人才。此人喜欢穿戴道袍，"负气倜傥，豪视一世"，连霸气十足的章惇都要让他几分。在给皇帝上疏中，张商英指出："陛下即位以来，更张改造之事情数十百件，其中最大的是免役、保甲、市易。这三件事，得其人，从容策划推行，则有利；不得其人，急于勉强推进，则为害。希望陛下与大臣采取无为而治的策略，挑选合适的人去实施。倘若一事未完，又起一事，后浪推着前浪，最终是见不到实际成效的。"张商英的建言十分得当。在熙宁五年（1072）给神宗的《上五事札子》里，王安石也表达过同样的意思："惟免役也、保甲也、市易也，此三者有大利害焉。得其人而行之，则为大利，非其人而行之，则为大害；缓而图之，则为大利，急而成之，则为大害。"然而，遭遇到的强大阻力，皇帝态度中又隐含着信任危机，使他无法充分地考量形势迁移、社会力量消长带来的变数，从容地把握新法推进的节奏，物色到合适的人选。

关于变法引发天怒人怨的说法，早已风传于市井坊间。然而，作为皇帝最亲近的大臣，王安石似乎充耳不闻，也不能体谅神宗内心的忧虑。正好翰林学士韩维上殿来奏事，神宗便问他："天久不下雨，朕夙夜焦虑，可怎么办才好啊？"身为天子的神宗既要对上天负责，也要对百姓负责。韩维沉吟片刻，说出了这样的主意："陛下忧悯旱灾，减少膳食，避居正殿，这些都是过去的惯例，仅仅如此，恐怕还不足以感动上苍。望陛下诏罪己，广开言路，以开壅塞。"神宗当即让韩维起草了一份罪己诏书——

> 朕涉道日浅，并不通达治理天下的原理，政事有失中道，扰乱了阴阳的平衡，导致去年冬天以来，旱情肆虐，四海之内，受灾广泛。为此曾经诏示有关部门，自己也减少膳食，避居正殿，以求弥补过失，消除灾变的根源。然

而，如此长时间过去，也看不到任何吉兆。眼下嗷嗷待哺的百姓，面临丧失生命的危险。朕深夜起来，内心惊悸不已，却不知过错究竟出在哪里。是朕在听谏纳言方面做得不得当，还是审判狱案不合实情？是征收赋税失去节制，还是忠正的言论受到了压制而不能上达，使以阿谀蒙蔽的来达到个人欲求的人越来越多？为何清明祥瑞之气不能蔚然成风？从现在起，朝廷内外的文武臣僚，都可以畅所欲言，指出朝政的缺失。朕将亲自御览，从中选择恰当的提议，来辅助朝政的治理。三公大夫，务必全心全意，互相儆勉，共同完成朕的意愿！

（参见《续资治通鉴》卷第七十）

诏书公布后，据说地上人情大悦，但天上还是不见有行云施雨的意思。君臣之间，也不在相同节拍上来互动。神宗忧心如焚，起心要废除新法中被认为不当的诸多条款；王安石却想着加大改革推进的力度，他对皇上说："水旱灾害是常见的天数，唐尧、商汤这些圣人在位的时代都不能幸免。此番旱情虽然持续已久，但也只能通过人事的修为来加以应对。"他希望皇帝能够做到像天那样"任理而无情"。神宗当即回应："朕所恐惧的，正是人事上没有好的修为啊。现在，免行钱的摊派太重，人情嗟怨沸腾，从御前大臣到皇亲国戚，没有不说免行法带来的弊害。"新任的参知政事、富弼的女婿冯京立刻插话："臣也听说这种议论。"王安石顿时心生怒火："臣怎么就没有听说过？可能是对新法不满的人都归附了冯京，因此只有他才听到过这种议论。"真正的情况是，越来越多的人将干旱、蝗灾等自然的灾变，归咎于进行中的变法。作为变法最有可能的受益者，底层的农民也因为天灾带来的窘困，成为一种危险的力量。反对新法的人，除了代表上层社会的士大夫，还有皇族的成员，甚至后宫的妃子与太监，连他们也成了随时可能点燃的干柴。

二

　　早在均输法、青苗法、募役法等各项变法措施出台之前，甚至王安石尚未进入中书的时候，删减冗费的工作就已经铺开，但实质性的改革则是在熙宁二年（1069）的十二月。这一年的四月，神宗就开始缩减朝廷内外的土木工程开支。因为旱情久久不得缓解，群臣请为神宗上尊号并奏乐，皇帝都不同意，祝寿的仪式也予以罢止。制置三司条例司对全国财政经费的支出进行核算，并出台了具体的裁减方案。其中裁减幅度最大的，是皇亲国戚的待遇和名目繁多的赏赐。在得到神宗批准之后，王安石毫不含糊地加以推行。

　　神宗是大宋第五代天子，此时，赵氏子孙中的许多皇亲国戚，已经超过服丧中"五服"的范畴，宗室与皇帝的服纪关系已经完结，"亲道"也已经尽到。按照宋朝继承过来的唐代制度，超过"五服"的子孙必须送出京城，停发禄赐，在地方上分给田亩，从此不再编入皇家族谱。英宗在位时，在负责管理皇族事务的宗正寺报告上来的资料中，十岁以上的皇室子孙已经超过千数，供养他们的费用，每月高达七万缗，接近京城官员俸禄的一倍。此外还有季节更替、婚丧嫁娶和例行祭祀时，名目繁多的赏赐。

　　根据熙宁二年（1069）出台的方案，只有宣祖赵弘殷（赵匡胤之父）、太祖赵匡胤、太宗赵光义这三支，每代保留一个爵位，选择一位德行突出者为公爵，累世封公，以奉祭祀，其余宗室子弟全部废除世袭爵位。"五服"之内的近亲成员可以授官参政，领取俸禄，授官年龄从原定的五岁提升到十五岁。"五服"之外的宗室远亲则不再授予官职，但可进入宗室学校学习，通过考试选拔之后入仕当官，只是考试的难度比普通科考要小得多。反复考试不能通过且年龄偏大者，则以推恩的方式授以闲职。与此同时，予以皇室成员的各种赏赐也被大幅度缩减（参见李国强《论北宋熙宁年间的宗室改革》）。

从一开始，这项改革就受到了欧阳修、司马光、程颐等人的反对，也受到了来自宗室的强烈抗议，还有礼部与宗正寺的抵制，他们希望保全现有宗室子弟的利益。为此，神宗作出了一定的让步，对于年龄尚小，亲属已经亡故的无服子弟，给予一定数额的俸禄与抚恤；其他无服弟子，在生活遇到困难时，亦给予补助，发放钱米，乃至住房补贴。此外，还以五百贯的彩礼或嫁妆，鼓励他们与普通百姓自由联姻，融入平民社会。

然而，除了俸禄，赏赐的开支仍旧相当巨大。每逢节日庆典、祭祀活动给皇族成员和群臣赏赐财物，叫作推恩，是宋朝为了赢得人心的惯常做法。庆历新政实行时，范仲淹原本就想要在这上面开刀。新政流产，范仲淹出局后，宰相吕夷简为了笼络人心，慷国家之大慨，就像过节给小孩子发糖果那样，加大了对皇族成员与后宫妃嫔的赏赐力度。宫廷内外的一片欢喜赞叹之声，如同洛阳牡丹尽情开放。这种赏赐一旦实施，就会成为定例，一种近乎稳定的收入，而且服从刚性原则，数量只能有增无减。即所谓由俭入奢易，由奢入俭难。新的方案连续两次裁减推恩钱，不仅幅度甚大，而且涉及面广，包括文武百官、皇亲国戚与后宫诸众，连太皇太后、皇后、妃子、公主都不例外。多少年来不断积累的恩情，如今全都转换成为怨恨。通过一系列的财政压缩措施，这一年的经费开销，比往年减少了百分之四十，而又不影响国家机构的正常运行。尽管缩减下来的钱财都用于社稷，王安石一分都不能分得，但福利被削减的人，把账全都记了王安石身上。这位可恶的宰相，成了他们命里的劫数。能够获得帝王的信任，为江山的长治久安与百姓的生存福祉施展自己平生的抱负，贡献自己的才能智慧，是一个儒者的光荣。王安石把投身变法，看作是自己对伟大历史命运的承担。"不畏浮云遮望眼，自缘身在最高层。"本着以天下为己任的情怀和对个人站立高度的绝对自信，他真理在握，无所畏惧。为了消除危机，改变国家正在颓落的命运，即便牺牲自己的身家性命，也在所不辞，更不用说是得罪个什么人物。包括自己敬重的老师、多年来惺惺相惜的朋友，对这些人的冒犯，恰恰证明他自己的铁面无私，也是他个人魄力的体现。但他没有意识到，当变法侵犯到整个皇族和官僚阶层的既得利益时，等于是向整个统治阶级宣战了。他想倒果为因，以变法的结果来说话，证明自己的正确，让所有的人闭嘴。可在眼前这种条件下，变法能够结出他所期待的果实吗？平心而论，有多少人真正关心国家那口大锅里将来有多少，他们更关心的，是自己碗里现在有多少。只要碗里的少了，就会有人跳出来砸锅。一旦豪门大族、官僚集团和皇室宗族三股力量纠结在一起，变法的形势就岌岌可危。

面对如此严峻的形势，王安石有着"道之所在，虽千万人吾往矣"（《孟子·公孙丑上》）的气概。《离骚》里"虽九死其犹未悔"的词句在他心中荡起。不成功便成仁，这是儒者的神圣使命。早在变法开始之前，他就写下了绝句《孟子》："沉魄浮魂不可招，遗编一读想风标。何妨举世嫌迂阔，故有斯人慰寂寥。"但他最担心的，是做事有一搭没一搭，总是接不上气。他曾经提醒神宗："天下事如煮羹，下一把火，又随下一勺水，即羹何由有熟时也。"（《续资治通鉴长编》卷二百六十二）但这时的他，仍然缺少一个大政治家对于时局的总体把握。其实，一种违和的力量如同风雨欲来前的乌云压城，已经聚集在他的周边，而更大的麻烦来自市易法的推行和免行钱的收取。

三

一个叫魏继宗的官员，以平民的名义上书，指控京都各大商贾操控市场，贱买贵卖，害得外地商贩与本地百姓苦不堪言，提议朝廷效仿常平仓制度，设立常平市易司，对一些生活必需品实行平价买进平价卖出，以调控市场秩序。在得到神宗皇帝的批准后，这项称为"市易法"的制度，于熙宁五年（1072）三月开始实施，在京师设立都市易司，在广州、扬州、杭州、成都等城市设立了二十一个市易务，委任与王安石关系密切的吕嘉问负责管理。然而，令人没有想到的是，在吕嘉问主持下，以稳定物价为职能的常平市易司，从一个公益机构变成了欺行霸市的商业垄断机构。它下属的市易务，在御道两旁摆起摊档，卖起干果冷饮来，与小市民抢生意。他们通过操控物价来谋求赢利，不仅破坏了贸易的自由与公平，也导致日用商品价格的飞涨，从而引发更大的民愤。

三朝元老文彦博看不过去，愤怒地站了出来，对市易司的做法予以强烈的谴责，认为作为仲裁机构的政府部门，直接进入市场参与商业的行为损害国体，招致民怨，是导致华岳山崩的根本原因。还指出："衣冠之家罔利于市，缙绅清议尚所不容。岂有堂堂大国，皇皇求利，而天意有不示警者乎！"王安石未就事情本身进行调查，便把市易司的垄断行为，与国家的盐酒专卖等同起来，在神宗面前为吕嘉问辩护，称他是少有的忠诚能干、敢于得罪权贵的官员。对于文彦博的谴责，王安石也作出回应："华山的崩塌之变，是天意针对小人言行发作的。市易法设立的初衷，是为了解除小民长期以来的困窘，用以抑制富豪对他们的兼并，对于官府能有什么利呢？"（《续资治通鉴》卷第六十九）显然，他有着坚定的国家资本主义的立场，对于长驱直入地干预民间市场的做法，缺少必要的反省和尺度的掌握。

免行法是熙宁六年（1073）九月底开始实施的。在此之前，朝廷与皇宫所需的日常用度，都向汴京各大商行征收，并通过商行向各个商家摊派。这就给负责征收的官员提供了勒索商户、搜刮民脂的机会。不要钱的东西当然是越多越好，他们摊派下去的物品数量，远远超出实际需要，甚至达到规定例额的十倍。这样，既肥了他们自己，也给皇族贵胄乃至宫廷内院的太监宫女带来不少的油水，但压在普通商户身上的负担就十分沉重，不堪承受的商贩因此破产关门的事情，时有所闻。

免行法实行之后，汴梁各商户一律按照赢利的数量，交纳相应的免行钱，不再向官府供应免费的物品。朝廷与皇宫所需的东西，都要拿钱到市场上购买，不得通过行政摊派。这项举措并非王安石个人首创，而是汴京肉行的商户向官府提出的。他们苦于征收部门官员的压榨与百般刁难，希望能够享受新法的利好，向政府缴纳一定数额的钱，替代原来直接供应肉品的做法。在呈报神宗皇帝同意之后，王安石才命市易司与开封府根据商行的实际情况制定条例细则，在汴梁的商行中实行。各商行依据经营规模与赢利数量，缴纳免行钱，不再接受任何实物供应的摊派征收。官府和皇宫所需日常用品，按照设定的指标，派员到市场上公开采购，价格由市易司厘定，不得强行压价。

显然，免行法并非与商人争利，而是利益没有特权的商人，因此也得到众多商户的支持。利益受损的恰恰是主管采购的宦官，和瓜分免费供应品的皇宫内院的皇族乃至宦官与嫔妃。王安石动了他们的奶酪，把这些人都得罪了，而在过去，宰相可是要慷国家之慨来收买的。免行法让商人免于盘剥与压榨，也为国库增加了一笔收入，而这份收入原本就是流入皇族和内臣私囊的。现在，牡丹花开得不如过去那么娇艳了，宫墙之内的沸腾可想而知。皇后的父亲向经是大商行的老板，他的商行日进斗金，就是不肯缴纳免行钱，还专门致函与王安石交涉。石不予理会，市易部门照例收钱，这让他恼羞成怒。太皇太后的弟弟曹佾，赊买百姓家的木材非但不付钱，还指派内臣冒名诬告市易司，查出之后受到驳斥，脸都没地方搁了。这些皇权的寄生物种，不反对新法才怪呢！

就市易法及收取免行钱问题，神宗一再与王安石展开谈话："闻听市易司经管的买卖极其苛细，市民怨谤纷纷，以为官府将会逐步扩大买卖垄断，收尽天下的货物自作经营。应该下令只依市易法平抑物价的初衷来实行。"石回答："这些问题一定要道出具体的事实，才好处理。"神宗指出："听说市易务专营冰点，致使老百姓连雪糕都卖不了；又听说民众买梳子就梳子贵，买油麻就油麻贵；还听说强买强卖，设立赏钱，也逮捕不到市易务去买卖的人。"石说："如果是这样，就是臣以聚敛民财来贻误陛下了。臣素来的行为陛下是知道的，怎么可能有这样的事情发生？"神宗指出："恐怕是你所使用的人不能领会朝廷的本意，更应该加以审查才是。"在后来的谈话中，皇帝还提到他听说的传闻：有商户为了交免行钱揭砖拆瓦，造成家破人亡。感觉受到利益侵害的反倒是商行，而不是失去既得利益的权贵。

太皇太后曹氏，是皇族利益的代表。市易法与免行法出台后，

◇ 仁宗皇后的身份，掩盖不住曹氏作为一个女人的灵韵

● 《宋仁宗后坐像》 北宋-佚名-台北故宫博物院藏

不知有多少皇亲国戚到她这里来哭诉，女人们婆娑的泪水都流到了一起。随侍的宦官、宫女也在破颜咒骂这千刀万剐的王安石，把她们到了碗里的羹汤从嘴边夺走，美人们表情抽搐起来十分难看。一天，神宗陪太后到太皇太后的宫里，太皇太后曹氏对皇帝说："祖宗法度，不宜轻改。我听说百姓被青苗、募役法害苦了，应该予以废止。"显然，她将皇族与百姓的概念混淆了起来。神宗解释："这些法都是为了利民，而不是让他们受苦的。"出身大将军府的曹氏，硬把刚才说的话当成定论，不想没完没了地讨论下去，她拧起朱唇，掉转话锋，直接指向王安石："此人的确是有才学的，但怨恨他的人实在太多了，欲要保全他，不如暂时把他外放到地方上去。"神宗立即作出辩护：

"眼下，群臣之中，能横身为国家担当者，唯有王安石一人啊。"立在旁边的岐王、神宗的弟弟赵颢乘机插上一嘴："太皇太后说的是至理之言，不可不做考虑。"神宗转过脸去，突然发起怒来："是我在败坏天下呀？那你就来治理吧！"赵颢当下就被吓哭了，连说："何至于此！何至于此！"于是，这场会面不欢而散（《邵氏闻见录》卷第三）。过了一段时间，母后高氏又问神宗："王安石祸乱天下，该怎么办啊？"她眼底蓄满泪水，好像受了天大的委屈。这次，神宗对新法的信心，真正开始动摇了。

正在王安石为与皇族关系紧张焦头烂额之际，熙宁五年（1072），奉命主持汴河疏浚工程的检正中书刑房公事沈括，在咸平县（今开封通许）的洪福院，惊讶地看到了收藏在密室里的佛牙舍利。按照他的描述："其牙忽生舍利，如人身之汗，飒然涌出，莫知其数，或飞空中，或堕地。人以手承之，即透过，着床榻，摘然有声，复透下。光明莹彻，烂然满目。"（《梦溪笔谈·神奇》）回到京师后，他将瞻仰舍利的情况"盛传于公卿间"。沈括属于变法派阵营，深得王安石信任，有如此美事，他自然要跟这位恩公分享，而通过王安石的禀报，神宗也得知了舍利的事情。

经过一番考证后，王安石发现，这颗能长出小舍利的佛牙舍利，就是传说中的"悟空佛牙"，有着极其传奇的来历。大唐天宝九年（750），北天竺罽宾国大首领萨婆达干和国师舍利越摩来到长安，向玄宗皇帝进献国书，表示归附唐朝的意愿。次年，朝廷派出四十人的使团前往罽宾国回访。一位名为车奉朝的左卫官，因病未能随团归国，滞留北天竺，并在罽宾国国师舍利越摩门下出家，法号为法界。求法问道三十多年后，获得摩尼宝珠的法界才返回中土。其时，因为伊斯兰教的入侵，天竺佛教已经衰落。临别之际，舍利越摩国师将寺院里供养的释迦牟尼佛牙舍利，郑重地赠予法界。回到长安后，法界将佛牙舍利献给了唐德宗，并获得皇帝亲赐的法名"悟空"。他带回的佛牙舍利也被称为"悟空佛牙"，供奉在长安大庄严寺的宝塔里，并躲过了唐武宗灭佛的劫难。广明元年（880），黄巢起义军攻破潼关，唐僖宗携"悟空佛牙"仓皇逃往蜀地，直到半个世纪后，才由后唐蜀守孟知祥送到洛阳。此后，"悟空佛牙"历经乱世沧桑，辗转开封、洛阳等地，被人秘密供养。宋朝开国之初，太祖得知洛阳有一枚"神授佛牙"，经过"烈火煅试，晶明坚固，光彩夺目"（王珪《三朝御赞佛牙舍利序》）的检验之后，收藏于皇宫之中。皇祐元年（1049），皇后曹氏让人清点宫中秘藏舍利，"悟空佛牙"因此被转移到了咸平县的洪福院里。苏轼的挚友王巩曾经将舍利请到家中供养，并留下了记录："咸平县僧藏佛牙一株，其大两指许，淡金色。予尝请而供之。须臾舍利自牙中出，初如露，巡行牙上，或远数十步，求者辄得。……其大如绿豆，光彩炳然。后神宗迎之禁中，遂御封匣而归之。今人罕得见者。"（王巩《闻见近录》）"悟空佛牙"归相府管理，因此上面所刻的"东府"字样，很可能出自王安石的手笔。舍利平时深藏府库，遇到斋供的节日，才"取旨方开"，送往相国寺展示。日本天台宗高僧成寻，曾于熙宁五年（1072）十月，在相国寺佛牙堂瞻仰过舍利，惊叹地看到"佛牙放光，希有之，不可思议"的景象。

　　看到人们在舍利面前无比虔敬的神情，王安石暗自起了心意，将其转赠给了神宗的弟弟、深得宣仁太后喜爱的嘉王赵頵，以扭转自己与皇族间濒临崩溃的关系。此策几乎是不谙人情世故的石所能够想到的唯一办法了。或许是亲王私藏国家圣物有嫌僭越，或许是嘉王和太后不愿领情，这株"悟空佛牙"和附带的小舍利，在嘉王府并没有停留多久，就被皇族五服子孙赵世昌秘密请到中都（今山东汶上失。直到九百一十八年后，灵塔重修时，塔基的地宫被意外发现，以金为棺、以银为椁、以石为匣包裹着的"悟空佛牙"才重见天日，散发出往日的光芒。而石函上镌刻的铭文，也让舍利上面发生的事情真相大白于天下。

然而，王安石挖空心思想出的办法，并没有实质性地改变什么。熙宁六年（1073）元宵节前的晚上，他照例陪同神宗皇帝赏花看戏。他骑马正要进入宣德门时，却被宦官张茂则粗暴拦住，马夫将要申辩，便招来门卫一顿殴打。受此奇耻大辱，大宋宰相的尊严如何安放？王安石立即投诉于皇帝："按照惯例，宰相就是进入宣德门后才下马的，以前进来这么多次，也没有人拦过，怎么今天突然就冒出新的规矩来？宦官和卫兵胆敢如此对宰相，背后必定有人指使。"他强烈要求开封府对相关人员进行惩处。

王安石的推断的确不错，宫墙之内对他的迁怒已经到了近乎饱和的程度，连太监、卫兵都想找机会出气了。经过审理，打人的卫兵被抽了十七大板。但事情并没有到此结束，监察御史里行蔡确站了出来，弹劾开封府，宣称任何人都不能骑马进入宣德门，卫兵出来阻拦，是出于保卫皇上的神圣职责。倘若这样处理，将来怎么能够指望皇上身边的人忠于职守呢？宰执大臣到底应该是门外下马，还是门内下马，结果还是查不到条文依据。但枢密使文彦博却站出来举证：老臣从来都是在宣德门外下马的。于是案子又被翻了过来，开封府的判官和推官都被处以罚款。令人费解的是，蔡确本来属于变法派阵营，是新法坚定的拥护者。他应该清楚，自己这番弹劾，让王安石在朝堂上重重地栽了一个大跟头，必然影响到变法事业的前景。据说，神宗曾就此事去问宫中的宦官，这些阉人竟扑通扑通地跪下来，涕泪齐下地控诉王安石祸国殃民，请求皇上罢免王安石，拯救万民于水深火热之中！

事实上，变法派阵营出现异变的情况，已经不是第一次了。在宣德门下马事件之前，曾经颇得王安石欢心并给予引荐的唐坰，就莫名地向王安石发起攻击；身为王安石学生的郑侠，也向神宗呈上的《灾民图》，给变法事业以致命的一击。或许是因为对职位的安排不满意，太子中允、同知谏院唐坰，在御前会议时，忽然逾越朝规冲上前来，要宣读自己提交的奏折。这令在场的人大为惊讶。神宗让侍臣告谕他日后再奏，但此人竟伏地不起，非要当着众大臣的面宣读谏疏，就连留下奏章退下这样的圣旨也置之不顾，还像狮子一样在朝堂上怒吼起来："王安石靠前来听札子！"继而口出狂言，称皇上要是不肯倾听臣的逆耳忠言，恐怕江山也难以坐稳！在众人的错愕之中，他口若悬河，滔滔不绝地宣布王安石专权作威，使天下只知有王安石，而不知有皇帝陛下等罪状，共计六十多条，将王安石说成是毁坏大唐江山的佞臣李林甫。神宗多次出言，都截断不了他喷薄的话语（《续资治通鉴》卷第六十九）。虽然事后唐坰被贬为潮州别驾，但此事还是震撼了王安石的内心，也多少影响到神宗对他的态度。这两件事情之后，王安石不再说话，默默地向皇上递交辞呈。神宗好心劝慰，请他对这些事情不要过于在意，但接下来发生的事情，却是神宗自己先在意了。

还在江宁知府任上时，王安石就听说，酒税监的儿子郑侠酷爱读书，于是便邀来见面，给这位寒门子弟以很大的鼓舞与扶助，还派学生杨骥到清凉寺的青灯下陪其学习。郑侠果然不负所望，在二十七岁那年考取进士，被授以秘书省校书郎的职位。王安石上任参知政事后，立即擢拔他为光州（今河南潢川）司法参军，平日里特别关照他的工作。熙宁五年（1072），任职期满的郑侠入京述职，专程拜见宰相大人。王安石原本有意起用他，但三次对谈，问起在州县下面的见闻，郑侠说出的，都是新法实施后给民众带来的困扰，让王安石陷入了沉默。见主人不说话，郑侠便不再继续登门，但仍然多次致信王安石，反映新法造成的灾害性后果，提出自己的一些建议。在这种情况下，他自然得不到重用。但他怎么也想不到，自己接下来竟然被贬为汴京安上门的看门小吏。凭着多年来的了解，王安石觉得郑侠还是一个可用之才，在贬降其职位之后，还特地让儿子王雱和门人来找他沟通，希望他能出任即将设立的修经局检讨一职。但有着士人傲骨的郑侠，却丝毫不买账。他给王安石回话："我没读多少书，不能辱没检讨这么重要的职务。过去，我曾经手执经典，求教于相国大人门下，但如今相国大人的持论，总是以官爵为先，如此对待士人，礼遇也太过浅陋了。倘若大人真心要帮助与成就郑侠，就请从本人提出的利民便物的事项中，挑选一二加以推行，使他在获得升迁时心无愧疚，这样岂不是更好吗？"（《宋史·列传第八十》）显然，权力运作的方式，已经伤到了这个士子倔强的人格。

实际上，对于郑侠的建议，王安石并非不予理睬，而是部分加以采纳，如免征小商小贩的营业税，大的商家也减税十分之七，等等。然而，这并不足以平复郑侠血管里汹涌的波涛。他的自视已经远远高出了自己的见识。从熙宁六年（1073）到熙宁七年（1074），持续的旱灾与蝗灾使得土地连年失收，饥饿的农民不得不背井离乡，拥向城市与他乡。首都汴梁更是成了流民汇集的中心，他们"扶携塞道，羸瘠愁苦，身无完衣"。作为管理城门的小吏，郑侠目睹了这种悲情惨状，却又无能为力，不忍之心备受鞭挞，浸渍在盐水当中。于是将自己所看到的现象，如百姓典妻鬻子、砍桑拆房、流离失所等画面，绘成一幅长长的《流民图》，并撰写了《论新法进流民图疏》，声称所绘的景象，与实情相比，远远不及，恳求皇上"开仓廪，赈贫乏，取有司掊克不道之政，一切罢去，冀下召和气，上应天心，延万姓垂死之命"（《续资治通鉴》卷第七十）。最后，他赌上了自己的身家性命：如果皇上按照他所说的去实行，罢黜相关新法，要是十日之内天不降雨，就请斩他自己的人首，悬挂于宣德门外，以正欺君之罪！这下，王安石真是遇上死士了，而这个死士还是自己栽培出来的。

通过常规渠道到阁门呈递，奏疏不被接受，郑侠只好谎称是紧急边报，通过驿马直接送到银台司，最后才辗转到皇帝手上。神宗反复观看了《流民图》，一直吁叹不已，直至深夜也无法入眠。第二天早朝，眼中充满血丝的皇帝便下达诏令：开封府立即停止收取免行钱；三司检查市易法施行的情况；司农发放常平仓米；殿前司和侍卫马军司、步军司汇报熙河地区的用兵情况；各路奏报百姓流散的原因，暂停对青苗钱和免役钱的追缴；罢黜方田法、保甲法；等等。总共有十八件事。结果，不仅民众当天就奔走相告，第三日天空也降下了晶莹的雨水。因为久旱逢甘露，辅弼大臣都入宫来祝贺。神宗取出郑侠画的《流民图》及奏疏给他们传阅，责备他们失职。这些人都纷纷谢罪，而他们这一谢罪，意味着王安石成了罪魁祸首。

神宗上前问王安石："是否认识郑侠？"王首相尴尬作答："他即是臣下的学生。"在场的反对派人物听了都扬扬得意，禁不住笑出声来；但变法派这边，却有人咬碎了牙齿，欲将郑侠交御史台审查，惩治其擅自使用驿马传递奏疏的罪责。吕惠卿、邓绾对神宗说："陛下数年以来，忘寝废食，成就这些美政，天下才刚刚得到恩惠，一旦听从这个狂夫之言，罢废殆尽，岂不太过可惜！"他们围在神宗面前痛哭流涕，像受尽委屈的孩子。于是，皇帝的态度又改变过来：除了方田法暂时废止，其他新法还是照旧执行。天子在朝堂上的站姿，已经晃动了起来。

作为改革派的扛鼎者，王安石这次却坚决请求辞去宰相职位。自从诡异的宣德门下马事件发生，他身边出现了众叛亲离的局面。在外边，是唐坰、郑侠等人的操戈而起；在家里，除了态度过激的儿子王雱，其他人都不予支持。弟弟王安国虽然与自己情同手足，但也是心存异见，刚从西京国子监调回京师，在接受神宗接见时，竟然指责哥哥知人不明，敛财太急。一次，王安石在家里与吕惠卿谈事，王安国却故意拿着一支笛子在旁边吹，完全是旁若无人的样子。哥哥劝他少沉溺于颓废之声，他却反过来劝哥哥要远离奸佞小人，话里夹刀带刺。内外交困的状况，让王安石意识到，自己身上招惹的怨愤，已经严重阻挠变法使命的完成。这次，神宗想以太师、太傅这样荣耀的职衔来安置他，王安石还是不愿接受，最终以吏部尚书、观文殿大学士的身份出任江宁府知府。

离任之前，王安石请求让韩绛接任宰相，吕惠卿作为参知政事来佐助，以保持变法在政策上的持续性。神宗全然接受了他的启请。韩绛和吕惠卿，一个被称为王安石的"传法沙门"，一个被称为王安石的"护法善神"。有他们两人稳坐在朝堂上，王安石走得踏实。令他挂怀的，倒是驻守在西部边陲上的王韶，担心这家伙因为得不到朝内的支持而消沉，使来之不易的局面毁于一旦。于是，专门给他寄去一封书信，表达自己诚恳的期待："某久旷职事，加以疲病，不能自支。幸蒙恩怜，得释重负。然相去弥远，不胜惓惓。惟为国自爱。幸甚不宣。"（四部丛刊本《临川先生文集》卷七三）有时候，人与人之间的相互鼓舞，显得尤为重要。

卸下宰相重任，王安石便有了空闲，来回顾几年来的历程。最让他感到失望的是，对变法取得的初步成果以及给国家带来的变化，人们竟然视而不见。他们看到的是弥天漫地的旱灾与蝗灾，和潮水般的流民，不假思索地就将这些现象归因于变法。就连司马光这样高瞻远瞩的史家也不例外。在近日从西京呈上的奏章中，司马光仍然像会计一样历数新法的过失："一是广发青苗钱，使百姓负债沉重，而国家却无所得；二是免除上等户的劳役，收取下等户的钱财，来养浮浪之人；三是设置市易司与小民争利，实际消耗政府财产；四是中国未治而侵扰四夷，得少失多；五是组织团练保甲，教习凶器以疲扰农民；六是信任狂狡之人，妄兴水利，劳民费财。"（参见《续资治通鉴》卷七十）这其中有多少是经过深入调查核实的情况？有多少是听风就是雨的测度？

据徽宗朝吏部尚书虞策从户部查阅的资料，皇祐时期年总共收入为三千九百万缗；治平时期年收入为四千四百万缗；熙宁时期年收入为五千零六十万缗，比仁宗、英宗时代有了相当可观的增长，财政收支不仅达到平衡，而且逐渐有了可供调节支配的剩余。与司马光、苏轼交好的毕仲游，也有过这样的记述："今诸路常平、免役、坊场、河渡、户绝、庄产之钱粟，积于州县者，无虑数十百巨万，如一归地官（指户部）以为经费，可以支二十年之用。"（毕仲游《上门下侍郎司马温公书》）从国家层面来看，多年来愈演愈烈的"三冗"问题，已经得到了很大的缓解，而这正是变法之所以要启动的迫切原因；作为变法追求的目标，富国强兵，扭转国家积贫积弱的状况，也正在达成之中。只不过是部分阶层，如富商大贾、皇亲国戚等肥厚的利益，受到了抑制和压缩，而这一阶层的利益诉求，自然会加倍地得到表达。如果要把社会方方面面的本位利益都照顾周全，改变现状之事便无从谈起。至于天灾之事，已经超出人力所能控制的范围，将其发生及由之导致的饥荒归咎于变法，很大程度上是那些利益受损阶层的借题发挥，他们的意志成了天的意志。真实的情况是，正因为变法增加了国家财政的库藏，连续的天灾才得到赈济，没有引发更大的人祸与社会动荡。

国家实力的增强，不仅从府库里的统计数字可以看出，也体现在与西夏的边境对抗上。熙河决战的胜利，就是一个证明。王安石绝非头脑简单之人，他对军队的改革，包括冗兵的裁减，有着相当沉稳的谋虑。北宋的军队分禁军与厢军两大板块，总数有一百二十多万，带有职业军人的性质，战斗力却极差。但即便是一百二十万只老鼠，也会吃掉大量的粮食。倘若大刀阔斧，顿然以大批量转业的方式来"省兵"，弄不好就会引发兵变。王安石采取较为缓和的方法，先是将服役年限从六十岁降到五十岁，通过自然减员、不加替补的方式来裁减。同时，通过保甲法，组织基层民兵、义勇，以低成本的方式解决兵力不足的问题。几年下来，禁军和厢军人数，缩减到五十九万三千多人，裁军数量超过一半，每年为国家财政节省开支一千七百七十九万缗。而军队战斗力的强弱，也通过熙河战役得以检验。

早在熙宁元年（1068），苏轼的同届进士、善于审时度势的王韶，前往西部实地考察，并向神宗献上三篇《平戎策》，提出了经略西夏的计谋。他认为，欲要攻取西夏，必须先收复河州与湟州。河湟二州位于今天青海、甘肃、四川交界，中唐以来，这里聚集着诸多"番族"，彼此间经常发生冲突。西夏政权一直虎视眈眈，伺机吞并这一地区。一旦他们得逞，秦凤、四川各路都会受到威胁。倘若宋朝抢占先机，一举收复该地区，不仅稳定秦凤、四川各路，还可进拊西夏之后背。对于王韶献策，大臣们心存疑义，顾虑重重，唯有王安石坚决主张采纳。在他的鼎力支持下，王韶随后被任命为秦凤路经略司机宜文字，担纲收复河湟的使命。

孤儿出身的王韶，是一个文武兼备、智勇双全的人物。在王安石的运筹下，他软硬兼施，招抚与镇压并举，最终在熙宁六年（1073）占取熙、河、洮、岷、叠、宕等州，收复了一千多里的边疆。朝廷随即在这个地界上设立了熙河路。也就在这一年的八月，已经是熙河路经略安抚使的王韶，率领宋军与羌族武装进行决战。经过一个多月的长途奔袭，终于收复河、洮、岷、宕、叠五州两千多里的土地，取得了太宗之后最大规模的胜利。加上之前回归的区域，西部边疆总共有三千多里失地被收复，数十万人口回到国家的怀抱（参见毕宝魁《政坛大风：王安石传》第227页，作家出版社2015年版）。在紫宸殿举行的庆祝典礼上，神宗在接受文武百官朝贺后，解下身上佩戴的闪光玉带，赠送给宰相王安石，并给予他高度的评价。

河湟大捷之后，王安石曾想乘势收复西夏，恢复大唐江山的版图，洗雪堂堂大国花钱买平安、向小邦进贡纳银的奇耻大辱。他不止一次地提醒神宗：西夏正处在主少国疑、妇道掌权的脆弱时期。倘若现在不乘机拿下，以此来震慑四方夷狄，改变契丹人利用宋夏对抗讹诈岁币、挤占土地的状况，中国恐怕难以实现长治久安。但神宗始终没有回应，这让他有些急火攻心。而这个时候，辽国又在边境上制造事端，提出重划两国边界的要求。

五

　　秉承"取天下之财，以供天下之费"的理念，变法对社会的利益格局进行调整。某些阶层的人之所以对变法在国家层面取得的成果视而不见，就是因为他们的本位利益并未随着国家利益的增长水涨船高，相反，拿在手里的肥肉还被剜去了一块。毕竟，人都不具备全知的上帝视角，对自己所处阶层之外的实情缺少感同身受的体会。在信息不畅的时代，人很难了解社会的整体状况，就像苏轼《题西林壁》所写的那样，由于所处社会层面不同，人们的观察总是"横看成岭侧成峰"，而且习惯于把自己耳闻目睹的现象，当成"庐山真面目"。出于为自身辩护的需要，他们倾向于把个体利益的减损，当作是天下利益的减损来加以表达与渲染。

　　对于王安石而言，在强国富民的战略中，富民所要富的不是原来已经富得流油的人，而是深受高利贷与土地兼并之苦的底层民众。那些原本就已经相当富足、恃强凌弱的人，是变法所要剥夺的对象，王安石要从他们身上刮出油脂来。按照漆侠先生的分析，大地主阶层在改革中利益受损最大：青苗法的实施，限制了他们的高利贷活动；免役法的推行，让他们不得不按自身的产业付出相应的免役钱；在实施方田均税法的地区，他们还必须按田亩数量缴纳相应的田赋。富商大贾也是如此：免役法使他们必须付出助役钱，失去免役的权利；市易法使他们的垄断行为受到严格限制；国家专利事业控制的加强，也削去了他们不少的红利。与上述阶层有着密切经济联系的官僚贵戚，利益也受到很大的影响。中等地主在这次改革中并无所失。一般商人获得的利润是增加了，一些小贩的生活出路亦较前宽广了。以农民为主体的劳动生产者的负担也相对地减轻了。（参见漆侠《王安石变法》

第 163—165 页，河北人民出版社 2001 年版）对于官僚集团而言，因为各种赏赐的停发，上层官僚的实际收入自然是减少了，但下层小吏的待遇，在变法中却得到提升。在变法之前，基层官府里行走办事的小吏，都没有固定的俸禄，他们基本上是依靠索贿度日。其索得的财物叫作"赇"，是觍着脸去求来的。变法启动之后，为了避免他们侵扰百姓，维护政府的形象，才给他们发放稳定的俸禄。根据曾经担任三司使的学者沈括统计，从熙宁二年（1069）到熙宁八年（1075），京兆府小吏俸禄开支总共增加了九十多倍（《续资治通鉴长编纪事本末》卷七五），这实在是一个惊人的数字。

国家政权可以是某一个阶层的利益代表，也可以是全社会整体利益的代表。代表某一个阶层的利益，就意味着在社会利益关系格局上有所倾斜，长此以往不免出现偏差，导致其他阶层利益的减损，从而激化社会矛盾。大地主和大商人，是大宋王朝统治的阶级基础，开国以来，他们的利益都得到充分的增进与保护，几乎没有受到过任何挑战和分割，而现在王安石却提着刀来找他们。这一点，苏氏兄弟看得十分明白。苏轼批评变法"与民争利"，所说的"民"并非贫民。苏辙在《栾城集》中就说得很清楚："王介甫，小丈夫也。不忍贫民而深疾富民，志欲破富民以惠贫民……及其得志，专以此为事，设青苗法，以夺富民之利。民无贫富，两税之外，皆重出息十二，吏缘为奸，至倍息，公私皆病矣。"（《栾城集》三集卷八）作为变法的主持人，王安石也毫不隐讳自己的意图："均天下之财，使百姓无贫。"（《续资治通鉴长编》卷二百二十三）他的改革，某种程度上带有假私济公、劫富济贫的性质。然而，当时的士大夫普遍有着近似于贵族的优越感，底层社会贫民的疼痛，并没有上层社会的利益那么切身。有一次，当着王安石，神宗皇帝问文彦博："更张法制，于士大夫诚多不悦，然于百姓，何所不便？"这位枢密使气昂昂地回答："为与士大夫治天下，非与百姓治天下也。"（《续资治通鉴长编》卷二百二十一）他毫不愧疚地道出了士大夫阶层反对变法的原因，他们关切的不是普通百姓的境遇，而是优先考虑和保护上层社会和官僚集团的利益。

既然是要"破富民以惠贫民"，得罪富人，承受来自这一阶层及其代言人的攻击，是变法躲不过的阻力，只要得到受惠的贫民的拥戴，也多少能够抵消这种阻力带来的影响。不幸的是，破了富民的财运，却一时还不能让贫民获益。由于天灾连绵交加，变法所要帮扶的对象，并不像王安石想象的那样蒙受恩惠，他们当中的很多人，甚至沦为难民流离失所，成为富有阶层指控变法祸国殃民的口实。而在这种指控面前，王安石百口莫辩。在当时的主流意识形态中，人们坚信上天意志的绝对善良，将自然灾害看作是人悖逆天道招致的惩罚。这种情势下，凭一人之力，王安石无法撇清变法与灾荒的关系。尽管宋代的国土不比汉唐，但也算辽阔，每隔三五年都会有旱涝灾害发生，只是有没有人借题发挥罢了。灾情暴发时期，与灾情相关的部门和官员，也在想方设法推卸责任压力，王安石和他的变法，无疑是可以顺手牵来的替罪羊。"力拔山兮气盖世，时不利兮骓不逝。"古往今来，一件事情的成功，需要天时、地利、人和三种因素具足，老天不助，凭着君臣在朝堂上的二重唱，如何能够将如此重大的社会变革进行到底？

六

熙宁七年（1074）的夏天显得格外炎热，王安石一家乘船离开汴梁，顺流而下江宁。此时正是江南生机勃发的季节，船像一把大剪划破了绸缎般的水面，两岸的风物打着旋涡向他扑面而来，花开得格外地热烈，就像要燃烧了起来。置身其中，王安石这才想起，自己已经有几年没有专心地赏过花了，都不知它们是怎么开出来的，就已经谢了。此刻，船就像是不小心闯入了白居易的词里："江南好，风景旧曾谙。日出江花红胜火，春来江水绿如蓝。能不忆江南？"

自熙宁二年（1069）被任命为参知政事至今，将近六年的时间里，他的神经一直处于高度紧张的状态。一个接着一个法规方案的起草修订，直到出台之后的跟踪、反馈与调适，他都不敢有丝毫的松懈，还要应对反对派一波又一波攻击。连续的熬夜消耗着他血液里的精气，头发胡须都变得干枯，硬茬茬的没有了之前的润泽，连虱子都懒得在里面做窝了。为了国计民生，他并不在乎身体重量的消长，也不在意名位的升沉。他自认是一个谋大事的人，按部就班、循规蹈矩的职业官僚生活，不符合他对自己的想象。如果在一个岗位上不能有效发挥作用，施展自己的抱负，他绝不贪恋压人的权势与优厚的俸禄，甚至把它们当作自己作为士人的耻辱。

早在童年时代起，王安石就跟随父亲辗转生活过许多地方，但让他魂牵梦绕的唯有江宁。因为三国时，孙吴依借清凉山石壁筑城戍守，江宁也被称为石头城，正好与王安石的名字相应，让他的命格里的土堆得更高。江宁之于王安石，犹如颍州之于欧阳修，前者乐山，后者乐水，仁智互见。宝元二年（1039），父亲王益卒于江宁通判任上，因为家境贫困，无法扶棺返回临川故里，灵柩一度寄存在寺庙，后来才入土将军山。二十多年后，母亲吴氏病逝于汴京，王安石也将其归葬江宁，与父亲同垄。显然，他早已将这个地方当成自己生命的归宿。仁宗与英宗的时代，他屡召不起，神宗登基之初，召他为江宁知府。很多人都以为他会坚辞，没想到他一点儿客气也没有，很快就

◇ 欧阳修与王安石仁智互见，一个乐水，一个乐山

● 《游春图》隋 - 展子虔 - 故官博物院藏

走马上任了，可见他对这座六朝古都的眷恋之深。

　　江宁既有江南苍翠的风物，也有繁华的市井光景、浓郁的烟火之气，还有东吴、东晋和南朝多个朝代更替留下的沧桑记忆。夕阳之下，英雄与美人的故事随江水婉转流淌，教人心里五味杂陈。自然风物、市井人情、历史往事三者水乳交融，构成了这座城市复沓的调性，如同多声部的交响与咏叹。一片叶子的凋零，一只燕子斜飞的姿态，一缕波光的漾起，似乎都有着悠长的韵味与无尽的含义。南唐亡国之君李煜的悲剧和一阕《虞美人·春花秋月何时了》，更是给这座城市平添了无限的怅惘："春花秋月何时了？往事知多少。小楼昨夜又东风，故国不堪回首月明中。雕栏玉砌应犹在，只是朱颜改。问君能有几多愁？恰似一江春水向东流。"这真是诗意栖居的地方，让王安石深深着迷。他的家就在南郊的牛首山下，回到院子里，将衣服帽子一脱，曾经的宰相便立即恢复了诗人的身份。

大约是这一年入秋的时节，天风萧肃，王安石登上了长江边的一处高坡，环顾四周，只见江流逶迤而下，如飘动的白绢；高耸的群峰相挽并立，气势磅礴。俯视脚下雾气缭绕的江宁城，诗人顿时生出了许多感慨，写下了一首题为《桂枝香·金陵怀古》的辞章——

> 登临送目，正故国晚秋，天气初肃。千里澄江似练，翠峰如簇。归帆去棹残阳里，背西风，酒旗斜矗。彩舟云淡，星河鹭起，画图难足。
>
> 念往昔繁华竞逐，叹门外楼头，悲恨相续。千古凭高，对此谩嗟荣辱。六朝旧事随流水，但寒烟衰草凝绿。至今商女，时时犹唱，《后庭》遗曲。

此词笔力遒劲，起承转合，收放自如。意象之致美，遣词之精当，体现着文学大家的修养。文如其人，由文字所带出的王安石，胸襟开阔，将天地宇宙的浩瀚吞吐于芥子之心，宏大的历史跌宕，与进行中的日常生活叠拼在一起，虚实难辨。画舫在高天淡云里浮游，白鹭在璀璨银河里起舞。归帆去棹，西风酒旗，繁华竞逐之中，悲恨交加的故事相续演绎，风流缱绻与断头溅血，荣华富贵与国破家亡，人间两极交集到了一起，令多情者唏嘘不已。六朝兴亡往事，都随流水远去，寒烟衰草凝结的翠绿，却让人触目惊心。全词气象宏阔，却又情感细腻，是一首登高怀古的佳构，也被认为是豪放派词的开山之作。宋人杨湜在《古今词话》中提到："金陵怀古，诸公寄词于《桂枝香》，凡三十余首，独介甫最为绝唱。东坡见之，不觉叹息曰：'此老乃野狐精也。'"（吴熊和《唐宋词汇评》两宋卷 287—288 页，浙江教育出版社 2004 年版）虽然彼此之间有诸多违逆，但读到王安石的金玉之作，苏轼还是由衷地赞叹。"野狐精"这样的称道，也只有同样修炼成精的词人才能说得出来。

王安石原以为从此可以远离是非，隐迹林下，从事自己的著述，但安闲的日子才过了半年多，皇帝的诏令就下来了，让他返回京师，再次出任宰相职务。这次，向来难进易退的他一点儿也没有耽搁，立马收拾家当启程。史书上说，从江宁到汴梁，他只用了七天的时间，其实哪有可能那么短，不过也是王安石从政生涯最快的应召。从他在中途写下的诗篇，便可以看出："京口瓜洲一水间，钟山只隔数重山。春风又绿江南岸，明月何时照我还？"（《泊船瓜洲》）在诗中，欢悦的心情溢于言表，虽然没有达到李白流放归来时的"轻舟已过万重山"，但也是"春风又绿江南岸"。其中这个"绿"字，是经过反复推敲才确认的，可谓尽得风流，有画龙点睛之效应。而"明月何时照我还"，什么时候才能披着一身月光归来，这个意境更是美不胜收。在诗歌创作中，像石那样，兼有思想境界之深邃与语言修辞之精湛的大家，实在并不多见。

虽说离京的时间总共加起来不过十个月，但重返朝堂，王安石觉得已经是物是人非。一度被认为是自己的"传法沙门"的韩绛，在人事任免等一些小事上，一再与自己顶撞抬杠，说是小事尚且不能伸张，况乎大事！已经在正宰相位置上的韩绛，很难忍受视若无物、形同摆设的感觉；另一个被称为自己的"护法善神"、曾经在神宗面前表白侍奉自己如双亲的吕惠卿，不仅暗地里抵制自己的复职，还挑起事端，排挤曾布等变法阵营里的同道。此人推出的"手实法"，更是招惹了极大的怨愤，严重阻碍了变法事业的推进。

七

整个变法过程，人们都在指责王安石任人唯亲，或是专用小人。其实，石起用的人没有几个是真正亲他的。之所以起用他们，只是因为这些人拥护新法，或者说表示拥护新法，而变法又太缺少得力的支持者。至于专用小人的说法，就更难成立了。石本身就是一个正人君子，为什么要专门挑心怀鬼胎、豺狼一样的人与自己共舞？这实在是不得已而为的事情，在变法之初，他就向神宗皇帝道明。然而，随着时间推移，使用小人的成本与恶果，便渐渐显现出来。就像邵雍在洛阳所预见的那样，石辞去相位当年，曾布与吕惠卿这两位变法派的中坚人物就开始倾轧起来。曾布联合反对派势力，通过对执行市易法的吕嘉问发难，来达到打击他的顶头上司吕惠卿的一箭双雕的目的，结果不仅未能得逞，反而以"奏事诈而不实"的罪名被外放。紧接着，那个呈上《流民图》的郑侠，又质疑吕嘉问案件审理的公正性，强烈要求皇帝罢免吕惠卿，起用参知政事冯京。此时，对于郑侠的种种表现，神宗已经生起疑情，命吕惠卿对其进行调查。结果显示，郑侠的一系列举动，并非全然出自义愤与激情，而是有组织、有预谋的，富弼的女婿冯京就是其中的核心人物。

吕惠卿于是借着对郑侠的审理，生生将王安国牵扯进去，撸掉其朝内一切职务，放归乡野；之后又重启市易务案件的调查，把变法派的同道曾布和吕嘉问罢黜，为自己主持变法乃至整个朝政、升任一人之下万人之上的首相扫清道路。但他狂妄的野心和霸道的作风，令已经在首相位上的韩绛无法忍受，于是才反复提议皇帝召回王安石。

得知石将重新回到中书，机关算尽的吕惠卿感到整个天都塌了。此时，与石有交往的神秘人物李士宁被告发，被称妖言惑众，图谋不轨，还将宝刀献给羽林大将军。吕惠卿正想借此案大做文章，挖坑陷害王安石，没想到已经来不及了。因为做了那么多违背天良的事情，现在又要重新在石手下任事，吕惠卿内心惶惶不可终日。其实，因为感念吕惠卿在变法中的一路跟随，王安石并未采取任何针对他的行动，对他推行"手实法"，也只是做了一些擦屁股的工作。但在这个节点上，吕惠卿的弟弟吕升卿在主持国子监考试时，将吕惠卿的妻弟录为高等贡生，遭到了强烈弹劾，引发舆论的喧嚣。此般情势下，灰头土脸的他密集地向神宗提出辞去参知政事的请求。

考虑到变法大计的完成，神宗还舍不得吕惠卿离去，专门派石与副宰相王珪去慰问挽留。问起辞职的缘由，吕惠卿说："没有什么，只是力不胜任而已。朝廷可以没我吕某，但不能没有王安石。"后来还说自己这个参知政事，不知参知的是陛下的政事，还是王安石的政事。在拜见神宗皇帝，被问及要求离任的原因时，他又给出这样的回答："石之所以一再告病请假，大抵是因为臣在朝中。倘若让臣离朝，一切都听石的，天下就可以大治了。"不难听出，这是个反复无常的小人，酸涩的话语夹带着阴针。在被免去参知政事职务，即将离开朝廷之际，吕惠卿又抛出王安石与他的一些私信，其中有"勿使皇上知道""勿使冯京知道"这样的字眼。虽然，神宗并未就此追究石的欺君之罪，但君臣之间的疑忌自然就加大了。随着吕惠卿的离去，变法派的团队差不多算是散伙了。而反对派那边，负有众望的韩琦也于熙宁八年（1075）六月在判永兴军任上病逝。他死前一个夜晚，人们看到一颗耀眼的大星陨落于他的治所，厩里的驿马发出了惊恐万状的嘶喊。

"手实法"并非吕惠卿首创，是唐代曾经推行失败的财产申报制度。吕惠卿加以改编，作为免役法的补充。按照这种制度，百姓的固定资产，包括一尺椽子、一寸土地、一头公猪、一只母鸡，都要作价呈报。若有隐匿，被人告发，财产就被没收充公，并以查获资产的三分之一奖励举报人。根据申报财产数量，各家各户被分为五个等级，确定缴纳免役钱的多少。这项法规让政府权力强行侵入私人空间，使私有财产失去应有的保护，而且鼓励告密行为，闹得民间鸡飞狗跳，街头巷尾怨声鼎沸。从吕惠卿的所作所为，神宗看出此人的格局和目光皆不可与王安石同日而语。于是接受了韩绛的提请，让石重新出山。而吕惠卿前脚一走，石便请求神宗废除手实法，以平复汹涌的民心。

神宗对王安石的关怀丝毫没有减少，甚至恩宠有加。复职才四个月，神宗又任命他为尚书左仆射兼门下侍郎，虽说实际权力没有增加，但俸禄待遇却是提高了。石怎么辞也辞不掉。没过多久，又授予王雱龙图阁直学士的职衔。这令石受宠若惊，担心过度的宠荣招致他人的嫉恨。儿子去年以来身心状态十分糟糕，一直都在吃药调养，无法正常任事，如此无功受禄，反给王雱抑郁的精神添加了压力。于是，他接连给皇帝上了三道札子，称儿子王雱无尺寸之功，也不知出自何名，更受如此褒赏。这样，"非特于臣父子私义所不敢安，窃恐朝廷赏罚之公，如此极为有累"。请求皇上收回成命，以保全父子二人的名节，也免得"众人于圣政有所讥议"。看到如此诚恳的言辞，神宗也只好随顺了。

虽说恩宠有加，但石还是隐隐感到君臣之间的关系，有了微妙的变化。对自己作为皇帝的身份，神宗有了某种自觉，有意要以施恩威来"正君臣之分"，树立天子不可冒犯的威严。就像苏轼的好友刘世安所陈述的：王安石"得君之初，与人主若朋友，一言不合己志，必面折之，反覆诘难，使人主伏弱乃已。及元丰之初，人主之德已成，又大臣尊仰将顺之不暇。天容毅然，正君臣之分，非与熙宁初比也"（马永卿《元城语录》）。对于石的意见，神宗有时不置可否，甚至不予听取。尤其是在处理边境事务时，对于石提出的对策，几乎可以说是置若罔闻。这在过去，是绝对不会发生的事情。

早在熙宁六年（1073），王韶取得熙河大捷的时候，契丹人就派出小股骑兵，试探性地跨入宋朝疆界寻衅，后来又提出重新划定蔚、应、朔三州地界的要求。王安石断定，此时的辽国并没有与宋朝展开大规模战争的条件与决心。辞相之前，对他们的要求一直不予理会。这次重返朝堂，辽国又派使前来，重申重划边界的主张。尽管通过变法，国家府库正在充实，军事实力也在增强，但面对契丹人的无理要求，神宗却显示不出应有的自信与果决。他绕过王安石，全权委托一个名叫韩缜的官员与辽国交涉，并授意割让几百里战略要地，完全满足对方的诉求。这件事情令石无比心寒。两个月后，也就是熙宁九年（1076）六月，神宗又神色慌张地告知他："熙河探报，夏国欲用十二万人取熙河，六万拒汉兵来路，六万攻取。果如此，奈何？"王安石一听，便知是闻风就是雨的假情报，未经枢密院直接递给皇帝也不合乎程序，但还是耐心作出分析："熙河城备足半年的粮草，不是一二日就可以被攻下的。西夏即便没有后顾之忧，一时也调集不出十二万军队，来进攻这座城池，何况还不到国家存亡的危急关头。纵观西夏过去的用兵行动，很少能够持续二十天之久，实在用不着这么惊慌。"（《续资治通鉴长编》卷二百七十六）或许是后宫妇人的话在他身上起了作用，或许是面临的压力到了不堪承受的程度，神宗的胆魄已经大大衰退，不像初登基时那样意气风发了。两个变法发起人之间，也失去了原来的信任与默契，"同予者何人"的问题，又再次被提了出来。

熙宁八年（1075）十月，彗星拖着长长的尾巴，掠过轸星的宿位。神宗十分紧张，立即降诏，称因为灾异屡现，他已避居正殿，减损常膳，请求群臣直言进谏，指出政事中违背民意的作为。王安石于是率领同僚上疏，作出解释："晋武帝五年，彗星同样通过轸星的方位，十年后，还有别的怪星出现，但他仍在位十八年之久，与《乙巳占》推算的并不相符。毕竟天道太过遥远，先王虽有占卜，但所相信的还是人事。天文变化无穷，天上地下的附会，无非偶然巧合。周公和召公，难道会欺骗周成王吗？周公曾经有这样的评论：'商朝的中宗太戊在位时间久，就说他端恭谨慎，敬畏天命，治理国家从来不敢荒怠；王朝的存续，所依靠的还是人的德行。'臣等私下得知，两宫皇太后对星相的变化感到担忧，希望陛下以臣等所奏的意思加以开慰。"神宗依然是一脸愁云，他转移了话题："朕听说民间正在为新法所苦。"王安石回答："祁寒暑雨，百姓还不免怨叹，这些说法就不用过于在意了吧。"神宗说："这怎么能连祁寒暑雨的怨叹，都漠不关心呢！"石立即噤声，不再说话，回到府中便告病卧床。

王安石有两个儿子，大儿子王雱，二儿子王旁。王雱天资聪慧，从小就深得父亲的爱惜。几岁的时候，有人给家里送来一只獐和一只鹿，放在同一个笼子里。客人问他："哪只是獐？哪只是鹿？"王雱从未见过这两种动物，但他眼珠子一转，便机敏地回答："在獐旁边的那只就是鹿，在鹿旁边的那只就是獐！"令在场的人十分惊讶。在父亲的影响下，王雱博览群书，出入儒道佛三家，著有《论语解》《孟子注》《老子训传》和《佛书义解》，年纪轻轻就当上了太子中允、崇政殿说书。也许是因为出身宰执之家，又少年得志，父母嘉爱有过，他意气豪迈，性格张狂，目中无人，不可一世。在经典的注解方面，他是父亲的得力助手；但在政治事务上，却屡屡给父亲招惹麻烦。他曾经口出狂言，称："只要砍韩琦、富弼的头于市，新法就可实行了！"惹得舆论一片喧哗。而立之年，王雱就显露出才高命薄的迹象。父亲第一次辞相前，他已经得病，到底是背上长痈，还是精神出了问题，还是二者兼而有之，说法不一。为了挽救儿子性命，身为人父的王安石遍访名医神人，用尽正方偏方、单方复方，但病情始终反复不定。王安石复相之后，王雱的病情愈发严重，并于六月底终告不治。

王安石是山一样的人物，但这次山还是被撼动了。遭吕惠卿算计，被削为平民之后，弟弟王安国一病不起，竟致郁郁而终。天下人都知道他蒙受了巨大的冤屈。如今，迟暮之年的石又失去爱子。两件事情让他内心受到极大的摧残，也让他对自己身居相位有了不祥之感。气概如虹的他本来是要力挽狂澜、救世界于水火的，现在连家也救不了，自己的身体也每况愈下，不时出现气虚心悸、头晕目眩的症状。辗转难眠的长夜里，他听到来自钟山的呼唤——古刹里传出的袅袅梵音。于是，他再次递交辞呈，谢绝一切交往，不再过问朝政，希望能够从治国平天下的方向，退回到修身齐家，守住生命的根本。神宗多次登门慰问，希望他好好调养，但仍然不接受他辞相的请求。没有办法，石只好给参知政事王珪写信，请其在皇帝面前代为披露自己的心迹："某羁孤无助，遭值大圣，独排众毁，付以宰事。苟利于国，岂辞糜殒？顾自念行不足以悦众，而怨怒实积于亲贵之尤；智不足以知人，而险诐常出于交游之厚。且据势重而任事久，有盈满之忧；意气衰而精力弊，有旷失之惧。历观前世大臣，如此而不知自弛，乃能终不累国者，盖未有也。此某所以不敢逃逋慢之诛，欲及罪戾未积，得优游里间，为圣时知止不殆之臣。庶几天下后世，于上拔擢任使，无所讥议。"（《与参政王禹玉书》其二，四部丛刊本《临川先生文集》

王安石十分清楚，自己之所以能够走进庙堂，施展平生抱负与才能，在社会治理方面有所建树，完全得力于神宗皇帝的知遇之恩，对此他始终心存感激。但他所主导的变法，已经深深得罪了包括皇亲国戚在内的富贵阶层。而自己刚愎的性格，更得罪了包括众多师友在内的官僚士大夫阶层。因为天灾交叠，变法给国家与底层民众带来的福祉，还不能及时而充分地呈现出来，形成胜于雄辩的说服力。而在政治博弈的过程中，他经历了人情反复、阳违阴奉、众叛亲离等险恶风波，深感自己智慧不够用。他身居要位又任事太久，必然招致难以承受的恩怨与不满，何况如今意气与精力都皆已疲衰，人主的信任也已经用尽，如果不及时急流勇退，就难免有"旷失之惧"，甚至会酿成千古的遗恨。从写给王珪的信，可以看出此时的王安石对世事的洞明。读过此信之后，神宗也就不再挽留了。

熙宁九年（1076）十月，期待中的诏令终于下达，王安石再次罢相，以同平章事判江宁府。这下可谓应了去年春天所写的那句诗："明月何时照我还？"不过，这次照到他身上的是一轮暗淡无光的残月。令他怎么也想不到的是，几年之后，他的朋友司马光挟道德威望重返朝堂，所做的第一件事就是无差别地废除所有新法，抹去了他用毕生心血经营的全部功业。

第十一章

从黄楼到乌台

一

王安石再次罢相之后，出任中书门下平章事的是吴充与王珪。吴充是石的同年进士，还是儿女亲家，但与石私人关系并不融洽，对于新法也有诸多不同意见，不过立场、态度还算中立。王珪却是个没有主见的人，凡事依圣旨是从，"取圣旨""领圣旨""已得圣旨"是他每天重沓的程序，人称"三旨相公"。以此二人来替代王安石与吕惠卿主持朝政，让人觉得国家的时局存在着变数。尤其是吴充提出要召司马光、吕公著等人还朝，起用李常、程颢等反对派人士，虽未得到神宗皇帝的同意，但其政治倾向相当明显。

超然台落成后，苏轼就接到出知河中府的诏令。他决定取道齐州，和弟弟一家团聚，以慰七年来的思念之情。刚刚罢任齐州（今山东济南）掌书记的苏辙，有着敏感的政治嗅觉。这次，等不及与哥哥会面，就匆忙踏上前往汴梁的路程。一到京师便立即上疏，控诉青苗法、保甲法、免役法和市易法的种种弊端，请求皇帝尽早予以罢黜，免得再失人心。

熙宁十年（1077）正月，苏轼抵达齐州，踏着残雪出来迎接他的是三个年少腼腆的侄子。伯父的到来令他们十分开心，进到家里更是"酒肉淋漓浑舍喜"。轼不打算久留，在拜会了老朋友李常，待上一个月后，便领着两家人向京城进发。二月上旬，他们与前来迎接的苏辙在汴梁城郊相会。从弟弟这里，轼得知自己职务有变，已改任知徐州。兄弟原本要从有着历史意义的陈桥门进城，却被卫士拦了下来，说是皇帝有旨，地方官如不奉诏，一律不许进入国门。于是，两家人便寄寓范镇在城郊的东园里。提前退养之后，这位强硬的反对派人士就赋闲于此。有朋自远方来，他自然不亦乐乎，拿出窖藏的美酒。此时，范镇正准备动身去洛阳，会会西京的一帮故友，动员司马光出山来扭转局面，顺便也给苏家腾出地方来。就在两年前，光还上疏皇帝，再度提出废除新法的强烈诉求，他和辙的立场一如既往地坚决，但苏轼对于新法的态度，却有了些许变化。

在《苏东坡新传》里，李一冰先生有这样的表述：苏轼"检点变法之初，在京时所作言论，大都出于狂热的意气，缺乏冷静思考，也有很多不尽合理之处。至王安石已去，反而觉得今日朝堂中，就缺乏像他这么一个敢作敢为的勇者，痛自检点，颇有悔意。宋至熙宁年间，国家处境，非有一番彻底变革，无以救危图存。荆公变法，原是适应时势要求的产物，并世诸贤，亦莫不抱求新求变的意图，即使苏轼，努力揭发陈弊，亦未始不是力主变革的人，而且部分意见，也有与荆公不谋而合之处"（《苏东坡新传》第 223 页）。苏轼态度的改变并非全然是关起门来面壁的结果。这些年，他在地方工作，做了些田野调查，在密州任上，推行过募役法，感觉"民甚便之"，对新法实施后的社会变化有切身体会，不像司马光和范镇他们那样，一直待在院子里读书著述，"过往皆鸿儒，往来无白丁"，接触的都是有钱有势的人，对基层社会多少有些不了解。

范氏的东园木火之气甚足，两家人住了近两个月。这段日子里，有两件事值得一叙。一件关于二儿子苏迨的身体。在杭州接受辩才法师摩顶之后，苏迨终于能够自由行走，但体质还是偏于羸弱，经常感冒发烧什么的。听说有个叫李若之的道士，善于气功治疗，便请到家里来试试。在苏轼的文集里，此事有专文记载："学道养气者，至足之余，能以气与人。都下道士李若之能之，谓之'布气'。吾中子迨，少羸，多疾。若之相对坐为布气，迨闻腹中如初日所照，温温也。"（《书李若之事》）显然，道士往苏迨的丹田里注入了元炁，置换其中窒闭的寒邪，让他动力不足的身体运化开来。据说，此后苏迨的体质有了明显的改观。

另一件事情，则是与画家王诜的往来。听说苏轼已经来到京郊，王诜无比欢喜，约好到北郊的四照亭相会。毕竟是驸马爷，排场十分阔绰，出来斟酒夹菜的侍女，就有六七个之多，还有盛装的歌伎在旁边弹唱。她们向苏轼求要新词，苏轼便写了首《洞仙歌》。其中有"细腰肢，自有入格风流"这样的句子。王诜是个会来事的人，第二天，他又拿来韩幹画的十二匹马，请苏轼作跋题诗。之后又请苏轼到自家园林里去，一番美人佳酿招待。气氛上来之后，苏轼诗兴勃发，当场填词一首：

> 香叆雕盘，寒生冰箸，画堂别是风光。主人情重，开宴出红妆。腻玉圆搓素颈，藕丝嫩、新织仙裳。双歌罢，虚檐转月，余韵尚悠飏。
>
> 人间，何处有，司空见惯，应谓寻常。坐中有狂客，恼乱愁肠。报道金钗坠也，十指露、春笋纤长。亲曾见，全胜宋玉，想像赋高唐。（《满庭芳·佳人》）

置身风情万种的场所，苏轼自比狂客，却又心事重重。他寻想着，这样的情景，若是司空见惯了，也就有了寻常之心。"八坊分屯隘秦川，四十万匹如云烟。"韩幹画的《牧马图》让他联想到开元天

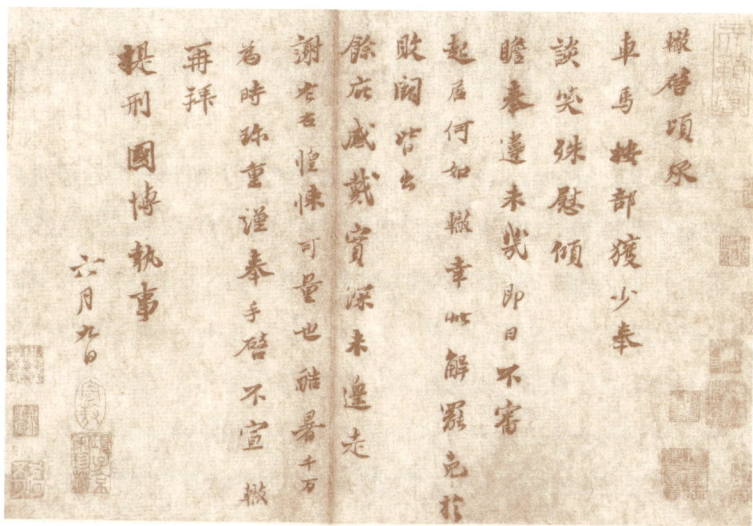

◇ 苏辙的书法颇为秀气，不似苏轼有一种碾压的气势

● 《苏辙致提刑国博执事尺牍》·台北故宫博物院藏

宝时代的气象。题诗有二十多行，结尾处说出了自己挣脱羁绊、自由驰骋的向往："金羁玉勒绣罗鞍，鞭棰刻烙伤天全，不如此图近自然。平沙细草荒芊绵，惊鸿脱兔争后先。王良挟策飞上天，何必俯首服短辕？"诗词方面，王诜眼高于手，是一个识货之人，特别喜欢苏轼近年来出炉的作品，起意要汇集成册，给予刊印流布，让世人都来见识见识这位天才。然而，正是他的这一起心动念，给自己的挚友招来横祸，差点儿没要了他的身家性命。

四月间，带着司马光的《题超然台诗》，范镇从洛阳归来。苏轼觉得自己不能再拖延下去，于是，便拖家带口赴徐州上任。此时，苏辙也有了新的职务安排，任南京（今河南商丘）留守签判。不过，他还是随着哥哥到徐州待上三个月，才甘心离去。而这个时候，黄河浑浊的洪水向这座古城袭来，隆重地迎接刚刚走马上任的知州。

二

黄河洪水每年都有，但今年来得异常凶猛，耗资五百万缗的排洪工程一触即溃，工程负责人畏罪自杀。据苏轼所写的《奖谕敕记》记录，七月十七日，洪水在徐州以北五十里的曹村冲决堤坝，以摧枯拉朽之势涤荡田野村落，并于八月二十一日，打着诡秘的旋涡将徐州城团团包围。九月份，水位涨至二丈八尺九寸，高出城中地面一丈九寸。情况万分危急之下，苏轼征求当地父老的意见，召集五千民夫，依着城墙构筑堤坝。他亲自前往禁军营地，面见主帅，请求出兵支援。军民昼夜作业不停，还将数百艘公私船只"分缆城下，以杀河之怒"。他以严厉的手段，阻止了富人们弃城逃亡的企图，全然不顾个人安危，住进临时搭建的工棚里，数十天夜不归家，誓与城池共存亡。终于，在十月五日那天，愤怒的洪水缓缓地退去，徐州城里的生命财产得以保全，赈灾工作也随即跟进。整个抗洪救灾的过程，展现了苏轼作为儒者的责任担当和地方主官的气概与魄力，以及应急处置危机的能力，赢得了当地百姓的热烈拥戴。

洪患刚刚消停，街道上还残留着一汪汪晃亮的积水，苏轼便收到时任杭州知府赵抃的来信。信中提到，作为吴越国的都城，杭州建有吴越国王钱氏家族的坟庙，包括钱俶的祖、父、妃、夫人、子孙的几十座坟，皆已弃荒多年，破旧不堪，令过往的父老落泪伤心。经皇上恩准后，他将西湖边破旧的"妙音院"改建为"表忠观"，作为纪念吴越钱氏三世五王的庙堂，请苏轼代为撰写碑记。出于对钱氏家族为国家统一所作贡献的敬重，也出于对赵抃人品与清名的高度认可，苏轼毫不犹豫就答应下来。成稿之后，还用颜体风格的笔法书写一遍。

记文回顾了自唐代后期以来的历史，盛赞吴越国在乱世中对百姓子民立下的功德："天下大乱，豪杰蜂起，方是时，以数州之地盗名字者，不可胜数。既覆其族，延及于无辜之民，罔有孑遗。而吴越地方千里，带甲十万，铸山煮海，象犀珠玉之富，甲于天下，然终不失臣节，贡献相望于道。是以其民至于老死不识兵革，四时嬉游歌鼓之声相闻，至于今不废，其有德于斯民甚厚。"（《表忠观碑》，下同）接着指出，在大宋收拾破碎河山过程中，钱氏家族的归顺，避免了劫火燎燃、生灵涂炭局面的出现："皇宋受命，四方僭乱以次削平。而蜀、江南负其险远，兵至城下，力屈势穷，然后束手。而河东刘氏，百战守死以抗王师，积骸为城，釃血为池，竭天下之力，仅乃克之。独吴越不待告命，封府库，籍郡县，请吏于朝。视去其国，如去传舍，其有功于朝廷甚大。"后面附上的颂词，于结尾处点明了建祠立碑的意义："龙山之阳，崭焉新宫。匪私于钱，唯以劝忠。非忠无君，非孝无亲。"此举不仅是为了纪念钱氏先人在天之灵，还在于劝勉人们对于国家的忠诚。

碑记站立的高度、评价人物的分寸、行文的气势、修辞的凝练，赢得了很多人的称道与叫好，其中就有作为政治对手的王安石，这让苏轼颇感意外。赢得此公的认可，并不是一件容易的事情。然而，就在这个时候，从汴梁的方向传来了王安石再度罢相的消息。反对派的人士们在街巷里奔走相告，视之为节日的降临，但苏轼内心的反应，成分却颇为复杂。

在对新法重新作出审视之后，王安石的形象在苏轼面前变得有些高大起来。王安石推出的新法大部分是利国惠民的，问题更多是出现在操之过切。"法相因则事易成，事有渐则民不惊。"（苏轼《辩试馆职策问札子二首》）倘若能够把握好进度节奏，从而渐次推进，并在推行过程中逐步校正，情况或许更好一些。想起过去自以为真理在握，雷公喷火一样对变法发起激烈的攻击，说了许多"少有中理"的差谬之言，他为自己的轻狂深感惭愧。在给友人滕达道（滕元发，字达道）的信中，他表达了内心的悔恨之意——

> 某欲面见一言者，盖谓吾侪新法之初，辄守偏见，至有异同之论。虽此心耿耿，归于忧国，而所言差谬，少有中理者。今圣德日新，众化大成，回视向之所执，益觉疏矣。若变志易守，以求进取，固所不敢；若哓哓不已，则忧患愈深。公此行尚深示知，非静退意，但以老病衰晚，旧臣之心，欲一望清光而已。如此，恐必获一对。公之至意，无乃出于此乎？辄恃深眷，信笔直突，千万恕之。死罪。安道公殆是一代异人。示谕，极慰喜！慰喜！（《与滕达道七十二首之八》）

除了反省"吾侪新法之初，辄守偏见"，轼还盛赞"今圣德日新，众化大成"，表示自己不再"哓哓不已"。可见，对于变法取得的成果，轼是打心底承认的。他的可爱之处就在于敢于面对事实，承认自己的过错。这正是他一生都保持着精神成长的原因所在。元丰二年（1079），在赠给另一位交往多年的钱道人的诗里，苏轼也流露出深深的悔意："书生苦信书，世事仍臆度。不量力所负，轻出千钧诺。当时一快意，事过有余怍。不知几州铁，铸此一大错。"有人以为，诗中所写的书生，是暗指王安石（参见《苏东坡新传》第219页），本人不敢苟同。这一时期，轼对于石的看法，已经有了改变，何况面对一个修道的方外之人，他不会如此激昂地议论凡间人事，倒可能因为追悔而谴责自己。反观人们面对变法所持的不同反应，和自己立场态度的前后转变，轼对老子与庄子的相对主义心法，有了新的体悟。对自己原先独断的态度和绝对主义思维，也作出了深刻的反省。这一年所写的《日喻》，就是体悟与反省的结果。他不再像原先那样刚愎，相信自己超人的聪明，将我知我见当成天下公理，认为真理总是天然就站在自己这一边。从此，关于立场视角与事物本真面目的关系，成为他一生的课题。元丰七年（1084），他与参寥子同游庐山后，写下的《题西林壁》，便是这一思考结果的表述。

在一次视察时，有个叫苏舜举的知县，给苏轼转述了一个寓言：燕子以日出为早晨，日落为黄昏；蝙蝠以日落为早晨，日出为黄昏。二者争吵不出结果，就想要投诉于凤凰，由这个百鸟之王来决断。然而，就在前去的路上，它们遇上另一只鸟，告诉说凤凰正在度假，没有时间理会这样的事情。苏轼听了，不禁会心一笑，并记录下来。想起了变法以来两派之间的争吵，跟燕子与蝙蝠的旦夕之争，到底有多少区别？不仅争不出一个是非结果，反而还伤了彼此间的和气，影响了政治的生态，拉低了生活的质量。在给苏舜举题赠的诗里，他写下了这样的句子："奈何效燕蝠，屡欲争晨暝。"（朋九万《东坡乌台诗案·寄周邠诸诗》）以一种偏见去否决另一种偏见，循环往复于矫枉过正的中途，是一种常见的现象。如何超越各种偏颇，将不同的立场通约起来，揳入恰到好处的中和之道，仍然是令他困惑不解的问题。他将这个问题上升到形而上的维度，来加以沉思。徐州时期，苏轼编撰的寓言《日喻》，说的是这样一个故事：一个生来就双目失明的人，不认识日头，便问看得见的人："日头是什么样子的？"有人说："日头就像一个铜盘。"敲打铜盘，他听到了悦耳的声音。改天听到附近有钟声响起，便以为日头出来了。后来，又有人告诉他："日头能发光，就像蜡烛那样。"他用手摸蜡烛，记住了它的形状。改天摸到一支形似蜡烛、被叫作"龠"的乐器，他就以为抓住了太阳。写到这里，苏轼深深感慨："日之与钟、龠亦远矣，而眇者不知其异，以其未尝见而求之人也。道之难见也甚于日，而人之未达也，无以异于眇。达者告之，虽有巧譬善导，亦无以过于盘与烛也。自盘而之钟，自烛而之龠，转而相之，岂有既乎！"日头与钟、龠的差别实在太大了，但生来就失明的人却无法理解这种差别。因为不能亲见，只能求诸他人的经验。大道之难见有过于日头，而不能通达道之奥妙的人，跟生来就失明的盲者没什么区别。悟道的人要想告诉他，最巧妙的启示与开导，也不过就是用铜盘和蜡烛来比喻了。但由盘而钟，由烛而龠，如此辗转地比喻下去，什么时候才是个头啊？因此，"故世之言道者，或即其所见而名之，或莫之见而意之，皆求道之过也"。世上那些大谈其道者，要么就根据自己所见到的现象加以阐述，要么就什么都还见不到，就凭自己的臆断加以揣测，这都是求道路上常见的过失。因此，他得出了"道可致而不可求"的结论。

苏轼以南方人为例，说这边的人多会潜水，是因为他们天天生活在水边，七岁就能蹚水过河，十岁就能浮水游泳，十五岁就能潜入水底。他们能够长时间地潜在水里，可不是随便就可以做到的，一定是对水性有了深入的领悟才能实现。不识水性的壮年人，上了船也会害怕。北方的勇士，向南方的潜水者询问潜水的原理，如果按照他们所说的到河里试验，几乎没有不溺死的。

将寓言演绎一番之后，苏轼将笔锋倒转，回到变法的相关内容，指出："昔者以声律取士，士杂学而不志于道。今者以经术取士，士求道而不务学。"过去以讲究声律的诗赋来进行科考取士，使读书人广泛学习知识，却无心于求证道体；变法之后，以经术来进行科考，读书人又致力于问道，大谈道德仁义，而不注重其他方面的学习，前后都存在着偏颇。王安石推行的新法并非无理，却又不完全在理。看得出来，苏轼已经不像原先那样，坚决主张以诗赋声律作为科考的主要内容，尽管也不同意王安石全然以经术取士的改革，更不苟同王安石对经义的阐述。

三

第二年（元丰元年，1078）初，皇帝下旨，高调表彰苏轼组织防洪的功德，诏书还被深深地刻进石头里。接着又拨给徐州二千四百一十万缗钱（外加常平钱六百三十四万），一千八百余斛米，招募七千名民夫，用于城墙与堤坝的改造。作为诗人的苏轼不满足于工程实用功能的实现，还在东门的城墙上，筑起了一座百尺高楼，粉刷成土黄的颜色，并称之为黄楼。黄为土的本色，之所以起名黄楼，应该是取五行里土能克水的意思。

九月九日，重阳节的那天，落成仪式在锣鼓声中隆重举行，免不了舞狮和丰盛的酒会，徐州各界名流应邀出席。苏轼的朋友王巩也拉着一车自酿的醇酒，从外地赶来助兴。当晚，王巩乘着醉意，兴高采烈地带着盼盼、英英、卿卿三位官伎出游。他们荡起一叶扁舟，在泗水上踏歌而去，消失在迷离的波光里，直至深夜才疲惫归来。苏轼则穿着一身羽衣，在城楼的月光中徘徊起舞，仰天长啸："自李太白死后，世间没有这样的乐事，已经三百余年了！"还赋了长诗一首，其中有这样的句子："我时羽服黄楼上，坐见织女初斜河。归来笛声满山谷，明月正照金叵罗。"（苏轼《百步洪二首并叙·其二》）和人生得意须尽欢的李白一样，不管明天如何山崩地裂，轼都要尽情恣意地穷尽今宵。

就像超然台落成时那样，这次，苏轼也没有避讳亲缘关系，又让弟弟写了一篇《黄楼赋》。赋文介绍这座楼的建设缘起，专门讲到苏轼抗洪救灾的一些情节："雨昼夜不止，子瞻衣制履屦，庐于城上，调急夫发禁卒以从事，令民无得窃出避水，以身帅之，与城存亡。故水大至而民不溃。"还引用了苏轼在楼上发表的高论："今夫安于乐者，不知乐之为乐也，必涉于害者而后知之。吾尝与子凭兹楼而四顾，览天宇之宏大，缭青山以为城，引长河而为带。平皋衍其如席，桑麻蔚乎施施。画阡陌之纵横，分园庐之向背。放田渔于江浦，散牛羊于烟际。清风时起，微云霮霴。山川开阖，苍莽千里……"

苏轼亲自提笔，手书苏辙的赋文，刻碑立于楼内。当他写道"清风时起，微云霮霴"时，不知为何临时抽身离场，侍候在一旁的官伎马盼盼，拿起笔来，续写了"山川开阖"四个字。苏轼回来见了便哈哈大笑，他略加润色，便接着往下写（《苏轼年谱》第403页）。马盼盼是徐州官伎中最有姿色的一位，据说她临摹苏知州的字体，已经"得其仿佛"，人也活泼伶俐，除了能歌善舞，还能作诗填词，颇得知州大人的欢喜。公务应酬时，佩戴香囊的盼盼常常随侍在苏轼身边。几天后，参寥子道潜来访，在接风宴会上，苏轼让歌伎求道潜赋诗。道潜当下口占绝句一首："寄语东山窈窕娘，好将幽梦恼襄王。禅心已作沾泥絮，不逐春风上下狂。"看来这位道人在美女面前还能把持得住，而求诗的美人很可能就是风情万种的马盼盼。

相传，苏东坡有两首词是为马盼盼而写的，一首是《江城子·恨别》，写的儿女情长，像是婉约派词人的作品："天涯流落思无穷。既相逢，却匆匆。携手佳人，和泪折残红。为问东风余几许？春纵在，与谁同！隋堤三月水溶溶。背归鸿，去吴中。回首彭城，清泗与淮通。寄我相思千点泪，流不到，楚江东。"另一首是《减字木兰花·彭门留别》："玉觞无味，中有佳人千点泪。学道忘忧，一念还成不自由。如今未见，归去东园花似霰。一语相开，匹似当初本不来。"从中看来，在马盼盼身边，苏轼似乎也有些把持不住，道行不如参寥子道潜，但马盼盼对苏轼的情愫，也似乎愈积愈深。在宋朝，官伎只是陪侍公共社交活动，不允许官员与他们发生私密的接触。

红颜薄命，何况又为情所伤，就在分别四年之后，马盼盼郁郁而终，香骨被葬在一个叫作凤凰原的地方。许多年过去，有一个名叫贺铸的诗人，写了首题为《和彭城王生悼歌人盼盼》的诗，献给了这位香消玉殒的美人。她昙花一现的青春几乎快把一个豪放派词人变成了婉约派。

"元祐党案"发生后，朝廷下令毁掉苏轼书写的所有碑刻。当时的徐州知州心有不忍，便将苏轼手书的《黄楼赋》碑沉入护城河，楼名也涂改成"观风楼"。到了宋徽宗执政后期，继任的知州苗仲先派人将碑打捞上来，在拓印数千稿后，忽然提高声调对身边的同僚大喝："苏氏之学，法禁尚在，此石奈何独存？"下令立即砸碎。拓本的价格因此飙升。任期满后，苗某将拓本带到京师全部售光，狠狠地赚了一笔不义之财（徐度《却扫编》）。

黄楼落成时，才子秦观也寄来了所撰的《黄楼赋》，开篇即是："惟黄楼之瑰玮兮，冠雄堞之左方。挟光晷以横出兮，干云气而上征。既要眇以有度兮，又洞达而无旁。"果然出手不凡，苏轼称其雄辞杂今古，有屈原与宋玉的风度。

苏轼与秦观、黄庭坚订交，都是在洪水消退后的元丰元年（1078），而且跟好友李常有关。黄楼建设期间，同为变法反对派要员的李常，后来被外放为齐州知府，一度是掌书记苏辙的顶头上司。熙宁十年（1077），苏轼路过齐州时，矮个子的李常就大力推荐过黄庭坚和秦观的作品。黄庭坚是李常的外甥，庐山那边出来的人物。其岳父孙觉，也是苏轼多年的朋友，少不了在苏轼面前谈起这位令他骄傲的女婿。这一年二月，已经是国子监教授的黄庭坚，亲自给苏轼寄来书信和颇为得意的两首新作，算是正式拜在苏轼门下。诗中有这样的句子——"孤芳忌皎洁，冰雪空自香""但使本根在，弃捐果何伤"，修辞与意境俱佳。

在给黄庭坚的复信里，苏轼称自己先前在孙觉老人家那里看到他的诗文，便"耸然异之，以为非今世之人也"。还曾对孙莘老说："此人如精金美玉，不即人而人即之，将逃名而不可得。何以我称扬为？然观其文以求其为人，必轻外物而自重者，今之君子莫能用也。"后来在李常先生那里，读到黄庭坚更多的作品，对他的为人有了更详细的了解，"意其超逸绝尘，独立万物之表，驭风骑气，以与造物者游，非独今世之君子所不能用，虽如轼之放浪自弃，与世阔疏者，亦莫得而友也"（苏轼《答黄鲁直》）。还说世间早已看不到这样的作品了。以苏轼当时的地位，这一高调的评价，足以让黄庭坚声名鹊起。

也就在这一年的五月，秦观要到京师参加科考，途经徐州，带着李常的推介信，还有"我独不愿万户侯，惟愿一识苏徐州"的决心，来拜见苏轼。在苏家，他得到了"丰醴备乐，如师弟子"的接待（陈师道《秦少游字序》），十分感激。因为要去赶考，他停留的时间很短，便与老师约好秋后再来相见。临别之际，匆匆留下了一首长诗：

人生异趣各有求，系风捕影只怀忧。

我独不愿万户侯，惟愿一识苏徐州。

徐州雄伟非人力，世有高名擅区域。

珠树三株讵可攀，玉海千寻真莫测。

一昨秋风动远情，便忆鲈鱼访洞庭。

芝兰不独庭中秀，松柏仍当雪后青。

故人持节过乡县，教以东来偿所愿。

天上麒麟昔漫闻，河东鸑鷟今才见。

不将俗物碍天真，北斗以南能几人。

八砖学士风标远，五马使君恩意新。

黄尘冥冥日月换，中有盈虚亦何算。

据龟食蛤暂相从，请结后期游汗漫。

（秦观《别子瞻》）

　　苏轼也写了一首与他对唱："故人座上见君文，谓是古人吁莫测。新诗说尽万物情，硬黄小字临黄庭。故人已去君未到，空吟河畔草青青。谁谓他乡各异县，天遣君来破吾愿。一闻君语识君心，短李髯孙眼中见。"（《次韵秦观秀才见赠，秦与孙莘老、李公择甚熟，将入京应举》）轼以"鸿飞携书堕我庭"，形容秦观此次的来访。然而，秦观此去参加科举，还是榜上无名。寄出《黄楼赋》后，他便黯然返回家乡高邮武宁，填写婉约词去了。变法后的科考以策论为主，不是秦观擅长的诗赋。轼甚为这位生不逢时的门生打抱不平，致信给他些许的安慰。

　　参寥子道潜，是热闹消停之后才从杭州过来的。他被称为诗僧，当年在杭州，凭借"风蒲猎猎弄轻柔，欲立蜻蜓不自由。五月临平山下路，藕花无数满汀洲"（《临平道中》）赢得苏轼的青睐。这位云门宗第五代法裔，法号原本叫作昙潜，道潜还是苏轼给改换的，是道行高深的意思。他道行几许无人知晓，但诗里流出的禅境却十分夺人眼球，一首《秋江》便美不胜收："赤叶枫林落酒旗，白沙洲渚夕阳微。数声柔橹苍茫外，何处江村人夜归？"既然是诗僧，此番前来自然不会空手，他衣袖里的长诗《访彭门太守苏子瞻学士》，对眉山苏氏给予很高的称赞："眉山郁弗眉水清，清淑之气钟群形。精璆美璞不能擅，散发宇内为豪英。煌煌苏氏挺三秀，豫章杞梓参青冥。少年著书即稽古，经纬八极何峥嵘。未央宫中初射策，落笔游刃挥新硎。"在诗中，他还表达了"彭门千里不惮远，秋风匹马吾能征"的义气与豪情。苏轼评价道潜诗句清绝，"通了道义，见之令人萧然"，堪比北宋早期"以梅为妻，以鹤为子"、作诗随就随弃的林逋（《苏轼年谱》第 408 页）。依着他的韵脚，苏轼和了一首：

道人胸中水镜清，万象起灭无逃形。

独依古寺种秋菊，要伴骚人餐落英。

人间底处有南北，纷纷鸿雁何曾冥。

闭门坐穴一禅榻，头上岁月空峥嵘。

今年偶出为求法，欲与慧剑加砻硎。

云衲新磨山水出，霜髭不剪儿童惊。

公侯欲识不可得，故知倚市无倾城。

秋风吹梦过淮水，想见橘柚垂空庭。

故人各在天一角，相望落落如晨星。

彭城老守何足顾，枣林桑野相邀迎。

千山不惮荒店远，两脚欲趁飞猱轻。

多生绮语磨不尽，尚有宛转诗人情。

猿吟鹤唤本无意，不知下有行人行。

空阶夜雨自清绝，谁使掩抑啼孤茕。

我欲仙山掇瑶草，倾筐坐叹何时盈。

簿书鞭扑昼填委，煮茗烧栗宜宵征。

乞取摩尼照浊水，共看落月金盆倾。

（《次韵僧潜见赠》）

在诗里，苏轼对修行者心中水镜一般清明、洞观万象起灭的境界，和在古寺钟声中种植秋菊、伴随墨客骚人"餐落英"的生活方式，做了灵动的描述。在他的想象中，道人只要关起门来坐到禅榻上，人间的峥嵘岁月便呈现出虚幻的本质。这种情形，仿佛秋风吹梦渡过了淮水，无影无踪；满树的橘柚垂挂在空空如也的庭院，无人问津。道潜虽说道行不浅，于是非善恶仍有分别违逆，对看不顺眼的事物照样起心动气，甚至当面折人之过，让对方下不来台。苏轼为他辩解，说参寥子骂人"如虚舟触物，未尝真怒"（释惠洪《冷斋夜话》）。一日，轼正在与道潜茶话，有人送了一些活鱼来，看样子是刚抓到的，鱼尾上还沾着青萍点点。因为自小受母亲教导，轼不忍心杀生，就唤仆人拿出去放生，让它们回到水波里。参寥子当即赋诗《放鱼》，将整个过程鲜活地描述一番，称赞"使君事道不事腹，杞菊终年食甘美"（参见《苏东坡新传》第 249 页）。盘桓了两个月后，道潜又云游远去，给苏轼留下了"白云出处原无定，只恐从风入帝乡"的句子。

以黄楼落成为象征的徐州时期，是苏轼过得较为舒心的阶段，但正如他自己所写的"人有悲欢离合，月有阴晴圆缺"。元丰二年（1079）正月，陈州方向传来了文同表兄逝世的消息。虽说与可患病已经有些时候了，但这个消息让他接受起来还是十分困难。对于轼而言，与可既是兄长，也是师长。他在绘画的方面，尤其是画竹的技法，受教于与可的可谓不少。而对于与可而言，轼更是一生难觅的知音。与可曾经这样说："世无知我者。惟子瞻一见，识吾妙处。"而在轼的法眼里，表兄是身怀"四绝"之人：诗一、楚辞二、草书三、画四。可惜人们只看重他的绘画，只有这个从表弟深知他文学的底蕴。

与可以深墨为面、淡墨为背的画竹技法，衍成了当时有名的湖州竹派。他曾经对人说："吾墨竹一派在徐州。"意思是说，徐州的苏轼已经继承了他的衣钵。在给轼的信中，他也提及同样的意思："近语士大夫，吾墨竹一派，近在彭城，可往求之。"对于前来求画的人，与可在画作中特意留白，专门叮嘱："勿使他人书字，须待苏子瞻来，令作诗其侧。"只有轼的字才可与他的画相配。至于苏轼本人，则曾经公开声明："吾墨竹尽得与可法。"当然，因为精神气度等潜质的不同，二人的艺术落实到纸面上，还是有相当大的差异。轼的造型能力略逊于与可，但元气充沛程度出乎与可之上。

与可表兄的离去，让轼"气噎悒而填胸，泪疾下而淋衣"（《祭文与可文》）。接连几天，他都难以入眠，即便睡着了，醒来也是泪痕斑斑。令他如此伤感的是，与可德厚而寿薄，生前一竹难求，讨画者络绎不绝，死后却极为窘困，连归葬家乡的费用都筹集不来，只好暂时停枢在自家的大堂，不知何年何日，才可以入土为安。

四

徐州有座著名的燕子楼，里面流传着一段哀婉的故事，还有诗人白居易留下的吟唱。此楼白墙飞檐，形似飞燕，是唐代武宁军节度使张愔为自己心爱的小妾建造的。这位小妾也名盼盼，但是姓关。她不仅天生丽质，舞姿、歌喉也极为出众，一曲《霓裳曲》，跳起来无比撩人。她还通晓韵律，作有诗篇三百多首，汇成《燕子楼集》。贞元年间，白居易在校书郎任上，曾东游徐州，受到了张愔的宴请。关盼盼在席间婀娜起舞，令白居易心绪荡然，他当场赋诗以赠："醉娇胜不得，风袅牡丹花。"十多年后的一天，曾在张愔幕府供职的张仲素造访白居易，说起张愔病逝之后，关盼盼念旧情不嫁，幽居燕子楼已经有十余年之久，还呈上了自己新写的诗篇《燕子楼》，称是为关盼盼而作：

> 楼上残灯伴晓霜，独眠人起合欢床。
> 相思一夜情多少，地角天涯不是长。
>
> 北邙松柏锁愁烟，燕子楼中思悄然。
> 自埋剑履歌尘散，红袖香消已十年。
>
> 适看鸿雁岳阳回，又睹玄禽逼社来。
> 瑶瑟玉箫无意绪，任从蛛网任从灰。

看着张仲素的诗，白居易想起了当年的往事，内心感触良多，便步张仲素的韵脚和诗三首：

> 满窗明月满帘霜，被冷灯残拂卧床。
> 燕子楼中霜月夜，秋来只为一人长。
>
> 钿晕罗衫色似烟，几回欲著即潸然。
> 自从不舞霓裳曲，叠在空箱十一年。

今春有客洛阳回，曾到尚书墓上来。

见说白杨堪作柱，争教红粉不成灰。

三首诗中，前两首表达的，都是对独守空帏的关盼盼的同情，但最后一首却说，有人从洛阳过来，看到张愔坟墓旁的白杨树已经高耸入云，几乎可以当梁柱了，怎教他所爱的红粉知己，还不化为灰烬！听起来像是催命的符咒，要逼这位女子为亡人殉情。据《唐诗纪事》所记，为了强调这个意思，白居易又写了一首绝句："黄金不惜买蛾眉，拣得如花四五枝。歌舞教成心力尽，一朝身去不相随。"当张仲素带着这四首诗来到燕子楼时，关盼盼便唯有一死了。她依着白居易的韵脚，回了一首绝句，便绝食而亡，随先夫而去了："自守空楼敛恨眉，形同春后牡丹枝。舍人不会人深意，讶道泉台不去随。"事实上，关盼盼确实是绝食而亡，但《唐诗纪事》所续的这段貂尾，不太符合香山居士的性情，很可能是后代文人的杜撰。

元丰元年（1078）十月十五日夜，碧空如洗，月色澄明，苏轼入住燕子楼里。水底一样寂静的夜里，迷离的梦境之中，他遇见了一个佳人飘忽的情影。于是填了《永遇乐·徐州梦觉，北登燕子楼作》一词：

> 明月如霜，好风如水，清景无限。曲港跳鱼，圆荷泻露，寂寞无人见。紞如三鼓，铿然一叶，黯黯梦云惊断。夜茫茫、重寻无处，觉来小园行遍。
>
> 天涯倦客，山中归路，望断故园心眼。燕子楼空，佳人何在，空锁楼中燕。古今如梦，何曾梦觉，但有旧欢新

◇ 过去的岁月里，多少人为情所伤

● 《听阮图》（局部） 南宋-李嵩（传）-台北故宫博物院藏

怨。异时对、黄楼夜景，为余浩叹。

题记里写着："夜宿燕子楼，梦盼盼，因作此词。"但并未说清梦见的是关盼盼还是马盼盼，或是因此盼盼而想到彼盼盼，两个人的形象重叠到了一起。但"燕子楼空，佳人何在"，苏轼对于美人的悱恻之情，却是一样的缠绵，难以分得清楚是今世还是前朝。

元丰二年（1079）暮春三月，苏轼受到了新的诏令，以祠部员外郎、直史馆的身份出知湖州。从徐州到湖州，路途并不遥远。和以往那样，苏轼将此次赴任当作一次逍遥游。先是乘船从京师出来，沿着浑浊的河水一路往东，来到一个叫灵璧（今安徽灵璧县）的地方，坐上轿子，应邀进了一个私家庄园。庄园是仁宗朝殿中丞张次立建造，中丞已经过世，出来迎接的是其儿子张硕。美酒佳茗侍候之后，张硕请苏轼为自家园亭写篇记文，作为留念。苏轼爽快答应，于是就有了《灵壁张氏园亭记》。

记文分前后两节，前面叙述自己来到张氏园的过程，描绘了园子的景观，称其"蒲苇莲芡，有江湖之思。椅桐桧柏，有山林之气。奇花美草，有京洛之态。华堂厦屋，有吴蜀之巧。其深可以隐，其富可以养"。园中景物，无一不舒心适意，想必造园人花了不少心力与时间。后面笔锋一转，走出园子外面来，谈起了人生进退的义理："古之君子，不必仕，不必不仕。必仕则忘其身，必不仕则忘其君。"古代的君子，不一定要出仕做官，也不一定不出仕做官。要做官就得忘掉自我，不做官就得忘掉君王。就像饮食一样，自己感觉舒适即可。然而，士人当中，少有能践行高尚的道义与精神气节的。满足安稳舒适的现状的，往往不愿意出来任事；出来入仕做官的，往往为名利牵扯不能回归本性。因此，就有了违亲绝俗的现象受人讥讽，有了贪图利禄苟且偷安的弊端遭人诟病。而今张氏的先人，为子孙后代的考虑，可谓周全而又长远。将房屋与园林建设于汴水与泗水之间，而这里正是舟船、车马与官绅往来的要冲。日常衣食之需，饮宴游冶之乐，不用着意追求就能得到满足。子孙迈出大门出仕为官，走上几步就可以登上朝堂；关上大门则可以隐居静养，俯仰于山林之下。不论对于修身养性，还是对于推行仁义，实现人生志向，皆无适而不可。因此，他们的子孙凡出仕的都有循吏良能的名声，在家不仕的皆有高洁廉退的德行。这都是他们先人留下的恩泽。

短短的一篇记文，似乎是应景之作，却将儒家兼治天下与独善其身的进退之理，阐述得十分通透。但在另一户人家，苏轼的应酬却不见得妥帖。路过宿州时，当地一个豪门热情宴请苏轼，陪酒接待的侍姬就有十余人，个个姿色与歌舞俱佳。其中有一个"容质虽丽，而躯干甚伟"的侍姬，端着杯乞求苏轼赋诗。轼也不拒绝，当场就题赠她一副对联："舞袖蹁跹，影摇千尺龙蛇动；歌喉宛转，声撼半天风雨寒。"其中的意思，让这位歌伎十分难堪。她十分羞愧地退场离开，到了没人的地方去了（范正敏《遁斋闲览》）。此时的轼，才情喷薄，但仁心是否有欠淳厚？

到高邮与道潜、秦观相会后，几人又一同漫游了惠山等地方。上文提到的《赠钱道人》一诗，就是这时候写的，是轼对自己为人的反省，而人最为可贵的正是尚能具备自我反省的能力。四月二十日，苏轼抵达湖州，照例给皇帝上了表书。这份《湖州谢上表》堪称表文中的佳构，其中有这样的文字："伏念臣性资顽鄙，名迹埋微。议论阔疏，文学浅陋。凡人必有一得，而臣独无寸长。"看起来未免苛责有过，不像是真心诚意。而下面称皇上"知其愚不适时，难以追陪新进；察其老不生事，或能牧养小民"。话语中显露出一股不平之气，并且似有所指，在当时的政治背景下，给人留下可以抓握的把柄。实际上，针对他的阴谋已经在酝酿之中，一场暴风骤雨正朝太湖的方向袭来。而就在这时，他的同届进士晁端彦再次给他提出忠告："祸从口出，不可性不忍事，图一时之不吐不快。"轼轻松地回答："你所担心的，不就是怕朝廷杀我嘛。朝廷若是杀我，这条小命也不足惜，只求杀了我能好了你！"（《苏轼年谱》第 446 页）

就在这话出口没几天，四月二十八日，御史台派出来抓捕苏轼的差官，就气势汹汹地来到了湖州府署。

据孔平仲《苏轼以吟诗下吏》一文记载，御史中丞李定假惺惺地对旁人叹息，说苏轼人才难得，想找一个合适去捉拿他归案的人都不容易。最后派出去的是太常博士皇甫僎。这名"悍吏"带着两个随从和自己的儿子，朝湖州方向"倍道疾驰"。通过特殊渠道得知消息的驸马都尉王诜，也在第一时间派人密报苏辙，让他尽最快的速度告知苏轼，做好应对的准备。两路人马在驿道上昼夜奔驰，皇甫僎一行走在前面，苏辙这边的人马眼看是赶不及了。但到了润州这个地方，皇甫僎的儿子突然发病，不得不停下来接受治疗，苏辙的人马才得以赶超过去。

皇甫僎他们来到湖州公廨时，轼正在里面。他已经烧毁了一些可能作为罪证的东西，并向同僚告假，让通判祖无颇暂时主持州务。然而，看到穿着靴袍，威风凛凛，持笏立在庭中的皇甫僎，和两个穿着白衣青巾，顾盼狞恶、气势汹汹的御史台台卒，苏轼还是有些惶恐。他跟通判祖无颇商量如何应对。通判回答他："事至于此，无可奈何，必须出去见他们。"苏轼又问："穿什么衣服合适？既然已经负罪，就不好穿朝服了吧？"通判说："未知罪名，就应当穿朝服出去见他们。"于是，苏轼走了出来，持笏立于庭下。通判和其他官吏则列在他的身后。一个台卒衣服里揣着的公文隆了起来，像是匕首的样子。皇甫僎则久久沉默，一言不发，气氛十分紧张。最后还是苏轼先开了口："轼自来殛恼朝廷多，今日必是赐死。死固不辞，乞归与家人诀别。"皇甫僎这才开口说话："不至如此。"通判上前问："太博应该有朝廷差遣的公文吧。"在问清面前的人是通判之后，皇甫僎才将公文交给祖无颇。一看，不过是传唤进京的普通公文。

苏轼于是回去与家人见面，这时，院子里已经是哭声一片。回过神来的苏轼说了一个笑话，来宽慰妻子王闰之和已经失去了主心骨的二十多口眷属，让他们到南都去投奔苏辙，并给弟弟写了封简短的信。之后，便在官差的敦促和押解下上路了。通判祖无颇目睹，顷刻之间，抓一个太守就像犬鸡一般（孔平仲《孔氏谈苑·苏轼以吟诗下吏》），他不再言语。许多人畏避不见，但从出城到码头，一路上还是有人出来含泪相送。州府的掌书记慌忙赶来与苏轼饯别，还帮助安顿与照料家人。苏家长子苏迈背着简单的行囊，徒步跟随在队伍后面的尘埃里。此刻的他，深深地感到自己是多么热爱这个父亲。

苏轼自期必死，路途中他想得最多的也是死。船到太湖芦香亭，因为船舵损坏需要修理，便停泊下来。那个夜晚，湖面上波影粼粼，月色出奇地柔美，轼静静地想了许久许久，觉得此去祸不可测，还会连累众多亲友，不如将双眼一闭，沉入水中，顷刻间便可一了百了，既喂饱了水中的小鱼，也不辜负这一片大好月色。但又想到辙，如此辜负自己这位弟弟，恐怕他承受不起。船过扬子江的时候，他还想纵身一跳，扎入水波之中，但因为吏卒监守甚严，找不到合适的机会而作罢（《苏轼年谱》第453—454页）。路过扬州大明寺边上，看到欧阳修所建的平山堂、朋友杜介家的纸窗和竹屋，还如往日一样温馨，不禁心生羡慕，又有了活下去的希望。

在扬州，许多亲友都唯恐避之而不及，但刚刚履任扬州知府的鲜于侁，却提出要来探望苏轼。他的要求得不到允许，有人悄悄提醒他："你和苏轼是老朋友，平日往来的文字书信一定不少，最好付之一炬，免得受到连累啊。"鲜于侁这样回答："欺君负友之事，我不忍心去做。如果因为忠义受到惩治，则是我心甘情愿的。"押解到宿州时，传来了御史台新下的命令，要所在州郡立即搜查苏家。当时，一家人正在前往南都的船上。当地官员如临大敌，派出成群的吏卒追赶拦截，将夫人王闰之她们的座船团团围住，一家妇幼几乎被吓个半死。等到这帮人走后，妇女们便把苏轼写的东西都拿出来烧了，还抱怨苏轼："你是喜欢著书，书成之后又得到什么，还把我们妇道人家吓成这样！"（苏轼《上文潞公书》）

元丰二年（1079）八月十八日，在黄历上可能是一个好日子，但就在这一天，苏轼被投入御史台的大狱，一个潮湿、阴暗而狭仄的囚房里。御史台大院种着许多古老的柏树，气息森森，数以千计的乌鸦在树上做窝安家。这些无所事事的鸟，整日都在不停地叫喊，哇呀哇呀的，仿佛为人身陷囹圄而幸灾乐祸，欢欣鼓舞，听了让人心里发颤。因此，御史台也被称为"乌台"。在这个"乌台"上，苏轼俨然成了等待宰割的羔羊。他的这起文字狱案，也被称为"乌台诗案"。

乌台诗案缘起于苏轼诗集的刊印，作为罪证的诗集《苏子瞻学士钱塘集》《元丰续添苏子瞻学士钱塘集》，收录的主要是轼通判杭州时期的作品。因为书已经失传，到底是何人汇集成册加以出版，已经不得而知。但在《苏东坡传》里，林语堂断言是驸马都尉王诜。他是苏轼作品热心的收集者，结集出版的事情可能与他有关。根据王铚《元祐补录》所记，早在熙宁六年（1073），检正中书刑房公事沈括到浙江巡查新法推行的情况，见到《苏子瞻学士钱塘集》，看出其中有讽喻变法的意思，返朝后将其上呈神宗。不过，皇帝似乎不以为意，于是就没有了下文。人们因此将沈括当成"乌台诗案"的始作俑者。著有《梦溪笔谈》的沈括是"中国整部科学史中最卓越的人物"（李约瑟语），在文化史上的地位和政治业绩皆不逊于苏轼。他只是通过正常途径，将诗集作为新法的反馈提交皇上，并未造文加以弹劾。没有证据证明，他要制造一个司法事件来陷害苏轼。从之前的人生轨迹来看，他与轼交集的时间很短，没有什么恩怨与过节。诗案结束之后，沈括与苏轼仍有交往和赠予。元祐四年（1089）六月，轼自京城赴任杭州，"过润州，沈括迎见。括尝以鄜延（今延安）所得石墨为赠"。元祐六年（1091），苏轼在杭州以翰林学士承旨、知制诰召还，三月至润州，沈括获悉，即从梦溪园出发，前去迎接（《苏轼年谱》卷二十八）。由此可见，二人并没有因为诗案反目成仇。

诗案是在诗集上呈五年后才发生的，直接的导火线是元丰二年（1079），苏轼任湖州知州时所写的《湖州谢上表》。此时，被轼深深伤害过的李定，刚刚出任知制诰并权御史中丞，成为最贴近皇帝的官员。蛰伏多年之后，此人终于等来了反咬一口的机会。在宋朝，士大夫视道德名声为自己性命，李定本来要荣升知谏院之要职，却被一竿子撸了下来，还泼了一身的脏水。在士林深孚众望的苏轼，写诗来揶揄和辱没他的人格，已超出了他能够忍受的范围。可以想象，这些年来，他暗地里一直咬牙切齿，寻找以牙还牙的口实。陛下"知其愚不适时，难以追陪新进；察其老不生事，或能牧养小民"。当他看到轼《湖州谢上表》里的这些话语时，心里不知有多么快乐！毕仲游当年的忠告于是成了预言，轼在劫难逃，真怨不得沈括。

自从王安石离去之后，朝廷的形势有了新的变化，吴充与王珪都是相对平庸和弱势的宰相，不像石那样气势压人，让皇帝做不成皇帝的样子，甚至都快做成了臣子。现在，神宗终于找到了做皇上的感觉，亲自临朝来主持变法的大计。在此之前，所有对新法的反对与抗议，都是针对王安石的，现在挡箭牌没了，一切针对朝政的指责与嘲讽，矛头都将直指皇帝本人，并被视为对天子权威的挑衅，当事者对国家的忠诚也将受到质疑。乌台诗案正是在这样的背景下发生的，对轼的指控中，就有这样的罪名："无尊君之义，亏大忠之节，显涉讥讽。"不过，到了这个时候来控诉苏轼，对其本人多少有些冤枉。比起变法之初，他对新法的态度已经有了许多改变，特别是到了徐州之后，他看到新法给农民带来的利益，因此有所理解与接受，开始反思自己过去慷慨激昂的幼稚，不再是反对派声宏气旺的代言人。

六

按照宋朝的法律，案件的审理要经过三道程序：第一是"根勘"，由御史台对人犯进行审讯，形成供状；第二是"检法"，大理寺针对御史台提交的供状，依据相关法律条文作出判决，形成"判词"；第三则是审刑院对大理寺的判决进行复核，得出最终的结果。对苏轼的审讯从八月十八日持续到十一月底，除了坊间刊印的《苏子瞻学士钱塘集》《元丰续添苏子瞻学士钱塘集》，御史台还从私人手里搜集了苏轼诗文的散篇，进行审读，抽出其中怀疑有讥讽朝政的篇目，逐条逐句地对轼进行审问。最初，轼只承认在杭州时所作的《山村五绝》有这方面的意思，"赢得儿童语音好，一年强半在城中"是影射青苗法的，"岂是闻韶解忘味，迩来三月食无盐"是影射盐法的。其余的文字，都没有涉及时事政治。御史台于是加大了审讯力度，发文向相关机构和个人问证。王诜、李清臣、司马光、苏辙、王巩、李常、黄庭坚等人，与苏轼的诗词唱和和书信往来，也以"与某人往来诗赋"或"与某人干涉事"归类，分成三十九个篇目进行勘查。这意味着有三十九人受到不同程度的牵连。其中材料最多的就是第一篇——"与王诜往来诗赋"。

　　勘问审查夜以继日，苏轼也不是随便捏的软柿子，因此整个过程伴随着叱骂与恐吓。同期关在御史台监狱的人，用诗记录了当时的情景："遥怜北户吴兴守（湖州太守），诟辱通宵不忍闻。"（周必大《二老堂诗话》）轼毕竟不是等闲之辈，他经受了考验，始终以镇定的状态来应对审讯，表现出惊人的定力。连他的仇人、主审官李定也不得不佩服："苏轼真是奇才！一二十年前所作的诗文，援引的经典史籍，随问随答，竟无一个字差错。"（王巩《甲申杂记》）然而，随着审讯力度的加大，轼不得不做出某些退让，逐渐增大承认的范围。如自己给刘恕罢官出京时的赠诗："敢向清时怨不容，直嗟吾道与君东。坐谈足使淮南惧，归向方知冀北空。独鹤不须惊夜旦，群乌未可辨雌雄。"还有"读书万卷不读律，致君尧舜知无术""东海若知明主意，应教斥卤变桑田""岂是闻韶解忘味，迩来三月食无盐"等诗句，都多少含有谤讪朝政的意思。

　　李定将情况添油加醋后向皇帝报告，称苏轼全都承认了对自己的弹劾。神宗怀疑是逼供的结果，便问李定是否对轼用刑。李定回答："苏轼名高当世，为避免舆论喧哗，御史台岂敢用刑！"早在七月二日，在给神宗上的奏章中，此人就强烈谴责"苏轼初无学术，滥得时名。偶中异科，遂叨儒馆"，并列举了四大可废之罪，还参照孔子杀少正卯的理由，指出苏轼"所为文辞，虽不中理，亦足以鼓动流俗，所谓言伪而辨。当官侮慢，不循陛下之法，操心顽愎，不服陛下之化，所谓行伪而坚"，而且"教而不从"，按照先王之法，应当予以诛杀。从一开始，他就决心要将苏轼置于死地。

　　可能出自李定的授意，两位监察御史里行何正臣与舒亶也先后上疏弹劾苏轼。何正臣指出《湖州谢上表》中"愚不识时，难以追陪新进；老不生事，或能牧养小民"的话语，是肆意诋诮，愚弄朝廷，妄自尊大，无复人臣之节。舒亶是一个狠角色，在当县尉时，就有蛮不讲理、徒手杀人的记录。他指出苏轼本人"怀怨天之心，造讪上之语，情理深害，事至暴白。虽万死不足以谢圣时，岂特在不收不宥而已"。正是这一系列连锁发难，让神宗下了"送御史台根勘闻奏"的圣旨。

在案件调查的"根勘"阶段，与王诜相关的材料最多。朋九万《东坡乌台诗案》中关于"与王诜干涉事"有十分详尽的记载：熙宁二年（1069），轼在京师期间，上王诜家去，写诗作赋，并书《莲华经》。王诜送了许多酒食、茶果，年内又送弓一张、箭十只，还有包指十个。熙宁八年（1075），成都僧人惟简托苏轼求朝廷赐予师号，轼于是将本家收藏的一轴画作送与王诜。当年有个叫柳询的，家里穷困，轼没钱支助，便将得到的犀牛角送给王诜，说是柳询家的，要卖三十贯钱。王诜没有买，但直接送了三十贯钱给柳询。相国寺的僧思大师告诉苏轼，要给庙里的小师父讨件紫衣，还拿出吴道子画的《佛入涅槃》、董羽画的《水障》、徐熙和赵昌画的多幅花鸟作品，还有朱繇、武宗元画的两幅鬼神，作为礼品。轼留下朱繇、武宗元画的鬼神，其他佳作全都给了王诜收藏，换得紫衣两套送给了大师。当年，苏轼还将三十六轴有唐代名人题名的画，托王诜找人装裱，材料手工费用都是王诜出的。苏轼启程到杭州赴任通判时，王诜送了一些茶药、纸笔、墨砚、鲨鱼皮、紫茸毡、翠藤簟等，轼都悉数收下了。熙宁五年（1072），王诜又送官酒十瓶、果子两篮到杭州给苏轼。熙宁六年（1073）春，轼因为甥女出嫁要买嫁妆，问王诜借了二百贯钱；当年秋天，又借了一百贯，后来都没有归还。熙宁八年（1075），王诜曾送官酒八瓶及果子药等与轼；轼后来抄写若干篇诗赋寄予王诜。熙宁九年（1076），轼致信王诜，为一个叫秋蟾的婢女削发出家，还有一个认识的僧人求取僧籍。但不知为何，最后没有来取。熙宁十年（1077）二月，苏轼来到京师，王诜除了送来茶果酒食，还约好在城外四照亭中聚餐，陪侍的有六七个"姨媼"和几个"倩奴"。第二天，王诜拿出韩幹画的十二匹马共六轴，请轼题跋。轼的题诗中有这样的文字："鞭棰刻烙伤天全，不如此图近自然。平沙细草荒芊绵，惊鸿脱兔争后先。王良挟策飞上天，何必俯首服短辕？"这被认为是苏轼"以骐骥自比，讥讽执政大臣无能尽我之才，如王良之能御者，何必折节干求进用也"。轼与挚友之间的往来，几乎每一个细节都记录在案。可见御史台为了这个案子下足了功夫。

元丰二年（1079）十一月三十日，御史台将审讯得出的供状上奏。按照司法程序，朝廷派出一名叫作陈睦的官员，来对轼进行"录问"，以确认供词的真实性，和是否有屈打和逼供的情况发生，给作为被告的轼以"翻异"的机会。可见，宋朝司法的制度程序，设计得相当缜密。十二月初，案件就移交大理寺进行审理，即所谓"检法"。

七

苏轼被投入乌鸦聚集的牢狱，朝野为之震惊，他命运的着落牵动了很多人的神经。一场营救行动在大宋国内紧张地拉开，最紧张忙碌的当然是弟弟苏辙。在安置好哥哥一家二十余口人后，他立即上书皇帝，为哥哥求情。这就是感人肺腑的《为兄轼下狱上书》——

臣闻困急而呼天，疾痛而呼父母者，人之至情也。臣虽草芥之微，而有危迫之恳，惟天地父母哀而怜之！

臣早失怙恃，惟兄轼一人，相须为命。今者窃闻其得罪逮捕赴狱，举家惊号，忧在不测。臣窃思念，轼居家在官，无大过恶，惟是赋性愚直，好谈古今得失，前后上章论事，其言不一。陛下圣德广大，不加谴责，轼狂狷寡虑，窃恃天地包含之恩，不自抑畏。顷年通判杭州及知密州日，每遇物托兴，作为歌诗，语或轻发，向者曾经臣寮缴进，陛下置而不问。轼感荷恩贷，自此深自悔咎，不敢复有所为。但其旧诗已自传播。

臣诚哀轼愚于自信，不知文字轻易，迹涉不逊，虽改过自新，而已陷于刑辟，不可救止。轼之将就逮也，使谓臣曰："轼早衰多病，必死于牢狱，死固分也。然所恨者，少抱有为之志，而遇不世出之主，虽龃龉于当年，终欲效尺寸于晚节。今遇此祸，虽欲改过自新，洗心以事明主，其道无由。况立朝最孤，左右亲近，必无为言者，惟兄弟之亲，试求哀于陛下而已。"臣窃哀其志，不胜手足之情，故为冒死一言。

昔汉淳于公得罪，其女子缇萦，请没为官婢，以赎其父。汉文因之，遂罢肉刑。今臣蝼蚁之诚，虽万万不及缇萦，而陛下聪明仁圣，过于汉文远甚。臣欲乞纳在身官，以赎兄轼，非敢望末减其罪，但得免下狱死为幸。兄轼所犯，若显有文字，必不敢拒抗不承，以重得罪。若蒙陛下哀怜，赦其万死，使得出于牢狱，则死而复生，宜何以报！臣愿与兄轼，洗心改过，粉骨报效，惟陛下所使，死而后已。臣不胜孤危迫切，无所告诉，归诚陛下，惟宽其狂妄，特许所乞，臣无任祈天请命，激切陨越之至！

在这份哀婉恳切的上书里，苏辙指出，哥哥不论居家还是为官，都没有大的过恶，只是秉性愚直，喜欢谈论古今得失。被指控为谤讪变法的诗文，都是他在通判杭州和知密州时，遇物托兴的旧作，后来，轼已经"深自悔咎，不敢复有所为"。苏辙仿照汉代女子缇萦上书文帝，请求以入身官婢为父赎罪的例子，乞求神宗以撤掉自己官职，来替兄长顶罪。

与其同时，退养在家的范镇、张方平等也上疏神宗皇帝。以太子少师致仕的张方平是苏家的大恩人，他的上疏谈到，苏轼"自谓见知明主，亦慨然有报上之心"，但他性情疏率，缺少应有的审慎与郑重，讲了许多出位的话语，又很快就追悔。多年来一直得到陛下的优容。得知内情的人都感叹圣上的宽大之德，指责轼的轻狂之性。此次得罪皇上，想必又是故态复发。但陛下对于四海的生灵，犹如苍天之无所不覆，犹如大地之无所不载，犹如四时之无不化育，对于区区一个苏轼岂能包容不了！他列举了历史上五位冒犯、诽谤皇帝的大臣，说他们本是罪大而不可赦者，但因为遭遇明主，全都得以保全性命，并最终成为一代忠臣，对时代作出了贡献。跟这些人比起来，轼以文辞获罪，并没有太大的过恶，希望陛下本着惜才之心予以赦免，"以全始终之赐"。疏本写好后，张方平原想通过普通公文传送渠道上呈，但府官不敢接受，于是让儿子张恕带到京城提交登闻鼓院。可这个儿子胆子极小，到了登闻鼓院门前，徘徊了很长时间，最终还是不敢走进去。可惜了这篇疏文，写得充满着世故的智慧。

在营救行动中，最为得力的还要数苏轼的政敌王安石和仁宗皇帝的遗后、慈圣光献太皇太后曹氏。得知苏轼身陷囹圄，为乌鸦所困，王安石心生怜悯，尽管苏轼曾经给变法事业带来很大的阻抗，但对于此人的才情，石有着很高的评价。这是数百年一出的人物，仅仅凭几行应景咏物的诗句，捕风捉影，牵强附会，就将其性命断送，是在制造罪恶与黑暗，怎么对历史交代！在江宁自家的庭院里，王安石来回踱步，回想自熙宁初年自己挺身国家革新事业以来，人们一直抨击自己排除异己，专用亲信小人。这些说话的人也不想想，倘若身边都是异己分子，即便他们是道德君子，如何能够将新法推行下去，改变国家积重难返的困局？平心而论，出于儒者的不忍之心，在将政治异己排除出核心权力圈的时候，自己并没有进行人身迫害，更不用说人身消灭，只是通过外放，乃至退养的方式，消除或屏蔽他们的影响力。但他们养尊处优的生活依然可以继续，尽情享受人世间的天伦之乐。对于欧阳修、司马光、程颢、张戬这些品质高贵的人，他其实存有敬意，只是在斗争激烈的情形下，这些君子已经成了变法的拦路虎，自己的敬意也就不便表达出来。有时，为了阻拦他们干预时局，还不得不放出几句丑话、狠话，但都不是他自己本真的意思。自始至终，他都有意坚守修身以仁的立场，避免斗争的恶质化，尔虞我诈，你死我活，乃至突破人性的底线。在他看来，政治行为即便不够优雅，但也不能残酷与丑陋。一番思省之后，他毅然提笔，给神宗皇帝上书，说出了掷地有声的话语："哪有盛世杀才士的道理！"石的两个弟弟皆与苏轼交好，兄弟间对轼都有某种共识。王安国已经过世，但在皇帝身边任起居注的王安礼，完全不顾李定他们的警告，一再向神宗进谏，称自古大度之君，不以言语罪人。倘若今天将苏轼治罪，恐怕后世会有人说陛下不能容才。此时已经成为变法派中坚人物的章惇，也在皇帝面前为老同学苏轼求情。

慈圣光献太皇太后曹氏，不过六十二岁，但已是病痛缠身。她一直记得当年仁宗退朝回宫时说的话"朕今日为子孙得两宰相矣！"虽然与苏轼难得见面，但其诗文在宫里皆有流传，深得老人家的赏识。一日，神宗过来请安时，曹氏看到皇帝愁眉苦脸，便问是否遇上什么不愉快的事情。神宗也不隐晦，告诉太皇太后："几项变法措施，都未能顺利推进。有一个叫苏轼的，动不动就加以诽谤。"曹氏于是想了起来："你说的莫非就是苏轼、苏辙兄弟？"她重提当年往事，并问这二人现在何处。听说苏轼已经被打入大牢，情绪便激越了起来："以作诗入狱，也许是受了小人的中伤。写诗这样的事情，即便有过，也是相当轻微。老身已经病得不轻了，可不要再有冤狱泛滥，来伤了中和之气啊。"说着说着，竟然还垂下泪来（陈鹄《耆旧续闻》）。这一年十月，曹氏的病情见危，药物已经起不到什么作用。神宗前往探视，提出要以大赦天下为太皇太后加寿。曹氏回应："无须大赦天下凶恶，只要放了苏轼即可。"十天之后，太皇太后便驾鹤西去，赦免苏轼成了她的临终遗嘱。

尽管狱墙森森，还是有消息传到阴暗的牢房。那一天的黄昏，千百只乌鸦不停地聒噪，仿佛末日降临，让人精神崩溃。直到深夜，轼都难以入眠，于是写下了一首七律："庭柏阴阴昼掩门，乌知有赦闹黄昏。汉宫自种三生福，楚客还招九死魂。纵有锄犁及田亩，已无面目见丘园。只应圣主如尧舜，犹许先生作正言。"（《己未十月十五日，狱中恭闻太皇太后不豫，有赦，作诗》）五天之后，太皇太后升天，苏轼作为罪人无法服孝，也不敢出声哭泣，便写了挽词二章。其中的文字情真意切："未报山陵国士知，绕林松柏已猗猗。一声恸哭犹无所，万死酬恩更有时。"（《十月二十日，恭闻太皇太后升遐，以轼罪人，不许成服，欲哭则不敢，欲泣则不可，故作挽词二章·其二》）

审讯在乌鸦的呱噪声中进行，人与禽嘶哑的声音交集到一起，令苏轼无法忍受。由一群乌鸦来审判一只鸽子，连羽毛的颜色都成了洗不清的原罪，还能有什么结果呢！于是，他又想到了要用死来结束这一切。与其惨死在他人刀下，不如死在自己手中有尊严。他一度绝食，抗议非人的待遇。后来，又将随身携带的一种"青金丹"全部收起来，埋藏在土里，等待时机。这种丹药适量服用可以养生，过量可以致人死亡。牢里有一名狱卒，对苏轼十分同情，执礼相当恭敬，每到晚上，必定烧一盆热水来给他洗脚。轼将狱中所写的两首诗拿出来，让这位狱卒设法转交给苏辙，说："本人必死，有个弟弟在外面，托你转交的这两首诗，就算是兄弟的诀别。"狱卒真诚地对他说："学士绝对不会到这步田地！"（孔平仲《孔氏谈苑·皇甫僎深刻》）

大儿子苏迈做不了别的事情，每天就往大牢里送饭。苏轼跟他约定，平日只送菜和肉；倘若有不测之事，就撤掉青菜和肉食，单单送鱼一种。持续一个多月后，因为粮食告罄，苏迈赶到陈留去找叔叔苏辙，委托一个亲戚代劳，却忘了告诉先前的约定，结果送来了一条美味的鱼，而且没别的配菜。据轼的追随者叶梦得《避暑录话》记载，当时，"子瞻（苏轼）大骇，知不免，将以祈哀于上而无以自达，乃作二诗寄子由，嘱狱吏致之"。苏轼对狱卒说："倘若不死，则没有什么遗憾；若是不免一死，而此诗却不能送达，我会死不瞑目的。"这两首诗即是——

圣主如天万物春，小臣愚暗自亡身。

百年未满先偿债，十口无归更累人。

◇ 在御史台的大牢里，苏轼为一群乌鸦所困

● 《寒林鸦阵图》（局部）清 - 王云

是处青山可埋骨，他时夜雨独伤神。

与君今世为兄弟，又结来生未了因。

柏台霜气夜凄凄，风动琅珰月向低。

梦绕云山心似鹿，魂惊汤火命如鸡。

眼中犀角真吾子，身后牛衣愧老妻。

百岁神游定何处，桐乡知葬浙江西。

（《予以事系御史台狱，狱吏稍见侵，自度不能堪，死狱中，

不得一别子由，故作二诗授狱卒梁成，以遗子由，二首》）

就像苏轼想象的那样，狱卒不敢隐瞒，在给苏辙抄送的同时，也将诗稿向上司呈报。据说，得到这两首诗后，辙"以面伏案，不忍读也"；而神宗皇帝读后，却动了恻隐之心。正如他对王珪和王安礼说的："朕无他意，止欲召他对狱，考核是非尔，行将放出也。"

其实，说起来都是这些乌鸦给闹的，事情并没有苏轼想象的那么糟糕。宋朝宗室有不杀士大夫与言官的祖训，外人不知晓，但皇帝本人心里有底，他并无深罪苏轼的意思。据何薳《春渚纪闻》卷六《东坡事实》叙述，神宗曾密遣小黄门到狱中，观察他的起居，得知他大白天睡觉鼾声如雷，就跟身边的人说："朕知苏轼胸中无事者。"因此，《宋史·苏轼传》里有"神宗独怜之"的说法。

在狱中，写诗几乎是苏轼唯一的自由。他把御史台院子里的榆、槐、竹、柏四种植物都题咏了一遍。咏《槐》的那首，描述了他刚刚被投进来时的情景："栖鸦寒不去，哀叫饥啄雪。破巢带空枝，疏影挂残月。岂无两翅羽，伴我此愁绝。"咏《竹》的这首，抒发了士不可辱的气节："今日南风来，吹乱庭前竹。低昂中音会，甲刃纷相触。萧然风雪意，可折不可辱。"而在咏《榆》的诗里，则表现出生命获得自由的期望："谁言霜雪苦，生意殊未足。坐待春风至，飞英覆空屋。"

当年十二月，在陈睦"录问"完成之后，案件移交司法审判。大理寺很快就作出"当徒二年，会赦当原"的判决。即判处两年流刑，但因遇上太皇太后仙逝，朝廷大赦天下，便免除惩罚。显然，这个结果是李定、舒亶无法接受的。于是，他们同时上奏，发起新一轮的攻击，指控苏轼："肆意纵言，讥讽时政。自熙宁以来，陛下所造法度，悉以为非。古之议令者，犹有死而无赦。况轼所著文字，讪上惑众，岂徒议令之比？"还遣责驸马都尉王诜受国厚恩，列在近戚，而朋比匪人，收受苏轼讥讽朝政的文字，赠送苏轼财物，泄露禁中机密，必须追究罪责。不仅如此，除王诜外，收受苏轼讥讽朝政文字的人，包括王巩、李清臣、张方平、司马光、范镇、陈襄、曾巩、孙觉、李常等二十几人，都必须予以惩处。

依循司法程序，案件提交审刑院复核。顶着御史台的巨大压力，审刑院作出了维持大理寺原判的决定。此时，神宗觉得借事立威的目的已经达成，施恩布德的时机也已来临，不想为李定他们公报私仇、落井下石提供方便，便对案件进行"定谳"。十二月二十九日，大年除夕前夜，圣谕下达：责授苏轼为检校尚书、水部员外郎充黄州团练副使，本州安置，不得签书公事，由御史台差人押送；停止驸马都尉王诜一切职务；著作佐郎、签书应天府判官苏辙降职，监筠州盐酒税务；王巩降职，监宾州盐酒务，令开封府差人押送；其余收受讥讽诗文而不主动上缴者，包括张方平、李清臣、司马光、范镇、陈襄、李常、孙觉、曾巩、黄庭坚、王安上等，各罚铜二十、三十斤不等。一场在朝野闹得沸沸扬扬的文字狱案，总算落下了帷幕。从入狱到重见天日，苏轼困在乌鸦呱噪声中一百二十多天，这是他刻骨铭心、永生难忘的日子。让他愧疚无比的是，数十位亲友因为自己的牵连，受到了朝廷的惩处。其中受累最大的是驸马都尉王诜。

王诜是开国将军王全斌的后代，妻子宝安公主乃英宗的二女儿。虽然是金枝玉叶，但侍奉婆婆卢氏相当周到，也经常接济王家的眷属，是一个贤惠的妻子。公主与神宗同母所生，看到弟弟为慈圣光献皇后居丧时神情哀伤的样子，她立即遣散身边的三十名歌女。王诜是个水墨画家，性格放荡无拘，他另外娶有八个小妾，这些女人常常恃宠冒犯公主。公主只是隐忍，没有闹得鸡飞狗跳。宝安公主身体一直都不太好，乌台诗案判决之后，病情愈发严重。神宗前来探望，亲自为姐姐诊脉，还端着稀粥来喂公主。公主自知不治，为了让当皇帝的弟弟开心，勉强咽了进去。这次，在赐给公主六千匹金帛后，神宗问姐姐还有何要求。公主回答，她唯一的愿望，就是恢复王诜的职位。为了安慰自己心疼的姐姐，神宗当场答应了她的请求。但在第二天，

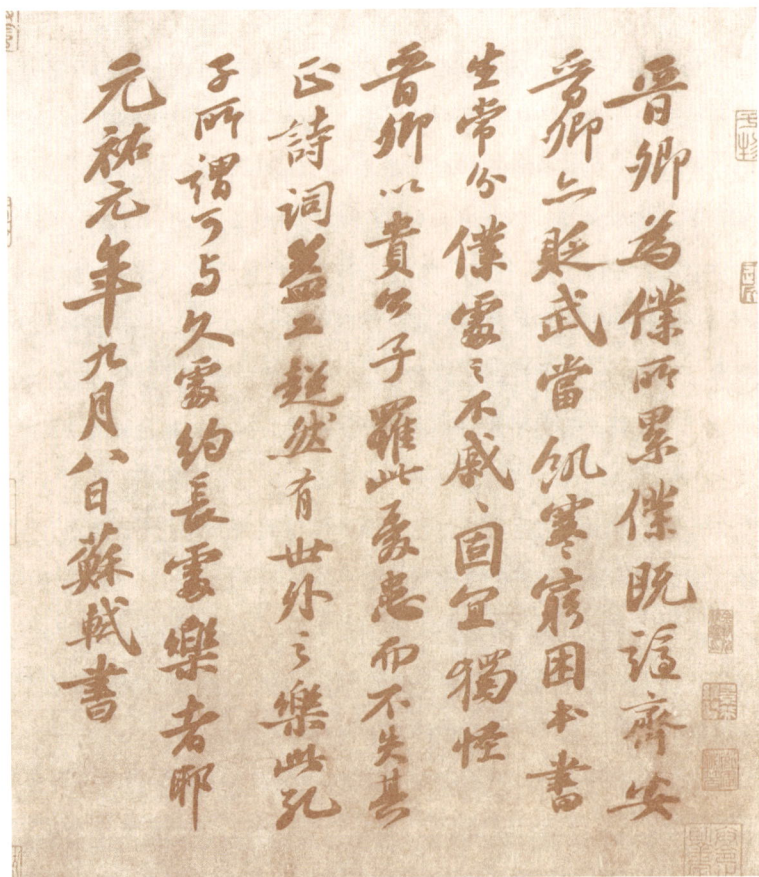

◇ 苏轼写给驸马都尉王诜（晋卿）的信札

● 《题王诜诗帖》北宋 - 苏轼 - 故宫博物院藏

年仅三十岁的宝安公主便与世长辞了。正要用膳的神宗，听到姐姐病逝的消息，立即放下筷子，起驾前往，来到大门口就忍不住放声大哭，还停止了五天的朝会，以示吊唁之隆重。公主死后，家里的乳母告发王诜，纵容小妾欺负公主。神宗派人彻查，八名小妾都被处以杖刑，并婚配给边地的士卒。本来就要官复原职的驸马爷王诜，也被发配到了均州（今湖北丹江口），落得个声名狼藉的下场。不过他的作品《渔村小雪图》《烟江叠嶂图》等，确实是中国水墨画的杰作。

尽管如此心怀愧疚，但得知案件"定谳"结果的苏轼，还是相当欣喜，当天就挥笔，一口气写下了两首七律：

> 百日归期恰及春，余年乐事最关身。
> 出门便旋风吹面，走马联翩鹊唪人。
> 却对酒杯浑是梦，试拈诗笔已如神。
> 此灾何必深追咎，窃禄从来岂有因。
>
> 平生文字为吾累，此去声名不厌低。
> 塞上纵归他日马，城东不斗少年鸡。
> 休官彭泽贫无酒，隐几维摩病有妻。
> 堪笑睢阳老从事，为余投檄向江西。

（《十二月二十八日，蒙恩责授检校水部员外郎黄州团练副使，复用前韵二首》）

"却对酒杯浑是梦，试拈诗笔已如神。"他发现，经历一场牢狱之灾后，自己的诗情与才气丝毫没有磨损，运起笔来神思飞扬。忆起这些年来文字带来的麻烦，就想到，不应该再去追求什么响亮的名声了。可接着笔下又冒出"塞上纵归他日马，城东不斗少年鸡"的句子，把与自己作对的人，都当成了城东的"少年鸡"，真是本性难移。想到这儿，他便把秃笔往桌上一甩，不禁责骂起自己来："你这恃才傲物的德性，怎么就改不了呢！"

第十二章

卷起千堆雪

一

　　元丰三年（1080）大年初一，照例是国人喜气洋洋的日子，汴梁城里，家家户户都张灯结彩，庆祝新春的到来，空气里弥漫着醇酒的香味。踏着此起彼伏的爆竹声，苏轼被押解出城，前往流贬地黄州。陪伴他的，是愁眉不展的大儿子苏迈。路过陈州的时候，苏轼特地到与可表兄的家中探望。文家的厅堂里，赫然停放着与可的棺木，令他触目惊心。不知何时，表兄才能魂归故里，而自己现在能够做到的，只是恭恭敬敬地燃上一炷香。苏辙从南都匆匆赶来，和苏轼在表兄的灵堂里会面，二人都百感交集。苏辙有个女儿嫁给了与可的老四，和与可是儿女亲家。此次，因为给哥哥替罪，苏辙要到筠州（今江西高安）去做监管盐酒税的小吏，两家数十口人还滞留在南都。哥哥这头囊中无物，弟弟那边更是负债如山，根本无法接济与可的遗属，只能空抱一腔深情。

　　毕竟是诗人，尽管心事重重，只要放归大自然，就如同脱钩的鱼儿回到江海。从陈州到黄州，驿道两旁都有些景色，当地人早已熟视无睹，但到了刚刚出狱的诗人眼里，却焕发出异样的光彩。一二月间，正是梅花盛开的季节，洁白的花朵开开落落，星星点点地洒在路边，像是为迎接刚获释的诗人。一路上经过不少水系，河流正在复苏，哗啦的声音听起来相当悦耳。听着听着，苏轼心里就生起了莫名的感激，却不知是感激谁。这一路的景象，都被他收进《梅花二首·其二》里："何人把酒慰深幽？开自无聊落更愁。幸有清溪三百曲，不辞相送到黄州。"他怎么也想不到，在麻城这个地方，竟然与青年时代的好友陈慥不期而遇。

嘉祐八年（1063），苏轼在签书凤翔府节度判官任上，与知府陈希亮相处不恰，却跟其四子陈慥颇为投缘，时常一起骑马出游，奔跑在旷野莽原之上。年轻时候的陈慥，嗜酒好剑，蓄养姬伎，挥金如土，是一个慷慨悲歌的侠士。苏轼亲眼见他带着两名随从，在岐山上驰马游猎，忽然有一只鸟哇呀地从草丛里飞起，二随从立即开弓，均未能射中。陈慥跃马上前，一箭就把那只高飞的鸟射成了自由落体。陈慥喜欢畅论天下古今，并以当世豪杰自任，大有踏平世界、扭转乾坤的意气。后来，他又一度潜心读书，"欲以此驰骋当世"，始终都得不到施展抱负的机会。自从离开凤翔府之后，苏轼与他就没再见过面。此次重逢，苏轼恍若隔世，他也判若两人，戴着一顶高高的方帽，隐居在光州与黄州之间一个叫岐亭的地方，在木屋茅舍里，像小白兔一样吃着青菜叶子，静心修行，几乎不与外界来往。当地人不知道他的身世，都以"帽"取人，称他为"方山子"。而在洛阳那边，他原本有着富丽堂皇的园林宅院，堪与公侯之家相媲美；河北那边，还有辽阔的田地租赁，每年可有上千匹丝帛收入。功勋之家出身的他，若以门荫进入官场，前途也未可限量。但这一切，都被他轻易地抛弃了。看来，不是谁都喜欢这烟火浓呛的人间，不是谁都喜欢眼前满面尘土的自己。

一路上，苏轼寻思，如果不是真的得到什么不为人知的宝物，这位老兄也不会抛弃那么多人渴望的东西，到这个穷山恶水中来。看到他眉宇间仍然透露着一股"精悍之色"，苏轼怎么也想不到，他会是一位蛰居山中的隐者。此次重逢，两个人皆深感意外，彼此都问对方为何到这个地方来。苏轼说出流贬的缘起，陈慥却低头不语。这些年来，自己如何唤醒前身，在明月清风里脱胎换骨，找回本来面目，其间的缘由实在说不清楚，他只好对着天上飞过的一群大雁，放怀大笑，并将苏轼延至家里住下，再慢慢道来。

一排草木结构的房子，里面空徒四壁，哪里像是家的样子，但陈慥的妻子、奴婢，个个都显出甘之如饴的神色，完全超乎苏轼的想象。于是他把这个过程记录下来，写成了一篇《方山子传》。此时，陈慥之父陈希亮已经逝世多年。应他的恳请，轼为自己的老上司作传，借此忏悔自己当年的年少轻狂。贬居黄州时期，陈慥多次前往看望，轼也三次到岐亭来走访。他似乎还想不清楚，一个曾经气冲霄汉、一心想着要扫平天下的大丈夫，如何遁入山林，变成与世无争的道人，连自己的贱内都十分惧怕。有时，陈慥与客人谈佛论道，眉飞色舞，忘乎所以，妻子柳氏却

◇ 气冲霄汉的大丈夫，如何变成了与世无争的道人

● 《柳阴高士图》宋 - 佚名 - 台北故宫博物院藏

忽然摔锅砸碗，从厨房里冲出来，又起腰对着丈夫破口大吼，弄得场面十分尴尬，而陈慥连个响屁也不放。（洪迈《容斋随笔·陈季常》）苏轼曾经用诗来描绘这个场景："龙丘居士亦可怜，谈空说有夜不眠。忽闻河东狮子吼，拄杖落手心茫然。"（《寄吴德仁兼简陈季常》）舍尽世间荣华富贵之后，陈慥的修行到底成就了什么？或许从他传世的唯一一首词《无愁可解·光景百年》，可以看出些端倪——

> 光景百年，看便一世，生来不识愁味。问愁何处来，更开解个甚底。万事从来风过耳。何用不着心里。你唤做、展却眉头，便是达者，也则恐未。此理。
>
> 本不通言，何曾道、欢游胜如名利。道即浑是错，不道如何即是。这里元无我与你。甚唤做、物情之外。若须待醉了、方开解时，问无酒、怎生醉。

未有言语分别之前，当下即是，无我无你，超越物理人情之外，无须等到酒喝醉了，才得以开怀解脱。这里本来就没有酒，又哪里来的醉意？这些话语当中，充满着禅意玄机。陈慥真的是根器不凡之人，难怪他能够悬崖撒手，扯断纷乱的葛藤，舍弃人们如此抓狂的东西；难怪他那么怕老婆！

二月初一，一行人到了黄州府署报到。苏轼虽说是罪臣，却已名满天下，从知州陈轼到办事的小吏，对他都相当客气，一副彬彬有礼的样子。暂时没有合适的地方，陈轼就安排他们父子到城里的定惠院借住，和寺院里的僧人搭伙吃斋，洗澡则要到城南三里外的安国寺去，饮食起居都像是出家人。五月间，苏辙将嫂夫人及众家眷送了过来。但不知何故，一个叫作菱翠的小妾离开了苏家。家眷以妇孺为多，显然不方便再住在寺院里。于是，在鄂州知州朱寿昌的关照下，苏轼一家搬进了长江边回车院里的临皋亭。这里属于水上驿站的设施，房间有限，二十余口住起来相当拥挤，但风景独好，晚间枕着长江的波涛入眠，睡不着觉的时候，还可以起来在岸边走动，仰望繁星密布的天空，怀想大江上游的故乡明月。在给友人的信里，苏轼有这样的描写："临皋亭下不数十步，便是大江，其半是峨眉雪水，吾饮食沐浴皆取焉，何必归乡哉！江山风月，本无常主，闲者便是主人。"（《与范子丰》）按照他的意思，活得过于匆忙的人，世间美好的事物都形同虚设，可谓损失巨大。

到达贬所，第一要紧的事情，就是给皇帝进上谢表。这一次，苏轼下笔十分谨慎，遣词造句，不敢有丝毫的疏忽。在深刻检讨自己的罪过后，他感激神宗的宽容："仁圣矜怜，特从轻典。赦其必死，许以自新。祇服训辞，惟知感涕。"最后，表达了悔过的决心："天地能覆载之，而不能容之于度外；父母能生育之，而不能出之于死中。伏惟此恩，何以为报。惟当蔬食没齿，杜门思愆。深悟积年之非，永为多士之戒。贪恋圣世，不敢杀身；庶几余生，未为弃物。若获尽力鞭棰之下，必将捐躯矢石之间。指天誓心，有死无易。"（《到黄州谢表》）反复斟酌之后，觉得鸡蛋里已经挑不出骨头，才交官驿发出。

乌台诗案牵动了不少朋友的心，他们为自己担心操劳。到了黄州之后，又陆续收到李常、章惇、辩才、道潜、秦观、佛印等人的来信。现在尘埃落定，自然要逐一回复。老同学章惇刚刚出任参知政事，苏轼给他的回信，写得颇为诚恳，说平时章惇与苏辙对他的规劝"反复甚苦"，但自己"强狠自用"，不以为意，直到身陷囹圄，才追悔莫及。往日的行为，如今回想起来，"与病狂之人蹈河入海者无异"。本来以为必死无疑，想不到还能得到圣主的宽容。今后若是不改邪归正，苏轼我真的就不是人了！在信中，轼没有忘记对老同学晋升参政大臣表示祝贺，称这是"士林庆快"的好事。早在长安两人相见的时候，自己就曾说过："子厚（章惇字子厚）奇伟绝世，自是一代异人。至于功名将相，乃其余事。"在黄州，轼与这位日后冤家的通信往返共有三次。

给皇帝的表书和给章惇的复信，未免谦抑有过；但面对好友李常的规劝，苏轼披露了自己的肝胆："吾侪虽老且穷，而道理贯心肝，忠义填骨髓，直须谈笑于死生之际，若见仆困穷便相于邑，则与不学道者大不相远矣。兄造道深，中必不尔，出于相好之笃而已。然朋友之义，专务规谏，辄以狂言广兄之意尔。兄虽怀坎壈于时，遇事有可尊主泽民者，便忘躯为之，祸福得丧，付与造物。"信末还特别说明："要不是对着老兄你，我哪敢说这样的话！"嘱咐其看完就付之一炬，不要让任何人看到。在这封短信里，儒者一厢情愿的担当喷薄而出，舍生取义的情怀一点儿也没有减损。

二

"乌台诗案"是苏轼人生的一大转折，在此之前，他是一个具有佛道修养的儒家，其人生价值体现在投身社会、参与国家治理、改善民生等方面。从鬼门关捡回一条老命之后，四十五岁的他虽然仍然"道理贯心肝，忠义填骨髓"，但面对浩浩荡荡的长江，他还是收摄魂魄，反省自己的过往，开始了人生的转向。而这种反省，似乎大多是在安国寺的澡池里进行的。在这里，身体的洗涤与灵魂的涤荡同时进行。人真是一种需要反复洗濯的不洁之物。

每隔一两天，轼就要到安国寺去一趟，旦往暮还，一待就是一个白天，近五年都是如此。在轼的叙述里，"黄州山水清远，土风厚善，其民寡求而不争，其士静而文，朴而不陋"（苏轼《书韩魏公黄州诗后》）。四十年前，幼年丧父的韩琦，就是在安国寺西厢房里发奋苦读，才以第二名的成绩考上进士的。看到寺里韩琦读书用过的桌凳，作为门人的轼不禁感慨："贤人君子，是上天送给百姓的礼物，是天下所共享的资源，黄州人却将其据为私有，并且宠爱有加，难道这里的人尊德乐道，与别的地方不一样吗？"

安国寺有幽美的竹篁，在这里，轼除了洗澡，还可以"披衣坐小阁，散发临修竹"，在院子里漫步，与僧人茶话，甚至可以到法堂里静坐参禅。在这里，他留下了《安国寺记》《安国寺浴》《安国寺寻春》《安国寺谈养生》《宋安国寺大悲阁记》《应罗汉记》等文字。《安国寺记》里有这样的记载："其明年二月，至黄。舍馆粗定，衣食稍给，闭门却扫，收召魂魄，退伏思念，求所以自新之方，反观从来举意动作，皆不中道，非独今之所以得罪者也。"通过对进入社会以来一些事情的反省，他深深地感慨："道不足以御气，性不足以胜习。不锄其本，而耘其末，今虽改之，后必复作。盍归诚佛僧，求一洗之？"（《安国寺记》）在袅袅香烟和嗡啊嗡啊的梵唱声中，他匍匐下来，虔诚地为自己招魂，舔舐心中的伤口，并希望通过"归诚佛僧"得到疗治，清除肌肤上的尘垢与心底里的荣辱，从而变得洁净而轻扬起来。安国寺有专门用来洗澡的池子，因为没有什么事情要去做，洗澡、吃饭和睡觉，便成为生活最重要的内容。他可以像一条鱼那样，边洗澡边戏水，花上任意多的时间，把身子洗得干干净净。出浴后一尘不染的感觉，让他满心欢喜，忘了自己还是个人。为了给自己赎罪，他还在安国寺旁边买下一个池子，用石头刻上"放生池"三个字，供自己和他人放生鱼鳖之用，以弘扬"生生之德"。母亲忌日那天，他专门请安国寺僧众吃了一顿斋饭，作为功德供养回向给程夫人。

在定慧院寓居时写的一首《卜算子》，颇能反映苏轼这时候的心境："缺月挂疏桐，漏断人初静。时见幽人独往来，缥缈孤鸿影。惊起却回头，有恨无人省。拣尽寒枝不肯栖，寂寞沙洲冷。"（《卜算子·黄州定慧院寓居作》）夜深人静之时，自己幽灵一般在惨淡的月色下徘徊，如同缥缈的孤鸿，拣尽寒枝无处栖落，心里的思绪无人可解，周边唯有浸入骨髓的寒意，挥之不去。此次牢狱之灾，虽然与死神擦肩而过，但也让他意识到死亡随时随地到来的可能性。倘若在生命断送之际，自己内心仍然无有着落，还是一只缥缈的孤鸿，找不到灵魂栖息的归宿，成为荒村野店死无葬身之地的孤魂野鬼，在他看来，这是最悲惨的事情。然而，性命归栖何处，仍然是一个茫然的问题，视野所到之处，都是不可栖落的"寒枝"，而没着没落的空中，任何一只鸟都不可以永久停留。在寒枝与虚空之间，他必须做出非此即彼的抉择和了断，结束灵魂的漂泊与浪迹，以体现自己对归属于我的生命的担当。

就这样，在内心无法安放的寂寞里，他开始系统阅读佛学经典，有时还焚香默坐，在窈兮冥兮、恍兮惚兮之中，进入物我两忘、身心双亡的境界，去体验经上所说的般若三昧。在致章惇的信里，他描述了自己刚到黄州的生活："初到，一见太守，自余杜门不出。闲居未免看书，惟佛经以遣日，不复近笔砚矣。"（《与章子厚参政书》）冬至来临时，他还借天庆观道堂的三间房，斋戒闭关，将生命存在还原为呼吸这一最简单的状态。一刻也不能中断的呼吸和人在社会生活中的事业通常是同时进行的，但人们往往只关注社会事业的一端，而忽略了呼吸的存在，直到呼吸出现困难，甚至快要停止，才发现呼吸的重要意义，转过心来关照呼吸通畅与否。在道家与佛教的修持方便中，不绝如缕的呼吸可以将人带回到胎儿的状态，从而嬉游于物之初，找回自己的本来面目，但苏轼并没有走得那么深。经过七七四十九天的闭关，他得出这样的体验："道术多方，难得其要，然以某观之，惟能静心闭目，以渐习之，但闭得百十息，为益甚大。"（《与王定国》）在来往道人的影响下，苏轼甚至以朱砂、白矾、雄黄、磁石为原料，炼起了丹药。

现世的学者往往把道家与佛家的知见当成客观知识，从书本和课堂上来理解和揣测其中的意义。他们并不清楚，这些知见所依托的经验，已经超越了见闻觉知，玄之又玄，不在普通人的日常经验范围之内。将超越日常经验的东西，拉回到日常经验范围内加以图解，得到的只能是一堆误解。接下来的事情，就是以一种误解来质疑与否定另一种误解。苏轼之所以有异于别人的悟性，在于他在修为和行持上，身体力行，并有所亲证，获得了某种直接给予的经验与证量。

"平生学道真实意，岂与穷达俱存亡？"（《吾谪海南，子由雷州，被命即行，了不相知，至梧乃闻其尚在藤也，旦夕当追及，作此诗示之》）苏轼一生都在追求真谛，不轻易接受某种现成的教条，把自己弄成一个教徒模样。对于儒家的某些学说，他仍然有所保留，指出："儒者之病，多空文而少实用。"（《与王庠书》）对于道家玄妙的境界与云端上的神仙国度，和佛教所言的超出三界外、不在五行中的真如法性，他还没有身临其境的亲证。因此，他的信仰中隐约存有疑情与余虑，有时甚至觉得"仙山与佛国，终恐无是处"。初到黄州的时候，在回复友人毕仲举的信中，他坦白地说出："对于佛经，我过去也曾读过一些，'但暗塞不能通其妙'，只是取其中一些粗浅的义理来润心罢了。这就好比农夫锄草，锄掉之后草又会长回来，虽然似乎没什么益处，但毕竟比没锄要好一些。以前，有位叫陈述古的先生喜欢谈禅论道，自以为已经证到至高境界，因而鄙视我的见解。我跟他说：'您的高谈阔论，犹如在吃食龙肉；而我所学的，却是在吃猪肉。猪肉与龙肉之间有大差别，然而，您整日空谈龙肉，不如我现吃猪肉来得肥厚甘美，而且能填饱肚子。不知道您从佛经中得到了什么？是为了出离生死与三界轮回，成佛作祖吗？还是与我等俯仰于天地之间？'学习佛道的人，期望获得的是宁静和通达。宁静近乎懒惰，通达近乎放旷。当然，求学之人或许未能得到期许的结果，却先得到了似是而非的东西，并非没有害处。因此我也常常怀疑自己。"（参见苏轼《答毕仲举书》）言下之意，他还是想将猪肉烹饪好，让自己吃饱了肚子，再来讨论龙肉的吃法。

命运的跌宕，和这个时期的反思与内修经验，无疑对他的内心产生了巨大的影响。他的精神结构也在冲击中开始重组，这让他得以切换不同的维度，来透视波澜壮阔的历史、个体存在与命运，探寻无碍地出没其间的可能性。因此，他的生命有其深的内蕴被打开，才思如泉水喷涌，迎来了一生文学创作的高峰。

三

在思想不断趋向空寂与高旷的同时，苏轼并没有疏忽人间烟火的日常生活，忘记对肉身的照顾。他的脚跟始终都踏在现世泥泞的土地上，从未想到要拔起头发，飞升云霄之外。刚到黄州，看到到处生长的竹林，还有长江码头上归来的打鱼船，他的肠胃便开始蠢蠢欲动："自笑平生为口忙，老来事业转荒唐。长江绕郭知鱼美，好竹连山觉笋香。逐客不妨员外置，诗人例作水曹郎。只惭无补丝毫事，尚费官家压酒囊。"（《初到黄州》）一缸腌制的酸笋，一筐刚刚出水的活蹦乱跳的鲜鱼，一坛私酿的陈年老酒，都唤醒他对生存的渴望。有时候，做一名食客，竟成了人间最美的事情。

不过，话说回来，当一名美食家是有成本的。此次贬斥，他从州郡太守沦为底层罪吏，以自己的薪俸，要养活二十余口人，就已经十分困难了，何谈什么鲜鱼老酒！在给秦观的复信中，他描述了自己的经济状况："初到黄，廪入既绝，人口不少，私甚忧之。但痛自节俭，日用不得过百五十，每月朔便取四千五百钱，断为三十块，挂屋梁上，平旦用画叉挑取一块，即藏去叉，仍以大竹筒别贮用不尽者，以待宾客，此贾耘老法也。度囊中尚可支一岁有余，至时，别作经画，水到渠成，不须顾虑。以此，胸中都无一事。"（《答秦太虚书》）在致章惇的信里，他也提到"俸入所得，随手辄尽""遂有饥寒之忧，不能不少念"的实情。过去，他是不问柴米油盐的，现在却跟一个守财奴似的锱铢必较，钱到手里能捏出水来。不过，他还能够保持"胸中都无一事"的淡定，相信命运终会水到渠成，到时候自有解决的办法。

让苏轼感到欣慰的是黄州的物价相当便宜，"鱼稻薪炭颇贱，其与穷者相宜"，十分适合穷人居住。与京师等地相比，最为合算的是肥猪肉。这种肉富人家不愿吃，贫人家又不会做，有时候收市时还卖不出去。苏轼算是君子，却并不远离庖厨。他时常到集市上买回肥猪肉，配以菜干，用文火慢炖，烹制后来闻名天下的"东坡肉"，早上起来就吃上两碗，酌以亲自酿造的米酒，把罪臣的生活过得有滋有味。

在宋朝的文化语境中，猪肉与莲花，一浊一清，是两种截然不同的意象，猪肉是尘俗幸福的象征，是最油腻的事物。与之相反，莲花"香远益清，亭亭净植，可远观而不可亵玩焉"（周敦颐《爱莲说》），是超尘脱俗的象征。在周敦颐他们都在歌颂莲花"出淤泥而不染"的时候，苏轼竟然高声唱起了《猪肉颂》："净洗锅，少著水，柴头罨烟焰不起。待他自熟莫催他，火候足时他自美。黄州好猪肉，价贱如泥土。贵者不肯吃，贫者不解煮，早晨起来打两碗，饱得自家君莫管。"并不是他存心要以猪肉来抵抗莲花，而是企图打通猪肉与莲花之间的阻隔，让人间烟火的物质生活与超尘出界的精神生活重叠起来，实现形而下与形而上的通而为一，而不总是顾此失彼。除了《猪肉颂》，苏轼还作《东坡羹颂》。一个雅人士子，给端上餐桌的食物高唱赞歌，尤其是猪肉这么肥腻的东西，实在是件稀罕的事情，但苏轼似乎乐此不疲。

被囚禁在御史台的时候，苏轼觉得自己就好像是庖厨里的鸡鸭，等待着随时可能的宰杀，对孟子所说的不忍人之心，也有了深刻的体会，认为常事杀害的人，会伤到内心的仁慈，让人变得冷漠与歹毒。从牢狱里出来，他就不再杀生，"每见庖厨有活物，即令人放之"。有人送来鸡鸭，也让其提着回去。据记载，黄庭坚曾经问苏轼："鸟之将死，其鸣也哀。我有一天到市场，见一只鹅被绑着扔在地上，挣扎叫喊不已，难道它是在哀求于我吗？"苏轼说："我咋天买了十只斑鸠，其中有四只是活的，便把它们放生了，其余的就下锅炖了羹汤。今日我家里生火做饭，买了几斤鱼，用水养着，活着的就放它一命，死了的就烹来作口福受用。虽然对于腥膻的欲望未能尽断，但也算是一时的权宜。"黄庭坚特别赞赏苏轼的说法，因此作了首颂诗："我肉众生肉，名殊体不殊。元同一种性，只是别形躯。苦恼从他受，肥甘为我须。莫教阎老到，自揣看何如。"苏轼听了却心情抑郁，感叹道："我还是未免食肉,哪知还能不能逃脱阎罗王的追责?"接着又做了一番发挥:"人一杀生,则五常尽犯,盖屠戮他身,肥甘自己,为不仁也;离他眷属,延我亲朋,为不义也;将他肉体,供献神人,为不礼也;称言食禄,当受刀砧,为不智也;设饵妆媒,引入陷阱,为不信也。"由此,他这样感慨:"人生活在尘世,全凭借五常伦理,明知而故犯,又何足为人啊!"(参见宛委山堂本《说郛》卷七十三《善诱文·黄鲁直谓子瞻语》)

因为母亲程太夫人的行持,苏家人虽不茹素,但家中向来不宰杀牛、羊等大型的活物。从大狱里出来后,即便人家送来的螃蟹、蛤蜊,苏轼也要拿去河里放生,不敢投入釜中烹煮。因为"我哀篮中蛤,闭口护残汁。又哀网中鱼,开口吐微湿"(《岐亭五首·其一》)。在《书南史卢度传》一文中,有这样的叙述:我年少起就不喜欢杀生,但是一直未能戒断。近年来才做到不杀猪羊,但生性酷爱吃螃蟹、蛤蜊,自然免不了杀生。自去年得罪狱,原以为不免一死,后来却得以放生,于是,从此不再杀活物。有人送来螃蟹、蛤蜊,便投入江中。虽知它们很难复活,但也寄托万分之一的希望。即使它们活不成,也比遭受煎烹要好些。这样做,并非图个什么,只是因为亲身经历过患难,觉得自己与厨房里等待宰杀的鸡鸭没什么两样。因此,不忍心为满足自己的口腹,让有生命的物类遭受无量的苦怖。但还是憎恨自己不能忘记口味,因而只能吃已经死去的动物。受邀到人家里吃饭,他会预先告知主人,不要专门为他宰杀禽畜。把动物杀害,将其尸体肢解剁碎煎熬之后端上来,狼吞虎咽,吃得兴高采烈,谈笑风生,这种情景让他感到了野蛮、残忍与丑恶。

虽说猪肉与谷米价格低贱,但仅凭苏轼的那份薄禄,仍然解决不了一大家子的生计,何况这些年来也没有多少积蓄。临皋亭景观虽好,不知道能住到什么时候，且空间狭隘，来个朋友都无法安排，而他又是一个好客之人。没有别的办法，苏轼就想到，要是能找到一块地来耕作就好了，不靠别人的关爱与怜悯过日子，当个自食其力的农民，躬耕于大江之滨，也是件很有意思的事情。经过一番勘察，在州城东门外不远的地方，他物色到了一处地块。正在这时，多年前认识的朋友马梦得到黄州来看望他，得知他有这样的想法，便代为向州府提出了申请，并且得到了新任知州徐君猷的批准。

这块大约五十亩的坡地较为平整，长着杂草灌木，堆积着垃圾瓦砾，因为位于东边，得到阳光特别的眷顾，地气十分充沛。苏轼将全家妇孺动员起来，放火烧荒，清理垃圾，并买来农具，热火朝天地在地上干了起来，种上粳稻和数百棵果树。远在淮南的李常专门送来了许多柑橘树苗，当地新认识的朋友也自带农具前来帮忙。皇天不负有心人，种苗入土之后，天公便给他下了一场透透的喜雨。不出一个月，地上就冒出了一汪汪的嫩绿。他把自己一张书生的脸，也晒成了黑包公。

有了田地，就不能没有耕牛。于是，妻子从市上买回了一头健硕的黄牛。但牛不仅会耕作，还会像人一样生病死亡。有一次，这头牛病得不轻，全身长满了红色的斑疮，大大的牛眼里涌出了浑浊的泪水，看着就要死去。王闰之忆起早年在眉州乡下见过的情形，说这头牛是因为发痘，才长了斑疮，用青蒿煮粥喝下去就好了。果然如此，喝了粥后，牛很快就爬起来，无声无响地到坡上去干活了。它是苏家最重要的财产，怎么能随随便便就死了呢！

坡地上的庄稼和果树长起来后，一家人便睡踏实了。即便有时半夜梦醒，也是不一样的心情，哪怕看到老鼠作案，心里也高兴："梦断酒醒山雨绝，笑看饥鼠上灯檠。"（苏轼《侄安节远来夜坐三首·其二》）当上小地主的苏轼忽然发现，原来穿着"云蓝小袖"的朝云已经是一株可以开花结果的海棠。于是在某一个夜晚，将她从侍女升格为小妾："东风袅袅泛崇光，香雾空蒙月转廊。只恐夜深花睡去，故烧高烛照红妆。"《海棠》一诗，可能是他与朝云圆房的见证。很快，朝云的肚子就有了动静，并于元丰六年（1083）生下了一个儿子。在给幼儿洗身时，看着如此弱小的生命，苏轼心中充满着悲悯，写下一首诗："人皆养子望聪明，我被聪明误一生。惟愿孩儿愚且鲁，无灾无难到公卿。"（《洗儿戏作》）既希望儿子生性愚直，又希望能够在世间出人头地，可见苏轼内心还是矛盾的，不能免俗。苏轼给小儿子起名苏遁，带有"逃遁""隐世"的意思，但人间无常之事，不是想逃就能够逃得过去的。

因为地块在黄州城东门外，苏轼联想起白居易被贬忠州时，曾经到东门外的坡地上种树，写下了《步东坡》等诗篇，有"朝上东坡步，夕上东坡步。东坡何所爱，爱此新成树"这样的佳句传世。于是，他便把自己这块耕地也称作东坡，并且以"东坡居士"自谓（参见《苏轼年谱》第 508 页）。这既有向自己喜爱的诗人致敬的意思，也是对自己文化身份的重新命名。就像一首词分为上阕和下阕，他的人生也分为两个段落：四十五岁之前，是作为儒者的苏轼；四十五岁之后，则是以禅立身的东坡居士。但不论是以儒安身，还是以禅立命，他都兼具儒道佛三家修养，并试图将三者融会贯通，连成一片，汇入自己的人格当中，把世间法与出世间法，精神生活与物质生活交集到一起来品味。

本书写到这里，就应该用东坡来称呼苏轼了，因为他已经以东坡居士自称，完成了对自己生命的重新命名。坡地上的收成，仅大麦一项，一季就能有二十担之丰（《苏轼年谱》第 541 页）。作物有了收成之后，东坡又在附近找到一处避风向阳的高地，在上面构筑起五间房子。落成的时候，已经是元丰五年（1082）的开春，一场瑞雪正从高天缓缓沉降，大地一片苍茫。东坡在缤纷的雪花中静静地伫立了许久，即景将房子命名为雪堂，亲书"东坡雪堂"四个大字，悬挂在大门的门额上。雪堂内部的四面墙壁，也画满了纷纷扬扬的雪花。雪虽然寒，但能够给人带来清寂的感觉，如同月夜一般，是东坡所沉迷的意境。他要让自己活得冰雪一样晶莹剔透。

入住之后，东坡写了一篇《雪堂记》，将房子建设的缘起与立意作了交代，还特别记叙了一位非同寻常的客人，与自己展开有趣的对话。客人一上来就问："你有聪明智慧，用在自己身上就可以了，为什么还要引申到外面来呢？声名就像风和影子一样，是不能把抓的，这连小孩都明白，可你为什么还留恋它，把自己套进藩篱里？"东坡回答："我以为自己脱离藩篱已经很久了。"客人反驳道："权势、声名、阴阳、道德都不足以成为藩篱，能够牢笼我们的，其实是自己的心智。你在这个院子里建造厅堂，是想用来安排自己的身体吧？你在堂里绘画雪景，是想用以安放自己的内心吧？如果身要靠厅堂来安排，形体就已经被束缚起来了；倘若心要靠雪景来唤醒，神就无法凝聚起来。这样，雪堂的建造，非但对你无益，反而加深你心智的蒙蔽。"东坡回答："我建堂画雪，只是为了将远处的景致收入其中，以怡情适意而已。人性情的舒展，其实就在万物生化、日月升沉之间。你说的是上乘之道，我说的是下乘之理。但我能够做到你所做的，你却做不到我所做的。"这个能够说出如此高论的特殊客人，很可能是苏轼虚拟的人物，是他思想里的另一个自己。这篇文章，其实是他一个人在房子里的自言自语。

这段听来云遮雾罩的对话，道出了东坡此时对佛道的理解。他是以佛道来治心，或者说降伏其心的，无意要弃世绝尘而去，追求方外的秘境，也无意在自然变化与社会生活之外，去寻找玄之又玄的众妙之门。他要的是入世的禅法，可以游刃有余出入于动静有无之间，将无为之法融入有为之中，即色即空，色空不二，于洒扫应对、为官理政、饮酒赋诗、狎妓游冶之中不昧菩提法性；能够做到"遇物而应，施则无穷"，即使在极其局促的角落里，也有回旋的天地，于"短篱寻丈间，寄我无穷境"（《新居》）。这符合大乘佛法的精神，就像《法华经》里所说的："一切治生产业，皆与实相不相违背。"问题的关键，不在于事相的分别与拣择，而在乎心性的塞通。

有了"东坡"与"雪堂"，东坡便过起了晴耕雨读的生活，心境也晴朗了许多，这让他想到了数百年前的陶渊明，并将新生活的意境写进了一首题为《江城子》的词里："梦中了了醉中醒。只渊明，是前生。走遍人间，依旧却躬耕。昨夜东坡春雨足，乌鹊喜，报新晴。"在他的文字里，不止一次地说道，陶渊明是自己的前生。若是如此，对五柳先生的阅读也就成了他对自己身世的重新辨认和对湮没记忆的打捞。

四

几乎每天夜里，东坡都会静坐一些时间，作为修行的功课，然后才躺下来睡觉。但在白天，他是个闲不住的人，案头的工作已经结束，要是地里没有活干，也没有客人来访，他会一个人到处漫游。

打水漂，是那个时候小孩子爱玩的游戏，用瓦片或扁平的石片，使劲往水面上甩，让它擦着水面跳跃飞行，以在水面弹飞的次数最多为胜。这是一种没有什么意义却让人开心的活动。太有意义的事物，会让人内心沉重或紧张；必须要做且一定要做好的事情，会给人带来精神的压迫，时间久了便难以持续；过多的文化教养，也会使人变得拘谨束缚，失去本性的天真活泼。因此，需要有某种无意义的、可做可不做的、做与不做都死不了人的事情，让人从中透脱出来，回归无邪的本心。《论语》里"莫春者，春服既成，冠者五六人，童子六七人，浴乎沂，风乎舞雩，咏而归"，就隐含着这样的意思。没事或什么事都不想干的时候，东坡会拣来一些瓦片和石子，到江边去和牧童们一起打水漂。看着碎瓦片石从手中甩出，如燕子那样在起伏的江面上掠过，激起一朵朵的水花，他就傻子一般歪歪唧唧地笑了起来，没有了学士的正经。生命的历程不可逆转，孩子总是要变成大人的，但大人要变回孩子，可真的没那么容易。

唐宋时期，文人多喜欢奇石，绘画里也常常有怪石出现，与松竹并列。苏轼也有这个雅好。附近齐安江的水里，沉着一些精巧的石子，玲珑剔透，就像玉石一般。大的有几寸，小的则跟枣、栗相仿，红黄白色居多，花纹如同人手指上的螺纹。到江里潜水的小孩，经常捡回来玩耍。东坡用饼子跟他们做交易，换得二百九十八枚，浸在透明的水里，插上一二根水草便可以观赏。对着这些温润的石子，他饶有兴趣地格起物来，还有了一番感悟：世间万物都有美丑，其实是互相比较和分别的结果，也不知道为什么会是这样，但这可就苦了天下的石头。恰巧庐山归宗寺佛印禅师的使者来访，他便把这些石子当作供品献上。自己不是个糊涂人，明白在禅师的法眼里，"世间混沌空洞，了无一物"，夜光宝玉与瓦砾又有什么差别？何况是这种小小的石头。然而，即便如此，他还是希望禅师能够接受这份供养，权且当作开心的笑料。在《前怪石供》这篇小品文里，他不无自豪地说：

"假若今后，山野之人想要供养禅师，又没有能力奉上衣服和食品，可以将石子放入净水中来作为供品。这样的先例，就是从苏东坡我这里开始的。"

在东坡的文字里，有一些寻访民间神秘事件的记录。他刚到黄州，入住定慧院，就有一个名为潘彦明的当地人来访，告知他上个月，有一个神降灵于一位郭姓官员的家里，对人们宣告："苏公将至，但我来不及见他了。"果然，东坡抵达黄州当日，这个神就不显灵了。第二年春节，潘彦明又匆匆跑来临皋亭，告诉东坡："去年说过的那位神，又再次降灵于郭家了！"东坡于是和他相携来到郭家。只见大堂里立着一个草木扎成的人，手里还拿着筷子，由两个小孩扶持，在地上写字，称自己名叫何媚，是寿阳人，生活在唐朝武则天时代，嫁给一个艺人为妻。寿阳刺史见色起意，捏造罪名把她丈夫关进牢狱，强行纳她为妾。刺史正妻是个可怕的悍妇，因为妒火中烧，将她扼杀在厕所里。幸好有天使路过看见，禀报天帝，天帝交代地府安排她来人间管事。世间的人都叫她子姑神。那个迫害她的刺史后来还当上了宰相。她请东坡不要急忙走开，她要为他赋诗。于是，一边唱一边跳，几十首诗"敏捷立成，皆有妙思，杂以嘲笑"。其中有《赠世人》一首水准不俗："赠君一术眇生辰，不用操心向不平。隐贿隐财终是妄，谩天谩地更关情。花藏芳蕊春风密，龙卧深潭霹雳惊。莫向人前夸巧佞，苍天终是有神明。"问起神仙鬼魅变化之理，她的回答让人十分惊讶。东坡问她："我想放弃仕途，做一个黄州的老百姓，行吗？"子姑神戏赠他一首诗："朝廷方欲强搜罗，肯使贤侯此地歌。只待修成云路稳，皇书一纸下天河。"东坡接着又问："我想购置一个庄园，不知如何？"子姑立即回答："学士功名立身，何患置一庄不得！"

且歌且舞的问答结束之后，子姑神给东坡行礼，请求为她赋诗。东坡回答："本人不善作诗。"子姑神当即哈哈大笑，苏轼这才说出实话："不是不善，而是不想作。"子姑神说："只要不涉及新法，但作无妨。"这下反轮到东坡放怀大笑了。子姑神又再次提请："公文名天下，何惜方寸之纸，不使世人知有妾乎？"话说到这个份上，东坡就不好再推辞，于是当场作了《少年游》。有感于子姑神身世凄惨，幽怨甚深，还能如此达观开朗，始终不肯说出那位刺史的真名，对于来问事的人，虽能说出人家的生平事迹，却又不言及隐私与过恶，是一个通达义理的生灵，东坡便将扶乩的过程记录下来，写成《子姑神记》一文。后来又以《仙姑问答》为题，做了更为详细的叙述。对于民间志怪之事，东坡饶有兴致，类似的记述还有《天篆记》等。

元丰六年（1083）秋天，一个双目失明、衣衫褴褛的老僧走进雪堂，皱巴巴地出示了苏辙的信函。因为之前弟弟有过介绍，东坡对他的到来并不感到惊讶。此人本名赵吉，人称赵贫子，平时到处行乞为生。如果后周显德元年（954）是他真实的生年，此时他已经是一百三十岁的寿者了。据说，赵吉少年时代在五台山出家，因为守不了寺院里的戒律，便四处云游。他曾与一个姓蒋的人同修，由于举止不为蒋某所容忍，被其下毒谋害，导致双目失明，眼睛里云一样布满了白色的内障。

三年前，苏辙谪居筠州，陆续听到这位"狂人"的一些传闻。破衣烂衫、蓬头垢面的赵贫子酒醉之后会在街市上打骂路人，痛斥他们过去所造的罪业。他有一些特殊的能力，会看骨相，从未谋面的人，当下即能说出其过去得过什么病，做过什么善行或恶事。辙曾经多次在街上跟他相遇，都不敢与他接话。没想到有一天，他竟然找上门来，指出辙修行存在的偏差："我知道你这个人好道，但还不得要领，阳气降不下来，阴气升不上去，因此脸上堆着许多浮肉，面色发红而且还生疮疖。我特地来教你一个办法，静下心来，观想清水洗尘，灌溉四肢百骸，乃至每一个毛孔。只要专心做上十天工夫，各种疾病都可以消除。若能坚持一年，则可受益终身。"苏辙依照他的方法操作，身体状况果然有很大的变化，只是因为未能长久坚持，最终还是不得其妙。

有一天，赵贫子过来问苏辙："我今晚跟你睡在一个屋子如何？"虽然不明白他的意思，辙还是爽快答应下来。可到了晚上，赵贫子并没有过来就寝。第二天，辙问他什么意思。他回答："我本来想夜里带你去漫游一些地方，又担心你会被惊吓到。惊吓了就会伤着你的神识，所以我还是不敢啊。"辙问他打算去哪些地方。他说："我经常到太山下面，所看到的情景，与世人说的地狱相同。那里有很多僧人和官吏，僧人是因为做了非分的事情，官吏则是因为贪污财物。你要是见到他们，回来恐怕就不想当官了。"辙又问："你到那里去，这些众生也知道尊重你吗？"赵贫子说："不是你想象的那样，我能看见他们，他们却看不见我。"接着还说："这也是邪术，而非正道。你若努力修养自身，葆得气性俱全，就能够出入于生死之间，到那时不学即会，这才算是正道。"苏辙进而提问："养气，我可以按照你的方法去做；但养性，我该怎么办才好？"赵贫子不作回答。但有一天，他又笑着对苏辙说："你曾问我如何养性，现在告诉你，如果梦与醒还有差别，那么性就不全了。"辙听了十分惊讶，他由此觉得，赵贫子不止身怀奇术，亦是个悟道之人，于是将其介绍给自己的哥哥。（参见苏辙《丐者赵生传》）

站在面前的赵贫子骨瘦如柴，肚脐以上的骨架如同龟壳，肋骨像刀刃一样锋利，看起来像是传说中修苦行的头陀。更让人奇怪的是，他布满白内障的双眼，需要的时候，瞳孔可以从中透露出来，呈现出碧玉一般的颜色。极少洗浴的他，身上散发着难闻的腥味，但东坡并不因此而嫌弃。苏辙称赵吉为乞丐，东坡则改称其为贫子。看到东坡性情通达豪爽，赵贫子在雪堂一住就是大半年。二人在一起也有许多可以说道的话题。

在《记赵贫子语》里，东坡有这样的记叙：赵贫子对一个人说："你的神识已经不全了。"那人不服，说："我把拥有万乘之国的人当成同僚朋友，把千军万马视若蝼蚁一般，把荣华富贵看作糟糠，把生死看成昼夜交替。你怎么说我的神识不全呢？"赵贫子笑他："你这不过是被血气支撑、被名誉道义激发起来的气概而已，并不是神识真正的功用。"第二天，赵贫子又问那个人："你的父母还在吗？"那人回答："已经死了很久了。"赵贫子接着问："经常梦见他们吗？"那人回答："经常。"赵贫子穷追不舍："梦中知道他们是死了，还是活着？"得到的回答是："两种情况都有。"赵贫子于是便笑了起来："父母是死是活，是不需要思量就能知道的，白天问你的话，不假思索就能说清；但你夜里梦见父母却时生时死，可见父母的生死，在你的睡梦与觉醒之间是有差别的。父母生死这样简单明了的事情尚且如此，何况还有更多令人迷惑的事物呢。你自以为神识完满而不去学道修行，实在是一件堪忧的事情！"按照赵贫子的理解，神识完满的人昼夜一如，睡梦中见到的与清醒时看到的，应该是一样的。东坡从中得到了教益，于是将这段对话记了下来。在琐碎的日常生活里，他随时都留意参悟禅的意境。与人下棋和观棋时，他惊奇地发现：当一个人陷于棋局并且迷在其中，输赢便成了很严重的事情；若是心不在意，没有了情绪的执着与纠结，车马炮卒的厮杀，乃至棋局的输赢胜败，都如同梦幻泡影一般，"着时自有输赢，着了并无一物"（《题李岩老》）。

五

　　乌台诗案之所以发生，是因为东坡在若干年前得罪了李定，但他在得罪李定的同时，也与另一个人结下了善缘。当年，就在李定不为母守孝的事情闹得沸沸扬扬的时候，同州地方上报了朱寿昌弃官寻母的事迹。为了找到被遗弃了五十多年的母亲，朱寿昌烧香拜佛，灼背烧顶，刺血写经，并辞去官职，最终找回七十多岁的老母，将其供奉于高堂。东坡为此赋诗，在赞颂他的同时，也狠狠地踩了李定一脚。（参见本书第七章《小人经济学》）那时，东坡与朱寿昌似乎还未认识，但谁都没有想到，东坡贬居黄州的时候，朱寿昌正在长江对面鄂州知州的任上，二人于是声气相通，有了舟船的往来。后来被列为道德典型"二十四孝"之一的朱寿昌，此时已经年近七旬，但年龄差别并不能成为沟通的障碍，他们书信往返频繁。东坡信中提到自己迁居临皋亭，乃是朱寿昌"恩庇之余波"，由此可以推断，他能够搬进临皋亭官舍，跟这位著名的孝子有很大的关系。朱寿昌知道苏轼好饮，而黄州本地的米酒口味欠佳，便不时从大江对面成坛成坛地给他送来佳酿，还顺便托他为自己闺女找个好人家，二人私交的密切程度不断提升。他们还一度携手，为改变当地风俗做出了努力。

　　茶余饭后，东坡听人说起当地溺婴的恶俗。受生存条件所限，百姓家里通常只养三个孩子，但又没有有效的节育措施，来阻止孩子出生。因此，生到第四胎，如果是女孩，父母大都背地里将其溺死，并偷偷地掩埋，旁人也心照不宣。因此民间男多女少，阴阳不调，娶不上老婆的鳏夫，常见于道路与树荫。背负着生命传承天职的父母，将自己孕育的无辜生命，在最无助的时候亲手溺杀，是极度违背儒家好生之德的事情。对于这样的事情，东坡"闻之酸辛，为食不下"，于是想到了以仁孝闻名当世的朱寿昌，给他去信，谴责这种伤天害理的现象，还特别具象地描述了溺婴的残忍过程："初生，辄以冷水浸杀，其父母亦不忍，率常闭目背面，以手按之水盆中，咿嘤良久乃死。"有一家人连杀二婴；还有一家人，去年一胎生了四个，婴儿溺死后，母亲不堪承受痛苦，也自杀随之而去。在信中，作为居士的东坡还指出，佛经中讲到杀生之罪，认为杀胎卵的罪孽最重。对于六畜尚且如此，何况对于人呢？幼童和老人杀人还不得死罪，何况无罪而把他们杀掉？您若能使婴儿从万死之中获得生命，这种阴德要比给大人洗雪冤情、保全性命还要多出十倍。他还提到自己主政密州，灾荒之年救济弃婴的做法，称这种事情对于一个太守来说，易如反掌。

最后，他引用宋律中"故意杀死子孙，判处两年徒刑"的条文，给朱寿昌提出建议，希望他能把这些法理告知下属各县官员，让他们召集各村的里正，进行宣传讲解，将规定条款张贴到墙壁上，使百姓明白其中的利害，并制定办法奖励揭发检举。奖金由犯法人、邻居和里正共同支付，如果是外来的雇工，则由他的雇主支出。妇女十月怀胎，时间不短，邻居、里正和雇主迟早都会知道的，若能够互相检举，并依照法律判处若干人，这种浸杀婴儿的风气，就能得到革除。（《与朱鄂州书》）

在诉诸官府的同时，苏轼还在黄州动员自己的"躬耕三友"，发起成立一个叫作"育儿会"的慈善机构，向本地望族富户募捐，约定每户每年出钱十千，用于购买米、布、绢、絮等赈济物资。平时组织会员深入街坊乡村巡查，对有孕妇或产妇的贫苦家庭，进行慰问和接济，劝其留下婴孩，不要抛弃骨肉。作为发起人的东坡，指定深孚众望的安国寺住持继连法师，负责管理财务，以提高育儿会的公信度与感召力。经济状况堪忧的他也捐出与富户相当的数目。对于东坡的倡议，朱寿昌予以积极的响应，他促成官府颁布条例布告，严令禁止非人的溺婴行为。可惜此时，一生以孝道立身的朱寿昌，已经患病在身，支撑不住，不久就辞官返乡，并于元丰六年（1083）去世了。失去这样的朋友，东坡心里有说不出的感伤。

东坡谪居黄州近五年，历经三任知州。初到的时候，已经年近七旬的知州陈轼待他十分友善，不过相处数月就退养还乡。接任知州徐君猷刚与东坡见面，便待他如骨肉一般，经常给他送酒送物，接济一家人的生活，还不时请他一同登楼赋诗，歌舞宴饮，完全不在意其作为朝廷罪臣的身份。东坡那五十亩耕地，还有建造雪堂的宅基，都是经他手办理的。每年的端午或重阳，他都会在栖霞楼宴请东坡，让侍姬和官伎敬酒献歌，为他消愁解郁。徐君猷"后房甚盛"，是一个风骚之人，家里养着妩卿、胜之、庆姬、阎姬等五六个侍姬，喜欢交杯换盏的聚会。酒劲上头，这些女子就排着队，请求东坡题赠新词墨宝。东坡也逐一随顺她们，因此写了不少乐府诗词（《苏轼年谱》第502页）。侍姬中有个叫作胜之的，风仪出众，舞姿曼妙，深得东坡的喜欢，所获的赠予自然最多。除了茶叶、饮品，东坡还给她和妩卿、庆姬分别作了《减字木兰花》词。其中写给胜之的最为出彩："双鬟绿坠，娇眼横波眉黛翠。妙舞蹁跹，掌上身轻意态妍。曲穷力困，笑倚人旁香喘喷。老大逢欢，昏眼犹能仔细看。"舞女昙花一样的娇媚风情，在他笔下活灵活现。

徐知州"绰有建安之风流"，蓄养美艳的侍姬并不是他唯一的能事。在他的任上，黄州被治理得井然有序。东坡称他"未尝怒也，而民不犯；未尝察也，而吏不欺；终日无事，啸咏而已"（苏轼《遗爱亭记》）。在一首题为《少年游·端午赠黄守徐君猷》的诗里，东坡盛赞其治下的黄州"狱草烟深，讼庭人悄"。意思是监狱里空空荡荡，长满了荒草；公堂上寂寥无声，如同佛殿一般，甚至还有蝴蝶双双对对，在台阶上飞来飞去。这意味着社会承平，百姓安居乐业。相处三载之后，元丰五年（1082）重阳节，徐君猷任期届满，"乞郡湖南"，在栖霞楼举办告别宴会。高朋满座之际，东坡"念此惘然"，作赋词《醉蓬莱·重九上君猷》，道出自己将与当地人一样"饮公遗爱，一江醇酎"。令他想不到的是，一年之后，从湖南那边传来了徐君猷去世的消息。徐君猷、朱寿昌和陈轼，东坡沦落时期的三位知己，都在同一年离他而去。他既写了挽词，又作了祭文，表达了自己的感恩之情："中流获济，实赖一壶之千金。曾报德之未皇，已兴哀于永诀。"（《祭徐君猷文》）

徐君猷守黄州时，常与东坡、继连法师在安国寺幽篁里的亭子间饮酒，现摘旁边的茶叶"烹而食之"。徐君猷走后，感念其在黄州的德政和对于自己一家的情义，东坡与继连法师合计，给亭子起名为"遗爱亭"，又让正好来访的友人巢谷撰写记文。因觉得巢谷的文字尚有未尽之意，便亲自操刀，写下了《遗爱亭记》，从"君子循理而动，理穷而止，应物而作，物去而复"的高度，来阐述徐君猷的德政，并发问："为什么他没有轰轰烈烈的政声，却给人留下追思不尽的恩泽？"接任徐君猷的是杨君素，他对东坡的关爱有增无减，上任不久，就在临皋亭南面建起三间大瓦房，作为苏家新的居所，取名"南堂"。这已经远远超出一个罪臣应有的待遇，所幸是没有人举报。

居黄期间，东坡不时戏墨自娱，画些古松新竹、怪石枝条，写些书法条幅，随手送去，作为人情往来，"每有燕集，醉墨淋漓，不惜与人"（《春渚纪闻》），送给徐君猷的自然不少。有一次，他还将苏辙给他的一条牛尾狸，转送给徐君猷（《苏轼年谱》第521页）。徐君猷儿子徐十三郎，是个东坡迷，疯魔地收集他的字画。就连生病吃不下饭时，十三郎还来索要墨宝。其贪婪的程度几乎成为一种病症，引起了作为叔叔的东坡的不快。在流传至今的《徐十三帖》中，东坡有这样的记录："徐十三秀才相见辄求字，度其所藏，当有数千幅，然犹贪求不已。今日方病，对案不食而求字不衰。吾不知此字竟堪充饥已病否，此弊殆不可解也。"但也许是因为索要的多了，写的也就不少，谪黄期间，东坡的书法造诣有了突飞猛进的提升。被誉为天下第三行书的《黄州寒食帖》，就是这一时期的神来之笔。

在黄州安定下来之后，东坡交往的范围逐渐扩大，涵盖三教九流，没有了阶级身份的边界。东城沽酒的，西市售药的，南门卖肉的，都成为他的朋友。从外地前来拜谒的士子道人，也不在少数，可谓五湖四海。元丰四年（1081）秋，书家米芾在造访王安石后，又来到黄州游学。据其年谱记载，在这里，他得到东坡的点拨，从此专心师法晋代书家，书艺因而大有进步。但生性狂放的米芾只把东坡与王安石当作前辈，从不向二人执弟子之仪。后来，他也成为一大书家。在他之前，禅师海印前往峨眉山云游，也取道黄州来看望东坡。有一个名叫彦正的判官，还从远方送来了一把古琴。东坡以琴格物，略加挑拨，写了一首颇有意思的短诗："若言琴上有琴声，放在匣中何不鸣？若言声在指头上，何不于君指上听？"峨眉那头，有道士陆惟忠来访，转告小时同学陈太初羽化登仙的消息。庐山这边，道士杨世昌过来，一住就是一年多，除了切磋道家养生的方法，还一起冶炼外丹。杨道士传的养生方法，东坡后来沿用多年，但二人合作的外丹冶炼没有成功。实际上，道家的精华在于内丹的功法，通过外丹服用来实现长生不老，是不可能的，有的皇帝就是因此中毒而死。杨道士还提供了制作蜜酒的配方。也许是因为经验不足，东坡亲自酿造的蜜酒味道极酸，喝了还会拉肚子，最终宣告失败，只留下《蜜酒歌》

一首。

黄州的日子，东坡不缺酒水。他酒量有限，却喜欢喝上几口，享受意识缴械之后毫无主宰、飘然若仙的感觉。有时，不知不觉中就会喝得酩酊大醉，直至第二天晌午才茫然醒来，还不知身在何处。元丰六年（1083）九月，他在雪堂与友人夜饮，直到三更时分，才晃晃悠悠地回到长江边上的临皋亭。敲了许久的门，都没有人出来给开，于是索性在江岸徘徊，倚着栏杆静听江水流淌，感慨人生之不由自主，写下了一首《临江仙》——

> 夜饮东坡醒复醉，归来仿佛三更。家童鼻息已雷鸣。
> 敲门都不应，倚杖听江声。
>
> 长恨此身非我有，何时忘却营营。夜阑风静縠纹平。
> 小舟从此逝，江海寄余生。

有一段时间，东坡身体多病，眼疾更是反复发作，痛楚不堪，甚至一个月都出不了门。这首词出来后，外界盛传他当晚挂冠于江边的树上，驾着一叶扁舟长啸而去，渺然不知所终。这可吓坏了知州徐君猷，让罪人偷跑，是严重失职的行为。他赶忙动身前往临皋亭，到那里发现东坡还在呼呼大睡，鼾声起伏如同长江的波涛一般。此时正值曾巩病逝，京师遍传东坡离世的消息，连深宫里的神宗皇帝也听说了，但他不愿相信这是事实（《苏轼年谱》第567页，叶梦得《避暑录话》卷二）。

六

文如看山不喜平，而文之不平，又源自人内心起了波涛。中国的历史、东坡的命运与长江的流程，三者都在黄州这个地方，打了一个大大的旋涡，来了一次惊涛裂岸的大转折。这种转折深深地触动了东坡，在他灵魂里卷起了千堆雪，扬起了璀璨的浪花，将他的文学推向了一个澎湃的高潮。不论文字还是笔墨，他的艺术都达到了后人和自己都难以企及的高度。可以说，这是命运对于一个人生命的造化。如果没有乌台诗案以及后来的波折，就没有人们今天看到的苏东坡。一个被命运宠爱的人，掌握住自己的命运就好了，不能梦想着要去成为伟大的作家。

长江黄州地段是丹霞地貌，崖壁殷红如染，故有赤壁之称。赤壁山看似大象鼻子，长长的鼻子伸入江中饮水，因此又称赤鼻山。此处到底是否三国时期的古战场，至今仍争议不休。据说，晚唐诗人杜牧出任黄州刺史时，曾在江边拾到一截锈迹斑斑的断戟，因此认为该地就是三国赤壁，并赋诗一首为证："折戟沉沙铁未销，自将磨洗认前朝。东风不与周郎便，铜雀春深锁二乔。"于是，这里就成为人们凭吊历史的地方。

元丰五年（1082）七月十六日，一个风平浪静的晚上，东坡与道士杨世昌等人备足酒食，坐上一条细长的小船，向人称赤壁的古战场方向划去。这时，团圆的月亮已经从东山升起，独步于两个星宿之间，披着月色的清风迎面拂来，带着丝丝的凉意，渗入人们的襟怀。众人雅兴高致，频频举杯畅饮。有人唱起了《诗经》里的佳句："月出皎兮，佼人僚兮。舒窈纠兮，劳心悄兮。"白雾在江面上氤氲弥漫，水里的波光晃荡着天边的云影。他们放下船桨，任凭小船像苇叶那样顺流飘荡，凌驾于波澜迷茫的江面，仿佛御风穿行于虚空之中，而不知要到哪里去。人也飘飘然，如离开了这个世界，仿佛已经得道成仙，正要羽化登天。

借着酒劲，有人扣响船舷唱了起来："桂棹兮兰桨，击空明兮溯流光。渺渺兮予怀，望美人兮天一方。"道人杨世昌呜呜地吹起洞箫来应和，声音如怨如慕，如泣如诉。袅袅的余音不绝如缕，仿佛蛟龙在深邃的洞府里舞蹈，又似是幽怨的寡妇在孤舟上哭泣。受其感染，东坡的心情也变得悲伤起来。于是，他调整了姿态，俨然端坐，问吹箫的道人："为何如此悲戚？"对方回答："'月明星稀，乌鹊南飞'，这不是曹孟德的诗吗？从这里朝西望去是夏口，向东而望则是武昌，两者之间，山川缭绕，一派郁郁苍苍，不正是曹孟德为周瑜所困的地方吗？想当初，他攻破荆州，沦陷江陵，顺着长江水势东下，战船绵延千里，旗帜遮天蔽日，对着大江举杯豪饮，横执长矛慷慨赋诗，俨然是不可一世的英雄，可如今又去了哪里？何况你我这些凡夫俗子，打鱼砍柴于江边，以鱼虾做伴，以麋鹿为友，驾着一叶扁舟，举起杯盏相互敬劝，就好像是蚂蚁寄身于寥廓的天地之间，渺小得如同沧海中的一粒粟米。此情此景，不免让人在羡慕长江川流不息的同时，哀叹人生的短促。虽说谁都渴望与仙人一同遨游方外，与明月相拥而获得永生，但心里却清清楚楚，这些企盼终不可能实现。于是只好将心中的遗憾化为音声，寄托于悲凉的秋风了。"

宇宙无穷，人生苦短。面对耳熟能详的立论，东坡作出了睿智的回应："你可知道这水和月？水总是在不停地流淌，但它其实并没有真正地消失，只是从一处地方流向另一处地方；月亮看起来有阴晴圆缺，但它本身其实并没有增加或减损。从生灭变易的维度来看，天

◇ 东坡在赤壁的泛舟神游，是中国文学史上最美妙的夜晚

● 《赤壁图册页》南宋 - 佚名

地万物没有一时一刻不在流动，连一眨眼的工夫都不能消停；从不生不灭的维度来看，万物与我皆是亘古永恒。如此看来，又有什么可值得羡慕的呢？何况天地之间，万物各有主宰，若不是自身本来具足的，即便是一丝一毫也索取不了。唯有江上之清风及山间之明月，耳朵听到便有了声音，眼睛见到就有了形状与色彩，获取它们不会受到禁止，受用它们也没有穷尽的担忧。这是造物主恩赐予人的无尽宝藏，我和你皆可以共享啊。"东坡在江面上慷慨陈述的一番高论，让江水都涨了起来，大家心情也随之豁然开朗，脸上相继露出了笑意。他们把杯子洗净，重新斟上佳酿，将盘子里的菜肴、果品一扫而光，然后就横七竖八、互相枕藉着沉沉睡去，不知什么时候，东方已升起

了鲜红的太阳。

　　这一个夜晚堪称神游，是中国文学史上最美妙的夜晚。东坡将其描述下来，成为千古不朽的名篇《赤壁赋》。此赋文辞意境俱佳，诗情与哲思并茂，将人生置于浩瀚空间与无穷时间，探问与打捞其存在的意义与况味，承接天地赋予生命的恩典，体悟"万物皆备于我"的内涵。还从不同的侧面来观照同一种事物，避免因为片面的知见让自己陷于不能自拔的迷狂之中。从中可见，作者深厚的人文素养与精神造诣，尤其在道家与佛学方面。有人评说："自其变者而观之，则天地曾不能以一瞬；自其不变者而观之，则物与我皆无尽也。"沿用了《庄子》句法："自其异者而眂之，肝胆楚越也；自其同者而眂之，万物皆一也。"也借用了《楞严经》里佛陀与波斯匿王的对话，佛告波斯匿王言："汝今自伤，发白面皱，其面必定皱于童年，则汝今时观此恒河，与昔童时观河之见，有童耄不？"王言："不也。"世尊佛言："汝面虽皱，而此见精性未尝皱，皱者为变，不皱非变，变者受生灭，不变者元无生灭。"（周密《浩然斋雅谈》）但作者并非食古不化，而是在参透义理之后自由兴发，让活脱的文字泉水一般地恣意流淌，蔚然成为文赋的绝唱。

　　《赤壁赋》写就之后，东坡内心的激情久久难平，尚有未尽之意有待抒发，于是又有了《念奴娇·赤壁怀古》——

　　　　大江东去，浪淘尽，千古风流人物。故垒西边，人道是，三国周郎赤壁。乱石穿空，惊涛拍岸，卷起千堆雪。江山如画，一时多少豪杰。

　　　　遥想公瑾当年，小乔初嫁了，雄姿英发。羽扇纶巾，谈笑间，樯橹灰飞烟灭。故国神游，多情应笑我，早生华发。人生如梦，一尊还酹江月。

如果说，《赤壁赋》将人的生命置于浩渺的宇宙星空，来探寻其存在的意蕴，那么《念奴娇·赤壁怀古》就是将生命个体置于宏大的历史进程，在乱石穿空、惊涛拍岸、大浪淘沙的情境中，来展现走入历史者超迈的精神气概。前者有佛道解脱超越、逍遥物外的旨趣，后者则充满儒者匡扶社稷、杀身成仁、救济天下苍生于水深火热的情怀抱负。而这二者，都兼备于东坡的人格当中，如同波粒二象，相反而又相成。

《念奴娇·赤壁怀古》完成之后，东坡仍有余绪缠绵于胸臆之间。十月十五，又是一个月圆之夜，他和道士杨世昌等三人，踩着各自的影子，从雪堂返回临皋亭。路上抬头一望，发现月亮的荧光摄人魂魄。如此良辰美景，用来作死猪状睡觉，未免太过可惜，而世上的事物，唯有明月和良心不可以辜负。东坡于是感叹："有客无酒，有酒无肴，月白风清，如此良夜何？"客人中有人回应："今天我网到几条大嘴巴鱼，细细的鳞片，就像吴淞江的鲈鱼。不过都这么晚了，哪里能弄来酒呢？"东坡进家询问妻子，王闰之告诉他："家里还有一斗酒，已经藏了很久，就是为您不时之需准备的。"于是，三个闲人带着酒与鱼，再度划船到赤壁之下。这一次，除了在江面捞月，他们还爬上高耸的崖壁，并有了许多不同的发现，遇见了一只翅膀像车轮一样大的巨鹤。回来之后，东坡做了一个古怪难解的梦。梦醒之后，他将夜游的过程记录下来，就成了《赤壁赋》的姐妹篇《后赤壁赋》。与姐篇相比，妹篇只能算是一篇记文。不过至此，对于赤壁，东坡终于无话可说了，这正是他所想要的感觉：无语之时的千言万语。

黄州时期，东坡留下的文字中最为精妙的，除了《赤壁赋》，就要数《记承天寺夜游》了。这篇不满百字的日记，文字干净清通，在极其寻常的记叙中，透露出禅者难以言表的澄明之境——

> 元丰六年十月十二日夜，解衣欲睡，月色入户，欣然起行。念无与为乐者，遂至承天寺寻张怀民。怀民亦未寝，相与步于中庭。庭下如积水空明，水中藻、荇交横，盖竹柏影也。何夜无月？何处无竹柏？但少闲人如吾两人者耳。

东坡的作品里，多次出现"闲人""闲者"的意象。他们是内心宁静、不为纷繁的世事扰乱，也不庸人自扰的人；他们是慢生活的当事者，天地之大美，万物之灵韵，都是为这类人准备的盛宴。他们没有辜负这个世界，也没有辜负自己内在的生命。相比之下，心里忙碌得像着了火的人，不仅会透支了生命里的精气神，也荒芜了天地的良宵美景。

黄州后期，东坡性情变得愈加放达，有一首词值得记忆，那就是《定风波·莫听穿林打叶声》："莫听穿林打叶声，何妨吟啸且徐行。竹杖芒鞋轻胜马，谁怕？一蓑烟雨任平生。料峭春风吹酒醒，微冷，山头斜照却相迎。回首向来萧瑟处，归去，也无风雨也无晴。"这是中途遇雨的应景之作，但却出手不凡，和《念奴娇·赤壁怀古》《江城子·密州出猎》并列为东坡豪放词的代表作。它表明，在遭受命运沉重打击之后，东坡的精神创伤已经得以治愈。从此，他竹杖芒鞋，且歌且行，也无风雨也无晴，人世间的一切遭际，包括悲欢离合、生老病死，都成了路旁的风景。

第十三章

两座山的际会

一

在流贬黄州的数年里，有一个人始终没有忘记苏东坡。此人就是最高统治者神宗皇帝。他是东坡文字的热心读者，不论是早先的《水调歌头·明月几时有》，还是黄州时期的《赤壁赋》《念奴娇·赤壁怀古》，他都御览多遍。每读到好的句子便击节赞叹，感惜其"人才实难，不忍终弃"。作为帝王，他希望能与士林中最杰出的分子共治天下。看到苏轼到黄州时谢罪表中的"况兹沟渎之中，重遇雷霆之谴。无官可削，抚己知危"，他不禁失笑："是怕吃棍棒才这么说的吧？"从这种戏言，可以看出他对东坡此人的喜欢。

有一天，神宗突然问起身边的大臣："苏轼堪比哪位古人？"有人回答："堪比李白。"神宗沉吟许久，说："李白有苏轼的才情，却没有苏轼的学问。"一语说出了东坡与李白的不同，也道破了唐代文学与宋代文学的差异，可谓一针见血。唐代文学以抒情写意见长，李白冲天的放旷、杜甫入地的悲悯、白居易妇孺皆知的晓畅、李商隐暧昧不清的婉转，都是情怀疏泄的不同方式。除了韩愈、李翱等少数作者，兼具理性追索的人并不多见。宋代文学推崇文以载道的理念，文人往往深具儒道佛三家修养，格物致知、明心见性的趋求相当强烈，除晏殊、秦观、柳永等词人沉溺于离情别绪难以出离之外，欧阳修、王安石、苏东坡、曾巩、黄庭坚等人相继在格物求真的方向用力，使得北宋的文学情理俱茂，相克相生，既不偏枯于理，也不泛滥于情，蜿蜒于水患与旱灾之间。因此，唐代文学给人以感染与激荡，却不能给被感染激荡起来的人以知性的导引和智慧的开解；宋代作品在给人情感陶冶的同时，力图通过理性的透入，勘破情感的迷障，让人活得明白与通透，与同时代的理学形成了呼应之势。宋代的作家、诗人，首先是一个士子、知识分子；而当代的作家和诗人，称得上士子的人其实很少。

当黄州那边传来东坡去世的消息时，神宗并不相信。人总是要死的，死亡随时随地会到来，不需要太多的条件，并非一定要等到百岁寿辰。神宗的不信其实是不愿意接受，他心里早有起复东坡与司马光的意思。他曾经想以唐朝三省制替代现行的二府制，并画好了草图，御史中丞的位置写着司马光的名字，中书舍人的位置则写着苏轼，因为左右相蔡确和王珪的阻挠，才未能落实。为了阻止神宗起用东坡，王珪可谓绞尽脑汁。他检举揭发东坡《王复秀才所居双桧》一诗："凛然相对敢相欺，直干凌空未要奇。根到九泉无曲处，世间惟有蛰龙知。"说什么"陛下飞龙在天，轼以为不知己，而求之地下之蛰龙，非不臣而何"。神宗不予采信，并向他指出："诗人的话语，怎么可以这样来附会呢？何况他咏的是两棵古木，跟朕又没有什么关系。"面对皇帝的反驳，王珪一时说不出话来。在一旁的章惇也帮着东坡解围："并非只有人君才可以称龙，人臣也是可以称龙的。"神宗也说："是啊，自古称龙的多了，像陶氏八龙、孔明卧龙，难道他们都是人君吗？"等到退下殿来，章惇便斥问王珪："相公是想倾覆人家宗族的巢卵吗？"王珪支支吾吾："那话可是舒亶说的。"势头正旺的章惇狠狠地怼了一句："难道舒亶的口水也可以当饭吃？"（叶梦得《石林诗话》，王巩《闻见近录》）

元丰六年（1083），神宗想让东坡出任江州（今江西九江）知州。王珪他们又提出，要东坡改知江州大平观这一虚职。到了第二年春，神宗未经廷议，直接下达皇帝手诏，量移苏轼为汝州团练副使。显然，这是一个过渡性的安排。诏令下达后，东坡开始忙碌起来，将作为个人资产的雪堂和坡地交给他人居住料理；抄写《水调歌头·明月几时有》《赤壁赋》《念奴娇·赤壁怀古》等作品，赠予当地友人；填写《满庭芳·归去来兮》送给邻里。许多人要设宴饯行，他都婉言谢绝，但也有推辞不了的。一旦上桌饮酒，则挥毫落墨，随喜送人。有一个名叫李琪的官伎，颇通书法，但也许是过于矜持，始终没有得到东坡的赠予。她想，这次要是得不到，就再也没有机会了。于是捧着酒杯来求拜，并取下脖子上的围巾，请东坡赐字。醉意迷离的东坡端详了许久，蘸着浓墨给她写下"东坡七载黄州住，何事无言及李琪"，便掷笔袖手，又与旁边的人谈笑起来。有人指出："这话通俗了点儿，而且好像没有结尾似的。"李琪又再次上前拜请。东坡于是补上两句："恰似西川杜工部，海棠虽好不留诗。"在场的人无不击节叫好。（《春渚纪闻》）

四月七日，东坡离开黄州，赵贫子、参寥子一路同行。陈慥也匆匆赶来相送。也许是一生都喜欢水，他选择了一条绕道的水路，先渡江到对面的武昌，把赵贫子托付给兴国知军杨绘，然后下九江去拜访庐山。在同行的队伍里，骷髅一般的赵贫子显得十分另类。夜里，当一行人渡过长江，登上武昌的山坡上时，黄州方向传来了阵阵鼓角的声音。东坡掉头回望，脸上顿时爬满了蚯蚓一般的泪水。居黄州近五年，他的人生完成一次堪称华丽的转身，也失去了他的乳母。

到了兴国，知军杨绘留下了赵贫子。生性古怪的赵贫子喜欢把禽鸟六畜当成宠物来养，身边总有一只动物形影不离，与他寝食与共。后来，他竟然被自己豢养的一头骡子给踢死了。杨绘买来一口棺材，郑重其事地将其埋葬。两年之后，东坡与苏辙都调回了京师，蜀地有一个叫法震的僧人来访，说他路途中见到一名奇瘦无比的乞丐，自称姓赵，曾在黄州与苏公相识，请他转达自己的感谢之情。兄弟二人听后，极为惊讶。当时，兴国知军朱彦博之子也在座上，回去之后告知父亲。父子于是派人挖开赵贫子的墓穴，他们惊讶地发现，棺木内只有一根木杖与两只小腿。（苏辙《丐者赵生传》）

陈慥一路相送到了九江，才返回他归隐的岐亭。他欣赏东坡的为人，觉得这样的人不潜下来修行，实在可惜。于是用一些尖锐的话语来激将，说他什么事情都能干，就是写不出佛经来。东坡说："你怎么知道我不能？"陈慥回答："佛经是从三昧境界里直接流出来的，你的文字却是从意识的思虑当中造作出来的。"东坡让他举一事物来试试，看自己是否能超出意识的思量。陈慥不肯，因为对于他来说，这是不需要证明的。但在东坡的一再要求下，他随手指着一个鱼枕冠说："那你就给它写一篇颂文吧。"于是，就有了《鱼枕冠颂》这首诗。其中的"我观此幻身，已作露电观。而况身外物，露电亦无有。佛子慈闵故，愿受我此冠。若见冠非冠，即知我非我"几乎是对《金刚经》的抄袭，并非心地上的证量（《苏轼年谱》第 609 页）。

僧人惠洪是东坡的追随者，在《冷斋夜话》一书里记载：此次量移，东坡打算顺便路过筠州看望苏辙。奇怪的是，住在洞山的真净克文禅师和住在圣寿寺的聪法师，在同一天夜里，做了同一个梦——有人招呼他们快去迎接五祖戒和尚。第二天，当三人还在疑惑之中时，东坡要到筠州来的信息便送到了。四人相会之后，东坡说起母亲怀上自己时，曾梦见一只眼睛失明的僧人到家里来求宿。七八岁时候，他还曾梦见过自己身披袈裟在山上行走。说话间，真净克文忽然想起，五祖戒和尚就是瞎了一只眼，晚年从陕西来到筠州，圆寂于大愚寺，至今差不多是五十年的时间，而东坡此时刚好四十九岁（《冷斋夜话》卷七《梦迎五祖戒禅师》）。此后，东坡在写信时常常以戒和尚自称，平日也喜欢穿上衲衣在院子里走动，有时甚至在外面裹上朝服就去参加朝会，显然是把事情当真了。因此，后来在六祖真身像前，才有了这样的说法："我本修行人，三世积精练。中间一念失，受此百年谴。"（苏轼《南华寺》）一生之中，他的一只眼睛反复出现症状，而且屡治屡患，似乎就是前世业力的呈现。在杭州时期，到处捕光掠影，病情更是严重，这在诗歌里也有记录："白发长嫌岁月侵，病眸兼怕酒杯深"（《九日，寻臻阇黎，遂泛小舟至勤师院，二首·其一》）；"迟暮赏心惊节物，登临病眼怯秋光"（《初自径山归，述古召饮介亭，以病先起》）。有时候，他不得不"笙歌丛里抽身出，云水光中洗眼来"（《九日，寻臻阇黎，遂泛小舟至勤师院，二首·其二》）。

见到哥哥，苏辙迫不及待地汇报自己修持的成果，称自己已经明心见性，亲证自己的"本来面目"。还拿出他呈给蓝顺禅师的诗偈："中年闻道觉前非，邂逅仍逢老顺师。搊鼻径参真面目，掉头不受别钳锤。枯藤破衲公何事？白酒青盐我是谁。惭愧东轩残月上，一杯甘露滑如饴。"（苏辙《景福顺老夜坐道古人搊鼻语》）表明他已经饮到甘露法乳，不必再找别人去锤炼了（《五灯会元》第十八卷）。听了弟弟的叙说，东坡在惊喜之余，也深感迫切。对于佛学关于亲证本来面目的说法，自己还是一头雾水，必须勇猛精进才行。

苏辙在筠州管理盐酒税，虽然自以为已经开悟，明心见性，但每天还要到市场上去，与小商小贩计较斤两，没有时间陪哥哥四处游玩。因此，东坡待了几天，又折回九江，与家人会合，送大儿子苏迈去饶州（今江西上饶）德兴上任县尉。而后便与参寥子登上庐山，参访古刹丛林。在东林寺，他见到了方丈东林常总大师。这位被称为"僧中之龙"的临济宗黄龙派掌门，刚刚违抗皇帝圣旨，婉拒前往京师主持智海院的邀请，却有闲暇接连数天与东坡品茗谈禅。当他说到"乾坤大地，常演圆音。日月星辰，每谈实相"的时候，东坡似乎有所领悟，便将所悟写成诗向大师呈上："溪声便是广长舌，山色岂非清净身。夜来八万四千偈，他日如何举似人。"（《五灯会元》卷十七）这种草木山河都在说法的境界，绝非常人能够具备，东坡也只是作为一种知见拿来说道罢了。告别之前，东坡还在山上留下了一首永远抹不掉的绝句："横看成岭侧成峰，远近高低各不同。不识庐山真面目，只缘身在此山中。"（《题西林壁》）此诗将视角与视野的对应关系，直观明白地表达出来，指出人之所以看不清事物和自己的本来面目，就是因为已经身陷其中，成为一个当局者。因此，对于认识，尤其是自我认识而言，立场的腾挪显得尤为重要，但从自我立场腾挪出去，成为一个第二、第三者，和具有上帝视角的人，实在是件困难的事情。不过话又说回来，站到庐山之外，虽然可以获得开阔的视野，但看到的也不见得就是庐山的真面目。仙人洞里藏着的，还是没有出现在视野当中。

东坡是从峨眉深秀里走出的诗人，但却酷爱庐山。他以庐山为题材的三首诗，被解读为参禅问道的三重次第。第一重，是常人所处的迷惘状态："横看成岭侧成峰，远近高低各不同。不识庐山真面目，只缘身在此山中。"身陷纷繁万象之中，因立场、视角、观念等偏执，看不清事物的全部和自己的本真面目。第二重，曾经沧海之后的平常心。要看清庐山真面目，必须从当局者迷的状态中走出来，而人之所以被迷，往往是因为受自身的欲望所裹挟，欲望是指向某种对象的欲罢不能、难以摆脱的激情。东坡用另一首诗来加以描述："庐山烟雨浙江潮，未到千般恨不消。及至到来无一物，庐山烟雨浙江潮。"(《观潮》)欲望的潮水汹涌而来，不断高涨，"未到千般"就无法消停，只有当它得到化解或满足之后，才能退潮，让人得以摆脱其控制，回归于见山是山、见水是水的平常心。到这时，庐山烟雨不过是庐山烟雨罢了，浙江潮水也不过浙江潮水。第三重，即是证悟真如、看到自身与事物本来面目之后的境界："溪声便是广长舌，山色岂非清净身。夜来八万四千偈，他日如何举似人。"(《赠东林总长老》)一切现象都是真如法性的化现，一切法皆是佛法，到了一切现成、当下即是、不修不证的圆满次第。当然，对于东坡而言，这都是见地上的解悟，还不是真正的证量。就像他在《成都大悲阁记》里所说的："虽未可得见，而理则具矣。"

禅门之内，"以常总为苏轼嗣法之师，却是南宋以来禅门的定论。不仅如此，按照《五灯会元》《续传灯录》等书所排列的法系，常总的师兄弟上蓝顺、黄龙祖心、建隆昭庆，分别是苏辙、黄庭坚、秦观的嗣法之师，几乎整个'苏门'都成为黄龙慧南的法孙。接下来黄庭坚门下的'江西诗派'，从人缘关系看，也差不多跟禅门的'黄龙派'相融合。因此，这不仅仅是常总与苏轼的关系问题，而不妨说是整个黄龙派禅僧与'苏门'士大夫的关系问题"(朱刚《苏轼十讲》第168—169页，上海三联书店2019年版)。在显学界，东坡无疑是星斗一般的人物，但其精神源头还在于山林里传承的隐学。在这个领域，他只是子孙级别的角色。他的灵感，相当程度来自祖师的开示与点拨，或者说力量的加持，这也是他每到一地，都喜欢到丛林里徜徉的原因。

告别参寥子道潜，下了庐山，一家人便沿水路经芜湖向江宁移动。路过当涂的时候，张方平的儿子张恕在家里设宴款待了他们。在

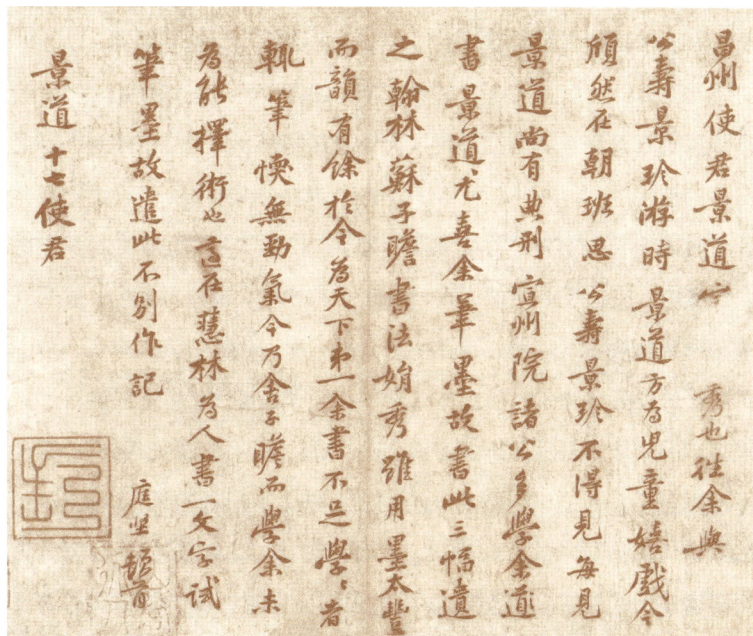

◇ 黄庭坚的行书手札，比他的狂草更加耐人咀嚼

● 《致景道十七使君帖》北宋 - 黄庭坚 - 台北故宫博物院藏

这里，东坡出乎意料地见到徐君猷的侍姬胜之。原来的主人死后，胜之便落入张家，成为一名小妾。见到曾经为她填词赠物的故人，胜之笑得花枝摇曳，仿佛什么都不曾发生。但站在她面前的东坡却忽然失态，"不觉掩面号恸"，抑制不住哭声，其中的缘由外人也说不清楚（王明清《挥麈后录》）。

七月二十八日，经过三个月的迂回，全家人终于乘船抵达江宁。不知道东坡有没有后悔在溽热的天气选择水路，酷暑添上潮湿，加之旅途的辗转劳顿，不是任何人的身体都能承受得了的，何况苏遁还是几个月的婴儿，朝云还是哺乳期的母亲。因此，当船还在驰往江宁的水路上时，夫人王闰之便已病倒卧床，东坡本人也疮毒复发，吃喝几剂泻药还解决不了问题。遁儿更是高烧不退，停靠金陵江岸时，他已在朝云的怀里停止了呼吸。本来希望小儿子能够"无灾无病到公卿"，现在却不到十个月就夭折于路途。"归来怀抱空，老泪如泻水"，东坡不知道怎么跟人说。但最为伤心的还是作为生母的朝云："母哭不可闻，欲与汝俱亡。故衣尚悬架，涨乳已流床。"（苏轼《哭子诗》）无法承受丧子之痛的她哭喊着要随遁儿同去九泉。这个孩子寄托着她一生的指望和全部的情感，此后她的身体也不能再怀孕。而在那个时代，做不成母亲，是一个女人最大的悲哀。

二

绕道江宁，舍近求远，东坡此行的目的是要拜会一个人物。这个人就是他一度的政治对手王安石。在外人眼里，他们二人的关系早已水深火热，应该老死不相往来。但在当事人这里，并没有那么势不两立。为了避免变法事业受到更大的阻滞，王安石一直排挤东坡，阻止他进入权力的核心地带，遭到同样待遇的还有司马光。但王安石并不认为东坡和司马光是小人，将他们妖魔化，落水狗似的穷追猛打。就像他当年起用曾布、吕惠卿等人，并不认为这些人是君子一样。对于东坡的才量和能力，王安石的内心始终暗怀赏识。因此，当有人企图置其于死地的时候，他便坐不住，要站起来发声。在神宗的朝堂，他的话有足够的分量。不过他的表态，多少出乎东坡的意料。现在，东坡终于获得自由之身，仅从人情世故的角度，自然也应该表达一下谢意。当然，千山万水跑过来，除了表达谢意，其实还有许多需要化解的误会和需要切磋的话题。

自从熙宁九年（1076）再度辞去宰相职务，王安石便回到自己归宿之地江宁，提前过起退养和隐居的生活。虽然一推再推，神宗还是保持他宰相的待遇，让他挂着一个"判江宁府"的官衔，但石始终没有到府衙去理事，以此来表达自己急流勇退的决心。在东门外七里远一个叫作白塘的地方，他买下一块地，建起了宅院。因为位于市区前往钟山的半道，故取名为"半山园"。之所以选择这个荒僻而低洼的地方，是因为这里是东晋名臣谢安居住过的地方，留有一个叫作谢公墩的遗址。谢安，字安石，与王安石姓不相同名相同，因此他自觉与谢安有着某种特殊的关联，而谢安也是他敬仰的人物。半山园建好后，他专为此赋诗："我名公字偶相同，我屋公墩在眼中。公去我来墩属我，不应墩姓尚随公。"（《谢安墩》）据记载，王安石"所居之地，四无人家，其宅仅蔽风雨，又不设垣墙，望之若逆旅之舍。有劝筑垣，辄不答"（《续建康志》）。这座简陋的小院，连围墙都不筑，可以自由出入，就像是石的为人，不修不整，没有任何设防。在这种敞开的状态中，人与外界的关系没有被封畛起来，

他也体验到自己与世界的双重归属：自己归属于世界，世界也同时归属于自己。当然，这也表明北宋时期，江宁地方的治安状况是相当的好。

对于曾经与自己携手变法的首相，神宗恩宠有加，在保持宰相待遇的同时，还增加食邑一千户、食实封四百户和各种虚实职衔。熙宁十年（1077），任命其弟弟王安上为江南东路提点刑狱，后来又派他的学生吕嘉问出任江宁知府，以照顾他的晚年。元丰元年（1078），

◇ 王安石简陋的半山园，不设围墙和篱笆

● 《兰亭修禊图》明 - 文徵明 - 故宫博物院藏

还封他为观文殿大学士、舒国公，两年后又改封他为荆国公。这些礼遇，王安石辞都来不及。在半山园还没有着手建设时，他就主动从官舍搬出，迁入临时租赁的小院。据说，搬家前，他召集家眷与仆人，向他们申明：官家的财物，哪怕是一根草也不许带走。主卧室里的那张富有弹性的藤床，甚为夫人吴氏喜欢。夫人向他提出，能否多付一些钱，把这张床搬走，结果遭到了丈夫的严词拒绝。不过，在新入住的房间里，王安石专门为她添置了一张仿造的藤床。对王安石而言，花点儿钱算不了什么，但决不能在自己心里埋下不安定因素。不干不净的感觉会毒化自己的存在感，让自己一生的德行亏损。

退出权力中心之后，对于变法事业，石也不再操心。皇帝才三十来岁，身体看起来相当健硕，新任参知政事蔡确和章惇，皆是变法派的中坚人物。只要神宗还在位上，有这些人辅佐，新法的前景已经没什么可担忧的了。何况进入元丰时期，变法的成果已经呈现出来，正在改变着大宋的面貌。不仅国家的财政状况得到扭转，底层社会的生活也有了明显的改观。三司和有关部门一再扩建府库，以存储日益增加的银钱。对此，王安石甚感欣慰，在与邻居杨骥（字德逢）谈到当下的形势时，心中充满了欢悦之情——

> 四山翛翛映赤日，田背坼如龟兆出。
>
> 湖阴先生坐草室，看踏沟车望秋实。
>
> 雷蟠电掣云滔滔，夜半载雨输亭皋。
>
> 旱禾秀发埋牛尻，豆死更苏肥荚毛。
>
> 倒持龙骨挂屋敖，买酒浇客追前劳。
>
> 三年五谷贱如水，今见西成复如此。
>
> 元丰圣人与天通，千秋万岁与此同。
>
> 先生在野故不穷，击壤至老歌元丰。
>
> （《元丰行示德逢》）

这一首诗，并非王安石本人的自弹自唱，元丰二年（1079），滁州通判韦骧路过江宁时写的一首长诗，也描述了近似的景象："邦财理丰本，民力较秋毫。惠遍农无乏，输均役不骚。保兵知警守，禄吏绝贪饕。信令朝廷重，伸威塞境牢。深谋压夷狄，侵地复岷洮。万里

第
十
三
章

两
座
山
的
际
会

◇ 和司马光、程颢他们一样，王安石出门从不坐轿子

● 《骑驴人物图》宋 - 佚名 - 美国大都会艺术博物馆藏

耕桑富，中原气象豪。"(《过金陵上仆射王舒公》)韦骧还启请王安石再次出山，复任宰相职务。与苏东坡交好的孔平仲，原本属于保守派阵营，但在他的文字里，也情不自禁地赞扬变法带来的变化："日坐明堂讲太平，时闻深诏下青冥。数重遣使询新法，四面兴师剪不庭。万户康宁五谷丰，江淮相接至山东。须知锡福由京邑，天子新成太一宫。只因铜落久纷纷，砥砺廉隅自圣君。能使普天无贿赂，此风旷古未尝闻。"(参见漆侠《王安石变法》第165—169页)

平日出门，石要么骑马，要么骑驴。官方配给他的卫士、轿夫和仪仗队，都被他通通辞退。他胯下的那匹马是离开汴京时皇帝赠送的千里良驹，不过骑了两年便死了。于是只好骑驴，由一个老兵出身的家丁牵着。如果家丁在前面，驴就跟着人走；倘若驴在前面，人就跟着驴走。对于此时的王安石而言，哪里都是目的地。他所想要的就是随便走走，陶醉于漫无目的的感觉，以及路旁不断变换的风物，人在驴前还是驴在人前，都无关紧要。因此，江宁地方的人说不定会在路上遇到他，只是不一定能认得出来。这个胡须拉杂、不修边幅的老头，哪里像是一个曾经位极人臣的宰相。不过，不认得也是不要紧的。有一回，王安石不知为了个什么事进城，在街道上遇见了王安上出巡的队伍，浩浩荡荡，还有人鸣锣开道。他赶忙躲进旁边老百姓的宅院，等到弟弟的车辇和仪仗队走远了，才从巷子里出来。不认识的人，都以为他怕官。

在家里，石忙于修订《三经新义》，完善自己的"新学"。以儒入世的他对儒家的原典有着深入的研究，并且还有自成体系的发挥。另外还撰述《字说》一书，对汉字的原义作出阐释，倒是受到许多人的质疑，包括东坡在内。其余的时间，他醉心于佛教经典的阅读，寻找超越生死的性命归宿。如同唐代的王维，他特别喜欢《维摩诘所说经》，几乎百读不厌。偶尔外出，则登山入林，探访古刹高僧。

和宋代的许多儒者一样，王安石对于源自印度、带有浓厚的森林气息的佛学，并不轻易接受。这种信仰有着过于强烈的出世倾向，对人间福祉抱有睥睨与藐视，与儒家人文精神存在着某种违逆，因此需要在冲突中达成融通。在入世投身社会事业、改变现世生存状况，与归隐独善其身之间，王安石曾经意向徊徨，但最终还是作出了明确的抉择。年轻时，他的内心一度出现两匹姿态不同的马，应该跨上哪一匹？这个问题让他颇为踌躇。为此，他写了题为《两马齿俱壮》的诗：

> 两马齿俱壮，自骄千里材。生姿何轩轩，或是龙之媒。
> 一马立长衢，顾影方徘徊。一马裂衔辔，奔嘶逸风雷。
> 立岂饱刍豆，恋栈常思回。奔岂欲野龁，久羁羡驽骀。
> 两马不同调，各为世所猜。问之不能言，使我心悠哉。

两匹马一样的肥壮，都是姿态轩昂的千里马。一匹顾影徘徊于长街；一匹却要甩掉缰绳，风驰电掣而去。但是，站在那里不能有豆子吃饱，留恋厩房便总想着回去"躺平"。挣脱缰绳跑出去，就只能吞咽野草；拘縻久了之后，反而会羡慕起那些劣马来，丧失自己的意志。总之，何去何从的问题，像蛇一样缠绕着他。他最终选择踏上仕途，入世任事，担当社会变革的历史责任，但这并不意味着放弃自己隐退林下的愿望。在《池雁》这首诗里，他表达了某种无奈："羽毛摧落向人愁，当食哀鸣似有求。万里衡阳冬欲暖，失身元为稻粱谋。"他之所以作出这样的抉择，是因为家境窘困，要解决一家人的吃饭问题。因此，他把入仕为官视为"失身"，就像妓女落入红尘。许多年内，他屡召不起，宁愿做基层小官，而不愿意入朝当京官，是为了能有多一点儿的收入来补贴家里，这种说法并非只是一种托词。

嘉祐至治平年间，王安石为母亲守制，入钟山礼佛读经，与蒋山赞元禅师交游，二人情同手足。但每每问起禅修之事，禅师总是避而不答，再三启请之下，才说出："你离般若智慧尚有三重屏障，虽然有近道的潜质，恐怕还得一两辈子才能纯熟。"王安石希望他详细讲解。赞元便具体道来："你的气场方刚而且强大，世缘甚深，以方刚强大之气又遇甚深世缘，必以一己之身担当天下重任，怀抱经世济民之壮志。这样，在拿起放下之间，很难做到收放自如，于是心绪翻覆难平。以不平之心持经世之志，什么时候才可以体会得到一念之间的永恒啊？另外，你性格多怒，学问上又崇尚理性，以这样的姿态来问道，很容易为先入为主的知见所蒙蔽。不过，你这个人视名利如脱落的头发，生性甘于淡泊如同苦行僧一般。之所以说你近道，就是指这个方面，应当通过教理的学习加以涵养和滋荣。"（参见《佛祖历代通载》卷二十八）。对于法师的分析，王安石相当诚服，但在内修与外治、归隐与入世的关系上，他有自己独到的看法。

王安石深知，对于兼济天下，自己蓄志甚深，不想早早就回归田园，或是遁入山林，违背自己的浩浩初心。但入仕为官，投身社会改造，并不意味着就放弃性命的自我完善。隐与不隐，修与不修，在于心而不在于身，在于人而不在于事。因此，隐于山林田园，和隐于市井坊间、隐于庙堂官场，本质上并没有什么区别。为此，他专门撰写了《禄隐》一文，对道与迹、隐与显，作出了颇为缜密的辨析："圣贤之言行，有所同，而有所不必同，不可以一端求也。同者道也，不同者迹也，知所同而不知所不同，非君子也。夫君子岂固欲为此不同哉？盖时不同，则言行不得无不同，唯其不同，是所以同也。如时不同而固欲为之同，则是所同者迹也，所不同者道也。迹同于圣人而道不同，则其为小人也孰御哉？"伯夷、叔齐因饿死而显，柳下惠以官禄为隐。在王安石看来，过去人们抬高"饿显"、贬低"禄隐"是有问题的。"饿显"与"禄隐"都属于迹，因而无所谓高低上下。要获得人格成就，成为圣贤人物，就得在道体中去求证，不能在行迹的差异中来下功夫。得道之人，在世间表现出什么样的行迹，取决于当事人与时俱进地权衡变通，是无可无不可的。商纣王暴虐的时候，三位仁者的行迹就截然不同，微子选择拂袖离去，箕子甘愿受辱为奴，比干则以强谏被虐杀，但他们在道的层面却是一致的。在经过一番思省之后，王安石放弃"饿显"，而选择了"禄隐"，即隐于官禄之中，走一条入世修行的道路。而他能够隐于官禄，正是因为他不贪恋官禄，随时都可以拂袖而去。他把庙堂当成了丛林，甚至行为举止都是山野之人的做派，"衣臣虏之衣，食犬彘之食，囚首丧面"，几乎就是一副隐者的模样。

尽管下定决心"禄隐"，但当皇帝召他为翰林学士，需要作出重大抉择的时刻，他的内心还是颇为犹豫。为此专门前往京口（今江苏镇江）金山寺，去咨询黄龙祖心法师。他最终作出决定的隐衷，并非庸常之辈所能理解，那就是：将出世之心与入世之事结合，将儒学与佛道贯通，克服寂然不动之本体与应机启用之功能的分离。既不同流合污，沉沦于世俗；也不绝圣弃智，遗世独立于方外。当好友王介以"草庐三顾动春蛰，蕙帐一空生晓寒"的诗句，来嘲讽他为富贵诱惑所动、失守隐士高节时，他便以《松间》一诗作了回应："偶向松间觅旧题，野人休诵《北山移》。丈夫出处非无意，猿鹤从来不自知。"（参见徐文明《王安石与佛禅》）大丈夫的出处与立意，哪里是那些猿居鹤处、如同鸟兽一般的人所能窥探得了的。熙宁三年（1070）冬天，王安石从参知政事擢升宰相，当天，"百官造门奔贺者无虑数百人"，他却以尚未向皇上谢恩为由，一概不予接见，与友人在自家西门的小阁楼里喝茶。言语间，他忽然皱紧眉头，拿起笔来，在窗台上写下两行诗："霜筠雪竹钟山寺，投老归与寄此生。"然后作揖拂袖而去（魏泰《东轩笔录》卷十二）。官运亨通于庙堂之际，他的耳边仍然会响起钟山寺里袅袅的梵音，随时想着全身而退，告老归林，没有一丝一毫的留恋。

在北宋的士大夫中，王安石的知识结构与精神进路，和苏东坡较为接近（与他们相近的还有黄庭坚），他们才华相当，修养相似，前期以儒立身，抱有"致君尧舜上，再使风俗淳"的庙堂之志；晚年以佛归心，访禅问道于林间。可谓以儒为进，以佛为退，进退有据。只是在道学修养方面，东坡有更为深入的体验。因此，二人在精神方面缘分甚深，虽然在社会事功的进取上存有分歧，但在身心修养方面却有着共同的归宿，都致力于打通儒道与佛禅的隔阂，实现中国文化流脉里的三家汇通。宋代文学以格物明理见长，这一特性主要是由王、苏二人来担纲，他们是北宋文学的两只牛耳。《飞来峰》与《题西林壁》两首诗，自问自答，颇能反映二人的精神向度。前者"不畏浮云遮望眼，自缘身在最高层"，追求的是极高明的圣人境界，凌空而起，居高临下，超越凡夫俗子浮云飞絮般的见识；后者"不识庐山真面目，只缘身在此山中"，追求思想的宽度，力图置身于更为开阔的视野里，变换不同的视角来把握事物的真相，避免陷于某种狭隘的偏见之中。当然，东坡的这种精神向度，并非一开始就具备或具足，而是遭遇人生重大挫折之后，才形成的文化自觉。在人格上，安石凝练沉稳，有仁者乐山的风范；东坡灵动通变，和欧阳修一样，有智者乐水的气象。在生活中，安石喜欢登山，东坡喜欢临水。在饮食男女方面，安石做的是减法，生活淡泊明志，不迩声色，不殖货利，不喜游宴，少有欲望的发挥，不像东坡浪漫多情，有那么多的花花肠子；东坡做的是加法，趣味盎然，走起路来摇曳多姿。虽然曾经因为政见不同针锋相对，但安石与东坡相互之间始终心存敬意。对于安石而言，他对东坡的敬意，远远超出自己身后的追随者。

在江宁，钟山是石最喜欢的去处。在这里有以游戏神通，为他人治病解难的宝志法师的灵塔。石多次瞻仰，并留下了若干诗篇。即便是给出世之人写的文字，也显露出宰执大臣的磅礴气势：

道林真骨葬青霄，窣堵千秋未寂寥。

宝势旁连大江起，尊形独受众山朝。

云泉别寺分三径，香山幽人止一瓢。

我亦鹫峰同听法，岁时歌员岂辞遥。

（《宝公塔》）

石之所以常来此地，还因为宝公塔院内有一座小祠堂，是他为儿子王雱筑造的。王雱才高命薄，不堪承载，英年早逝，是石一生遭受的最沉重的打击。想到儿子含苞的生命还来不及尽情绽放，灼灼的光华还在隐匿当中，就枯萎零落，他身为人父的心，就有被摧毁的感觉。每当想起来的时候，他就会赶着小毛驴到祠堂去，燃上一炷香，静静地坐在那里，寄托哀思于缥缈之中。《题雱祠堂》就是在这里写下的："斯文实有寄，天岂偶生才。一日凤鸟去，千秋梁木摧。烟留衰草根，风造暮林哀。岂谓登临处，飘然独往来。"

这个时期，王安石应该是正式皈依了佛教。不仅士林间对此有议论，他本人也以《望江南》的词牌，写下《皈依三宝赞》：

皈依众，梵行四威仪。

愿我遍游诸佛土，十方贤圣不相离。

永灭世间痴。

皈依法，法法不思议。

愿我六根常寂静，心如宝月映琉璃。

了法更无疑。

皈依佛，弹指越三祇。

愿我速登无上觉，还如佛坐道场时。

能智又能悲。

三界里，有取总灾危。

普愿众生同我愿，能于空有善思维。

三宝共住持。

　　这篇赞词等于公开了自己佛子的身份，但具体皈依哪位法师，却不得而知。不过，很有可能是临济宗黄龙派的祖心法师。从隐学的传承看，他也是禅宗临济一门黄龙派的弟子。作为居士，他虽然不能茹素，但绝不杀生。家里有人送来活鱼，他会立即拿到院子前面的池塘里去放生。看着它们获救之后欢天喜地的样子，他的脸上就由衷地露出了笑容。他将放生的过程写成一首诗："捉鱼浅水中，投置最深处。当暑脱煎熬，倏然泳而去。岂无良庖者，可使供匕箸。物我皆畏苦，舍之宁啖茹。"（《放鱼》）令他感到悲哀的是，有人会借着夜色，偷偷到池塘里来撒网，把他放生的鱼儿抓去，架在火炉上煎炸，噼里啪啦的，吃得兴高采烈。

　　王安石一生交往最深的法师，是黄龙祖心和真净克文。令他想象不到的是，在另一座寺院里，与他差不多同时皈依佛门的还有一个人，那就是曾经为自己所重用、在西北疆场叱咤风云的王韶。元丰二年（1079），一度升至枢密副使的王韶，再次出任洪州（今江西南昌）知州。他的胸部莫名地长出一个恶疽，皮肉大面积地溃烂，甚至可以看见里面的脏腑，这让其内心极为焦灼。因为无法治愈，便想到自己在西北征战时杀人的情景。据说他曾经纵容部属"杀降羌老弱予以首为功级"（《宋史·王韶传》）。往事历历在目，让他觉得自己罪孽深重，于是上山来找佛印了元，希望"留心空宗，祈妙语以澡雪之"，消除自己的业障。在寺院举行的仪式上，佛印拈香致辞，法师毫不忌讳地宣说："此香为杀人不眨眼上将军、立地成佛大居士所敬供。"在场僧俗顿时哗然，而王韶本人却"悠然意消"（《禅林僧宝传·了元传》）。

三

东坡贬居黄州时期，除了神宗皇帝，还有两个人也在不同程度上关注着他的行为举止。一个是理学家程颐，另一个就是王安石。听说东坡在黄州后期的行状，程颐相当反感，并有过激越的批评；但王安石却颇为欣赏，对于东坡新出炉的作品，也总是一睹为快，连连称好，每遇从黄州那边过来的人，就会随口问一句："子瞻近日有何妙语？"一次，有人告诉他："东坡在临皋亭，半夜醉梦醒来，一口气写下《胜相院经藏记》，完了才酌改一两个字，抄本现就在船上。"王安石当即叫人取来，站在屋廊檐下，借着黄昏的光线一口气读完，并由衷赞叹："子瞻真乃人中之龙也，不过此文尚有一字不够稳妥。'日胜日负'一句，若是改为'如人善博，日胜日贫'就更完美了。"此话辗转传到黄州，东坡开心之余，十分佩服这位前辈的眼光毒辣。

元丰七年（1084）春天，六十四岁的王安石得了一场大病，迟迟不能康复，人一下子便苍老了许多，体力大不如从前。即便如此，得知东坡抵达江宁，他还是相当兴奋，等不及东坡来访，病容憔悴的他便骑上那匹瘦小的毛驴，晃晃悠悠地来到长江边上的渡口。听说王荆公驾到，刚刚遭受殇子之痛的东坡来不及换好衣冠，便赶忙出船来迎接，拱手作揖："苏轼今日冒昧，敢穿野服出来见丞相大人。"王安石仰身一笑："那些繁文缛节，哪里是为我们这些人设定的呢！"（朱弁《曲洧旧闻》）于是，两个相互敬重的政治对手、相互欣赏的文学大家，终于走到了一起。而两个人的背后，分别耸立着两座大山：一座是长江下游的庐山，另一座则是长江上游的峨眉。他们此次的握手，是庐山与峨眉的风云际会，是两座高山之间的相互致敬。

王安石将东坡延请到家中，加以招待。这时正好是流火的七月，就在一个月前那场大病之后，他给神宗皇帝上书，请求将才落成四年的半山园施舍出去，作为金陵"报宁禅院"，供大众礼佛参禅，并将自己名下的数百亩田地作为供养。皇帝不仅给予恩准，还提起御笔题写了禅院的牌匾。此时，石正在金陵城里物色合适的小院，因此，他与东坡数日的见面交谈，应该就在半山园的院子里进行。

前去半山园的路上，东坡想起了一件令自己惭愧的事情。多年以前，他读到石的咏菊诗里有这样的句子——"黄昏风雨过园林，残菊飘零满地金"，便以为是个错谬。至死犹有傲霜枝的菊花，花瓣怎么可能随风零落满地？于是自作聪明地续上一句："秋花不比春花落，为报诗人仔细吟。"直到诗案之后被贬黄州，看到菊花花瓣随处飘零的情景，联想到《楚辞》里"夕餐秋菊之落英"的佳句，才知道自己闹出了笑话（褚人获《坚瓠集》）。但这次，他似乎没有提及此事，而是对石在乌台诗案中施以援手，郑重其事地表达感谢之忱。

有关半山、东坡二位居士的交谈，没有现场的记录，只是后来有一些追记。不过，有一些情景是可以想象的，比如，安石领着东坡参观自家的小院，到池塘边观赏自己放生的鱼儿，在茶茗的清香中交换各自近期的诗作，然后谈禅论佛，色空空色，等等。东坡给友人的信中提到，诵诗与说佛，是他们谈得最愉快的话题（苏轼《与滕达道六十八首》之三十八）。不过，关于变法，是二人绕不过去的事情。从东坡有关文字和旁人的记叙中，可以有这样的情景再现：东坡说起自己对变法有了新的认识，肯定其推行之后给国计民生带来的变化，对自己过去偏激的言论，作出了必要的解释，但也指出新法未尽如人意的地方。安石则承认新法推行过程中存在的问题，包括操之过切、所用非人、缺少对可能出现变数的预判与制备等。还谈到复相之后，本想对新法作出调整，消除其负面的作用，却未能如愿以偿的遗憾。东坡在《司马温公行状》里记载："先帝明圣，独觉其非，出安石金陵，天下欣然，意法必变，虽安石亦自悔恨。其去而复用也，欲稍自改，而惠卿之流，恐法变身危，持之不肯改。然先帝终疑之，遂退安石，八年不复召，而惠卿亦再逐不用。"这段话所叙的内容，应该出自二人在江宁的会谈。

通过一番推心置腹的谈话，二人扫除了彼此心中残存的芥蒂和疑惑，给过去的恩怨做一个了结，增进了相互间的体谅与敬意。王安石的开诚布公，让东坡感到老宰相人格的魁伟、胸次的开阔，自身的器识恐怕难以与其比肩。他甚至作想：如果时间能够倒退十年，自己追随王安石，二人相互补台，共襄大宋的社会变革大业，必定能够取得更加辉煌的成就。因此，他以这样的诗句回赠王安石："骑驴渺渺入荒陂，想见先生未病时。劝我试求三亩宅，从公已觉十年迟。"（《次荆公韵四绝·其三》）从分手之后东坡给王安石写的一封尺牍，可以看出此次会面给他带来的感受："某游门下久矣，然未尝得如此行，朝夕闻所未闻，慰幸之极。已别经宿，怅仰不可言。伏惟台候康胜，不敢重上谒。伏冀顺时为国自重。"（《与王荆公二首·其一》）"游门下久矣"这样的表达，几乎是在执弟子之仪的意思了，而"闻所未闻""慰幸之极""怅仰不可言"，如此不可复加的形容，在东坡毕生的文字中，更是难以寻觅。

王安石丝毫不掩蔽自己对东坡的喜爱，表达了与东坡做邻居的愿望，主动提出帮其在金陵求田问舍，相约一同终老于钟山林下，问道求法于长江之滨。虽然求田买地的事情一时没有结果，而东坡最终看好的定居地是宜兴，但北上的路上，他给王安石的函件，流露出来的感激之情，却是十分真切。他还借机隆重推举自己的门生秦观，希望能够借重王安石的影响力，使其才华见重于文坛——

某顿首再拜特进大观文相国执事。某近者经由，屡获请见，存抚教诲，恩意甚厚。别来切计台候万福。某始欲买田金陵，庶几得陪杖屦，老于钟山之下。既已不遂，今仪真一住，又已二十日，日以求田为事，然成否未可知也。若幸而成，扁舟往来，见公不难矣。向屡言高邮进士秦观太虚，公亦粗知其人，今得其诗文数十首，拜呈。词格高下，固无以逃于左右，独其行义修饬，才敏过人，有志于忠义者，某请以身任之。此外，博综史传，通晓佛书，讲习医药，明练法律，若此类，未易以一二数也。才难之叹，古今共之，如观等辈，实不易得。愿公少借齿牙，使增重于世，其他无所望也。秋气日佳，微恙颇已失去否？伏冀自重。不宣。（《与王荆公二首·其二》）

与王安石有所不同，东坡对居住之地相当讲究，金陵的地皮也不便宜，看好的宜兴那边一块地，又引出来了官司纠纷。总之，二人最终没有做成邻居，但在精神上，他们俨然已经是邻居了。在谈论现实的同时，他们也谈到了历史。或许是对《三国志》的书写不满意，而东坡在赤壁古战场居住了近五年的岁月，还写出了《赤壁赋》《念奴娇·赤壁怀古》这样激荡人心的名篇，王安石鼓动东坡，像欧阳修重修《五代史》那样，重修三国史。东坡觉得，"为史者，网罗数十百年之事以成一书，其间岂能无小得失耶"（《苏轼年谱》第 640 页），便以自己已经年老为由，推举别人来替代（邵博《邵氏闻见后录》卷二十一）。临别之际，二人依依不舍，惺惺相惜。石抄了四首近作相送，其中有这样优美的绝句："北山输绿涨横陂，直堑回塘滟滟时。细数落花因坐久，缓寻芳草得归迟。"（《北山》）对着东坡远去的身影，石深深感慨："不知更几百年，方有如此人物！"（蔡绦《西清诗话》）在给东坡的回函中，他称自己拿起秦观的诗稿，便放不下来。次年，秦观第三次参加科举，终于获得进士功名，但不知是否与王安石有关。

就在东坡离开不久，黄龙派高僧克文禅师抵达金陵，在钟山定林庵与王安石相会。克文禅师乃是黄龙法脉的一条真龙。二十五岁剃发后，在汴梁、洛阳等地研习华严宗和法相宗的经藏，并静坐潜修。一次，他在龙门山看到雕刻的比丘像，皆是闭目入定的样子，没有一点儿生气，忽然觉得自己所修的佛法，如同吴道子画的人物，虽然惟妙惟肖，但都不是活的。于是放弃旧学，南下参访禅宗大德，成为黄龙慧南禅师座下的高足，并得其法脉心髓。出任筠州大愚寺住持时，他与苏辙过往密切，并因此结识了东坡。

王安石早在祖心法师那里听说过克文的大名。此次相逢，他借机向克文请教，提出困惑已久的问题："各部经开头都标明讲经的时间、地点，唯独《圆觉经》不是如此，这是为什么？"禅师和蔼地回答："《圆觉经》属于顿教经典，直指人心，所演示的都在当下日用之中，跟时间没有什么关系。今天老僧与相公同入大光明藏，游戏于三昧境界，互为宾主，与时间、地点也毫无相干。"石接着又问："经上说'一切众生，皆证圆觉'，而圭峰宗密法师改'证'为'具'，说是译者的错讹，您如何看待？"克文禅师解释："如果《圆觉经》可以改，《维摩诘经》也可以改。《维摩诘经》不是说了吗？'以无所受而受诸受'，也就可以不灭受蕴而取证真如。以不灭受蕴而取证，与皆证圆觉的意思相同。在这个意义上，众生现行的无名烦恼，即是如来的根本大智。"禅师否定圭峰宗密的说法。宗密是唐代高僧，被认为是华严宗第五代祖师，也是禅宗神会法系的传人，但其证量受到后人的质疑。对于克文禅师的答复，石十分满意，当即提出，延请禅师出任报宁禅院的住持，作为开山第一祖。还与其弟王安礼分别上疏，奏请神宗皇帝赐予克文紫色袈裟和"真净大师"的称号。克文禅师住持之后，报宁禅院香火鼎盛，前来参禅闻法的僧俗愈来愈多，以致寺院显得狭窄难容，禅师也疲于应对，只好向王安石请辞，重又返回筠州的云遮雾罩的九峰山。

四

离开金陵北上，东坡并未直道前往汝州报到，而是继续迂回，一路经过真州、京口、宜兴、扬州、高邮、泗州等地，与蒋之奇、秦观、佛印了元等人会面。一路上，他的政治身份也不断被改变。虽然获得了人身自由，沿途还有朋友备好的佳肴美酒，但东坡的内心依然有些恓惶。在《赤壁赋》中，他看似达观，豪迈地写下："逝者如斯，而未尝往也。盈虚者如彼，而卒莫消长也。盖将自其变者而观之，则天地曾不能以一瞬。自其不变者而观之，则物与我皆无尽也，而又何羡乎？"但怎么能够站到"不变者"的位置上去，对他而言仍然是个困惑。因此，"物与我皆无尽也"的断言，已经超出了他的经验范围。至于"惟江上之清风，与山间之明月，耳得之而为声，目遇之而成色，取之无禁，用之不竭。是造物者之无尽藏也"这种说法，与自己从佛教典籍上看到的义理差之甚远。在佛家看来，色声香味这些感官觉受，不过是污染六根的尘埃，属于梦幻泡影，不具备不生不灭、无穷无尽的属性，并非取之不尽的如来宝藏。它们仍属于寒枝的范畴，将身家性命安放于其上，是极其危脆的；将其视为归宿，弄不好就是一种断送。文学家的绮语可以给阅读者带来阅读的快感，却不能蒙蔽作者自己的心智。

在真州与欧阳修的冤家蒋之奇会面后，他给这位友人的和诗，透露了内心的不安："月明惊鹊未安枝，一棹飘然影自随。江上秋风无限浪，枕中春梦不多时。琼林花草闻前语，罨画溪山指后期。岂敢便为鸡黍约，玉堂金殿要论思。"（《次韵蒋颖叔》）月光下，被惊起的鹊鸟还没有找到可栖落的高枝，一条小船划过，水面上的波影便随之晃荡起来。江上的秋风，掀起了无限的波浪，枕头上的春梦做不了多久。这样的意境与心绪，与《赤壁赋》里的主人翁完全不同。值得留意的是，"月明惊鹊未安枝"这一句诗，在东坡的作品里重复出现。他仍然是一只惊鸿，或者说是一只惊鹊。在题为《杭州牡丹开时，仆犹在常、润，周令作诗见寄，次其韵，复次一首送赴阙》的诗里，他流露出了同样的情绪："天静伤鸿犹戢翼，月明惊鹊未安枝。君看六月河无水，万斛龙骧到自迟。"可见东坡对于安身立命这一课题关切之深。

黄楼落成时，载着一车佳酿和美伎前来祝贺的王巩，在乌台诗案受到牵连的二十多人中，受责罚最重，被流贬到广南西路的宾州，当一名管盐酒税的小吏。谪居期间，一个孩子死于贬所，一个孩子死于家中，他本人也差不多病死于异乡。起初，东坡负疚甚深，担心王巩会抱怨自己，不敢给其写信。还是王巩寄来诗作后，才去信表示关心与安慰，给他介绍"摩脚心法"和一些养生与炼丹的方法。没想到王巩对长生久视之道也颇有研究，称自己也开始潜修密行。

王巩是个浪漫之人，家中原来蓄有多名歌女，终日酒气熏天，笙歌不断。其中有一位名叫柔奴的，不仅形容端丽，而且气质出众。主人被贬后，家中的仆人歌女皆作猢狲鸟兽散，唯有柔奴一人甘心同行，始终陪侍在身边，给他无尽的慰藉。因此，当王巩被赦北上，老朋友得以重逢时，东坡发现，从烟瘴之地归来的老友，竟然"面如红玉"，温润光鲜，完全没有逐臣的落魄与潦倒。这让东坡惊讶之余深为折服，直到听了柔奴金石般的歌声之后，才似乎明白了过来。王巩自身的修为固然不错，但这个叫作柔奴的女子真不简单。一年后，在京师的一次宴会上，东坡试着问柔奴："广南那边的风土，应该是相当恶劣的吧？"柔奴没有直接回答，而是说了一个警句："此心安处，便是吾乡。"东坡听了震惊不已，当即填写《定风波》一词——

常羡人间琢玉郎，天应乞与点酥娘。尽道清歌传皓齿，风起，雪飞炎海变清凉。

万里归来颜愈少，微笑，笑时犹带岭梅香。试问岭南应不好，却道，此心安处是吾乡。

（《定风波·南海归赠王定国侍人寓娘》）

就像鸟鹊寻找栖落的梧桐，多年来，东坡一直都在寻找安身立命的所在，至今仍然是"拣尽寒枝不肯栖"，找不到可以安住的归宿。没想到，这个歌女看似不经意的一句话，如同得道高人的点拨，唤醒梦中之人，让他一念心开，恍然大悟。原先总想着给自己漂泊的生命找一个归处，给一条船找一处港湾。现在，安身的问题被转换为安心的问题，只要让心回到心本身，把心放回到肚子里，就天下大定，用不着漫山遍野去寻找地方。此词很快就被传唱开来，歌伎柔奴顿时名满京师，无人不晓。"此心安处是吾乡"，然而，此心安在何处？又还是个问题。这个问题，依然跟随着东坡，如影随形，如风绕树，直到到了天涯海角的儋州，才算是有了最终的答案。

第十四章

庙堂高处生寒意

一

　　经过十九年漫长的编撰，卷帙浩繁的《资治通鉴》终于在元丰
七年（1084）冬天宣告完成。司马光退居西京的时间，算起来也有
十五载之悠。如释重负的他提起颤抖的笔来给朝廷上表，将这部皇
皇巨著进献给当今天子，感谢多年来的关怀与厚望。皇帝随即下诏
嘉奖，赐给他银色的帛衣和一匹戴着雕鞍的高头骏马，还对身边的辅
臣说："这本书前所未有，远远超出荀悦所写的《汉纪》。"十一月间，
耀眼的金星在白昼的空中闪烁。光随后被任命为资政殿学士，参与
《资治通鉴》编撰的范守禹也被提拔为秘书省正字。但作为重要编撰
者的刘恕，却没能等到这一天。同样等不到这一天的，还有司马夫人
张氏，两年前她就离丈夫而去，静静地躺在司马家族的墓地里。就像
光在表书里说的："臣今筋骸癯瘁，目视昏近，齿牙无几，神识衰耗，
目前所为，旋踵遗忘。臣之精力，尽于此书。"他本人的身体，几乎
被这部书抽空了。看着堆满了两间屋子的草稿，他感到自己的气血，
全都转化成密密匝匝的文字笔画。一次轻度中风的经历，更让他感到
时日不多。听说西部边疆形势吃紧，神宗的身体也出现了状况，他的
心情变得沉重起来。已经和正在发生的事情，让这位忠贞的老臣百感
交集。

　　《资治通鉴》是一部编年体史书，它以时间为纲，事件为目，
叙说了从周威烈王二十三年（前403），到五代后周世宗显德六年

（959），十六个朝代一千三百六十二年的历史，共有二百九十四卷，三百多万字。该书"删削冗长，举撮机要，专取关国家盛衰，系生民休戚，善可为法，恶可为戒者，为编年一书，使先后有伦，精粗不杂"（司马光《进资治通鉴表》），体现了神宗在序言里提出的"鉴于往事，有资于治道"的宗旨，为国家治理提供了可借鉴的经验与教训。《资治通鉴》与司马迁纪传体的《史记》，并称为中国史学的绝笔，因此有"史学两司马"的说法。《资治通鉴》还被认为是天地间不可没有、学者不可不读的大书。后世学者梁启超认为："司马温公《通鉴》，亦天地一大文也。其结构之宏伟，其取材之丰赡，使后世有欲著通史者，势不能不据以为蓝本，而至今卒未能有逾之者焉。"作为该书忠实的读者，清代名臣曾国藩对其有极高的评价："窃以先哲惊世之书，莫善于司马文正公之《资治通鉴》，其论古皆折衷至当，开拓心胸。"据说，中华人民共和国的开国领袖毛泽东，曾十七次阅读并且批注过《资治通鉴》。某种意义上可以说，司马光对既往历史的叙述，改写了他身后的社会进程。

　　《资治通鉴》由司马光领着刘恕、刘攽、范祖禹三人进行撰述。全书由光策划并拟定大纲，最后也由他本人统稿润色。刘恕以博闻强记著称，刘攽是汉史的专家，范祖禹则长于唐史的诘究，三人分工明确，配合默契。遇到有分歧的内容，一概由光定夺。最后的统稿工作，光以三天一卷的速度全力推进，倘若有事耽误，就深夜加班加点补回。除了历史叙事，《资治通鉴》更为出彩的是评论的内容。这个部分选辑前人九十七篇，其他以"臣光曰"开头的一百一十八篇，全部由光亲笔书写。他对历史事件与人物，作出了富有个人卓识的阐释。

　　在参与编撰的人员中，最让光心痛的是刘恕。光离开东京后，刘恕也申请回到老家南康，当了一名监管盐酒税的小吏，在照顾双亲的同时潜心著述。直到七年之后，才得到朝廷批准，到洛阳来与光相会，而这个时候，他已经瘦得不成人样，说话吐气都相当困难。正是因为自感不久于人世，才赶来与光见上一面，商量和交代有关编修的事宜，了却多年的想念之苦。几个月后，刘恕假满还乡。启程时，已经是深秋时节，看他弱不禁风的样子，光悲从心起，送给他一件貂皮被褥和几件御寒的衣物，但到了半道他又托人捎了回来。踏进家门没有多久，四十七岁的刘恕就颓然倒下。对他而言，《资治通鉴》的问世，是一生的全部安慰。

元丰八年（1085），黄庭坚和范祖禹、司马康、张舜民等人，奉旨对《资治通鉴》文稿进行校定。走进房间，看到司马光在稿面上的批注，每一个字都工工整整，每一笔画都如同刀刻一般，找不出一个字是潦草马虎的，就像光一生的为人，黄庭坚等不禁为之动容，深深地鞠了一躬。

"提举西京嵩山崇福宫"这个闲职，司马光已经连任了四届，一届三十个月。上次届满的时候，神宗就有旨意下来，称本届任满之后，"不候替人，发来赴阙"。这意味着三十个月后，光也就可以上朝堂去觐见皇帝了。现在，三十个月过去，《资治通鉴》也已封笔奉上，按照常理，皇帝也应该安排接见这位老臣了。但光却迟迟等不到神宗的意旨，提请召见的上书，也得不到朝廷的任何回应，这令他十分纳闷。关于时局与人事，光胸中积蓄的话语，都已经堆到了喉头的位置，不知道找谁诉说，只好跟"洛阳耆英会"的一帮老家伙在一起消磨时间。

元丰五年（1082），富弼、文彦博等一些退居洛阳的老臣仿照白居易的"香山九老会"，发起组织"洛阳耆英会"，邀约了十三人加

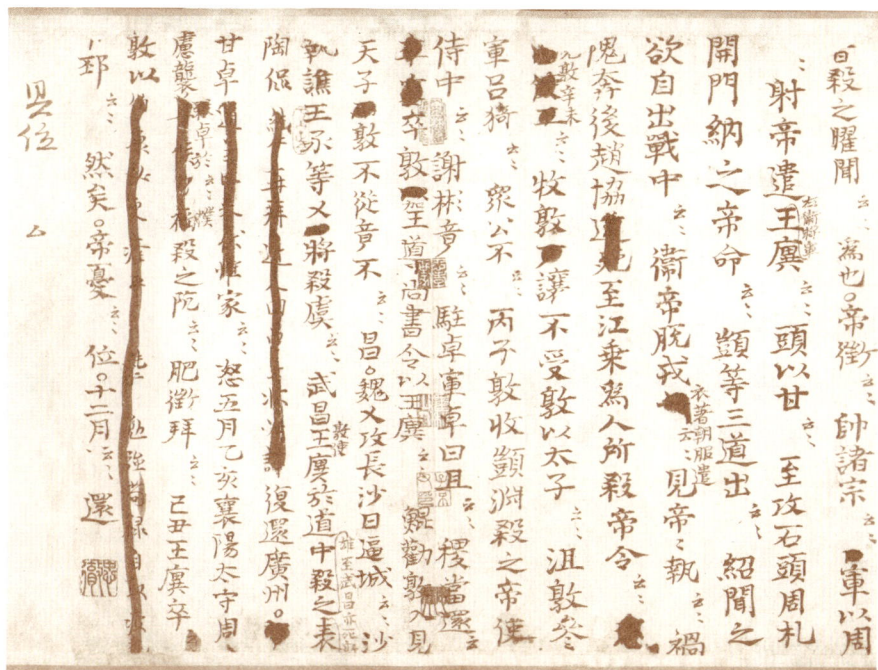

◇ 司马光字如其人，一笔一画都如同刀刻石勒

● 《资治通鉴残稿》（局部）北宋 - 司马光 - 中国国家图书馆藏

入。年纪最大的是七十九岁的富弼，其次是七十七岁的文彦博，最小的则是司马光。会员采取轮流坐庄的方式，不定期举行聚会，在一起喝酒饮茶，吟诗作赋，让晚年生活过得雅致有趣。而且他们都是王安石变法的反对派，有着共同的话题和同样压抑的情绪，可以相互沟通与疏泄。因为年纪最小，许多事情都落到光的头上，包括《洛阳耆英会序》和会约的起草，都出自《资治通鉴》作者之手，规格甚高。保留至今的《洛阳耆英会序》是件文物，也是十分精美的书法作品，可

以看出光严谨而刻板的性格。会约对聚会的细节作了简明的规定，共有八款：聚会时依年龄长幼排序，不论职位高低；用餐不讲排场，只要简洁、干净便可；主菜不超过五种，至于佐酒的果脯、肉酱之类，总数不超过二十小碟；饮酒自便，喝多喝少随意，主人不劝酒，宾客也无须勉强；倘若酒未喝完，席上菜肴已尽，则可适量补充菜羹；为节约纸张，仅用一张通知单，派人逐家递送，客人能否出席，在纸上签注即可；客人须按时出席，不等不催；上述规定，若违反一条，罚酒一杯。在富弼、文彦博等老宰相的主持下，会约得到严格的遵守，酒桌上还催生了不少诗作，成为西京一时的盛事。

二

王安石离去后，神宗找到了做天子的感觉。两位宰相，吴充心正而力不足，"三旨相公"王珪德望不高，除了有时耍耍小心眼，很多时候都是唯命是从，依程序办事。元丰年间，神宗亲自主导了一次制度改革，史称"元丰改制"，将宰相府分为中书省、门下省、尚书省三个部门，三个部门的长官都成了宰相。于是，宰相的权力被肢解，他们几乎成了皇帝的跟班，没有统揽全局、经略天下的自觉意识，大量事情都要由皇帝一人来谋划与定案。与此同时，台谏官员的监督作用也被削弱，他们当然不敢贸然弹劾皇帝。从此，神宗承担的责任和处置的事务，成倍地增加，事无巨细都得亲力亲为，堪称日理万机，把皇帝当得苦不堪言。超出生命的阈值去承担历史责任，让神宗的身体三十几岁就出了问题。元丰七年（1084）秋天，一场宫宴开始，神宗高举杯子正要祝酒，忽然"暴得风疾，手弱觞侧，余酒沾污御袍"。看来应该是中风的症状，一度严重到无法临朝听政的程度，甚至大年初一也无法接受大臣们的贺岁。

仁宗皇帝四十多年的施恩布德导致冗员、冗兵、冗费泛滥，国库亏空，形成经济与政治的危机，必须矫枉过正，才能维持国家的长治久安。恩德布施多了，就得用怨恨与惩罚来平衡，这就意味着需要有人出来做恶人，采取一些恩断义绝的措施，剥夺某些阶层过于肥厚的既得利益。在这方面，王安石是一个不可多得的人选，因为有他横过身来为社稷担当，皇帝还可以有好人做。但恶人做多了会招来众怒，石终于做不下去，皇帝也就只能自己顶上，好人和坏人都一起来做，这就更加为难了。以孤、寡自谓的皇帝，于是变得日益孤寡，与后宫、前殿都拉开了距离。没有人能够走进他深邃的内心，体谅他的郁闷与忧思。但在这种忧郁里，他却是体会到了前宰相的苦衷，先后二十多次派员去慰问，还不断给其追加爵位，让御医为其把脉开方，可谓关怀备至，皇恩浩荡。但对于现任宰相，他却连起码的尊重也做不到，常常揪住过错处以罚款，还让他们到宫门前作礼谢恩，这可是本朝开国以来没有先例的事情。

元丰纪年期间，国家的财政状况与底层社会的民生都有了明显的改观，但西北边疆却紧张起来。早在王安石辞相前，听闻西夏将派出十二万人夺取熙河地区的探报，神宗就有些慌神，反倒是作为宰相的王安石内心笃定，头也不回就断定这是谎报军情。皇帝整日心事重重，心中好像什么时候都有块石头。熙宁七年（1074），王韶完全控制河湟地区后，准备举兵征讨西夏，然而全力支持他的石这时却无奈地辞去了首相职位。后背失去依靠的王韶心意惶然，陷入口舌、摩擦与掣肘当中，难以自救也无法施展。王安石第二次辞相，经略西夏的计划随之搁浅。王韶被贬洪州之后，朝廷再也找不出像他那样的人才。军队将领之间互不配合，各自为战，内耗不断。元丰四年（1081）四月，西夏发生政变，国王李秉常为其母后梁氏囚禁。鄜延路将领种谔上奏，提出乘机"大兴王师以问其罪"，由他率鄜延九将兵马及禁军，会攻灵州，一举收复这片唐代的旧山河。神宗于是擢拔他为鄜延路经略安抚副使，并从内地调拨二十三将兵马协同作战。猛将种谔带领的各路军队相继占领米脂及银、韦、夏、宥诸州，但宦官李宪所率的一路只进至葫芦河（今宁夏清水河）便莫名折返。会攻灵州时，只有泾原、环庆两路兵马按时到达，而两路兵马又因主帅争功而错失战机，耗时近二十天都无法拿下城池，反被夏人水淹三军，最终落荒而逃，数十万大军"暴骸于旷野"。消息传到汴梁，神宗的身体于是又出了问题。他的身体与国家命运密切交集，生理过程已经高度政治化了，治病便是治国，国不治则病不愈。

元丰五年（1082）五月，种谔再次提出建议，在宋夏交界的横山地带，构筑银、宥、夏三州城，以成鼎足之势，居高临下虎视漠南地区，待机再图兴州与灵州。神宗派徐禧前往延州，与知州沈括会面，商量建城选址事宜。徐禧认为，银州旧城东南已为河水所淹，西北方又被天堑所阻，不如永乐地势险要，建议放弃银州旧城，在永乐另筑新城。但种谔和老将高永能极力反对，他们认为永乐缺水，一旦被围便成死城，让王师陷于死绝之地。于是，徐禧用处死来恫吓种谔，并以其为人跋扈为由，奏请皇帝让其留守延州，自己亲率诸将前往永乐筑城。然而，永乐城刚刚建成，夏人就倾国而来，烟尘滚滚，号称三十万大军。城外的对垒，宋军一触即溃，只有万余残兵败将退入城内死守。驻守延州的种谔隔岸观火，等着好戏上台来解心中之恨，一直都不去援救。沈括这边派出的援兵，又被西夏骑兵阻拦于途中。城中断水，挖得再深也不见出泉，只能挤粪汁来喝。大半的士卒没有上阵，就眼睁睁地渴死。有将领请求趁着士气未尽突围出去，徐禧却断然拒绝。他早就出言在先："西北唾手可得，只恨将帅怯懦。"至死都不能打自己嘴巴。

八天之后，永乐城告急的消息传到汴梁，身体刚刚康复、陶醉于永乐城落成喜悦中的神宗，顿时惊慌失措。他立即派兵驰援，但军令还没有送达陕西，永乐城就已经在血光中陷落，一万多将士"得免者什无一二"，徐禧及手下的诸多将领都死于乱军之中。七十岁的老将高永能原本可以乘机逃走，但自感深蒙国恩，恨无所报，便挥刀入阵，疯狂厮杀至死。宦官李舜举死前割下衣襟，血写奏书："臣死无所恨，愿朝廷不要轻视豺狼之兵！"十月间，沈括和种谔的奏报传来。神宗帝涕泣悲愤，茶饭不思，早朝时，对着辅臣痛哭流涕，不敢抬头仰视，感慨道："永乐建城时，怎么就没有一个人说不呢！"实际并非没有，只是听不进去而已。而且王安礼还曾进谏，称徐禧志大才疏，必误国事，不可委以重任（《续资治通鉴》卷第七十七）。

恢复汉唐江山的宏图大略宣告流产，神宗也深深意识到用兵的艰难。且不说前方命悬一线的搏杀，就连粮草的筹集与转运有时费尽周折也无法跟进。从此，他不再有登基时君临天下的豪情，也放弃了收复汉唐山河的梦想，健康状况更是每况愈下。在这种情形下，他哪有什么心情来召见司马光？因此，光最终等来的，是圣上驾崩的噩耗。

元丰八年（1085）正月初，经受不起精神打击的神宗，病情迅速恶化。大赦天下，发动群臣向天空祷告，均不能扭转。于是被搬入福宁殿，等待着死神的降临。宰相王珪等人再三劝皇上早建东宫。意识到生命朝夕不保的神宗，环顾三次，终于勉强点头同意，将九岁的第六子赵佣立为太子，改名为"煦"，其成人之前，由宣仁太皇太后高氏垂帘听政。三月初五，一生壮志未酬的神宗带着绵绵遗恨，永远地闭上了眼睛，年仅三十八岁。第二天，开封人看到，空中出现白虹横贯太阳的奇观，紧接着，京师又发生了一场令人不安的地震（《续资治通鉴》卷第七十八）。在临终之前的日子里，神宗仍然没有忘记苏东坡，批准了他的申请，改移常州团练副使。

三月十七日，司马光匆忙离开洛阳，日夜兼程赶往东京，进入朝堂吊丧，并出席哲宗皇帝和太皇太后临朝仪式。卫士中认得他的，都举手加额，说："这不就是司马相公吗！"每到一个地方都有人围观，甚至跪趴在地，挡住了道路，弄得都走不开步。人群中甚至还有人高喊："相公不要回洛阳了，留下来辅佐天子吧，给百姓能寻一条活路。"当然，能够在这种场合喊话的人，不会是普通百姓。正值主少国疑之际，这些敏感的话语，让司马光感到惧怕。他何曾当过一天的宰相！所幸朝廷允许他谢恩告辞，于是便急速返回到西京。太皇太后高氏得知此事，便过问主管的朝臣，还派内侍专程前往慰劳光，问他有什么事情是需要办的。光于是提交了《乞开言路状》，指出："近年来士大夫避讳进言，百姓在下面受苦，上面却不知道。明主在上面忧虑操劳，百姓却无处诉说，这本来是群臣的过错，但愚民无知，都归怨于先帝。我以为现在应当做的，就是公开颁布诏书，广开言路，不管有无官职，只要是了解朝政缺失和民间疾苦者，都可以上状进言。并且将诏书下达各路州军，张榜公布。京城百姓的状子可投送到鼓院，委派主管判官按规定的时间呈上；外地百姓的状子则投送到州军，委派长吏当天投递奏上。言书必须'实封'上呈，不得索取副本，或强行压制退回。"（参见《续资治通鉴》卷第七十八）

太皇太后高氏早先就在神宗面前哭诉过新法，与司马光是政治上的同道，一心想着要让朝政回到仁宗皇帝的轨道上来。光的提议，立即得到她的同意。于是，有关新法的投诉多了起来。四月份，朝廷就下令中止免役钱的征收。反对派的人物也开始受到起用，吕公著被授予资政殿大学士兼侍读，司马光也以资政殿学士衔出知陈州。对此任命，光丝毫没有推辞。五月十七日，无所建树的首相王珪病逝，宰相府位置出缺，司马光于是被任命为门下侍郎，成了名副其实的司马相公。这次，他倒是想推辞，但太皇太后"责以天下大义"，并承诺再次降诏广开言路；哥哥司马旦也批评他的做法，不符合儒者的进退之道。他也就只好接受下来。

此时朝中无人，司马光众望所归，是新法反对派（即所谓旧党）的旗帜。宣仁太皇太后代表皇亲国戚的利益，自然也属于反对派阵营，她私底下已经以国相许，将扭转时局的希望寄托于光。但在三省中，门下省长官是蔡确，中书省长官是韩缜，光只是门下省的第二把手，而枢密院仍由作风强悍的章惇主持。蔡确、韩缜和章惇三人皆"受遗顾命"，都是先帝留下来辅佐哲宗的老臣，他们均属于新党，是王安石变法路线的执行者。神宗尸骨未寒，太皇太后不敢立即让这些人出局。因此，朝堂上可谓暗流涌动，波谲云诡，旧党与新党的斗争不动声色地进行，形成势均力敌的态势。在过去的十几年里，司马光多次提出废除新法的诉求，都得不到回应，他的政治主张并未因得不到接受而放弃，反而变得更加坚定和强烈。这些年，他埋头在旧纸堆里，对于地方上的情况并不了解，所能够听到的，都是身边一些旧官僚和大户的怨声，而这些人都属于变法的对象。光不知不觉中就成了他们的代言人。在朝堂上，他遭遇到了强劲的政治对手——苏东坡的同学章惇。

章惇身长貌美，仪表堂堂，传说他在入京赶考期间，曾被官宦人家的美眷劫色。他能说善辩，作风干练且手段强硬，在他面前，木讷的司马光显得相当笨拙。在宰相与枢密合署办公的场合，光提出的意见和议案，包括台谏官员的人选，屡屡遭到章惇道理上的反驳和情绪上的揶揄，这让他满脸涨红，说不出话来，只好低头隐忍。章惇是一个命里带煞的狠人，这一点，东坡年轻时就领教过，称其是能够杀人的人，因为他连自己的生命也在所不惜。熙宁五年（1072），章惇担任两湖察访使，动用武力征服湖南、湖北山区的部族，收编了四千八百零九户的人口和二十六万亩的田地。有人控诉他杀戮过多，而且十之八九是无辜者，漂浮的尸体遮蔽江面，当地人几个月都不敢吃鱼。此事无法查实，不过即便确有其事，也是被过分夸大了。熙宁七年（1074），章惇判军器监期间，工作十分出色，在发生火灾时，指挥镇定自若，有大将之风，受到神宗皇帝的激赏，当即任命他为三司使。

元丰后期，陕西用兵失败，神宗情绪激愤，下旨处死一名漕官。次日，宰相蔡确上殿奏事，神宗问他："处死那名漕官的事，办妥了吗？"蔡确回答："臣正想上奏。"神宗又问："难道还有什么疑问？"蔡确解释："自太祖太宗以来，还没有杀过文官，臣等不希望这种事情从陛下开始。"神宗沉吟后说："那就将他黥面流放到偏远的地方去吧。"时任门下侍郎的章惇插话："与其黥面流配，不如直接就杀了他。"神宗顿感惊愕，问："这是为什么？"章惇回答："士可杀，不可辱。"神宗龙颜变色，说了句："怎么快意的事情，一件都做不得！"没想到，章惇竟然怼了回来："如此快意之事，不做也罢！"显然，他不是一个阳奉阴违、阿谀奉承的奸佞之人。

章惇年轻时曾经辟谷修炼，写得一手好字，是个文武兼备、执行力极强的官员，缺点是作风霸道蛮横，功名心和排他性极强。他无疑是个酷吏，但很难说是个奸臣。《宋史》的编修者把他列入《奸臣传》序列，对他多少有些不公，恐怕值得商榷。宋代，邵雍以识人闻名，在他眼里，章惇和程颐是当时天下最聪明的人。成人后的哲宗皇帝对章惇更是推崇备至，称其器博而用远，志刚而明，宝茂而声宏，内有论道经邦之实，外有开疆复宇之休。"才之所施，则酬酢万变而无穷；学之所造，则贯通百家而不惑。""善政良法，多所纷更。正色危言，不惮强御。十年去国，一德保躬，虽风波并起于畏途，而金石不渝乎素履。"这种看法，与《宋史》的定论恰恰相反。

章惇虽然是个狠人，但他不只是对别人狠，对自己和家人也是够狠的。这个福建子自律甚严，相当廉洁，四个儿子皆进士出身，仅有考得进士第四名的章援进入了京师，在馆阁担任普通职务，其他皆如平民子弟一般，由吏部正常派遣，四个儿子都没有因为父亲得以升迁和显赫。梁启超有这样的说法："就拿他不肯把官位给自己的亲友这件事来说，他洁身自好的品格已经可以影响世俗了。"（梁启超《王安石传》）元丰三年（1080），章惇出任参知政事，在东坡落难的关键时刻，无畏地施出援手，此事让东坡铭记终生。当然，把他列为奸臣，也许有利于抬举司马光等人的高尚，历史的戏剧也因此好看一些。但在章惇与司马光的争论中，在理的不见得就是光本人，特别是关于是否废除"免役法"的争论。

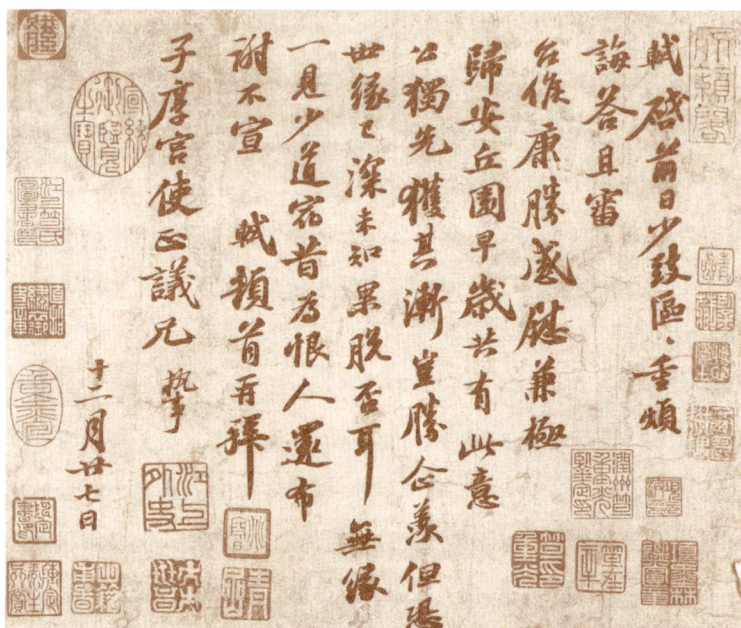

◇ 苏轼写给章惇的手札，他们的关系其实并不似人们想象的那样恶化

● 《归安丘园帖》北宋 - 苏轼 - 台北故宫博物院藏

三

就在旧党与新党的对抗处于相持的阶段，东坡于元丰八年（1085）底回到了汴梁。他原本是旧党的代言人，在反对派阵营里，影响力仅次于司马光，而且有着七年被迫害的光荣履历。现在，太皇太后要谋求复辟，自然需要他这样的人才，何况还有光的一再提名。因此，这一年五月，他就被任命为登州知州，结束了贬谪的生涯。十月，他抵达登州，还来不及安顿下来，便接到出任礼部郎中的诏书。听说登州有海市蜃楼，但通常只出现在春夏季节。他不甘心就这么遗憾地离去，便到海神广德王的庙里上香祈祷。果然，第二天，天公作美，他竟然见到了这种难遇的奇观，还作了长诗一首：

东方云海空复空，群仙出没空明中。

荡摇浮世生万象，岂有贝阙藏珠宫。

心知所见皆幻影，敢以耳目烦神工。

岁寒水冷天地闭，为我起蛰鞭鱼龙。

重楼翠阜出霜晓，异事惊倒百岁翁。

人间所得容力取，世外无物谁为雄。

率然有请不我拒，信我人厄非天穷。

潮阳太守南迁归，喜见石廪堆祝融。

自言正直动山鬼，岂知造物哀龙钟。

伸眉一笑岂易得，神之报汝亦已丰。

斜阳万里孤鸟没，但见碧海磨青铜。

新诗绮语亦安用，相与变灭随东风。

（《登州海市》）

"率然有请不我拒，信我人厄非天穷。"能在寥落的深秋时节目睹海市蜃楼，本身就是一种奇迹。两种奇迹叠加在一起，给了东坡某种暗示，似乎命运之神，已经开始眷顾于自己，他将在天街上漫步，一颗颗地采摘耀眼的星斗。

十二月上旬，东坡进入汴梁城中。因为处于皇权更迭时，一种不安的气氛笼罩着这座巨大的都市，人们走路的神态也显得有些拘谨，但市面上的繁华却丝毫没有减少。没来得及去礼部报到，东坡就匆匆登上司马光的府第。十几年不见，老师已经变成了须发苍苍的老人，本来清癯的面容，变得更加严峻。坐在宽大的太师椅上，个子显得十分瘦小，鼻子反衬得高出许多。以这样的身躯去支撑整个天下，实在让学生感到担忧。客厅的一侧，竖着一块牌子，上面有光出任副宰相后亲笔书写的"客位榜"，内容是告知访客一些须知的事项：倘若看到朝政缺失或民间疾苦，要向朝廷进言的，就请写好奏章直接呈送朝廷。本人会与同僚认真商议，择其可行的报送皇上，并在获得批准后加以实施。倘若只是请托办事的私信，送到本人这里，便不会有什么有益的结果。倘若发现本人有什么过失，要帮助加以规正，就请将函件交给当差的办事员，他们会转交给本人，本人也会认真反省、勉励并改正。此外，若是涉及官职差遣、理事罪名，跟自己有关的，也请出具书面奏状，以方便本人和相关官员研究处理。若仅是到家里来私访闲聊，就请不要谈及这类话题。

浏览了这篇近乎官方公示的"客位榜"，东坡更加真切地体会到老师作为儒者的庄正与方刚，但在原儒那里，通变也是同样重要的。孔子曾经指出："可与共学，未可与适道；可与适道，未可与立；可与立，未可与权。"（《论语·子罕》）可以一同学习的，未必可以一同修道；可以一起修道的，未必可以一同守道；可以一同守道的，未必都懂得在实践里权衡变通。在政治事务中，孔子特别强调"谨权量"。司马老师差的可能是这一课。

除了嘘寒问暖，师生相见，免不了要谈及当下的时事；而谈及时事，又免不了要谈到一个人，那就是东坡的同学、与司马光势如水火的章惇。他在公众场合的刁难与嘲弄，弄得这位副宰相十分难堪。在《亡兄子瞻端明墓志铭》中，苏辙有这样的表述：章惇每以戏谑侮困司马光，让其颇为苦恼，因此求助于东坡。但以光的性格，似乎不大可能屈尊求东坡出面。真实的情形，可能是东坡自己得知情况后，主动表示要找这位老同学说道说道，从中加以调停，让他懂得如何尊重师长。

当话题延至新法，特别是光提到要废除免役法时，东坡却坐不住了。由于无法苟同老师的意见，两个人吵了起来，声音在厅堂里震荡。回去之后，东坡意气难平，先后向朝廷上了两道奏章。在十二月所上的《辩试馆职策问札子》里，他记录下自己与光的对话过程——

> 司马光谈起自己想要做的许多事情，东坡都称赞其"皆上顺天心，下合人望"，没有什么可疑义的地方，但唯独对于废除免役法这件事情，他认为"未可轻议"。因为差役法与免役法各有利弊。免役法的弊害，是聚敛民间财富于官府，导致民间银钱稀少，流通不足；差役法的弊害，是民众时常被官府差遣，无法专心致力于农事，贪官污吏狼狈为奸，借机祸害百姓。这两种弊害轻重相当，现在以差役法取代免役法，百姓未必欢迎。司马光听了感到十分

惊讶，问："照你这么说，那应该怎么办？"东坡回答："法相因则事易成，事有渐则民不惊。从上古时期的兵农合一，到后来的兵农分离，是经过漫长历史才形成的。在这种制度下，民众不知兵事，士兵不知农事；农民拿出粮食衣物来养兵，兵卒出性命来保护农民。这种状况已经根深蒂固，即便是圣人出世也无法改变。现行的免役法，基本上属于这种情况。神宗皇帝的本意是让百姓按照贫富高低出缴免役钱，然后专心致力于农事，这样，即便有贪猾的官吏，也无法施其暴虐；而官方以民户缴纳的钱，另外雇人服役，民户便没有了执役之苦，也就没有家人不能团圆的顾虑。这乃是万世之利、社稷之福，绝不可以随意改变。但免役法也有弊端，如推行免役法的人不遵循上意，'多取宽剩役钱，以供他用实封；争买坊场河渡，以长不实之价'。这都是王安石、吕惠卿他们这些人搞出来的，并非神宗皇帝的本意。您老人家若能消除这两种弊端，而又不改换这种法，让执法之人不在法定标准之外收钱，而且量出为入，则既能让百姓欢喜，又可以把事情办好。"他举出自己在密州时推行免役法"民甚便之"的例子。按照他的推断，今天免役法宽剩的钱粮约有三千万贯石，兵事上的支出仅耗掉一半。现在可以说是"内帑山积"，这些财物原本来自民力，应当为民所用。倘若推行先帝买田募役法于河北、河东、陕西三路，数年之后，三路役人，可减大半，多出的民力，即可随时应付边疆缓急之用。

东坡觉得，道理已经讲得很明白了，但光听了全都不以为然

（参见苏轼《辩试馆职策问札子》、苏辙《亡兄子瞻端明墓志铭》）。《资治通鉴》漫长的书写，架空了他与现实的关系，他似乎还没有从历史的情境中走出来，回归现实。压抑了十八年之久的情绪，也使他变得异常偏激，无法以中庸智慧来处理眼前的事物。

对于章惇和司马光，苏辙有这样的评价："枢密使章惇，虽有应务之才，而其为人难以独任。门下侍郎司马光、尚书左丞吕公著，虽有忧国之志，而才不逮心。"《亡兄子瞻端明墓志铭》里写道，因为说服不了司马光，东坡甚至跑到政事堂去，高声地跟光理论。惹得光大为光火。东坡于是提起韩琦任宰相时，作为谏官的光不依不饶的表现，然后怼他："现在您当上了宰相，就不允许别人说话了？"光这才反怒为笑。领教了司马光牛脾气的东坡，回到家还憋着满肚子气，一个劲地直呼："这个司马牛！这个司马牛！"因为意见得不到接纳，东坡请求外放，光没有应允，但其心里已经起了将东坡逐出朝廷的念头，只是因为过早病逝，才来不及实施。当时，台谏官员多是光这边的人，个个都希望获得晋升，喜欢在别人身上找毛病来做文章。好不容易重返朝堂的东坡，对此深感不安，但他反对恢复差役法的立场，并未因此改变。第二年五月，已经升任中书舍人的东坡再次上奏，更加鲜明地表达了自己的态度："非止是役法中一事。臣既不同，决难随众签书！"他拒绝在三省同上的《约束州县抑配青苗钱白札子》上面签字。不知不觉中，他已经站到司马光的对立面，成为旧党的反对派，这是东坡原先怎么也想不到的事情。

四

东坡的强烈反对，未能扭转司马光公牛一样的意志。在新年来临之际，光的身体愈发不堪，上不了太皇太后赠送的那匹骏马，又不愿意坐用人来抬的"肩舆"，于是一再告病在家。但在十几天之内，光先后两度上了《乞罢免役钱依旧差役札子》，并通过咨文向三省和枢密院作出相关说明。因为"免役法"是所有新法中，他最为痛恨的恶法。咨文中有这样的话语："当今法度，最先应当革除的，莫过于免役钱。它不仅苛刻地剥削贫民，导致民不聊生；又雇佣四方无赖浮民，用这些靠不住的人来为官府服役，使官不得力。为今之计，不如全面取消免役钱，恢复差役旧制。"（参见赵冬梅《大宋之变：1063—1086》第 426 页，广西师范大学出版社 2020 年版）

经东坡调停，章惇对司马光的态度明显收敛，但在立场上丝毫没有让步。看过光的两道札子后，他立即上疏，指出其中自相矛盾的地方：二月三日上的札子认为，上户是免役法的受害者；二月十七日上的札子则说，上户是免役法的受益者。章惇不无嘲讽地说："司马光是至诚之人，十几天内出现如此大的错谬，只能说明他对役法实施情况，没有开展深入的调查。"章惇是在拿光的道德品质，来批判他本人的政治行为。此时，光已是沉疴在身，不可能去做什么调研，只抱着满腔的迫切，希望在自己倒下之前将新法废止，让一切都恢复到十几年前的样子。但富有政治经验、对国情有实际了解的章惇，认识到变法已经改变了现实，牵动到包括机构设置、制度安排等社会的方方面面，并且建立起了新的利益格局。从中央到地方，许多用度开支和人员经费，都有赖于免役钱的征收。现在釜底抽薪，将煮熟的饭变回白米，可不是那么简单的事情。司马光的说法，恰恰表明其对政治事务的无知。一件事情做错了，并不意味着与它相反的，就一定是对的。

章惇承认，免役法并非不存在问题，但有些问题不是免役法与生俱来的属性，而是在推行的过程中，由于执行官吏夹带私货，才衍生出来的。因此，免役法的实施，在消除差役法弊害的同时，又滋生出新的弊端，必须具体问题具体分析。他主张在京东、京西两路，分别挑出一个州来，将免役法实行后三年和施行前三年的社会状况，作出详尽的对比分析，然后再下结论。待京东、京西两路调研完成，经验和人才也就具备了，再乘东风向全国各路推广。

实际上，反对司马光方案的人不只是新党人士。除了东坡，挚友范纯仁也极力阻止倔强的光。他劝告自己这位老友，治理之道，除了要叫停那些偏激的作为，许多事情都需要深入细致地谋划。实行差役法这件事，尤其应该充分讨论，逐步地推行，不然，就会成为扰乱百姓的祸患。希望其虚心听取众人的意见，而不必每一种谋划都出于自己。如果谋划都出自自己，就会给那些阿谀奉承的人提供迎合的机会。倘若提出的主张，已经不方便收回，可以在全国各路中选择一个来试行，看其效果之后再做决断。但光仍然不为所动。范纯仁只好摇头地说："您老这样，就让人无法说话了。我现在要是还去迎合您的意志，以博得欢心，还不如少年时早早就去迎合王安石，那样富贵会来得快些！"范镇的侄子范百禄曾经是开封府咸平县的知县，他提起在那里推行免役法时，当地百姓是普遍支持的，后来之所以遭到非议，是执行官员不断追加免役钱，使民众不堪重负。已经晋升为中书舍人的范百禄，希望在保留免役法的前提下，减少免役钱的数额。

元丰八年（1085）十月，台谏制度得以恢复，言官的意见可以以密封的形式，经过通进司奏报太皇太后。旧党与新党的均衡对峙局面，终于被打破。经过一番洗牌，台谏官员中的许多人，如监察御史王岩叟、侍御史刘挚等，跟司马光的关系十分密切，是旧党最可依靠的力量。他们开始了"倒章驱蔡"行动，陆续对首相蔡确和枢密使章惇发起弹劾。

蔡确有两件事情被他们揪住不放：一是神宗升天后，他被委任为山陵使，但是当神宗灵柩从开封移往洛阳皇陵时，他却没有依照惯例，在启程前及时入宫守灵。那天，蔡确不知忙个什么，直到深夜才匆匆赶来。正值皇权交替的敏感期，守门官拒绝开门，他发了一通肝火后，便折返家中休息。第二天，灵驾还没启动，他就先行骑马跑出几十里外，也没有向太皇太后禀报。这些都可以被解释为对先皇的不恭，也是对太皇太后和新帝的不敬，丢失作为臣子该有的本分。另一件事是，元祐元年（1086）初春，因为入冬以来旱情严重，太皇太后和哲宗皇帝皆出来设坛祈雨，向天请罪，而身为首相的蔡确，竟然不以辞职来接受天谴。在侍御史刘挚等人弹劾蔡确的同时，监察御史王岩叟也把矛头指向章惇，指控他在与太皇太后谈起谏官任命时，表现出藐视皇权的傲慢无礼。王岩叟的奏疏还指出，自去年入冬以来，天空片雪不飘，是因为朝中藏有"大奸"。二程弟子朱光庭的上书更是点名道姓，指责蔡确、章惇、韩缜三人，不仅不忠而且无耻，直接请求解除他们的权力，让位于司马光和范纯仁（《续资治通鉴》卷第七十九）。苏辙也上《乞罢章惇知枢密院状》，专门对章惇进行弹劾。东坡虽然没有表态，但在章惇看来，却是苏氏兄弟二人的共同行为。日后的恩怨多少与此有关。

就这样，形势发生了逆转。二月下旬日，迫于台谏的压力，蔡确递交辞呈，被免去宰相职位，出知陈州。紧接着，章惇也被免去了枢密使的职位，出知汝州。司马光顺理成章地当上了首相，吕公著、吕大防出任副相，范纯仁同知枢密院事，苏辙出任右司谏，朝中几乎是清一色的旧党成员，太皇太后和司马光的意志得到充分的贯彻。

司马光关于差役法复辟的方案，本来给出五天的时间，征求意见反馈。有人却把这个时间，理解为实施差役法的最后期限。如此繁复的社会工程，仅用五个昼夜就落实完成，让社会面貌复原到变法前的模样，这几乎是天方夜谭，但开封知府蔡京却做到了。五天之后，他向朝廷呈报：在他的辖区之内，已经全部恢复旧制。此人显然是个心机极深的酷吏。

蔡京的做法受到许多人的质疑。苏辙更是当面指责他居心不正，有意破坏差役法，建议朝廷对其作出惩罚。然而，司马光得知之后反而十分欣赏，当面夸奖此人："倘若人人皆如阁下这般，天下还有什么事情做不成！"老眼昏花的他，把眼前的小人都当成了君子。在他面前的蔡京，却暗暗发笑。

因为反对变法而被外放、贬逐的人，陆陆续续都回到了朝廷。吕海被任命为通议大夫，李常被任命为户部尚书，程颢被任命为中正寺丞。由于太皇太后的提携，东坡的职位不断晋升，但他的心情并不因此变得快乐起来。过去，司马光和许多旧党成员总是谴责王安石排除异己，专用与自己亲近的小人；现在，轮到他们坐庄，用人的方式竟然与石如出一辙，似乎是在以其人之道还治其人之身。至于光本人，一直谴责石的执拗与顽固不化，想不到自己当上宰相之后，他在处理政务上表现出来的偏执和顽固，有过之而无不及。前后两个当局者油盐不进，一个是"拗相公"，一个是"牛相公"，让在朝的人，姿势不知如何站立才是。这种情形，令东坡想起了自己在庐山东林寺的题壁："不识庐山真面目，只缘身在此山中。"作为局外人在书写历史时的那份清醒，一旦转入作为当事人的社会行动，就变得如此糊涂，真是不可理喻。

在罢黜免行钱、方田法、免役法之后，司马光又要废止青苗法。他和太皇太后携手推动的复辟运动，被称为"元祐更化"。有好心人提醒他要留点儿神，最好择其善者而行之，不能一个劲儿地铲除神宗推行的新法。说不定哪一天，有人用神宗与哲宗的父子情义来离间，祸乱就会从天而降，被废弃的都可能卷土重来，而他自己也在劫难逃。司马光一脸肃穆地回答："倘若上天保佑宋朝，就必定不会发生这样的事情。"（《续资治通鉴》卷第七十九）后来的历史表明，他作出了错误的估计，让自己入土之后还不能安生。

五

神宗皇帝驾崩的消息，很快就传到钟山脚下。对于正在半山园里吟诗问禅的王安石，这个噩耗如同晴空霹雳。想不到自己辅佐的明君，正值盛年就与世界诀别，让新法的事业面临变数。金陵报宁禅院刚刚交付僧众入住，牌匾还是神宗亲笔题写的。他连忙赶到院里上香，并请真净克文禅师召集全院僧人，举行庄严的祈祷法会，超度天子的亡灵。自己还提笔写下《神宗皇帝挽词》，表达作为臣子的追思："玉暗蛟龙蛰，金寒雁鹜飞。老臣他日泪，湖海想遗衣。"

有关人事变动和变法的事情，陆陆续续地从汴梁方向传来。元丰八年（1085）五月，司马光还朝，旋即提出重审新法的诉求；七月，免行钱被停；十一月，方田法被罢；十二月，保马法被废……因为有了禅的修为，石的心态已经冲淡许多，对于这些无可奈何花落去的事情，接受起来不是特别困难。这段日子，他"每日只是在书院中读书，时时以手抚床而叹，人莫测其意也"（李壁《王荆文公诗笺注·新花》）。有时，他会差使那位老兵，去市行上买些酒回来独自斟酌，并吟上几句，反复推敲。《新花》可能就是他酒后的绝笔："老年少忻豫，况复病在床。汲水置新花，取慰此流芳。流芳只须臾，我亦岂久长。新花与故吾，已矣两可忘。"

　　然而，元祐元年（1086）三月，当石听到免役法已被颠覆、青苗法也将被追废的消息时，还是十分惊愕，几乎无法相信这是真的。那些年，他在谋划中耗费心血最多、自认为给国家民众带来利益最大的法，就是青苗法和免役法。在两个法已经取得了卓著成效、给生民带来普遍惠泽的时候，将其无情取缔，实在是一种残忍。"此法亦能罢乎？此法亦能罢乎？"他嘴里反复念叨着这一句。免役法可是他和神宗君臣二人，用了两年时间反复论证之后，才付诸实施的新法。已经坐不住的他，拄着拐杖站了起来，连连摇头，不知是向谁说话："此法一罢，天下之事尚可为乎？尚可为乎？"

　　儒者的功业，分为修齐与治平两个领域。儿子的夭折，是王安石在齐家领域无法弥补的缺憾；新法的废止，意味着他的人生在治国平天下方向上的建树也已经破产。平生的愿力，殚精竭虑的付出，全都付诸东流，被自己的至交好友像推倒儿童积木那样扫荡一空。对他而言，这几乎是致命的一击。无力回天的他，终于将这个世界放下，撤回一生支付出去的愿望与情愫。在将半山园捐出去的时候，他就决心不给自己留下余地。如今，更觉得世缘已尽，身上那股方刚之气也消泄下来。撒手虚空，物我两忘，化入缥缈的仙山佛国，恢复自己的本来面目，已成为最终的归宿。就这样，这一年的四月，荆国公王安石在家中安然而逝，终年六十六岁。任由毕生的事业像一桌麻将，不断被人推倒重来，糊来糊去。但从大的历史视野来看，作为一个改革家，能够得以善终，没有被五马分尸或焚骨扬灰，就已经很难得了。

消息传到汴梁，躺在病榻上的司马光，支撑着爬了起来。尽管这一辈子，两个人摩擦和冲突甚多，但正是通过反复的摩擦和冲突，他比任何人都更清楚王安石的人格。意想到会有宵小之徒，会乘机诋毁王安石，往其身上泼脏水，抛掷砖头石块，已经多日不能上朝视事的他，立即致函代为理政的吕公著，特别强调："介甫文章节义过人处甚多，但性不晓事而喜遂非，致忠直疏远，谗佞辐辏，败坏百度，以至于此。方今矫其失，革其弊，不幸介甫谢世，反复之徒必诋毁百端。光意以谓朝廷特宜优加厚礼，以振起浮薄之风。"在他看来，政治事务上的过失，并不能掩盖王安石玉石一般的品质。而士大夫的人品，对于世道人心的导向作用，更是不可低估。即所谓："君子之德风，小人之德草，草上之风必偃。"（《论语·颜渊》）

为了给足王安石哀荣，太皇太后宣布停止两天的朝会，追赠王安石正一品的太傅，让其位列三公，并准许他家族的七名子孙以门荫入仕。中书舍人苏轼，奉命为皇帝起草敕文：《王安石赠太傅》——

敕。朕式观古初，灼见天意。将有非常之大事，必生希世之异人。使其名高一时，学贯千载。智足以达其道，辩足以行其言。瑰玮之文，足以藻饰万物；卓绝之行，足以风动四方。用能于期岁之间，靡然变天下之俗。具官王安石，少学孔、孟，晚师瞿、聃。网罗六艺之遗文，断以己意；糠秕百家之陈迹，作新斯人。属熙宁之有为，冠群贤而首用。信任之笃，古今所无。方需功业之成，遽起山林之兴。浮云何有，脱屣如遗。屡争席于渔樵，不乱群于麋鹿。进退之美，雍容可观。朕方临御之初，哀疚困极。乃眷三朝之老，邈在大江之南。究观规模，想见风采。岂谓告终之问，在予谅暗之中。胡不百年，为之一涕。于戏。死生用舍之际，孰能违天；赠赙哀荣之文，岂不在我。宠以师臣之位，蔚为儒者之光。庶几有知，服我休命。可。

王安石是盖棺之后无法定论的人物，直至今日，他到底是功臣还是罪人，都是个争议不休的话题。在旧党复辟，其主持的变法事业正在被推翻的当时，如何给出各方面都能够接受的评价，是一件颇费踌躇的事情。在油灯烛光之下，东坡可谓绞尽脑汁。他以皇帝的口吻说话，给予王安石很高的定位。开篇就从渺茫的天意启论，看起来似乎泛泛而谈，但却暗示王安石乃"希世之异人"，其降生有着特殊的因缘背景，属于天降大任于斯人之列。为此，上天还"使其名高一时，学贯千载。智足以达其道，辩足以行其言。瑰玮之文，足以藻饰万物；卓绝之行，足以风动四方。用能于期岁之间，靡然变天下之俗"。熙宁年间，石因为敢于作为，"冠群贤而首用"，被先帝寄以前所未有的信任，而他并不贪恋权力与荣华，"屡争席于渔樵"，其作为士人君子的进退之美，风度雍容可观。对于敏感的变法，东坡小心绕过，避而不言，只是谈论他的问道历程和学业成就。王安石少年学习孔孟儒学，晚年浸润于佛道思想。"罔罗六艺之遗文，断以己意；糠秕百家之陈迹，作新斯人。"这样的褒奖，看起来十分高亢，其实暗含贬抑之意。搜罗儒家的六种经典，以自己的意思加以推断；将过去纷纭百家的学说加以"糠秕"，重新作出诠释以教化今人。这显然是说，王安石的"新学"，存在着某种主观臆断的倾向。把批评写成表扬的样子，抑扬顿挫，是这篇敕文的高妙之处。这是一篇难度很高的命题作文，东坡不愧为当世高手。

王安石、王雱和吕惠卿编撰的《三经新义》，一度是太学里的指定教材。太学生中，有人自发地组织祭祀活动。他们筹集经费，绘制遗像，设立灵堂，公开进行吊唁。但得知此事的国子司业黄隐，像愤怒的公牛冲入灵堂，扯下王安石的遗像，还将出头的学生处以禁闭。此事闹得沸沸扬扬，被告上朝堂。王安石下台后，《三经新义》虽受非议，但朝廷并未因此禁用。但黄隐上任国子司业之后，便立即焚毁《三经新义》书版；在给生员考卷判分时，见到上面有《三经新义》的引文，就狠狠画掉，甚至恶意将打叉的卷子张榜公示。令人想不到的是，此次太学生的行动，得到了众多台谏官员的支持，黄隐反而遭到人们的唾骂。曾经激烈地批评过王安石变法、时任殿中侍御史的吕陶，挺身站出来说话，指出："对于经典的内义，汉代以来的诠释未必全都正确，王安石的诠释未必全都错谬。善于进学的士子，应当能够独立作出判断。王安石如日中天时，人们都推崇他，把其看作近乎孔、孟的人物。现在他失势，人也不在了，又有人出来诋毁他，说他的学术毫无可取之处。对于士林，这种势利的行为是值得警惕的。往小里说，是个人品德的沦丧；往大里说，是社会风尚的浇漓。"吕陶的说法，得到了司马光的欣赏。和那个时代的多数士人那样，他们都十分珍视学术和学人的品格。

六

将新法陆续废除之后，司马光的人生也走到了尽头。几乎可以说，光一生最大的功业，除了撰述《资治通鉴》，就是将王安石主持的变法加以废止，回到这一切都没有发生过的从前。抹去老朋友一生建立的历史功勋，就是他本人的历史功勋。然而，当他还想将石主政时收复的熙河地区，交还给党项人时，却受到了人们的阻止。

神宗皇帝之所以挑起边界战事，一是觉得宋朝江河破碎，国家领土极不完整，与大汉和盛唐的版图相比，少了大片疆土；二是要洗雪一个堂堂大国用金钱财货去跟夷狄购买和平的耻辱。党项人建立的西夏，原本属于中国的领地，现在每年还得给他们送去十三万匹绢、五万两白银、二万斤茶叶，才能维持岌岌可危的和平局面，实在不是大宋这个高度文明国度的荣耀。但在司马光看来，和平和安居乐业的生活，比土地和财货更值得珍惜。打起仗来付出的代价、牺牲的生命和消耗的财富，比起送出去的不知要多出多少。

元祐元年（1086）六月，西夏派出使臣前来示好，并想讨取兰州、米脂等五个堡寨。躺在病床上的司马光，视此为扭转边境紧张局势的机会。他连上三道札子进言，称灵、夏地区的纷争，原来是由我方引起，新纳进来的几个堡寨，也是人家的土地。如今，既然允许他们依顺朝廷，就应该将其归还。若是不肯归还，西夏方面可能会认为，用恭顺的方式对待我方，得不到什么实际的好处，还不如以武力来夺取。倘若到了那个时候，被迫无奈归还他们，反成了国家的奇耻大辱。太皇太后本想采纳他的建议，但一个叫安焘的官员坚决反对："从灵武以东，古来就是本国的故土，先帝好不容易才收复，现在无缘无故就将其放弃，岂不被外夷轻视！"光于是将曾任河州通判的孙路找来咨询。孙路手指地图说："从通远到熙州，只有一径道路可通，熙州北部已连接西夏边境，今天从北关濒临黄河，在兰州筑城，还可以守卫西部的国土，若是拱手让与西夏，就会将这一带地区置于极其危险的境地。"光这才不再说话。

"为政一年，疾病半之。"（苏轼《司马温公神道碑》）司马光复出一年多，担任宰相也不到半年，但这期间有一半时间是在病榻上度过的。不过，即便是在病中，他也没有停止工作，提交的札子连篇累牍，涉及方方面面。看到他羸弱不堪、命悬一线的样子，来访的客人以诸葛亮为例劝诫他，不要如此鞠躬尽瘁，以免大家心痛。他的回答是："死生皆是天命。"最后的时刻，神志已经模糊不清，话语也如同梦呓，但他还说个不停，每句言及的都是朝堂上的事情。元祐元年（1086）九月初一，光终于呼出最后一口气，身边还有八份奏疏来不及呈交。在回顾自己一生时，光曾经这样说过："我没有什么过人的地方，但平生所为，没有一件事是不可以对别人说的。"这话没有人会怀疑，但作为纯粹的儒者，他没像一生的诤友王安石那样，将这个沉重的世界轻轻放下。

噩耗传到宫里，太皇太后当即失声痛哭，小皇帝也泪流不止。祖孙二人相携来到灵堂致哀，追赠司马光太师的头衔和温国公的爵位，并赐予"文正"的谥号。此外，还赠送三千两银、四千匹绢，还有用于殓葬的龙脑、水银等物品。哲宗皇帝亲自题写了神道碑的碑额。此时，已然是文坛星斗的苏东坡，受命书写《司马温公神道碑》。葬礼则由神情严肃的理学家程颐主持，他这样称赞司马光："死生既极于哀荣，名德永高于今古。"

汴梁民众自行罢市，纷纷拿来祭品，涌入司马家的府院进行吊唁，街巷里到处都可以听到哭泣的声音。有人刻印司马光的标准像，在街面上售卖，各家各户都挂着前宰相的遗容。灵车归葬陕州时，前来送别的人数以万计，悲伤的队伍浩浩荡荡（《续资治通鉴》卷第八十）。看到如此隆重的哀荣，谁会想得到，光的尸骨未寒，就有人举着镐要来挖他的坟墓！

除了奉命撰述《司马温公神道碑》，出于私人感情，东坡还书写了《司马温公行状》。两份文本，充满着溢美之词，没有任何含沙射影和保留的话语，也不避讳变法之事。但就其对个人的评价而言，东坡对司马光的定位看起来远远不如王安石那么高。东坡以行书闻名于世，《司马温公神道碑》是他不可多见的楷书。

在不到半年的时间里，王安石和司马光，两位相知甚深、又形同水火的诤友相继离世。他们一生所做的事业，似乎是相互抵消了。在他们身后，留下了千年不息的口舌之争。有人把北宋的灭亡归因于王安石的变法，也有人把亡国的责任归结为司马光的推倒重来。北宋的灭亡，不是源自国内矛盾的激化，而是源自外敌入侵。我们很难想象，如果这种强敌入侵发生在仁宗、英宗时代，结局会比"靖康之耻"更加荣耀。而正是因为隐隐感觉到这种耻辱的临近，才有了神宗与王安石联手的变法。今天，站在历史尽头的人们，不妨作这样的设想：倘若司马光、王安石二人能握手言和，在变法实施之后，能够对其进行必要的调整与合理的修缮，消除其弊端，没有之后的反复折腾和派别之间的相互倾轧，国家的气数不至于那么快就到了山穷水尽的地步。两位大德之人在历史舞台上出演的"二人转"，票价实在太高太高。倘若二人彼此配合，台前幕后相互补台，这场戏想必会十分精彩。

第十五章

蜀山与洛水之间

一

接到出任宗正寺丞诏令的时候，程颢已经病得很重了，长长的胡须也无心打理。正值元丰八年（1085）六月初，天气异常炎热，满城的牡丹花早已凋谢殆尽。仰望头顶上眩晕的深渊，程颢感念太皇太后的知遇，却无法举步前往东京。在弟弟的印象中，哥哥"资禀既异，而充养有道；纯粹如精金，温润如良玉；宽而有制，和而不流"（程颐《明道先生行状》）。人们都认为，像他这样的有道之人，应该能够寿比南山，此次犯病不过是普通的头疼脑热罢了。然而，接到诏书不过十天，程颢就栽倒在五十四岁的门槛上。生死之间实在是命悬一线，谁又能说得准呢？

自从熙宁五年（1072）陪侍父亲返回洛阳，程颢经历了许许多多的事情。先是师尊周敦颐逝世，后来受命前往扶沟，出任知县一职。元丰四年（1081），与弟弟程颐一起寓居颍昌，以讲学授徒为务，过着十分清简的生活。一路上，他都带着自己的父亲程珦。老人家性格乐天，到哪里都受人欢迎，精气神看起来比两个儿子还要健旺。元丰六年（1083）九月，通过请托，程颢得以在靠近家乡的汝州找了个管理酒税的职位。这与他的才量实在太不匹配，却可暂时补贴家用。

自从跟随老师周敦颐寻找"孔颜乐处"，程颢就走上了一条身心修行的道路。二十多年来的历程，让他深感转移习性、止于至善的困难。年轻的时候，他曾一度迷恋打猎，时常骑马射箭，追求百步穿

◇ 程颢与程颐被相提并论，但彼此的思想其实存在着差异

● 程颢像（左）程颐像（右）

杨、一箭双雕的感觉，打到猎物，哪怕是一只兔子，都兴高采烈，完全不考虑兔子及其母亲的感受。后来，潜心格物致知，兴趣也渐渐转移了。一次，拜见周敦颐时，他向老师报告，自己的习性已经改变，对游猎已然没有什么兴趣了。周老师瞧了瞧他说："恐怕没这么简单吧。你爱好打猎的习气还在心里，只是暂时被压抑住了。如果哪一天，遇到与之对应的情景，这种习气还会复活，像春笋那样冒出来的。"当时，他其实并不承认，但也不好反驳师尊。多年以后，在返回洛阳的途中，他看到一群人鞭策快马，在田野里追逐猎物，心里便蠢蠢欲动，有了一股莫名的冲动，很想加入队伍中去。这才明白过来，老师说的是实相，自己还需要在实景中去历练，否则，关起门来，好像什么事都没有。

刚刚上任扶沟知县，程颢就出台一项规定：百姓无须递交纸状，就可径入衙门面见自己。他聆听百姓的倾诉，如同弟子聆听老师上课一般。到下面巡察，看到贫苦人家的生活惨状，他脸上便流露出受伤的表情，仿佛心里被深深地砍了一刀。县衙大厅的上方，悬挂的"视民如伤"四个大字，就是他内心的真实写照。他将官员与百姓的关系比喻成园丁与花草，园丁必须辛勤浇灌，细心呵护，但不能随意采折与践踏。他的治理崇尚宽厚，教化为先，刑罚随后，可谓儒里法表。扶沟这个地方素来盗贼猖獗，每年发生的强盗抢劫事件多达十数起。但在他任上，几乎全年都没有什么治安事件发生。

在任职过的地方，程颢都像南飞的大雁一样，留下清脆的政声。不过，和弟弟相同，他一生最重要的工作，还是发明心性、修炼人格、演述经典、创立学派、教书育人、赓续儒家思想的法脉。在扶沟时，就有谢良佐、吕大临、周纯明等学子，陆续从各地前来，跪倒在他的门前。将他们从埃尘里扶起时，程颢感到了为人师表的严重。他温文尔雅，浑身充满"和粹之气"，接物温如春阳，待人润似时雨，可谓应物无伤，深得门下弟子的爱戴，是一个真正的仁者。与他交往数十年的门人和亲友，从未见他有过"忿厉之容"。他的存在就像是一阵清风，他的施教则如同春风化雨，淅淅沥沥。有一回，程颢在书房里入神地阅读。不知什么时候，一只有毒的蝎子爬到他的衣服上。有个弟子发现了，便提醒他不要动，并找筷子把蝎子夹了下来，然后问老师如何处置这只毒物。程颢说："这是相当为难的审判，杀了它则伤仁，放了它则害义。"他沉吟许久，最后说："还是拿到远处的野外去，放它一条生路吧。"对待毒虫都是这种态度，何况人乎。

自先秦以来，中国文化的最高范畴就是"道"。道也被称为"天道"，是天地万物造化的母体，一切事物都从它的运行中获得自身，但道却不是事物中的任何一种；道可以衍生出各种属性，但不能将其归结为某种属性。把道归结为某一种事物或某一种属性，意味着把整体归结为它的某一部分。把道说成是任何一个东西都是错的，因此，道是不可说的，如果硬是要说的话，只能勉强称之为"无"，是不可以名状的存在："道之为物，惟恍惟惚。惚兮恍兮，其中有象；恍兮惚兮，其中有物。窈兮冥兮，其中有精；其精甚真，其中有信。"（《道德经》二十一章）道具足一切，不欠东风。它蕴含着精微的能量、幽玄的信息、浑然同体的仁性等等，却不能把它归结为能量、信息、德行。于是老子说："道可道，非常道；名可名，非常名。"道在幽明之间，不局限在人的感官意识范围，因此，只有越过见闻觉知，推开潜意识的"玄牝之门"，才可以领悟其中微妙玄通的奥秘。相对而言，性、德、理、气等，都是次一个层级的范畴，皆从属于道，因此有"道德""道理"等的组词。其中，"理"一词的意思，原本是玉石纹理的引申，是对事物存在机理和运行轨迹及规律的描述，而这种描述往往是线性的，不同于道非线性的浑然性。道作为一个整体，既大于部分之和，也小于部分之和。庄子曾经用"混沌之死"来隐喻，将道分解为各种相状属性，意味着对道的谋杀。但在领悟不了道的人那里，于混沌上面穿凿出诸多孔窍，来加以辨认分析，几乎就成为理解道的唯一方式。他们无一不是谋杀道的凶手。当然，道是杀不死的，被杀死的是人们入道的可能性。

北宋时期，道与理的从属关系终于被解构，始作俑者就是程颢和程颐。兄弟二人，把"理"视为最高的本体和万物存在的根源。他们将"天"与"理"并称，"道"与"理"齐观，用"天理"来替换"天道"范畴，断言"天即理也"。（《河南程氏遗书》卷十一）于是，非线性的道，被等同于线性的理；不可名状的存在，被转换为可以言说的名相；作为道隐含的属性"理"，被当成道体的全部，从而遮蔽了道的深邃。这种降低维度的做法，让玄之又玄的道搁浅在意识的浅滩，成为一种可以条分缕析、叽叽喳喳地争论的理则。不仅如此，他们还把社会生活中的伦理规范、处理人际等级尊卑关系的准则，纳入天理的范畴，将其神圣化，赋予其不可违逆的性质，并与人的需求欲望对立起来。理学，于是就这样产生了。

人们通常以"二程"并称程氏兄弟，其实，二人不仅相貌不同，性格差异甚大，思想也不全然一致。尽管他们的著作被收编到一起，中间有许多不分你我的"二先生语"，但透过各自表述的部分，仍然能够看出一些端倪与倾向。程颢的学问偏重于内向的观照与反省，走的是内心直觉的路线；程颐则偏重于向外的格物，走的是意识思维的路线。同样是使用"天理"这个概念，但对"天理"的理解和引申，各有不同的侧重。如其所述，程颢曾经特别说明："吾学虽有授受，天理二字，却是自家体贴出来。"这话可以理解为，他对天理的体认，不是从书本或他人的指教那里得来，而是从自己与万物同体、天人合一的直觉中感悟出来的。与哥哥不同，程颐对天理的认识，更多来自"格物致知"的积累。在程颐那里，性命涵养与进学明理是不同的方式："涵养须用敬，进学则在致知。"他把理视为万事万物"之所以然"的根据，任何事物都有其之所以如此的理由："凡一物上有一理，须是穷致其理。穷理亦多端，或读书讲明义理；或论古今人物，别其是非；或应接事物，而处其当。皆穷理也。"在读书学习和处置事物的过程中，通过"今日格一件，明日又格一件。积习既多，然后脱然自有贯通处"。（《河南程氏遗书》卷十八）这种格物的方式，通过朱熹沿用到明代的王阳明那里，终于格出一场大病来，才受到了质疑。

显然，程颢遵循的是孟子尽心知性的路径："尽其心者，知其性也；知其性，则知天矣。"通过心的还原，开显生命的先天禀性；通过生命禀性的开显，领悟将禀性赋予人的天道。程颐继承的是汉代儒学穷理尽性的路径，"穷理尽性以至于命"。通过对一个个事物的推究，认识其中的理据，最终触类旁通，把握存在于万事万物中的天理。因此，程颢对人与万物浑然一体的"仁"，有相当充分的发挥，将其视为人性本来具备的内涵；而程颐主张"性即理"，直接将人和事物的属性等同于理，以"理"来规定人性，突出人性中天理的成分，甚至把外在的伦理规范"礼"，一些人为造设的行为边界、道德藩篱，也纳入天理的范畴，并对人提出了繁复而严苛的要求。总而言之，兄弟二人，一个偏重于对人心中之仁的发掘，一个偏重于对外在之理的遵守与坚持。程颢性情活泼可亲，有鱼跃鸢飞的气象，深得孔颜乐处和周敦颐"绿满窗前草不除"的意趣；程颐凝重肃穆，棱角分明的双眼目光炯炯，令人望而生畏，全然是一副道貌凛然的样子，不小心会把路边的小孩子吓哭。

《周易》"敬以直内，义以方外"，《大学》"正心诚意"，皆是对儒者行仪的要求。据此，二程提出了"诚敬"的修持方式，但在具体应用中，二人也有明显的不同。程颢虽然也主张"敬"，但其意思更多是落在"诚"字上面，而且在"敬"的后面，又添加上一个"乐"字。即所谓"反身而诚，乐莫大焉"，让心回到心本身，让心回到喜怒哀乐未发之中的状态。当心还原到无邪状态，就能够显发天真的本性，并且有无比纯洁的愉悦涌现出来。每到这时，他就不由自主地"手之舞之，足之蹈之"。（《河南程氏遗书》卷十一）程颢认为，功夫做到这里，要像孟子所要求的"勿忘勿助"，将无邪初心涵养起来，既不要将其忘失，也不要刻意把持；既不抓死，也不能放飞。这种方法如同禅家明心见性之后的"保任"与"任运"。程颢特别强调："执事须是敬，又不可矜持太过。"在正心的时候，不能整饬过度，操持太切，处处防检，把自己一个大活人给勒起来。在持敬的同时，要有和乐的心态。有一首短诗，颇能体现程颢的精神意境："云淡风轻近

午天，傍花随柳过前川。时人不识余心乐，将谓偷闲学少年。"（程颢《春日偶成》）

弟弟程颐的"诚敬"，重在"敬"字上面，不仅要求人的内心要有恭敬庄重的态度，还要求外表行为举止严肃端庄，包括衣冠穿戴也不能有丝毫的疏忽："俨然正其衣冠，尊其瞻视，其中自有个敬处。"（《河南程氏遗书》卷十八）在他看来，言行不庄敬，就会有鄙诈之心生起；相貌不端庄，就会有怠慢之心生起。因此，他头戴高筒帽，肩披仙桃巾，"出门如见大宾，使民如承大祭"（《论语·颜渊》），任何时候见到他，都像是在主持一场隆重的典礼，生活已经完全仪式化。

持敬，目的主要是让人安定下来，使其免于散乱与恍惚不定。关于安心，道家的方法，有静坐、守窍、还虚等，禅的方式也有静虑、持诵、观想多端。北宋的儒者多少都会吸收道家与禅者的方法，但往往浅尝辄止，因此，在心性的还原上，面对心思散乱、杂念如雪花纷飞的状况，并没有太好的办法来对治。程颐一反佛道还虚入寂的方法，认为心之所以散乱，是因为没有做主的意志来收拾和把持："人多思虑不能自宁，只是做他心主不定。要作得心主定，惟是止于事，'为人君止于仁'之类。"（《河南程氏遗书》卷十五）只要将心统摄起来，以一念代替万念，以一事屏蔽万事，便可以得到克服。主敬的意义就在于此，它通过意志把控，让内心变得充实而坚定，将一颗活泼灵明的心给箍了起来。然而，这种意识造作出来的定境，并非无邪之思本来具有的状态，也不是喜怒哀乐未发之中时的正定，它不仅无法开显人先天禀赋里的内涵，反而将其窒闭起来。因此，这种定境显现出僵硬不化的相状，没有了活泼的生机和感应道交的通达与灵明。在程颢身边的人，能感受到从周敦颐那里吹拂过来的春风；但在程颐这里，人们感受到的，更多的是秋天的肃杀之气。邵雍临终前的忠告，点到了程颐的死穴，但他压根就没有听进去。

程颐严于律己，却不宽以待人。他"衣虽绸素，冠襟必整；食虽简俭，蔬饭必洁"，基本上做到了"非礼勿视，非礼勿听，非礼勿言，非礼勿动"。每一个举止都合乎礼，每一步进退皆合乎仪，一言一行皆有伦理依据，整个人都成了所坚守观念的化身，所有细胞都充满着井然有序的天理。曾经有人问他："您如此严谨地行持礼仪，四五十年下来，应该是相当劳苦的吧？"他这样回答："吾日履安地，何劳何苦？他人日践危地，此乃劳苦也。"孔子的生活方式，可以用他本人的话来表述："志于道，据于德，依于仁，游于艺。"（《论语·述而》）作为孔门儒生，程颐的生活某种程度上包含有"志于道，据于德，依于仁"的内容，但却少了"游于艺"这一项。他写不好诗，也不爱写诗，认为艺术活动玩物丧志，无益于心性的修养，有碍于道德的进取。有一次，管理经筵的官员请各位侍讲前去品茶赏画，程颐危坐不动，面无表情地说："吾平生不啜茶，亦不识画。"某日，程颐在路上偶然碰到秦观，便问："'天还知道，和天也瘦'（秦观《水龙吟·小楼连苑横空》）是您填的词吗？"这句话出自秦观不久前填的词，是赠给一名叫娄琬的官伎的。秦观以为程颐要夸奖自己，便拱手致谢。没想到对方神色陡变，大声教训起他来："上穹尊严，安得易而侮之？"这话斥责的不仅是眼前的秦观，还有他身后的东坡及其门人。

哥哥病逝后，程颐扶棺返回伊川家族坟地安葬，并写了《明道先生行状》和《明道先生门人朋友叙述序》，来总结其一生的为人与功绩。在文中，程颐特别指出，自从孟子离开这个世界，儒学就已经失传，圣道也晦暗不明，"邪诞妖异之说竞起，涂生民之耳目，溺天下于污浊。虽高才明智，胶于见闻，醉生梦死，不自觉也"。因此，正路荒芜，圣门蔽塞。程颢正是在这个时代背景下横空出世，他继往圣之绝学，以振兴人文精神为己任，有披荆斩棘、开辟通往未来道路之功勋（参见程颐《明道先生行状》）。的确，在中国思想史上，程颢是一个继往开来的路标式人物，他播下的种子，为心学的兴起埋下伏笔，并在陆九渊、王阳明那里绽放出璀璨的花枝。但在他之前，韩愈更是不能绕过的人物，对儒学的复兴起到了极为关键的作用，不知为何，程颐却有意无意把他忽略了。

二

司马光的行仪与程颐颇有些相似，他和吕公著复起时，就想举用程颐，但没有得到程颐的应诺。听说司马光要复辟，程颐还托人传话，请光切不可动到免役法，如果动到的话，下来三五年社会都不得安宁。光没有听取这个警示，但起用程颐的心依然不改。上任副宰相后，光和吕公著、韩绛三人又同时推举程颐。光的札子称："臣等窃见河南处士程颐，力学好古，安贫守道，言必忠信，动遵礼义。年逾五十，不求仕进，真儒者之高蹈，圣世之逸民。伏望圣慈特加召命，擢以不次，足以矜式士类，裨益风化。"（《司马温公集编年笺注》卷四九）其时，弟子朱光庭已被召为谏官，他专门到洛阳拜见老师，希望程颐能够出山，以不世之才服务于江山社稷。

于是，元丰八年（1085）十一月，程颐被授予汝州团练推官、充西京国子监教授。他两次上表推辞，但朱光庭又同时奏请任命他为侍讲官，侍御史王岩叟也推荐他为承奉郎及宣德秘书省校书郎。于是，太皇太后高滔滔在珠帘下召见了胡须斑白的程颐，任命他为崇政殿说书。程颐当面推辞，高氏不予准许。程颐于是递交了三道札子，提出关于经筵讲座的三点建议：

其一：陛下正值成人的重要阶段，不能缺少恰当的教养与辅导。大抵一日之中，接近贤能士大夫时间多，亲近宦官、宫女的时间少，气质自然会有正向的变化，品德也容易优化。请求朝廷遴选贤士入宫随侍皇帝，给陛下授课，讲授结束之后，留下两人值日，夜晚有一人值宿，以备陛下随时咨问。陛下或有小的过失，也可以随时规劝。久而久之，必定能够养好圣德。

其二：上古三代时期，君王身边一定要有师、傅、保。师，负责引导传道解惑；傅，负责道德品行；保，负责身体保养。负责德行道义的职责，在于防止陛下见闻上的错误，节制嗜好上的过失；负责身体保养的职责，在于使陛下起居作息适当，时常存有敬畏谨慎之心。侍奉陛下身边的内臣和宫人，最好选择四十五岁以上厚重谨慎之人。皇帝陛下使用的器玩，都必须是质朴的。另外，要挑选十名内臣，充当经筵授课的勤务，侍候皇帝的生活，并将陛下的作息情况告知经筵官。

其三：为臣看见，经筵官给皇帝讲学时，随侍的人都坐了下来，而授课的人反而独自站着，这种情况有悖礼仪。请求今后特许经筵官坐着讲授，以培养圣上尊儒重道之心。臣下认为，天下的重任，落在宰相与经筵肩上，天下的治乱维系于宰相，君主的德行成就于经筵，由此说来，怎么可以不重视经筵呢！

师道与君道对冲，以臣下身份来充当皇上的老师，要么有损于师道的尊严，要么有损于君道的至上。关于经筵官要不要坐下来的问题，早在近二十年前，王安石就曾提出过，最后虽然得到了皇帝的许可，石还是不敢坐下来。尽管如此，他仍然因此受到攻击。现在，时隔多年之后，程颐又提出了同样的请求。针对这些要求，御史中丞刘挚反对起用程颐。但因为司马光的力荐，太皇太后囫囵答应了程颐的要求。于是，他被召为通直郎，充崇政殿说书，从一介布衣，越次成为帝王之师。皇帝侍读经筵官共有五人，其他人都兼有别的职事，唯有程颐一人是专职的。

对于经筵授课，程颐用心十分恭敬。他仿照古人，每次入宫进讲，都要斋戒沐浴，精心竭虑，授课时表情峻严，以示对经义的尊重。他希望能够以至诚之心感化皇上，并通过对皇上人格的栽培，去实现自己治国平天下的抱负。但是，接下来发生的一些事情，却让师生关系愈来愈紧张，并引起了朝臣的不满。夏季溽热，为保证皇帝玉体安康，依照宫内惯例，皇帝可以罢读停课。程颐以为不妥，先后两次向太皇太后上书，要求移到一处宽凉的地方继续讲授，大可不必停课；还要求内臣将新皇帝在宫中的衣、食、言、行随时向他报告，以便发现问题，"随事规谏"，有针对性地进行施教。这意味着内臣成了讲官布置的耳目，监视皇帝的行为，犯了宫廷政治的大忌。这个要求最终遭到拒绝，程颐也有了挫败之感。早晨洗手时，发现小蚂蚁，哲宗怕伤到这些小动物，便小心避开了。程颐听说后，便询问小皇帝是否确有其事。得到肯定的回答后，程颐顺势发挥，说将这种恻隐之心推广到四海之内，就是帝王之道的要义。

元祐二年（1087）春日的一天，程颐刚讲完课，还没有退席，哲宗忽然起身，将手伸到栏杆外面，折了一根嫩绿的柳条，在手里把玩。皇帝显然是被盎然的春意感染了。程颐想起了孔子当年对学生的教诲，当即训斥新皇帝："春天的生意刚刚发动，不可无故加以摧折！"（《续资治通鉴》卷第七十九）这让哲宗十分扫兴，他不喜欢这位古怪的老师。在场的大臣也觉得程颐的行为僭越了君臣的名位与礼数。文彦博是程颐的举荐人，十分欣赏程颐的学问与授课，但作为三朝元老，他对皇帝的态度一直都极为谦恭。有人拿他来作比对，问程颐："您的倨傲和文彦博的谦恭，哪种态度更为合适？"程颐答复："文彦博乃三朝顾命大臣，侍奉幼主不能不谦恭；本人以布衣充当帝王之师，不敢不自重！"（《续资治通鉴》卷第七十九）

盛夏休讲时，程颐受命与孙觉等人会同审订国子监管理条例。他对原定条款几乎全持否定态度，这让主持太学的官员十分尴尬，也引起礼部尚书胡宗愈的反感，他们以程颐"不宜使在朝廷"为由，要将程颐逐出。有一日讲授时，得知哲宗皇帝患有"疮疹"，已经数日不能临朝，程颐跑到宰执大臣那里，劈头盖脸地追问："皇上不上殿问政，你们知道吗？"得到否定的答复后，程颐严肃地指责："二圣临朝，如果皇上不上殿，太皇太后也不应当垂帘独坐。况且人主有疾病，作为大臣的竟然不知，这样行吗？"大臣们只好乖乖地去向皇帝请安，但如此兴师问罪，也让他们深感不快。

三

程颐的学问思想与行为做派，和东坡违和之处甚多，但二人的生活各自好自为之，很长时间里都没有交集，因而也没有碰撞与摩擦。不过，在大宋的文化江山，彼此都听闻其名，虽然不说如雷贯耳，却也略知对方的倾向与表现。谪居黄州后期，东坡人生姿态逐渐放旷开来，他波光潋滟的心，拒绝不了外部事物妖娆的诱惑，又是纵情山水，又是花前月下与歌伎同醉，给风尘女子填词送物，大有魏晋名士越名教而任自然的风范。不仅承诺的戒律守持不了，即便是人际间的礼数也不见得周全。因此，到金陵与王安石会面时，老相公一句"礼教哪是为我们这等人设的"正中了他的下怀。出狱之初，东坡曾经发心茹素，可没过两年，就酒肉穿肠过。有一次，他到城外与客人饮酒，私杀了一头生病的耕牛，喝得酩酊大醉后，像顽童一样，半夜三更翻墙入城。（《春渚纪闻》卷六）远在洛阳的程颐，得知之后深有恶感。据《朱子语类》卷一百三十所述，坡公在黄州的时候，举止猖狂放恣。《二程集·河南程氏粹言》卷二《圣贤篇》中"得则肆，失则沮，肆则悦，沮则怨，不贤不良，孰加于此"这段话语，恐怕说的就是东坡。程颐的话是否随风传到东坡耳朵里，实在不得而知。元祐元年（1086），当东坡重返汴梁，戴着冠帽在庙堂上拾级而上时，程颐也从一介布衣擢拔为哲宗皇帝身边的经筵官。两个理念与性格相悖的人，终于在台阶上相遇，电光石火的冲撞，也就难以避免。

程颐和苏东坡，都是司马光看重和提携的晚辈。光逝世之后，葬礼由程颐主持，神道碑则由东坡撰写。照理说，两个人应该相互配合，把长辈的丧事办妥才是，但在这个节骨眼儿上，他们竟然公开闹翻了。

司马光去世的第六天，是明堂奉供皇族祖先的日子，同时安放神宗皇帝的灵位。哲宗皇帝宣布大赦，群臣也在奏乐声中一同称贺。仪式结束后，苏氏兄弟与众大臣结伴，同往司马光家进行哭吊，但到了门口却被程颐拦下来。他引用《论语》里"子于是日哭，则不歌"的典故，来说明理由：庆祝与凭吊不能在同一日。人群中有人反驳，说《论语》里说的是孔子在哭泣的当日不唱歌奏乐，而不是在唱歌奏乐的当日不哭泣。东坡噌地上前挖苦了一句："这不就是鏖糟陂里的叔孙通吗？"叔孙通是汉代制定礼仪的专家，"鏖糟陂"是汴京城外一处肮脏的烂泥地（参见漆侠《苏轼"蜀学"与程颐"洛学"在思想领域中的对立》，《文化河南》2022 年第 2 期）。东坡话里的意思是说，程颐就是烂泥滩里的礼仪专家。此言一出，在场的人全都哄笑起来，没有了吊唁的气氛，程颐的表情也变得铁一般的严峻，两腮的短须微微颤抖。苏程二人算是公开撕破了脸。此时，二程门下弟子遍及朝野，二苏的门生也日益壮大，他们两人关系的破裂，意味着苏门与程门两大学术流派对立局面的形成。《续资治通鉴》卷第八十对这种状况作出描述："时吕公著独相，群贤在朝，不能不以类相从，遂有洛党、蜀党、朔党之号。洛党以颐为首，而朱光庭、贾易为辅；蜀党以苏轼为首，而吕陶等为辅；朔党以刘挚、梁焘、王岩叟、刘安世为首，而辅之者尤众。是时熙（宁）、（元）丰用事之臣，退休散地，怨入骨髓，阴伺间隙；而诸臣不悟，各为党比以相訾议。惟吕大防秦人，戆直无党；范祖禹、司马光（康）不立党。"

　　然而，事情并没有就此了结。葬礼完成后，朝廷又在大相国寺为司马光举行祭祀。负责张罗的范祖禹请教程颐："祭品是用素斋还是荤食？"考虑到祭日离葬礼仅隔几天，程颐回答："还是用素斋。"程颐是活动的主持人，这样的事情理应由他做主，但在一旁的东坡却插话进来："程公既不信佛，为何非要用素斋来祭祀司马温公？"程颐当即驳回："按照上古的礼制，丧葬期间禁止酒肉。祭祀也是丧礼的一部分，自然不能吃荤。"东坡也毫不客气："斋与不斋，在于心而不在于食。温公生前并不茹素。依我看来，不仅祭祀使用荤食，等一下大家进餐也应该吃荤，没有那么多讲究！"东坡在黄州时，曾为自己仍吃荤腥感到歉疚，这一次不知怎的，真的是较上劲儿了，他竟然要在场的人表态："为刘氏者左袒！"同时举起了自己的左手，带着黄庭坚等人走了出去。眼看空气凝固，范祖禹连忙对程颐说："想必温公不会介意是荤是素。既然苏公喜欢吃荤，就随顺他们吧，我等跟着先生您一同吃素。"最终的结果是，东坡、子由和黄庭坚等门生在东厅吃荤食，程颐和范祖禹及弟子在西厅吃素食，俨然成了两大对垒的阵营。显然，这件事情上，东坡之意不在荤素，他是有意搅局。毕竟，大相国寺是庄严的佛教道场，在这里吃素理所应当；在可荤可素的情况下，不妨随顺他人，不必为这个细节破坏先辈祭礼的肃穆气氛。此时的东坡，并没有像人们想象得那么豁达，个人的执念也不见得比程颐轻多少。他吃的苦头似乎还不够多。

东坡之所以有如此表现，追溯起来有许多因缘。在此之前，他就听闻程颐一些泥古不化的行状和一些排佛的言论；平日里见到从程门里出来的人，总是心外有法，拿一个"敬"字将自己障住，把礼仪这种有为法当成心性的依归。尽管对程氏的老师周敦颐评价极高，称造物主都是其门徒；对程颢的印象颇佳，但对程颐本人却不以为意。看到他和门下弟子入朝时"端笏正立，严毅不可犯，班列肃然"，一副如临大敌、如行葬礼的样子，东坡极为反感，还施以冷嘲热讽，因此结怨于程颐和他的弟子。司马光死后是吕公著主事，遇到难以决断的问题，吕宰相都喜欢咨询程颐。东坡私下怀疑，在人事进退的安排上，程颐多有插手，因此心里便窝有一些火气。吊祭司马光现场发生的事情，不过是把原有的矛盾公开化罢了。

和程颢一样，程颐曾经出入佛道多年，最后才以儒立身。他的儒学，显然吸纳了佛家华严宗理事圆融的理论和道家静坐的修炼方法。然而，出于维护儒家正统地位的立场，他持有强烈的排佛斥道倾向。对当时士人不学则已，一旦求学问道都归到禅那里去的状况，十分反感。他的许多批判佛教的言论，在学界广为人知。在他看来，佛逃离父母出家，杜绝人伦，只为个人了生死而遁入山林，是自私自利的表现，不仅不符合圣人之仁心，也不符合君子的本怀（《河南程氏遗书》卷十五）。一次，参与某个集会回来，程颐心情十分不悦。第二天就对弟子说："昨日之会，大率谈禅，使人情思不乐，归而怅恨者久之。此说天下已成风，其何能救！古亦有释氏，盛时尚只是崇设像教，其害至小。今日之风，便先言性命道德，先驱了知者，才愈高明，则陷溺愈深。在某则才卑德薄，无可奈何他。"（《河南程氏遗书》卷二）

在明眼人那里，程颐对佛法的批判，相当程度上是一种误解。与他不同，东坡虽是一个儒者，但文化上始终保持开放的态度。尤其是被贬黄州之后，更是以禅宗居士自谓，以《金刚经》的"无所住而生其心"，来扫荡在一切事相上的执着与拘泥，并从临济宗禅堂里，引来了逢魔杀魔、逢佛杀佛的做派，将呵佛骂祖的棒喝，从丛林引入政治生活的场域。对于吃荤吃素，他已经完全不在意了。在《禅戏颂》这篇短文里，他披露了自己的态度："已熟之肉，无复活理。投在东坡无碍羹釜中，有何不可？问天下禅和子，且道是肉是素，吃得是吃不得是？大奇大奇，一碗羹，勘破天下禅和子！"

儒学的心法，集中体现于中庸之道。东坡认为，这种心法其实已经失传。他作有《中庸论》上、中、下三篇，来探讨儒学传习过程出现的问题，不无感慨地指出：道实在是太难领悟了，谈论其显著之处，往往鄙陋而且淤滞不通；谈论其微妙之处，往往漫无边际而无从考据。这种弊端，在过去的儒者那里就已出现，因为探求圣人之道而无所得，于是便运用不可理喻的文字加以诠释，让后世的人以为他们已经领悟了道的真谛。这种"相欺以为高，相习以为深"的积弊，使得圣人之道越来越远离了人们。

东坡认为，《中庸》是孔子未完成的遗书，其要点是，探讨如何通过"诚明"的状态进入圣人之道的通道，并将其推向极致。他把"诚明"看作是圣人之道的入口，而"诚明"本身，又有由"诚"而"明"还是由"明"而"诚"的问题。《礼记》里有"自诚明谓之性，自明诚谓之教"的说法。由心的至诚而获得智慧清明，是本性的显现；通过后天学习修养而趋于至诚，是接受教化的结果。苏轼推重"诚"而"明"的路线，并像程颢一样，把"诚"与"乐"关联起来。在他这里，"乐"即喜欢的意思："夫诚者，何也？乐之之谓也。乐之则自信，故曰诚。夫明者，何也？知之之谓也。知之则达，故曰明。"（《中庸论》上）喜欢道，把修道当成乐事的人，虽然不一定能领悟到道的全谛，但明白了就一定会去践行；但不乐于道的人，即便明白了道，也不一定能够去践行。就像孔子所说的："知之者不如好之者，好之者不如乐之者。"（《论语·雍也》）

孔子曾经说过："道不远人。人之为道而远人，不可以为道。"（《中庸》）按照东坡的理解："夫圣人之道，自本而观之，则皆出于人情。不循其本，而逆观之于其末，则以为圣人有所勉强力行，而非人情之所乐者。夫如是，则虽欲诚之，其道无由。"（《中庸论》中）圣人之道，并不远离人情世故，他们的行为，也不违背人之常情。但在仁、义、礼、智、信这"五常"之教中，礼是勉强人们去做的。因为人的性情，没有不喜欢安逸而厌恶劳苦的，现在却要他折腰弓背来施礼；人的性情没有不喜欢富贵而羞于贫贱的，现在却要他们不敢自尊，互相谦让压抑来合乎礼数。哀悼的时候谁都希望能尽快结束，现在却要延长至三年；娱乐的时候谁都不想马上就停下来，现在却不允许持续整日，这些都是礼仪强加于人的。为什么要以外在的形式来理解礼仪含义的对错，而不返回到本质，重新作出考量呢？当然，东坡的意思，并不是要回到"袒裸不顾"的野蛮状态，扫除一切礼教仪轨，而是要在繁文缛节与"袒裸不顾"这两种极端状态之间，来恰如其分地领悟其中真诚的本意，而不是一味追求形式上的繁复。

在东坡看来，程颐不近人情的表现，道貌岸然、故作高深的姿态，恰恰证明他不能通达中庸之道，因为在行为规范上，一旦勉强做作，其心就不"诚"，偏离了中庸之道。孔子也重视"礼"，但将"礼"置于"仁"的前提之下，强调行礼者内心的诚恳，反对过于繁复和造作的礼仪设置。他把离开内心诚意，在礼仪仪轨上面大做文章的儒者，称为"小人儒"。在东坡眼里，程颐恭敬有余而诚明不足，属于"小人儒"的行列，因此，丝毫不掩盖对其的厌恶。此时的他，生性"见善称之，如恐不及；见不善斥之，如恐不尽；见义勇于敢为，而不顾其害"（苏辙《亡兄子瞻端明墓志铭》），无法把这种厌恶，像一只苍蝇那样吞下去。

百年之后，有人问程颐思想的传人朱熹："苏轼、程颐之争，到底是争个什么？"朱熹提到，东坡在笔记里有这样的话语："几时得与他打破这'敬'字！"看他这话的意思，好像只要"奋手掉臂，放意肆志，无所不为便是"（《朱子语类》卷一百三十·本朝四）。东坡存心蓄意，要打破程颐及其门下人对这个"敬"字的固执和什么时候都在端着的态度，让心解放开来，豁达出去，展现出活活泼泼的性情。在朱子看来，苏、程争来争去，只是争个是非对错，而不是为了"日食万钱，日迁九官"。他们这种人，为了辨明真理，即便是杀头弃尸也在所不顾。因为在他们这里，安身立命是天下最严重的事情，容不得半点儿马虎。"若不理会得是非分明，便不成人。若见得是非，方做得人。这个是处，便是人立脚底地盘。向前去，虽然更有里面子细处，要知大原头只在这里。且要理会这个教明白，始得。这个是处，便即是道，便是所谓'天命之谓性，率性之谓道'。万物万事之所以流行，只是这个。做得是，便合道理；才不是，便不合道理。"（《朱子语类》卷一百三十·本朝四）

有人将苏门与程门对立，附会于党派权力的争夺，其实是一种误解。他们之间的冲突，本质上是一桩学案，是淤滞的儒者与尚未完全透脱的禅者之间难以避免的对撞。还有弟子问朱熹："东坡若是与明道先生程颢同朝，会不会相处得融洽一些呢？"朱熹这样回答："这也未见得。"程颢虽然为人和粹，不甚严厉，东坡对周敦颐也推崇备至，但那是在他前面的人，不与他同时同事（《朱子语类》卷一百三十·本朝四）。原本看起来都不错的人，一旦在某一个时空结点上交集，同时同事，不见得就能相处得好。朱熹认为："东坡虽然疏阔，却无毒。子由不做声，却险。"但东坡这种放荡无拘的做派，会"排废了许多端人正士"，引来许多不讲规矩的人。秦观和黄庭坚虽然都很向上，但也是不守规矩的人。朱熹肯定东坡天资高明，笔力过人，议论修辞皆有人不能到的地方，但在任事方面，对他评价不高，认为苏氏兄弟"既自无致道之才，又不曾遇人指示""都不曾向身上做工夫"，就某一个领域而言都不错，但德业器识有所不足，"论其极"皆不能成就大事。他指出，东坡曾经斥骂王安石，对方固然有不对的地方，但要是让东坡来做宰相，招揽秦观、黄庭坚一队文人进来，反而更加坏事。（参见《朱子语类》卷一百三十·本朝四）

四

这场被称为"洛党"与"蜀党"的交锋，一时看来，是"洛党"败下阵来，"蜀党"暂时占了上风。就在司马光祭礼结束之后，东坡由中书舍人擢拔为翰林学士，不久又升任知制诰，成为皇帝身边起草诏书的机要。但程颐的仕途，却从此走不下去了。自以为天理道义在身，行为上却又屡屡受挫，这种情况令他情面不堪。就在这时，与东坡交好的谏议大夫孔文仲上表弹劾程颐："污下憸巧，素无乡行，经筵陈说，僭横忘分，遍谒贵臣，历造台谏，腾口间乱，以偿恩仇，致市井目为五鬼之魁。请放还田里，以示典刑。"把一个正人君子列入"五鬼之首"，未免也太过分了。不过，有鉴于一年半以来发生的种种碨磘的事情，宣仁太皇太后还是下诏，罢去了程颐崇政殿说书的职务，调往洛阳出任管勾西京国子监的虚职。程颐无言地收受了这个结果，但两个月后，他便接二连三地递交奏状，乞请辞职归田。在第二份奏状里，程颐自述："臣身传至学，心存事道。不得行于时，尚当行于己；不见信于今，尚期信于后。安肯失礼害义，以自毁于后世乎？"他的自信，无人能够摇撼。

洛水悠悠，祖茔荒芜，程颐重又回到西京洛阳，继续他传道授业的生涯。早在元丰五年（1082），他就在洛阳城南约二十里的龙门山上，相中了一座废弃已久的寺院，想把它改造成书院，作为自己避暑、著述和讲学的场所。于是致函以太尉身份判河南府的文彦博，希望借重其德望与人脉玉成其事。文彦博历仕四朝，出将入相达半个世纪，但他素来敬重程颐，当即给他回复了一封热情洋溢的信，称："先生斯文己任，道尊海宇，著书立言，名重天下，从游之徒，归门甚盛。"不过，他认为龙门古刹荒芜已久，不足以容纳程颐的大德与博学，表示愿意将自己在伊川鸣皋镇的一处庄园和十顷良田无偿捐赠，作为书院的选址和长年供养。现在，书院已经建好，并命名为伊皋书院（元朝时改伊川书院）。从朝堂上退下来的程颐，正好可以入驻，开坛布道。

离开朝廷之后，程颐在问学与修行上更加精进，看到有人静坐便不吝夸赞。自己每天也像道士和佛子那样静坐观心，体会与万物仁同的感觉。元祐八年（1093）冬日的一天，屋外正下着鹅毛大雪，他在椅子上瞑目静坐，渐渐进入忘我的状态，全然不知时间的流逝。弟子游酢、杨时恭立两侧，片刻都不敢擅自离开。等到他慢慢地睁开双眼，问一声："你俩还没有走啊？"大门外的雪，已经积了一尺多深了。这便是历史上有名的"程门立雪"的故事。

程颐的离去固然狼狈，但对于留在朝堂上的东坡，不见得是什么好事。元祐元年（1086）冬天，升任翰林学士的东坡，受命为学士院馆职考试命题。所拟的题目是："欲师仁宗之忠厚，而患百官有司不举其职，或至于媮；欲法神考之厉精，而恐监司守令不识其意，流入于刻。"意思是说：想要师法仁宗皇帝的忠厚，又担心百官不能恪尽职守，甚至还会耽于享乐；想要效法神宗皇帝的励精图治，又顾虑监司守令不能明白原本的用意，执行起来流于刻薄。考题还说道："汉文宽大长者，不闻有怠废不举之病；宣帝综核名实，不闻有督察过甚之失。"意思是说：汉文帝是宽厚的长者，但也没听说他懈怠朝政、荒废大业的弊病；汉宣帝特别重视社会治理中的名实相副，但也没听说他在位时有督察过于严厉的错失。（《续资治通鉴》卷第八十）

岁末，山崩地裂的消息从华山传来，程门高足朱光庭上奏，宣称仁宗皇帝的深仁厚德如天空浩瀚，汉文帝岂能望其项背；神宗皇帝的雄才大略，汉宣帝岂能超越得了。苏轼不识大体，以揶揄刻薄为议论，对先帝不敬，请求追究其主考官的罪行。其实，朱光庭的弹劾奏章，还有没说出的潜台词。这一届学士院的考试，东坡门下三人同时获得拔擢，黄庭坚为校书郎、《神宗实录》检讨官，张耒、晁补之为秘书省正字。他们怀疑东坡借助考试培植自己的势力，排除异己。他的上奏与华山山崩，时间上叠加到一起，让人不得不关注。

苏轼连忙上了《辩试馆职策问札子》自辩，称："臣之愚意，岂逃圣鉴？若有毫发讽议先朝，则臣死有余罪。伏愿少回天日之照，使臣孤忠不为众口所铄。"来自巴蜀的侍御史吕陶也为东坡作出辩解，认为苏轼所拟的策论题，并没有说仁宗不如汉文帝、神考不如汉宣帝的意思。台谏官员不应该假借公权以报私隙。以此来给苏轼加罪，是很容易做到的，但这样的话，朋党斗争的恶浪，恐怕就会从朝堂上掀起。另一个名为王觌的官员也上书，认为苏轼并无大过，只是措辞上轻重把握不好，如果如此上纲上线，引发朋党斗争愈演愈烈，就会酿成朝中大患，破坏政治生态的稳定。他们的意见得到了太皇太后的理解，但御史中丞傅尧俞、左司谏王岩叟仍然不依不饶，入朝指责东坡的不是。太皇太后批评他们不应该附和与袒护朱光庭。这两个人却因此提出辞职的请求。对此，哲宗皇帝降诏：苏轼所拟策题，并无讥讽先祖之意。不过历来官方策试人才，没有将祖宗治国理念拿来议论的，因此要引以为戒。同时命傅尧俞、王岩叟、朱光庭依旧供奉原职。太皇太后还作出批示，否认馆职策题有揶揄祖宗的意思，只是涉及百官奉行过程的偏失，责成执政大臣当面告知傅尧俞、王岩叟、朱光庭等人，就此打住，不要再继续上奏弹劾了。

苏
东
坡
时
代

◇ 宋代的朝廷是有道理可讲的地方，士人可以大声说话

● 《景德四图》（局部）北宋·佚名·台北故宫博物院藏

依照宣仁太皇太后的意旨，宰相吕公著、门下侍郎韩维、中书侍郎吕大防、左丞李清臣、右丞刘挚五人，将傅尧俞、王岩叟、朱光庭召来调解，但三人坚决不予接受。太皇太后又将三人唤到延和殿，严厉地责备他们："这是很小的一件事情，为何一奏再奏？"傅尧俞回答："正是因为兹事体大，所以我们才上奏。"太皇太后于是追问："朱光庭上奏是出于私情，你们却来党同他。朱光庭未说起这事的时候，为什么不见你们说呢？"但这三人仍然没有退让的意思。状元出身的左司谏王岩叟更是滔滔不绝，他宣称："臣等与苏轼都是熟人，素无恩怨。之所以一再奏陈此事，完全出于为陛下尽忠，为朝廷尽职。现在，陛下非但不责备臣等不言事，反而限制臣等言事。这样下去，恐怕天下人窥见陛下的意思，彷徨顾望，都不愿意尽忠尽职，这恐怕不是陛下之福啊！若是讥讽祖先罪名成立，苏轼就应当诛杀；现在既然认为他议论祖宗不当，也应该进行责罚。"面对这帮死硬不化的台谏官员，政治经验不足的太皇太后几乎毫无办法。但对于苏氏兄弟提出的外放请求，她也不予接纳。

就在程、苏二门缠斗得不可开交的时候，谏官贾易提出将二人一齐放逐的议案。侍御史王觌也上奏指出："苏轼、程颐二人过去因为小的分歧'浸结仇怨'，使得与他们亲善的人纷纷站队，相互诋毁，形成势不两立的局面，使士大夫之心惶惶不安。一年来台谏官员'章疏纷纭'，也缘于此。现在，程颐已经被逐出京师，但苏轼还站在高高的庙堂之上；苏轼请求外放，不仅得不到准许，还被提拔为经筵官，这样很难为舆论所接受。苏轼自立朝以来，罪过已经不少。像他这样器识狭小又十分任性的人，在朝堂上参与政事，'岂不为圣政之累耶'？当然，苏轼的文采，后来的人难以企及，陛下如果想要保全他，就请不要加以大用，只有这样，才能使他避开后悔莫及的祸殃。"

（参见《续资治通鉴》卷第八十）

元丰八年（1085）十月，东坡以礼部郎中被召还朝。不到半月，便晋升起居舍人。三个月后，又被擢拔为中书舍人。八个月后，又连升翰林学士、知制诰、知礼部贡举，主持馆阁院士的考试。很短的时间内，一路越级飙升，来自上方的恩宠一加再加，难免不遭人嫉妒，而他自身的器识容量，似乎一时还跟不上来。弟弟苏辙的情况更甚于此，元丰八年（1085），刚以秘书省校书郎被召回，第二年便出任右司谏，旋即升任起居郎、中书舍人，元祐四年（1089）成为吏部尚书。此外，兄弟二人还于元祐二年（1087）同时出任弥英殿侍读，成为哲宗皇帝的老师，可谓一荣俱荣。如今，来势汹汹的舆情也让东坡感到庙堂高处的寒意，觉得自己诗人的浪漫与禅者的无拘，难以适应关系复杂微妙的宫廷环境，因此萌生了到地方任职的想法。在外放的请求被驳回之后，他得到了太皇太后高氏的召见。

元祐三年（1088）四月的一个晚上，起草完诏书的东坡承旨来到内东门的小殿，见到了对他关爱有加的宣仁太皇太后。坐定之后，高氏问他："前年你是什么职位？"东坡回答："是汝州团练副使。"高氏又问："现在是什么职位？"东坡回复："臣现在是待罪的翰林学士。"高氏接着问："为何升迁得这么快呀？"东坡急忙回答："当然是因为太皇太后和皇帝陛下的知遇之恩。"高氏说："不是的。"东坡有些困惑："难道是大臣的举荐？"高氏还是否定。苏轼于是表态："臣下虽无德行，但决不会通过其他门道来谋求升迁。"高氏这才和盘托出："这是仁宗皇帝的意思，每每读到爱卿的诗文，先帝都会赞叹：'奇才！奇才！'可惜来不及重用，他就升天了。"东坡不禁失声而泣，高氏和哲宗都哭了起来，随侍在侧的官员也感动得流下泪水。接着，太皇太后赐他坐下来喝茶，还取下御前的金莲烛，让内臣送东坡回到寂静的翰林大院。

苏东坡的宦海生涯中，并没有做过出格的错事，唯一被人揪住不放的罪过，就是舌根带着芒刺，文字里流露着一股不平之气。如果是出自普通文人，兴许不会被人当作把柄，但他人望太高，而且常持不同政见，加上行为过于任性，不顾及微妙的人际关系。不论官阶升到什么级别，苏东坡都还是以文人学者自任。学者与官员不同，学者以求真为使命，不论何时何地，都要口吐真言，表达实情；但官员需要考虑权宜之计、此一时彼一时的策略，说话讲究分寸的拿捏，照顾方方面面，人前人后，在什么时间、什么场合说什么话。东坡总是像个孩子，要说穿皇帝的新装。终其一生，他都没有完成从书生、学者、诗人向官员的转型，进入集权政治结构规定的角色里去，使用与之相应的话语体系。他曾对太后诉苦："臣欲依违苟且，雷同众人，则内愧本心，上负明主。若不改其操，知无不言，则怨仇交攻，不死即废。伏望圣慈念为臣之不易，哀臣处此之至难，始终保全，措之不争之地。"（《乞郡札子》）这是对自己行状的一种解释。其实说与不说是一种选择，以什么方式、在什么场合、用什么口吻说，更是一种智慧，特别是在集权体制之内，话语空间十分狭仄。

文字的才华，给东坡带来巨大声誉，特别是欧阳修逝世之后，他已然成为当世第一文豪。在公共语境里，他占有的说话分量愈来愈重，人也活得越来越占地方。在这种情况下，说话应该更加审慎才好，但他依然不管不顾，锋芒凌厉。他似乎意识不到，当自己的影响力超过上司和同僚时，人们已很难按体制规约的方式来对待他了。彼此都是进士出身、善于诗赋的文人，职位也不在你之下，被你压着，也想有翻身吐个泡泡的时候。越名教而任自然的行为方式，也给东坡招来了暗地里的嫉恨。因此，他与对手之间的对立，除了政见的歧异，很大程度上还有意气的成分。"乌台诗案"是他经历的一场生死劫，但刚一出狱，他便诗兴大发，称自己"却对酒杯浑似梦，试拈诗笔已如神"。在一首看起来是反思本人过错的诗里，他以塞上之马自诩，把对手戏称为"少年鸡"："平生文字为吾累，此去声名不厌低。塞上纵归他日马，城东不斗少年鸡。"自我的优越感和对别人的鄙夷与不屑，溢于言表。此时的东坡，对于世道人心，实在还看得不够通透，他的犀利让一些人感到如芒刺在背。

在公事活动中，表达政治见解，评价人事，本应就事论事，但作为诗人的东坡，带入了浓烈的感情色彩，说起别人的坏处淋漓尽致，在修辞上极尽讥消挖苦之能事，显得过于嫉恶，有失宽恕。他把对立面比喻为"饥虱""奸佞小人""国之巨蠹""诈伪骗子"，甚至是追腥逐臭的"蝇蛆"、吃腐鼠的乌鸦。而在将对手妖魔化的同时，却以君子麟凤自居，不屑于同流合污。在任翰林院知制诰期间，他拟了八百多道圣旨，大多可以当文学作品来欣赏。其中掺入了不少私人情感色彩。譬如贬谪吕惠卿的圣旨，说此人"始与知己，共为欺君。喜则摩足以相欢，怒则反目以相噬""党与交攻，几半天下"，形容惟妙惟肖，但失之分寸把握。吕惠卿东山再起之后，反戈一击，倒打一耙，也并非人情世故所不能理解。追赠王安石死后哀荣的圣旨，称其"罔罗六艺之遗文，断以己意；糠秕百家之陈迹，作新斯人"。本来是追封的圣旨，还要加入一些嘲讽之词，以抒泄个人意气，对一个过世的先辈，未免失之刻薄。这些方面，恐怕需要有人再给他补上一课。

五

　　元丰至元祐年间，北宋的文化江山，耸立起两座山脉：一座是以程氏兄弟为双峰的儒家理学脉系，一座是以苏氏兄弟为双峰的文学脉系。前者以洛水黄河为流域，被称为洛学；后者以峨眉长江作源头，被称为蜀学。文章憎命达，自乌台诗案从天而降，命运于黄州转折，在乱石堆上卷起千堆雪，东坡的才情如火山岩浆喷薄而出，以《赤壁赋》《念奴娇·赤壁怀古》等名篇惊世骇俗，无可争议地取代了师尊欧阳修的地位，成为文坛宗主。棋子一般散落于各地的士子，有志于追究人天之际者，纷纷前往西京洛阳，立雪于程门之下；关怀于艺术人生者，纷纷赶来东京汴梁，游学于苏门之内。两支流脉相互激荡，使得蜀山洛水之间云蒸霞蔚，一时形成绚丽的人文景观。程门之下，有谢良佐、游酢、杨时、吕大临四大弟子，被称为"程门四先生"；苏门之内，也有黄庭坚、秦观、晁补之、张耒四大门生，被称为"苏门四学士"。元祐二年（1087），也就是程颐出任崇政殿说书的第二年，苏轼兄弟也出任弥英殿侍读，都同为帝王之师。程苏两家之间，可谓门当户对，旗鼓相当。

　　熙宁四年（1071），东坡通判杭州。他取道陈州，看望先辈张方平和在那里担任学官的弟弟苏辙。游学在此、深得苏辙喜欢的学子张耒，见到了慕名已久的东坡，从此出入于苏门。他称苏辙为少公，东坡为长公。两年后，张耒考取进士，踏入仕途，在家乡周边出任县尉、县丞之类的小官。苏轼在密州修筑"超然台"时，约了许多名流大家的诗赋，其中也有籍籍无名的张耒，还给予颇高的评价，算是有意地提携。张耒文字清通且有余味，但风格与东坡不同，抒发的多是离情别绪，颇有些婉约派的意味，如"莫谓无情即无语，春风传意水传愁""请君试采中塘藕，若道心空却有丝"等。东坡评价他的行文"有一唱三叹之音"。

同年冬天，在杭州任上的东坡，收到了一个年轻人的来信。这位名叫晁补之的学子，十五岁那年读到东坡的文字，便陡然生起景仰之情。此时，他正随父居住在杭州新城县（今富阳区西南），得知东坡宦游杭州，便寄来《上苏公书》，向自己敬重的诗人致敬。或许是因为文字用意过重，观念又失之飘浮，东坡未做回应。但不久，晁补之又寄来《再上苏公书》，对受到冷遇颇有些耿耿不悦，东坡这才郑重其事地答复。晁补之的《新城游北山记》，对自己居住的地方作了诗性的描述，文字简洁干净，意味隽永，给人典雅之感。东坡看好他前途的一片光明，称其"于文无所不能，博辩俊伟，绝人远甚"。如此评价，显然是偏高了，但对年轻人却是莫大的鼓励。许多年后，晁补之效仿汉代辞赋家枚乘的《七发》和三国时期曹植《七启》，撰写了《七述》一书，叙述钱塘江山川、吴越古迹。东坡看完之后赞叹不已，称自己只能封笔了。晁补之与张耒年龄相仿，文字风格接近，二人在文坛上并称"晁张"。

吴越之地，流传着六朝旧事，交集着悲欢离合，文学题材颇多。开宝八年（975），南唐后主李煜率百官和公主王妃前往汴梁，归顺于宋太祖赵匡胤殿下。太宗赵光义即位后，将李煜妹妹永宁公主纳入后宫，并随同出征。太平兴国四年（979），赵光义兵败高梁河，险些丧了性命，花容月貌的公主为辽军虏获，成为辽圣宗耶律隆绪后妃六仪之一，起名李芳仪（陆游《避暑漫抄》）。这位乱世佳人命运飘零，近似于隋炀帝的皇后萧氏，令人不知如何予以同情。晁补之是个怜香惜玉之人，对美人身世感慨深深，以长诗《芳仪曲》加以咏叹。其中有这样感人的佳句："秦淮潮水钟山树，塞北江南易怀土。双燕清秋梦柏梁，吹落天涯犹并羽。相随未是断肠悲，黄河应有却还时。宁知翻手一朝事，咫尺河山不可期。仓皇三鼓滹沱岸，良人白马今谁见。国亡家破一身存，薄命如云信流转。"此诗被传唱一时，几乎可与白居易《长恨歌》媲美。

仿佛是约好似的，晁补之和张耒投于苏门，同是熙宁四年（1071）；秦观和黄庭坚与东坡订交，同是元丰元年（1078）。熙宁十年（1077），东坡路过齐州时，好友李常向他隆重推荐了黄庭坚和秦观的文字。次年二月，已经是国子监教授的黄庭坚致信东坡，呈上自己的新作。五月，前往京师赴考的秦观，带着李常的推介信来到徐州，得到了东坡的热情接见。与东坡订交时，黄庭坚与秦观都是相当成熟的诗人。秦观虽然胡须茂密，酒量可观，喜读兵书，却是一个多愁善感的书生。早年受柳永、张先、晏几道词风熏陶，成为一名言语袅娜的婉约派词人。才华横溢的他，在考场上屡屡失意，所幸娶了富甲一方的徐家千金，不仅衣食无忧，还可以经常骑马外出游冶，与一些名士诗酒酬唱，出入青楼画阁拈花惹草，弄得歌女舞姬"今日为学士瘦了一半"。元丰二年（1079），秦观献给自己心仪歌伎的《满庭芳》，展现了他敏感的心性和无比细腻的文学感觉：

山抹微云，天连衰草，画角声断谯门。暂停征棹，聊共引离樽。多少蓬莱旧事，空回首、烟霭纷纷。斜阳外，寒鸦万点，流水绕孤村。

销魂。当此际，香囊暗解，罗带轻分。谩赢得、青楼薄幸名存。此去何时见也，襟袖上、空惹啼痕。伤情处，高城望断，灯火已黄昏。

开篇"山抹微云",从此成了秦观的雅号。"斜阳外,寒鸦万点,流水绕孤村""伤情处,高城望断,灯火已黄昏",这两组诗歌意象,也堪称经典,令人击节。后来,不知赠予哪位女子的《鹊桥仙》,更让他在诗坛和青楼声名鹊起:"金风玉露一相逢,便胜却人间无数。"宋代文学以理见长,但秦观却是一个沉溺于情感难以自拔的优柔词人。如何将情感与理性在人格中调匀,既不泛滥于情而水性杨花,也不拘束于理而失之枯槁僵硬,是一种难以践行的中道。

六

元祐二年(1087),经东坡引荐,秦观入京任太学博士,与之前通过院士考试入选馆阁的黄庭坚、张耒、晁补之、毕仲游等会合于开封,一个以苏东坡为代表的文人群体,于是进入了鼎盛的阶段。其时,经常出入苏门的除了"四学士",还有陈师道与李廌二人,因此也有"苏门六君子"的说法。同期云集京师的文人,如米芾、王诜、李公麟、李之仪、王钦臣、蔡肇、郑靖老、刘泾,以及僧人圆通、道士陈碧虚(景元)等,也与东坡多有过往,不时在一起吟诗作赋、填词画画、饮酒抚琴,成为开封的人文盛事。很多时候,做东的是已经流放归来的王诜。均州四年的贬逐生涯,八名爱妾充当军妓并先后死于军营,这些事情让他肠子里满是悔恨和沧桑,生活作风因而有所收敛,但对艺术的痴迷却是丝毫未减。据说,经历一场浩劫,分别七年之后,当王诜与东坡在皇城下见面时,四手相执,竟无语凝噎,半天说不出话来。将门出身的他,变得妇人一般多愁善感。有一次,他"暴得耳疾,意不能堪",火急火燎地跑来向东坡问药。东坡当下觉得不对，不就是一只耳朵痛吗，何至于急成这个妇人样子，哪像当年威武的左卫将军、驸马都尉！于是，便给他来了一下棒喝："仁兄是将门之种，即便断头破胸也在所不惜，两只小耳朵能有多大关系，还这般割舍不得。限三日之内病痛立除，如果不除，你就来割我的耳朵！"王诜的豪气顿时被唤醒过来，三日后，他的耳疾果然不治而愈，为此还专门写了一首诗来向东坡禀报（苏轼《跋挑耳图帖》）。王诜诗艺平平，但绘画技艺颇工，此前已有《烟江叠嶂图》《寒林图》等作品闻名于世。

每隔一段时间，王诜都会在自己的府邸"西园"备好酒食，请一帮诗人画家朋友雅集，让家里的童子姬妓陪侍，顺便把自己认为不错的墨迹收藏起来。东坡的字是他的最爱，更甚于江山美人。在座上，东坡照样被尊为长公，苏辙则被尊为少公。他们一群墨客骚人在西园的集会，与晋代的"兰亭雅集"、元代的"玉山雅集"，并称为中国古代的三大雅集。作为当事人的画家李公麟，以水墨画形式记录了当时聚会的场景，即为著名的《西园雅集图》。书画家米芾还撰写了《西园雅集图记》，对画面中的人物作了说明与解读。

按照米芾的评述，《西园雅集图》的画面"泉石、云物、草木、花竹，皆绝妙动人，而人物秀发，各肖其形。自有林下风味，无一点尘埃气，不为凡笔也"（米芾《西园雅集图记》）。当中戴乌道帽、着黄道服的是苏东坡，他捉笔在手，神情贯注，似乎正在挥毫书写着什么。头上戴的帽子是他自己设计的款式，被称为"子瞻帽"。侧边坐着两个人，穿着紫裘、披着仙桃巾的，是雅集的召集人、驸马都尉王诜。穿着青衣、靠着桌子凝视的，是画家蔡肇。把着椅子观看的，则是李之仪，"我住长江头，君住长江尾。日日思君不见君，共饮长江水"便是此公的词句。他们后面，侍立着两个云鬟翠饰的侍姬，尽管身份低贱，仍然流露着富贵人家的风韵。园子的另一侧，耸立着一棵苍郁的孤松，凌霄花的藤蔓在上面缠绕，红绿相间，树底下放着一条大石案，摆设有古器瑶琴。坐于石案边、穿着道帽紫衣、拿着书卷正在阅读的人，是苏辙。穿着蚕衣、摇着芭蕉扇坐在对面，神情洒脱的人，则是气度不凡的黄庭坚，"桃李春风一杯酒，江湖夜雨十年灯"就是他的名句。摊开的卷面上，正在描画陶渊明"归去来兮"图的，即是画家李公麟本人。穿着青服、在一旁抚肩站立者，乃诗人晁补之。趴在石案上观画的，是与他并称于诗坛的张耒。园子的另一处，有两个人坐在盘根错节的古桧下，幅巾青衣、袖手侧听的是词人秦观；穿着紫色道袍、正在拨弄一种叫"阮"的乐器的，是当时著名的道长陈碧虚。一处石壁前面，昂首题字的，是猖狂不羁的米芾。此人喜着唐服和高帽，行为举止怪诞，被人称为"米颠"。他可以向石头下跪，却不在人前屈下膝盖。米芾旁边袖手仰观者，是家有藏书数万卷的王钦臣。园子后面有石桥竹径，翠林茂密，清溪萦绕其间。怪石之上，流水声中，圆通法师正结跏趺坐在蒲团上，为面前的刘泾讲经说法，对方脸上的神情专注而虔诚，似乎听得不太明白。园中水石激荡，风竹相吞，炉烟袅袅，草木芳馨。此情此景，可谓众星云集，交相辉映。

此后，西园雅集成了中国绘画的公共题材和保留节目。著名画家马远、刘松年、赵孟頫、钱舜举、唐寅、仇英、尤求、李士达、石涛、丁观鹏、张大千等，都试图以自己的想象力，重现这一令人神往的人文盛会。而历代书家如张瑞图、朱耷、何绍基等，则以抄写米芾的《西园雅集图记》为乐事，一个比一个写得好。

蜀山洛水不同流。程颢去世之后，带走了洛学中水流物生、鱼跃鸢飞的气象。成为掌门人的程颐，树立起更加庄严肃穆的门风，弟

◇　西园雅集与兰亭雅集、玉山雅集，并称中国古代三大雅集

● 《西园雅集图》明 - 仇英（传）- 台北故宫博物院藏

子多是礼仪恭敬、不苟言笑的做派，如同一个模子里倒出来的坯件。程颐将佛教视为异教，称它"衍蔓迷溺至深"，是时代的祸害。为了维护儒学的正统地位，他与弟子都在不同程度上排斥佛道，举止也与常人有异。与此不同，苏门学士皆是有儒学素养的禅宗行人，多具居士身份，性情活泼豁达，行仪不拘小节。他们当中的一些人，包括东坡在内，身上时常都带有酒气，家里也蓄养姬妾，并不怎么克抑自己的性情欲望，每人都有各自的行为风格。虽然皆宗东坡为师，但从先生这里所取的却各不相同。就像东坡所说的那样："秦得吾工，张得吾易。"秦观的创作，从东坡这里得到的，是修辞意象的精致与考究；张耒的书写，从东坡这里得到的，是文字的明白晓畅，少有刀斧痕迹；晁补之以文赋见长，在思辨上颇似东坡的鞭辟入里。陈师道、李廌二人，被归入"苏门六君子"的行列。李廌行文恣肆，"有飞沙走石之势"，气度与东坡有几分相似；陈师道初学黄庭坚，继而效法杜甫，后来亲近苏东坡，可谓转益多师，最终形成自己的文风。他推敲文字甚下功夫，有许多值得玩味的佳句，如"屡失南邻春事约，只今容有未开花""书当快意读易尽，客有可人期不来"。总之，这些学士君子，都有各自的旨趣，并不类同于东坡。

门户之内，如此多的风流人物济济一堂，这种见龙在田的吉象，让东坡满心欢喜。在给李廌的信中，他表达了这样的心情："比年于稠人中，骤得张、秦、黄、晁及方叔、履常辈，意谓天不爱宝，其获盖未艾也。比来经涉世故，间关四方，更欲求其似，邈不可得。以此知人决不徒出，不有益于今，必有觉于后，决不碌碌与草木同腐也。"（《答李方叔十七首·十六》）水到渠成之下，他对文坛盟主的地位当仁不让，并有了一份深沉的责任。据李廌《师友谈记》，东坡曾经对门人表达了这样的意思：国家文运的兴起，必须有名世之士来主盟，才能使道统不至于失落。如今太平盛世，文士辈出，更要使一时之文有所宗主。过去，欧阳文忠公将这个重任托付与我，我不敢不勉力以赴。将来，这个历史重任应该由诸君来继承，就像欧阳文忠公与我之间的交接。在《太息一章送秦少章秀才》一文中，东坡不无骄傲地谈起了自己的得意门生："张文潜（张耒）、秦少游此两人者，士之超逸绝尘者也，非独吾云尔。二三子亦自以为莫及也。士骇于所未闻，不能无异同，故纷纷之言，常及吾与二子，吾策之审矣。士如良金美玉，市有定价，岂可以爱憎口舌贵贱之欤？"

七

不同于秦观的纤敏与委婉，黄庭坚是一个壮夫，在四学士中性情最接近东坡，也是有来历故事的人。他出生在江西修水，庐山西南方向，很早就表现出与年龄不仿的才气。"骑牛远远过前村，短笛风斜隔陇闻。多少长安名利客，机关用尽不如君。"这首老成的牧童诗，据说是他七八岁时候的作品，简直令人难以置信。而另一首题为《送人赴举》的绝句，更让人觉得他的来历不凡："青衫乌帽芦花鞭，送君归去明主前。若问旧时黄庭坚，谪在人间今八年。"在宋人笔记中，黄庭坚和苏东坡都属于"再来人"。

北宋作家何薳的《春渚纪闻》有这样的记载：黄庭坚贬谪涪陵的时候，梦中出现一个女子，自称生前常念诵经典，祈求来生得男身，黄庭坚即是她的转世。为获信于黄庭坚，女子说出他有"腋气"的私密，而他之所以有腋气，是因为女子棺木腐朽后，两腋处有蚂蚁做窝侵居。要想消除腋气，就必须将蚁窝清除。女子还告诉坟墓的位置。

醒来之后,按照梦中的指引,黄庭坚找到了那座荒坟,清除了其中蚂蚁的巢穴,自己腋下那股难闻的气息,也随之神秘地消失了。

江西《修水县志》记载:黄庭坚二十六岁那年,午睡时梦见自己来到一个村庄,看到有个满头银发的老妇人站在家门口,似乎是在等人,门前香案上,供着一碗冒着热气的芹菜面。饥肠辘辘的他也不见外,将面端起来一扫而光。待到醒过来时,嘴角牙缝还留有芹菜的滋味。当这个梦重复一遍后,黄庭坚便觉得其中可能隐藏某种特殊的因缘。于是沿着梦中的小路,行至一处乡村,梦中的情景历历再现:倚门而立的银发妇人、热气腾腾的芹菜面……黄庭坚上前询问,老妇竟然哭了起来,说今天是她女儿的忌日,案上摆的是她最爱吃的芹菜面。每年这一天,她都如此供奉。黄庭坚忽然想到,今天竟是自己的生日,于是又问:"您女儿去世多久?"老妇人回答:"已经二十六年了。"这正好是黄庭坚的年龄。得到老人同意后,黄庭坚进入屋内,看到里面的摆设竟然十分熟悉。老妇人提到,闺房里有个柜子,因为找不到钥匙,一直都打不开。黄庭坚心有灵犀,一下子就把钥匙找了出来,将柜子打开,里面全是女子生前读过的书册,还有撰写的文稿,与他在考场上的作文几无二致。于是,他将老妇人认作母亲,接回家里奉养起来。还在自己画像边题了一首诗:"似僧有发,似俗无尘。作梦中梦,见身外身。"有人认为,黄庭坚之所以早慧,七八岁写诗就出手惊人,是因为前辈子读了大量的书,因此有"书到今生读已迟"的说法。

十四岁那年,父亲黄庶病逝于康州知州任上,家庭于是陷入困顿之中。素有出尘之志的黄庭坚,不得不考虑全家弟妹的生活问题,探寻一条入世修行的道路。他坚定地相信:"须知有一路,不在白云中。"于是埋头读书备考,并于治平四年(1067)获得进士身份,出任汝州叶县（今河南叶县）县尉。刚入仕途时，他处处流露出愤世嫉俗的清高，就像自己诗里所写的："平生白眼人，今日折腰诺。可怜五斗米，夺我一溪乐。"（《将归叶先寄明复季常》）总是一心想着"安得短船万里随江风，养鱼去作陶朱公"（《还家呈伯氏》）。在一次外出途中，他乘兴作了一首七律："县北县南何日了，又来新寨解征鞍。山衔斗柄三星没，雪共月明千里寒。小吏有时须束带，故人颇问不休官。江南长尽梢云竹，归及春风斩钓竿。"（《冲雪宿新寨忽忽不乐》）此诗传到王安石那里，宰相大人连连夸赞："黄某清才，非奔走俗吏。"遂起意要用此人。熙宁五年（1072），黄庭坚入京参加学官考试，被任命为北京（今河北大名）国子监教授，此事可能与王安石的提携有关（宋代周知和《垂虹诗话》），但他并不因此支持新法（参见黄宝华《黄庭坚评传》第一章）。

黄庭坚一度受业于舅舅李常，景仰其"内行冰清玉洁，视金珠如粪土，未始凝滞于一物"的品格，并以此作为人生的轨范。个子矮小而人格高大的李常，是东坡一生的挚友。他为有这样的外甥感到骄傲，一再向东坡推介其诗作。虽然早有书信与东坡订交，但人格独立、性情狂放的黄庭坚，并不急于与名家会面，从那里获得抬举。目光如炬的东坡却看出："'此人如精金美玉，不即人而人即之，将逃名而不可得，何以我称扬为？'然观其文以求其为人，必轻外物而自重者，今之君子莫能用也。"（《答黄鲁直书》）在黄庭坚的文字中，东坡看到了"超逸绝尘，独立万物之表；驭风骑气，以与造物者游"的精神气度。东坡与李常共同的朋友孙觉，则是二话不说，见过十七岁的黄庭坚后，便直接将女儿孙兰溪许配出去。可惜女儿命薄，过门没几年就病逝了。

与东坡一样，黄庭坚的修养贯通儒道佛三家，他对佛禅的兴趣甚至表现得更早一些。元丰四年（1081），黄庭坚转任太和（今江西泰和）知县。前往治所的路上，他登上了潜山，在禅宗三祖僧璨驻锡过的山谷寺徜徉许久。或许是感应道交，他用这座祖庭来给自己命名，以"山谷道人"自称。到任不久，就挥笔写下这样的诗句："满船明月从此去，本是江湖寂寞人"（《到官归志浩然二绝句》）；"安得田园可温饱，长抛簪绂裹头巾"（《同韵和元明兄知命弟九日相忆二首·其一》）。归隐田园、提炼人格的意愿却丝毫未减。不过，对于百姓生计的艰难，他始终怀有深切的悲悯，常常是"民病我亦病，呻吟达五更"。在治所，还书写《戒石铭》："尔俸尔禄，民膏民脂；下民易虐，上天难欺。"用这十六个字来时时提撕自己，警示同僚。因此，他是一个尽职而清廉的官员，只有在公务之余才放情山水。《登快阁》一诗，记录了他作为大宋知县的业余生活："痴儿了却公家事，快阁东西倚晚晴。落木千山天远大，澄江一道月分明。朱弦已为佳人绝，青眼聊因美酒横。万里归船弄长笛，此心吾与白鸥盟。"文如其人，从诗中可以窥见其人格气象的宏阔与高洁。

苏门之内，黄庭坚是一个特殊的存在。他的禀赋与才情，都在众人之上，年纪与东坡也只有八岁之差，童少时文字就相当老成，见到东坡之前，已在文坛崭露峥嵘，为王安石、司马光等前辈所激赏。《资治通鉴》完成后，黄庭坚就是司马光推荐的校定人。黄庭坚与东坡亦师亦友，处得轻松随意，对话也无遮无拦，没有其他门人那样毕恭毕敬。秦观与东坡过往频繁，东坡对他的要求自然比别人严苛，说话更是没那么客气，曾批评他效仿柳永的颓废词风，不是羁旅漂泊的穷愁，就是闺门淫蝶的销魂，《满庭芳·山抹微云》里"销魂。当此际，香囊暗解，罗带轻分"，就是用柳永的口吻说话；还说他《水龙吟·小楼连苑横空》里"小楼连苑横空，下窥绣毂雕鞍骤"，不够简洁，花了十三个字，只是写一个人骑马从楼前走过。但对黄庭坚，东坡更多的是赞许与褒扬，甚至毫不掩盖对他的敬重，称其"瑰伟之文，妙绝当世；孝友之行，追配古人"。即便是平日相互戏谑，出语也毫无贬损之意："鲁直（黄庭坚字鲁直）诗文，如蝤蛑、江瑶柱，格韵高绝，盘飧尽废，然不可多食，多食则发风动气。"黄庭坚的文字笔画真元充沛，灵性横溢，透露着疏朗的胸襟和扫荡一切滞碍的冲天气概，与东坡有天然的应和。清人翁方纲看得相当精准：黄庭坚在"坡公之外又出此一种绝高之风骨、绝大之境界，造化元气发泄透矣"。和东坡一样，黄庭坚是可以被视为开山之祖的人物。江西诗派便是从他这里分流出去的诗坛法脉，影响了中国两百多年的诗风。

因为东坡对黄庭坚的态度与秦观有很大的逆差，这让后者心里多少有些不平衡。黄庭坚《避暑李氏园》一诗有这样的句子："题诗未有惊人句，会唤谪仙苏二来。"秦观觉得，这家伙将师尊唤作"苏二"，成何体统！于是向东坡投诉。没想到东坡只是脑袋一歪，哈哈一笑。在禅宗行人眼里，无位真人也是个干屎橛，哪来那么多穷讲究！

与程门弟子同出一辙的情况不同，苏门学士可谓摇曳多姿。张耒为此写诗，描述各位师长和师兄的风度气派："长翁（东坡）波涛万顷陂，少翁（子由）巉秀千寻麓。黄郎（庭坚）萧萧日下鹤，陈子（履常）峭峭霜中竹。秦（观）文茜藻舒桃李，晁（补之）论峥嵘走金玉。六公文字满人间，君欲高飞附鸿鹄。"（《赠李德载二首·其二》）苏门百花齐放的局面，与掌门人的文化理念密切相关。在给张耒的信中，东坡曾经这样批评王安石："文字之衰，未有如今日者也。其源实出于王氏。王氏之文，未必不善也，而患在于好使人同己。自孔子不能使人同，颜渊之仁，子路之勇，不能以相移。而王氏欲以其学同天下！地之美者，同于生物，不同于所生。惟荒瘠斥卤之地，弥望皆黄茅白苇，此则王氏之同也。"（《答张文潜县丞书》）在东坡看来，天地之大美，在于容情生物，不能任由万物恣意生长的土地，是贫瘠的盐碱荒滩，只能长出茅草与芦苇。因此，他不要门人与自己趋同近似，而是随各自禀赋恣肆成长，别成一道景观。他反对思想的专制和学术的禁锢，追求充满活力的多元化局面。

当朝书法，东坡推蔡襄为头筹，但黄庭坚却认定东坡为第一："东坡道人少日学《兰亭》，故其书姿媚似徐季海（浩）。至酒酣放浪，意忘工拙，字特瘦劲，乃似柳诚悬。中岁喜学颜鲁公（真卿）、杨风子（凝式）书，其合处不减李北海（邕）。……本朝善书，自当推为第一。"（《跋东坡墨迹》）按照儿子苏过的说法，东坡少年喜欢临习王羲之、王献之父子，晚年师法颜真卿，因此时有王、颜二家风气。（苏过《书先公字后》）二王的书写婉转腾挪，婀娜流丽，没有拘泥黏滞之感，如道家太极功夫、茂林修竹间的行云流水，显示出自由洒脱的精神气质；颜真卿的书写刚正不阿，端庄整肃，完全是儒家担当天下、舍生取义的气概。东坡兼具儒道内涵，运腕行笔介乎二者之间，用他自己的话说，就是"端庄杂流丽，刚健含婀娜"。收放之间，既没有腐儒的僵硬呆板，也没有外道的放荡无度。当然，他的字体一直都在演化当中，并非一开始就定型。因为一路下来变异度颇大，以至于他观看自己前期作品时，竟然怀疑是赝品伪作。黄州后期，东坡颇得禅家心法，胸襟放达开来，任何东西都拘拿不住，性情如泉水由笔底涌流而出，酣畅淋漓，洗刷了前期临习的痕迹，形成了个人的风格。书画与文学艺术都是如此，只要尚未离形去知，突破形体构架的拘谨，让本真性情流露出来，还是一副鹦鹉学舌的学生腔调，就不可能进入大化之境。

东坡喜欢使用浓墨，运笔沉着，追求一种笔透纸背的力度，而且字势倾斜，剑走偏锋，给人一种巨轮碾压过去的感觉，用黄庭坚的话来形容，就像是石压蛤蟆，隐含着反弹的劲道。写字的时候，为了保持笔画的稳定，东坡通常都是用手抵着案台，而不是悬腕运笔，因此不便于狂草，也写不好太大的字，他自己以此为憾。东坡还有一个爱好，写字作画喜欢酒后命笔，体会气韵流行的感觉。他曾经说："吾酒后乘兴作数十字，觉酒气拂拂，从十指上出去也。"并且标榜："吾醉后能作大草，醒后自以为不及。然醉中亦能作小楷，此乃为奇耳。"有时候，没有酒端上来，他就蔫蔫的，没有情绪来下笔。黄庭坚曾经有这样的记录："（东坡居士）性喜酒，然不能四五龠，已烂醉，不辞谢而就卧，鼻鼾如雷。少焉苏醒，落笔如风雨，虽谑弄皆有义味。真神仙中人，此岂与今世翰墨之士争衡者！"因此，细细品来就会发现，东坡的帖子，字里行间透着一股熏人的醉意。（参见《苏东坡新传》第 557 页）

东坡与蔡襄、米芾、黄庭坚并称"宋四家"，蔡襄死后，东坡颇为推重米芾，认为："自君谟死后，笔法衰绝。……近日米芾行书，王巩小草，亦颇有高韵，虽不逮古人，然亦必有传于世也。"对于黄庭坚的笔墨，他同样激赏，给黄庭坚草书《尔雅》作的题跋中这样写道："鲁直以平等观作欹侧字，以真实相出游戏法，以磊落人书细碎事，可谓三反。"四人当中，堪称元气淋漓者，是东坡与庭坚，二人的书法都有一种大气贯通，东坡气势横行，庭坚气势高纵，有时显得过于陡峭与缠绕。东坡曾经这样戏说："鲁直近字虽清劲，而笔势有时太瘦，几如树梢挂蛇。"庭坚也反过来戏谑："公之字，固不敢轻议，然间觉褊浅，亦甚似石压蛤蟆。"东坡与庭坚随意书写的手札，更是性灵的自然流露，如山谷里的潺潺流泉，美不胜收。

米芾和李公麟等，不算是苏门内的成员，但也与东坡过往甚多，是西园雅集的座上客。李公麟师法唐人，喜欢为马造像。元祐初年，东坡主持贡举，李公麟以承议郎身份出任试官。正好西域那边有名马进贡过来，其中三匹被誉为神骏，只要振鬣嘶鸣，群马便不敢出声。东坡十分喜爱，专门请李公麟工笔写真，留在家中欣赏。李公麟画马入迷成痴，后来，有位名为法秀的高僧劝他说："你昼夜画马，精气神全都附着在马身上，一旦眼花落地，必定入马胎无疑。"这让他大为惊慌，从此不敢再画马，改为画佛菩萨像。（《冷斋夜话》）包括其本人在内，许多人都曾经给东坡造像。李公麟更是多次描绘过东坡，《扶杖醉坐图》被认为是他的手笔。不过，现存的《扶杖醉坐图》是清代画家朱鹤年临摹的。图中的东坡寿骨贯耳，扬眉低目，蓄着山羊胡须，据说较为接近东坡形象。

元祐时期，东坡不断升官加爵，俸禄收入颇丰，不时还有书画润笔小费。在西园文人群体中，除了王诜，他和子由算是经济条件较好的。群体中年龄最小的，是与东坡大儿子苏迈同岁的李廌。早在元丰初年，他就曾跋山涉水，前去黄州拜谒东坡。这位从华山脚下走出来的学子，六岁便失去父亲，家境一贫如洗，却极其好学，深得东坡的喜爱，说他才情可敌万人，不时给予接济与勉励。一天深夜，李廌突然想起自己凄凉的家世，自父亲以上三代先人，至今尚未安葬，不禁悲从中来，对天号啕："三代先人不得入土，作为子孙未能尽孝，我怎么可以安心读书啊！"于是告别东坡，返回家乡华州。几年后，将先人入土为安之后，他再次上京赶考，但却榜上无名。东坡想在朝中给他谋个职位，也迟迟未能如愿。

元祐四年（1089）初夏，一再乞请之下，太皇太后终于同意外放东坡，让其以龙图阁学士的身份出知杭州。临行前，东坡念念不忘潦倒的李廌，将朝廷恩赐的一匹骏马转赠给了他。为了让其在困难时能卖个好价钱，东坡专门出具了一份"马券"。券面上写着："元祐元年，予初入玉堂，蒙恩赐玉鼻骍。今年出守杭州，复沾此赐。东南例乘肩舆，得一马足矣，而李方叔未有马，故以赠之。又恐方叔别获嘉马，不免卖此，故为出公据。四年四月十五日，轼书。"（胡仔《苕溪渔隐丛话》）后来，黄庭坚又在券上作了题跋："天厩马，加以妙墨作《券》，此马价应十倍。方叔豆羹常不继，将不能有此马。或又责方叔受翰林公之惠，安用汲汲索钱。此又不识蚌痛者从旁论砭疽尔。使有义士能捐二十万，并《券》与马取之，不惟解方叔之倒悬，亦足以豪矣。遇人中磊落者，试以予书示之。"（黄庭坚《书赠李方叔真迹卷》）二位师长的心意，李廌当然明白，但不知此马最终落入何人之家，卖出个什么价钱；抑或病死亦未可知。

第十六章

命运的曲线

一

　　直到今日，杭州都称得上中国最美的城市。它蕴藉的人文魅力，很大程度上源自历史上两位主官：白居易与苏东坡。他们把唐诗宋词的审美趣味，带入刚性的政治生活和物质建设当中，构造了诗意栖居的生存空间。由中国最杰出的诗人来出任主官，这座城市怎么能不充满灵韵？仔细端详起来，这里的事物，即便是树木花草，都长得不同于其他的地方。

　　东坡之前，对杭州最深的爱来自白居易。长庆二年（822），因为耿直的性格不宜于复杂的宫廷政治，这位大唐诗人主动请求外放，出任杭州刺史，打算"退身江海应无用，忧国朝廷自有贤。且向钱塘湖上去，冷吟闲醉二三年"（白居易《舟中晚起》）。在任上二十来个月里，白居易确实写了不少诗篇，赋予这座城市耐人寻味的意蕴。在他二百多首描写杭州的诗篇中，最为脍炙人口的要数《钱塘湖春行》："孤山寺北贾亭西，水面初平云脚低。几处早莺争暖树，谁家新燕啄春泥？乱花渐欲迷人眼，浅草才能没马蹄。最爱湖东行不足，绿杨阴里白沙堤。"这几乎成了当地的儿歌。离任之际，白居易在官舍题诗，称回想杭州三年，内心十分惭愧，除了游山玩水，吟诵风月，几乎没有什么政绩来改变城市的风貌，也没有高尚的德行移风易俗，只是教会坊间的小孩吟诵诗词。这其实是一种谦辞，在这里，他做了不少泽被生民的事情，也使城市的气质潜移默化，让这里的人生活在诗的意境当中。其中有两件事情，至今都没有被人们忘记。一是重新疏通钱塘六井，让居民喝上了洁净的水；二是治理西湖，清理淤泥，加高湖堤，筑起一道将湖区一分为二的长堤，增加了蓄水量，解决了周边数十万亩农田的水利灌溉。离任之前，他还将自己的大部分俸禄和积蓄，留作疏浚西湖的基金。在完成西湖的治理和饮水工程后，诗人用近乎白话的文字，写下了《钱塘湖石记》，让人铭刻于湖畔。其中有如此细致的内容：放水灌溉时，湖面水位降低一寸，可灌溉十五顷以上的田亩；一昼夜就能灌溉五十多顷。放水前要选派两个官吏到现场，依据需要灌溉的农田面积，约定放水的时间，算准放水的尺寸，确定放水数量。若是遇上旱情，农民要求放水，可直接到州府衙门递交申请，刺史立即作出批示。如果由乡到县，层层审批，即便最终得到批准，再来放水就已经耽误事了。内容极具参考价值。与李白不同，白居易的浪漫从来不脱离实际。

元祐四年（1089），五十四岁的苏东坡，以龙图阁学士身份出知杭州。也差不多是这个时候，刚刚迁翰林学士兼吏部尚书的苏辙，也代表国家出使辽国，庆贺辽主的生日。东坡颇为自己家族感到骄傲，在《送子由使契丹》一诗中，有这样的表达："单于若问君家世，莫道中朝第一人。"言语之下，已然以"中朝第一人"自许了，骨子里的优越感还是掩抑不住。早在完成《中庸论》写作时，他就对弟弟讲："吾视今世学者，独子可与我上下！"而苏辙也赞叹此论："其言微妙，皆古人所未喻。"（苏辙《亡兄子瞻端明墓志铭》）

正是怀着如此良好的自我感觉，以及"以济物为心，应不计劳逸"的愿力，他来到了荷花飘香的钱塘。白居易是他钟爱的诗人，东坡的命名也源自这位前辈的诗句。站在《钱塘湖石记》碑前，弥漫在西湖上空两百多年前的悲心，还是感染了他。杭州不缺少水，但却缺少干净的饮用水。水是生命最大的政治，不仅所有食物的烹制都离不开水，人世间一切事情，都是在喝上洁净的水之后，才可以坐下来讨论的。东坡执政杭州的时间与白居易相当，业绩也主要体现在治水方面，包括饮用水供给系统的修建和西湖的治理。在这两件事情上，两位诗人与居士的心力，紧紧拧到了一起。所谓诗人，首先是自身人格充满诗意情怀的人，而不仅仅是会用文字写诗的人。内心干涸，毫无润泽的诗意，却又没完没了地写诗，甚至还一顶顶地戴上桂冠，是对诗歌最残酷的践踏。

和十八年前出任通判不同，此次东坡是地方主官，还兼着两浙西路军队的统领。尽管平日里喜欢谈佛论道，但每到一处，他都"勤于吏职，视官事如家事"（《密州通判厅题名记》），时时提撕自己："事有关于安危，而非职之所忧者，犹当尽力争之，而况其事关本职而忧及生民者乎？"（《上文侍中论榷盐书》）城里的六口水井，即所谓"钱塘六井"，是唐代传奇政治家、杭州刺史李泌开凿的六大水池，底下有管道与西湖沟通，将清澈的湖水引入市区，灌溉百姓的生命。过去，埋在地下的管道，大都用竹筒来制作，时间久了就被腐蚀，导致管道朽烂。钱塘江涨大潮时，还会出现海水倒灌的现象。于是，居民饮用水就成了问题，人们只能花钱，去买从西湖运进城来的水。这样，本来免费供应的水就有了价格，虽说没到水贵如油的程度，但长此以往，却是寻常人家承担不起的负荷。东坡当通判时，州府曾经维修过六井的地下管道，但十几年下来，设施早已经报废了。此次，东坡狠下决心，要做一项经得起时间考验的工程，让百姓长久受用。他亲自主持项目建设，全面疏通清淤，将输水管全部改换成陶瓷工艺制作的，并以石槽作底，使其经得起流水的常年侵蚀。另外，还增设两口新井，以方便距离较远的市民。

接下来，就是全面整治西湖的行动。为此，他深入民间开展田野调查，咨询坊间耆老，并在摸清情况后，向朝廷呈上《杭州乞度牒开西湖状》，陈述了西湖当前的状况：自建国以来，因为得不到有效治理，湖水干涸，葑草蔓生。熙宁年间，自己任杭州通判时，葑草侵占的面积，不过十之二三，现在已经过半。按照当地父老的说法，十年以来，水愈来愈浅，而葑草却疯狂地生长，"如云翳空，倏忽便满"，再过二十年，便没有了西湖。而杭州没了西湖，就像人没了眉目，还能算是人吗？他特地提到，仁宗天禧年间，宰相王钦若奏请将西湖作为放生池，禁止捕捉鱼鸟，来为人主祈福。从那时候起，每年的四月八日，杭州数万市民在西湖云集，放生的羽毛鳞介数以百万。人们一同朝着京都的方向稽首礼拜，祝福皇帝与大宋江山万寿无疆。倘若西湖被葑草堵塞，蛟龙鱼鳖都成了涸辙之鲋。"臣子坐观，亦何心哉！"更何况，杭州还是全国酒税收入最高的城市，城市用水，全都仰仗于西湖里荡漾的碧波。

在用诗的语言充分说明理由之后，苏知州提出了自己的诉求：伏望皇帝陛下、太皇太后赐给五十道度牒，用于筹集款项。按他的盘算，州府一万缗钱、一万石米的赈饥节余，加上出售这些度牒，基本上可以支付全部的工程款项。半年之内，便可恢复唐代西湖的无限风光。到那时，"环三十里，际山为岸，则农民父老，与羽毛鳞介，同泳圣泽，无有穷已"。面对文辞如此优美的奏状，太皇太后怎能够忍心否决？于是工程很快上马，并且动用了国家的武装力量。在两浙兵马都监刘景文的支持下，东坡利用自己在两浙西路的军职，调动一千多名士兵参与工程建设，大大加快了工程的进度。

按照东坡的规划，疏浚湖底、清除葑草与构筑堤坝的工作同时进行。清理出来的淤泥和葑草堆，成为打造堤坝的材料，构筑起一道从南山下直通栖霞岭的长堤。作为诗人，在工程建设过程中，东坡从来都不满足于实用功能的实现，总是想着锦上添花，在其中灌注精神的内涵，使其富有人性与诗意的韵味。新筑起的堤坝上，还搭造了映波、锁澜、望山、压堤、东浦、跨虹六座拱桥及与之呼应的九个亭台。岸边则种上杨柳，来呼唤十里春风；清理过的湖面则植上荷花，以承接九天甘露，让整个城区沉醉在沁人心脾的花香里。为了防止农民种菱侵占湖面，妨碍月色在水中的写意，他专门构筑三座小石塔，标出不可逾越的界限。可以说，他是以写诗作赋的方式，来从事物质建设的。他主持的政治，是一种诗意的政治。被后人称为苏堤者，就是一首玩味无穷的长诗。有朋自远方来时，他喜欢带着友人在堤上漫步，共同呼吸带着荷香的空气；即便晚间无事时，他也愿意一个人在堤上流连，以一颗迷离的心，汲取月光微茫的魂魄。

整个西湖治理工程，两浙兵马都监刘景文给予了东坡极大的支持。出身将门的他，长须飘飘，相貌英武，具有堪称杰出的组织指挥能力。但因为他的父亲刘平曾经在对夏战争中落入敌手，而他的六位兄长也都身亡，他没有家族荫庇，很难得到与能力相应的任用，在东坡推举他做事两年后，他也早早归于黄泉。东坡称其为"慷慨奇士""无双国士"。工程完结之后，又给他赠诗一首："荷尽已无擎雨盖，菊残犹有傲霜枝。一年好景君须记，最是橙黄橘绿时。"（《赠刘景文》）

不论是文学思想上，还是在行政上，东坡都是一个创意者。在地方工作，他不满足于因循规矩，照章办事，被动应对各种随时可能发生的天灾人祸，还细心观察社会中积存的问题。这些问题因为长久存在，人们已经习以为常，未被当成问题来加以对待。这次到了杭州，除了环境治理，他还在社会治理的方面有所作为。在调查过程中，他目睹贫穷人家因为无钱看病而放弃治疗，在痛苦折磨中等待死亡降临，特别是瘟疫来临之际，不治而亡的人很多。于是，他萌生了建立公立医院的想法。就像在黄州时期组建"育儿会"，都不是朝廷要求一定要做的事情，而是出自良知的绝对命令。

好在作为知州，掌握着一定的权力资源，内心想到了就可以付诸行动。他在州府财政收入中划出一笔专款，自掏腰包捐出五十两黄金，发动闻达之士捐款，在市区建立起一所名为"安乐坊"的医院，聘请医术高明的道士坐诊，免费为市民看病，政府给予道医适当的报酬。三年下来，治愈的人数以千计。瘟疫流行时，东坡还贡献出峨眉山人巢谷传给他的"圣散子"。这个本来秘不示人的药方，救了无数人的命。和"育儿会"一样，"安乐坊"的建立，是一项意义深远的举措，在公共医疗事业的历史上，是值得大笔书写的创举。

二

和通判杭州时期一样，闲暇时间，东坡喜欢出入丛林，与僧伽谈禅论道。即便是在湖上巡查工程时，他有时也会拐进附近的寺院小憩一会儿，讨一杯清茶慢慢啜饮。这个时期，参寥子道潜主持西湖边上的智果院，院子里有一泓从石缝间流出来的冷泉，泡出的茶汤意味深长。有亲友来杭，东坡必定带着他们，坐船摆渡到这里来享受清欢。灵感来时，还能捡到一两个得意的句子入诗。此番出知杭州，佛日契嵩、海月慧辩等禅师早已圆寂，曾经为三儿子苏迨摩顶治病的辩才元净大师，也已经退居龙井。元祐五年（1090）春，大师八十大寿，东坡专门前往龙井祝寿。想不到第二年，精神矍铄的他便迁化

苏东坡时代

◇ 东坡一生都喜欢结交方外之人

● 《泼墨仙人图》南宋 - 梁楷 - 台北故宫博物院藏

了。新结识的僧人中，维琳法师与东坡颇为投缘，而且还是同庚。他原本是大明寺的住持，到径山寺来驻锡，跟东坡的推重有关。十年之后，当东坡的人生走到尽头时，在僧宝中首先想到的就是维琳。法师也以最快的速度赶到他的榻前。

不过，东坡一生交往最密切的，还是佛印了元。前来杭州上任时，路过润州金山寺，东坡在寺中略作停留。一日，他到方丈室去，恰好遇上佛印在讲法，房间里挤满了信众。禅师对他说："苏居士，瞧！这可没你坐的地方了。"东坡听出话中的机锋，立即回了一句："既然如此，那就暂时借您四大和合之身一坐如何？"佛印想借机勘验东坡，同时也治一治他的狂恣，便出言："我这里有个问题，居士若答得出来，我便把身子给你当座位；若是答不上来，你官袍上挂的那条玉带，就得解下来做个纪念啰。"苏东坡自信满满，让佛印随便发问。佛印当即质之："刚才居士说要借我四大来作座位，可经上不是说'四大皆空，五蕴无我'吗？请问居士到底要往哪儿坐呢？"东坡心里的意识流一时被截断，竟说不出话来，只好解下身上的玉带。据说，这玉带至今仍留存于金山寺内。

说起来话长，佛印与制造"乌台诗案"的李定，竟是同母兄弟。据陆游《老学庵笔记》记载，李定生母仇氏，是一个姿色出众的女子，跨入李家门槛之前，曾嫁给一个姓林的人家，并生有一子。此子就是后来闻名禅林的佛印了元。仇氏两个儿子都与东坡有缘，所不同的是，李定结的是逆缘，佛印结的是顺缘。东坡与佛印参禅的公案甚是不少，传说东坡与佛印走进天竺寺，看到观音菩萨塑像手持念珠，便问："观音菩萨既然已经成就，为何还要手持念珠？"佛印回复："手持念珠是为了念圣号。"东坡追问："念什么圣号？"佛印回答："念观世音菩萨圣号。"东坡还问："他本人就是观音，为什么还要念自己的号呢?"佛印答道:"求人不如求己呀!"显然,在禅的证悟方面,佛印更胜一筹,难怪神宗皇帝将高丽磨衲金钵赐予了元禅师。后来,东坡贬逐惠州,佛印给他写了一封诚恳的信,劝他尽快放下世缘专修佛法:"人生世间,如白驹过隙。功名富贵,转眼成空,何不一笔勾断,寻取自家本来面目?"但东坡似乎还没那么焦急,要见到本来面目的模样。

在与僧伽频繁往来的同时,东坡也常常携歌伎舞女在湖上踏浪游览。有一个伺服过东坡的老妇人回忆:春天来临之后,遇上休假,东坡都会约朋友客人到湖上来,在一处风景优美的地方吃早餐。然后,分头乘坐小舟,各自领着几个歌伎,四处踏歌游冶。兴尽之后,又重新会聚,到"望湖楼"或"竹阁"饭店饮酒歌唱,直至深夜一二更时分。"夜市犹未散,列烛以归。城内士女云集,夹道以观千骑之还,实一时之盛事也。"(王明清《挥麈后录》)有一次,他出游途经净慈寺,竟带着一帮歌伎直接拥入禅堂,又是唱又是跳,把大通法师弄得啼笑皆非。宋朝的社交和官场的应酬,颇为频繁,杭州更是如此。对于置身其中的人,何尝不是身心俱疲的消耗?早在通判杭州的时候,因为苦于应接,东坡就称这种饭局为"酒食地狱",流露出一种厌恶的情绪,但他也不是一个耐得住寂寞的人。此番重返杭州,物是人非,虽然醇酒美人依旧,但他内心有时会泛起一股悲凉。入世到了深处时,就会有出世的向往。

东坡在杭州任职期间,古刹灵隐寺发生一起恶性案件。僧人了然信戒无基,不务正道,迷上名叫秀奴的妓女,不断地往她身上砸钱,以至于"衣钵荡尽"。认钱不认人的秀奴,自然就不再接见他,这让不能自拔的了然心生憎恨。某日,喝了二两的了然,又前去勾栏向秀奴寻欢,却遭到无情拒绝。心头已经冒火的他,怒不可遏,出手夺了秀奴的性命。审理此案时，了然毫无追悔之意，竟在公堂上袒露出身上的刺青："但愿生同极乐国，免教今世苦相思。"这种玷污佛法的行为，令身为居士的东坡十分厌恶，他当场填了一首判决词："这个秃奴，修行忒煞。灵山顶上空持戒。一从迷恋玉楼人，鹑衣百结浑无奈。毒手伤人，花容粉碎。空空色色今何在？臂间刺道苦相思，这回还了相思债。"（《踏莎行·这个秃奴》）并以死刑将其论处（参见余永麟《北窗琐语》）。

在杭州知州任上，东坡干得正酣，还没有届满，却收到了升任礼部尚书的诏书。而在一个月前，苏辙已经被任命为中大夫、守尚书右丞。深感权力中枢关系复杂的东坡，把降临的好运当成忧患，他以弟弟已经位居执政、需要避嫌为由，请求到扬、越、陈、蔡等州郡任职。作为一方大员，自己可以临事决断，不需要牵扯复杂微妙的人际关系。他一道接着一道上札子，可都得不到准许。苏辙也呼应哥哥的行动，交替上了四道奏状，乞请外放地方，但得到的是同样的结果。太皇太后对兄弟二人的信任与厚望，看来是有增无减，在送来诏书的同时，还捎上一斤御茶，表示对东坡的关爱。看到茶叶包装上的御笔封题，他也就只能动身了。不过，为了表达自己留在州郡工作的意愿，他将家眷都暂时留在杭州，独自一人前往京城报到。

离开杭州之前，东坡亲手编辑的《东坡集》已经刊行，人们得以系统地欣赏他的作品。两年来的所作所为，也让杭州人得到了实际的利益。因此，对于这位知州的离任，市民群众有些依依不舍，老人和小孩都希望他能再度降临杭州。还有热心人筹款建造生祠，来纪念他的功德。有的人家甚至在厅堂里挂起轼的画像，吃饭前不忘给他送上祝福（《苏轼年谱》第965页）。轼快成了这地方的土地神了，这让他欣慰之余有些不安。路过润州的时候，免不了要拜会佛印，同时也接受当地官员的宴请，借酒与歌伎们打闹一番。听罢她们弹唱黄庭坚的《茶》词："惟有一杯春草，解留连佳客。"东坡便开玩笑说："原来你们是想留我在这里吃草啊？"三儿子苏迨刚刚与欧阳修的孙女完婚，两代文豪成了姻亲，可谓门当户对，这桩喜事也令苏轼的心情愉悦。

返回京师的路上，经过杞人忧天之地雍丘，米芾正好在这里任知县。他以特有的方式招待了东坡，让人弄来一张长长的桌案，摆上精笔、佳墨和三百张好纸，旁边备好热气腾腾的酒菜。东坡一到，两人二话不说，便提笔入座，每喝上一杯，就写上一行；每写上一行，又喝上一杯。两个书童脚忙手乱地磨墨，都不够他们挥洒。夕阳下山时，酒也喝干，纸也写尽，人也吃饱，他们便交换各自的墨宝，飘然离场。整个过程，两个人始终心照不宣，几乎不发一言。（《宋人轶事汇编》）当时，正值蝗虫猖獗，各地都采取火烧加土埋的方式来消灭。处在下风的那个县，蝗虫却越灭越多。有人向知县反映："本县蝗虫全是雍丘县那边赶过来，根本无法彻底灭除。"该知县于是发一份公文到雍丘，要求米芾不要将本县蝗灾转移境外。正在桌上喝酒的米芾哈哈大笑，挥笔在公文背面题诗一首："蝗虫原是飞空物，天遣来为百姓灾。本县若还驱得去，贵司却请打回来！"在场的人都为之捧腹。

此时的米芾，在文化的江湖，已经颇具名气。其声名部分来自他的书画，部分来自他的怪癖。除了双手总觉得洗不干净，米芾还有石癖和砚癖。喜穿唐装的他，遇到奇石便称兄道弟，作礼膜拜；遇到精致的砚台和前朝的名帖，更是手舞足蹈，非要到手才罢休。在真州时，他曾与蔡攸在小船上相会。蔡攸拿出王羲之《王略帖》给他开眼，米芾惊叹之余，提出要用自己收藏的画来交换。蔡攸感到为难，不肯应承。米芾忽然出言："若是不愿意成交，我现在跳到江里喂鱼，你等着收尸吧！"于是大呼大叫，把船晃得摇摇欲坠。见此情形，蔡攸只好把《王略帖》乖乖给他，免得闹出人命来（叶梦得《石林燕语》）。

每次见面，米芾都会给东坡一些活儿干。比如，给他自己的手迹题跋，或是给他收藏的砚台题铭。看他对砚台痴迷成魔，东坡有时也以借用的名义夺其所爱。多年以后，米芾被任命为书学博士，徽宗皇帝召他与蔡京一起谈论书法，让他当场书写大屏条幅。书写完毕，米芾立即捧起御案上的端砚跪了下来，请徽宗恩赐给他，因为"此砚经臣濡染，不堪复以进御"。皇帝见状大笑，满足了他的祈求。米芾则高兴得像个孩子，抱起重重的砚台"蹈舞以谢"，趁着皇帝还没后悔赶紧离殿，墨汁沾染得一身都是。

据米芾所写的《紫金研帖》记录，东坡生前，曾从他手上借过一方紫金砚台，还嘱咐儿子，等其逝世后当陪葬品入殓。东坡去世时，因为公务滞留京师的米芾，一连作了五首诗来吊唁，流露出无尽的沉痛。同时却向苏家索回了那方紫金砚台，让其免于殉葬。他说出的理由是：一件传世文物，怎么能够与清净圆明、本来妙觉、真常之性同住呢！

不过，从上述事迹，并不能轻易地得出结论，说米芾是一个贪婪的人。绍圣四年（1097），米芾出任安东（今江苏涟水）知县。在主政的两年时间里，他做了不少给民众带来利好的事情。卸任的时候，当地乡绅百姓赠送了许多礼品，他全都心领婉拒，还一再交代家人："凡公之物，不论贵贱，一律留下，不得带走！"并亲自检点行李物品，发现有一方砚台和一支毛笔，沾有公家的墨汁，便当场让人洗涤干净，不得留半点儿墨痕，沾染他一生的清白。

刘擎出任宰相后，以他为代表的朔党，势力愈来愈强大，太皇太后需要苏氏兄弟这样有众望的人来牵制。程颐虽然被逐出朝廷，但其门生遍布朝野，对苏氏兄弟心存怨望。两派势力均对苏氏兄弟抱有警惕。回到南都，与八十五岁的张方平深谈之后，东坡又提交了《杭州召还乞郡状》。在这封奏疏里，他回顾自己出仕以来的宦海生涯，历数各色党人对自己的诬陷迫害。特别提到了乌台诗案这一段：李定、何正臣、舒亶等人"选差悍吏皇遵，将带吏卒，就湖州追摄，如捕寇贼。臣即与妻子诀别，留书与弟辙，处置后事，自期必死。过扬子江，便欲自投江中，而吏卒监守不果。到狱，即欲不食求死。而先帝遣使就狱，有所约救，故狱吏不敢别加非横。臣亦觉知先帝无意杀臣，故复留残喘，得至今日"。太皇太后与哲宗皇帝即位后，一年之内，就让兄弟二人"备位禁林"，他对此表达了感恩之情："臣每自惟昆虫草木之微，无以仰报天地生成之德，惟有独立不倚，知无不言，可以少报万一。"

接下来，他谈到了自己近年来岌岌可危的处境：司马光执政以后，因为观念存有歧义，台谏官员错误地揣摩光的意思，将自己视为仇敌。而他"又素疾程颐之奸，未尝假以色词，故颐之党人，无不侧目"。虽然朝廷已经废黜洛党的几个主要人物，但其余党还在朝中，待机发作。只是因为外放杭州，他这两年才免于舆论的攻击。但朔党、洛党的党人，未尝一日不再伺机将自己打倒在地。今日，忽然蒙受圣恩召还起用，弟弟也被擢升为执政，这两件事情，势必引起党人更大的猜忌，想出各种手段加害于自己，将恩德转变成祸殃。因此，他不想以衰病的生命，再次触犯党人锐利的锋芒，所以才一再递交奏状，请求外放到地方工作。这封长长的奏疏，总算是把事情的来龙去脉和是非曲直都说清楚了。

不出东坡所料，前脚刚刚踏入京城，砖头石块便向他抛掷而来。侍御史贾易首先发起攻击，指控元丰八年（1085）五月，神宗皇帝陵寝尚未入土，人臣都在泣血，路过扬州的东坡，却因为购置田产而欢呼雀跃，在上方寺题诗："山寺归来闻好语，野花啼鸟亦欣然。"完全是幸灾乐祸的样子。贾某还对兄弟二人的人格肆意诋毁，称"轼之为人，趋向狭促，以沮议为出众，以自异为不群。趋近利，昧远图，效小信，伤大道。其学本于战国纵横之术，真倾危之士也"；而弟弟苏辙"厚貌深情，险于山川；诐言殄行，甚于蛇豕"（《苏轼年谱》第985—987页）。晋升秘书省正字还没几天的秦观，也受到牵连，被罢免了职位。

面对如此诡异的形势，东坡立即请求居家待罪。在这种情形下，太皇太后只好接受他的恳请，让他以龙图阁学士的身份出知颍州。算下来，东坡在京城滞留的时间，还不到三个月。到了颍州，什么都来不及做，元祐七年（1092）二月，他便被调往扬州。半年之后，扬州知州的官椅刚刚坐热，又以兵部尚书兼侍读被召回朝廷。到任不久，又以端明殿学士出任礼部尚书，兼翰林侍读学士，达到了官宦生涯的顶点。苏辙则升任大中大夫、守门下侍郎，成为副宰相。虽然职务地位一路上升，但东坡心里的寒意却更加凛冽了。一种不祥之感，让他终日闷闷不乐。

太皇太后高氏，有一个不同凡响的名字：高滔滔。她是英宗的皇后、神宗的生母，但心里头景仰的却是先帝仁宗。可以说，她是听着仁宗皇帝的感人故事长大的，并把这一朝的宽仁政治，视为理想社会的典范，对于儿子发起的变法改制，一直心存无奈与不安，常暗自伤心落泪。垂帘听政、掌握最高权力之后，她立即起用旧党人物，企图还原祖宗法度，复辟仁宗时代推行的政策。然而，就在此时，由于政见与学术的歧义，加之人事争端，旧党内部发生裂变，分化成为以程颐为首的洛党，以苏轼为首的蜀党和以刘挚、王岩叟等人为首的朔党。高氏在清算新党、废止变法的同时，还要平衡旧党各派势如水火的纷争，可谓费尽心机。好在老天照顾，这些年相对风调雨顺，元丰时期积累的财富，也让国家免于财政上的危机。因此，她垂帘听政的八年，社会承平，本人甚至被称为女中尧舜。然而，"元祐更化"执行的人事路线，"进一人，则曰此熙、丰之所退也；退一人，则曰此熙、丰之所进也"（王夫之《宋论》），还将新党人物张榜公布，予以重贬，这为后来愈演愈烈的党争埋下了伏笔。

哲宗赵煦是自己的孙子，登基时年纪尚幼，上位有赖于自己的扶持，因此，高氏听政时，并未把他当皇帝天子对待。与宰执大臣商议国事时，也没给其应有的说话机会。而且，座位的安排也是个问题，皇帝的御座与太皇太后的座位相对，大臣在向高氏奏事时，只能背对赵煦，作礼时屁股朝皇帝这边高高翘起，这种感觉让皇帝十分不悦，甚至有屈辱之感。因此，大臣奏报时，哲宗极少说话。高氏问他为何不表态时，他便冷冷地回答："娘娘已经处分好了，还要我说个什么？"话里已经有了怨念。

哲宗生母朱氏出身低微，原本是神宗的侍女，一直得不到应有的待遇。赵煦登基后，本应被尊为皇太后的她，只给了太妃的名分，显然是太皇太后有意压抑她的地位，而这种压抑，也是对皇帝尊严的贬损，不免在哲宗心里留下阴影。直到三年之后，朱氏才被允许享受与皇后相同的舆盖、仪卫和服冠。哲宗喜欢使用的一张案子，高氏觉得太旧了，就让人给换新的，但哲宗却叫人换了回来。高氏问他为什

◇ 宣仁太皇太后高滔滔，
堪称东坡的保护神

● 《宋英宗后坐像图》宋－佚
名－台北故宫博物院藏

么。哲宗回答："这是父皇（神宗）生前用过的案子。"这让高氏顿感不安，她隐隐感到身后可能的变数。有时，她给这个孙子开导一些道理，包括如何分辨君子小人等，孙子都不以为然，似乎已经胸有成竹。也许是因为担心身后的变故，到了哲宗十七岁时，高氏还是不愿照例撤去珠帘，还政于天子。元祐八年（1093）八月，高氏预知来日不多，朝政又可能面临一次推倒重来，她当着哲宗皇帝的面，告诫范纯仁、吕大防、苏辙等重臣："老身殁后，必有许多人来教唆官家，宜勿听之。"（《续资治通鉴》卷第八十三）后来其至还劝他们，最好在祸起萧墙前请求辞退。但这个时候，说什么都已经晚了。

预感风雨欲来的东坡，一再请求外放，尽快离开暗流涌动的汴梁。元祐八年（1093）六月前，他就先后三次请求到杭州南边的越州任职，但朝廷坚持让他出知定州。诏令下来后，他又提出改知越州的请求。但还没有启程赴任，妻子王闰之便在八月里病逝了。紧接着，太皇太后高氏也于九月上旬归天。哲宗皇帝开始临朝亲政，政治风云变幻，小道上传出了即将起用章惇为相、重新恢复新法的消息。苏辙、范祖禹他们正在为不能复用小人、修改法度而上疏。东坡无意掺和其中，也没有等到太皇太后入葬，在将妻子灵柩匆匆停放在京西的寺院后，他便于十二月离开了汴梁，带着一家人前往定州去了。因为国是将变，他不得入朝辞行，只好在路上给皇帝上书，规劝哲宗静观事态之利害与群臣之邪正，不要急于求治："古之圣人将有为也，必先处晦而观明，处静而观动，则万物之情毕陈于前。陛下圣智绝人，春秋鼎盛，臣愿虚心循理，一切未有所为，默观庶事之利害与群臣之邪正，以三年为期，俟得其实，然后应物而作，使既作之后，天下无恨，陛下亦无悔。由此观之，陛下之有为，惟忧太早，不患稍迟，亦已明矣。臣恐急进好利之臣，辄劝陛下轻有改变，故进此说，敢望陛下留神，社稷宗庙之福，天下幸甚！"（《续资治通鉴》卷第八十三）到了定州，东坡便在寺院设水陆道场，超度妻子的亡灵，并撰写《释迦文佛颂》，专请李公麟画罗汉像供奉在庙里，将功德回向与妻子，希望她能够有一个殊胜的往生。

元祐九年（1094）科考，获得进士、诸科及第、出身的人数多达九百七十五人。最初，考官录进士，大多是策论观点支持"元祐更化"的；后来复考时，却全把支持"元祐更化"的考生压到后面去，而把支持"熙丰变法"的列到前面来。皇帝的政治倾向已经十分明显。为了阻止新一轮的复辟，门下侍郎苏辙先后两次上疏，指出："御试策题，诋毁了近年来所行政事，有绍复熙宁、元丰之意。臣认为先帝以天纵英才，行大有为之志，所设定和施行的法度政策，超越前古，有百世不可改者。元祐以来，上下奉行，未曾失坠。至于其他，即便有失当之事，哪个时代没有呢？父亲做事在前，儿子补救于后，前后相济，这乃是圣人之孝道。陛下倘若认为先帝旧政有不合理之处，需要更改，就应当宣谕近臣，令我等商量处置。不应该在策问进士时，泄露密旨。这样做，就好比一家人，父兄想做的事，子弟都不让知道，却去跟过路人谋划，能行吗？"看到自己的进言惹怒了皇帝，苏辙立即递交辞呈。哲宗顺水推舟，任命他以端明殿学士出知汝州。但中书舍人在起草的诏书中，称苏辙"风节天下所闻""原诚终是爱君"，这让哲宗看了大为光火，下令重新撰写。结果，苏辙被剥夺了原有的级别，只得以散官身份出知汝州。

这一年四月，天上出现奇象，白色的长虹穿日而过，哲宗将年号改为"绍圣"，表明自己继承、恢复先帝遗愿的意志。接着，追谥王安石为"文"，将其配享神宗庙廷，一场针对复辟的复辟运动正式开始。章惇、蔡卞、曾布、吕惠卿、李清臣等变法派人物，被平反昭雪，召回朝廷。章惇独居首相地位，曾布则入主枢密院，在他们的主持下，免役法、青苗法等各项新法相继恢复。与此同时，范纯仁、吕大防、刘挚、梁焘等守旧派人物被陆续外贬，形成了一场规模浩大的"绍圣大流放"运动。在通往岭南的官道上，烟尘滚滚，奔走着曾经显赫一时的重臣。《神宗实录》被安上了诋毁熙宁法令的罪名，下令重新组织编修。原来参与撰稿的黄庭坚、范祖禹等人，也加入流贬的队伍当中。早已离开政治旋涡中心的洛党领袖程颐，则被流放涪州（今重庆涪陵）。作为蜀党魁首的苏东坡，尽管已经躲往定州，还是不能幸免。他任知制诰时书写的文件，被御史台翻了出来。"元凶在位，民不奠居；司寇失刑，士有异论。稍正滔天之罪，永为垂世之规。具官吕惠卿，以斗筲之才，挟穿窬之智。诪事宰辅，同升庙堂。乐祸而贪功，好兵而喜杀。以聚敛为仁义，以法律为诗书。首建青苗，次行助役。均输之政，自同商贾；手实之祸，下及鸡豚。苟可蠹国以害民，率皆攘臂而称首。……喜则摩足以相欢，怒则反目以相噬。连起大狱，发其私书。党与交攻，几半天下。奸赃狼藉，横被江东。"（《吕惠卿责授建宁军节度副使本州安置不得签书公事》）如此刻毒的制词，不是吕惠卿他们消化得了的。于是，他以涉嫌讥笑先帝的罪名被降职，贬谪岭南英州（今广东英德）。

新党人物压抑内心多年的愤怒，更多的是集中在司马光身上，但他已经不在世上，怎么泄愤便成了个问题。章惇奉诏返回京师的路上，探花出身的名士陈瓘前来谒见。因为早闻其名，章惇请他上车与自己同坐，咨问其对时务的看法。陈瓘打了个比方："船在行驶当中，只要偏重任何一侧，都可能会倾覆。明白这个道理，您就知道怎么去做了。"章惇似有所悟。陈

◇ 从眼里容不得半点儿沙子，到看天下无不是好人，东坡其实经历了痛苦的蜕变

● 《苏东坡像》元·赵孟頫

瑾反过来问章惇："此次天子请您入朝执政，将从什么地方入手？"章惇想了好久，才回话："司马光奸邪，当下最急的是对此加以辨明清算。"陈瓘指出："您错了，这样做，相当于将偏重于左侧的船，改为偏重于右侧，会让天下人失望的！"章惇申辩："司马光辅佐太皇太后，独揽朝纲，大肆修改已经实施的法规，这般误国，难道还不够奸邪吗？"陈瓘回答："如果不去观察他的发心，只是去质疑他的行迹，那他并非没有罪过。但是，如果指责他为奸邪，然后再来一次更化改作，这样反复折腾，误国可就更加严重了。今日之计，只有消除朋党、行持中道，才有可能挽救之前的弊端。"这话章惇听了虽然不舒服，但也觉得在理，于是留陈瓘一起吃饭才作礼道别。后来，还任命陈瓘为太学博士。

或许是陈瓘的话语起了作用，在清算旧党罪行并加以打击的运动中，章惇的态度相对温和，不似曾布那么激越。他同意剥夺司马光、吕公著等人的赠官和谥号，但反对掘墓、劈棺、砸碑等这些极端行动，因此遭到曾布、蔡卞等人的指责。最后，是因为有人指出掘墓、劈棺并非圣德之事，哲宗皇帝也认为不妥，才得以叫停。

四

绍圣四年（1097）二月二十四日，东坡一家欢天喜地，从寄居的嘉祐寺搬到白鹤峰脚下一座有着二十间房的新居，结束了三年来在官舍与寺院间的来回搬迁。正厅"德有邻堂"和书房"思无邪斋"的牌匾，一看就是主人的石压蛤蟆体，隐含着碾不垮的韧性。送走前来祝贺的友邻，东坡移步右侧的"思无邪斋"。此时夜深人静，窗外是虫子莫名的吟唱，此起彼伏，他感到自己的心终于踏实下来，一家人总算有了归宿。可惜朝云命薄，等不到这一天，不然，现在应该是她沏上一杯热茶的时候。

"思无邪"是孔子对《诗经》的破题之言，也是儒家正心诚意的所归。东坡以"思无邪"命名自己的书房，并在这里写下《思无邪斋铭（并叙）》："夫有思皆邪也，无思则土木也。吾何自得道，其惟有思而无所思乎？"后来，他又在《续养生论》里，作了进一步的发挥："孰能使有思而非邪，无思而非土木乎？盖必有无思之思焉。夫无思之思，端正庄栗，如临君师，未尝一念放逸。"他将有觉知而无妄念、不放逸的心，作为无邪之思来加以行持。

自元祐八年（1093）从权力高处跌落，东坡的命运就一路滑向深渊。诰命接二连三地下来，绍圣元年（1094）发配英州后，接着就再贬建昌军司马、宁远军节度副使，惠州安置，不得签书公事，从一个二品大员，沦落为从七品罪吏。在惠州，一家人先是寄住在官舍合江楼，半个月后移到嘉祐寺阴暗的犄角旮旯里。第二年，因为表兄、广南东路提刑程之才的亲自过问，又搬回合江楼。表兄调离之后，合江楼住得不安，于是重又回到嘉祐寺，就像猫生崽一样搬来搬去。

嘉祐寺后山有座亭子，叫松风亭，常年风声呼啸，如有天人在絮语，周围景致颇好，清风又能解郁释怀。一天，东坡无事，便往山上行去，想到亭子间歇息。然而，此时的他，已经不是"竹杖芒鞋轻胜马"，爬到脚软气喘，松风亭仍在树梢之上，于是停下步来，心中忽然浮起一念："脚下之地如何歇息不得，非要到山头亭子间不可？"于是心中豁然，进入了禅家本地风光的境界，人"如挂钩之鱼，忽得解脱"。有了洋溢于心的禅悦，他便绝了北归的盼望，随遇而安，想着在惠州安顿下来，改变眼下一家人流离失所的状态。为此，他郑重其事地请道人暗中寻访，于白鹤峰下找到一块依山傍水之地，倾其一生积蓄，在道观遗址上筑起了这座新居。刚一落成，就立马修书通知苏迈，带着长幼二房眷属南下团聚，心里则想象着"子孙远至，笑语纷如"的场景。

不得签书公事，意味着手中权力已被剥夺干净。对于那些入世太深、终日汲汲于功名利禄者，无疑是沉重的打击，但这似乎还伤不到东坡的哪一根骨头。天生我才，被明主所弃，不正是自我受用之时？从北方进入岭南，要跨过大庾岭。此山虽然不甚著名，但峰峦雄奇，气势磅礴，睥睨海外。站在高处放眼环顾，东坡心中的豪情便从胸腔里洒脱开来，晦霾之气扫荡一空："千章古木临无地，百尺飞涛泻漏天……而今只有花含笑，笑道秦皇欲学仙。"（《广州蒲涧寺》）他一路放情山光水色，吟诗作赋，直达贬所，没有一点儿惨遭不幸、落魄潦倒的样子。

在惠州，除了到集市上买便宜骨头回来烹煮，呼唤当地友邻畅饮，他还遍尝岭南美食，全然一个吃货的嘴脸。当年杨贵妃千里红尘才能吃上的荔枝，在这里轻易就能饱食，而他对荔枝的痴迷程度，一点儿也不逊于三千宠爱集于一身的胖美人。绍圣二年（1095），荔枝上市的季节，东坡写下了两首关于荔枝的诗。一首是《食荔支》："罗浮山下四时春，卢橘杨梅次第新。日啖荔支三百颗，不辞长作岭南人。"在另一首长诗里，他宣称："我生涉世本为口，一官久已轻莼鲈。人间何者非梦幻，南来万里真良图。"仿佛此次流放，是把他送进了仙山琼阁，没有一点儿受惩的苦楚。再下来写出的句子"花褪残红青杏小。燕子飞时，绿水人家绕。枝上柳绵吹又少，天涯何处无芳草"（《蝶恋花·春景》），"报道先生春睡美，道人轻打五更钟"（《纵笔》），透露出的分明是一个神仙的逍遥境界。这在当朝政敌们看来，苏某是存心向他们秀存在感，带有挑衅的意味。他非但没有愁肠百结、失魂落魄、死无葬身之地，还快活成花果山上的孙猴子，说明贬谪岭南，尚不能体现惩戒意图，打折他的那根傲骨，让他趴在泥涂里悔过自新。因此，在不杀士大夫的宋朝，唯一可行的，就是把他抛到海水里去。

尽管是在少年时代，东坡就曾一度彷徨，到底应该遁入山林隐身修炼，还是登上庙堂参与治国平天下，但是一旦决定投身仕途报效国家，他便以身相许，肝脑涂地，在所不惜。每到一个地方，东坡都希望能做些有利于生民的事情。即便到了惠州，手中权力已经被剥夺得一干二净，他也借助自己的影响力有所作为。惠州东江与西江各有一座浮桥，是此地的交通枢纽，然已失修多年，无法通行，往来的人划舟渡江，沉船溺水的事件时有发生。东坡探明情况后，致信表兄程之才，请求广南东路划拨建桥所需八九十万元款项，再请罗浮道士在信众中募资，重建了这两座桥梁。竣工之后，他专门撰写了诗文。此外，他还推动惠州知州詹范，将战乱时代弃身野外的数百具无名尸骸，收拾起来重新下葬，请僧人举办超度仪式，使他们不再做孤魂野鬼呼号于旷野。给死去的人尊严，也是对活人的一种尊重。

新盖的房子水土气重，人会睡得很沉。但这好觉睡了不满一个月，新任惠州太守方子容就带着随从，到德有邻堂前宣读了新的诰命：责授琼州别驾，昌化军安置，不得签书公事。此番被贬的人甚是不少，弟弟苏辙被贬为化州别驾，雷州安置。就连死去多年的宰相司马光、吕公著、王珪，也被追贬到海南岛上来。司马光的职位是朱崖军司户参军。尽管这些年一贬再贬，几乎成了寻常之事，但对于此次放逐，东坡还是颇感意外。方子容是东坡新交的朋友，不知是真有其事，还是出于同情安慰，他悄悄地告诉东坡，自己的内人虔诚信佛，有天夜里梦见一个大士前来告别，说他将陪苏子瞻远行，七十二天后就有诰命下来。今天恰好是七十二天。看来事情已有前定，先生不必过于伤心。

环顾刚落成的新居和正在院子里嬉戏的孙子，东坡沉吟良久，然后莞尔一笑。作为一名居士，虽然未证"涅槃寂静"，但此刻深深地领会了"诸行无常，诸法无我"。以前，他不止一次说过"吾生如寄"，其实内心还是想把握住自己，现在这一点儿把握，恐怕也必须撒手，将身世全都交付出去，当作不系之舟，任凭风浪颠扑了。此时此刻，他想起了陶渊明的诗句："纵浪大化中，不喜亦不惧。应尽便须尽，无复独多虑。"他不仅做好到海南岛的准备，也做好了死在海上的准备，大有舍命陪君子，你让我走十里路，我就陪你走二十里的意思。他心底那股傲迈之气，不是那么容易就压得住的。

由于所有的家底都成了白鹤峰新居的砖头瓦片，东坡不得不四处筹措前往贬所的盘缠，甚至向广州太守王敏仲求援，请其将薪俸中折成实物的部分提取出来。完了便把一大家子托付给长子苏迈，让他升任一家之主。想到此去不太可能再回惠州，便专门来到朝云墓前，燃上了三炷香，深深地鞠上一躬，吟诵自己为她写下的诗句："伤心一念偿前债，弹指三生断后缘。"表示恩恩爱爱的俗缘到此了断，今日各自解脱，后世不再有任何纠葛与缠绵。

回想起朝云的身世，会让人心生感伤。这个不幸的女子，童年就沦为歌女，在西湖水面上漂泊卖唱，十二岁被卖到苏家，以奴自称，作为丫鬟陪侍主人。因为气质清新，善解人意，而又歌舞曼妙，所幸得到主人的垂怜，成为常侍，并最终被纳为小妾，随着主人经受命运的磨砺，以心性的温良感动了主人。东坡原来纳有几个姬妾，到了惠州就只剩下朝云。某日，他读到白居易年迈体衰时，最受宠爱的

◇ 做 不 成 母 亲，
是朝云一生最大的
遗憾

● 《仕女图》五代十
国 - 周文矩（传）- 台
北故宫博物院藏

美妾樊素，竟断然离他而去，心头感慨良多，便写了一首诗送给了朝
云："不似杨枝别乐天，恰如通德伴伶元。阿奴络秀不同老，天女维
摩总解禅。经卷药炉新活计，舞衫歌扇旧因缘。丹成逐我三山去，不
作巫阳云雨仙。"（《朝云诗·并引》）诗中说道，他与朝云，过去是
因为歌舞结下因缘，现在已然成了读经问禅与炼丹的伴侣，等到丹成

道就，便各自飞升仙山琼阁，不再留恋巫山云雨。朝云不仅深得东坡的喜欢，也为游于苏门的学子所爱戴。秦观曾经写过一首词赠送给朝云："霭霭凝春态，溶溶媚晓光。何期容易下巫阳，只恐使君前世、是襄王。暂为清歌驻，还因暮雨忙。瞥然归去断人肠。空使兰台公子、赋高唐。"（《南歌子·霭霭迷春态》）他取宋玉《高唐赋》中"旦为朝云，暮为行雨"的意思，将朝云比拟为袅娜多姿的巫山神女，行云布雨，而东坡自然也就成了云雨之下的襄王。

苏遁夭折之后，做不成母亲的朝云，深感世事无常，性情大不如从前活泼，开始在家里供奉菩萨，时常持咒念佛直达深夜。东坡清晰地记得，去年霜降时节，落木萧萧，他让朝云拿来乐器，弹唱自己刚刚填写的《蝶恋花·春景》。朝云唱着唱着，竟哽咽起来，满脸都是泪水。东坡问为何如此，她回答说："奴唱不了'枝上柳绵吹又少，天涯何处无芳草'这一句。"（参见吴子良《林下偶谈》）。绍圣三年（1096）八月，一场瘟疫无形中降临惠州，朝云没能够躲过这一劫。弥留的时刻，气息已经非常微弱，她口里仍然默念着《金刚经》里的四句偈："一切有为法，如梦幻泡影。如露亦如电，应作如是观。"遵照她的遗愿，东坡将其入葬西湖南畔栖禅寺寂静的松林里，并亲笔写下《墓志铭》："浮屠是瞻，伽蓝是依。如汝宿心，惟佛是归。"

入土后的第三天，狂风暴雨大作。雨停之后，东坡带着苏过前去探墓，发现墓东南边出现五个神秘的大脚印，遂设水陆道场，延请僧人举办超度仪式，并为此写下《惠州荐朝云疏》。疏文写道："既葬三日，风雨之余，灵迹五踪，道路皆见。是知佛慈之广大，不择众生之细微。敢荐丹诚，躬修法会。伏愿山中一草一木，皆被佛光；今夜少香少花，遍周法界。"此外，东坡取"如梦、如幻、如泡、如影、如露、如电"之意，在墓前筑起了"六如亭"，并提笔撰写了一副楹联铭刻其上:"不合时宜,惟有朝云能识我;独弹古调,每逢暮雨倍思卿。"后来,又填了《西江月·梅花》一词:"玉骨那愁瘴雾,冰姿自有仙风。海仙时遣探芳丛,倒挂绿毛幺凤。素面翻嫌粉浣,洗妆不褪唇红。高情已逐晓云空,不与梨花同梦。"据说,与朝云诀别后,东坡听不得有人唱《蝶恋花·春景》这首词。他对这位小妾的情义,似乎比二位明媒正娶的夫人都要深出许多。可敬与可怜似乎有所不同。

五

四月十九日,东坡携幼子苏过,登上了离开惠州的木船。苏迈带全家人到码头送别。望着远去的身影,岸上的人都恸哭起来,怀着必死决心的东坡,也不禁流下了清泪。此时的情景,就像他后来给友人的信中所叙述的:"某垂老投荒,无复生还之望,昨与长子迈诀,已处置后事矣。今到海南,首当作棺,次便作墓。乃留手疏与诸子,死则葬于海外,庶几延陵季子嬴博之义。父既可施之子,子独不可施之父乎?生不挈棺,死不扶柩,此亦东坡之家风也。"(《与王敏仲十八首·十六》)尽管遭到如此重击,他仍然不改豪放词人的秉性。

沿着官道抵达梧州,东坡获知苏辙刚从这里离开,正在赶往雷州途中。想到很快可以见到思念多年的弟弟,他喜悦的心中,流出了这样的诗句:"莫嫌琼雷隔云海,圣恩尚许遥相望。平生学道真实意,岂与穷达俱存亡。天其以我为箕子,要使此意留要荒。他年谁作舆地志,海南万里真吾乡。"在表达手足之情的同时,抒发了不为命运穷通改变的道心和把万里流放之地当成安身立命家乡的自觉。

五月的一天,兄弟二人终于在藤州相见,泪水消解了数年来的顾念之苦。他们一边畅叙幽情，一边向雷州赶去，颠颠簸簸走了近一个月，才到了雷州半岛的徐闻海岸。当天晚上，东坡的痔疮发作，躺在床上辗转呻吟，表情扭曲。心疼哥哥的辙，整夜不能合眼，给他念陶渊明的《止酒》诗，劝他为了健康，把酒这碗浑水给戒掉。此前，在《劝子瞻修无生法》一诗中，他也宽慰过哥哥："谁言逐客江南岸，身世虽穷心不穷。"希望他好好修炼无生法忍，出离人间苦患。就行仪上看，辙比哥哥更像一个居士。

绍圣四年（1097）六月十一日，天气晴好，东坡登上了南行的渡船。在摇晃的甲板上，他向弟弟挥手致意，说出了孔子当年说的那句话："这难道不是吾道不行，则乘桴于海吗？"（道不行，乘桴浮于海。——《论语·公冶长》）但熟知他履历的人，则会想到他在黄州时写下的词句："小舟从此逝，江海寄余生。"

第十七章

九死南荒

一

　　海南岛是中国最悠久的流放地，时间上限可追溯到东汉建武十七年（41），交趾太守苏定流放珠崖；下限则到了明代洪武纪年。流放与贬逐以距离划分轻重，近则二千里，远则三千里，而海南岛离汴梁的距离约有七千里，是国内最遥远的流贬地，其间还隔着波谲云诡的琼州海峡。因为海上风波叵测，加之岛上弥漫着瘴疠之气，一只花蚊子随口叮咬，便可轻易夺走人的生命，因此有"一去一万里，千知千不还。崖州何处在，生度鬼门关"（杨炎《流崖州至鬼门关作》）的说法。自唐代以来，流放者中就有韦执谊、李德裕等名相有去无回。有的流放者为了免于成为荒岛上的孤魂野鬼，出发前夜便自行了断，给家人留下一具完整的尸体。

　　苏东坡以豪放著称，但要跨越白浪滔天、暗流涌动的琼州海峡，他心里还是有些惴惴不安。渡海之前，他专门到伏波庙进香，祈请路博德、马援两位开琼将军之灵庇护。登船之后，起伏颠倾，坐立不是，与携歌女泛舟西湖完全不同。"舣舟将济，眩栗丧魄"，他感觉天旋地转，随时都有被翻覆与淹没的危险。心始终是悬着的，没有了陆地上的踏实感，如此无依无傍，双手没个把抓的状态，对他而言是完全陌生的。好在当天风浪不算太大，潮流悠缓，下午便顺利抵达琼州海岸。在苏过的扶持下，东坡踏着跳板登岛。魂魄初定的他，回头一眼望去，只见水天苍茫，心中生起从未有过的凄怆，一种天地悬隔的孤独感，一种呼天不应、喊地不灵的遗弃感，骤然袭来，让他倍生伤感。在后来的追忆中，有这样的表述："吾始至南海，环视天水无际，凄然伤之，曰：'何时得出此岛耶？'"（《试笔自书》）这一天，是绍圣四年（1097）六月十一日。

琼州府官员张景温派人来接应，说要为他接风洗尘。东坡以信札回复，表示婉拒："自以罪废之余，当自屏远，故不敢扶病造前，伏冀垂察。"（《与张景温书》）在琼州府城东边的客栈里，东坡停留了十几天时间。其间，琼州副使黄宣义等前来探望。没事的时候，他就到州城内外走走，观察当地的风物人情。他发现，城区内外水面不少，但多为牛羊鸭鹅所用，十分浑浊，且气味难闻。居民饮用水要靠打井，每天早晚，汲水的人在井口排成长队。于是他临时起意，试着寻找干净的水源。

功夫不负有心人，在城墙东北角附近，他果然找到了两处涌泉。酌水掬饮，泉质相当甘润，只是周边的淤泥、灌木和废弃物需要清理。他把这一发现告诉当地官员，希望他们组织人力整治。后来，人们运来石头，在泉眼处筑起一个蓄水池。这"双泉"中的一眼，至今仍然保存在海口五公祠内，泉流源源不断，常有些粟米浮出水面，被后来的高僧憨山德清命名为"金粟泉"。

经过一阵歇息，东坡一行从府城出发，沿着官道前往三百里外的儋州。他发现，海南岛地面虽然狭小，天空却比中原要辽阔，感觉像是没有封顶似的，深得令人晕眩，云彩则似漂洗过的一样干净。相比之下，也许是因为有个皇帝罩着，汴京的天空压低了许多。一路上，他坐的是轿子，摇摇晃晃地在烈日下赶路。六月下旬，是海岛最炎热的时节，蒸腾的暑气使人浑身乏力，昏昏欲睡。东坡不知不觉中迷糊过去，做起一个梦来，梦中竟然听到有个声音在念诵诗篇。随着一阵不知何处吹来的风，降下了一场急切的太阳雨，晶亮的雨丝飘进轿里，凉意让他醒了过来，脑子里还依稀记得一个对仗的句子："千山动鳞甲，万谷酣笙钟。"于是，他一路上加以发挥，演绎成一首完整的诗篇：

> 四州环一岛，百洞蟠其中。我行西北隅，如度月半弓。登高望中原，但见积水空。此生当安归，四顾真途穷。眇观大瀛海，坐咏谈天翁。茫茫太仓中，一米谁雌雄。幽怀忽破散，永啸来天风。千山动鳞甲，万谷酣笙钟。安知非群仙，钧天宴未终。喜我归有期，举酒属青童。急雨岂无意，催诗走群龙。梦云忽变色，笑电亦改容。应怪东坡老，颜衰语徒工。久矣此妙声，不闻蓬莱宫。
>
> （《行琼儋间肩舆坐睡梦中得句云千山动鳞甲万谷》）

这是东坡在海南岛写下的第一首诗，表达了一个流放者穷途末路，四顾茫茫，不知何日方可归去的心态。同时也以海天的寥廓与人生的渺小，来宽慰自己的愁肠。那场凭空而起的太阳雨，被想象成美妙的仙乐，带来了酣畅的快意，似乎暗示着归期终将会到来。显然，此时的他，还是渴望有一天能够被赦免归去。东坡清醒地意识到，为了收容被抛弃的身世，让自己不至于没着没落，生活在别处他方，像一个无人认领的弃儿，在盼望与期待之中度日如年，就必须遵照儒家"素其位而行"和佛家随缘与恒顺众生的原则，把流放地当成出生地来安身立命。当然，毕竟这里地处荒凉，远离亲人朋友，缺少对等交流的知己，难以施展自己的才情抱负，实在不是久留之地。因此，他心中还存有一念，想象着还有北归的那一天。

◇　在天涯海角的孤岛上，东坡收容了自己一再被抛弃的身世

● 《郊园曳杖图》南宋 - 马麟 - 上海博物馆藏

如此看来，自己还是心有所待，不及庄子绝诸对待的境界。

海南西北属于平原地貌，东坡一行走走停停，听说岛上有犀牛和大象，但都不见踪影。七月一日那天，透过路边的茅草，终于看到一座山峰，从平地突兀而起。轿夫告诉他，这就是儋耳山，意味着流放的终点昌化军治所快到了。东坡让人停下轿来，舒展一下身子骨。他发现，草丛中到处散落着焦灼的黑石头，仿佛是从天上掉下来的，于是联想到了女娲补天之事，随口占了四句——

> 突兀隘空虚，他山总不如。
> 君看道旁石，尽是补天余。(《儋耳山》)

一座低矮的丘山，几块路边的烂石头，经过东坡点石成金的想象，便显出了雄奇的气象来。看来，他放旷的襟怀，并不因为遭遇的不幸而有所畏缩，坡翁依然是"一蓑烟雨任平生"的坡翁。

二

得到昌化军军使的许可，东坡父子暂时租住官舍伦江驿馆，一座早已破旧不堪的房屋。按照惯例，逐臣每到贬所，必须立即给皇帝上表，说明情况，披露心迹，感戴恩德。这种文字他已经写过多遍，但这次写的《到昌化军谢表》，还是显得相当沉痛：

> 今年四月十七日，奉被告命，责授臣琼州别驾昌化军
> 安置，臣寻于当月十九日起离惠州，至七月二日已至昌化

军讫者。并鬼门而东骛，浮瘴海以南迁。生无还期，死有余责。臣轼。伏念臣顷缘际会，偶窃宠荣。曾无毫发之能，而有丘山之罪。宜三黜而未已，跨万里以独来。恩重命轻，咎深责浅。此盖伏遇皇帝陛下，尧文炳焕，汤德宽仁。赫日月之照临，廓天地之覆育。譬之蠕动，稍赐矜怜；俾就穷途，以安余命。而臣孤老无托，瘴疠交攻。子孙恸哭于江边，已为死别；魑魅逢迎于海外，宁许生还。念报德之何时，悼此心之永已。俯伏流涕，不知所云。臣无任。

除了一味地引咎自责，赞颂皇上彪炳日月的仁德，也道出了自己的凄凉处境，希望能够有机会报答浩荡的恩情。东坡此时的姿态，确实已经低到尘埃里去了。在强大的权力场里，许多坚硬的事物都会变形，话语更难做到句句由衷。想必这篇表书，东坡也是反复踌躇，着实费了不少心思。除了不得不写的表书，东坡还致信一路帮助过自己的朋友，包括雷州知州张逢，表达"感服高义"之情。在人情世故方面，他从不马虎，也不敷衍。

夏秋之交，正好是海南的雨季，伦江官驿聊胜于无，屋顶漏阳泄雨，一觉醒来枕边落满枯叶。此番情景，说起来诗意盎然，置身其中却难以消受。夜里下雨，四处滴答，瓦罐瓢盆应接不暇，屋里没有个干爽的地方，人都快成了落汤鸡。此番情景，都不敢向旁人说出。新任的军使张中是个进士出身的官员，富于人文情怀，眼看一代文豪沦落到这般田地，实在于心不忍，派出军士翻修官舍，使东坡父子得以安身。然而，官舍毕竟不是久居之处，床榻之下嘎嘎吱吱，仍有不安之感。

昌化军在海岛西部，是黎汉杂居的偏僻之壤。刚到这里，东坡面临的境遇，就像他在给亲友信中描述的："此间食无肉，病无药，居无室，出无友，冬无炭，夏无寒泉。"（《与程秀才书》）因此，"资养所给，求辄无有"（《与程全父书》），当地百姓顿顿吃番薯、芋头，连田鼠、蝙蝠都抓来做烧烤。要在这"六无"之地生活，仅靠琼州别驾一个罪臣的微薄薪水，实在难以应付。为了添置必要的用品，购买温饱所需之物，东坡不得不变卖从内陆带来的家当。平生好酒的他，卖掉了一套酒器。唯有一个荷花造型的杯子，制作精妙，数十年来伴随他春风沉醉的光阴，抚摩再三，实在舍不得出手。为此，还专门给这个杯子写了一首诗。这些年来，命运一路对他的打劫，接近于如洗的程度。他在"无地"里彷徨，并且必须要在"无地"里安身立命，在劫不走的剩余物上，找到自己的家底与立足之点，让自己到天涯海角还有活路可走。他想到了禅宗祖师的一句话："去年穷犹有立锥之地，今年穷连立锥之地都没有了。"那天在海上，他深深体会到手中连一根救命稻草都抓不到的感觉。在那种感觉中，人好像要淹没于汪洋之水，又像要飞翔于蓝天白云，但那双抓不着稻草的手，还是想要抓住一根稻草。

初到儋州，风土迥异，人情陌生，加上几次生病，父子二人与外界没有什么往来。东坡本人的情绪显得低落许多。在给张逢的信里，他描述了自己的状态："某到此数卧疾，今幸少间。久逃空谷，日就灰槁而已。"而在一首诗的序言里，则有这样的表述："至儋州十余日矣，淡然无一事。学道未至，静极生愁。"（《夜梦·并引》）夜里醒来，对着窗外的长庚星默坐久久。落寞的心态滋生愁绪，这让他怀疑自己的道行尚不足以降伏其心，断除烦恼，更遑论要济度他人。不过，这是自己真实的存在，与其以石压草，莫若让草蓬生出来，化成一首诗词，在吟诵中烟消云散。他的词风，不知不觉中变得婉约起来。

或许是天穹高旷的缘故，岛上的月光，透出一种夺命追魂的皎洁，空明程度甚于承天寺的月色。身体好些的时候，待儿子睡熟，东坡常在夜里独自披衣出行，在如水的清辉下，像一尾鱼四处游走，全身沾满白晃晃的粼光。有时惊动人家院子里的狗，以为是盗贼进家，引发一阵气势汹汹的狂吠，全城的狗也都一起呼应起来，大有惊涛拍岸之势。当地的人深感疑惑，他们暗地里都在议论：这个深夜不归之人，在月光里衣袂飘飘，如同幽灵一般，到底是要寻找什么东西？

熙宁元年（1068），东坡离开家乡眉山，朋友蔡褒为了给他一个念想，特地在他家门口种下棵荔树，表达故乡亲友对他归来的期待。那棵树一天天、一年年长大，四十年过去，想必已经十分葳蕤，合抱不过，但东坡一直都没有回去过。至于那些少时的朋友，恐怕也已经凋零无几了。由于一生多在颠沛流离之中，像一只离群的飞鸿，从很早时候起，东坡便开始思考，流亡之中如何安身立命。从佛学的角度，这是一个关于自我与我所的问题。他何曾不想像陶渊明那样，不为五斗米折腰，找一处远离尘嚣的田园种豆、采菊、酿酒，把自己灌个烂醉，倒在篱笆脚下，不知今夕何年。但内心又存有愿想，既然到了这个地面上来，还是希望能够做些加减乘除，对同一个天空下的生灵有所安慰；同时，也渴望在烟火人间经历些事物，消受些乐趣，磨砺自己的品性，窥探造化的阴谋，从而把这个世界看个透彻，不再为之魅惑与懊恼。

自从第二次出川，他人生的旅程，似乎越来越背离故乡的方向。也就是说，他总是生活在异地，在离故乡越来越远的地方。家门口的那棵荔树，成为遥不可及的橄榄，在梦境的风雨中招摇。作为一个士子，投身社稷庙堂，进入权力中心，报效国家黎民，是他的夙愿。但从元祐八年（1093）起，他一路被踢将出来，不断被边缘化，从权力的掌握者变成权力的囚徒。不论是家还是国,他似乎都依傍不上。徐州、密州、杭州、湖州、黄州、颍州、扬州、定州、英州、惠州、在这一连串的地方,他都如丧家之犬匆忙走过。惠州三年,他原本就绝了北归的盼望,筑起一座房子,收起所有的脚步准备终老,却怎么也想不到,还会被流放到大海之上的孤岛。似乎上苍非要让他绝了收拾魂魄、在世间建立家园的念想。多年来,他一直参不透"应无所住而生其心"这个谜题,到了六十岁之后,似乎明白了过来。一颗心要想得到自由,就必须"拣尽寒枝不肯栖",任何境地,包括至高的宠荣与无限温柔之乡,所有的一切都是寒枝,都不能栖住。即便是每天喂养着的身体,也不能成为心灵最终的寄托,因为"长恨此身非我有",而"吾所以有大患者,为吾有身"(《老子·十三章》)。于是,心只能住于无住,而所谓无住,也就是自住,即心归于心,心安住于心,才可以自足自立,拥有无条件的自由。一旦在心外有所纠缠,终将失去原本的自在。在京师的时候,他便写下这样的词句:"试问岭南应不好,却道,此心安处是吾乡。"好与不好,不分岭南岭北;家与非家,关乎心之安与不安。安身的问题就转化为安心,只要心安立于自性,何处不是自己的故乡!

在前往海南的路上,他就决意把这个最遥远的他乡,变成自己安心的家园,把儋州的父老当成自己的乡亲,全然地融入当地社会,化为一介草民,在野地里生长。"素富贵行乎富贵,素贫贱行乎贫贱,素夷狄行乎夷狄,素患难行乎患难,君子无入而不自得焉。"(《中庸》)命运无常,人只能随遇而安,处在富贵境地,就过好富贵的日子,不要觉得有什么歉疚或不可一世;处在贫贱境地,就过好贫贱的日子,不要觉得委屈与卑微;处在夷狄地区,就过好夷狄的生活;处在患难之中,就过好患难的生活,什么地方都能活人。在海南,插根扁担都还能开花呢。于是，在《和陶归去来兮辞》的引文中，他写道："盖以无何有之乡为家，虽在海外，未尝不归云尔。"《和陶拟古九首》也有这样的表达："问我何处来，我来无何有。"他明确表示，要以无何有之乡为自己的家乡。如果是这样，天下到处就都是自己的家乡了。

初到儋州时写的《和陶还旧居》，充分地流露了他的心迹："痿人常念起，夫我岂忘归。不敢梦故山，恐兴坟墓悲。生世本暂寓，此身念念非。鹅城亦何有，偶拾鹤毳遗。穷鱼守故沼，聚沫犹相依。大儿当门户，时节供丁推。梦与邻翁言，悯默怜我衰。往来付造物，未用相招麾。"人生在世，本来就是暂时的寓居，还是让心回到心里，将心外之物托付于造化，用不着到处去招魂喊魄。弟弟子由也与哥哥灵犀相通，在给东坡的和诗里，有着这样精到的句子："此身所至即所安，莫问归期两黄鹄。"（《子瞻闻瘦以诗见寄次韵》）

在风云叵测、舟船颠覆的时代，岛屿是孤独无依的象征，被无穷无尽的寒水围困，如同深渊之上浮出的舟船，四周全是愤怒的骇浪。上岛之初，东坡曾经环顾苍茫云水，困惑于不知何日才能出离。现在，勘破了《金刚经》的"无住而住"之后，内心破壁而出，顿觉豁然开朗，四通八达，不再被孤岛境遇所拘困。他把这份心得写成一篇笔记："吾始至南海，环视天水无际，凄然伤之，曰：'何时得出此岛耶？'已而思之，天地在积水中，九州在大瀛海中，中国在少海中，有生孰不在岛者？覆盆水于地，芥浮于水，蚁附于芥，茫然不知所济。少焉水涸，蚁即径去，见其类，出涕曰：'几不复与子相见，岂知俯仰之间，有方轨八达之路乎？'念此可以一笑。"（《试笔自书》）文章颇得庄子之余韵，写作始终是他参究物理人情的习惯方式，得心应手。

三

就像东坡暗自预感的那样，伦江官舍并非久留之地。尽管已经被逐入大海，仍然有眼睛紧盯着他的后脑勺儿。把持朝纲的新党极端分子，对于已经被打倒在地的旧党成员并不放心，恐惧他们东山再起，卷土重来，以其人之道还治其人之身。于是派人到岭南各地明察暗访，希望能抓住把柄进一步惩治，甚至将其诛杀，以绝后患。一个叫作董必的官员，查访的重点是苏氏兄弟。苏辙在雷州租住当地人的房子，被他构陷为强夺民居，因此被迁放到循州（今属广州）去。雷州太守张逢因为款待过苏轼兄弟，也被停了职。董必原想亲自到儋州追查东坡，但身边有人说了一句："谁都是父母所生，谁都有自己的孩子啊。"他听了心中一震，便改派一个小吏前往。尽管如此，东坡还是被赶出官舍，帮助过他的军使张中，也被撤换了职务。事情就像在惠州时发生过的那样，只是更加严重了，而且连累到他人，这让东坡心里很是过意不去。

其实，伦江官舍虽然付了租金，但是东坡心里还是忐忑，一直暗自寻访可能的住处。他曾经走进城北一处荒弃的园子，这里久无人气，主人不知去了何方，园内长着野性的桄榔，还有几棵大树，缠绕着粗壮的老藤。有黑鹤、斑鸠和叫不出名字的鸟，在密叶里扑棱，发出古怪的叫声。或许是这种怪叫，或许是隐隐有不祥之感，东坡犹豫再三，还是放弃购买的念头。毕竟，这是一笔不小的开销，他不喜欢住在别人家里的感觉。现在，他必须像鹩哥一样搭建自己的窝巢了。

由于言语不通，与当地百姓的交流多限于脸部表情和手势。到了儋州之后，东坡发现，父子二人的表情丰富起来，手脚也生动了许多。肢体语言的交流，让人都快变成了小孩。对当地社会的融入，是通过一个人才得以完成的。这个人叫作黎子云，是儋州城东的一名瘦瘦的书生。有大文豪自大陆过来，作为当地为数不多的读书人，黎子云自然要去亲近，拿出自己的拙作来请教。在天涯海角的穷乡僻壤，有好学的士子可以交谈，东坡甚是高兴，这可以让自己从失语的状态里走出来。子云有位继兄子明，与继母关系违逆，几年前就离家出走了。东坡得知此事，便让苏过到墟市上买了些羊肉，把他们都拉到一起来喝酒吃肉。在他的调和下，一家人终于和好如初。

在子云家里，他读到了自己喜欢的柳宗元文集，还可以喝到当地人酿的米酒。因为东坡经常光顾，这里渐渐成了读书人聚会的地方。有时，他还会带上张中，一同走进隐蔽在幽篁深处的寒舍。优美的环境，显出了黎家的破败，除了一些翻旧的书册，其余可谓家徒四壁。于是大家合计，筹资建造一座房屋，作为雅集的会所。东坡当场就拟了个堂号：载酒堂。诗情酒意氤氲其中，进来的人都闻到了扑鼻芬芳，他们都乐意成为东坡的草堂弟子。

看着新建的载酒堂，东坡想到，应该搭建一间差不多的房子，来给自己遮风蔽雨。在一首和陶诗里，他不无动情地写道："借我三亩地，结茅为子邻。鸠舌倘可学，化为黎母民。"被赶出官舍后，父子二人一时没有着落，只好露宿在城南一片桄榔林里。桄榔是一种野性十足的棕榈，叶条恣肆，随风缭乱，几乎不可攀爬。桄榔林里"日月旋绕，风雨扫除。海氛瘴雾，吞吐吸呼。蝮蛇魑魅，出怒入娱"（《桄榔庵铭·并叙》）。其间风声呼啸，蚊蚋成群，不时有金环蛇、眼镜蛇、四脚蛇出没，见了人都懒得走开。附近有清冽的泉水和婆娑的古榕，榕荫下还有一个道观。他于是买下这片地，要在上面盖房子。有了这个意思，众人的力量便汇聚起来，包括那些以他学生自诩的士子。甚至有一个叫王介石的，从潮州专程渡海过来求学，恰巧赶上，便好好表现了一番。张中也挽起袖子挖泥，这个即将离任的官员，把良知看得比什么都重要。周围的人家纷纷送来所需的木材、茅草，表示对这个高邻的友善。一座隔成五间的屋子，没几天就建起来了。

这处与载酒堂相望的茅草屋，每一根茅草，都蕴藉着人间的温情与美意。这座被命名为桄榔庵的屋子，简陋到"仅免露处"的程度，完全无法与惠州白鹤居相比，但也不比杜甫为秋风所破的茅屋差多少。有了它，父子二人算是在儋州地面扎下了根，接上了海岛的地气，完成作为海南人的文化身份认同，成了真正的"黎母民"。他们在周边种上自己喜爱的植物，还领养了一条黑嘴唇的狗，喊它"乌喙"。东坡带着威风凛凛的"乌喙"出出入入，有时还到野外挖采天门冬来酿酒。

三月三那天，东坡酒劲上来，提着一壶酒出去转悠，没想到家家户户都上坟祭祀，只有老秀才符林在家。于是，两人便就着一碟小菜喝开了，直到醉意酣畅才跟"乌喙"一起晃着回来。有一天，东坡在桄榔庵独酌之后，还不尽兴，就脚踏云彩出门，一路串了好几家的门，直到兴尽意阑，才又回来挥笔赋诗。这回，他在醉意中找到孔颜乐处："莫作天涯万里意，溪边自有舞雩风。"（《被酒独行，遍至子云、威、徽、先觉四黎之舍，三首·其二》）有了"浴乎沂，咏而归"的意思。至此，东坡似乎已经乐不思蜀，成了海南儋州地方一个头戴斗笠的草民，找到了"真吾乡"的感觉。夏日出行，他喜欢在枝繁叶茂的无花果树下乘凉。这种植物生命力旺盛，可以独木成林，在空气中都能扎根，随手折下一枝插进地里，也能长成参天大树。

元宵节晚上，柴门砰砰响起，来了几个老书生，问他："良月嘉夜，先生能一出乎？"东坡欣然同往，在皎皎的月光下，"步城西，入僧舍，历小巷，民夷杂糅，屠沽纷然"，把烟火浓浓的小镇都看遍了。

回到家里，已经是三更时分。儿子鼾声大作，睡得正香。东坡把手中的拐杖往门边随手一撂，放怀大笑起来。苏过迷迷糊糊爬起来，问他为何而笑。他应答说："自笑也，同时也笑韩愈钓不着鱼，就想着到更远的地方去，岂知即便走到海里，也不见得能够钓到大鱼。"言下之意，鱼已在此，何劳远钓！这等黑话，只有禅和子才可心领神会。

随着东坡生活世界的打开，许多奇异的事物涌了进来。在"和陶诗"里，提到一个人，幽居在高山云端，看起来形容枯槁，神气却十分饱满。在路上相逢的时候，这个被东坡称为"黎幽子"的方外之人，笑话他到穷乡僻壤还戴着楚楚儒冠。尽管话语不通，在比画中东坡还是能听得出，"黎幽子"说他是个贵人，可惜龙凤落到了草莽里。分手时还送他一块吉贝布，告诉他今年的海风将特别寒，要注意保暖。有一次，东坡喝酒归来，在撒满牛粪的路上，碰上一个到田间送饭的阿婆，肩上的扁担翘得老高。东坡招呼她说话，没想到这个阿婆竟发出深深的感慨："翰林往日的荣华富贵，都成了一场春梦了吧！"这让东坡为之一惊。这些生活在边地的黎民，尽管没有读过孔孟之书，心中的智慧却不见缺少。他把这个老妇人称为"春梦婆"。从这些人、事中，他感到这个地方"风土极善"，而且人也活得比别的地方长寿一些。

虽然并未正式收徒授课，但前来桄榔庵求学、游于苏门的士子越来越多。其中最有名的要数琼州的姜唐佐。昌化学子，后来成为海南第一个进士的符确，传说也曾问学于桄榔庵，但不见有确凿的记载。姜唐佐是一个气质温和的读书人，为了从东坡这里汲取更多的学养，他自备资粮和书籍，专门从海口来到儋州，住留了半年多的时间。日日跟随东坡左右，随时咨询各种未知，将自己的习作提请老师点拨，回去之后还送来好茶，深得老师的喜爱。东坡曾向旁人称赞："想不到海外有这般出色的士子。"临走时，东坡将自己的画像送给他，并题写了两行诗句："沧海何曾断地脉，白袍端合破天荒。"预言他将来定能考取功名，到那时，再把诗给他续完。姜唐佐果然不负师望，成为海南的第一个举人。遗憾的是，那个时候老师已经不在人世。为了弥补遗憾，他专门致信苏辙，请他代为补全诗篇，使这首意义特殊的作品得以完整。"沧海何曾断地脉"，琼州海峡凶险的波涛，并不能阻断中原贯通海岛的气脉。这个句子，后来为丘濬、钟芳等海南才俊所援用，成为他们的文化自信，也得到了明末高僧憨山德清的印可。

四

人思想的开展，需要有一种对话关系，自言自语的状态最终会趋于无语。与当地百姓与文士的交往，让东坡接上了地气，也使他身上承载的文脉在荒岛上得以流播，但他的思维需要对等的交流，他的灵魂需要开合呼吸。子由既是他血脉相通的弟弟，也是他精神暗合的知己，他曾经称："我年二十无朋俦，当时四海一子由。"弟弟是四海之内唯一的知己。两人一个性格刚放，一个沉静宽柔，恰好可以互补兼容，彼此"举意辄相然""出处同偏仙"，心行十分默契。一直以来，兄弟间都有诗文与书信往来，相互关怀慰藉，也相互交流切磋。寓居儋耳时期，东坡时常"念彼海康，神驰往从"，文字的互通更加频繁。听说弟弟最近瘦了，哥哥便立即赋诗一首，说瘦成仙风道骨，就可以骑上黄鹄飞回家乡，手足之情溢于言表。子由更是敬爱这个哥哥，把他当成师友。东坡到了海南之后，苏辙总是劝他做减法，又是不要喝酒，又是不要读书，和光同尘与当地人同乐，"归去有时无定在，漫随俚俗共欣欣"（苏辙《东楼》），都快把他当弟弟看了。苏氏兄弟这种情感，自古至今，都不多见。

上岛的第二年，东坡偶然得到一块沉香，造型酷似一座小山，是品质上乘的海南沉。他给它"沉香山子"的名谓，专门写了一篇赋，香与赋一同送给海对岸的苏辙。称海南沉香金坚玉润，鹤骨龙筋，膏液内足，非占城等地方沉香可比。沉香是宋代文人雅士的至爱，海南沉香更是沉香之王。《沉香山子赋》和丁谓的《天香传》并列，以雅致的语言，揭示海南沉香的妙蕴，赋予其饱满的人文内涵。古人相信，道德涵养醇厚之人，内心会散发出令人陶醉的幽香。而君子与君子之间的交往，便是以芬芳之气互相熏沐。东坡给弟弟的这份礼物，实有深意存焉。苏辙六十岁生日前，他还送去一根造型特异的黄子木拐杖。东坡病逝之后，苏辙常常黯然独坐，感叹"归去来兮，世无斯人谁与游"。如同伯牙失去了钟子期，高山没有了流水。

东坡在海南有两个知交，一个是地面上的苏辙，另一个则是天上的陶渊明。他曾经说："吾于诗人，无所甚好，独好渊明之诗。"认为陶氏的作品"大率才高意远，则所寓得其妙，造语精到之至，遂能如此。似大匠运斤，不见斧凿之痕"（惠洪《冷斋夜话》）。在他眼里，陶渊明的诗"质而实绮，癯而实腴"，从曹植、鲍照、谢灵运下来，到李白、杜甫都不能企及。从谪居黄州时候起，他就迷醉陶渊明的文字，以至于将陶氏认作自己的前生，分不出你我来。元祐七年（1092），东坡从颍州移知扬州时，写下《和陶饮酒》二十首，算是与陶渊明对话的开始。从那时起，渊明之灵便如影随形，跟随着他的脚步。他开始了"和陶诗"系列的写作。在海南，陶渊明诗集是他的枕边书，"和陶诗"数量多达五十七首，此外还有《和陶归去来兮辞》《和桃花源记·并引》等文赋，接近他"和陶"作品总量的

◇ 海南岛古代原住民生活的图景

● 《琼州海黎图》- 佚名

一半。这些文字，是跨越六百多年、两个灵魂之间的隔空共鸣。在儋州时，东坡把写好的《和陶诗集》寄给雷州的子由，请其为之作序，表示自己对于陶氏，不仅仅独好其诗作，而且佩服其人格气节。陶渊明临终前，在《与子俨等疏》里向孩子们道歉："吾年过五十，少而穷苦，每以家弊，东西游走。性刚才拙，与物多忤。自量为己，必贻俗患。黾勉辞世，使汝等幼而饥寒。"对于这段话语，东坡感慨甚深。认为自己"真有此病，而不早自知，平生出仕，以犯世患，此所以深服渊明，欲以晚节师范其万一也"（苏辙《子瞻和陶渊明诗集引》）。

中国历代诗人中，凭借先天灵性创作，成为鬼才、怪才、异才、天才的不乏其人，但要成为大家、大成就者，还必须依仗深厚的文化背景。先秦最杰出的诗人屈原，依靠的是儒家修身养德、心怀天下的精神，为了江山社稷肝脑涂地、虽九死其犹未悔的初心；唐代的李白，依据的是道家越名教化自然、与天地万物打成一片的浑然大气，但也同时怀有在世间扬名立万的念想；杜甫儒佛兼治，却以儒立身，将佛家的苦谛和悲心，纳入儒家的天下情怀，关切现世人间的苦难；陶渊明本是道儒双修，以道为本，然而在入世过程中无法摧眉折腰、削足适履、顺应官僚体系的运行规则，只好选择全身而退，回归田园以求独善其身，放怀山水之间，以诗酒自慰，过一种怡情适性的生活。由于身后文化背景的缘故，他们看起来像是即兴而发的作品，其实蕴藉深长。然而，思想上的背景资源过于单一者，回旋余地往往不够开阔，难以应对社会生活的跌宕变化，消化不了芜杂苦涩的人生经验，因而容易招致挫败与运转不灵，陷于困顿无奈之中。屈原、李白、杜甫、陶渊明概莫能外。

当自己的治国理念不被君王接受，初始的愿望受阻于庙堂之上时，屈原的人生便无路可走，在被抛弃的同时顺势抛弃了自己，投身于汨罗江的寒水中。李白曾经入山问道，但其一生始终放不下世俗的功名，在身边一些人的煽忽下，自我感觉飙升："仰天大笑出门去，我辈岂是蓬蒿人""天生我材必有用，千金散尽还复来"。以为自己是宰相之才，可以治国安邦，最终招来的是尊严辱没，只能在酒醉之后到深潭里去捞月。杜甫以伤碎之心记录了人间苦难，却无法改变目睹的悲惨，甚至面对妻儿都无能为力，又没有出离之心，只能埋没其中，成为苦难世界最焦灼的部分。魏晋时期，老庄思想盛行，陶渊明深受熏陶，"少无适俗韵，性本爱丘山"（《归园田居》其一），与世俗生活格格不入。尽管熟知儒家经典，也曾有过"猛志逸四海，骞翮思远翥"（《杂诗》）的时候，可一再入世任事，却都无法适应人际复杂的利害关系，与官宦生活的虚伪造作，只好回归田园，做一个"晨兴理荒秽，带月荷锄归"的自耕农。实际上，这四位杰出诗人的人生，最终都走到了山穷水尽。他们当中，屈原大夫选择了放弃，陶渊明选择了回避，李白与杜甫则选择了无奈地承受，既不能兼济天下，也无法独善其身。

与他们不同，东坡的修养涵盖儒道佛三家，可以回旋的精神天地海阔天空。就诗文艺术而言，东坡与上述诸贤的造诣在伯仲之间，甚至低于李、杜；但思想文化修养，却大大超出他们。就儒学而言，他远胜于陶渊明和李白、杜甫，甚至屈原也不能出其右。因此，在入世任事、主政一方、造福于民方面，可谓功业昭然。道学的方面，虽然没有像李白那样，专程到崂山洞里去问道，但静坐修定的功夫和养生方法的运用，在文人当中算是颇为深入的。至于佛学的方面，他则走得更深，于禅的参悟多有所得。一旦入世兼治的道路受阻，他转过身来独善，依然柳暗花明，不至于山穷水尽。当然，义理上的解悟，代替不了事相上的透脱，要想从一度深陷其中的境界抽身出来，恐怕还需要借助外力。这个节点上，文人中能帮得上忙的，也只有陶渊明一人。

东坡之所以远离权力机构，并非主动的选择，而是在政治斗争中失势，被远远地甩了出来。与东坡被放逐的情况不同，陶渊明是自我放逐。由于直率的个性，在权力体制下难以舒展，活得憋屈，才自愿从中抽身，返回荒芜的田园。从骨子里讲，东坡向往无拘无束的逍遥境界，同时也渴望在世间有所建树，不甘于默默无闻。陶渊明对田园生活的诗性书写和他的安贫乐道，不与圣人同忧的生存状态，对于世俗功名尚有未尽之意的东坡，无疑是一剂解药，助他打消内心的幻想。他胸臆间那股壮烈之气，需要岛上清凉的海风来淬火，也需要东篱下的菊花来冲淡。但陶氏所描绘的生活图景，对于东坡来说，是可望而不可即的。那种图景带有某种理想化的成分。实际上，由于个人任性的选择，失去五斗米俸禄的陶渊明，日子过得十分清苦，有时候不得不找邻居借米下锅，作为自慰之物的酒更是时常断顿。虽无所累于世，却有所累于身，还累及身边的亲人。一家大小跟着自己忍饥挨饿，过着"环堵萧然，不蔽风日，短褐穿结，箪瓢屡空"的日子，如果内心不是特别冷漠，他的灵魂恐怕也很难得到安宁，这也许是他酗酒如命的原因。唐代诗人王维曾这样说他："生事不曾问，肯愧家中妇。"（《偶然作》）

"一饱便终日，高眠忘百须。自笑四壁空，无妻老相如。"（《和陶和刘柴桑》）虽然一个是自我放逐，一个是被他者驱逐；一个在山中，一个在海外，但在天高皇帝远、远离权力角逐与市井喧嚣的边地，两人处境还是颇为相近的。况且彼此都是心直口快、不能虚与委蛇之人。东坡自己曾这样坦白："予尝有云：言发于心而冲于口，吐之则逆人，茹之则逆予，以谓宁逆人，故卒吐之。"（苏轼《录陶渊明诗》）诚如杜甫所云："宽心应是酒，遣兴莫过诗。此意陶潜解，吾生后汝期。"（《可惜》）陶渊明的诗深得酒中之妙意，将陶渊明引为千古知己的东坡，心中之月还有云霾遮覆的时候，北望思归之情也需要开解。对于他和陶渊明而言，诗与酒都是离不开的慰藉之物，彼此间的诗歌唱和，犹如月光下的推杯换盏，也似是太虚中的结伴神游。

五

在儋州，东坡仍然致力于儒学的研究，继续完成父亲交代的《易传》以及《论语》《书传》的著述，还阅读历史，臧否古人，对周武王与孔夫子都有独到的评议。在佛道的参修方面，更是下了不少功夫。综观他的一生，有三个不同的向度：一是以儒兼治天下，二是以道独善其身，三是以禅解脱心灵。面对皇帝与治下的百姓，他是一个敢于担当的儒者；面向自然的山川风物，他是一个逍遥的道家；静坐下来，面对自己的本来面目，他要做一个悬崖撒手的罗汉。通过这三个角色的转换，他自如地应对不同的境遇，身世虽穷心不穷，不至于陷入进退失据、运转不开要去撞南墙的死局。到了海南之后，东坡入世建功立业的路途基本被封堵，无法在社会事业方面有所作为，整个人生转到独善其身与自我救度的方向，而不是知其不可为而为之。

如果将生命的存在分为身、心、性三个维度的话，东坡任何维度都不想放弃。他不愿为了心性层面的造诣，舍去肉体层面的福祉。他不像少年时代的同学陈太初、青年时代的好友陈慥那么决绝，为了追求心性的超越，舍弃人间烟火里的事物，直入千山万山去，在白云深处完成生命的蜕变。对于身体性的消费，包括饮食男女，东坡可谓食不厌精。在他的一生中，除了需要处理危机的时期，其他时间，尽管公务繁忙，也从未放弃过对自身生命的消受，美酒、肥肉、清风、明月、歌伎，一路伴随他的脚步，生活里充满着色声香味。在条件允许的情况下，他几乎没有辜负过自己，就像他未曾辜负于别人。他敢于面对各种困苦与劫难，但不会主动吞食苦果，拒绝已经来到眼前的好运与美事。他从来都不是一个苦行僧。

就肉体生命的独善而言，他使用的主要是道家的方法。初到儋州，便关起门来息心默坐，"日就灰槁而已"，渐渐进入空无的境界：
"蒲团蟠两膝，竹几阁双肘。此间道路熟，径到无何有。"早晨起来
时，还舌顶上颚，朝着东方吐纳唾液，汲取初升太阳的光华，像一只
月宫里的蟾蜍。多年来，他始终坚持的是三件事：一是"晨起理发"，
早上起床慢慢地梳理头发，使耳明窍通；二是"午窗坐睡"，中午在
窗前坐睡，渐渐进入无何有之乡；三是"夜卧濯足"，晚上睡前用热
水泡脚，使气血通畅。

　　早在元祐时期，东坡就曾向李廌、李祉介绍自己的"寝寐三
昧"：睡觉之前，先在床上安排四体，使各个关节无不舒适安稳。如
果发现有"倦痛"之处，就加以按摩。待全身都稳妥舒适之后，便瞑
目听息。呼吸均匀之后，再用息来调心。这个时候，即便身体有奇痒
难忍，也不要蠕动，须用心的定力加以降服。这样，差不多一顿饭的
工夫，就会进入四肢百骸无不和通的状态，即便睡意上来，也能够保
持清醒，不会因昏沉而失去知觉，直到自然睡去。五更起来，用梳
子栉发数百遍，洗脸穿衣后，还要在一张净榻上，再用上述方法进
入假寐。几刻钟后，就有一种妙不可言的状态。糊里糊涂睡一个通
宵，无法与这种状况相比。介绍完了，他还劝李廌、李祉二人试试这
种方法，不过必须秘不示人，只能自己受用。（李廌《济南先生师友
谈记》）当然，这种三昧境界，在禅者看来，并非不可思议的甚深禅
定；从道家修炼体系看，也走得还不够深入，尚未推开玄牝之门。在
炼精化气、炼气化神、炼神还虚三个次第里，他算是浅尝辄止。

　　东坡仔细读过嵇康的《养生论》，在儋州，他自己也写了《续
养生论》，强调平衡心肾火水关系和肝肺龙虎关系的意义。其中有的
说法，似乎是个人的创见，如心火为正，肾水为邪，倘若心火主宰
生命，人就能够持正；倘若肾水主宰生命，人就会走邪堕落。嵇康

是中国历史上难得的美男子，因为拒绝与司马家族合作，十分重视养生的他，在四十岁时就被砍于东市。后期的东坡接受他节欲的观念，把女色视为戕生的利斧，认为"丑妻恶妾胜空房"，并以养神作为养生的根本。《东坡志林》记载，在与人谈到修行时，东坡曾如此感慨："养生难在去欲，其余皆不足道。"成为一名居士之后，东坡就开始向自身的欲望宣战，朝云香消玉殒之后，他就不再纳妾问柳。但他似乎至死都无法战胜自己的欲望。他对身体性存在的重视，体现在他对饮食的讲究。在色声香味触法中，他对滋味的执迷，几乎到了难以自拔的程度。

从乌鸦日夜聒噪的御史台大狱出来后，东坡曾经发心要终生茹素。

初到黄州的时候，无法面对动物"未死神先泣"的样子，看好友陈慥仍在杀生，便以诗文相劝。《岐亭五首》的序言，有这样的表述："余久不杀，恐季常之为余杀也，则以前韵作诗，为杀戒以遗季常。季常自尔不复杀，而岐亭之人多化之，有不食肉者。"除了《岐亭五首》，东坡还写过不少劝人止杀的文字，如"死犹当埋，不忍食其肉，况可得而杀乎"（《记徐州杀狗》），"钩帘归乳燕，穴纸出痴蝇。为鼠常留饭，怜蛾不点灯"（《次韵定慧钦长老见寄八首·其一》），"口腹贪饕岂有穷，咽喉一过总成空。何如惜福留余地，养得清虚乐在中"（《咬得菜根百事成》），"秋来霜露满东园，芦菔生儿芥有孙。我与何曾同一饱，不知何苦食鸡豚"（《撷菜》），等等。

但在黄州的第二年，他的食肉欲便逐渐抬头。他的身体开始对抗心灵，他的肉想要吃别的肉，那张嘴好像有了独立的自由意志，完全不听内心的使唤。但他还是不愿意杀生，于是就想到吃"自死物"，其实就是不吃亲手杀死的动物的肉。元丰五年（1082），他将子由送来的活生生的牛尾狸，转送给知州徐君猷。徐太守于是设宴请他喝酒，餐桌上端上来的美味，自然少不了香喷喷的牛尾狸。在《送牛尾狸与徐使君·时大雪中》一诗中，他高调赞颂这些令人垂涎的食物："风卷飞花自入帷，一樽遥想破愁眉。泥深厌听鸡头鹘，酒浅欣尝牛尾狸。通印子鱼犹带骨，披绵黄雀漫多脂。殷勤送去烦纤手，为我磨刀削玉肌。"

离开黄州，转道江宁去见王安石时，看到从长江里捞上来的河鲜，他的口腹之欲也蠢蠢欲动，于是作了一首《戏作鮰鱼一绝》："粉红石首仍无骨，雪白河豚不药人。寄语天公与河伯，何妨乞与水精鳞。"返回开封后，在观摩惠崇法师画的《春江晚景图》时，仍然流露出吃货的本性："竹外桃花三两枝，春江水暖鸭先知。蒌蒿满地芦芽短，正是河豚欲上时。"（《惠崇春江晚景二首·其一》）东坡嗜食河豚，曾在大吃河豚之后，说出"真是消得一死"的豪言，在江湖上已经有了名声（参见张耒《明道杂志》）。

吃了这么多鱼肉，又觉得内心不安，于是便想到通过放生和超度来消除罪业，抚慰自己的良知。在惠州，家里时常杀鸡，吃得不亦乐乎，但他"既甘其味，又虞致罪"，于是每月专门抽出两天时间，和朝云一起，为当月所杀的鸡念佛诵经，超度它们的亡灵（袁中道《珂雪斋集》）。还专门为此撰写祈祷文《荐鸡疏》，称："罪莫大于杀命，福无过于诵经。某以业缘，未忘肉味；加之老病，困此蒿藜。每剪血毛，以资口腹。惧罪修善，施财解冤。爰念世无不杀之鸡，均为一死；法有往生之路，可济三涂。是用每月之中，斋五戒道者庄悟空两日，转经若干卷，救援当月所杀鸡若干只。伏望佛慈，下悯微命，令所杀鸡，永离汤火，得生人天。"对待鸡的态度，近乎对待人。

在惠州的日子，东坡还写了《食鸡卵说》，认为"凡能动者，皆佛子也"，因此，竹虫、鸡卵、水族皆不可杀。但在这里，他还是忍不住破戒，有几次吃了生鲜的蛤蜊和螃蟹，于是作出忏悔，要将已破的戒律修复回来。那天，恰好有人买了一条鲤鱼回来，已经神志不清，但还能微微蠕动。东坡将它放到水瓮中，心里想着，如果这条鱼死了，就拿来下锅做菜；倘若能活过来，就将它放生。（《食鸡卵说》）但这条鱼最终是死是活，也不得而知。在肉欲与悲心之间、造孽与赎罪之间，他可谓意向徊徨。他既要来生的清福，也要现世的肥腴，两头都不想放弃。出知杭州时，遇上秋天湖水干涸，"西池秋水尚涵空"，但"东池浮萍半黏块，裂碧跳青出鱼背"。他组织了一次迁徙，将东边的捞上来，迁入西池里去。晚上喝酒之后，心情十分兴奋，睡不着觉，还写诗记录了这件事情。绍圣三年（1096），亡妻王闰之生日的那天，他操办了一次放生活动，还填了一首词："泛泛东风初破五。江柳微黄，万万千千缕。佳气郁葱来绣户。当年江上生奇女。一盏寿觞谁与举。三个明珠，膝上王文度。放尽穷鳞看圉圉。天公为下曼陀雨。"（《蝶恋花·同安君生日放鱼，取金光明经救鱼事》）

到了海南儋州，海货远胜于河鲜，而且千奇百怪，当地人又热情好客，不时给他送来。因此，他以老饕自谓，变着法子烹饪各种美食，并以狂欢的姿态加以消受。入住桄榔庵后，他吃货的本性充分暴露出来，在《老饕赋》里，为人间烟火唱起了赞歌。在这篇赋文里，东坡描述了一个吃货心中的极乐世界：由庖丁来操刀、易牙来掌勺，水一定要新汲的，锅一定要洗涤干净，柴火的火候也要恰到好处。有的食材适合多次蒸制后再晾晒，有的食材适合在锅中用文火慢炖。猪肉只能选脖颈上面的一小块，螃蟹则要选霜降之前的，而且只取其两只大螯。将樱桃放在锅中煎成蜜，再加入杏仁酱来蒸小羊。蛤蜊不能过火，半熟时撒入酒就可以吃；蟹也一样，有点儿生的时候加入酒糟，便可以入口。且将天下美妙的食物荟萃起来，供养我这个老食客吧。还要有颜如桃李的侍姬，"弹湘妃之玉瑟，鼓帝子之云璈"，让仙女在优雅的乐曲中翩然起舞，来加以助兴。还要用南海的玻璃杯，斟满凉州的葡萄酒来高举祝福，直到众人醉眼里泛起潋滟的秋水，全身的骨头都酥软无力……这是一个老饕的白日梦，从中可以看出东坡对膳道的痴迷和烹饪上的功夫造诣。

海边慷慨的渔民，不时给东坡送来新鲜的海货，包括海螺、八爪鱼和张牙舞爪的螃蟹等。元符二年（1099），有人送来了约有几十斤的生蚝。东坡和儿子苏过费了不少工夫，将生蚝剖开，得了好几升的肉，加入生姜与酒烹煮，吃起来鲜美无比；个头大的拿来炙烤，更是喷香四溢。饱足之后，东坡不禁感慨："平生从未尝过这么好的味道。"还得意扬扬地告诫儿子，不要随便往外说，"恐北方君子闻之，争欲为东坡所为，求谪海南，分我此美也！"（苏轼《食蚝》）在儋州，东坡吃过薰鼠、蛤蟆，但当地有一种特殊的美食，却是"老饕"吃不消的。这种食物叫作蜜唧，是将刚生下来唧唧作叫的幼鼠，蘸着蜂蜜直接吞吃。东坡看着便作呕，想起苏武在漠地里，饿到只好掘鼠洞，吃老鼠剩下的食渣，便有了些许感慨。他的入乡随俗，也有了不能逾越的边界。

在中国文学史上，没有一个大作家像东坡那样，高声而频繁地赞颂过食物，包括猪颈肉、蒸羊羔、蛤蜊、生蚝、螃蟹等，并将其入诗，大张声势表达口腹之欲得到满足的快感，从而证明"食色性也"这个论断的正确。但如果仅凭这类文字，还不能断定东坡是一个纯粹的吃货。尽情享受美味之后，他总是不忘做些功德，来消除心底的罪恶感，这种做法一直沿用到了天涯海角的海南岛。元符二年（1099）

二月二十四日，有人在儋州城南抓到二十一尾鲫鱼，提到桄榔庵来求售。此时正好有六位客人在座，大家都十分欢喜，便买了下来，拿到北沦江里放生。东坡用文字将整个过程记录下来（《书城北放鱼》），连在场人的姓名也没落下。此事对当地的风气，想必会有一些潜移默化的影响。

除了日常饮食，东坡喜欢药膳的制作，经常就地取材，做些补益身体的膳食，为自己和旁边的人开方疗疾，效果颇佳。在儋州期间，有个人在打架时身受内伤，话说不出来，稀粥和汤水也喝不下去。东坡用了接骨丹和活血丹，那人服用之后吐出黑血，便好转过来。但东坡毕竟是个任性之人，也有一些照顾不过来的事情。就药酒而言，他经常服用热药，未尝一日不喝酒。一个阶段，喝酒吃药少了，就天天生病，可见对酒药已经有了依赖，脸上也有了酒红。喝酒吃热药，会加剧痔疮的痛楚，但他一生都无法把酒戒掉。他曾这样自嘲："我亦困诗酒，去道愈茫渺。"周边邻居你来我往，读书人更是喜欢到庵里来聊天说话，领略主人谈吐的风仪。东坡虽不胜酒力，却十分好饮，而且喜欢欣赏别人的醉态，"见客举杯徐引，则予胸中为之浩浩焉，落落焉，酣适之味，乃过于客"（《书东皋子传后》）。酒兴一发，他会推门出去找人畅饮。他不是一个耐得住寂寞的人。

初到惠州那会儿，东坡曾经带着白酒与鲈鱼，去找知州詹范对饮。二人喝得颇为开心，事后还写下一首诗，其中有这样的句子："醉饱高眠真事业，此生有味在三余。"（《二月十九日，携白酒、鲈鱼过詹使君，食槐叶冷淘》）称此时的自己，已经没有别的什么事情需要忙活，吃饱喝醉和高枕入眠，成了真正的事业。回想起这一生，最有意思的时间，是岁余、日余、时余这"三余"，岁余即是冬天，日余即是夜间，时余就是不用到府衙视事的雨天。在海南岛上的日子，几乎日日夜夜都是"三余",而在这"三余"时光里,他除了著述,不是饱食,就是高眠。此时此地的他,已经把简单地活着,当成真正的事业;把生命本身的春风沉醉,视为人生最高的成就。至于劝学传道、授业解惑,那都是顺手牵羊的事情。

元符元年(1098),道士吴复古专程渡海过来,与东坡相会。这个专业的修行人,二十多年前和东坡偶遇于济南,从此成为道友。其人亦佛亦道,行踪不定,道行高深莫测,到惠州看望东坡时,曾经不吃不睡多日,如同神仙一般。在《远游庵铭》中,东坡对他做过这样的描述:"吴复古子野,吾不知其何人也。徒见其出入人间,若有求者,而不见其所求。不喜不忧,不刚不柔,不惰不修,吾不知其何人也。"他在儋州与东坡同住了三四个月,谈论养生之道。但无论养生是否得法,人都固有一死,人间终非永久彷徨之地,他希望东坡能够进入出世间法的修行。在吴复古看来,天地之道与世间生活,是分离开来的两档子事,烟火人间的生活,基本上是一种堕落与沉沦。

不过,对于修行,东坡有不同的看法。他相信孔子所说的一句话:"道不远人,人之为道而远人,不可以为道。"(《中庸》)造化之道,并不远离人们的日常生活,违背世间的人情世故。它可以从夫妇的床尾推到天地的尽头,涵盖宇宙间的万事万物。因此,只要"能尽人之性,则能尽物之性;能尽物之性,则可以赞天地之化育;可以赞天地之化育,则可以与天地参矣"(《中庸》)。同样的道理在佛家经典中也有表述:"一切世间法,皆是佛法""一切治生产业,皆与实相不相违背"(《法华经》)。东坡反对将修道与寻常的生活隔离和对立开来,甚至用修道来排异或反对日常生活。他要修持的,就是与现实生活完全重合的道,而不是某种背离人之常情,远离人间烟火的怪异的生活方式。这种"道"不是通过外在的行为举止、衣冠打扮、饮食习惯的改变就能得到，而是要通过内心的觉悟，实现与生命存在本源的贯通，才能得以证入。因此，求道要在心地上去求，而不是在行迹上去求。即便是阅读经文，也要"遗文以得义，忘义以了心"（苏轼《书楞伽经后》）。一旦在行迹事相上面起心动念，有所执着拘泥，心便为物所转，不得自在。作为一个入世修行的人，他要将红尘滚滚的生活当成道场，将玄之又玄的大道，与至简至易的日常生活打成一片，让琐碎烦恼的日常生活，成为人一尘不染的道行："君子欲其不隐，是故起于夫妇之有余，而推之至于圣人之所不及，举天下之至易，而通之于至难，使天下安其至难者，与其至易，无以异也。"（苏轼《中庸论》中）这意味着要打通"道"与"器"、"心"与"物"的阻隔，在不改变生活面貌的条件下，偷换生活的内涵，把物质生活变成精神生活的延伸。一个得道见性的人，应该能够和光同尘，照样过着凡夫俗子的生活。和黄庭坚一样，东坡选择的是一条"不在白云间"的道路，走起来比吴复古更为艰难。

桄榔庵落成后，东坡撰写了《桄榔庵铭》，还让儿子与他一同斟酌词句。铭文对安居生活作出禅意的阐发，披露了自己深藏的道心："以动寓止，以实托虚。放此四大，还于一如。东坡非名，岷峨非庐。须发不改，示现毗卢。无作无止，无欠无余。生谓之宅，死谓之墟。"在行动之中心存禅定，以实在之物承载还虚之神。放下地水火风构造的幻象，归心不生不灭的一真法界。容貌行仪丝毫不变，同样可以示显如来真意。无加造作，也无须停心耽于空寂之境；自性本来圆满，没有需要填补的亏欠，也没有需要去除的多余。东坡并不是我真实的名字，岷山峨眉也不是我的居所，这间新建的庵房啊，活着的时候就叫作家宅，死去之后就成为废墟。透过这篇铭文和之前的《中庸论》，可以窥探东坡事迹背后的心性。

在儋州，东坡过的是最最简单的生活，其外观形态，与当地老百姓过的日子，没有多少差别。这正如孔子所说的："人莫不饮食也，鲜能知味也。"（《中庸》）人没有不吃东西的，差别在于知不知道其中的滋味，有人形同嚼蜡，有人玩味无穷。吃喝拉撒，生老病死，人都是这么活着的，但有人只是像枯木一样干瘪地活着，没有绽放的繁花，更没有通达天地玄奥的根须，领受不到人活在世界之中无尽的况味；有的人却荟萃日月之精华，活出了深邃的生命内涵。作为儋耳人的东坡，就是要在近乎犬儒的生活中，活出意味深长的灵韵和贯通天地的气象，让生命的品位变得无比丰满而又隽永。在这个天涯海角之地，他有这样的自觉。

六

元符三年（1100）初春的一天，儋州城里的百岁老人王六翁，早早就来到桄榔庵，鹤发童颜的他当天穿得特别齐整，为的是要告诉东坡："夜来观星象，公当还内。"（《乾隆琼州府志·仙释》）过些日子，东坡自己也做了个很特别的梦，逝世多年的老丞相、魏国公韩琦，骑着一只白鹤，从云中向他飞来，说了这么一句话："因为接受任命，和你一同去担任要职，所以前来相报。"说完便掉头远去。韩琦是东坡十分敬重的大臣，生前对他赏识有加。从梦中醒来后，东坡对苏过说："北归中原，当不久也。"他打开置在床头的坛子，一股浓郁的芳香冲了出来，这是他入住桄榔庵后自酿的天门冬酒。不待菜肴，他便以勺当杯喝了起来。人若走了，酒还没喝完，不也是一种遗憾？

过了些天，黎子云兄弟无事前来相邀，到载酒堂会饮。酒刚过半巡，不知从哪里飞来一群五色雀，在院子里叽叽喳喳唱了起来。五色雀在当地被视为瑞鸟，平常极少能够见到。它们随一阵风飞走之后，东坡举杯朝空中说话："如果你们是为我而来的，就再来聚一下吧！"结果，这群五色雀又哗啦啦地飞了回来。东坡的命运，仿佛已经牵动了天上人间。

事实上，元符三年（1100）正月初九，常年咳血、没有子嗣的宋哲宗驾崩，其弟赵佶在向太后帘前即位，即为宋徽宗。一个月后，朝廷大赦天下，名单中就有东坡。海南天高地远，东坡得知消息自然要晚许多，但他冥冥之中也有预感："近日颇觉有还中州气象。"他让苏过备好笔墨纸砚，还上香祷告："如果我能重返中原，我抄写平生所作的八篇赋，当不错漏一字。"抄完一读，真的是一个字也不错漏。如今确知自己被赦，心中的狂喜溢于言表："霹雳收威暮雨开，独凭栏槛倚崔嵬。垂天雌霓云端下，快意雄风海上来。"（《儋耳》）此般心情，无异于杜甫当年闻官军收河南河北。可见，三年来，尽管有意把海南当作自己家乡，内心仍然绝不了北归的念想。在昌化军城东南，有一座名叫朝天宫的道观，东坡有时会来到这里，与杨道士一同打坐听涛。每当心静下来，思归之情便浮出水面，于是起座，临轩远眺，写下这样的诗句："时来登此轩，目送过海席。家山归未能，题诗寄屋壁。"（《司命宫杨道士息轩》）现在终于不再盼望了。

听说喜欢夜游的大先生要离去，儋州父老乡亲都提着大大小小的礼品来相送，有米酒、鹿肉、糍粑、野果等各种土特产。《遁斋闲览》记述："初离昌化时，有十数父老皆携酒馔，直至舟次相送，执手泣涕而去。"由于不便携带，东坡大都以心领婉拒，并与他们一一握手泪别，还给黎子云等人留下深情的诗篇："我本海南民，寄生西蜀州。忽然跨海去，譬如事远游。平生生死梦，三者无劣优。知君不再见，欲去且少留。"（《别海南黎民表》）戏说是折算作平日的酒菜钱。

五月间，神秘的道人吴复古不知从何得知东坡被赦的消息，专程渡海过来，陪同其北上。苏门四学士之一的秦观也来信，希望能够在雷州半岛徐闻海岸见上一面。此时东坡获赦的诏书也已经送达，他被量移廉州安置。弟弟苏辙也量移永州、岳州安置。东坡和苏过收拾行李，偿还借阅的上千册书籍，并应当地人士之请，为神宗皇帝册封的峻灵王写下庙碑的铭文。向西稽首遥拜，感谢山川之神给予的护佑，便动身北上。相比来的时候，他多带了一样东西，那就是形影不离的黑唇狗"乌喙"，兴许还有几块"鹤骨龙筋"的沉香，这是海南雨林木气精华的凝结，也是宋代士大夫们的至爱。但行囊里最为珍贵的，是《易传》《书传》《论语说》三部书稿。

东坡一行途经澄迈老城通潮阁，于六月抵达琼州府城东边的三山庵。惟德法师取庵下的泉水，泡茶为他洗尘，入口时清明的感觉，让他想到二百五十余年前流放至此的李德裕。因李丞相喜欢喝惠山泉，便将此泉叫作惠通泉，以作纪念。他还和众人一起，到三年前发现双泉的地方，泉源如沸，上面建起了亭子。琼州太守陆公请他题名，他取了《诗经》里的"洄酌"二字，寓意悠远。应当说，海南岛的文脉是东坡开显的，这跟他在海口府城发现的双泉，似乎有着某种隐秘的关联。

在府城，东坡盘桓了三天，探访了自己得意门生姜唐佐的家，到府城与白沙津之间的龙岐村（今海口市海府路），向伏波将军庙进香祭祀。到澄迈县城入宿时，友人赵梦得已经离岛，其子前来看望，东坡当即命笔，写下了流传至今的《渡海帖》。他原本计划在澄迈通潮阁渡海，或许是听了吴复古的建议，后来改在海口登船。六月二十日夜，他写下流放海南的最后诗篇：

> 参横斗转欲三更，苦雨终风也解晴。
>
> 云散月明谁点缀，天容海色本澄清。
>
> 空余鲁叟乘桴意，粗识轩辕奏乐声。
>
> 九死南荒吾不恨，兹游奇绝冠平生。

（《六月二十日夜渡海》）

就这样，带着从几乎丧身之地捡来的宝物，带着九蒸九制炼就的心丹，东坡离开了谪居三年多的海南岛。

这一日天气晴好，波平浪滑，他们顺利抵达徐闻的递角场。门生秦观已从郴州赶来，在港口等候多时。失散数年，有生之时还能重逢，二人都感慨良多，有说不尽的话语。秦观还把新写的《自作挽词》给东坡看。东坡以为只是戏作，没想到，比自己小十多岁的秦观，一个多月后就猝死于北归途中。临终的时刻，他只是觉得渴，仿佛生命已经干涸，没有滋润的东西，水都来不及喝一口就上路了。秦观可以说是"一生襟抱未曾开"，他的死是真正意义上的夭折。这让东坡无比痛惜，得知噩耗后，两天都吃不下饭，反复念诵秦观被贬郴州时写下的词句："郴江幸自绕郴山，为谁流下潇湘去。"（《踏莎行·郴州旅舍》）感叹少游不幸死于道路，即便是用一万条生命都赎不回来。但在汴梁、扬州、金陵各大都市的青楼里，歌伎们常唱不衰的，是秦观的《鹊桥仙》：

> 纤云弄巧，飞星传恨，银汉迢迢暗度。金风玉露一相
>
> 逢，便胜却人间无数。

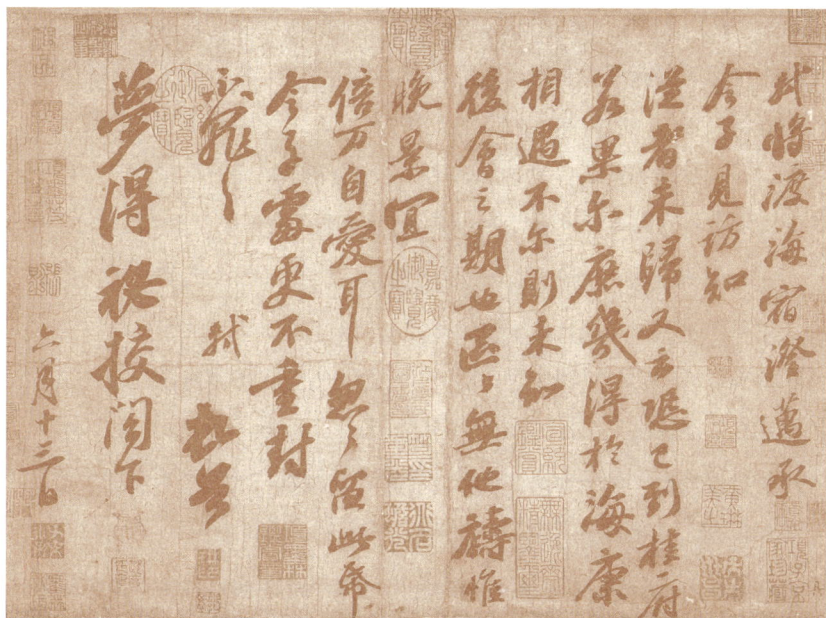

◇《渡海帖》是东坡在流放地留下的最后墨迹

● 《渡海帖》北宋 - 苏轼 - 台北故宫博物院藏

　　柔情似水，佳期如梦，忍顾鹊桥归路。两情若是久长
时，又岂在朝朝暮暮。

　　道人吴复古陪东坡渡海之后，便飘然离去。然而，当东坡来到清
远峡的时候，这位奇人却突然出现在眼前。这次，一向身体很好的吴
复古却忽然示疾。东坡问他身后之事，他只是意味深长地微笑，便溘
然长逝了。这样，海峡两岸之间，一个护送他的人，一个迎接他的人，
都与他永别了。这都是东坡料想不到的，但更让他想不到的是，不满
一年，他也将与这个让他百感交集的世界永诀。不过，吴复古的去世，
很像是所谓仙逝，不会让东坡感到有多伤心。一家人在广州重逢后，

次子苏迨说起参寥子等僧人被迫还俗，编管兖州，受尽苦头。东坡并不表现出悲悯同情，他说："对于这等修行人，小人只能够祸害他的衣服。而他身上不可祸害的东西，反而会随着遭遇的困厄的加剧，变得更加突出！"如果把生活当成道场，许多事情的性质都会发生改变。

到了廉州后，东坡又收到新的诰命：授舒州团练副使，永州安置。东坡喜欢走水路，他原本想从贺江登船北上，但遇到枯水期，便从梧州改道广州，走回头路，越过七年前曾经翻越的大庾岭。中途又再度接到新的诏令：复朝奉郎，提举成都府玉局观，外州军任便居住。这下可好，有了两个虚衔和相应的俸禄，还可以在开封之外的地方任意选择居所。但安家何处，一时还定不下来。建中靖国元年（1101）元宵日前到达虔州，等到江水上涨后，他便乘船前往南昌。之后沿着水路，辗转南康、庐山、芜湖、池州、当涂、金陵、真州、京口、镇江多地，六月中旬才终于抵达常州，距从海南出发已经长达一年之久。

一路上，辗转颠簸，酬酢甚繁，前来拜会的人应接不暇。如此旅途劳顿，即便是年轻人也难吃得消，何况是一个六十五六岁的老者。让人费解的是，作为对《易经》有深入研究、略通岐黄医术的人，东坡在从虔州到常州长达半年的路程里，大多选择水路，尤其是到了溽热的夏天，仍然不作任何调整。到仪真（今江苏仪征）时，已经是五月份，一家人以泊舟为家，住在船上。白天上方烈日暴晒，底下水汽蒸腾，夜里溽气侵漫，如此湿热的环境，哪是人能够受得了的？以至于"一家长幼，多因中暑而卧病"。东坡自己也常常无法入睡，只能露天呆坐，任随蚊子叮咬，形神交瘁，为了降温灭火，还喝了不少冷饮。看淡生死之后的他，似乎不太珍惜自己的性命，沿袭多年的养生办法，好像也没再用上。实在受不了时，他只能逃到一个叫作东园的地方躲避（参见《苏东坡新传》第930—932页），敞开衣襟，像钓上来的鱼那样大口地呼吸。当年前往江宁的时候，一家人几乎全都病倒，朝云所生的稚儿不幸夭折，就是因为同样的情况。在仪真，东坡原来购置了几间房屋，一家人本该可以住进去避暑，但现在因为手头拮据，又不愿意接受亲戚程之元二百两纹银的接济，就想将其变卖。之所以在仪真盘桓一个多月，就是为了办理这件事情。到了六月初的一个深夜，他的痢疾便如山洪暴发，一泻直到天明，人也疲软不堪，喝了一碗黄芪粥，才稍稍缓过神来（参见《苏东坡新传》第931页）。

尽管如此，东坡的应酬还是相当频繁，几乎每到一地都有迎来送往。他逢山登山，遇寺入寺，庐山、金山寺等名胜古迹都没有落下。就像参寥子所描述的："初复中原日，人争拜马蹄。"对于络绎不绝的来访，他也几乎来者不拒。有的人早早打探好他的行程，在他将要经过的地方摆设案台，备好笔墨纸张，写上自己的名字，恭立在一旁等候。东坡一到，会心一笑，二话不说，提起笔来一挥而就，而后飘然而去。遇上病患，还会给人开出药方，甚至将囊中之药随手赐予（参见《苏东坡新传》第916页）。或许是因为憋屈得太久，九死南荒归来的东坡，一路向北布施，情绪颇为亢奋激扬。

在仪真停留的日子，正在此地创办书院的米芾多次来访。他惊讶地看到，先生虽然已经病得不轻，但依然是"方瞳正碧貌如圭"，只是不愿意谈论朝堂政治。除了请东坡到书院参观，他还带来《太宗草圣帖》和《谢安帖》，让东坡为其题跋，约定一起聚餐喝酒。因困于痢疾，这些事情都不能完成，但看到米芾的精神风度和新写的文本字迹，东坡还是十分欢喜，给予极高的评价："岭海八年，亲友旷绝，亦未尝关念。独念吾元章迈往凌云之气，清雄绝俗之文，超妙入神之字，何时见之，以洗我积年瘴毒耶！今真见之矣，余无足言者。"

（《与米元章》）那两张名帖，也只好送还。见病情有增无减，又给子由去信，嘱他为自己书写碑文。他处理自己的后事，就像是办理另一个人的事情。

端王赵佶继位后，政治形势出现新的变数。首相章惇之前在立帝问题上与向太后冲突，接着又因为哲宗灵车陷入泥沼而受到弹劾，被外放越州。曾经为他所器重的陈瓘和谏官任伯雨等人反复弹劾，徽宗最终将章惇贬为雷州司户参军。值此朝政敏感时期，东坡从天涯海角的归来，如同当年司马光从洛阳还朝东京，深孚众望，江湖上传出了他即将出任宰相的说法。每到一地，都有成千上万的群众来围观随行。在前往常州途中，运河两岸排满了密密麻麻的身影。《邵氏闻见后录》卷第二十有记："东坡自海外归毗陵，病暑，着小冠，披半臂，坐船中。夹运河岸，千万人随观之。东坡顾坐客曰：'莫看杀轼否？'其为人爱慕如此。"沉疴在身的他，只好不时起身挥手致意，以答谢人们的厚爱。

章惇的儿子章援，是东坡主持贡举时录取的门生，特地给老师寄来了一封长长的书信。他老子此时已被流放雷州，因为声名狼藉，当地百姓连房子也不愿租让于他，情状堪称可怜。现在，传说天将降大任于东坡，恐怕有不测报复于其父。章援的信，把其父的状况描绘得十分悲戚，流露着身为人子的感伤情怀："南海之滨，下潦上雾，毒气熏蒸，执事者亲所经历，于今回想，必当可畏。况以益高之年，齿发尤衰，涉乎此境，岂不惴惴？但念老亲性疏豁，不护短，内省过咎，仰戴于上恩，庶有以自宽，节饮食，亲药物，粗可侥幸岁月。不然者，借使小有恚懑之情，悴于胸次，忧思郁结，易以伤气。加以瘴疠，则朝夕几殆，何可忍言？况复为淹久计哉！每虑及此，肝胆摧落。是以不胜犬马之情，子私其父，日夜觊幸。今圣上慈仁，哀矜耆老，沛然发不世之恩诏，稍弛罪罟，尚得东归田里，保养垂年。此微贱之祷，悲伤涕泣，斯须颠沛，不能忘也。"

东坡为这位门生的生花妙笔所感动，尽管寝食难安，还是写了热忱的回信，称："某与丞相定交四十余年，虽中间出处稍异，交情固无所增损也。闻其高年，寄迹海隅，此怀可知。但以往者，更说何益，惟论其未然者而已。"考虑到章惇早年曾经炼丹，依据切身的经验教训，提出了自己的意见："又丞相知养内外丹久矣，所以未成者，正坐大用故也。今兹闲放，正宜成此。然只可自内养丹，切不可服外物也。"还将自己所述的《续养生论》随信送去，以供参考。可见，从海外归来后，东坡的心量已经海阔天空，眼前见天下无一个不是好人，不再是满肚子的不合时宜、眼里容不得半点儿沙子。叙述历史的人们，往往将章惇妖魔化，把东坡所受的迫害归咎于此人，真实的情况并非全然如此。在章惇主政时期，朝廷中要将东坡置于死绝之地者，大有人在，特别是东坡曾经得罪过的洛党人物。出于政治上的考虑，章惇没有阻止这些人发泄私愤的行为，但他与东坡四十多年交往的实情，应如东坡信中所述："虽中间出处稍异，交情固无所增损。"

在常州下船，住进房屋之后，东坡曾经出现一阵回光返照的情况，还通过当地士人，花五百缗钱买下一处旧宅院，看好日子准备入住。但一天晚上，他外出散步时，听到一个老妪惨痛的哭声。东坡上前问其为何伤心如此。老妇人哭诉，说她家有一座百年老宅，乃祖宗基业，一直都保守不动。可到了自己，却因为子孙不肖，将其卖给了他人，只得从老宅里迁出，对不起前辈祖先，怎么能不伤心割肠啊！东坡闻之怆然，打听其旧宅位置，竟然是自己花五百缗钱买来的院子。于是，让人把老妪儿子找来，让他们将母亲迎回老宅，并当着他们的面，点火烧毁购房契约，过后也不去索回已经支付出去的那五百缗钱。从此，他也不复再提起买房置地的事情。此事见于费衮《梁溪漫志·东坡卜居阳羡》及方岳《深雪偶谈》(《苏轼年谱》第 1413 页)。

　　暂时的缓解，并不能挽回生命的颓势。七月十四日夜里，不听使唤的身体高烧不退，牙齿间渗出无数蚯蚓一般的血流，直到天亮才止。东坡觉得是热毒发作，而且病根不浅，便自己开了一个方子，用人参、茯苓、麦门冬煮浓汁喝下去。其他别的什么药，就一概叫停。在给友人的信中，他写道："庄生云在宥天下，未闻治天下也。(三物可谓在宥矣。) 如此而不愈，则天也，非吾过矣。"(《与钱济明书》) 虽然三味药的剂量没有记录下来，但在湿热内蕴如此严重，已经出血的情况下，使用茯苓没有问题，服用人参与麦门冬，似乎不是一个恰当的选择。但东坡此时已经完成了对自己灵魂的超度，实现了精神的自给自足，慷慨地将肉身交与造物，是寿是夭、是死是活都无所谓了。在这种情境下，方子开与不开，或者怎么开，都是对的。他已经写好遗表，就国家兴革事宜建言献策，待死后提交朝廷。临死之际，仍然放不下这个国家。友人来访，他有时还出示自己在海南时写的诗文，"眉宇间秀爽之气照映坐人"(《春渚纪闻》卷六)。

　　自知来日不多的东坡，为自己写好了墓志铭；将在海南岛完成的《易传》《书传》《论语说》三部书稿，托付给友人钱世雄，深情地抚摸着稿纸对其说："今世要是没有人信受，后世也会有君子理解我的。"还把三个儿子叫到床前，坦然地对他们说："我一生不做坏事，死后必定不堕恶道，你们勿要哭泣，以免影响我的迁化。"最后的时刻，他想到了维琳法师，向他致信，告诉他自己此时已经颓然殆尽，只是问："老师能相对卧谈少顷否？"维琳法师立即从杭州赶来，看他生命已经难以挽回，便劝他多多念诵佛号。他则认为："大患缘有身，无身则无疾。"还笑着说，只要放下这个身体，就没有什么忧患与病痛了。临终之际，维琳方丈凑近他的耳朵，说："千万别忘了往极乐世界去。"苏东坡还话："西方净土不是没有，只是这里头着力不得。"旁边有个朋友说："这个时候，先生还是着力为好。"得到的回答是："着力即差。"这是他在这个世界说出的最后一句话，其中的意思，也只有禅者才能明白。显然，东坡并不打算到什么地方去安家落户，而是希望自己死得透彻一些。从此，他也许就像自己所想象的那样，再也"不依形而立，不恃力而行，不待生而存，不随死而亡者矣"（《潮州韩文公庙碑》），进入"无所往而不在"的境地。

七

在登船渡过琼州海峡的夜里，东坡写下了"九死南荒吾不恨，兹游奇绝冠平生"的诗句。差不多一年之后，在金山寺里看到李公麟给自己画的一幅画像，他又写下《自题金山画像》："心似已灰之木，身如不系之舟。问汝平生功业，黄州、惠州、儋州。"由此可以看出，海南岛上的流放生涯，在他一生中的地位，其奇绝程度超过任何一个阶段，而他一生功业的总结，也是在这座岛上完成。然而，这是令人费解的。东坡在海南的生活，从事相上看，是相当平淡的，除了安居茅庐，与当地黎胞百姓混居同乐，品尝美食，静坐养生，以诗酒自娱和文字上的著述，在社会政治经济上并无什么作为，更不具有什么传奇性，实在看不出"兹游奇绝"的地方。

追随东坡多年的秦观，道出了其中的奥妙，他指出："苏氏之道，最深于性命自得之际。"东坡真正的功业，不在于社会与人事的方面，而在于心性的造诣。海南之行的殊胜，应在于其内心的跌宕与转折；在于他的心灵挣脱了内在的枷锁，精神世界有了非同寻常的洞天打开；他捡到了无人知晓的宝物，将自己的生命照亮。按照东坡的表述，他在南荒之地经历了九死一生。这其中的死不是身死，而是心死，如已灰之木，死掉了手中抓握的许许多多事物，死掉了重重建立起来的自我，扯断了胸臆间枝繁叶茂的葛藤，在被动、在剥夺中完成了主动地放下，于九死之后获得一生。这"一生"就是《金刚经》里说的"无所住而生其心"，他不再在身外之物上面安身立命。死透之后的他，成了一个大活人，没有什么东西能够拘拿住他的活心了。于是，死因此变得伟大，死成为一个值得庆祝的节日，死本身就是一种重生，如同天国之花的绽放。

如前所述，东坡的人格修养，涵盖儒道佛三家。要完成宽度如此之大的文化人格建构，除了思想见地上的进学，更要紧的是行履功夫，也就是说，不仅要读万卷书，更要行万里路，将理与事打成一片，进入华严宗所说的事理圆融法界。这就必须深入人间炼狱，将身心付与劫火的煎制与冶炼，关在斗室和洞穴里是无法完成的。东坡的人生跨度极大，不论是悲欢离合，还是进退沉浮；不论是位高权重，还是身陷死牢；不论是志得意满，还是落魄江湖；不论是宠荣倍加，还是罪辱交集；不论是利害得失，还是生杀予夺，他都亲临其境，充分地经历体验，深得个中况味。就像神农尝百草一样，他几乎遍尝人间的甜酸苦辣。从庙堂之高，到江湖之远，一个完整的社会截面，他都用生命一寸寸地度量过。尤其是到了海南，他的身世被高高地抛起，掷弃在莽荒的孤岛，无援的绝地，生命前期获得的种种堂皇披挂，到这里已被剥落得所剩无几，几近赤裸，如同刚刚出生的婴儿。但在这死绝空亡之地，在被权力体系抛弃，废掉全部武功之后，他非但没有抛弃自己，而且全然收容了自己的身世，无依无傍地在自性中站起来，义无反顾地承担自己的命运，把异乡边地当成家园来生活，以一颗大开大合的心，和光同尘，吞云吐雾，与古贤对话，与天地精神相往来，在杖藜茅舍之间活出一番风云气象来。个体生命在不断开阔的同时，获得了贯通天地的纵深。命运抛掷过来的一切不公，他都有足够的容量照单收下，不再怨天尤人，更不自艾自弃。这是他在海南岛上生活的传奇性所在，也是他和李德裕等流放者迥然不同的地方。

因为没有被各种飞来的无名之物击倒，挫折和灾难都成了他的造化，成就其纵横驰骋、大开大合的心量。因此，他对这个世界的改造，并不大于这个世界对他的改造。作为命中的最后一劫，海南岛的流放生涯，是他人格完成的地方。在天涯海角的桄榔树下，就着自酿的天门冬酒，通过对一生经验的细嚼慢咽，通过对边地非人生活的忘我融入，通过与陶渊明天上人间的对话，他将儒者的济世、道者的独善与释者的慈悲与解脱，汇入自己的骨髓，探寻烟火尘土里的生活，与天地玄妙之道的结合、世间法与出世间法的贯通，实现独善其身与兼治天下的对接，成就左右逢源、任何东西都拘不住的活泼禅法，这就是"兹游奇绝冠平生"的含义所在。"守法而不智，则天下之死法也。道不患不知，患不疑；法不患不立，患不活。以信合道则道疑，以智先法则法活。"（《书北极灵签》）他正是怀揣这个既疑又活的法宝北归的。因为怀揣着这个法宝，东坡在三教汇流的宋朝，完成了对中国人概念的重新定义。或者说，他成了一个完整意义上的中国人，成为这一时期中国文化人格的标本。在他之前，中国文化人格是儒道二元互补结构；到了北宋这个时期，是儒道佛三家会通，或者说三位一体的结构。从此之后，一个以中国人自任的人，倘若不兼具三家修养并且融会贯通，与时俱进地加以活泼运用，其精神人格就不是健全与完满的。

通过世间法与出世间法的融会，东坡将世俗物质生活与神圣精神生活结合在一起。他既可以与佛道高人静坐参禅；又可以与歌伎泛舟江湖之上，吟唱新词；还可以与左邻右舍饮酒吃肉，消受人间烟火的肥腻。他上接天气，下接地气。既可以神交古人，逍遥于无何有之乡，与天地精神相往来；又可以投身社会事务，修路搭桥，救助孤儿。他既能够放下身心，将一切托付于天命的造化，如无系之舟，从流飘荡，任意东西；又能够全然提撕起来，奋不顾身地奋斗在灾难降临的第一线。他既不畏怖叵测的死亡，又善于享受当下，活得摇曳多姿，风情万种，到哪里都是个大活人；他上可陪玉皇大帝，下可陪田园乞儿，把生活的两个极端打通，并自由出入其间。他要追求的是"地行即空飞，何必挟日月"的自由，和维摩诘那样出入世间的大自在。猪肉乃世间最俗气之物，但经他烹制的东坡肉，吃起来不再油腻。在那个时代，人们都想在油腻的猪肉与高洁的莲花之间，作出非此即彼的选择，但苏东坡试图即此即彼，同时选择对立的二者，在猪肉里嗅出莲花的芬芳。

"人间有味是清欢"（《浣溪沙·细雨斜风作晓寒》），离开流贬地黄州后，东坡作品里多次使用"清欢"这个词。通常，人们的欢乐都是对象性的、有缘由的，必须有一种事物，满足了人们的欲求和期待；必须给出一种乃至一千种理由，人们才开心，并露出笑容。与此不同，清欢是指向无对象、无条件、无缘由的快乐，它源自内心通达与自足，和存在自身深处涌泉一般溢出的造物的恩情，以及对这种恩情的感戴。这种快乐恬淡虚无，无端而莫名，如果要追问缘由，那就是因为没有什么理由不快乐。这种快乐是无杂质的、透明的，是一种无邪的快乐，没有对任何事物的依赖性。因此，它是无待的，也是无价的。但它通常被对象性的、有条件的快乐所屏蔽。与清欢相反的词是艳福，艳福带来的快乐，需要对象性地不断追加，才可以持续。如果说牡丹、猪肉是艳福的象征，那么，莲花、竹子就是清欢的具象表达。与牡丹的妖冶、猪肉的肥腻不同，莲花若隐若现、若有若无的馨香和竹子月下临风的迷离舞姿，是清欢一词含义的隐喻。在生命的晚期，苏轼的清欢已经指向了"无何有之乡"，似乎不再有任何的依恃。

北宋时期，虽然有司马光、程颐这样纯粹的儒者对佛道怀有排斥的态度，维护儒学在中国文化格局中的正统地位，呼唤士大夫对历史命运和社会责任的奋勇担当，捍卫现世生活的正当合法性，但更多的士人并不囿于儒学的框架结构，在不同程度上吸纳了古老的道家思想和舶来的佛教智慧，来完成自身的文化教养，铸造自己的精神人格，使得整个国度呈现出大开大合的文化格局以及三江汇流、波澜壮阔的浩然气象。中国文化里"以佛修心，以道养生，以儒治世"（宋孝宗赵眘《原道论》）的思想理路和生活方式，就是在北宋时期建构并且清晰起来的。与其相对应的，就是将儒、道、佛三家思想通而为一的人格建构。

东坡时代，对三大文化矿脉都有深入的挖掘，将儒道佛三家学说作为知识加以吸纳，成为饱学之士者大有人在，但将其内化为一种精神人格，外化为社会行动和日常生活形态，在显学界，能够做到的似乎并不太多。苏东坡和周敦颐、邵雍、王安石、黄庭坚等，是其中杰出的代表。程氏兄弟、张载、司马光等人在理论上的探索与建树，至今遗泽甚深，但于人格气象和日常行履方面，均有不同程度的淤滞与拘泥，尚未达到通达与圆融的境界。东坡出入儒道释三教和世间法出世间法二谛，政治生活中是一个进取的儒者，日常生活中是一个逍遥的道家，精神生活中是一个超然的居士，因此他亦儒亦道亦佛，也非儒非道非佛，不以哪一个文化身份自拘，落入窠臼之中而运化不开。

诚然，东坡是一个通家，但却不是一个完人；他是中华文化人格的代表，但其人格造诣还未达到至人的程度。也就是说，他还没有蜕变成为一种神圣的人格。就中华文化三大主脉而言，不论是在儒学、道学，还是佛学的领域，东坡均有深入的探索，但还没有抵达"行到水穷处，坐看云起时"的境地。就像他自己所说的："望道虽未济，隐约见津涘。"（《和陶止酒》）他对儒学的继承与发明，还不能与周敦颐、邵雍、张载等人比肩；他在道家功夫上的造诣，与陈抟、张伯端、王重阳等祖师仍相去甚远；至于在禅学参悟的领域，他更多的是见地上的解悟，尚未能参破生死牢关，证得无上正等正觉。就其证量而言，与同时代临济宗、曹洞宗、云门宗诸大德，包括与他交往的高僧佛日契嵩、东林常总、佛印了元等人，也难以并论。因此，他的行迹虽然被载入禅宗灯录，得到行内人士一定的认可，但禅门当中仍有不少人质疑他的证悟。南宋庵元禅师甚至说他还是一个门外汉（《五灯会元》卷六）；乌巨道行禅师则指出，他"双脚还在烂泥地里"（参见朱刚《苏轼十讲》第 189 页）。

"平生学道真实意，岂与穷达俱存亡？"东坡一生追求真谛，不轻易接受某种现成的教条，把自己弄成一个教徒模样。对于儒家的一些学说，他仍然有所保留，指出"儒者之病，多空文而少实用"（《与王庠书》）。对于道家玄之又玄的境界与云端上的神仙国度，对于佛教所言的超出三界外不在五行中的真如法性，他还没有身临其境地亲证。因此，他的信仰中隐约存有疑情，有时甚至觉得"仙山与佛国，终恐无是处"。虽然在儒道佛各个领域，他都还没有走到极致，但比起那些在某个领域里获得很高成就的人，他却是一个通家，能够出入于儒道佛之间，将三种文化资源加以贯通，来成就自己开合自如的精神人格，并将这种贯通与开合，推广到现世生活的细节里，形成摇曳多姿的生活方式。而他自己也因此活成一个有趣而又亲切可爱的人，为后来的人所迷恋与追随。

◇　此画画出了中华文化儒道佛三家汇流的格局

●　《三教图》明 - 丁云鹏 - 故宫博物院藏

东坡以儒处世，对国家有大情怀，放不下天下江山任人踏践。在晁说之所写的苏过墓志铭上，对东坡有这样的叙述："或曰：先生南居而乐焉，非也。先生忧国爱君之心日加，循省而生郁结，则何敢乐？"（晁说之《宋故通直郎眉山苏叔党墓志铭》）东坡自己填的词里，也有"一万里，斜阳正与长安对""君命重，臣节在。新恩犹可觊，旧学终难改"这样的句子。对于现世生活，他有诸多牵绊与眷恋："归去复归去，帝乡安可期。鸟还知已倦，云出欲何之？入室还携幼，临流亦赋诗。春风吹独往，不是傲亲知。"（《归去来集字十首·其八》）包括自家后院的亲情与天伦之乐，他都有所不舍，不能做到一尘不染："斜日照孤隙，始知空有尘。微风动众窍，谁信我忘身。一笑问儿子，与汝定何亲。"（《和陶杂诗十一首·其一》）在描述儋州当地人给他送来生蚝时，他以"海蛮"称谓渔民，把赠送说成是奉献，虽说是文学语言，也流露出人我二相的不平等分别。总之，细辨起来，他所乐道的无何有之乡，空空如也的境界中，也有尘埃纷纷扬起。

仿佛是天命的驱使，东坡要到天地尽头的海南岛上来，才能走完他万里路最后的一程，从而完成其建构中华文化人格的使命。孤悬海外的海南岛，是以抛弃的方式来让他获得回归，以剥夺的方式让他获得成就，以置之死地的方式让他获得重生。在无依无傍的生存中，情感终于挣脱了纠缠不清的对象，自性出离了所依恃的事物。在无何有之中，他找到了被彻底剥夺之后的剩余物，从而完成了自我的超度，身家性命得到了全然的安放。万卷书已经读遍，万里路也已走尽，书与路之间也已贯通一气。在登上北归渡船之际，东坡的精神生命实际上已经完成。他人生的止归，既不在南，也不在北，也不在南北之间。

作为作家，东坡可谓深得文字般若三昧，尤其善用凝练精准的词语，来表达微妙的感悟。他的写作，大多是对自己经验的提炼。由于人生两度起落，历经命运的九蒸九制，他提炼出来的文字，具有一种精神治愈的效能，在某种情况下，是可以当药来服用的。

就文学而言，东坡的写作不仅仅是凭借天赋灵气（尽管这方面他禀赋充盈），还依靠思想领悟力，对经验的深度消化，以及由此获得的自由通达。因此，他的文气酣畅，如同泉涌。正如他的自我感觉那样："吾文如万斛泉源，不择地皆可出，在平地滔滔汩汩，虽一日千里无难。及其与山石曲折，随物赋形，而不可知也。所可知者，常行于所当行，常止于不可不止，如是而已矣。"（《自评文》）东坡的诗文不仅文采旖旎，而且别具见地，意趣横生，元气淋漓。他是中国文学史上少有的智慧型作家，颇得庄子的妙传。这方面，他有充分的自觉："天下之事，散在经子史中，不可徒使，必得一物以摄之，然后为己用。所谓一物者，意是也。不得钱不可以取物，不得意不可以明事，此作文之要也。"（见《韵语阳秋》）相比之下，文化思想底蕴不足的作家作品中，辞多意少、境繁义枯的情况相当普遍。东坡堪称诗哲，他的作品将微妙的诗情与深邃的哲思熔为一炉，艺术动作难度极高。像他这样的作家，古今中外都不可多得。在古代中国，也只有相对开明的宋朝才可能出现这样个性恣放的人物，尽管他也因此遍尝苦罪。但是，倘若生于明朝，早不知被碎剐多少遍了。哪怕是活在清代，他也没有那么多个头颅可砍！令人深思的是，中国历史上的所谓治世，差不多都是政治经济意义上的，而非思想文化。

近年来，一种以东坡冠名的文化，如波涛一样漫延开来，这意味着，苏东坡时代并没有随着他去世而终结。但是，当他成为一种文化图腾和符号的时候，对他的评价就不由自主地变成了赞美，对他的端详也变成了九十度角的仰视。这对于已经勘破人生迷阵，而且已经过世的东坡，自然也没有什么所谓，但对于生活在他背影里的人，影响却有所不同。东坡无疑是一个大家、通家，还是一个玩家。在大的社会格局和文化场域中玩得开，是内心真正通达的表现。除了诗文、政治、哲学，东坡对烹饪、酿造、岐黄之道也皆有所得，甚至精通，但生命有限，问学无穷，他毕竟不是一个止于至善的至人，不是在每一个方面，都取得与文学相应的成就。就易学、医学和养生而言，尚有需要深入探寻的玄妙之境。对此，今人自然不应该苛求，但也不必一味拔高，将其从文化符号神化为一种偶像。

八

在东坡遭贬岭南的同时，苏门诸学士也受到牵连，被流贬放逐于南方各地。秦观先是被贬杭州通判，继而贬处州（今浙江丽水）监酒税，后又移至郴州、横州编管。绍圣元年（1094）春，五十岁的黄庭坚在黄龙山中刚刚悟得草书三昧，便因参与《神宗实录》编修受到指控。在接受审查时，黄庭坚豪迈之气丝毫不减。面对气势汹汹的盘问，他无所畏惧，从容答复。被盘问到《神宗实录》中"用铁龙爪治河，有同儿戏"这样带有嘲讽性的书写时，他坦然说："庭坚当年在北都任职，亲眼所见此事，确实如同儿戏一般。"他也因"铁龙爪案"被贬为涪州别驾，安置黔州（今重庆市彭水县）。据说，诏令下达之后，身边的人都失声哭泣，他却镇静自若，睡起觉来鼾声大作，就跟抚琴一般。一家十几口人来到流贬地，生活十分艰难，但他随遇而安，还不由得流露出喜悦之情，对人说："四海皆昆弟，凡有日月星宿处，无不可寄此一梦者。"（转引自黄宝华《黄庭坚评传》第69页，南京大学出版社1998年版）

◇　这张画像可能比较接近晚年苏东坡的原型

● 《苏轼像》- 佚名

　　在涪州，黄庭坚遇到了名满天下的理学家程颐。绍圣四年
（1097），早就被罢去崇政殿说书之职的程颐，仍然逃不出党争的旋
涡，以首尾附会司马光等旧党的罪名，被追毁出身以来的文字，放归
故里，后又被贬逐到涪州（今重庆涪陵）地方编管。在这里，他完成
了《周易程氏传》的写作，并在门人与当地士子的帮助下，开展讲习

活动。虽然程门、苏门势如水火,但黄庭坚仍然摈除门户之见,多次前往与他切磋学术,还为其讲学的"钩深堂"题写了大幅牌匾。

元符三年(1100),就在苏东坡量移廉州的时候,各地的流放者也陆续归来。获得赦免的程颐,从涪州返回西京洛阳。当他乘船顺长江而下,经过峡江惊险地段时,江水暴涨,湍流激荡,骇浪滔天,满船人呼号不断,如临灭顶之灾,连船工都感到形势即将失控。唯有程颐一人,在船中央正襟危坐,神情凝然,纹丝不乱。过后,有父老问他:"你是知道船不会出事才做到这样的,还是舍生忘死之后做到这样?"程颐只是轻抿嘴唇,微微一笑,不作应答。据其门人说,自从西边流放归来,他的精神气象恢然不同以往。在北宋的江山里,程颐比东坡多活了十个年头。他重视外在行为规范,强调繁文缛节,思想带有"小人儒"特性的部分,即所谓礼教,后来得到了朱熹的继承,并在岛国日本开花结果,发扬光大,衍成了外示谦恭、内存叵测的文化性格。孔子终生倡导的"君子儒",反而被人遗忘,还不明不白地为"小人儒"背上了"吃人"的千古骂名。历史总是在不断制造新的冤情。

在黔州,黄庭坚创办私塾,亲自授课,建立山谷草堂,尽管经济拮据,襟怀却舒展依然。元符三年(1100),他获得起复,监理鄂州盐税,而后签书宁国军判官,还短暂出任过舒州知州等职。他的草书如龙蛇飞舞,吞噬着大量的纸张,留下了《寒山子庞居士诗》《廉颇蔺相如列传》等千古名帖。次年,在荆南待命的黄庭坚,于一场濒死大病之后,获悉师长苏东坡去世的噩耗。在给苏辙的信中,他表达了自己的伤痛之情:"端明(东坡为端明学士)二丈,人物之冠冕,道德文章足以增九鼎之重,不谓遂至于此,何胜殄瘁之悲!况手足之情,平生师友之地,荼毒剖割之怀,何可堪忍,奈何!"(《寄苏子由书三首·之二》）据《邵氏闻见后录》卷二记载，晚年的黄庭坚，将东坡的画像悬于室中，每天早晨起来，都穿上整齐的衣冠，恭恭敬敬地焚香敬拜，日日如此。当时，他与东坡并称"苏黄"，二人在文坛的江湖地位不相上下，他本人已然是被人攀爬的一座山峰。一次，在席间有人问他为何如此谦恭，他连忙起座，"离席惊避"，肃然回答："庭坚望东坡，门弟子耳，安敢失其序哉！"

东坡殁后，"吴越之民，相与哭于市。其君子相吊于家，讣闻四方，无贤愚皆咨嗟出涕。太学之士数百人，相率饭僧慧林佛舍"（苏辙《东坡先生墓志铭》）。在他曾经供职的定州，诗画家张舜民抱着东坡收藏过的一块墨石恸哭不止，写下了招魂的诗篇："石与人俱贬，人亡石尚存。却怜坚重质，不减浪花痕。满酌中山酒，重添丈八盆。公兮不归北，万里一招魂。"虽然这位时代之子的离去如同高山崩塌，但他留在世间的珠玉奇石，其分量之沉重，光辉之璀璨，却是谁都无法估计的。在他身后，拾余者的队伍更是浩浩荡荡，至今都看不到尽头。

东坡阴阳交割的时刻，一生的手足与知己苏辙未能到场。不辞而别的情形，让作为弟弟的苏辙始终耿耿于怀。辙在家里以丰盛的酒菜蔬果为供，焚香沐浴，与儿孙一起跪地遥拜，并陆续写下了两篇祭文和墓志铭，追思哥哥"如鸿风飞，流落四维。渡岭涉海，前后七期。瘴气所炼，飓风所吹"的身世，感叹其"义气外强，道心内全，百折不摧"，还盛赞"兄之文章，今世第一"，惋惜当世无人能够领悟其精神的造诣"时无孔子，孰知其贤"（《祭亡兄端明文》）。哥哥的离去，在他内心留下了难以填充的空白，对尘埃里反复折腾的事情，更是倍感无趣。也就在这一年，登基不久的徽宗赵佶，恢复了他太中大夫的身份。

第二年，蔡襄的堂弟蔡京坐上了宰相的位置。这个在变法中见风使舵、两面三刀的人，甫一得势便开始制造新的党祸。变法反对派人士文彦博、吕公著、司马光、范纯仁、韩维、范祖禹、晁补之、黄庭坚、程颐、秦观等，共计一百二十人，随即被认定为奸党，名字凿刻在青石板上，竖立于端礼门之外，史称"元祐党人碑"。其中赫然写着苏轼、苏辙兄弟的名字。名列此碑的人将"永不录用"，子孙也不得留在京师，不可参加科考。庙堂上下弥漫的不祥之气，让辙他对政治生活满怀厌倦，他向朝廷提出了致仕退养的请求，脱掉那一身光鲜的衣裳。

得到皇帝恩准之后，辙便在许州颍水边上筑庐安家，以"颍滨遗老"自号，从此"杜门却扫，不与物接"，过上了隐居的生活（《遗老斋记》）。"燕坐萧然便终日，客来不识我为谁"（《初成遗老斋待月轩藏书室三首·其一》），"为留十步南墙竹，莫怪门前鸟雀多。陋巷何妨似颜子，势家应未夺萧何。诗书懒惰何曾读，气息调匀不用呵。多病从来少宾客，杜门今复几人过。"（《初葺遗老斋二首·其一》）。这些诗句，皆是他晚年生活的写照。除了静坐吟诗，他也和哥哥一样，时常熬煮些药饵补给身子。有一种叫作石菖蒲的植物，具有化痰开窍和安神益智的功效，被认为是仙家灵药，深得他的喜爱。某一个冬天的后半夜，迷迷糊糊的梦中，他仿照唐人张籍作了一首诗："石上生菖蒲，一寸十二节。仙人劝我食，再三不忍折。一人得饱满，余人皆不悦。已矣勿复言，人人好颜色。"（《梦中反古菖蒲》）醒来赶紧提笔抄录下来，颇有些孤芳自赏的意思。

长达八年的光阴静水深流。孤寂的时候，辙会想到过去时代的贤者，当自身的才华不为当世所用，他们往往选择退而独善其身，将内心的情怀寄托于外在事物之上，以排遣胸中无法降解的郁闷。阮籍借的是酒，嵇康借的是琴。他设想，倘若阮籍杯中没有了酒，嵇康手里没有了琴，无物可借的他们，即便像修仙的隐士那样，以草木之实

为食，以麋鹿作伴，心中还是会生出烦恼不安来的。只有颜回"饮水
啜菽，居于陋巷，无假于外而不改其乐"。不借助任何外物来排遣，
始终保持着乐天爱人的生存姿态，这正是颜回深得孔子喜爱的原因所
在（参见苏辙《答黄庭坚书》）。

"杜门本畏人，门开自无客。孤作忽三年，心空无一物。"（《遗
老斋绝句十二首·其一》）辙不似哥哥那样喜欢交游，哥哥去世之后，
更似是要与世界决裂，时常独自一人落寞地面对长空。偶有客人叩门
来访，也是寡言少语，如同庙里的古钟不敲不响。即便开口说话，也
绝不言及庙堂是非之事。然而，自认为已经开悟见性的他，在看似空
空如也的内心深处，始终放不下两个已经绝尘而去的人物：一个是
自己的哥哥子瞻，一个是发动那场变法的王安石。在论及王氏《兼
并》一诗时，他称："王介甫，小丈夫也。不忍贫民而深疾富民，志
欲破富民以惠贫民，不知其不可也……及其得志，专以此为事，设青
苗法，以夺富民之利。民无贫富，两税之外，皆重出息十二，吏缘为
奸，至倍息，公私皆病矣……"（《诗病五事》）怨愤之情，似乎还难
于平复。他对二人评价差异如此之大，多少与私人恩怨有关。《渔家
傲·和门人祝寿》一词，透露出他临终前尚未化解的心绪："七十余
年真一梦，朝来寿斝儿孙奉。忧患已空无复痛，心不动。此间自有千
钧重。"此时的他，尽管儿孙满堂，心事的沉重已没有任何人可以分
担。他的一生收敛多于放达，活得并不那么轻松舒畅。

政和二年（1112）十月，辙在七十四岁上去世。原本与哥哥相
约，遵父亲大人嘱咐归葬眉州祖茔的他，因为"西望故乡，犹数千
里，势不能返"，只好就近与哥哥一同入土于郏县的小峨眉山。缓缓
起伏的坡地上，草木枝叶交荫，风声如波涛绵延不息，兄弟二人可谓
是生死不离。

大宋之殇

　　如果苏东坡高寿，活过九十岁的年龄，就会亲眼看见北宋灭亡的惨剧。这恐怕是他不敢想象、也最不愿意看到的。

　　靖康二年（1127）春，金人的铁蹄踏陷了东京汴梁，伴随着血与火的狂欢，《清明上河图》里的岁月静好，顷刻间就被撕得粉碎，到处是绝望无告的哭喊，还有碾压与破碎的声音，生命显示出脆弱与无辜的本质。从金碧辉煌的宫殿，到烟火温存的民宅，都被洗劫一空，九五之尊的徽宗赵佶和钦宗赵桓，父子双双做了俘虏。覆巢之下，岂有完卵。凛冽的寒风中，赵氏皇族、后宫妃嫔与公卿、朝臣等三千余人，加上各种能工巧匠，共一万四千余众，像羊群一样被赶往荒凉的北方。为了让一直被其仰视的宋朝贵族斯文扫地，金人还专门举行了"牵羊礼"，强迫徽宗、钦宗父子，和皇后、皇子及妃嫔们，赤身裸体，披上羊皮，由士兵牵引，像羊和狗一样匍匐前行，然后关进臭气熏天的圈里，与牲口同吃同住。作为人的优雅、高贵与荣光，被剥得一丝不留。曾经如花似玉的女子们，半数被蹂躏致死或选择自尽。其中就有皇后本人，为了质本洁来还洁去，她果断地杀死了自己。苟活下来的，有的归金朝皇族取乐，有的被遣往军营充当军妓，有的则赶进"浣衣院"（官方妓院）沦为性奴。九年之后，徽宗被折磨致死；二十九年后，钦宗也死在马蹄之下。人类的尊严受到了前所未有的辱没，而辱没也成为辱没者们邪恶的光荣，在苍天下加以炫耀。北宋王朝的末日成了金人狂欢的节日。

汴梁沦陷之后，康王赵构怀着无限的悲怆，于南京应天府（今河南商丘）登基，成为高宗皇帝，而后定都临安（今浙江杭州），收拾余下的三分之二疆土，偏安一隅，延续宋朝的国祚，史称南宋。一百四十九年后，也就是至元十三年（1276）正月十八日，蒙元虎狼之师将临安团团围困，年仅五岁的恭帝出城投降。陆秀夫、文天祥和张世杰等大臣，先后拥立了赵昰、赵昺两个幼小皇帝，一路向南殊死抵抗。文天祥兵败被俘后，祥兴二年（1279）三月，宋军在崖山（今广东新会崖门镇）与蒙军进行了最后的决战。眼看狂澜不挽，左丞相陆秀夫背着八岁的幼主赵昺，投入汹涌的波涛；包括太后杨淑妃在内的皇族八百余人，也集体跳入咸涩的水中。雪一样洁白的浪花里，漂浮着十万余军民殉国的尸体。存续了三百一十九年的大宋王朝，终于退出历史剧场。比起北宋的凄惨结局，南宋的"国沉南海"悲壮无比，可谓惊天地泣鬼神。

在当时的世界，蒙古的铁马金戈所向披靡，马鞭横扫整个欧亚大陆，包括俄罗斯、德国和匈牙利的地界，都很快就沦陷。青花瓷一样雅致的宋朝，能够顽强抵抗近半个世纪之久，已经是难以想象的奇迹了。此时，草原民族尚处于游牧社会，他们的胜利，某种意义上，是野蛮对文明的征服；是以力服人的丛林法则，对以德服人原则的碾压；是阿修罗道实现其对这个世界的主宰；更是人类历史上最大规模的人道主义灾难。在恣情肆意的屠杀与践踏之中，宋朝土地上约有三千万人失去了生命，而在整个世界，则有近两亿生灵被无情屠杀，鲜血几乎染红了高速旋转的地球，让相信上帝全知全能的人们，不知如何理解他至善的意志。受丛林法则支配着身体的众生，以抢劫与掠夺他者财富为能耐，以杀戮与屠宰同类生命为成就，以摧残、辱没和玷污高贵事物为乐事，战争是他们的日常生活。在生存竞争中，他们要较量和对决的，是谁更加凶狠与歹毒，公道、正义和仁慈，都如同踩在马蹄之下的粪溺。直至今日，人类的精神还不能彻底摆脱这种暴力逻辑的控制。什么时候，人类的文明才能从以力服人的兽道主义上升到以德服人的人道主义，仍是一个无法预计的前景。

就像王夫之在《宋论》中所指出的："汉、唐之亡，皆自亡也。宋亡，则举黄帝、尧、舜以来道法相传之天下而亡之也。"宋朝的灭亡，并非仅仅是国家的灭亡与朝代的更迭，而是天下的崩塌与文明的断送。宋代儒者好不容易续上的文化法脉，几乎再度成为一种绝学。史学家陈寅恪曾言："华夏民族之文化，历数千载之演进，造极于赵宋之世。"中华历史上第一个儒家王朝西周，在分崩离析之后，终结于暴秦；第二个儒家王朝大宋，文明程度最高的时代，又终结于嗜血的戎狄。宋朝是以黄帝、尧帝、舜帝到周公的儒家道统为根基缔造起来的王朝。这个道统视天下为天下人之天下，强调以德服人，崇尚人性修养的成就，推广仁者爱人之心，并在社会生活中，为身体与精神留出相对开阔的空间，来安放人类的尊严。在物质繁荣与人性升华两方面，都取得了古代社会的最高成就。范仲淹、周敦颐、邵雍、欧阳修、王安石、程颢、司马光、苏东坡、赵抃等士君子身上散发的光辉，更是让人真切地体认到，人是一种值得珍惜与尊重的物种，活着本身就是一种无上的荣宠。倘若失去了人性的光辉，生存就成了一种羞辱和不幸。

就像西方近代倡导的平等、自由、博爱的理念一样，在宋朝，儒家的天下为公、以德服人、敬天爱人的理念，并非一开始就得到完整的实现，也并非一开始就在制度设置上得到尽美的完善，但一切已经开始，并且在努力当中。现在，随着宋朝国运的中断，历经数千年垒叠起来的文明之塔轰然倒塌，碎成了一地的瓦砾。明末学者黄宗羲感慨深深："夫古今之变，至秦而一尽，至元而又一尽。经此二尽之后，古圣王之所恻隐爱人而经营者荡然无具。"（黄宗羲《原法》）世世代代苦心孤诣积累起来的文明，不仅横遭扫荡，而且受尽了玷污与耻笑。此后的社会生命失格，文明走低，人活得愈来愈没有风度，愈来愈不像自己期待与想象的样子。因此，宋朝的灭亡不仅是人道主义的灾难，也是人文主义的灾难，意味着发端于唐代的古典人文复兴运动的终结。日本学者宫崎市定的《东洋近代史》有这样的持论："中国宋代实现了社会经济的跃进，都市的发达，知识的普及，与欧洲文艺复兴现象比较，应该理解为并行和等值的发展，因而宋代是十足的'东方的文艺复兴时代'，比欧洲提前了三个世纪。"法国学者谢和耐在《蒙元入侵前夜的中国日常生活》一书中指出："在社会生活、艺术、娱乐、制度、工艺技术诸领域，中国无疑是当时最先进的国家，它具有一切理由，把世界上的其他地方仅仅看作蛮夷之邦。"公元十一至十三世纪之间，一个幸运的地球人，应该选择生活在这个国度。

宋朝的灭亡，也意味着皇家与士大夫共治天下体制的崩溃，皇权、相权、台谏三权分立的精英民主协商政治终告结束。就像历史学家唐德刚所指出的："传统中国这种有高度现代化和民主意味的开明文官制，在宋亡之后，就再次复古回潮了。"之后的王朝，重又回到了"家天下"的屋檐下，人臣关系被代之以主奴关系。胡惟庸案后，朱元璋取消了宰相职位的设置，实现皇权对相权的兼并，皇帝集道统、治权于一己之身。官员即便做到一品，也是帝皇家的奴才，摆脱不了人身依附关系。他们不得不弯下膝盖，在尘埃里跪了下来，而这一跪，可就很难站起来了。若是被认为藐视皇权，冒犯龙颜，就性命不保，甚至株连九族。宫墙之下杀气腾腾，险象环生，朝堂上的站立如临万仞深渊，甚至官员上朝都要和家人生死诀别。"天理"不再高于皇权，朝堂不再是有道理可讲的所在，朝会时口沫横飞、为了争个是非不依不饶的现象，从此销声匿迹。在宋代皇帝耳边提撕："天下者，中国之天下，祖宗之天下，群臣、万姓、三军之天下，非陛下之天下。"这样的话语，哪里还有人敢讲？共治的理念甚至被视为宋朝灭亡的原因，为后世的统治者所记取。再后来，清兵入关，全民剃发易服，"留发不留头，留头不留发"，刀光剑影之下，国人心中操持的信念，已被生命与种族存亡忧患所取代。两次外族入住中原，官员中有气节的几乎被砍杀殆尽，能够苟活下来，在刀刃上舞蹈或舔蜜的，大多是腰椎脊梁被打折、没有人格操守的软骨动物。见利忘义、有奶即娘、阳奉阴违、两面三刀的混世思想，代替了舍生取义、杀身成仁的精神。儒家的理念体系，包括仁政与王道思想，再次成为极权暴政的装修材料，并遭到后世的深深误解。所谓儒里法表，其实是儒表法里，骨子里透露出来的是瘆人的冷酷，而不是温存的恻隐之心。

在宋朝，天下道理最大，皇帝和臣民一同服从于天理，"君虽得以令臣，而不可违于理而妄作；臣虽所以共君，而不可贰于道而曲从"（陆游《避暑漫抄》）。倘若帝王违背天道，倒行逆施，依照孔子"邦有道，则仕；无道，则可卷而怀之"（《论语·卫灵公》）的教诲，士人完全不必屈从，甚至可以拂袖而去。他们拥有不同流合污的权利。司马光、韩琦都有数十次拒绝接受任命的记录。宋朝灭亡之后，这种退出的权利也被如数收缴了。官员要想撂挑子走人，就必须把高贵的头颅留下。

在宋朝，在官僚体系里供职的人，享有足以养廉的俸禄，不需要利用职权搜刮民脂，就可以过上相对体面的生活；儒学的修养，让士大夫群体拥有自觉的人格追求和严谨的道德自律。因此，尽管宋代的律法不如后世那么严苛，但宋代的政治和社会风气可以算得上是风清月明。相比之下，明清两代的官场可谓不清不明，甚至浑浊不堪。官员薪俸之薄，不足以维持家庭基本的生计，自身又不能以君子人格自任，以权谋私、暗度陈仓的行为，自然也就无法阻绝。朱元璋统治时期的反腐力度，堪称历史之最，不仅使用恐怖的特务组织严密监视，惩治的手段之残忍也无与伦比，凌迟、腰斩、钩肠、剥皮实草、株连九族，无所不用其极。最终还是只能感慨："天下的贪官杀不尽！"显然，他是在用一种反人道的方式来治理人道，以大的罪恶来清除小的罪恶。为了维护其统治秩序，整个社会支付了高昂的人性成本。

比起男性来，女性的情况更为可悲。虽说自先秦时代，就有贞洁的观念存在，但直至宋朝，女性离异和寡妇"再醮"，仍然是十分常见的现象。卓文君守寡不久，便与司马相如双双私奔；丈夫死后，蔡文姬回到娘家，后来被匈奴掳掠，为左贤王生下两个孩子，多年之后，她被曹操重金赎回，重又浓妆再嫁；范仲淹的母亲谢氏，带着儿子改嫁淄州朱氏；范公所创办范氏义庄接济族人，明确规定妇女再嫁可以得到二十贯钱的嫁妆；王安石为儿子王雱的媳妇择婿再嫁。这些传颂一时的故事，足以证明当时的世道人心对于妇女命运的体谅与涵容。当然，在带有"小人儒"特性的士人中，对女性的伦理要求始终存在。程颐与门人就有过这样的对话：

或问："孀妇于理似不可取，如何？"（伊川先生）曰："然。凡取，以配身也。若取失节者以配身，是己失节也。"又问："或有孤孀贫穷无托者，可再嫁否？"曰："只是后世怕寒饿死，故有是说。然饿死事极小，失节事极

大。"（《二程集》遗书卷第二十二下）

但在宋朝，尤其是北宋，这种"饿死事小，失节事大"的观念，并未占据主流。到了南宋中期以后，通过朱熹的提倡，才逐渐蔓延开来，并在明代得以泛滥，成为一种普世的意识形态。在明代，礼教成为一种维持社会稳定的紧箍咒，被官方大肆念诵。评选贞妇烈女，成为政府的一项经常性的工作，也成为官员的政绩，人们乐此不疲。据《古今图书集成》核计：唐代之前，有文字记载的贞妇烈女九十二人；有唐一代是五十一人；宋代（主要是南宋）二百六十七人；到了明代，便陡然上升到三万六千人。全国的城乡街坊，林立着三万六千座高耸的贞节牌坊，如同崇山峻岭，压在妇女们的脊背上。与其并行的，还有女性缠足的恶习，也在明代达到鼎盛，裹脚之风蔓延至社会各个阶层，不分门第高低贵贱。

社会的存在，首先需要一个相对安稳的秩序，作为人们共享的生存空间。秩序的建立，又需要缩减社会个体的自由度，通过法律和规章制度，构筑起行为的边界，封堵一些危及社会安定的可能性，约束人们日常行为举止。然而，这种对自由度和行为空间的压缩，并非愈甚愈好，一旦影响到生命的舒展与社会的活力，就会给社会带来灾难，并引起人们的反抗。宋朝灭亡之后，构建稳定的社会秩序，成为压倒性的政治目标。为此，朝廷不惜采取一切可能的办法，来挤迫人民的自由度和生存空间。蒙元统治时期，强制推行"诸色户计"制度，将百姓按照职业分为民户、军户、匠户、盐户、儒户等，将社会角色凝固化，把人世代捆绑在一个身份里。职业身份一旦划定，不仅终身不可更改，而且代代世袭，承受官府摊派的各种刚性的社会责任。在政治权利与国民待遇上，元朝统治者虽然没有明文规定，但通过相关政策，将境内的民众划分为蒙古、色目、汉人、南人四个等次。蒙古人是最高贵的种族，享有其他等次没有的特权；第二等是色目人，主要是来自西域的种族，包括部分契丹人；第三等是汉人，包括北方汉人和契丹、女真、高丽等族群；南人指原南宋区域内的各个民族。权利随地位等次增加而递减，义务和责任随身份等次增加而递增。对于中华历史而言，这种将人分为三六九等的特殊"种姓制度"，制造了新的压迫，践踏了人格的尊严，是一种逆历史潮流的腐朽制度。它在国民中别有用心地制造族群对立，将许多社会矛盾和利益冲突转化为族群摩擦，以此来消耗社会不满情绪，减弱人民对朝廷的愤懑，维持其统治的稳定。宋朝取消"宵禁"制度，因此有了繁华的夜市。到了元代，"宵禁"又被恢复，夜间禁钟一响，便有看守巡街，不许百姓出行活动，即便点灯也要严加治罪。因此，元朝中国的夜晚，堪称历史上最黑暗的夜晚。当时世界上最大的都市，人口超过百万的汴梁城，一度败落成为十万人口的城镇，它曾经的繁华与荣耀，只留在张择端的《清明上河图》和孟元老的《东京梦华录》里，供后人追怀与凭吊。

宋朝也是中国历代王朝中国民待遇最高的朝代。不仅公务员的俸禄相当丰厚，减灾与赈济工作十分得力，还在全国范围内建立起初具规模的社会保障机制，抚恤孤寡、残疾、乞丐和赤贫之家，在制度设计上贯彻了儒家的不忍人之心。王安石变法时期推行的"惠养乞丐法"作出规定：每年冬季来临的十月，各地政府必须"差官检视内外老病贫乏不能自存者"，每人每日发给米豆一升，儿童减半。元符元年（1098）又颁行了"居养法"，要求各州建立居养院，将"鳏寡孤独贫乏不能自存者"集中到居养院里来集体生活，无偿提供基本口粮，有病者免费提供医疗救助。

然而，这一切都随着宋朝的灭亡而覆水难收。不仅如此，在金元时期，奴隶制和人殉制等罪恶的制度也死灰复燃。蒙元贵族掳掠的平民和战俘，被当作"驱口"，像牲口一样，被作为私人财产，是可以任意买卖的奴隶。忽必烈宠臣阿合马，家里有驱口七千；侍卫军的都指挥使，也拥有驱口三千，可见奴隶人口的数量不在少数。元朝还恢复了秦汉时期的"籍没制"，将罪犯的家眷没为奴隶。忽必烈曾下过这样的诏书："凡有官守不勤于职者，勿问汉人、回回，皆论诛之，且没其家。"汉代以来就废止的劓、刖、宫、凌迟、绞刑等酷刑和惨绝人寰的"人殉制"，在元代也被激活，直到明英宗朱祁镇时才予以废止。在明代，一个莫须有的罪名，株连起来可以砍掉两三万颗人头，如同一场战争；官员因为进言，表达对国家的耿耿孤忠，在朝堂上被乱棍打死，更不是什么稀奇的事情。朱棣因为宫女与太监之间扯不清的事情，砍瓜切菜似的剁了三千佳丽（《李朝实录》）。如果苏东坡、司马光、包拯他们，生活在元、明、清任何一代，都有可能被千刀万剐，能够赏一具全尸，就算是万幸的了。

元代作家郑思肖在《心史·元鞑攻日本败北歌亚序》里有这样的记载："日本即古倭也，地在海东，先朝尝入贡，许通商旅。彼近知大宋失国，举国茹素。"当太平洋彼岸的日本人，得知他们所景仰的文化宗主国，竟沦陷于戎狄的蹄下时，举国上下极为震惊，民众以斋戒的方式，向着太阳陨落的方向久久默哀。但他们从对岸中国学习到的，更多的是文化的浮萍。来自太平洋海沟深处凛冽的肃杀之气，剑指受之父母的身体发肤，阻断了儒家暖融的好生之德和恻隐之心；仁、义、礼的伦理梯次，也被颠倒成了礼、义、仁；生活中毕恭毕敬的仪式感，遮挡了人们由衷的情怀；以礼、义名义伤害心中的不忍，成了司空见惯的事情。仁道的根基，仍然扎在华夏之邦深厚的土壤里，庙堂里袅袅的香火，始终都没有断绝。儒者高举贵生惜命的仁德，但在鱼与熊掌不可兼得之际，也主张舍生取义。这种看起来自相矛盾的逻辑，其实相通而又相成，但在非此即彼的两极思维背景里，却不那么容易领会与把握。

宋亡三百六十五年后，明朝崇祯皇帝，在煤山的枯树上自行了断。东林党魁钱谦益，面对王朝的灭亡和异族入主中原的形势，写下了这样的悲歌："海角崖山一线斜，从今也不属中华。更无鱼腹捐躯地，况有龙涎泛海槎。望断关河非汉帜，吹残日月是胡笳。"（《后秋兴之十八首·其二》）钱谦益本人，因为"水太凉"而自沉不成，转身换上一身新衣裳，做起了清朝的臣子。宋朝灭亡，意味着儒家文化，再度从官方主流意识形态，转化为民间思想与习俗。此后的王朝，虽然也以礼乐彬彬的"小人儒"来裱糊装潢，但其内里，已经夹杂进来许多戎狄之气。中华文化核心内涵的传承，又进入了"失礼求诸野"的阶段。它以强大的同化力，消解着外来文化粗粝的成分，重新焕发柳暗花明的生机。文化的意义在于成就人格，然而，在后苏东坡漫长的古代社会，却再也出不来一个苏东坡这样"酒酣胸胆尚开张"、精神上天入地的士子。即便是有，想必已早早遁入山林幽谷洞穴之中，不再现身于世了。

宋亡六百三十六年后，陈独秀、胡适、鲁迅倡导的新文化运动在中国兴起，在砸烂孔家店的呼声中，对传统文化进行激越的批判，揭露其"吃人"的本质。如果王船山、黄宗羲他们所下的结论是正确的话，那么陈独秀、胡适、鲁迅他们剑指的并不是真正的和完整意义上的中国古典传统。他们的行为也就有了堂吉诃德向风车开战的意味。

2023 年中秋节完稿于海口荷风堂

◇ 宋徽宗画的瑞鹤，像是给北宋唱响了最后的挽歌　　● 《瑞鹤图》北宋 - 赵佶 - 辽宁省博物馆藏

后　记

　　本书的写作，缘起于三年前与彭明哲君的一次会面。记得那是在海口南渡江出海处的酒店里，喝了两口之后，谈到了《苏东坡时代》这个选题，彼此都有些醉意，并在醉意中定下了口头之约。显然，这种约定，对于君子才是有效的，不然，即便是白纸黑字加红印，也不一定管用。那时，我正着手《穷尽人性的可能》的书写，无暇顾及人世间那么多事情。直到该书收笔之后，才与明哲君通了电话，提及关于《苏东坡时代》的约定，是否应该放下，还是需要拿起。毕竟，那是一个空口白牙的应承，而且是在酒后，何况那天的菜肴也很一般，我也还有同样要紧的事情需要飞蛾扑火。但电话那头的回答不仅异常坚决，而且底气十足。不愿被当作小人看待的我，也就不能再说什么了。于是，便尾随着苏东坡，走进这个一千年前的王朝。在近乎海量的阅读、记忆力显得内存不足的情况下，开始了日复一日的书写，并在一年零三个月后终告完成。明哲君不愧为苏东坡的忘年交，是个人文学养深厚、目光独到的出版人。他一身拙火，像葫芦娃那样，六十岁的人还保持着婴儿肥，冬天几乎不加衣服。如果没有他灼热的坚持，就不可能有这本书的出现，而交给他去出版，我心里踏实，比苏东坡本人还放心。

　　任何一个时代，都交集着无数人的命运，惊涛骇浪之下，全是悲欢离合与生离死别。如何将波澜壮阔的历史进程，与身陷其中的个人命运关联起来，写出一个时代纷繁复杂的整体面貌，再现覆水难收的局面，让读者重返其间感同身受，是个极为困难的问题。本书力图通过苏东坡、欧阳修、王安石、司马光等一系列人物的迂回穿插，从不同方向潜入北宋这个儒家王朝，切换不同的视角，去呈现横看成岭侧成峰的视野，并在整个中华文化史的大格局中，来加以端详与测度。在还原历史现场的同时，从政治、经济、文化、艺术和人性等不同层面，作出具有想象力的解读，写出一个时代的精神史。本书是以文学方式书写的历史著作，除了必要的情景再现，努力让死去的人物复活起来，没有其他虚构、杜撰、编造和戏说的成分。全书写作以正史为依据，也参考了与那个时代相关的私人笔记和著述。为了增强阅读的通畅度，对于一些晦涩的引文，做了必要的白话翻译。毕竟，在资讯如此发达的今天，检索与查阅原文已经相当便易了。

本书是汲取前人研究成果的基础上进行再创作的，对于资料的来源，也作了相当数量的附注。然而，鉴于参照的资料过于浩繁，难以一一加以标明，在心存感念的同时，还请识者予以体谅与宽容。尽管关于苏东坡和宋朝的各类著述堪称汗牛充栋，林语堂先生的《苏东坡传》和李一冰先生的《苏东坡新传》也横亘在面前，但仍然不能抚慰一个人对那个灿烂时代的向往，阻止他翻个筋斗、纵身跃入历史现场的冲动。而这种无法抑制的冲动，正是本书写作的动机，它让写作成为十分愉悦的过程。但愿比起写作来，阅读的过程同样愉悦，而且不仅仅是愉悦。至于书中难以避免的错谬，则期待有识之士予以赐教与斧正。

说来也巧，《苏东坡时代》内文，竟然是在中秋节那天完稿的，仿佛是刻意所为。走出蜗居的大楼，南渡江上碧空如洗，"千里共婵娟"的词意正徐徐降临，远处的海水在月亮的璘光下涨起，似乎要溢出堤岸，这让我不禁心生感慨。本书的书写，得到了韩少功、单正平、刘阳、王雁翎、马良、李凌己、王妮诸师友的关心与帮助；我的学生纪晓娇，为稿件的勘校付出了辛劳；责任编辑长娥女士细心编撰了详尽的年表；家人的支持更是自不待言，在此一并表示深深的谢意！

此时此刻，一切尽在月光之中。月光溶解不了的事物，是我们内心苦患的根源。

2023 年 10 月 15 日

年　表

　　这份年表以苏轼年表为标尺，简要记述了苏轼和书中其他几位重要人物，如范仲淹、周敦颐、邵雍、张载、程颢、黄庭坚等人的行迹和思想，以及他们几人之间的交往，方便读者检索。

一〇三六年，丙子，宋仁宗景祐三年

十二月十九日，苏轼生于四川眉山县城纱縠行。依公历推算，准确时间为1037年1月8日。

时范仲淹四十八岁，任天章阁待制、权知开封府，因指斥宰相用人失当，贬知饶州（今江西鄱阳县）。欧阳修时年三十，切责司谏高若讷，降为峡州夷陵县令。史称景祐党争。

一〇三七年，丁丑，宋仁宗景祐四年

苏轼二岁。

是年王安石十七岁，随父入京，以文结识曾巩，曾巩向欧阳修推荐其文，大获赞赏。

一〇三八年，戊寅，宋仁宗宝元元年

苏轼三岁。

十二月，宋夏战争正式揭开序幕。

是年司马光二十岁，中进士甲科，外任陕西华州判官。

一〇三九年，己卯，宋仁宗宝元二年

苏轼四岁。

苏辙生。时苏洵三十一岁，游学四方。

时张载二十岁，立冠。

一〇四〇年，庚辰，宋仁宗康定元年

苏轼五岁。

时范仲淹任陕西招讨副使兼知延州（今延安），张载至延州拜访范仲淹，提出《边议九条》。

是年邵雍三十岁,随父邵古（伊川丈人）居共城苏门山下。共城令李之才闻雍好学,收雍为徒,以《先天图》传雍。邵雍开始研究图书之学。

一〇四一年,辛巳,宋仁宗庆历元年

苏轼六岁。

范仲淹修筑大顺城（今甘肃庆阳城西北）,次年竣工。

十二月,《崇文总目》成书,欧阳修改集贤校理。

一〇四二年,壬午,宋仁宗庆历二年

苏轼七岁。始读书。始知欧阳修、梅尧臣文名。

是年王安石二十二岁,登杨寘榜进士第四名,以秘书郎签书淮南节度判官厅公事。

张载至青州,拜范仲淹,谈边事,撰《庆州大顺城记》。

一〇四三年,癸未,宋仁宗庆历三年

苏轼八岁。正式入学,从学道士张易简,与陈太初同窗。

宋夏议和。范仲淹与韩琦入朝为枢密副使。八月,范仲淹为参知政事,上书《答手诏条陈十事书》,提出了改革吏治、军事、贡举法等改革措施。范仲淹、韩琦、富弼等人主持"庆历新政",欧阳修也参与其中。

"程门四先生"之一吕大临生于京兆蓝田（今陕西蓝田）。

一〇四四年,甲申,宋仁宗庆历四年

苏轼九岁。继续从张易简读书。弟辙始入学。曾做梦自身是僧人。

北宋和西夏订立"庆历和议",宋夏两国结束长达三年的战争。

张载拜访诸释老,研究佛道,居家勉励求学。

一〇四五年,乙酉,宋仁宗庆历五年

苏轼十岁。继续从张易简读书。听母程氏讲授《汉书·范滂传》,奋发有当世志。

"庆历新政"失败,范仲淹、韩琦、富弼等人相继被贬。八月,范仲淹降知邠州（今陕西彬州）,欧阳修降知制诰、知滁州。

六月十二日,"苏门四学士"之一黄庭坚生于洪州分宁（今江西省九江市修水县）。

是年,邵雍三十五岁,其师李之才卒。李之才从穆修受《先天图》,创卦变说,有《卦变反对图》《六十四卦相生图》传世。

一〇四六年,丙戌,宋仁宗庆历六年

苏轼十一岁。苏洵考制策未中。

九月,范仲淹作《岳阳楼记》,留下千古名句"先天下之忧而忧,后天下之乐而乐"。

时欧阳修在滁州，自号"醉翁"，作《醉翁亭记》。

周敦颐时年三十，任南安军司理参军。程颢、程颐拜先生为师。周敦颐乃以《太极图说》授二程。时程颢十五岁，程颐十四岁。

一〇四七年，丁亥，宋仁宗庆历七年

苏轼十二岁。祖父苏序卒。父洵奔父丧返家，自此未再出游，居家教二子读书。

邵雍游历到洛阳，爱其山水风俗之美，始有迁居之意。雍居共城时，王豫执弟子礼拜之，从学《易》，得雍授《伏羲八卦图》。

是年，王安石为鄞县（属今浙江宁波）县令，司马光担任从七品国子直讲。

一〇四八年，戊子，宋仁宗庆历八年

苏轼十三岁。父洵让轼与辙从学于刘巨、史清卿。

苏舜钦卒，年四十一。他倡导古文运动，善诗词，与梅尧臣合称"苏梅"。

时范仲淹六十岁，正月，诏移知荆南府，范仲淹上表请留邓州；二月，复知邓州。

欧阳修转起居舍人，依旧知制诰，徙知扬州。

是年，王巩、李之仪生。

一〇四九年，己丑，宋仁宗皇祐元年

苏轼十四岁。父洵作《二子说》，名轼及弟辙。

正月，范仲淹移知杭州，过陈州，拜会晏殊。三月，次子范纯仁进士及第。

邵雍随父迁居洛阳，初寓天宫寺三学院，僧宗颢待之甚厚。雍与二程比邻而居，欲以数学传二程，二程不受。

十二月，"苏门四学士"之一秦观生于江苏高邮（今江苏省高邮市）。

画家李公麟生于安徽舒州。现存作品有《五马图》《临韦偃牧放图》《维摩诘像》等。

广西原州侬智高起义，称南天国，据邕州（今广西南宁）。

一〇五〇年，庚寅，宋仁宗皇祐二年

苏轼十五岁。其三姊嫁表兄程之才。

"程门四先生"之一谢良佐生于蔡州上蔡（今河南上蔡），字显道。

是年周敦颐三十四岁，为郴州桂阳县令。

程颐上书仁宗皇帝，自陈所学，议天下事，希求进用，但未受召见。

一〇五一年，辛卯，宋仁宗皇祐三年

苏轼十六岁。

时黄庭坚七岁，作《牧童诗》："骑牛远远过前村，吹笛风斜隔岸闻。多少长安名利客，机关用尽不如君。"

是年王安石以殿中丞通判舒州（今安徽潜山）。司马光正式担任六品馆阁校勘。

一〇五二年，壬辰，宋仁宗皇祐四年
苏轼十七岁。其三姊卒，苏、程两家结怨。
是年，范仲淹六十四岁。正月徙知颍州，五月二十日卒于徐州。谥号"文正"。
十二月，葬于洛阳伊川万安山下。

一〇五三年，癸巳，宋仁宗皇祐五年
苏轼十八岁。好读史、论史，亦好道。
欧阳修《新五代史》成书。
晁补之生，济州钜野（今山东巨野）人，"苏门四学士"之一，后著有《鸡肋集》
《晁氏琴趣外篇》等。
杨时生，南建西镛州龙池团（今福建三明）人，"程门四先生"之一，后著《龟山
集》，主张"致知必先于格物"。
游酢生，建州建阳长坪（今福建南平）人，"程门四先生"之一，后著有《荆斋诗
集》《易说》《中庸义》《论语杂解》等。
陈师道生，徐州彭城（今江苏徐州）人，"苏门六君子"之一，后著有《后山诗
集》等。
时司马光任五品殿中丞，不久转任史馆检讨、集贤校理，担任史官和档案管理
官员。

一〇五四年，甲午，宋仁宗至和元年
苏轼十九岁。迎娶四川青神县进士王方之女王弗为妻。
时张方平知益州。
张耒生，亳州谯县（今安徽亳州）人，"苏门四学士"之一，后著《柯山集》《宛
丘集》《柯山诗余》。
是年，张载三十五岁，游学于扶风贤山寺，访诸老，研佛道，观察悟事。

一〇五五年，乙未，宋仁宗至和二年
苏轼二十岁。与弟辙随父洵拜谒张方平。张待洵以国士。
是年，苏辙十七岁，迎娶同里史瞿之女。
是年，邵雍四十五岁，称"贫不能娶"，经太学博士姜子发与潞州张穆之为媒，聘
门生王允修之妹为妻。
晏殊卒，谥号"元献"。北宋政治家、文学家，与欧阳修并称"晏欧"。著有《珠
玉集》。

一〇五六年，丙申，宋仁宗嘉祐元年

苏轼二十一岁。与弟辙随父赴汴京应试。

是年，张载常在相国寺设虎皮开讲《周易》，听者甚众。

程颢亦到汴京准备科考，程颐游历京师太学。程颐收刘立之为学生，这是他收的第一个学生，年仅七岁。吕公著之子吕希哲拜程颐为师。

一〇五七年，丁酉，宋仁宗嘉祐二年

苏轼二十二岁。三月，与弟辙应试礼部，兄弟二人同科进士及第。苏轼深受主考官欧阳修赞赏，谓："老夫当避此人放出一头地！"是时，苏氏父子三人名震京师。

四月，母程夫人卒于眉山，苏氏父子奔丧归里。

嘉祐二年的科考，堪称中国科举史最华彩的一页。欧阳修担任主考官，翰林学士王珪、龙图阁直学士梅挚、知制诰韩绛、集贤殿修撰范镇等同知贡举，梅尧臣为参详官。宋仁宗亲自主持殿试。曾巩、章惇、张载、程颢等同登进士，同榜进士者还有章衡、叶温叟、林旦、朱光庭、蒋之奇、邵迎、习瑓、苏舜举、张琥、程筠、傅方元、邓绾、冯弋、家定国、吴子上、陈侗、莫君陈、蔡元道、蔡承禧、张师道、黄好古、单锡、李惇等。（附：其中加粗的人名是书中提到的。）

同年，邵雍生子伯温。

时周敦颐任合州判官，二程兄弟再次往访，向周敦颐求学。

一〇五八年，戊戌，宋仁宗嘉祐三年

苏轼二十三岁。居乡守丧。

二月，王安石提点江东刑狱。十月回京，任三司度支判官。上《上仁宗皇帝言事书》，称"财力日困，风俗日坏"，主张变法图强。

是年，司马光三十九岁，任正七品祠部员外郎，不久直秘阁、判吏部南曹，得仁宗看重。

张载被调朝中任著作佐郎。程颢调任京兆府鄠县（今陕西户县）主簿。张载曾致信程颢，讨论定性未能不动的问题。程颢作《答横渠张子厚先生书》，后来理学家们将这封书信命名为《定性书》，当作性理论研究的重要文献。

时黄庭坚从舅父李常游学淮南。

一〇五九年，己亥，宋仁宗嘉祐四年

苏轼二十四岁。与弟辙及父洵举家迁往汴京。长子苏迈生。

是年春，程颐再次参加科举考试，未中。

是年，李廌生，华州（今陕西华县）人。六岁而孤，后以文为苏轼知，"苏门六君子"之一。

一〇六〇年，庚子，宋仁宗嘉祐五年

苏轼二十五岁。抵京，授河南府福昌县主簿，不赴。

苏洵被授秘书省试校书郎，不久又出任霸州文安县（今属河北）主簿，编纂太常礼书。弟辙授渑池县主簿，未赴任。

宋祁、欧阳修、范镇等合撰《新唐书》，历经十七年终告完成。

梅尧臣卒，世称宛陵先生，宋诗"开山祖师"，著有《宛陵先生集》，并注《孙子》。

王安石年三十九岁，任提点江东刑狱，拜访周敦颐，与先生促膝长谈。安石退而精思，忘寝废食。

时邵雍年五十岁，约于此年前后著成《皇极经世》。年初作《新正吟》，患重病，卧床三月，作《重病吟》。

同年，程颢以避亲罢，再调江宁府上元县主簿。

一〇六一年，辛丑，宋仁宗嘉祐六年

苏轼二十六岁。参加殿试策问考试，登"贤良方正直言极谏"第三等，除大理评事、签书凤翔府判官，赴任。十一月，与弟辙别于郑州，作《和子由渑池怀旧》。十二月到凤翔上任。

苏辙第四等。除试秘书省校书郎，充商州军事推官，不赴。因侍养父亲，后改任京师校书郎。

是年，富弼举荐邵雍为监主簿，朝廷加恩"如不欲仕，亦可奉致一闲名目"，雍婉言谢绝，不仕亦不奉闲官职。

契嵩禅师著《辅教篇》。

宋祁卒，曾与欧阳修同修《新唐书》。

一〇六二年，壬寅，宋仁宗嘉祐七年

苏轼二十七岁。凤翔任上。春，赴宝鸡、虢、郿、盩厔四县减决囚犯。苏轼于秦岭太白山上祈雨，大雨降，作《喜雨亭记》。八月，其叔父苏涣卒。

是年，邵雍五十二岁。富弼、司马光、吕公著等与邵雍友善，集资于洛阳天津桥畔为邵雍购建新居，名曰"安乐窝"，邵雍迁居，自号"安乐先生"。

包拯卒，谥号"孝肃"，为人清廉正直，世号"包青天"，著有《包孝肃奏议》10卷。

一〇六三年，癸卯，宋仁宗嘉祐八年

苏轼二十八岁。陈希亮为新任凤翔知府，轼与其第四子陈慥结交。

苏洵作《辨奸论》刺王安石。

王安石母亲病逝，守丧归乡，后讲学于江宁，逐渐形成新学学派。

是年邵雍五十三岁，居洛阳。春日赏花，秋日出游，冬日赏雪，饮酒作诗，下棋为乐。得"诗狂"雅号。

同年，周敦颐以恩迁虞部员外郎，仍判虔州。五月作《爱莲说》。

是年，三月末，宋仁宗崩，英宗即位。

一〇六四年，甲辰，宋英宗治平元年

苏轼二十九岁。在凤翔。始识文同。十二月罢凤翔任，赴长安，游骊山。

正月朔日，邵雍之父邵古卒。邵雍与程颢同卜，于伊川神阴原西南择一块葬地，"不尽用葬书，亦不拘阴阳之说，用五音之法择地，以昭穆序葬"。

司马光奉诏开始编撰《资治通鉴》。

是年，周敦颐四十八岁。因虔州失火，焚千余家，先生移永州通判。

是年，黄庭坚二十岁。春，至京师赴礼部试考试，未中，留京师。

同年，程颢过磁州省亲，邢恕以师礼相见。程颐至京师。吕公著奉命判国子监，往访程颐，敦请为学正，谢辞。

一〇六五年，乙巳，宋英宗治平二年

苏轼三十岁。凤翔任满，二月还朝，除判登闻鼓院，召试秘阁，任直史馆判官。五月二十八日，妻王弗卒于京师。

苏辙出任大名府（今河北大名）推官。

周敦颐时年四十九，自虔赴永，途径庐山，与友游庐山大林寺，至山巅。

张载时年四十六岁，文彦博赴长安治理西北边防事务，邀请张载到长安讲学。

是年，程颢任晋城令。

宋英宗欲尊生父濮安懿王为皇考，朝臣分歧，大起争议，欧阳修等赞成，司马光等反对，史称"濮议"。

一〇六六年，丙午，宋英宗治平三年

苏轼三十一岁。在京师。四月，父苏洵丧，轼与弟辙扶柩还乡服丧。与弟辙求司马光为母程氏撰写墓志铭，司马光从请。

四月二十五日，苏洵卒，北宋文学家，唐宋八大家之一。著有《权书》《衡论》《嘉祐集》等；著《易传》未完成，洵临终时命苏轼完成其书。

英宗继位后，曾屡次召王安石入京任职，安石均以服母丧和有病为由请辞。

是年，张载四十七岁，应长安京兆尹王乐道之邀到郡学讲学。其间，程颢、程颐兄弟也曾来关中讲学。

一〇六七年，丁未，宋英宗治平四年

苏轼三十二岁。居乡服丧。十月，葬父苏洵于眉州彭山安镇可龙里老翁泉，与母程氏同葬。

是年，周敦颐五十一岁，在永州已二年，尝作《拙赋》。

是年，张载四十八岁，任渭州签书军事判官，西夏侵扰边关，协助经略使蔡挺筹边务，始创"将兵法"。

时程颢三十六岁，晋城令秩满，改任著作佐郎。

黄庭坚时年二十三岁，春，赴礼部试，登许安世榜进士第，调汝州叶县尉。

正月初八，英宗崩，神宗即位。

王安石深受神宗看重，起用为江宁知府，后诏为翰林学士兼侍讲。

一〇六八年，戊申，宋神宗熙宁元年

苏轼三十三岁。守制父丧满。十月，续娶王弗堂妹、王介幼女王闰之为妻。冬，与弟辙携家赴汴京，途中在长安度岁。

是年，宋神宗多次召见王安石。王安石提出"治国之道，首先要确定革新方法"，勉励神宗效法尧舜。王安石上《本朝百年无事札子》，期望能尽心辅佐神宗改革变法。

同年，富弼再摄宰相事。王韶上《平戎策》。

是年，张载四十九岁，曾与苏轼以诗词谈论治国之道，作《送苏修撰赴阙》诗四首。

一〇六九年，己酉，宋神宗熙宁二年

苏轼三十四岁。二月，抵京还朝，任殿中丞、直史馆授官告院，兼判尚书祠部。五月，上《议学校贡举状》，议新法不便。

是年二月，王安石任参知政事，设制置三司条例司，颁行新法，均输法、青苗法、农田水利法等试行，"熙宁变法"正式开始。陈升之、王安石任主事，苏辙、程颢等为属官。

同年，司马光除枢密副使。程颢出任太子中允权监察御史里行。

是年，张载五十岁，闰十一月，经吕公著推荐为崇父院校书。张载曾与程颐多次往来书信，讨论学问。程颐写《答横渠先生书》《再答》等，对张载修养论提出不同看法。

一〇七〇年，庚戌，宋神宗熙宁三年

苏轼三十五岁。五月，次子苏迨生。八月，侍御史知杂事谢景温诬奏苏轼丁父忧归蜀时，往还多乘舟，载货物、卖私盐等。

王安石初次任宰相，在全国范围内推行新法。在财政方面推行市易法、免役法、方田均税法等，在军事方面推行置将法、保甲法、保马法等。

是年，司马光曾三次写信给王安石，议新法弊端。不合，求去，诏任西京留台，居洛阳。与刘恕、刘敏、范祖禹三人撰修《资治通鉴》。后买园于尊贤坊，命名"独乐园"，组织"洛阳耆英会"，与邵雍等人交好。

张载时年五十一岁，辞官归眉县横渠镇，始创横渠书院，开始撰写《正蒙》及其他著作。

同年，程颢写《谏新法疏》《再上疏》，神宗均不采纳，恳求外任。后改任签书镇宁军节度判官，赴澶州就任。

一〇七一年，辛亥，宋神宗熙宁四年

苏轼三十六岁。呈《上神宗皇帝万言书》反对新法。四月，出任杭州通判。七月出京，赴陈州见苏辙，谒张方平。初识张耒。九月，与弟辙赴颍州谒欧阳修。十一月，到杭州上任。十二月，访惠勤、惠思二僧，与晁补之初通书信。

苏辙以议新法忤王安石，出知陈州学官。

是年，王安石推行改革科举制度，罢诗赋及明经诸科，以经义、策论取士。同年秋，实行太学三舍法制度。贬逐反对新法者多人，其中欧阳修致仕。

居讷禅师圆寂。

是年，邵雍六十一岁，所著《皇极经世》书成，上起帝尧甲辰下至后周显德六年己未，简括三千三百余年历史大事记。

一〇七二年，壬子，宋神宗熙宁五年

苏轼三十七岁。杭州任上。四月，三子苏过生。十二月，奉檄至湖州相度堤岸利害，时孙觉任湖州太守。在孙觉处始见黄庭坚诗文，常为庭坚称扬。

欧阳修卒，谥号"文忠"。北宋政治家、文学家、史学家，古文运动代表人物，"唐宋八大家"之一。曾主修《新唐书》，并独撰《新五代史》。今有《欧阳文忠公集》《六一词》等传世。

黄庭坚入京参加学官考试，被任命为北京（今河北大名县）国子监教授。

是年，程颢四十一岁，程颐四十岁，因奉养其父，二程回洛阳居住，先后在嵩阳书院讲学。

契嵩禅师圆寂，仁宗赐号明教大师。作《原教》《孝论》等，与当时辟佛者抗衡。

一〇七三年，癸丑，宋神宗熙宁六年

苏轼三十八岁。回杭州，在富阳、新城，始见晁补之。协助杭州太守陈襄修复钱塘六井。十月，往常州、润州、苏州、秀州等地赈济饥民。

周敦颐卒，1017—1073，世称濂溪先生。北宋儒家理学思想的开山鼻祖，文学家、哲学家。著有《易通》四十篇、《太极图说》一篇。提出"无极而太极"的宇宙演化模式。

王韶收复熙、河、洮、岷、叠、宕等州土地，"熙宁开边"取得大规模胜利。

时张载五十四岁，隐居横渠讲学。在扶风午井（今陕西扶风县午井镇）、长安子午镇（今西安子午街道）蓝田等地，划子午正方位，试行"井田制"。

是年，二程"扬避新法"，居洛讲学。

一○七四年，甲寅，宋神宗熙宁七年

苏轼三十九岁。在杭州。初遇王朝云。还至於潜，访辩才禅师，初识诗僧参寥，但此次访而未晤。九月，移知密州。

是年，郑侠呈《流民图》，王安石初次罢相，知江宁府，新法遭受挫折。后韩绛为相，吕惠卿为参知政事，推行手实法。

是年，吕公著、司马光、邵雍、程珦、程颢、程颐等人皆居洛阳，几人来往密切，经常一起饮酒咏诗，谈经论道，批评王安石新法及其新学。

黄庭坚时年三十岁，在北京任学官。孙觉荐秦观于苏轼。

一○七五年，乙卯，宋神宗熙宁八年

苏轼四十岁。密州任上。正月，作《江城子·记梦》悼念亡妻王弗。四五月间，密州干旱，轼两次祷雨于常山。十月，罢手实法。同年，重葺超然台，自作记；平息强盗悍卒扰民之乱。

二月，王安石复相。辽与宋争地界，最终以割河东（今山西北部）七百里地与辽，达成和议。六月，王安石撰《诗》《书》《周礼》"三经新义"颁于学校，以取仕立政。

韩琦卒，谥号"忠献"。韩琦支持"庆历新政"，曾为宰相，后反对王安石变法。

道士张伯端撰写内丹名著《悟真篇》。

一○七六年，丙辰，宋神宗熙宁九年

苏轼四十一岁。在密州。中秋，怀弟辙作《水调歌头·明月几时有》。九月，诏移山河中府。十二月，离密州。

是年十月，王安石再次罢相，以同平章事判江宁府。"熙宁变法"彻底失败。以吴充、王珪同平章事，吴充乞召还司马光、吕公著、韩维、苏颂，又推荐孙觉、李常和程颢等。张载召同知太常礼院，到洛阳与二程见面。

是年，张载五十七岁，其弟张戬卒。秋，《正蒙》书成。

一○七七年，丁巳，宋神宗熙宁十年

苏轼四十二岁。赴河中府上任，后政知徐州。三月，与王诜相见于四照亭，饮酒作诗。四月，与弟辙同行，过南京拜谒张方平；到徐州任上。七月，黄河决于澶州曹村。九月，大水临城，苏轼亲率军民防洪，徐州得以保全。作《河复》等诗。

是年，邵雍卒，北宋思想家、理学家、数学家。与周敦颐、张载、程颢、程颐并称"北宋五子"。著有《皇极经世》《观物内外篇》《伊川击壤集》《梅花诗》《渔樵问对》等。

张载卒，北宋思想家、教育家，理学创始人之一。创立"关学"学派，主张"太虚即气""一物两体，一故神，两故化"。著有《横渠易说》《正蒙》《经学理窟》等，后人编为《张子全书》。

一〇七八年，戊午，宋神宗元丰元年

苏轼四十三岁。正月，神宗诏奖谕苏轼抗洪功。为防备以后水患，自二月起役民增筑徐城，建黄楼。九月初九重阳日，黄楼落成，大宴宾客。

是年，王安石封舒国公。

是年，程颢四十七岁，冬差知扶沟县事。谢良佐来扶沟执弟子礼拜之，从学于程颢。程颐四十六岁，周纯明从学于程颐。

一〇七九年，己未，宋神宗元丰二年

苏轼四十四岁。三月，改知湖州。途经南京、高邮、京口、松江等地，与道潜、秦观等游惠山，四月抵湖州任上。七月，因"乌台诗案"被逮。八月下御史台狱。十月，太皇太后曹氏卒，病中曾为苏轼向神宗求情。十二月出狱，责授黄州团练副使，本州安置。

因"乌台诗案"，平日与苏轼有诗文、书信往来者，如苏辙、王巩、李清臣、张方平、司马光、范镇、陈襄、曾巩、孙觉、李常等二十八人，均受到惩处。其中王巩、王诜、苏辙遭贬谪，其余人被罚铜二十斤或三十斤不等。

是年九月，王安石封荆国公。

文同卒，北宋画家、诗人。善画竹。与苏轼是从表兄，受苏轼敬重。

是年，程颢仍知扶沟县事，程颐亦居扶沟，吕大临来拜访，转师二程。

一〇八〇年，庚申，宋神宗元丰三年

苏轼四十五岁。贬谪黄州，由御史台差人押送。往黄州的路上，在岐城（今属湖北麻城）与陈慥不期而遇。二月抵贬所，得黄州知州陈轼、徐大受（君猷）等人关照。初寓定惠院，后迁城南临皋亭，筑南堂。

是年，翰林学士章惇任参知政事。程颐入关中讲学。

是年，晁补之二十八岁，中进士。

黄庭坚三十六岁，改知吉州太和县（今江西省泰和县），路过高邮，特访秦观。

一〇八一年，辛酉，宋神宗元丰四年

苏轼四十六岁。在黄州，躬耕东坡，自号"东坡居士"。十一月，陈师仲来信告已编成《超然》《黄楼》二集，经苏轼校勘后，二集于次年刊印发行。撰成《易传》九卷、《论语说》五卷。

同年，黄庭坚与苏辙订交。

同年，二程兄弟寓居颍昌，侍养其父。杨时以师礼相见。游酢、谢良佐、王彦霖等随从学之。

一〇八二年，壬戌，宋神宗元丰五年

苏轼四十七岁。在黄州，筑"东坡雪堂"，"种蔬接果，聊以忘老"。与客泛舟游于赤壁，先后撰写前后《赤壁赋》二赋和《念奴娇·赤壁怀古》等。

是年，二程居洛讲学。杨时寄书问《春秋》，程颢答之。冬日，刘绚来洛阳拜师程颢，记述了程颢的辩证法思想。程颐向文彦博求龙门庵地，后来，"伊皋书院"就建在此地。

张伯端跌坐而逝，道教南宗初祖，敕封"紫阳真人"。著有《悟真篇》《玉清金笥青华秘文金宝内炼丹诀》等。

一〇八三年，癸亥，宋神宗元丰六年

苏轼四十八岁。在黄州。四子苏遁生。赵贫子、道潜等人来访。苏轼居黄州时的三位好友徐大受、朱寿昌和陈轼相继离世。十月，与张怀民夜游承天寺。

曾巩卒，北宋政治家、散文家，唐宋八大家之一。传世作品有《元丰类稿》《隆平集》等。

富弼卒，谥号"文忠"。北宋政治家、文学家。曾与范仲淹共同实施新法。

是年，二程居洛讲学。八月，刘绚来洛再拜，记述了程颢评论诸学派的语录。九月，程颢任汝州监酒税，程颐、刘绚、朱光庭等人随其先后到汝州。

一〇八四年，甲子，宋神宗元丰七年

苏轼四十九岁。三月，诏移汝州团练副使。四月，自黄往汝，游庐山、石钟山，访白鹤观、白石山房等地。过真州、京口、宜兴、扬州、高邮等地，与蒋之奇、秦观、了元（佛印禅师）等人会面同游。在金陵拜谒王安石，二人摒弃前嫌，畅聊不已。四子苏遁夭。十月，上表乞居常州。年底抵泗州。

是年，王安石以宅为寺，命名"报宁禅院"。

是年十二月，司马光修《资治通鉴》成稿，神宗赐名《资治通鉴》并作序。

是年，陈师道拜在黄庭坚门下。

一〇八五年，乙丑，宋神宗元丰八年

苏轼五十岁。获准常州居住。六月，复朝奉郎，起知登州。九月，除礼部郎中。十月，抵登州任上，才五日就被召还朝。十二月抵京师，迁起居舍人。

是年三月，宋神宗崩，哲宗即位，太皇太后高氏垂帘听政。"熙宁变法"告终。太皇太后高氏重用旧臣司马光、吕公著等主政，推动复辟运动，史称"元祐更化"，铲除新法。

同年六月，程颢卒，世称"明道先生"。北宋理学家、教育家，是理学的莫基者，"洛学"代表人物。著有《识仁篇》《定性书》等，其文集、语录与经说等作品与程颐的著作合编为《二程集》。

十月，程颐将其兄程颢葬于伊川先茔。十一月，被诏汝州团练推官，不赴。

时黄庭坚四十一岁，召回京任秘书省校书郎，与陈师道拜访李公麟等人。

一〇八六年，丙寅，宋哲宗元祐元年

苏轼五十一岁。在京师。三月，主持学士院考，黄庭坚、张耒、晁补之等人并擢官职。迁中书舍人，升翰林学士知制诰，任礼部贡举。在朝中，反对司马光尽废新法。

是年四月初六，王安石卒，号半山，谥号"文"。北宋政治家、改革家、文学家、思想家。曾主持"熙宁变法"，创"荆公新学"，著有《临川集》《临川集拾遗》等。

是年九月初一，司马光卒，号迂叟，谥号"文正"。北宋政治家、史学家、文学家，反对王安石变法，主持编纂了中国历史上规模最大、成就最高的编年体通史《资治通鉴》。主要作品有《温国文正司马公文集》《稽古录》《涑水记闻》《潜虚》等。

是年，黄庭坚四十二岁，首次拜谒苏轼。三月，受司马光举荐，与范祖禹等共同校订《资治通鉴》。六月，充馆阁。十月，除神宗实录院检讨官，集贤校理；其时，张耒、晁补之任秘书省正字。

是年，程颐五十四岁。司马光、吕公著、韩绛等共同上疏，推荐程颐。三月，以布衣受诏，充崇政殿说书。

一〇八七年，丁卯，宋哲宗元祐二年

苏轼五十二岁。在京师。蒙诏兼官侍读参加"经筵"讲席。夏秋间，苏轼与苏辙、黄庭坚、张耒、秦观、晁补之、米芾、李公麟、圆通大师等十六人雅集于驸马王诜的西园，李公麟作《西园雅集图》，米芾作《西园雅集图记》。"试馆职"策问引发"谤讪先朝"争议。苏轼四次上书恳求外任，皆不许。

自元祐元年起，吕公著独相，群贤在朝，然不能不以类相从，于是有洛党、蜀党、朔党之号。洛党以程颐为首，朱光庭、贾易为辅；蜀党以苏轼为首，吕陶等为辅；朔党以刘挚、梁焘、王岩叟、刘安世为首，而辅之者尤众。蜀党与洛党互相攻击，形成对立局面。八月，程颐罢崇政殿说书，差管勾西京国子监。是年，《程氏遗书》记载，程颐有"古今之变"、宗法制、认识论等论。

一〇八八年，戊辰，宋哲宗元祐三年

苏轼五十三岁。在京师。因政见不合，遭新旧两党攻击，又连上札乞外任，仍不许。

是年，黄庭坚、孙觉、秦观、晁补之、李公麟、蔡肇等人都在京师，常常集会出游，饮酒作诗。其中，黄庭坚、张耒、晁补之、秦观等四人同任馆职，文采斐然，有"苏门四学士"的美名。

是年程颐上《乞归田里第三状》，又上《乞致仕第一状》《第二状》，皆不报。

同年，韩绛卒，谥号"献肃"。北宋大臣、词人，与王安石同科进士，为第三名探花。苏轼评价韩绛："出入四世，师表万民。身任安危，位兼将相。永惟三宗眷遇之重，宜极一品褒崇之荣。"

一〇八九年，己巳，宋哲宗元祐四年

苏轼五十四岁。初在京师。连章请郡，三月以龙图阁学士知杭州。四月，应范纯仁之请，作《范文正公文集叙》。四月底出京，秦观随行。五月至南京，拜谒张方平。七月，到杭州上任。时浙西旱饥，疏浚茅山、盐桥二河。

六月，苏辙诏任吏部侍郎，任翰林学士、知制诰。

吕公著卒，谥号"正献"，北宋政治家、学者。其讲说以治心养性为本，语约而理尽，开启了吕学端绪。著有《五州录》《吕申公掌记》《吕正献集》《吕氏孝经要语》《葵亭集》等。

是年，程颐五十七岁，判西京国子监，常与文彦博往来。

时黄庭坚在秘书省兼史局。七月，除集贤校理。

一〇九〇年，庚午，宋哲宗元祐五年

苏轼五十五岁。杭州任上。三月，发生疫病，创建安乐坊，收治病人。四月，以工代赈，疏浚西湖，建苏堤。秋日大雨，太湖泛滥，上疏请求救灾。

李常卒，字公择，北宋大臣，是黄庭坚舅父。皇祐元年，将九千卷藏书捐出，成立了第一家私人图书馆——白石书院。苏轼作《李氏山房藏书记》《白石山房》等诗文。

程颐时年五十八岁，正月，其父程珦病卒。四月，葬其父于伊川先茔。同年，尹焞以师礼来见。

一〇九一年，辛未，宋哲宗元祐六年

苏轼五十六岁。二月，诏任翰林学士知制诰，还朝。返京途中，绕路到湖州、苏州，视察灾情。六月，宣召再入学士院，兼任侍读。轼再上四札乞外任，八月，以龙图阁学士出知颍州。

张方平卒，谥号"文定"。北宋名臣。著有《乐全集》四十卷。

是年，黄庭坚四十七岁。三月，上《神宗实录》，诏为起居舍人。六月丁母忧归分宁。

是年，程颐五十九岁，入关，至醴泉。尹焞学《易》于程颐。

一〇九二年，壬申，宋哲宗元祐七年

苏轼五十七岁。颍州任上。春，疏浚颍州西湖。四月，出知扬州军州事。八月，以兵部尚书、龙图阁学士除兼侍读，被召还朝。十月，返京。十一月，迁端明殿学士、礼部尚书兼翰林侍读学士。

时程颐六十岁，四月，除直秘阁，判西京国子监。年底，改任管勾崇福宫。

一〇九三年，癸酉，宋哲宗元祐八年

苏轼五十八岁。在京师。八月，妻王闰之卒。九月，太皇太后高氏卒，苏轼出知定州。十月，抵定州任所。十一月，撰文祭故定州太守韩琦。

时程颐六十一岁。杨时、游酢以师礼见先生，伊川瞑目而坐，传有"程门立雪"的佳话。

一〇九四年，甲戌，宋哲宗绍圣元年

苏轼五十九岁。在定州。闰四月，以讥刺先朝罪名贬知英州，尚未到英州，六月再贬宁远军节度副使，惠州安置，不得签书公事。十月抵惠州，其子苏迈、苏迨归宜兴，苏过、朝云与轼同行。

时黄庭坚除知宣州、鄂州。因遭诋毁《神宗实录》不实，被贬至涪州别驾，黔州安置。七月初，与苏轼相会于彭蠡湖（鄱阳湖），这是两人最后一次见面。

时程颐六十二岁，除直秘阁判西京国子监，再辞。三月，朱光庭卒，作祭文。其门人尹焞中进士。

北宋理学家程颢的弟子朱光庭卒。

一〇九五年，乙亥，宋哲宗绍圣二年

苏轼六十岁。在惠州。初寄住在合江楼行馆，后迁嘉祐寺一角，受表兄、广南东路提刑程之才照拂，又搬回合江楼。五六月间，曾犯痔疾。同年作《食荔支》《荔支叹》等诗。

是年，程颐六十三岁，居洛。作《礼序》。

六月，宝月惟简禅师圆寂。

一〇九六年，丙子，宋哲宗绍圣三年

苏轼六十一岁。在惠州。四月，卜新居，于古白鹤观买地筑屋，准备常住惠州。助修惠州东、西二桥，六月落成。七月，朝云病故，作诗、词悼朝云。

是年程颐仍居洛，与杨时论《西铭》。

一〇九七年，丁丑，宋哲宗绍圣四年

苏轼六十二岁。在惠州。白鹤峰新居落成。二月，子苏迈、苏过携两房家小搬来惠州，相聚不久，四月，苏轼再遭贬谪，责授琼州别驾昌化军安置，不得签书公事。五月，与弟辙见于藤州。六月渡海。七月至儋州贬所。

是年，党论起，司马光、吕公著等人加追贬，吕大防、刘挚、苏辙、梁焘、范纯仁等皆有惩罚，苏辙责授化州别驾，雷州安置。程颐被责追毁文字，后遭涪州编管。

文彦博卒，号伊叟，谥号"忠烈"。北宋政治家、书法家。今有《文潞公集》传世。

一〇九八年，戊寅，宋哲宗元符元年（绍圣五年）

苏轼六十三岁。在儋州。被逐出官舍，后在友人帮助下，于城南桄榔林下买地筑屋，名曰桄榔庵。潮州人吴子野渡海从苏轼学。

是年，苏辙被贬循州，秦观移遣雷州编管。

正月，了元圆寂。

一〇九九年，己卯，宋哲宗元符二年

苏轼六十四岁。在儋州。春日，四月彻查张中庇护苏轼案，张中被贬雷州监司。闰九月，琼州姜唐佐来从学。姜唐佐努力进学，成为见之史载的海南第一位举人。从惠州至儋州，除继续修改《易传》《论语》外，又作《书传》十二卷。著《东坡志林》，未完稿。

是年，程颐六十七岁，居涪州。《周易程氏传》书成，作《易传序》《易序》等。

一一〇〇年，庚辰，宋哲宗元符三年

苏轼六十五岁。在儋州。徽宗即位，大赦。五月，移廉州安置，途经雷州时，见秦观。后改授舒州团练副使，永州安置。行至英州复朝奉郎，提举成都府玉局观，外军州任便居住。年底越南岭归。

正月，哲宗崩，徽宗立。皇太后向氏权同处分军国事。

同年，秦观身在雷州，正月自作《挽词》。八月，诏复宣德郎，放还横州，行至藤州时因病身亡。秦观，世称淮海先生。北宋文学家、婉约派词人。著有《淮海集》等。

是年，程颐移峡州，四月赦复宣德郎，任便居住，回洛居住。十月，复通直郎，任西京国子监。张绎、孟厚先后以师礼相见。

一一〇一年，辛巳，宋徽宗建中靖国元年

苏轼六十六岁。正月抵虔州。五月至真州，作《自题金山画像》诗："心似已灰之木，身如不系之舟。问汝平生功业，黄州惠州儋州。"暴病，七月二十八日，卒于常州。

附：年表参考书目

孔凡礼撰《苏轼年谱》，中华书局 1998 年版；

卢连章著《程颢、程颐评传》，南京大学出版社 2011 年版；

（宋）邵雍著，郭彧整理《邵雍集》，中华书局 2010 年版；

（宋）周敦颐著，陈克明点校《周敦颐集》，中华书局 1990 年版；

（宋）王安石撰，刘成国点校《王安石文集》，中华书局 2021 年版；

（宋）黄庭坚著，刘琳等点校《黄庭坚全集》，中华书局 2021 年版；

（宋）张载著，章锡琛点校《张载集》，中华书局 1978 年版；

（元）脱脱等撰，中华书局编辑部点校《宋史》，中华书局 1985 年版。